FRANCISCO DORATIOTO

Maldita guerra

Nova história da Guerra do Paraguai

3ª edição
1ª reimpressão

COMPANHIA DAS LETRAS

Grafia atualizada segundo o Acordo Ortográfico da Língua Portuguesa de 1990, que entrou em vigor no Brasil em 2009.

Capa
Ettore Bottini

Foto de capa e guardas
Vista do interior de Curuzú, 20 de setembro de 1866,
óleo sobre tela de Cándido López, 1891,
Col. Museu Nacional de Belas-Artes, Argentina

Revisão
Paula B. P. Mendes
Anabel Ly Maduar
Andrea Souzedo

Índice remissivo
Luciano Marchiori

Dados Internacionais de Catalogação na Publicação (CIP)
(Câmara Brasileira do Livro, SP, Brasil)

Doratioto, Francisco
Maldita Guerra : nova história da Guerra do Paraguai / Francisco Doratioto. – 3ª ed. – São Paulo : Companhia das Letras, 2022.

ISBN 978-65-5921-286-6

1. Paraguai, Guerra do, 1864-1870 2. Guerra do Paraguai, 1864-1870 – Historiografia I. Título.

21-84158 CDD-989.205

Índice para catálogo sistemático:
1. Guerra do Paraguai, 1864-1870 : Paraguai : História 989.205

Maria Alice Ferreira - Bibliotecária - CRB-8/7964

EDITORA SCHWARCZ S.A.
Rua Bandeira Paulista, 702, cj. 32
04532-002 — São Paulo — SP
Telefone: (11) 3707 3500
www.companhiadasletras.com.br
www.blogdacompanhia.com.br
facebook.com/companhiadasletras
instagram.com/companhiadasletras
twitter.com/cialetras

Sumário

Para minha família:
A Amélia e Fernando,
que me apoiaram a ir além do horizonte.
A Izabel, Leonardo e Rafael,
que fazem valer a pena ter ido além do horizonte.

Maldita guerra atrasa-nos meio século!

Barão de Cotegipe para o barão de Penedo,
Rio de Janeiro, 12/5/1866

Essa guerra que não buscamos, que não desejávamos [...] era inevitável devido à natureza do poder despótico e irresponsável do governo do Paraguai, que constituía uma ameaça perpétua para seus vizinhos devido à concentração de elementos militares em seu território, militarizando, em massa, sua população para perturbar nossa paz, fomentando nossas divisões [políticas]; devido às questões econômicas referentes à liberdade de navegação dos rios e do comércio, originadas de sua política restritiva e exclusivista; e, finalmente, pela reivindicação de nossos limites legítimos e naturais.

Bartolomé Mitre, presidente da República Argentina

Afinal, a Guerra do Paraguai é comparável à do Vietnã, pela dificuldade logística, pelo envolvimento da população do país e, até, por ações típicas de guerrilha. O notável é que vencemos.

Armando de Senna Bittencourt

Agradecimentos

Registro meu reconhecimento e carinho pelas pessoas abaixo que têm interesse pela história da Guerra do Paraguai e que, em um momento ou outro, foram minhas interlocutoras. A elas sou devedor por informações, indicações, apoio e sugestões.

Agradeço o apoio dos professores de pós-graduação do Departamento de História da Universidade de Brasília, onde cursei mestrado e doutorado. Sou particularmente grato aos professores doutores Amado Luiz Cervo, Celso Fonseca, Corcino dos Santos, Geralda Dias Aparecida (orientadora de mestrado), José Flávio Sombra Saraiva (orientador de doutorado) e Luis Alberto Moniz Bandeira, pela amistosa recepção que me deram quando cheguei a Brasília, vindo de São Paulo, e, em seguida, por compartilharem comigo informações e reflexões, resultado de anos de pesquisa e ensino. Agradeço o incentivo dos meus colegas professores, das Faculdades Integradas Upis, com os quais tive o privilégio de conviver. Meus alunos do Instituto Rio Branco e da Upis tiveram infinita paciência com minha paixão pela Guerra do Paraguai.

Agradeço aos seguintes amigos, historiadores, a pesquisa de valiosa documentação aqui utilizada, a saber: Eugênio Vargas Garcia (British Documents on Foreign Affairs: Reports and Papers from the Foreign Office); João Luiz de Araújo Ribeiro (Arquivo Nacional, consultas ao Conselho de Estado sobre a aplicação da pena de morte) e Valéria Nely César de Carvalho (Archivio Vaticano). Meus agradecimentos, também, a Claudio Garon pelas sugestões decorrentes da leitura parcial dos originais deste livro.

Pela indicação de fontes, sugestões e apoio agradeço a Alberto da Costa e Silva, André Amaral de Toral, Antonio José Rezende de Castro, Eduardo e Maria Bernadette Furusawa, Eliane Elias de Rezende, Gonçalo de Barros Carvalho e Mello Mourão, Guilherme Condurú, Heraldo Póvoas de Arruda, Joel Souza Pinto Sampaio, José Dantas Filho, José Ronaldo Montalvão Monte Santo, Luiz Felipe Lampreia, Marcio Dornelles, Marcio de Oliveira Dias, Olavo Malheiros Jr., Reginaldo José da Silva Bacchi, Ricardo Bonalume, Roberto Avellar, Rodrigo Baena Soares, Rodrigo Rodrigues Costa e Lima e Simone de Souza Bastos.

No Paraguai, Carlos Pusineri Scala, diretor da Casa de la Independencia deu acesso a seu arquivo particular e emprestou-me livros. O mesmo fez Manuel Peña Villamil, que também presidiu minha incorporação à Academia Paraguaya de la Historia e constitui-se, para mim, em exemplo de integridade intelectual e dedicação à pesquisa histórica, o que igualmente ocorreu em relação a Ricardo Scavone Yegros. As conversas com José Luis Simón e Ricardo Caballero Aquino, bem como a leitura de seus trabalhos sobre a história política paraguaia constituíram fontes de importantes informações e reflexões. Os textos de análise política, romances históricos e conversas com Guido Rodríguez Alcalá, um dos mais brilhantes intelectuais paraguaios, contribuíram, de forma relevante, para meu conhecimento da realidade paraguaia. Entre minhas melhores recordações de Assunção está a convivência com José Eduardo Alcázar e Octávio Henrique Dias Côrtes. Registro, também, a simpatia e cordialidade com que eu e minha família fomos tratados durante os mais de três anos em que vivemos no Paraguai; o carinho pelo país e seu povo nos acompanhará sempre.

Na Argentina, agradeço a Hernán Santivañez Vieyra, amigo de longa data, a quem devo o incentivo inicial para escrever este livro e apoio subsequente. Também sou devedor à historiadora Liliana M. Brezzo, da Pontificia Universidad Católica Argentina, em Rosário, pelas informações obtidas em seus trabalhos e em intercâmbio de ideias e publicações.

A pesquisa na documentação diplomática de Portugal somente foi possível graças à amabilidade do diplomata Antonio Leão Rocha. Estando o arquivo em reformas, sem condições para receber pesquisadores, Leão Rocha franqueou-me espaço em sua sala de trabalho, onde pude ler a documentação que me interessava.

São dignos de reconhecimento os funcionários de arquivos e bibliotecas em que pesquisei. Fui atendido com amabilidade e presteza na busca do grande número de documentos que solicitei. Sem a dedicação desses funcionários o historiador não poderia desenvolver seu trabalho.

Por último, nesta edição de *Maldita Guerra*, acrescento o agradecimento póstumo a Mario Osorio Magalhães, tetraneto do general Osorio. Magalhães forneceu-me relato inédito do senador Francisco Ignacio Homem de Mello, sobre viagem que fez ao Paraguai em 1869 e, ainda, valiosa documentação para a biografia *General Osorio: A espada liberal do Império* (Companhia das Letras, 2008), que escrevi sobre seu antepassado.

Nota à presente edição

A primeira edição deste livro foi publicada em 2002 como resultado de pesquisa iniciada em meados da década de 1980. Vivia-se, então, uma realidade muito diferente da atual quanto a facilidades para a pesquisa histórica e acesso à documentação oficial, aos jornais da época da Guerra do Paraguai e à vasta bibliografia sobre o tema, a qual estava disponível apenas parcialmente nas bibliotecas brasileiras. Eram reduzidos os programas de pós-graduação em história no Brasil e mais escassos ainda eram aqueles que tinham linhas de pesquisa em história da América Latina — sobre história da política externa brasileira havia apenas um, na Universidade de Brasília, e nada se tinha, nesse nível, sobre história militar brasileira.

Dificultava ainda mais a pesquisa sobre a Guerra do Paraguai a falta de catalogação de documentos sobre o conflito, além, claro, da misteriosa documentação classificada como "Guerra do Paraguai", mantida secreta no Arquivo Histórico do Itamaraty, à qual me foi negado acesso na época. A classificação de "secreta" deu margem a todo tipo de especulação sobre seu conteúdo, contribuindo para conjecturas fortemente influenciadas pelo ambiente ideológico no Brasil, em processo de transição do regime militar para o democrático, e da Guerra Fria, que dificultava a criatividade e o espírito crítico na produção histórica. Aquela documentação do Itamaraty foi aberta à pesquisa em 1994 e descobriu-se que boa parte dela já havia sido publicada no século XIX, além de nela haver material sobre assunto diverso; inéditas eram apenas as cartas de Francisco Solano López sobre questões de saúde no Exército paraguaio. A redemocratização do Brasil e dos demais países do Cone Sul, com a consequente facilitação de acesso a documentos públicos, bem como a organização deles, e a revitalização das preocupações historiográficas pós-Guerra Fria permitiram um avanço na produção sobre as origens, o desenrolar e as consequências da Guerra do Paraguai.

Também as novas tecnologias contribuíram, no século XXI, para a produção crescente de estudos que lançam novas luzes sobre os diferentes aspectos desse conflito. A internet, que engatinhava nos anos 1990, hoje coloca à disposição do pesquisador coleções completas de jornais da época da guerra, como no caso das publicações brasileiras disponíveis no site da Biblioteca Nacional do Brasil ou da importante documentação do chanceler argentino Rufino de Elizalde, encontrada no repositório digital da Universidade de Buenos Aires, para citar dois exemplos. No mundo pré-internet, o acesso a esse tipo de fonte ocupava tempo e gastos do pesquisador com traslados, hotéis, confecção de microfilmes e leitura in loco da documentação. Agora, parte dessas pesquisas pode ser feita em um computador doméstico conectado à internet.

A conjunção entre melhores condições institucionais e acadêmicas para pesquisas sobre a Guerra do Paraguai, bem como o uso dessas novas tecnologias, viabilizaram, neste início de século XXI, a publicação de dezenas de novos trabalhos sobre o tema, inclusive a de memórias, anotações e cartas de personagens que vivenciaram o conflito. São estudos enriquecedores, quer com novas informações, quer utilizando categorias analíticas inovadoras e/ou temas anteriormente pouco explorados. A essa produção vem somar-se o incalculável número de publicações feitas desde o século XIX sobre essa guerra. Tal interesse justifica-se pelas graves consequências da Guerra do Paraguai na evolução histórica dos países envolvidos, por suas características únicas e sua dramaticidade. O conflito faz parte da identidade dessas nações: da imagem que cada sociedade tem de si própria e de sua inserção internacional; da definição de seus heróis e personagens paradigmáticos; da designação dos espaços públicos; do folclore etc.

Ademais, outros interesses do presente influenciam as interpretações sobre as origens da guerra, sua dinâmica e a atuação de seus personagens principais. É o caso dos nostálgicos de regimes políticos fortes; dos remanescentes do projeto político baseado em "ditadores progressistas" e dos admiradores de "caudilhos anti-imperialistas". Não se quer, com isso, defender que existam trabalhos historiográficos "neutros", absolutamente "imparciais", posto que a história pessoal de cada autor influencia sua obra. No entanto, ciente dessa limitação, o historiador utiliza-se do método histórico — a pesquisa em fontes primárias e secundárias; o confronto das informações contraditórias; a utilização de referenciais teóricos compatíveis com a temática e a ética profissional — para reduzir ao máximo a subjetividade interpretativa. O leitor pode identificar os estudos feitos com a preocupação de, afinal, explicar a guerra ao olhar a diversidade e quantidade de fontes utilizadas; o respeito aos fatos históricos e a lógica argumentativa do texto.

Os 150 anos do final da Guerra do Paraguai apresentam-se como uma oportunidade para disponibilizar uma nova edição deste livro, ampliada com informações de pesquisas adicionais e de estudos resultantes do citado avanço historiográfico. É uma ocasião, ainda, para repensarmos os custos humanos e sociais da guerra e suas consequências a longo prazo, além da necessidade estratégica, demonstrada pela História, de as sociedades que dela participaram aprofundarem o conhecimento mútuo e a cooperação.

Introdução

Entre 1740 e 1974, o planeta teve 13 bilhões de habitantes e assistiu a 366 guerras de grande dimensão, ao custo de 85 milhões de mortos. O resultado dessas guerras parece ter sido um prêmio à agressão, pois em dois terços delas o agressor saiu-se vencedor e, quanto à duração, 67% terminaram em prazo inferior a quatros anos.[1] A Guerra do Paraguai faz parte, portanto, da minoria, pois o agressor, o lado paraguaio, foi derrotado e a luta se estendeu por cinco anos. O conflito também está inserido numa nova realidade marcada pela mecanização e pelas novas tecnologias de comunicação e de armamento, como o telégrafo, o trem, os navios a vapor, os encouraçados, as armas de cano raiado e seus projéteis com capacidade perfurante. Foi a guerra de maior repercussão para os países envolvidos, quer quanto à mobilização e perda de homens, quer quanto à configuração de seus territórios, quer nos aspectos políticos e financeiros.

O enfrentamento entre a Tríplice Aliança e o Paraguai tornou-se verdadeiro divisor na história das sociedades desses países, como o demonstra, em relação ao Brasil, o seguinte trecho da crônica de Machado de Assis, escrita em 1894:

> Deus meu! Há pessoas que nasceram depois da Guerra do Paraguai! Há rapazes que fazem a barba, que namoram, que se casam, que têm filhos e, não obstante, nasceram depois da batalha de Aquidaban.[2]

A longa duração da guerra, que perdurou de dezembro de 1864 a março de 1870, criou uma nova realidade, uma "vida intensa", no Rio de Janeiro. Na capital do Império do Brasil, soldados entravam e saíam e, numa época em que não existia o telégrafo internacional, esperava-se a chegada de navios vindos do Rio da Prata com notícias da frente de batalha.[3] O cotidiano se alterou nas outras duas capitais aliadas, Buenos Aires e Montevidéu, por onde passavam tropas brasileiras enviadas ao Paraguai e doentes evacuados da frente de batalha. Na Argentina, sobretudo, onde se abasteciam o Exército e a Marinha imperial, a economia foi dinamizada, e enriqueceu fazendeiros e comerciantes. A Guerra do Paraguai repercutiu na consolidação dos Estados nacionais argentino e uruguaio; foi o momento do apogeu da força militar e da capacidade diplomática do Império do Brasil, mas, de forma paradoxal, contribuiu para o acirramento de contradições do Estado monárquico brasileiro, enfraquecendo-o. O Paraguai, por sua vez, tornou-se a periferia da periferia, na medida em que sua economia se tornou satélite da economia da Argentina após o término do conflito.

A evolução da guerra despertou a minha atenção quando, na segunda metade da década de 1980, pesquisava para a dissertação de mestrado sobre as relações entre o Império do Brasil e o Paraguai. Deparei-me com seguidas surpresas em arquivos dos países envolvidos na guerra; em informes de diplomatas europeus que serviam na região; em livros de memórias; em trabalhos do final do século XIX e início do XX, bem como em estudos paraguaios mais recentes. Ficou claro que, desde o final da guerra, em 1870, a historiografia tradicional brasileira reduziu a importância do aliado argentino para a vitória sobre Solano López e minimizou, quando não esqueceu, importantes críticas à atuação de chefes militares brasileiros no conflito. Em compensação, ficou evidente que Francisco Solano López era um ditador quase caricato de um país agrícola atrasado, autor de erros militares que custaram a vida de milhares de seus valentes soldados, mas que foram motivo de suspeito silêncio de seus admiradores futuros, os revisionistas históricos. Nas últimas décadas do século XX, a história da guerra foi "retrabalhada" pelo revisionismo populista, ao se criar o mito de Solano López grande chefe militar e, absurdamente, líder anti-imperialista. Ao mesmo tempo, desqualificava-se a atuação dos Exércitos aliados, a resistência e o sacrifício demonstrados por seus homens, lutando durante anos longe de seus países. Na verdade, atos de desprendimento pessoal, de bravura, de covardia ou de crueldade ocorreram em ambos os lados da guerra.

A geração daqueles que lutaram na guerra, quer nos países aliados, quer no Paraguai, não registrava de forma positiva o papel histórico de Solano López. Havia certeza da sua responsabilidade, quer no desencadear da guerra, ao invadir o Mato Grosso, quer na destruição de seu país, pelos erros na condução das operações militares e na decisão de sacrificar os paraguaios, mesmo quando caracterizada a derrota, em lugar de pôr fim ao conflito. Dessa geração nasceu a historiografia tradicional sobre a guerra, que simplificou a explicação do conflito ao ater-se às características pessoais de Solano López, classificado como ambicioso, tirânico e, mesmo, quase desequilibrado. Essa caracterização não estava longe da realidade e pode até explicar certos momentos da guerra, mas não sua origem e sua dinâmica.

No final do século XIX e início do XX surgiram vozes discordantes dessa interpretação tradicional. No Brasil, os adeptos do positivismo, filosofia contrária ao regime monárquico de governo, passaram a responsabilizar o Império brasileiro pelo início da guerra. No Paraguai, por essa época, surgiu o revisionismo sobre Solano López, que teve sua imagem "reconstruída" e passou a ser apresentado como estadista e grande chefe militar. Essa interpretação surgiu por motivos financeiros, como é desvendado no capítulo 1 deste livro, e foi adotada por uma sequência de ditadores: Rafael Franco (1936-7) a oficializou; Higinio Morínigo (1940-8) a fortaleceu e Alfredo Stroessner (1954-89) a tornou ideologia oficial de Estado, a ponto de prender e exilar aqueles que dela divergissem. A falsificação do passado, com a apologia da ditadura lopizta, contribuiu para construir a opressão do presente, ao dar suposta legitimidade aos regimes desses três governantes.

Foi, porém, a partir de fins dos anos 1960 que intelectuais nacionalistas e de esquerda do Rio da Prata promoveram Solano López a líder anti-imperialista. Esse revisionismo que, com o tempo, descambou para posturas populistas, apresenta o Paraguai pré-guerra como um país progressista, onde o Estado teria proporcionado a modernização do país e o bem-estar de sua população, fugindo à inserção na economia capitalista e à subordinação à Inglaterra. Por essa explicação, Brasil e Argentina teriam sido manipulados por interesses britânicos para aniquilar o desenvolvimento autônomo paraguaio.

O livro mais marcante desse revisionismo talvez seja *La Guerra del Paraguay: gran negocio!*, publicado em 1968 pelo respeitável historiador argentino León Pomer. No Brasil, uma simplificação dos argumentos dessa obra resultou, em 1979, no *Genocídio americano: a Guerra do Paraguai*, do escritor Julio José Chiavenatto. Grande sucesso editorial, *Genocídio americano* ensinou a gerações de estudantes brasileiros que o imperialismo inglês, "destruindo o Paraguai, mantém o status quo na América Meridional, impedindo a ascensão do seu único Estado economicamente livre". Essa teoria conspiratória vai contra a realidade dos fatos e não tem provas documentais; ao contrário, o leitor encontrará no capítulo 1 deste livro fotocópia de carta do representante diplomático britânico em Buenos Aires, Edward Thornton, dirigida ao governo paraguaio em dezembro de 1864, na qual oferece seus préstimos para evitar uma guerra entre o Paraguai e o Brasil. Contudo, essa teoria ainda tem alguma repercussão, como nos trabalhos de Carlos Guilherme Mota e Paulo Miceli, embora desmentida por trabalhos resultantes de sólida pesquisa histórica, como os de Alfredo da Mota Menezes, André Toral, Ricardo Salles e Vitor Izecksohn. No Paraguai, autores como Juan Carlos e María Isabel Herken Krauer, Guido Rodríguez Alcalá, Ricardo Caballero Aquino e Diego Abente também explicaram as origens da guerra a partir de fatores regionais.[4] Somam-se a estes, após a primeira edição de *Maldita Guerra*, os historiadores Dardo Ramírez Braschi, Juan Manuel Casal, Liliana M. Brezzo, Luc Capdevila e Thomas L. Whigham.

Na verdade, tanto a historiografia conservadora como o revisionismo simplificaram as causas e o desenrolar da Guerra do Paraguai, ao ignorar documentos e anestesiar o senso crítico. Ambos substituíram a metodologia do trabalho histórico pelo emocionalismo fácil e pela denúncia indignada. Para uma análise mais precisa das origens e do desenrolar da guerra faltaram à historiografia conservadora, devido à época de seu surgimento, conhecimento metodológico e, mesmo, documentação acessível ao pesquisador. Dessas atenuantes, porém, não se beneficia o revisionismo, em sua vertente anti-imperialista, que tem a explicá-lo o momento histórico em que foi gerado e se desenvolveu, nas décadas de 1960 a 1980, quando as sociedades desta parte da América do Sul viviam sob ditaduras militares, que, apesar de castradoras das liberdades civis, reivindicavam para si a defesa do pensamento liberal. Uma das formas de combater essas ditaduras era desmoralizar seus referenciais históricos, seus ídolos — na Argentina, Mitre; no Brasil, o duque de Caxias — e seus alicerces ideológicos. Daí o espírito acrítico com que o mundo acadêmico aceitou e reproduziu, naquele momento, publicações "revisionistas" sobre a Guerra do Paraguai, mistificadoras de Solano López, e que responsabilizavam o imperialismo britânico pelo conflito. Contudo, continuar a defender, hoje, essa interpretação somente pode ser resultado da ignorância histórica ou, então, da natural dificuldade de se reconhecer errado.

A superação dos regimes autoritários, os avanços do conhecimento histórico e a abertura de arquivos criaram condições para uma análise mais objetiva da Guerra do Paraguai, para além de simplificações ou deturpações. Com essa perspectiva, este livro, apoiado em vasta e diversificada documentação, parte dela inédita, busca explicar as origens da guerra e o seu desenvolvimento. Foi preocupação do autor dar às vozes do passado, dos que viveram a guerra nos diferentes exércitos, o espaço para serem ouvidas com respeito, quer dizer, inseridas no contexto histórico em que foram geradas. Merecem admiração aqueles que, sejam aliados, sejam paraguaios, se sacrificaram ao lutar por uma causa que lhes parecia justa. Mas é obrigação do historiador, em favor do conhecimento da realidade da guerra e no exercício de um dever ético, apontar aqueles que, em posições de mando, foram responsáveis por tratamento cruel a subordinados e a inimigos, ou que não foram dignos do valor e do sacrifício de seus soldados.

Por último, atualizou-se a ortografia na transcrição de trechos de documentos, bem como se traduziram para o português as citações escritas em outros idiomas.

1. Tempestade no Prata

A história do Paraguai esteve intimamente ligada ao Brasil e à Argentina, principais polos do subsistema de relações internacionais na região do Rio da Prata. O isolamento paraguaio, até a década de 1840, bem como sua abertura e inserção internacional se explicam, em grande parte, pela situação política platina. Nos anos seguintes a essa abertura, o Paraguai teve boas relações com o Império do Brasil e manteve-se afastado da Confederação Argentina, da qual se aproximara nos anos de 1850, ao mesmo tempo que vivia momentos de tensão com o Rio de Janeiro. Na primeira metade da década de 1860, o governo paraguaio, presidido por Francisco Solano López, buscou ter participação ativa nos acontecimentos platinos, apoiando o governo uruguaio hostilizado pela Argentina e pelo Império. Desse modo, o Paraguai entrou em rota de colisão com seus dois maiores vizinhos e Solano López acabou por ordenar a invasão de Mato Grosso e Corrientes, iniciando uma guerra que se estenderia por cinco anos. A Guerra do Paraguai foi, na verdade, resultado do processo de construção dos Estados nacionais no Rio da Prata e, ao mesmo tempo, marco nas suas consolidações.

O PARAGUAI DE FRANCIA E CARLOS LÓPEZ: A DEFESA DA AUTONOMIA (1811-62)

Em 1776, a Espanha criou o vice-reino do Rio da Prata, com sede em Buenos Aires, para conter a expansão portuguesa nessa parte da América. Era um vasto território, abrangendo o que hoje é a Argentina, o Uruguai, o Paraguai, a Bolívia e alcançando, ainda, o oceano Pacífico. Após liderar a independência do vice-reino do Rio da Prata em relação à Espanha, a burguesia mercantil de Buenos Aires planejava um Estado nacional centralizado, sob sua hegemonia, com a unificação das economias das demais províncias da ex-colônia. A posição estratégica de Buenos Aires, na foz do rio Paraná, permitia-lhe dificultar o comércio marítimo do interior com o restante do mundo. Desse modo, concentraria no porto dessa cidade as trocas mercantis internacionais da região platina, o que resultaria no incremento da riqueza da burguesia mercantil portenha em detrimento das elites do interior. Estas reagiram e, no Paraguai, em 1811, foi derrotada a coluna militar comandada por Manuel Belgrano, enviada por Buenos Aires para submetê-lo. A proclamação formal da independência paraguaia, porém, deu-se apenas em 1842, embora o II Congresso Geral Paraguaio, de 1813, a deixasse explicitada ao substituir a designação do Paraguai de Província para República. O país foi governado até 1840 pelo Ditador Perpétuo — título oficial — José Gaspar Rodríguez de Francia, filho de português.[1]

A independência paraguaia só foi formalmente proclamada em 1842 e o primeiro país a reconhecê-la, o Império do Brasil, o fez em 1844. De 1824 a 1829, porém, o Brasil manteve um cônsul em Assunção, Manuel Correa da Câmara, a quem Francia pleiteou um tratado definindo os limites entre os dois países, baseado no Tratado de Santo Ildefonso, de 1777, e recusou o critério, desejado pelo Rio de Janeiro, do uti possidetis. Por este, caberia a cada país o território que efetivamente estivesse ocupando por ocasião da independência, e assim seriam brasileiras as terras decorrentes do expansionismo colonial português. As relações brasileiro-paraguaias deterioraram-se rapidamente, a ponto de Francia expulsar o cônsul brasileiro em 1829.[2]

Até o início da década de 1840, inexistiram contatos oficiais do Paraguai com seus vizinhos. Francia isolou seu país como a melhor forma de manter a independência em relação a Buenos Aires e à sua própria ditadura, na qual as instituições "públicas" eram um apêndice de sua vontade e idiossincrasias pessoais.

Durante a ditadura francista, o diminuto comércio do Paraguai com o exterior, sob controle estatal, deu-se com a província argentina de Corrientes, por meio do porto da Villa del Pilar, e com o Brasil, pela Villa de Itapúa. Francia eliminou qualquer oposição por parte de setores da elite a seu projeto isolacionista. Os espanhóis residentes no Paraguai, os *peninsulares*, e parte da elite local, os *criollos*, ambos simpáticos a Buenos Aires devido a interesses econômicos, foram neutralizados após a descoberta, em 1820, de uma conspiração para assassinar Francia, que aplicou a justiça sumária contra os participantes do movimento. O alto preço pago pelos conspiradores, em termos pessoais e com o confisco de seus bens, desencorajou novas conspirações. A Igreja, por sua vez, teve as ordens religiosas expulsas do país e houve a secularização de seus bens, com terras e escravos que lhe pertenciam sendo transferidos para o Estado. Essa medida foi uma reação do Ditador Perpétuo à ordem do papa Leão XII, em 1824, de que arcebispos e bispos na América apoiassem os esforços de Fernando VII, rei da Espanha, para restabelecer sua autoridade sobre as antigas colônias.[3]

O isolamento do Paraguai, afastado das lutas platinas, implicou o estabelecimento de um tipo de economia no qual o Estado se tornou regulador de todas as atividades e detentor do monopólio do comércio da erva-mate, da madeira e do tabaco, os produtos mais significativos da economia nacional. Ao confiscar terras da elite tradicional, o poder econômico do Estado paraguaio fortaleceu-se. Nessas terras organizaram-se as Estancias de la Patria, estabelecimentos estatais arrendados a camponeses ou explorados pelo próprio Estado, nas quais também utilizava mão de obra de escravos negros ou de prisioneiros.[4] A tentativa do ditador da Confederação Argentina, Juan Manuel de Rosas, na década de 1830, de se impor às antigas províncias do vice-reino do Rio da Prata, abrigando-as em um Estado nacional sob sua chefia, contribuiu para a continuidade do isolamento paraguaio na época.

O ano de 1840 assistiu, porém, a mudanças internas tanto no Brasil como no Paraguai, que lhes permitiram voltar a participar das questões platinas. No Paraguai morreu José Gaspar de Francia e, no Império do Brasil, a maioridade antecipada de Pedro II e o pacto intraelites em torno de um Estado monárquico centralizado e escravocrata puseram fim ao conturbado período regencial (1831-40), durante o qual não se pudera criar uma política para o Prata. O Estado brasileiro e o paraguaio, em meados da década de 1840, já estavam suficientemente estruturados para, no caso do Brasil, ter uma política ativa em relação ao Prata e, no caso do Paraguai, se articular externamente na defesa de sua independência.

Sucederam a Francia, no poder, seguidamente, duas juntas militares e um Consulado, composto por Mariano Roque Alonso, militar, e Carlos Antonio López, advogado pertencente ao núcleo de sobreviventes dos grandes proprietários rurais. Em 1844, foi convocado o Congresso paraguaio que, até o início da década de 1870, não teve atividades regulares e se reunia apenas quando chamado pelo Executivo para sacramentar decisões. Dessa vez, o Congresso "elegeu" Carlos Antonio López presidente da República do Paraguai. No plano interno, o novo chefe de Estado deu continuidade ao autoritarismo francista, e, no país, persistiu a inexistência do Poder Legislativo e da Constituição — a qual só viria a ter em 1870. No plano externo, porém, o Paraguai passou a participar dos acontecimentos platinos. Em julho de 1841, o país assinou com a província de Corrientes, sublevada contra Rosas, dois tratados, um de Amizade, Comércio e Navegação e, outro, de Limites. Esses documentos estabeleciam o livre-comércio recíproco e um modus vivendi para evitar conflitos enquanto não se chegasse a um acordo sobre as fronteiras.[5]

O Congresso paraguaio, que não se reunia há duas décadas, proclamou solenemente a independência do país em 1842, com o fim de fortalecê-la mediante seu reconhecimento por parte das demais nações.

Essa nova postura externa demandava a modernização da economia, mas o Paraguai carecia de um setor social com experiência administrativa e capital financeiro para essa tarefa, visto estarem os grupos oligárquicos desestruturados, após terem sido duramente atingidos por Francia. Coube ao Estado dar esse dinamismo à vida econômica, "representando os interesses vitais da nascente burguesia rural cujo poder e sofisticação se garantiam com a expansão de um regime capitalista fortemente baseado nos itens exportáveis da produção agropecuária".[6]

A necessidade de o Paraguai ampliar o contato com o exterior para se modernizar encontrava um obstáculo em Rosas, que se recusava a reconhecer sua independência e dificultava seu comércio com o exterior, ao controlar a navegação do rio Paraná. A intervenção de Rosas na Guerra Civil Uruguaia (1838-51), em apoio aos *blancos* contra os *colorados*, não era bem-vista pelo Império do Brasil, que temia pela independência da República Oriental do Uruguai, país surgido após três anos de guerra (1825-8) entre Buenos Aires e o Rio de

Janeiro pela posse desse território, até então chamado de Banda Oriental ou, pelos brasileiros, de Província Cisplatina. Assim, por representar uma ameaça comum, o líder da Confederação foi um poderoso motivo para a aproximação entre o Brasil e o Paraguai. Em 28 de dezembro de 1842, Carlos López enviou uma nota ao governo imperial, na qual solicitava o reconhecimento da independência paraguaia, na primeira comunicação oficial que o governo paraguaio endereçava ao Império em quase duas décadas. Em 1844, chegou a Assunção o primeiro encarregado de Negócios brasileiro, José Antônio Pimenta Bueno, futuro marquês de São Vicente.[7]

Pimenta Bueno tinha instruções para assinar com o governo de López um tratado que permitisse a comunicação com Mato Grosso, por meio da livre navegação dos rios compartilhados pelos dois países. O encarregado de Negócios foi instruído, também, a empregar todos os meios para evitar que o Paraguai se compusesse com a Confederação Argentina. Em 14 de setembro de 1844, Pimenta Bueno assinou o ato de reconhecimento da independência paraguaia, e o Brasil, ao ser o primeiro país a fazê-lo, comprometeu-se também a utilizar suas representações diplomáticas no sentido de conseguir que outras nações fizessem o mesmo, o que, de fato, aconteceu. Assinou-se, ainda, um Tratado de Aliança, Comércio, Navegação, Extradição e Limites, não ratificado pelo governo imperial, por utilizar o Tratado de Santo Ildefonso na definição das fronteiras, e pelo qual a República restauraria o domínio paraguaio sobre aproximadamente 200 mil quilômetros quadrados, que se encontravam nas mãos de brasileiros.[8]

Pimenta Bueno estabeleceu excelentes relações com o presidente Carlos López, de quem se tornou conselheiro. López informava o diplomata sobre as principais questões que a República enfrentava, e o convidava a opinar sobre os problemas internacionais do Paraguai. Pimenta Bueno colaborou na redação de decretos, de leis, e sugeriu a criação do primeiro jornal do país, o *Paraguayo Independiente*.[9]

A aproximação com o Paraguai atendia à política do governo imperial de buscar isolar Rosas no Prata. O fato de o Brasil ser a única monarquia na América levou seus governantes a apontá-lo como um Estado solitário no continente, cercado de inimigos potenciais. Essa percepção não deixava de ser procedente, pois os Estados vizinhos, em especial os platinos, viam no Brasil monárquico, governado tal qual Portugal pela Casa de Bragança, um herdeiro das ambições do expansionismo colonial português. O discurso sobre a solidão do país cumpria, ainda, a função de fortalecer a unidade nacional brasileira, ao apontar a existência de uma ameaça externa. Daí os temores do Estado monárquico brasileiro quanto a uma poderosa e bem-sucedida república no Sul, na medida em que esta poderia incentivar, por seu sucesso, movimentos republicanos dentro do Brasil. Os governantes imperiais mantinham-se atentos para as repercussões das questões externas diante do quadro interno brasileiro, em especial aquelas relativas ao Prata, região fronteiriça das problemáticas províncias do Rio Grande do Sul, onde já houvera a tentativa secessionista republicana da Farroupilha, e do distante e isolado Mato Grosso.

Um vizinho republicano no Prata poderoso, que somente poderia ser a Argentina, era visto pela diplomacia imperial como ameaça à independência do Paraguai e à do Uruguai. A existência desses dois Estados era a garantia de que os rios platinos não seriam nacionalizados pela Argentina, fato que seria uma ameaça à sua livre navegação. Essa liberdade era essencial ao Rio de Janeiro, para ter acesso por via fluvial ao Mato Grosso, única forma de contato regular dessa província com a capital brasileira. A navegação era feita com barcos que penetravam no estuário do Rio da Prata, subiam pelos rios Paraná e Paraguai, e passavam por Assunção até chegar a Cuiabá, capital mato-grossense. Esse caminho fluvial permaneceu como o meio mais prático para esse contato até a década de 1910, quando foi substituído pela ligação ferroviária entre São Paulo e Mato Grosso.

O Partido Conservador, que governava o Império no final da década de 1840, implementou a política, para o Prata, de defesa da integridade territorial do Paraguai e do Uruguai. Com isso, os conservadores buscavam não só garantir a livre navegação, como também evitar a ampliação da fronteira argentino-brasileira, de modo a reduzir os pontos pelos quais Rosas poderia promover uma eventual agressão ao Brasil. A ação do Império no Prata foi facilitada pelas lutas internas na Argentina e no Uruguai, que se davam em torno do caráter que os respectivos Estados deveriam assumir. Nessas lutas o governo imperial apoiava a facção liberal, aberta ao comércio exterior e, portanto, à liberdade de navegação nos rios.[10] E foi assim que se deu a aliança entre o Império do Brasil, a facção política dos *colorados* no Uruguai — que travavam uma guerra civil contra os *blancos* apoiados por Rosas — e o governador da província de Entre Ríos, Justo José de Urquiza, aliança que viabilizou a queda do ditador da Confederação em 1852.

Derrubado Rosas, os governadores das províncias argentinas assinaram, em maio de 1852, o Acordo de San Nicolás, que redefiniu o Pacto Federal de 1831, que criara a Confederação. Enquanto treze províncias juraram, no Congresso de Santa Fé, a Constituição de 1852, que sacramentou as alterações descentralizadoras, Buenos Aires, que persistia no projeto de um Estado argentino no qual seria hegemônica, recusou-se a fazê-lo e elaborou sua própria Constituição em 1854. Passaram a existir, então, duas unidades políticas independentes entre si e em permanente atrito, a Confederação Argentina, com sede no Paraná, e o Estado de Buenos Aires. Ambos reconheceram a independência do Paraguai, que teve franqueada a navegação do Prata e do rio Paraná.

Garantido seu acesso ao mar, o Estado paraguaio implementou, pouco a pouco, uma estratégia de "crescimento para fora". Baseava-se essencialmente nas exportações de produtos primários para o mercado regional e mundial, viabilizadas com a liberdade de navegação existente no Prata a partir da década de 1850. Essa estratégia teve sua especificidade no fato de que, a partir dela, o Paraguai passou por uma rápida modernização, basicamente militar, sem o concurso de capitais estrangeiros, pagando à vista a tecnologia e os especialistas estrangeiros que importava.[11]

Em 1854, Francisco Solano López, filho mais velho do presidente Carlos Antonio López, foi enviado à Europa como ministro plenipotenciário para comprar armamentos e estabelecer contatos comerciais. Em Paris, conheceu uma cortesã de luxo, a irlandesa Elisa Alicia Lynch. Nascida em 1835, ela fora casada com um oficial francês, de quem se separou e passou a viver no demi-monde de Paris, povoado por mulheres indiferentes à moral da época, refinadas e capazes de agradar os homens também com conversas inteligentes.[12] Foi o capitão Brizuela, ajudante de ordens de Solano López, que o levou a Lynch, ao informá-lo de que conhecera a mais linda mulher de Paris, e ouviu como resposta que a trouxesse nessa mesma noite ao hotel "e não se importe com quanto possa custar". Brizuela, porém, esclareceu que "a moça exige que seja Vossa Excelência que vá à sua casa".[13] O diálogo é esclarecedor sobre a vida que Elisa Lynch levava, porém, após receber Solano López em sua casa, seguiu-o de volta ao Paraguai, e se tornou sua companheira até ele ser morto em Cerro Corá, em 1870.

Na Inglaterra, Solano López entrou em contato com a Blyth & Co, à época uma das companhias mais avançadas do mundo em tecnologia. Por intermédio dessa companhia, o Paraguai passou a comprar armamento, a enviar jovens paraguaios para nela receberem treinamento, e ainda recrutou, entre 1850 e 1870, uns 250 técnicos europeus, dos quais duzentos ingleses, para modernizar o país. Destes, William K. Whytehead tornou-se engenheiro-chefe do Estado paraguaio e, no Exército, William Stewart McFarlane tornou-se cirurgião-chefe — ficando conhecido como Guillermo Stewart —, e George Thompson, engenheiro-chefe.[14]

É fantasiosa a imagem construída por certo revisionismo histórico de que o Paraguai pré-1865 promoveu sua industrialização a partir "de dentro", com seus próprios recursos, sem depender dos centros capitalistas, a ponto de supostamente tornar-se ameaça aos interesses da Inglaterra no Prata. Os projetos de infraestrutura guarani foram atendidos por bens de capital ingleses e a maioria dos especialistas estrangeiros que os implementaram era britânica. As manufaturas oriundas da Inglaterra chegaram a cobrir, antes de 1865, 75% das importações paraguaias, quase todas originadas de Buenos Aires, em operações controladas por comerciantes britânicos ali instalados. Esses comerciantes concediam aos importadores paraguaios um crédito de oito meses para o pagamento das mercadorias.[15]

Também é equivocada a apresentação do Paraguai como um Estado onde haveria igualdade social e educação avançada. A realidade era outra e havia uma promíscua relação entre os interesses do Estado e os da família López, a qual soube se tornar a maior proprietária "privada" do país enquanto esteve no poder. Os outros núcleos econômicos dependiam diretamente do aparelho de Estado para se apropriar de parte do excedente gerado pela economia, como era o caso da nascente burguesia rural. Assim, em 1860, uma libra-peso de erva-mate era vendida em Buenos Aires a um vigésimo de libra esterlina, e as exportações paraguaias desse produto para a capital argentina atingiram o montante de 190 mil libras. O Estado paraguaio pagava 25 libras esterlinas por arroba aos que tinham permissão para explorar os ervaçais, e esses permissionários, por sua vez, pagavam um centésimo de libra esterlina aos trabalhadores empregados na obtenção do mate.[16]

Em relação a seus vizinhos, em 1852, após o reconhecimento da independência do Paraguai pela Confederação, os dois países assinaram um Tratado de Limites. Por este, seria paraguaio o território até o rio Bermejo, na região do Chaco, enquanto a posse da área de Misiones seria argentina. Contudo, o Tratado de Limites foi rejeitado pelo Congresso da Confederação, em 1855. Em retaliação, Carlos López iniciou relações com o Estado de Buenos Aires e nomeou um cônsul junto ao governo portenho. No ano seguinte, o governo do Paraná

Acima, foto de 1869 do palácio que Solano López construiu para sua residência particular e que hoje é a sede da Presidência da República. Abaixo, Solano López em traje oficial, com a faixa de presidente, e sua companheira, Elisa Alicia Lynch. Eles se conheceram em 1853 em Paris, onde ela era cortesã de luxo. Elisa o acompanhou em sua volta ao Paraguai.

enviou Tomás Guido a Assunção, com instruções de obter a formalização da livre navegação dos rios, o livre-comércio e a definição de limites, a qual deveria obedecer às demarcações do período colonial. Guido reivindicou a soberania da Confederação não só sobre Misiones, mas também sobre todo o Chaco. No final, o diplomata da Confederação obteve a assinatura, em 29 de julho de 1856, de um Tratado de Amizade, Comércio e Navegação, e a questão de limites ficou suspensa por seis anos.[17]

O enviado extraordinário e ministro plenipotenciário do Império, Limpo de Abreu (visconde de Abaeté), assinou esse Tratado de Amizade, Comércio e Navegação com a Confederação, que permaneceu secreto. Por esse acordo as duas partes se comprometiam a não apoiar a separação de parte do território do país aliado ou o estabelecimento de governo independente em desafio às autoridades constituídas. Com isso, o Império apoiava a Confederação em sua disputa com o secessionista Estado de Buenos Aires, apesar da ameaça britânica de apoiar os portenhos, caso o Brasil ajudasse de algum modo o governo do Paraná. À Grã-Bretanha interessava, pela ordem de prioridade, uma Argentina unida, pacífica e liberal, características que favoreceriam o comércio inglês na região. Fez-se um pacto pelo qual o Império auxiliaria o aliado a reincorporar Buenos Aires e, em contrapartida, a Confederação apoiaria o Brasil, em seus dois problemas com o Paraguai: o de limites e o da dificuldade em obter a livre navegação dos rios internacionais platinos.[18]

O governo imperial reivindicava a soberania do território entre os rios Branco e Apa, tendo este último como limite com o Paraguai, com base no princípio do uti possidetis, pois havia cidadãos brasileiros dispersos nessa área. O governo paraguaio, por sua vez, pleiteava o limite no rio Branco, com base no Tratado de Santo Ildefonso, de 1777, assinado entre a Coroa espanhola e a portuguesa. A diplomacia imperial rejeitava esse pleito e argumentava que o Tratado de Badajoz, de 1801, firmado entre essas duas metrópoles, anulara o documento do século anterior.[19]

Durante grande parte da década de 1850, Carlos López criou obstáculos à livre navegação do rio Paraguai por navios brasileiros, condicionando-a à delimitação da fronteira entre os dois países no rio Branco. A vital importância dessa navegação para o Império levou-o a ameaçar o Paraguai com uma guerra, para a qual este não estava preparado.[20] O governo paraguaio cedeu e assinou com o Império, em abril de 1856, um tratado em que garantia a livre navegação e postergou por seis anos a discussão das fronteiras, mantendo-se o status quo do território litigioso entre os rios Apa e Branco.

Apesar do acordo assinado em 1856, as autoridades paraguaias continuaram a dificultar, por meio de regulamentos, a passagem de navios brasileiros que rumavam para Mato Grosso. Carlos López era dominado pela ideia de que, com a livre navegação, o Império fortaleceria militarmente essa província e ameaçaria seu país.[21] O governo imperial, por sua vez, no final da década de 1850, não descartava a possibilidade de um conflito com o país guarani. Paulino de Souza afirmou, em 1857, que "no caso presente, tem toda a aplicação o princípio de que na paz cumpre preparar a guerra". Nesse ano, o almirante Marques Lisboa foi enviado para a Europa, com a missão de comprar 100 mil rifles e acompanhar a construção de seis navios de guerra. Enquanto isso, eram enviadas tropas com numerosos oficiais para Cuiabá. O governo do Rio de Janeiro agia com prudência e articulava os preparativos militares com movimento diplomático.[22]

Enquanto fazia preparativos militares, o Império enviou a Assunção, ainda em 1857, o conselheiro Joaquim Thomaz do Amaral que não conseguiu do governo paraguaio alterações na regulamentação que restringia a livre navegação. Como consequência, em setembro desse mesmo ano seguiu para o Paraguai o ministro dos Negócios Estrangeiros brasileiro José Maria da Silva Paranhos (futuro visconde do Rio Branco), que, antes, passou por Buenos Aires, onde assegurou a neutralidade do Império nas divergências entre esse Estado e a Confederação. Em seguida, Paranhos deteve-se no Paraná e assinou com a Confederação um acordo para a extradição de criminosos, de desertores e de escravos fugitivos, e firmou outro, que regulamentava a navegação e o comércio pelos rios pertencentes aos dois países. Também foi assinado um Tratado de Limites, pelo qual a Confederação renunciava a qualquer pretensão sobre a região de Misiones, a oeste dos rios Pepiri-Guaçu e Santo Antônio. Este documento foi criticado pelo Congresso da Confederação, que se recusou a aceitar o princípio do uti possidetis, não o ratificando; o mesmo ocorreu quanto à extradição de escravos. A passagem de Paranhos pelo Paraná proporcionou a Urquiza um novo empréstimo do Brasil, no valor de 300 mil patacões (em 1851, por ocasião da aliança contra Rosas, recebeu outro, de 100 mil patacões), com juros anuais de 6%. Paranhos, por sua vez, conseguiu, pelo protocolo reservado de 14 de dezembro, que a Confederação, junto com o Uruguai, reclamasse a abertura do rio Paraguai à livre navegação, e essa demanda coincidiu com a sua presença em Assunção. Não se chegou a estabelecer uma aliança militar contra a República guarani, porque o enviado imperial não aceitou as pretensões argentinas quanto à definição de limites com esse país. O Paraná reiterou a reivindicação de posse sobre todo o Chaco, à margem direita do rio Paraguai, enquanto o diplomata brasileiro concordava com a posse apenas até o rio Bermejo, devendo a Confederação desistir do restante do território em troca de Misiones.[23]

Apesar da ausência de uma aliança militar, o protocolo reservado estabelecia a possibilidade de cooperação entre Paraná e Rio de Janeiro em caso de guerra contra o Paraguai. À Confederação caberia, se o conflito se concretizasse, fornecer 6 mil homens, enquanto o Império acrescentaria mais 8 mil soldados, além de forças navais que realizariam o bloqueio fluvial do país guarani, atacariam as posições paraguaias e transportariam suprimentos e munições para as forças aliadas. O comandante em chefe aliado seria o general Urquiza, governador de Entre Ríos. Caso não participasse do conflito contra Assunção, caberia ao governo do Paraná permitir que as forças imperiais passassem pelo território de Corrientes, enquanto o Brasil se comprometia, por seu lado, a impedir com sua Marinha um eventual ataque de Buenos Aires à Confederação.[24]

Em decorrência da missão de Paranhos, foi assinado, em dezembro de 1857, um contrato entre Irineu Evangelista de Sousa, barão de Mauá, e o governo da Confederação. Assim, esse empresário brasileiro obteve autorização, válida por quinze anos, para instalar no país um banco de depósitos à vista, com permissão para cunhar moedas de ouro e prata. Mauá teve excelentes relações com Urquiza, e o caudilho utilizou o crédito concedido pelas agências do referido banco no Uruguai, no Brasil e na Inglaterra, para adquirir, tanto no Império como na Europa, armamentos, munições, víveres, objetos de arte e outros artigos.[25]

Para o cônsul britânico em Buenos Aires existia uma motivação econômica no apoio brasileiro a Urquiza. Se a Confederação incorporasse Buenos Aires, teria recursos financeiros adicionais, ficando o Império mais seguro para receber os empréstimos concedidos ao Paraná.[26] Além do mais, enquanto Entre Ríos e Corrientes, as províncias mais importantes da Confederação, possuíam uma tradição em favor da livre navegação dos rios, Buenos Aires fora, historicamente, um obstáculo a ela. Por essa época os governantes do Império não podiam considerar, sem razoável grau de incerteza, que os portenhos não mais criariam dificuldades à liberdade de trânsito fluvial no Prata.

Em 7 de janeiro de 1858, Paranhos chegou a Assunção. Ali já circulavam, de modo conveniente, os rumores do protocolo assinado entre o enviado imperial e o governo da Confederação, o que levou Carlos López a adotar uma posição de prudência e a aceitar as pretensões brasileiras quanto à navegação. No mês seguinte, no dia 12, foi assinado um convênio que, conforme Paranhos, "resolveu todas as questões de um modo satisfatório", franqueou os rios à navegação e, por protocolo anexo, definiu a Bahía Negra como o limite ocidental, no Chaco, entre os dois países.[27] Paranhos afirmou, posteriormente, que priorizou a garantia da livre navegação e não a definição das fronteiras, pois o território litigioso era, em grande parte, desabitado e o Brasil não tinha condições de povoá-lo naquele momento. Quanto a essa questão, o Império deveria, nessa época, apenas policiar e manter o território sob constante vigilância.[28]

Cedendo quanto ao livre trânsito fluvial, o governo paraguaio ganhava tempo para tentar colocar o país em condições de lutar contra seus vizinhos. Os López, pai e filho, estavam persuadidos de que mais cedo ou mais tarde o Brasil e a Argentina, apesar de todas as suas rivalidades, se entenderiam para fazer a guerra ao Paraguai. Daí os preparativos militares de Carlos López, cuja finalidade, na opinião do próprio Paranhos, "nunca teve em vista a guerra ofensiva, preparando-se sempre para a defensiva". O presidente López temia, no início, que a Argentina pudesse atentar contra a independência guarani e, mais tarde, um conflito também com o Império, em decorrência das questões fluviais.[29]

Como consequência dos acordos anteriores, em 2 de janeiro de 1859 acabou por ser assinado um tratado de aliança entre o Rio de Janeiro e o Paraná, pelo qual a Confederação continuava a ser respaldada pelo governo brasileiro. Contudo, Urquiza não ratificou o tratado devido à resistência do governo imperial em intervir diretamente em Buenos Aires, bem como à recusa de conceder novo empréstimo de 1 milhão de pesos fortes. O caudilho entrerriano voltou-se, então, para o Paraguai, ao qual propôs uma aliança, recusada por Carlos López, que se ofereceu, no entanto, para ser o intermediário entre a Confederação e Buenos Aires, em busca de uma solução para as divergências entre as duas partes. A proposta foi aceita após idêntica oferta, por parte do Império, ter sido recusada por Urquiza, quando fora deste a iniciativa de solicitá-la.[30]

Carlos López não desejava, porém, a unificação argentina. Se ela ocorresse, expressou ele a Francisco Adolfo de Varnhagen, representante brasileiro em Assunção, o vencedor, fosse Buenos Aires ou os federalistas, se voltaria contra o Brasil e o Paraguai. O melhor, afirmou López, seria os dois países se prevenirem para essa eventualidade e acrescentou que o Paraguai, além de estar pronto para a luta, desejava-a como forma de pôr fim à situação de paz armada, causadora de enormes gastos. As palavras do presidente tinham a finalidade de obter informações sobre a posição do Império na disputa entre Urquiza e Buenos Aires. Varnhagen colocou-se contra a guerra, respondendo a Carlos López que mesmo as vitórias custavam caro, mas lhe garantiu que o Brasil defenderia a independência do Paraguai e a do Uruguai, se fossem ameaçadas.[31]

Varnhagen chegou a Assunção em 15 de agosto de 1859, onde pouco permaneceu, retirando-se já nos primeiros dias de novembro desse ano. Sua partida deveu-se a problemas de saúde e, ainda, a um artigo "evidentemente escrito pelo presidente López", publicado no jornal oficial *El Semanario*, que qualificava de hostil ao Paraguai o Tratado de 1857 entre o Império e a Confederação. Diante das opções de reagir ao artigo, o que poderia trazer dificuldades adicionais no relacionamento entre o governo brasileiro e o paraguaio, ou, então, de permanecer "impassível", o que poderia ser interpretado como demonstração de fraqueza, Varnhagen achou melhor retirar-se do país.[32]

Nas divergências de limites, o governo brasileiro e o paraguaio mantinham-se intransigentes em suas posições e envenenavam as relações bilaterais. Para o Império, qualquer concessão nesse aspecto seria uma ameaça à própria manutenção de Mato Grosso como parte integrante do Brasil. Afinal, escreveu Varnhagen, as "tendências de absorção do território de Mato Grosso, em virtude da proximidade de Assunção, têm crescido progressivamente de 1750 para cá".[33]

Carlos López não escondia do Brasil sua determinação de não ceder na questão territorial. Ele afirmou ao novo encarregado de Negócios brasileiro, Carvalho Borges, ser impossível chegar a um acordo sobre as fronteiras enquanto ambos os países se mantivessem intransigentes. Ele acusou o governo imperial de promover o avanço sobre a área litigiosa, descumprindo o acordo de manter o status quo, e acrescentou que o Paraguai não cederia pacificamente. Para Carvalho Borges, o presidente "nunca" reconheceria, por meios pacíficos, a linha fronteiriça do Apa e do Iguatemi, exceto mediante outras concessões "sumamente onerosas" para o Império. Em contrapartida, López demonstrava "grande desejo" de viver em paz com o Brasil,[34] visto ter que se preocupar também com as reivindicações territoriais da Confederação Argentina.

A derrota das tropas da Confederação, comandadas por Urquiza, para as forças de Buenos Aires, chefiadas por Bartolomé Mitre, na batalha de Pavón (17 set. 1861), causou forte impacto no governo paraguaio. Carlos López e Francisco Solano López ficaram alarmados com o desenrolar dos acontecimentos, pois "muito temem o general Mitre". Esse sentimento de insegurança contribuiu para Solano López acreditar no boato, vindo de Buenos Aires, sobre intenções hostis do Império em relação ao Paraguai. Ele se mostrou "assustado" com esse rumor e, por esse motivo, segundo declarou ao representante brasileiro em Assunção, o governo paraguaio aumentou suas forças nas regiões próximas do Brasil.[35]

Carlos López declarou a Carvalho Borges que não tinha esperança de viver em paz com o Brasil e que essa ideia o atormentava. A tensa situação levou esse diplomata, em correspondência ao governo brasileiro, a declarar ser a Legação em Assunção "posto sumamente difícil". Carvalho Borges classificou-se "incapaz" para a função de encarregado de Negócios no Paraguai e solicitou sua remoção tão logo fosse possível.[36]

Por sua vez, o governo imperial, como a moratória estabelecida em 1856 vencera em abril de 1862, habilitou Carvalho Borges para negociar a questão de limites com Carlos López. O chanceler brasileiro escreveu que o Império respeitava o território paraguaio e, "sempre que preciso", respaldaria o Paraguai na manutenção de sua integridade. O Império estava disposto a negociar condições "justas e razoáveis" que Carlos López viesse a propor, desde que não atingissem direitos de terceiros países, além do que "o Império não cederá território seu".[37] Portanto, o governo imperial não apoiaria o Paraguai na disputa pelo Chaco com a Bolívia, que reclamou esse território em 1852, nem cederia na reivindicação de estabelecer o rio Apa como marco fronteiriço.

Carvalho Borges foi instruído a não insistir em negociações, caso visse que a postura paraguaia seria de não atender à reivindicação brasileira sobre limites. Nesse caso, continuaria a viger a Convenção de 1856, que garantia a livre navegação, que era "da maior importância para o Império", e o Brasil se manteria no território até o Apa, respaldado por títulos de posse "inquestionáveis". O chanceler brasileiro não acreditava que o governo paraguaio cometeria a "imprudência" de atacar o Império, e ele estava convencido de que a controvérsia se resolveria de "forma pacífica" — o Paraguai cederia —, pois aos dois países interessava evitar o rompimento.[38] Esta era também a opinião predominante nos círculos políticos do Rio de Janeiro.

Ao discursar na Câmara dos Deputados, Paranhos argumentou que o Paraguai não poderia provocar uma guerra com o Brasil, devido à desigualdade de recursos entre os dois países. O Brasil não deveria, porém, utilizar-se de sua superioridade para tentar resolver a questão pela força:

> Quando se trata de uma nação fraca, não queiramos só resolver as questões à valentona, porque pode haver também uma nação forte que nos queira aplicar a pena de talião. É necessário que sejamos moderados, prudentes e justos para com todos.[39]

Carvalho Borges participou das reuniões preliminares sobre a questão de limites com o presidente Carlos López e com Francisco Solano López. Pai e filho encontravam-se alarmados quanto a intenções belicistas que viam no Brasil, conclusão a que chegaram pela leitura de artigos publicados na imprensa carioca. Queixavam-se das "provocações" do Império no território contestado, referindo-se ao aumento da presença brasileira na região (foi fundada, por exemplo, a colônia militar de Dourados). Estavam convencidos de que a navegação brasileira do rio Paraguai era prejudicial a seu país, por julgarem que esta era utilizada pelo Império para armar Mato Grosso. Sentindo-se pressionado pelo Império e pelo fortalecimento do poder do general Mitre, o presidente López afirmou reiteradas vezes a Carvalho Borges que o Brasil e o Paraguai poderiam dividir o território litigioso. Essa ideia já fora apresentada antes, "tendo sido sempre repelida pelo governo imperial".[40]

O ambiente, que era pouco favorável a negociações, ficou ainda pior com o protesto apresentado por Carvalho Borges ao governo paraguaio. O motivo era a incursão dois meses antes, em fevereiro, de sessenta a setenta soldados paraguaios até as colônias militares brasileiras de Dourados e Miranda, localizadas às margens dos rios de mesmo nome, e instaladas no território reivindicado pelos dois países. A nota de protesto tinha tom conciliador, mas o mesmo não ocorreu com a resposta do chanceler paraguaio, que defendia a incursão militar, sob o argumento de que de nada valeria uma reclamação diplomática.[41] Carvalho Borges se convenceu de que o presidente López planejava uma ação militar contra o Império, desde que conseguisse, no mínimo, a garantia do general Mitre de que Buenos Aires não tinha intenções hostis em relação ao Paraguai. Considerando inútil continuar em Assunção, pois não conseguiria evitar uma ação paraguaia contra o Brasil, e argumentando estar doente, Carvalho Borges se retirou, sem autorização da Chancelaria brasileira, para Montevidéu.[42]

Esse diplomata tinha razão quanto aos preparativos bélicos do governo paraguaio. Em 6 de fevereiro de 1862, reuniram-se em Assunção, com Francisco Solano López, ministro da Guerra, os chefes militares vindos de diferentes pontos do país. Nessa ocasião elaborou-se um "orçamento de gastos com a guerra" e iniciou-se a mobilização militar, convocando-se todos os cidadãos entre dezessete e quarenta anos de idade para o serviço militar. O major Pedro Duarte foi nomeado para comandar o acampamento militar de Cerro León, a uns noventa quilômetros da capital e centro daquela mobilização, que já contava entre 4 mil e 5 mil recrutas. Em 15 de abril desse mesmo ano, Duarte recebeu ordens de Solano López para regressar a seu antigo posto, de comandante militar da vila de Encarnación, na fronteira leste, para organizar uma força militar de 10 mil soldados.[43] O Paraguai preparava-se para a guerra.

O fato de o território litigioso produzir erva-mate e haver disputa dos mercados de consumo desse produto, amplamente utilizado no Prata na elaboração do chimarrão, realimentava a rivalidade brasileiro-paraguaia. No início da década de 1860, havia excesso de oferta de erva-mate, o que deprimia seus preços quando o governo paraguaio necessitava de maiores recursos para manter suas importações de maquinaria e material defensivo. A ampliação das exportações paraguaias de mate teria que ocorrer, obrigatoriamente, à custa do mate brasileiro.[44] O Estado tinha o monopólio da produção de mate no Paraguai e obteria lucro máximo se também fosse monopolista na oferta desse produto nos mercados internacionais.[45] Portanto, a dinâmica econômica é elemento adicional aos motivos de ordem geopolítica, na disputa de limites entre os dois países, a contribuir para o agravamento das relações entre o Império e o Paraguai.

TENSÃO REGIONAL (1862-4)

Para os Estados platinos, o ano de 1862 foi um marco, quer para as respectivas políticas internas, quer para as relações entre eles. No Paraguai, Francisco Solano López ascendeu ao poder; na Argentina, houve a reunificação nacional sob a liderança de Buenos Aires e, no Brasil, o Partido Liberal substituiu o Conservador no governo. Nesse ano, também teve fim a moratória para a definição dos limites, estabelecida pelo Paraguai com o Império e a Confederação Argentina na década anterior. As relações do novo governo paraguaio deterioraram, a partir de 1864 de forma acelerada, tanto com o Império como com a República Argentina, levando o Paraguai à guerra contra esses dois países que, juntamente com o Uruguai, constituíram a Tríplice Aliança para enfrentar Solano López.

As novas situações políticas

Em setembro de 1862, morreu Carlos Antonio López, que foi substituído na chefia do Estado pelo filho, Francisco Solano López, então com 36 anos. A substituição só foi possível porque o Congresso paraguaio, convocado em 1856 — a sessão anterior fora em 1844 —, sacramentou a decisão de Carlos Antonio López de abaixar o limite de idade para ocupar o Executivo do país de quarenta para trinta anos. Também foi sacramentado o desejo de López de designar seu sucessor provisório, indicação que posteriormente passaria pela apreciação de um Congresso extraordinário.

Em agosto de 1862, Carlos López, gravemente enfermo, fez seu primeiro testamento político, designando Angel Benigno López, um de seus cinco filhos, para assumir o cargo, até então inexistente, de vice-presidente. Angel Benigno estudou durante dois anos, na década de 1840, na Escola Naval da Marinha brasileira e era culturalmente superior a seu meio, possuindo ideias mais liberais que inspiravam desconfiança em seu irmão mais velho, o ministro da Guerra e da Marinha, Francisco Solano López.[46] Este, graças à nomeação de seu pai, chegou ao posto de general de Exército com apenas dezenove anos de idade e, com 23, já era ministro da Guerra e Marinha. Mais tarde, quando se encontrava no poder, Solano López também proporcionou fulgurante carreira militar a seus filhos: Juan Francisco foi nomeado coronel com quinze anos de idade; Enrique chegou a tenente com onze anos e Leopoldo já era sargento com sete anos.[47]

Francisco Solano López estava em Humaitá, estratégica fortaleza às margens do rio Paraguai, no Sul do país, quando soube do agravamento do estado de saúde de seu pai. Retornou a Assunção e discordou quando Carlos López comunicou a decisão de nomear Angel Benigno López para vice-presidente. Solano López conseguiu que o moribundo alterasse o testamento, nomeando-o para esse cargo.[48]

Carlos Antonio López morreu em 10 de setembro de 1862. Momentos antes de expirar, alertou Solano López de que o Paraguai "tem muitas questões pendentes, mas não busque resolvê-las pela espada, mas sim pela caneta, principalmente com o Brasil".[49] Carlos López agiu para obter um lugar para o Paraguai no plano internacional, mas tinha consciência da debilidade do seu país, daí o pragmatismo de sua política externa, pautada pelos limites do possível. O falecido presidente não era um aventureiro, nem um teimoso, e "como bom administrador tradicional, conhecia os limites do seu poder".[50] Bem diferente seria a atuação de seu filho mais velho, ao ocupar a presidência paraguaia.

Solano López assumiu, em caráter provisório, a chefia do Estado paraguaio e, em 16 de outubro, foi instalada a sessão do Congresso paraguaio, que não se reunia desde 1856, para eleger o novo presidente. O deputado Carlos Riveros foi encarregado de lançar a candidatura presidencial de Solano López, a única a ser apresentada. O deputado José María Varela apresentou, porém, moção questionando a legitimidade de se passar o poder de pai para filho quando o regime era republicano e a Ley de Administración Política de la República, de 1844, afirmava que "o governo da República não será patrimônio de uma família". Riveros contra-argumentou que a eleição não se basearia na relação familiar, mas, sim, na eleição pelos deputados no livre exercício de seus mandatos. Pressionado, Varela retirou a moção, sendo Solano López eleito, por unanimidade, para um mandato de dez anos.[51]

A apresentação da moção de Varela resultou de um acordo prévio entre vários cidadãos, com a finalidade não só de impedir a eleição de Solano López, como também de levar à criação de uma Constituição que garantisse mais liberdade no país. Durante a sessão do Congresso, esse grupo também fez circular a ideia de uma Constituição que garantisse ao Paraguai uma vida nos padrões da civilização e do progresso. A ideia foi rejeitada, sob o argumento de que era inoportuna e improcedente, pois o Congresso fora convocado com o único objetivo de eleger o novo presidente.[52] Na verdade, o Congresso fora convocado para ratificar a permanência de Solano López no poder e não para aprimorar a organização política do país.

Os congressistas dissidentes, que ousaram questionar a apresentação da "candidatura" de Solano López, foram presos. José María Varela, o sacerdote Fidel Maíz e Pedro Lezcano, presidente da Corte Suprema, foram condenados a cinco anos de prisão, sob a acusação de conspirar contra o Estado e de tentarem promover uma "revolução social, moral e política". O próprio irmão do presidente eleito, Benigno López, a quem, por suas ideias liberais, se atribuía a autoria da tentativa reformista, foi confinado no interior do país.[53] Se o povo paraguaio tivesse tido a liberdade de escolher seus governantes, "não há dúvida nenhuma" de que o escolhido teria sido José Berges, "um dos homens mais bem preparados para dirigir o Paraguai", o que explicaria a pouca simpatia que Solano López tinha para com ele.[54]

No poder, Solano López deu continuidade à tradição autoritária paraguaia. Por todo o país pululavam informantes da polícia, que delatavam qualquer comentário que deixasse alguma dúvida quanto à adesão ao governante, e o autor do comentário era, no mínimo, obrigado a prestar esclarecimentos à autoridade policial. A própria Igreja paraguaia foi nacionalizada, com seus membros obedecendo antes ao Estado do que ao Vaticano. Os sacerdotes delatavam às autoridades policiais tudo o que ocorria em suas dioceses; "era uma espionagem horrível".[55] Ao assumir suas funções, os sacerdotes tinham que fazer um juramento de fidelidade ao Estado. Em 1863, ao se tornar bispo de Assunção, Manuel Antonio Palacios jurou fidelidade ao "Governo Supremo" nos seguintes termos:

> [...] juro pelo sagrado nome de Deus e dos Sagrados Evangelhos e prometo prestar obediência à Pátria e fidelidade ao Governo Supremo [...] que não participarei em reunião, plano e nem iniciativa alguma, dentro ou fora do país, contra a tranquilidade pública ou contra o Supremo Magistrado da Nação [Solano López] e se venho a saber de algo nesse sentido, seja em minha Diocese ou fora dela, informarei ao Governo.[56]

Afinal, meses depois de Francisco Solano López assumir o poder, foi reimpresso o *Catecismo de San Alberto*, que o apresentava praticamente como um monarca. Publicado pela primeira vez em Madri em 1786, esse catecismo fora escrito por Frei José Antonio de San Alberto Campos y Julián — mais conhecido como "o bispo de San Alberto", bispo de Tucumán — depois da sublevação de Túpac Amaru e dos excessos que estariam sendo cometidos pela Assembleia Nacional em Paris. A obra se propunha a inculcar nas crianças que um rei não está submetido ao povo, mas a Deus, seu único superior. Na edição adaptada do *Catecismo* publicada no Paraguai,[57] a palavra "rei" não foi substituída por "presidente", sendo esta confundida com aquela como chefe de Estado. Também o termo "súdito" não foi substituído por "cidadão", e a lição IX intitula-se "De los súbditos del gobierno" [Dos súditos do governo]; a cidadania republicana é omitida nesse documento, de certo modo repercutindo a realidade do caráter do poder no Paraguai.

INSTRUCCION

SOBRE

LAS OBLIGACIONES MAS PRINCIPALES

DE UN

VERDADERO CIUDADANO

REIMPRESA

EN LA

Asuncion del Paraguay

IMPRENTA NACIONAL

1863

O Catecismo de San Alberto, *publicado no Paraguai, no início do governo de Francisco Solano López.*

A lição I desse catecismo ensina que a origem dos reis é a mesma da Divindade, pois o poder de ambos procede de Deus e "seus tronos são tronos do mesmo Deus". Na lição II pergunta-se o que é o rei e os modos de se chegar a sê-lo, a resposta sendo:

> O homem pode chegar a ser rei por adoção, por compra, por permuta, por direito de guerra, por sucessão hereditária e por eleição. Este último modo é o admitido e usado pela República do Paraguai para colocar legalmente um cidadão no Magistrado Supremo.

E o Magistrado Supremo é uma "potestade temporal e suprema, instituída por Deus para governar os povos com equidade, justiça e tranquilidade", e assim como é com o rei, seu poder vem de Deus. Os "súditos" estão obrigados a respeitar o Magistrado Supremo, porque "é Superior, é Pai e é imagem de Deus" (lição XI) e porque a Divindade deu-lhe "poder para mandar" (lição XV). Na guerra, não cabe ao soldado averiguar se a batalha é justa ou não, "apenas supor que é e obedecer", sendo sua obrigação "expor sua vida, não praticar injúria nem violência e contentar-se com seu soldo" (lição XIX).[58]

Com a chegada de Solano López ao poder, o "Paraguai retornou a uma monarquia absoluta disfarçada de república". Na figura do novo chefe de Estado, confluíram "lealdades conflituosas", como a dedicada à nação e a dedicada ao monarca, e se apagou a diferença entre súdito e cidadão. Daí a publicação de um catecismo com finalidade política de caráter absolutista. Com os López no poder houve certa modernização econômica, mas os conceitos políticos voltaram, pouco a pouco, aos existentes no Antigo Regime.[59] O suposto experimento econômico original "não foi mais do que o prolongamento do militarismo, absolutismo e mercantilismo coloniais" que, ao acentuar facetas deste último, deu-lhe uma aparência sui generis.[60]

Pouco depois de assumir a presidência, Solano López procurou adornar sua figura, encomendando joias na Europa. Em 1863, a empresa parisiense Fontana e Cia., fornecedora de joias para a Coroa francesa, enviou para o Paraguai uma condecoração ornada de brilhantes, que Solano López mandara fazer para si mesmo, ao custo de 16 080 francos, além de um luxuoso cinto em que foram gastos outros 420 francos. Esse fabricante também enviou modelos de espadas incrustadas de diamantes, para apreciação do chefe de Estado paraguaio.[61]

José Gaspar Rodríguez de Francia, que tinha o título oficial de ditador perpétuo do Paraguai. Governou o país de 1813 até sua morte, em 1840, isolando-se do resto do mundo como forma de manter a independência em relação a Buenos Aires e, também, seu despotismo pessoal.

Carlos Antonio López governou o Paraguai de 1844 até sua morte, em 1862. Estabeleceu relações com outros Estados, sendo o Brasil o primeiro país a reconhecer a independência paraguaia. Carlos Antonio López fortaleceu militarmente o país, importando máquinas e técnicos europeus, sobretudo ingleses.

Carlos Antonio López, moribundo, nomeou Francisco Solano López como presidente provisório do Paraguai. Nessa posição, Solano López perpetuou-se no poder e, alterando a política externa de seu pai, passou a interferir nos acontecimentos internacionais do Rio da Prata.

O Paraguai que Solano López recebeu para chefiar era uma nação unificada, sem dívidas e, graças à presença de técnicos estrangeiros, com avanços tecnológicos em relação a outras nações do continente. Essa modernização, todavia, era de caráter militar ou defensiva, enquanto o camponês paraguaio utilizava ainda técnicas de cultivo de dois séculos de idade. O Estado guarani era dono, em meados do século XIX, de quase 90% do território nacional e praticamente controlava as atividades econômicas, pois cerca de 80% do comércio interno e externo eram propriedade estatal.[62] Para manter seu ritmo de desenvolvimento, a economia paraguaia necessitava ampliar o comércio externo, de modo a conseguir recursos para continuar a importar tecnologia. Tal quadro levou o Paraguai a ter interesses fora de suas fronteiras, a participar das questões na Bacia do Prata, "a buscar seu Lebensraum".[63]

A ação no sentido de aumentar sua presença no Prata colocou Assunção em rota de colisão com o Império. Este buscava manter o status quo platino, que se caracterizava pelo desequilíbrio favorável ao Brasil, hegemônico na área por ter sido, até então, vitorioso em influir sobre os Estados da região, por meio de um sistema de alianças. A falta de definição de limites era um elemento visível de tensão entre o Paraguai e o Império.

No Brasil, o ano de 1862 assistiu à ascensão de um gabinete liberal, o primeiro desde 1848. Nas eleições legislativas de 1860 vencera a chapa liberal, que deu início a um movimento vigoroso rumo ao poder, alterando o quadro partidário. Na Câmara surgiram três grupos políticos: o conservador puritano, o conservador moderado e o liberal. Estes dois últimos grupos compuseram-se, formando a Liga Progressista, e a Câmara causou a queda do gabinete conservador, presidido pelo marquês de Caxias. O período entre 1862 e 1868 viu a constituição de seis gabinetes liberais, sequência causada por lutas políticas internas, que tiveram repercussão na ação brasileira no Prata.[64]

A nova postura paraguaia, de participar dos assuntos platinos, também levou à alteração nas relações que o país guarani mantinha com a Argentina. Nesta, apesar da vitória do projeto centralizador de Estado, decorrente da derrota militar de Urquiza para Bartolomé Mitre, em 1862, restaram resistências federalistas nas províncias, especialmente em Entre Ríos e Corrientes. Para combater o recém-nascido governo central, a oposição argentina procurou articular-se com as forças platinas contrárias a Buenos Aires. Uma dessas forças eram os *blancos*, que estavam no poder no Uruguai, onde os opositores à ditadura de Rosas, como o próprio Mitre, estiveram exilados sob a proteção dos *colorados*. Outra força era o Paraguai, que se aproximava do governo uruguaio para buscar uma saída para o oceano, pelo porto de Montevidéu, e assim garantir e ampliar suas relações comerciais com os centros capitalistas europeus. Bartolomé Mitre afirmaria, posteriormente, que, "vencido o tirano do Paraguai com todo o seu poder, desapareceu a néscia esperança de que viesse ele derrocar o governo argentino em prol e honra dos reacionários da República".[65]

O elemento catalisador de todas essas divergências foi a situação política no Uruguai, sob a presidência, desde 1860, de Bernardo Berro. O porto de Montevidéu apresentava-se como concorrente de seu congênere de Buenos Aires, pois Entre Ríos e Corrientes dele se utilizavam como variante comercial para suas exportações. Desse modo, a República uruguaia estabeleceu relações com a resistência federalista contra Mitre. Ao Estado centralizado que Buenos Aires procurava consolidar, os *blancos* contrapunham um entendimento entre seu país, o Paraguai e aquelas duas províncias argentinas.[66]

Em relação ao Brasil, o presidente Berro procurou enfraquecer a hegemonia imperial em seu país. O governo uruguaio recusou-se a renovar o Tratado de Comércio e Navegação de outubro de 1851, quando expirou dez anos depois, eliminando, assim, os privilégios comerciais do Império, e fechou à livre navegação os rios Cebollatí, Tacuru e Olimar. Berro empenhou à Grã-Bretanha e à França as rendas da alfândega, já hipotecadas ao Brasil pelo Tratado de 1851, como garantia de pagamento dos prejuízos causados aos cidadãos daqueles países europeus nas guerras civis uruguaias. Atingindo os interesses de estancieiros gaúchos, Montevidéu instituiu o imposto sobre as exportações de gado em pé para o Rio Grande. O chefe de Estado uruguaio tomou, ainda, medidas no sentido de evitar em seu país o uso de mão de obra escrava por fazendeiros brasileiros, trabalho que barateava sua produção de charque em prejuízo dos produtores orientais desse tipo de carne, que tinham custos maiores decorrentes da utilização do trabalho livre.[67]

O Uruguai foi criado em 1828 e cumpriria a função, segundo lorde Ponsonby, representante do governo britânico no Prata, patrocinador da independência uruguaia, de um algodão entre dois cristais, as Províncias Unidas do Rio da Prata e o Império do Brasil, evitando que se chocassem.[68] O Estado oriental não chegou a cumprir esse papel e, mais, tornou-se, a partir de 1863, ponto de convergência das contradições platinas que desencadeariam a guerra entre o Paraguai e a Tríplice Aliança.

O presidente Berro indispôs-se tanto com a Argentina quanto com o Império que o fim do seu governo passou a interessar a esses dois países. Se isso ocorresse, permitiria a Mitre consolidar o Estado unitário, após o que poderia enfrentar o Paraguai e os federalistas de Corrientes e Entre Ríos, caso se aliassem a Solano López. Já ao Brasil, o término daquele governo significaria atender aos reclamos dos fazendeiros gaúchos, liberando o Império para pressionar, militar e diplomaticamente, o Paraguai para forçá-lo a aceitar o rio Apa como fronteira entre os dois países.

Argentina e Brasil

Em abril de 1863 o caudilho *colorado* Venancio Flores, que, no ano anterior, combatera ao lado de Mitre na batalha de Pavón, invadiu o Uruguai com tropas recrutadas e organizadas em Buenos Aires e com o beneplácito do governo argentino. Este deu apoio moral a essa invasão e incentivou e ajudou a rebelião *colorada* com dinheiro e "milhares" de mosquetões.[69]

Diante da hostilidade de seus poderosos vizinhos, pois o governo imperial protestara quanto a violências cometidas contra súditos seus em território oriental, e enfrentando a revolta "colorada", Bernardo Berro acelerou sua aproximação do Paraguai. Já em 1862 o governo uruguaio enviara Juan José de Herrera a Assunção, o qual alertou Solano López sobre o perigo que a soberania dos países menores estaria correndo, em virtude de uma suposta conivência entre a Argentina e o Peru para dividir a Bolívia.[70]

Em 1863, Herrera tornou-se ministro de Relações Exteriores do Uruguai. Planejou, então, implementar uma política externa independente, verdadeiramente nacional, rompendo com a postura pendular uruguaia diante da Argentina e do Brasil, na qual, quando o governo uruguaio se sentia ameaçado por um desses países, buscava a proteção no outro. Como a política paraguaia parecia estar estruturada no sentido de enfrentar as pressões tanto do Rio de Janeiro quanto de Buenos Aires, o novo chanceler uruguaio preconizou uma aliança com o Paraguai, como forma de estabelecer um novo sistema de equilíbrio de poder regional. Ao eixo Montevidéu-Assunção deveriam somar-se, segundo Herrera, as províncias argentinas que desejavam a autonomia em relação a Buenos Aires.[71]

Para tratar com o Paraguai, o governo oriental enviou a Assunção o político *blanco* Octavio Lapido. Suas instruções datam de março de 1863, anteriores, portanto, à invasão do território oriental por Flores, ocorrida no mês seguinte, embora Lapido só chegasse à capital paraguaia em junho. O enviado oriental deveria convidar o governo guarani para uma aliança, sob o argumento de que apenas com a união dos dois países haveria um equilíbrio no Prata de modo a conter as ambições argentinas e brasileiras. O tratado de aliança proposto por Montevidéu ao chefe de Estado paraguaio previa apoio recíproco na defesa das respectivas soberanias; incremento das relações comerciais bilaterais e a garantia da livre navegação no Prata — vital ao Paraguai — por meio da neutralização da estratégica ilha de Martín García, pertencente à Argentina, que, fortificada, poderia ser fator de impedimento à liberdade de trânsito fluvial. Quase simultaneamente à missão uruguaia, Solano López recebeu José Rufo Camiños, cônsul paraguaio no Paraná, que levava uma proposta de Urquiza no sentido de estabelecer uma aliança ofensiva e defensiva composta por Entre Ríos e os Estados paraguaio e uruguaio.[72]

Solano López evitou comprometer-se quer com Montevidéu, quer com Urquiza, embora não rechaçasse taxativamente as propostas de aliança. Lapido ouviu do chefe de Estado paraguaio a vaga afirmação de que cooperaria "de algum modo" para a defesa do Uruguai, caso este fosse objeto de uma declaração de guerra por parte do governo argentino.[73] O governo paraguaio não aceitou a proposta de aliança de Lapido, por nela constar a neutralização da ilha de Martín García, o que significaria, afirmou o chanceler paraguaio José Berges, declarar guerra à Argentina.[74]

Idêntica cautela teve Solano López quanto à proposta feita por Urquiza. O presidente paraguaio, porém, deu instruções a Camiños no sentido de que o caudilho entrerriano devia marchar contra Buenos Aires, mas destacando que o Paraguai não apoiaria uma tentativa de separatismo. Para Solano López a manutenção da integridade territorial argentina era condição para o equilíbrio no Prata, sem o que o Império se imporia na área.[75]

A cautela paraguaia se explica, de um lado, porque em julho de 1863 o governo paraguaio ainda acreditava na "estrita neutralidade" de Mitre em relação à situação uruguaia.[76] A exacerbação gradual e controlada dos atritos dentro da Argentina e desta com os *blancos* no Uruguai poderia criar uma situação de equilíbrio platino, da qual o Paraguai seria uma peça importante. O governo oriental e os federalistas argentinos interpretavam as ambíguas posturas do líder paraguaio como a de um aliado em potencial, recalcitrante em assumir um compromisso formal, mas que o faria com o desenrolar dos acontecimentos. Para Solano López, a possibilidade dessa aliança significava ampliar o peso, o cacife para barganha, de seu país ante Buenos Aires e, também, o Rio de Janeiro. Desse modo, o país guarani se tornaria presença indispensável na solução dos problemas platinos e assim seria visto pelos governos argentino e brasileiro. Portanto, utilizando-se de uma aliança não concretizada, mas sempre possível, Assunção estabeleceria o equilíbrio regional, pondo fim à hegemonia do Império na área, bem como afastaria a ameaça histórica de uma ação da Argentina contra o Pa-

O caudilho colorado *Venancio Flores iniciou a Guerra Civil Uruguaia, que serviu como catalisador para as contradições no Rio da Prata que levaram à Guerra do Paraguai. Flores comandou o Exército uruguaio na guerra até 1866.*

raguai. Este, além disso, obteria condições favoráveis para negociar as fronteiras com seus dois vizinhos.

Apenas a continuidade da forte rivalidade entre Buenos Aires e o Rio de Janeiro permitiria a Solano López ocupar uma posição em pé de igualdade com os dois vizinhos. Tal igualdade dar-se-ia basicamente devido ao fato de que, tanto o governo argentino, quanto o brasileiro, na tentativa de se isolarem um do outro, procurariam estreitar relações com Assunção. Além disso, o Paraguai contaria adicionalmente com a ascendência que possuía sobre os *blancos* uruguaios e federalistas argentinos para se justificar como parte importante nas questões platinas.

Porém, a marcha dos acontecimentos foi outra. A nota paraguaia, em que se solicitava explicação ao governo argentino sobre as acusações levantadas por Montevidéu, referentes ao apoio de Buenos Aires a Flores, alertava que o mesmo teria um efeito "desastroso" sobre os interesses do Paraguai. O governo argentino não necessitava da intermediação paraguaia, pois, acusado oficialmente pelo Uruguai de ser o instigador da revolta "*colorada*" com o fim de anexar o país, deu explicações ao Brasil, a pedido deste, tranquilizando o governo imperial. Para Rufino de Elizalde, ministro das Relações Exteriores argentino, tais explicações não só evitavam complicações, como garantiam a amizade do Império. Uma vez estabelecida a paz entre Buenos Aires e o governo oriental, seria possível à Argentina e ao Brasil alcançarem o entendimento para um acordo entre Flores e Berro. Ao escrever para o representante do seu país em Londres, Elizalde informou que estava seguro de que o governo imperial não se colocaria contra a política argentina na questão oriental.[77]

Os protestos uruguaios contra o apoio de Buenos Aires aos rebeldes *colorados* se sucederam. O governo argentino, como resposta, negava qualquer envolvimento, apesar das provas ostensivas contrárias, declarando-se neutro, alegação essa que também deu às interpelações paraguaias. Ainda em 1863, em outubro, o governo argentino e o uruguaio assinaram um protocolo pelo qual o primeiro se comprometia a usar os meios legais para que os *colorados*, refugiados em seu território, não organizassem movimentos hostis contra o presidente Berro. Além disso, para solucionar as questões pendentes entre os dois países, indicar-se-ia um árbitro. Para se chegar a esse acordo, teve papel importante o representante brasileiro em Montevidéu, João Alves Loureiro, que foi em missão a Buenos Aires, com o objetivo de reconciliar a Argentina e o Uruguai.[78] Aquele protocolo acabou por ser anulado em virtude de Mitre indicar dom Pedro II como árbitro e o chefe de Estado uruguaio insistir no nome de Solano López para essa função. López, ao tomar conhecimento da recusa argentina em não aceitar sua arbitragem, considerou-a como uma repulsa à sua pessoa.[79] No início de 1864, as crescentes tensões nas relações entre o Uruguai e a Argentina, causadas pela continuidade do apoio argentino aos rebeldes *colorados*, levaram ao rompimento diplomático entre os dois países.

Ao não obter sucesso na tentativa de apresentar-se como árbitro para a luta no Estado oriental e ao interpretar não estar o Paraguai sendo respeitado por Buenos Aires no contexto platino, Solano López modificou sua postura. Mostrou-se decidido a adotar uma política incisiva de defesa dos interesses paraguaios na região. Daí haver dirigido carta a Mitre, na qual, depois de recordar a tradicional política do Paraguai de neutralidade nas questões platinas, afirmava não ser ela absoluta e que, em caso de necessidade para a defesa da segurança paraguaia, poderia modificá-la.[80]

As insinuações do chefe de Estado paraguaio não intimidaram o governo argentino. Mitre, reafirmando, contra todas as evidências, a neutralidade argentina nas questões internas uruguaias, escreveu a Solano López que tal política decorria do fato de ser a que melhor atendia aos interesses de seu país. Acrescentou, numa demonstração de que a postura externa de seu país não se alteraria em razão de demandas do Paraguai, que a neutralidade era um ato de livre e espontânea vontade da Argentina. Seu país, escreveu Mitre, poderia adotar posição diametralmente oposta "sem que tivesse de dar conta a ninguém de sua conduta".[81]

Instrumentalizando as contradições platinas, Solano López procurou estabelecer a influência do seu país na área. Para isso, apresentou o Paraguai como parte legítima no quadro regional e fator de pacificação e estabilidade na área. Para a Argentina, contudo, o governo paraguaio era tido como um intruso, cuja presença no Prata poderia constituir uma ameaça ao Estado argentino.

Do lado do Brasil, desde 1863 o ânimo popular estava exacerbado. O governo imperial rompeu relações diplomáticas com a Grã-Bretanha, devido ao bloqueio, entre 31 de novembro de 1862 e 5 de janeiro do ano seguinte, por belonaves desse país, da barra do Rio de Janeiro, e a captura de cinco navios mercantes brasileiros na baía da Guanabara. Foi a chamada "Questão Christie", em referência a William Douglas Christie, representante britânico no Brasil. Esses atos, ordenados por ele, causaram a fúria dos cariocas, que se reuniram nas ruas, nos morros e nas praias, amaldiçoando aos gritos os ingleses e ameaçando atacar o Consulado e a Legação britânicos.[82] A ação naval britânica visava pressionar o Império a pagar a indenização pelo desaparecimento dos salvados do *Prince of Wales*, navio naufragado nas costas do Rio Grande do Sul. O pagamento foi feito sob protesto e mostrou o novo governo imperial, exercido pelos liberais, impotente, enquanto o Partido Conservador, anteriormente no poder, resistira às pressões britânicas para renovar privilégios comerciais, no início da década de 1840, e mantivera postura altiva em relação a Londres. O clima no Rio de Janeiro agitou-se mais ainda com a reabertura da Câmara, dissolvida em 1862, sucedendo-se debates intensos sobre os mais diferentes assuntos, inclusive sobre a humilhação das represálias inglesas. No Brasil, o representante argentino na capital carioca relatou: "depois da questão inglesa, o estrondo das armas se agita em seu seio".[83]

Em sessão da Câmara no mês de abril de 1864, o deputado conservador Ferreira da Veiga interpelava o ministro dos Negócios Estrangeiros em plenário sobre a situação de cidadãos brasileiros residentes no Uruguai. O deputado descrevia súditos do Império encontrados decapitados nas estradas uruguaias, com o documento de nacionalidade na boca como ultraje, ao passo que outros eram açoitados. Enquanto isso, vindo do Rio Grande do Sul, o general Souza Neto trazia uma representação formal dos pecuaristas dessa província e de outros instalados no Uruguai, ao governo brasileiro, denunciando desordens na fronteira e buscando o apoio armado oficial; seria a guerra. O Gabinete de Zacarias temia perder o controle da situação, tendo em vista a possibilidade de os estancieiros gaúchos tomarem a iniciativa de, aliados aos *colorados*, fazer guerra a Montevidéu por se sentirem desamparados pelo Rio de Janeiro na defesa de seus interesses.[84] Tal fato poderia reavivar os sentimentos gaúchos contra o governo imperial quando ainda era forte a lembrança da tentativa secessionista da Farroupilha.

O governo imperial consultou o marquês de Caxias, expoente do Partido Conservador e a maior autoridade militar do Império, com experiência no Rio Grande do Sul e no Prata, sobre eventual apoio àqueles fazendeiros. Souza Neto procurou pessoalmente o marquês, prometendo mobilizar 40 mil brasileiros bem armados no Uruguai. Caxias respondeu a Souza Neto que não se mobilizariam nem mil brasileiros e, mais, que sua opinião era a de que o Brasil não devia se envolver nas questões internas dos países vizinhos. Para Caxias, a única providência que o governo imperial deveria tomar para garantir os "direitos" de brasileiros no Uruguai era a de reforçar as guarnições militares na fronteira.

Argumentou que, se o Brasil tivesse forças "respeitáveis" na região fronteiriça, o governo uruguaio mudaria de conduta em relação aos súditos do Império que viviam em território oriental.[85]

A opinião de Caxias era pragmática, representando a experiência adquirida pelo Partido Conservador, em seus anos no poder, quanto ao Rio da Prata. Em 1863, o governo imperial tentava evitar o envolvimento dos cidadãos brasileiros na Guerra Civil Uruguaia e, como foi visto, buscou conciliar a Argentina e o Uruguai por meio da Missão Loureiro. Contudo, o ambiente popular no Rio de Janeiro, em 1864, praticamente demandava uma ação intervencionista no Uruguai por parte do Império, e poucos se opunham a ela. Ao gabinete imperial essa intervenção não só atenderia a objetivos de Estado, como também se apresentava útil na luta política interna, ao levantar o prestígio dos liberais, comprometido ante a opinião pública pela humilhação imposta pela questão inglesa.[86] Ademais, a presença brasileira na República impediria que a possível vitória de Flores beneficiasse exclusivamente a Argentina.[87]

O mandato de Bernardo Berro na presidência do Uruguai terminou no início de 1864 e a Guerra Civil no país impediu a realização de novas eleições. O presidente do Senado, o *blanco* Atanasio de la Cruz Aguirre, assumiu, então, o Executivo uruguaio, prosseguindo na luta contra a rebelião *colorada*. Aguirre era prisioneiro do setor militar do Partido Blanco — em que havia correntes e lutas internas —, facção que jurara resistir tanto à política do Brasil quanto à do governo argentino e que depositava fé na ajuda de Solano López e na máquina bélica paraguaia.[88] O governo imperial continuou a pressionar Montevidéu com queixas quanto a violências sofridas por súditos brasileiros. O Império apontava o governo uruguaio como condescendente e corresponsável pelas agressões sofridas por cidadãos brasileiros no território oriental.[89] Enquanto isso, Flores respeitava os bens e a integridade física dos brasileiros.[90]

Em abril de 1864, o governo imperial enviou em missão especial ao Uruguai o conselheiro José Antônio Saraiva, deputado liberal de posições moderadas. Suas instruções eram as de exigir do governo uruguaio o respeito aos direitos dos brasileiros residentes no país, a punição dos funcionários uruguaios que teriam abusado de sua autoridade e que se indenizassem por prejuízos causados por eles a propriedades de brasileiros. Na realidade, o Rio de Janeiro tratava de criar condições para justificar a invasão da República vizinha, sendo Saraiva portador de um ultimato para Montevidéu. Inicialmente, o enviado ia estabelecer negociações com os governantes orientais com o objetivo de ganhar tempo, enquanto era organizada e distribuída a força imperial na fronteira.[91]

Pouco antes da partida de Saraiva, chegou José Mármol ao Rio de Janeiro, em missão especial enviada pelo governo argentino. Mármol tinha instruções de informar-se sobre a atitude que o governo imperial tomaria diante da situação uruguaia. A posição da diplomacia argentina era a de manter-se neutra quanto à ação que o Brasil viesse a tomar para obter desculpas do governo uruguaio e, ainda, de não pedir apoio brasileiro para resolver as pendências entre Buenos Aires e Montevidéu.[92] A missão de Mármol contribuiu para evitar mal-entendidos entre a Argentina e o Brasil sobre os respectivos objetivos no Uruguai, repercutindo favoravelmente nos meios políticos brasileiros. O senador Paranhos defendeu a retribuição brasileira à iniciativa do governo argentino de cultivar boas relações com o Império.[93] Cumprida sua missão, José Mármol partiu de volta a Buenos Aires no início de junho de 1865.

O cuidado do Império em criar condições políticas para a intervenção no Uruguai explica-se pelo fato de suas relações estarem rompidas com a Grã-Bretanha. Esta sempre se apresentara interessada na independência uruguaia e uma intervenção brasileira no país vizinho poderia ser interpretada como tendo finalidade anexionista, o que não era o caso. Uma intervenção pura e simples do Brasil no Uruguai poderia, também, criar suspeitas na Argentina, levando o Império a uma indesejável posição de isolamento internacional.

Para acompanhar Saraiva em sua missão foi enviada uma poderosa esquadra, sob o comando do vice-almirante Tamandaré. O governo *blanco*, contudo, não se deixou intimidar, pois pensava contar com o respaldo paraguaio. Em enérgica nota, o chanceler Juan José Herrera responsabilizou o Brasil e a Argentina pela guerra civil uruguaia, por terem os dois países permitido a organização de forças hostis a Montevidéu em seus respectivos territórios. Herrera colocou em xeque os argumentos do Rio de Janeiro, ao indagar como os 40 mil brasileiros residentes no Uruguai, que estariam sofrendo perseguições diárias, tinham sido causa de apenas 63 queixas por parte do governo imperial em doze anos. Esse argumento coincidia com a opinião do ministro das Relações Exteriores argentino, para quem era "absurdo" o Império pretender que os cidadãos de países neutros nada sofressem no Estado oriental, se considerada a guerra civil ali existente e, ainda mais, o fato de muitos desses estrangeiros tomarem parte na luta.[94]

Em Montevidéu, o conselheiro Saraiva convenceu-se, porém, de que o Brasil atingiria seus objetivos no Uruguai, garantindo vidas e propriedades de brasileiros e promovendo a paz interna no Estado oriental. Afinal, não era previsível, em futuro próximo, a vitória de uma das partes em luta: Flores carecia de infantaria para ocupar Montevidéu, e o governo de Aguirre não tinha cavalaria, para perseguir e vencer o rebelde *colorado* no interior. A paz imaginada por Saraiva implicaria uma reestruturação do governo uruguaio, com o afastamento dos elementos que se opunham aos interesses brasileiros e a incorporação de *colorados* ao ministério. Saraiva foi autorizado pelo governo imperial a promover a paz na República vizinha.[95]

Para o presidente Mitre, por sua vez, um acordo de paz entre o governo uruguaio e Flores era condição para resolver a questão entre a Argentina e o Uruguai. Mitre decidiu, então, enviar a Montevidéu seu chanceler, Rufino de Elizalde, para fazer gestões e solicitou que Edward Thornton, representante britânico em Buenos Aires, o acompanhasse em uma nave de guerra dessa nacionalidade. Argumentou o presidente que seria perigoso um navio argentino entrar no porto da capital uruguaia, devido à hostilidade ali reinante contra a Argentina.[96] A paz uruguaia provavelmente resolveria os atritos entre o governo argentino e o uruguaio porque, para ser feita, Aguirre teria que ceder em algo a Flores, o que significaria uma vitória, ainda que parcial, dos rebeldes e de Mitre, que os apoiava. Os *blancos* sairiam enfraquecidos, assim como a oposição federalista argentina.

As exigências brasileiras apresentadas ao governo uruguaio também tinham relação com a Guerra Civil. Como consequência, Mitre autorizou que Elizalde, nas gestões que fizesse, em favor da paz, com Thornton, se colocasse em harmonia com Saraiva, desde que o enviado brasileiro estivesse disposto a auxiliá-lo.[97] Em 6 de junho, Elizalde, Thornton e o representante uruguaio em Buenos Aires, Andrés Lamas, desembarcaram em Montevidéu. Thornton relatou a primeira iniciativa que tomaram:

> O sr. Elizalde e eu entramos em contato com o sr. Saraiva, que nos recebeu cordialmente e, depois de uma vacilação muito natural, devido à situação pouco satisfatória de suas negociações com o governo de Montevidéu, concordou em colaborar com nosso esforço para conseguir a pacificação desta República.[98]

O chanceler Herrera y Obes resistiu, de início, a aceitar a iniciativa do governo argentino, mas, pressionado pela Legação britânica em Montevidéu, acabou por encaminhá-la à consideração do presidente Aguirre. No mesmo dia 6, os enviados argentino, brasileiro e britânico encontraram-se com Aguirre e expuseram a absoluta necessidade de pacificação do Uruguai. Para superar eventuais dúvidas desse presidente quanto à sinceridade da mediação da Argentina e do Brasil, a presença de Thornton servia para avalizar a iniciativa. Os mediadores conseguiram mobilizar em favor da ideia da paz com Flores a opinião pública e a maior parte da imprensa da capital uruguaia. Após reuniões com Herrera y Obes e outras autoridades, os três enviados, acompanhados de Andrés Lamas e Florentino Castellanos, representando o presidente Aguirre, foram, em 12 de junho, ao encontro de Flores para iniciar os contatos em busca da paz.[99]

No dia 16 de junho, os negociadores chegaram ao acampamento de Flores e, imediatamente, ficou estabelecido um armistício na Guerra Civil. Dois dias depois, dia 18, ocorreu a Conferência de Puntas del Rosario, na qual Saraiva e Thornton anotaram as exigências para a paz de Flores, enquanto Elizalde fazia o mesmo em relação aos dois representantes de Aguirre. Comparadas as anotações, foi redigido o texto preliminar de um acordo de paz. O presidente aceitou as exigências formais de Flores — basicamente a de que seus atos (nomeações de patentes militares, gastos etc.) fossem ratificados pelo governo — e aquela contida em carta reservada, pela qual esse caudilho exigia a mudança do ministério, afastando titulares *blancos* radicais e incorporando políticos *colorados*. Quando todos consideravam a paz um fato consumado, Aguirre recuou e afirmou que somente consideraria a possibilidade de alterar o ministério após a desmobilização das forças *coloradas*.[100]

Aguirre não teve coragem de comunicar, às lideranças que o apoiavam, que havia aceitado a mudança do ministério. Assim, ao chegar o momento de formalizar a paz, o presidente uruguaio inventou a versão de que a mudança de ministros foi exigência de última hora dos *colorados*. Como consequência, os três mediadores se prepararam para partir e Flores comunicou, com 48 horas de antecedência conforme determinava o acordo de armistício, que recomeçaria as operações militares em 6 de julho. Herrera y Obes, desinformado sobre o compromisso que Aguirre assumira quanto às alterações no ministério, escreveu a Elizalde perguntando sobre o motivo da retomada das atividades bélicas. A pedido dos dois outros mediadores, Thornton visitou Aguirre, em 4 de julho, e expôs a seriedade da situação, acrescentando que Elizalde e Saraiva estavam combinando uma ação argentino-brasileira no Uruguai, para pôr fim à guerra civil, e sugeriu que se fizesse um novo ministério unicamente com *blancos* moderados. Apesar de ameaçado de um golpe de Estado, por parte dos *blancos* radicais, se promovesse essa alteração, o presidente a aceitou e convocou uma reunião para o dia 7. Nesta se formalizou a nomeação dos novos ministros, todos mais radicais do que seus antecessores na aversão a Flores. Os mediadores ainda falaram a Aguirre que esperavam uma mudança de política e não de homens que eram, ademais, extremados; sugeriram nomes palatáveis aos *colorados*, como Castellanos, Llamas y Herrera. A resposta do chefe de Estado uruguaio foi a de que era "impossível" alterar sua decisão, com o que Elizalde, Saraiva e Thornton declararam terminada sua ação pacificadora.[101]

A mediação fracassou em seu objetivo de pacificar o Uruguai, mas criou condições de confiança mútua entre a Argentina e o Império. A aceitação por Saraiva, de forma imediata e sem restrições, da iniciativa de paz de Mitre repercutiu favoravelmente em Buenos Aires. A relação leal, durante a mediação, de Elizalde com Saraiva contribuiu para afastar desconfianças do governo imperial em relação à política argentina quanto ao Estado oriental. Este é o sentido da afirmação, feita três décadas depois por Saraiva em carta a Joaquim Nabuco, de que a Tríplice Aliança, que fez a guerra contra Solano López, foi constituída em Puntas del Rosario.[102] De fato, nesse momento as atuações de Elizalde e Saraiva resultaram em confiança mútua argentino-brasileira na questão uruguaia. O outro membro do que viria a ser a Tríplice Aliança — Flores —, na impossibilidade militar de conquistar Montevidéu, mostrou-se conciliador e ganhou o respeito desses dois diplomatas, os quais deixaram de acreditar em Aguirre, por descumprir o compromisso assumido, e perderam a esperança de que os *blancos* viessem a negociar a paz. A imagem de Aguirre também ficou comprometida perante a Grã-Bretanha que, graças aos informes de Thornton, se convenceu de que a Argentina e o Brasil não buscavam anexar o Uruguai, mas, sim, obter a paz, inviabilizada pelos *blancos* radicais.

O revisionismo histórico, que aponta o imperialismo inglês como causa da Guerra do Paraguai, vê no encontro de Puntas del Rosario o momento da constituição da Tríplice Aliança sob a articulação de Thornton. Esse diplomata acompanhou, de fato, a ação diplomática brasileira e argentina nesses meses, em um grau de intimidade que deu elemento de argumentação para apontar o imperialismo britânico como fator do conflito. Contudo, essa intimidade decorria da própria responsabilidade da Grã-Bretanha na manutenção da independência do Uruguai, obtida em 1828 graças à ação dessa potência europeia. Thornton buscou, sim, pôr fim à guerra civil uruguaia, fator inibidor do comércio que interessava aos comerciantes britânicos e, ainda, evitar o envolvimento paraguaio na questão. Tanto que, em fins de agosto, esse diplomata foi a Assunção e intercedeu a Solano López, para tentar anular as suspeitas paraguaias sobre a atuação brasileira no Estado oriental, de modo a evitar que se agravasse a situação platina. Ao chanceler José Berges, Thornton afirmou que o Brasil não tencionava ameaçar a independência uruguaia e buscava, conforme direito inerente a qualquer nação, obter desculpas para as injúrias que sofrera do governo uruguaio.[103] Enquanto isso, o governo paraguaio tentou envolver a Grã-Bretanha na questão uruguaia, ao acusar o Brasil de pretender aumentar seu território à custa de Estados menores e querer monopolizar o comércio no Prata, objetivos que prejudicariam os interesses comerciais e marítimos europeus na região.[104] O acordo de Puntas del Rosario não significaria mais do que os muitos outros tratados de paz feitos na região, não fosse mais tarde haver a invasão brasileira do Uruguai e a tomada do navio *Marquês de Olinda* pelo Paraguai — nenhuma das duas medidas influenciada ou determinada pela Grã-Bretanha.[105]

Fracassada a tentativa de levar Aguirre a adotar postura conciliadora em relação ao Império, somente não ocorreu intervenção brasileira no Uruguai por ainda não haver, no Rio Grande do Sul, tropa para tanto. Na fronteira gaúcha, o Exército imperial dispunha de mil homens, todos de cavalaria, dispersos em pequenos destacamentos.[106]

Saraiva foi, então, a Buenos Aires onde, em 11 de julho, se encontrou com o presidente Mitre, na presença do ministério e do próprio Thornton. Na ocasião, Saraiva propôs que Brasil e Argentina interviessem conjuntamente no Uruguai, por tempo limitado, obrigou as partes em luta a deporem as armas, convocou eleições livres e apoiou o governo que delas surgisse. Mitre recusou a proposta e alinhavou três argumentos: a intervenção traria antipatia, os países interventores seriam responsabilizados pelos erros do futuro governo e, por último, a intervenção causaria gastos que não teria como justificar perante os argentinos.[107] Saraiva escutou, porém, que o governo argentino não via no Brasil desígnios que não fossem justos e compatíveis com a independência e a integridade uruguaias.[108] Mitre manteve-se formalmente neutro, o que, de um lado, deixou o Império livre para pressionar Aguirre para que mudasse a composição de seu governo e, de outro, não provocou reação contrária, na Argentina, dos setores políticos antibrasileiros.

O presidente Aguirre, por sua vez, enviou, em 14 de julho, Antonio de las Carreras ao Paraguai. O enviado uruguaio afirmou a Solano López que o Brasil pretendia anexar uma porção do território uruguaio e que à Argentina, em contrapartida, caberia o que sobrasse, ou, então, o controle do governo oriental. Nesse contexto, se Mitre conseguisse submeter as províncias argentinas, acrescentou Carreras, surgiria uma ameaça para o Paraguai, que somente poderia ser afastada se elas se separassem de Buenos Aires.[109] Carreras entregou a Solano López uma carta de Aguirre na qual solicitava a intervenção paraguaia, com urgência, no Prata, para evitar complicações que seriam prejudiciais à tranquilidade e à segurança da região. O Paraguai, escreveu Aguirre, deveria ocupar a posição que lhe correspondia no Rio da Prata.[110] A essa altura, Solano López estava persuadido de que o governo brasileiro e o argentino atuavam em comum acordo, não só quanto ao Uruguai, mas também quanto ao Paraguai,[111] devido à questão de fronteiras. Carreras disse a Laurent-Cochelet, cônsul francês em Assunção, que retornava a Montevidéu para compor um novo ministério, mais "enérgico", para pôr fim à sublevação de Flores, contando ainda com o apoio de Solano López, "que lhe prometeu auxiliar com eficácia os esforços do governo oriental para devolver a paz a seu país".[112]

Assegurada a benévola neutralidade de Mitre, o governo imperial instruiu Saraiva a apresentar um ultimato ao presidente Aguirre, para que atendesse às exigências brasileiras. Saraiva mantinha, porém, a postura moderada, quando comparada ao intervencionismo belicoso do governo imperial. Foi, de fato, apresentado o ultimato em 4 de agosto, dando-se prazo de seis dias para o atendimento das exigências, do contrário tropas brasileiras entrariam no Uruguai para garantir os direitos dos súditos do Império ali residentes. O documento, porém, deixava para Aguirre uma alternativa ao enfrentamento, pois afirmava que as forças brasileiras interviriam quando necessário para proteger os agentes consulares e cidadãos brasileiros atingidos em seus direitos por qualquer autoridade uruguaia, acrescentando que essa ação não seria um ato de guerra. O ultimato terminava por exortar o governo uruguaio a não piorar a gravidade da situação, evitando novos acontecimentos "lamentáveis". Portanto, graças a Saraiva, a execução das represálias brasileiras resultaria não dos atos passados de que se queixava o Império, mas, sim, de sua repetição. O governo uruguaio não temia, porém, a invasão brasileira ou argentina, pois estava seguro de contar com a mediação e, mesmo, apoio militar do Paraguai.[113] Ademais, Aguirre "tinha se tornado um grupo de homens perdidos e desesperados" e, no mesmo dia 6, devolveu a nota brasileira, afirmando que a honra nacional não permitia mantê-la nos arquivos uruguaios.[114]

Saraiva deu por terminada sua missão e retirou-se, em 11 de agosto, para Buenos Aires. Ali encontrou-se com Rufino de Elizalde e, no dia 22 do mesmo mês, assinaram, em nome de seus países, um protocolo declarando ser a paz no Uruguai indispensável à solução das divergências desse país com a Argentina e o Brasil. Por esse documento, o governo argentino e o brasileiro reconheciam, mutuamente, liberdade para agir em relação a Montevidéu, desde que por meios lícitos (pelo "direito das gentes") e respeitadas a integridade territorial e a independência do Estado oriental. Argentina e Brasil prometiam auxílio mútuo nos esforços de cada um para solucionar as respectivas questões com o governo de Aguirre.[115] Para Mitre, eram "justas reclamações" as exigências feitas por Saraiva no seu ultimato.[116]

A cooperação argentino-brasileira no Prata ganhava contornos concretos. O setor mais radical dos *blancos* perdera a noção da realidade e do poder das forças que se uniam contra o governo de Aguirre. Segundo o representante italiano em Montevidéu, "aqui estão muito contentes com a nova atitude do Brasil" e os *blancos* esperavam explorar "o melhor possível" a situação criada com o ultimato. Este, ao que tudo indica, apresentava-se ao governo uruguaio como o elemento que levaria o Paraguai a assumir decididamente a aliança sonhada por Herrera. Assim, Montevidéu rompeu relações com o Império, e o ministro oriental no Paraguai, Vásquez Sagastume, entregou ao governo guarani cópia da nota de Saraiva com o ultimato. No dia 30 de agosto, Assunção protestou contra qualquer ocupação do território uruguaio por forças de mar e terra do Império, a qual seria "atentatória do equilíbrio dos Estados do Prata", de interesse paraguaio, e afirmou não assumir a responsabilidade pelas consequências de qualquer ato brasileiro.[117] Era uma nota tão enfática que não deixava a menor possibilidade de uma saída negociada para a crise e, no caso de seguir o intervencionismo brasileiro no Uruguai, impunha a Solano López, sob pena de desmoralizar-se, agir contra o Império. O protesto mereceu grandes e ruidosas manifestações populares em apoio, realizadas por ordem do próprio Solano López.[118]

O protesto da Chancelaria paraguaia, apresentado à Legação do Brasil em Assunção, e o predomínio da influência dos *blancos* radicais sobre o presidente Aguirre reduziram a margem para uma solução diplomática para a crise uruguaia. Os governantes argentinos e brasileiros se convenceram de que essa crise somente terminaria com o próprio fim do governo de Aguirre. Já para Solano López, essa situação apresentava-se como a oportunidade de o Paraguai impor-se como potência regional.

Solano López rompe com o Brasil

A ameaça implícita no protesto paraguaio de 30 de agosto não foi levada a sério, quer pelo governo brasileiro, quer pelo argentino. No Rio de Janeiro não se acreditava sequer que o Paraguai estivesse disposto a romper com o Império em decorrência do ultimato dado a Montevidéu. Para Rufino de Elizalde, por sua vez, "o Paraguai não fez, não fará, nem pode fazer nada".[119] O cônsul francês em Assunção, Émile Laurent-Cochelet, escreveu a sua chancelaria: "ainda não posso acreditar que ele [Solano López] seja cego a ponto de declarar ao Brasil uma guerra exterior que esgotaria completamente este país desgraçado".[120] No Rio da Prata e no Brasil, os soldados paraguaios eram vistos com desprezo: "ninguém os supunha capazes da selvagem intrepidez e da inexcedível disciplina que ostentaram durante a guerra". Afinal, até então os únicos feitos militares paraguaios tinham sido a vitória sobre Manuel Belgrano em 1811, mas contando com grande superioridade numérica em relação às forças enviadas por Buenos Aires, e, em 1850, a expulsão, por oitocentos paraguaios, de 25 soldados brasileiros que tinham ocupado a ilha do Pão de Açúcar, no rio Paraguai.[121]

Havia, de fato, informações que levaram os governantes brasileiros e argentinos a robustecerem a convicção de que o Paraguai não faria qualquer intervenção militar na questão uruguaia. Em 25 de agosto, Herrera pediu a Solano López essa intervenção, ao propor ação comum contra a ilha de Martín García, e apresentou o projeto de levar Urquiza a sublevar Entre Ríos contra o presidente Mitre. A resposta paraguaia foi negativa e utilizou como justificativa o argumento de que nem sempre o governo uruguaio mantivera o Paraguai informado de todas as negociações que fazia. O governo paraguaio argumentou que, se seus bons ofícios, como intermediário nas negociações em busca da paz no Uruguai, tivessem sido utilizados corretamente, outra seria a situação, em agosto de 1864.[122] A Legação brasileira em Assunção tomou conhecimento dessa recusa no mesmo dia, obtendo-a por meio de espião não identificado, e interpretou-a como prova do desejo de Solano López afastar-se do governo de Aguirre.[123]

Os relatórios dos agentes diplomáticos brasileiros em Assunção minimizaram a capacidade militar paraguaia e as intenções agressivas de Solano López. A troca de representantes brasileiros no Paraguai, no período pré-guerra, e seu isolamento da sociedade local impediram-nos de bem conhecer a realidade paraguaia. Por ocasião do início da guerra, César Sauvan Viana de Lima, o ministro brasileiro em Assunção, estava no posto havia apenas três meses, e ali chegara em fins de agosto de 1864. Além de recém-chegado, ele se encontrava praticamente impedido de sair à rua, estava isolado da sociedade local e mantido, junto com outros funcionários da Legação e do Consulado brasileiros, sob permanente vigilância de agentes da polícia paraguaia. O antecessor de Viana de Lima, que partiu de Assunção após ter comprometidas suas relações com Solano López, relatou que alguns criados paraguaios da Legação eram espiões.[124]

Em meados de setembro de 1864, com pouco mais de quinze dias no posto, Viana de Lima começou a considerar a possibilidade de o governo paraguaio ter, de fato, intenções de promover uma ação armada contra o Brasil. No dia 19 desse mês, ele relatou a intensificação de uma "atitude hostil" das autoridades paraguaias em relação à política do Império no Uruguai. Solano López alardeava essa hostilidade e fazia discursos violentos contra essa política brasileira em manifestações organizadas pela polícia, nas quais a população era convocada a comparecer. Solano López manifestava estar disposto a enviar tropas ao Uruguai, caso tropas brasileiras ali penetrassem, e, ainda, ocupar o território entre os rios Apa e Branco. Viana de Lima resistia a acreditar nisso, pelas consequências que adviriam ao Paraguai, se rompesse com o Brasil. Ao mesmo tempo esse diplomata raciocinava que Solano López, por ser tão enfático nos protestos contra a entrada de forças brasileiras em território uruguaio, "só com uma grande humilhação poderá deixar de fazer alguma coisa".[125] Viana de Lima tinha dificuldade em entender a realidade paraguaia, quer por falta de informações, quer por não ter apreendido a peculiar lógica da sociedade local. Esta sempre vivera sob ditaduras, isolada do exterior até 1840, o que resultou em uma errônea percepção de seu poderio nacional, em uma incapacidade de compreender a realidade internacional e na ausência de instituições republicanas e de opinião pública.[126] Guiando-se pela lógica diplomática, ao considerar fatores como a desproporção de recursos entre o Império e o Paraguai, bem como os riscos inerentes a uma guerra, Viana de Lima ainda considerava que Solano López "talvez apenas rompa relações" com o Brasil.[127]

A essa altura, porém, era tarde para a alteração de análise da Legação brasileira influenciar o processo de decisão do governo imperial. Já tinham sido expedidas, em 7 de setembro, ordens para que tropas brasileiras ocupassem a vila de Salto e, também, Paissandu, além de que se reconhecesse Flores como parte beligerante.[128]

Viana de Lima comunicou, em meados de setembro, que o Exército paraguaio já possuía 30 mil homens e que a Marinha guarani dispunha de onze vapores. Os números não o impressionavam, destacando que os navios não eram de guerra e 14 mil soldados eram recrutas, esquecendo-se de que a tropa restante, bem preparada, era equivalente ao desorganizado Exército imperial. Para esse diplomata, o poder militar paraguaio não assustava, pois a organização era péssima; sofria de enorme carência de oficiais minimamente preparados e os militares caracterizavam-se "pela ausência de brio, devido ao estado de prostração moral em que um regime de ferro como este tem reduzido a população".[129]

Em outubro, Viana de Lima ratificava a continuidade das ameaças de guerra ao Brasil feitas por Solano López. Este desistira de obter a cooperação de Mitre e passou a fazer com que Urquiza se voltasse contra o Brasil. Pelas declarações de Solano López, seria declarada guerra ao Império se tropas brasileiras entrassem no Uruguai, ameaça em que Viana de Lima não acreditava. Esse diplomata se convenceu, porém, de que o Brasil não poderia manter relações francas e de boa vizinhança com o chefe de Estado paraguaio. Pensava que, em algum momento, o Império teria que ir à guerra contra Solano López, quer por dele sofrer alguma "ofensa", quer para defender os interesses brasileiros. Essa guerra era desejada pela elite paraguaia, que a via como uma forma de livrar-se da ditadura lopizta,[130] que mantinha as prisões cheias de suspeitos de serem oposicionistas, submetidos "às mais atrozes e bárbaras torturas".[131]

Apesar de isolado, sob a permanente vigilância de espiões e contando com base precária de informações, Viana de Lima escreveu para Tamandaré que uma tropa de 10 mil homens seria suficiente para derrotar, "sem grande esforço", o exército de Solano López. Repetia haver carência de chefes militares paraguaios competentes, pois Solano López, para manter seu poder, buscava anular aqueles que demonstrassem algum talento, "reduzindo-os à simples condição de seus lacaios". Relatava que o armamento paraguaio era, em esmagadora proporção, obsoleto e, quanto a posições defensivas, a mais forte era Humaitá, "que creio pouco defensável pelo lado da terra". A Marinha paraguaia, por sua vez, não era levada a sério, tendo como "único" vapor armado o *Tacuarí*, "em péssimo estado por ser muito velho".[132]

A análise de Viana de Lima era parcialmente verdadeira. Errava quanto a Humaitá, que até 1855 era um simples posto de guarda com pouca artilharia, situação que começou a mudar nesse ano, quando o governo imperial enviou ao Paraguai uma missão naval comandada pelo almirante Pedro Ferreira de Oliveira. Esta ocorreu após a expulsão do representante diplomático brasileiro em Assunção, Pereira Leal, e tinha por finalidade obter pedidos de desculpas do governo de Carlos Antonio López, bem como o cumprimento do tratado que garantia a livre navegação fluvial para navios brasileiros até Mato Grosso e, se possível, um tratado definindo a fronteira brasileiro-paraguaia. Como consequência dessa expedição brasileira, bem como do incidente com a canhoneira norte-americana *Water Witch*, que trocou tiros com o forte de Itapiru, em 1855 o governo paraguaio começou a construir em Humaitá uma fortaleza que se tornaria o epicentro de um poderoso sistema de defesa.[133] Viana de Lima estava, porém, coberto de razão ao apontar a falta de oficiais preparados no Exército paraguaio, bem como ao responsabilizar a ditadura lopizta por essa carência. O regime de Solano López embotava a iniciativa individual e o surgimento de lideranças, militares e civis, que pudessem se sobressair, constituindo, mesmo que remotamente, uma alternativa de poder. A falta de oficiais não impediu o governante paraguaio de começar a guerra, mas inviabilizou seus planos de campanha quando ocorreu a invasão do Rio Grande do Sul e, posteriormente, de Corrientes.

A ameaça que Solano López representava para o Império também foi minimizada pelo funcionário brasileiro mais bem informado sobre a situação paraguaia, o cônsul-geral Amaro José dos Santos Barbosa, que se encontrava em Assunção desde 1853. Em fevereiro de 1864, ele comunicou serem exageradas as notícias publicadas no Prata sobre o poder militar paraguaio, seus recursos e o tamanho da sua população: "de tudo quanto se diz se pode, fazendo justiça, acreditar na metade". Em abril, comunicava a mobilização de uns 7 mil homens, como reação de Solano López à aproximação argentino-brasileira e à construção, pela Argentina, de fortificações na ilha de Martín García. No mês seguinte, em maio, ele informou que o Exército paraguaio contava com 16 680 homens, além de cerca de 7 mil a 8 mil reservistas; a Marinha contava com apenas 190 homens e outros cem recrutas em treinamento. A população paraguaia, dizia, era de 700 mil a 800 mil pessoas, na proporção de oito a nove mulheres para cada homem.[134] O cálculo da população era exagerado, mas a proporção apresentada de mulheres permitia ao governo imperial concluir que a capacidade militar máxima do Paraguai seria a de um exército inferior a 100 mil homens. Nessas condições e considerada a posição geográfica do país, bem como a situação política no Prata, onde também Mitre não simpatizava com o governo paraguaio, parecia lógico concluir que Solano López não se lançaria em uma aventura militar na região. O chefe de Estado paraguaio tinha, porém, uma lógica muito peculiar, construída por suas certezas e fantasmas internos, não submetidos ao crivo de críticas externas, impensáveis no seu regime ditatorial.

Em 20 de outubro, Tamandaré assinou o Acordo de Santa Lúcia com Venancio Flores, estabelecendo a cooperação entre as forças de ambos. A assinatura estava de acordo com as instruções do governo imperial de 7 de setembro, mas era feita sem o Império ter declarado guerra a Aguirre, o governo legal do Uruguai, contra o qual tinham sido anunciadas unicamente represálias. Sem esse acordo, Flores não teria condições de ser bem-sucedido na luta, pois dispunha de apenas 1500 homens, mal armados e pior fardados, e carecia de capacidade de recrutar mais soldados. Essa pequena força colorada não tinha depósito de armamentos e munições; contava com escassos recursos de subsistência e seus canhões eram de pouco calibre, sem capacidade de atacar a vila de Paissandu, reduto governamental bem guarnecido e com artilharia.[135] Paissandu só foi tomada devido à ação da artilharia dos navios imperiais e ao ataque de soldados brasileiros.

Solano López esperava pela invasão brasileira do Uruguai. Em correspondência de 28 de outubro, escreveu que acreditava que as tropas brasileiras já teriam ocupado território uruguaio. Acrescentava que "se dizia" estarem as forças imperiais em Mato Grosso se concentrando na fronteira e comentava, "oxalá assim seja".[136] De acordo com informe da Legação norte-americana em Assunção, o governo paraguaio buscava um confronto com o Brasil.[137] Solano López preparava-se para guerrear com o Império, enquanto o governo brasileiro pensava apenas em fazer uma fácil campanha militar contra os *blancos* uruguaios, um débil adversário.

O representante brasileiro em Assunção alertou o presidente de Mato Grosso, general Alexandre Albino de Carvalho, sobre a "hipótese pouco provável" de uma guerra entre o Império e o Paraguai. Sugeriu que fossem tomadas providências para evitar eventual agressão, apesar de saber dos "exíguos" recursos defensivos disponíveis nessa província.[138] Albino de Carvalho tomou as providências possíveis: enviou para o sul os soldados existentes em Cuiabá, bem como o comandante de armas (chefe militar da província), coronel Carlos Augusto de Oliveira, e convocou 213 guardas nacionais para o serviço militar na capital. Augusto de Oliveira instalou-se em Corumbá, principal porto comercial de Mato Grosso; reforçou o forte Coimbra com cerca de setenta homens e distribuiu os demais entre seu posto de comando e as vilas de Miranda e Nioaque. Albino de Carvalho solicitou ajuda das autoridades do Rio de Janeiro, principalmente com o envio de mais soldados e de dinheiro, pois o Tesouro mato-grossense dispunha de apenas sete contos de réis, quantia insuficiente para cobrir os gastos com a defesa da província. Devido à urgência do pedido, o documento foi levado por terra, tendo como emissário especial um alferes, que partiu de Cuiabá em 20 de outubro e chegou ao Rio de Janeiro somente em 21 de dezembro. O governo imperial, negligente na defesa de Mato Grosso, enviara sua última correspondência ao presidente dessa província em 26 de agosto, e a seguinte foi remetida somente em 13 de abril de 1865. Portanto, mesmo depois de ter grande parte de seu território ocupado pelos paraguaios, em janeiro de 1865, o governo mato-grossense foi mantido desinformado sobre o que ocorria na guerra.[139]

Em 12 de outubro, uma brigada brasileira, sob o comando do general José Luiz Menna Barreto, invadiu o território uruguaio e, dois dias depois, ocupou a vila de Melo, entregando-a em seguida às forças do general Flores. Pouco depois, Menna Barreto, em ação combinada com o vice-almirante Tamandaré, tomou a vila de Salto. Em 1º de dezembro as forças do Exército imperial no Rio Grande do Sul, acampadas em Piraí, na fronteira, invadiram o Uruguai, tendo à frente a 1ª Divisão comandada pelo general Osorio. Essas tropas foram reforçadas, no cerco a Paissandu, por 1200 soldados da brigada do general Antonio de Sousa Neto e pelos soldados de Flores. As tropas brasileiras seguiram para Montevidéu em meados de janeiro de 1865. Enquanto isso, a força do líder *blanco* Basilio Muñoz entrou duas vezes no Rio Grande do Sul, por Jaguarão, promovendo saques.[140]

A atuação da diplomacia imperial no Uruguai em 1864 foi motivo de uma reveladora crítica por parte de João Batista Calógeras, oficial do gabinete do Ministério dos Negócios Estrangeiros. Em carta a seu filho, Pandiá George Calógeras, datada de 6 de novembro de 1864, escreveu:

> Toda nossa política nessa questão foi infeliz desde a origem. Começamos por enviar uma missão especial, levados por uma ameaça de revolução dos rio-grandenses que apoiavam Flores, e que visam a estender sua influência ao Estado oriental. Assim deixamo-nos arrastar por um princípio revolucionário e fomos apoiar uma revolução, a de Flores contra o governo legal de Montevidéu. Fomos exigir a satisfação de reclamações que tínhamos abandonado há doze anos, enquanto o Estado oriental tinha outras tantas coisas contra nós, uma verdadeira provocação, mais ainda, pois no momento em que apresentávamos semelhantes pretensões contra o governo da República do Uruguai, esse governo estava, e continua estando, a braços com uma revolta que não consegue dominar, e que é sustentada sobretudo pelos brasileiros que abraçaram a causa de Flores.[141]

Não menos crítica era a opinião do marquês de Caxias, que se irritou com as posturas de Pedro II no Uruguai, classificando-o de amante de "patacoadas", de "bobo" e de "sujeitinho". No Senado imperial, José Maria da Silva Paranhos defendeu que o governo brasileiro fosse flexível quanto à questão oriental. Também o barão de Mauá, preocupado com a segurança dos seus investimentos na Argentina e no Uruguai, desejava uma solução pacífica para a situação uruguaia, simpatizando com os *blancos* e desprezando Flores.[142] Durante boa parte da crise uruguaia não havia unidade, nos meios políticos brasileiros, quanto à postura que o Império deveria adotar.

A notícia da entrada de tropas brasileiras no Uruguai chegou a Assunção em 25 de outubro, na forma de rumor. O representante uruguaio solicitou, então, a Solano López o prometido auxílio ao governo de Aguirre, obtendo como resposta que isso não era possível por carecer a notícia de caráter oficial. A recusa foi interpretada pela Legação brasileira como demonstração da pouca vontade de Solano López de cumprir o compromisso de ajuda a Aguirre, devido ao isolamento paraguaio no Prata. Viana de Lima reafirmou não crer que o país guarani entrasse em guerra com o Brasil, embora Solano López e seus ministros "continuem a afirmar que o Paraguai em breve entrará em luta".[143]

Na madrugada de 11 de novembro, chegou a Assunção o navio brasileiro *Marquês de Olinda*, pequeno vapor de duzentas toneladas, com dois mastros à vela e uma chaminé, movido a rodas, pertencente à Companhia de Navegação por Vapor do Alto Paraguai. A companhia era subsidiada pelo governo imperial para manter uma linha regular ligando Montevidéu a Cuiabá, viagem que, contra a correnteza, levava 135 horas, enquanto no sentido inverso era feita em 65 horas.[144] A embarcação levava o novo presidente de Mato Grosso, coronel Carneiro de Campos, acompanhado de alguns oficiais, e, horas após partir de Assunção, o *Marquês de Olinda* foi alcançado pela canhoneira paraguaia *Tacuarí* e obrigado a retornar ao porto da capital. Solano López não compreendia como o *Marquês de Olinda* e o presidente de Mato Grosso seguiram viagem para essa província, "depois que o Brasil nos declarou guerra", ao invadir o Uruguai mesmo depois do protesto paraguaio de 30 de agosto.[145]

O Império não declarara guerra ao Paraguai, mas Solano López interpretava ou fingia crer que sim. A Chancelaria paraguaia comunicou ao governo britânico que o Paraguai, capturando o *Marquês de Olinda*, havia "respondido às hostilidades iniciadas pelo Brasil sem prévia declaração de guerra", dando a entender, em evidente falsificação, que houvera um ataque brasileiro a alvo paraguaio.[146] O governo imperial e a opinião pública brasileira consideraram a captura um ato traiçoeiro de pirataria.

O governo paraguaio acreditara nas notícias de jornais do Rio de Janeiro e de Buenos Aires de que o *Marquês de Olinda* transportava armas.[147] Na verdade o barco levava correspondência de "grande valor" e dinheiro para a administração dessa província.[148] Decepcionado, Solano López registrou que o *Marquês de Olinda* não transportava armas, mas, sim, dinheiro brasileiro no valor de 200 mil patacões,[149] cujas notas tiveram sua numeração divulgada pela Legação brasileira em Buenos Aires, cancelando sua circulação.[150] A tripulação do barco brasileiro foi liberada e chegou em meados de janeiro a Buenos Aires, permanecendo como prisioneiros o coronel Carneiro de Campos e oficiais que o acompanhavam.[151]

A Legação brasileira em Assunção protestou, em 13 de novembro, na Chancelaria paraguaia contra o aprisionamento do *Marquês de Olinda*, pedindo explicações para o ato. Em resposta, o governo paraguaio entregou nota, datada do dia anterior, na qual rompia as relações com o Império. Nesse documento também se proibia a navegação de navios brasileiros no rio Paraguai, ao mesmo tempo que era autorizada a passagem daqueles pertencentes a países amigos.[152]

César Sauvan Viana de Lima solicitou, no início de dezembro, seu passaporte e os de sua família, para partirem do Paraguai. Recebeu-os, mas, na prática, teve sua partida impedida, pois as autoridades paraguaias proibiram embarcações mercantes de deixarem o porto de Assunção, onde não havia qualquer navio de guerra estrangeiro que pudesse dar guarida ao diplomata brasileiro e seus familiares. Berges sugeriu-lhe que partisse por terra, o que era flagrantemente impossível e custaria a vida da família Viana de Lima. Somente com a intervenção do ministro residente norte-americano, Charles Ames Washburn, conseguiu-se que Solano López facilitasse a saída do representante brasileiro e sua família e de outros membros da Legação brasileira, transportando-os no navio de guerra paraguaio *Paraná* até Buenos Aires, aonde chegou após uma semana de viagem.[153]

Em Buenos Aires, o navio paraguaio desembarcou o ministro brasileiro e, na mesma noite, clandestinamente, embarcou um carregamento de eficientes rifles modelo Minié — ainda de carregar pela boca, mas com bala cônica e cano raiado — e munição. Para disfarçar, colocou-se carvão sobre o carregamento de rifles e o navio partiu, imediatamente, para Assunção, aonde chegou após uma semana de viagem. E não foi essa a última vez que o Paraguai recebeu armas vindas de Buenos Aires. Em fevereiro de 1865, o representante comercial paraguaio nessa capital, Egusquiza, embarcou no vapor inglês *Esmeralda* 38 caixões com fuzis, que foram entregues na fortaleza de Humaitá.[154]

Pior sorte teve o cônsul-geral do Brasil em Assunção, Amaro José dos Santos Barbosa. Ao partir, Viana de Lima instruiu Barbosa a fazer o mesmo, quando seus serviços consulares não fossem mais úteis, ou caso se julgasse em perigo. Em lugar de partir imediatamente, como era aconselhável, o cônsul permaneceu no Paraguai, decerto para atender aos brasileiros aprisionados com o *Marquês de Olinda*. Barbosa acabou isolado, sendo evitado por todos os paraguaios, e passou a enviar seus ofícios ao Rio de Janeiro em duplicata e por meio de diferentes canais, para que Solano López não os interceptasse.[155]

Barbosa teve cassada, pelo governo paraguaio, sua autorização para o exercício de função consular (exequátur) no início de 1865 e não conseguiu sair do país. Em 29 de março desse ano, após quinze dias de isolamento em sua casa, ele saiu às 19 horas para visitar o cônsul argentino, quando foi atacado por estranhos, à vista de vários soldados que se encontravam próximos e nada fizeram. Quebraram-lhe na cabeça uma garrafa, daquelas grossas e pesadas como era o vasilhame no século passado. Esvaindo-se em sangue, Barbosa procurou socorro sem sucesso, pois todos o evitavam; só foi atendido duas horas depois, em uma botica.[156] O cônsul francês em Assunção corrobora essa afirmação, esclarecendo que Barbosa era casado com uma paraguaia e que o ataque ocorreu numa noite escura, na parte da praça do mercado que estava quase deserta. Já Centurión, testemunha ocular, conta uma versão ligeiramente diferente do ocorrido. Afirma que o cônsul brasileiro, ao atravessar a rua Estrella, cruzou, temerariamente, por uma coluna de mais de mil recrutas, que passavam marchando, e um deles, "reconhecendo-o, deu-lhe uma garrafada na cabeça, deixando-o prostrado no solo, inconsciente".[157]

O fato é que nunca se descobriu o autor do atentado. E isso foi porque não se quis, pois havia testemunhas que teriam indicado o autor, se fossem inquiridas pela autoridade policial, visto ser a delação prática incentivada pelos regimes autoritários paraguaios. A intimidação física de Barbosa encontrava, aliás, precedentes em outubro de 1864, quando já eram tensas as relações entre Solano López e os representantes brasileiros em Assunção. Nessa ocasião, Juan Barbosa, brasileiro e empregado do Consulado imperial, foi espancado por policiais na rua, a golpes de sabre. Juan Barbosa esteve com sua vida em risco, tendo sofrido oito contusões nos braços, trinta nas costas e três no rosto. Também nesse caso não se descobriram os responsáveis, o que não chega a surpreender quando já na folha de rosto do inquérito policial o empregado consular era classificado como "castigado" e não vítima. Durante o inquérito, Juan Barbosa passou a ser tratado como réu, sendo classificado como vagabundo.[158]

Depois da agressão física, o cônsul-geral Santos Barbosa não saiu mais de sua residência. Seu último contato com o governo brasileiro, arquivado no Itamaraty, é uma carta datada de 1º de agosto de 1865. Nela informava que, na prática, estava em prisão domiciliar, pois sabia que seria assassinado, caso saísse à rua.[159] Acabou preso e, na batalha de Curupaiti, Amaro Barbosa e outros prisioneiros foram colocados em lugar ao alcance das balas dos canhões da esquadra brasileira, cujos rebotes caíam em meio a eles sem, porém, matar ninguém.[160] No final, Santos Barbosa acabou por não resistir à exaustão física e morreu prisioneiro em Humaitá, em fevereiro de 1868, agonizando sobre um pedaço de couro, exposto ao relento.[161] Seus filhos, Pedro Máximo Barbosa e Manuel dos Santos Barbosa, nascidos em Assunção mas que, desde 1860, estudavam no Brasil, participaram da invasão do Paraguai por tropas brasileiras em 1866, ambos servindo na artilharia.[162]

Ao mandar apreender o *Marquês de Olinda*, Solano López convencera-se de que o Brasil se preparava para fazer-lhe a guerra. Estava informado de que o *Ama-*

zonas e dois outros navios de guerra brasileiros estavam navegando a caminho de Mato Grosso, transportando armamento, o que caracterizaria preparativos bélicos do Império contra o Paraguai. Em virtude de informações como essas e do trabalho de persuasão feito pelo governo uruguaio, Solano López acreditou que a guerra do Brasil contra ele era inevitável. Como consequência, decidiu, em 15 de novembro, iniciar as operações bélicas contra o Mato Grosso o mais rápido possível.[163] Ao ouvir, em dezembro de 1864, o comentário do dr. Guillermo Stewart de que o Paraguai dispunha apenas de jovens recrutas despreparados e não tinha armamento moderno, Solano López contestou-lhe: "esta guerra terminará antes do mês de agosto do próximo ano".[164]

O passo seguinte à ocupação do território mato-grossense era invadir o Rio Grande do Sul, em São Borja, com as tropas que estavam concentradas em Encarnación, às margens do rio Paraná.[165] Para evitar equívocos, Solano López garantiu a Urquiza que essas tropas não estavam destinadas a invadir Corrientes, Entre Ríos ou ser usadas contra o governo argentino, "embora a política do general Mitre e o apoio moral com que protege os desmandos do governo imperial justificariam qualquer ação preventiva" paraguaia.[166]

Solano López tinha razões para crer na inferioridade militar do Império em relação ao Paraguai. A própria intervenção brasileira no Uruguai, planejada pelo governo imperial para ser uma prova de força, constituiu-se em demonstração de fraqueza, devido à dificuldade e à demora em mobilizar a tropa. Essa demora, inclusive, teria tornado Solano López confiante o suficiente para adotar uma posição de força diante do Império.[167] Informantes do governo paraguaio relatavam a fraqueza brasileira, escrevendo um deles, em dezembro de 1864, que "as forças imperiais no Uruguai talvez não chegassem a 5 mil homens". O Império, dizia, era incapaz de mobilizar em dois ou três meses um exército, que merecesse esse nome, para enfrentar os paraguaios. Além desse prazo, acrescentava o informante, o Brasil não reuniria mais do que 15 mil homens e sua Guarda Nacional, tida como força de reserva, "não vale nada". Um ataque do Paraguai ao Rio Grande do Sul, escreveu o representante comercial paraguaio em Montevidéu, obrigaria a recuar a força brasileira no Uruguai, a única organizada de todo o Exército imperial.[168]

Ao considerar provável uma guerra com o Brasil, Francisco Solano López interpretou a intervenção brasileira no Uruguai como prenúncio de um ataque ao Paraguai, após anexar parte do território uruguaio. Essa anexação, interpretava a Chancelaria paraguaia, era a única justificativa para os gastos do Império em sua ação militar no Uruguai.[169] Solano López convencera-se dos argumentos de Antonio de las Carreras de que, após a queda de Montevidéu, o governo argentino se voltaria contra o Paraguai, passando a acreditar que o Brasil, ao aliar-se com Flores, servia à política de Buenos Aires.[170]

Eram equivocadas as interpretações do governo paraguaio, quer quanto à ameaça à independência uruguaia, quer quanto a ser o Paraguai alvo de ataque do Império, após a intervenção militar brasileira no Uruguai. Solano López, porém, era "um homem facilmente sugestionável e inclinado a dar uma proporção [gravidade] maior do que as coisas tinham".[171] Esses equívocos talvez pudessem ter sido evitados, se o governo paraguaio contasse com informações fidedignas, em lugar das fornecidas por Vásquez Sagastume, representante uruguaio em Assunção. Contudo, o Paraguai carecia de um serviço diplomático, requisito essencial para reduzir as margens de erro ao montar uma estratégia de ação para o Prata. Nessa região, centro nevrálgico de seus interesses, o Paraguai não tinha representantes diplomáticos, possuindo apenas um cônsul na cidade do Paraná e agentes comerciais em Buenos Aires e Montevidéu. Na Europa, o país possuía somente um encarregado de Negócios, Cándido Bareiro, creditado junto aos governos britânico e francês, e um representante comercial para Bruxelas e Berlim, Alfredo Du Graty, que nem era paraguaio.[172] Enquanto isso, o Império do Brasil possuía experientes diplomatas nos principais países europeus e americanos, que, durante a guerra, cumpriram importante papel de reforço político à ação militar.

Também contribuiu para aqueles equívocos o fato de inexistir no Paraguai, em decorrência do seu sistema político totalitário, um processo de decisão em que várias instâncias avaliassem os diferentes aspectos do contexto platino. Isso impediu uma análise mais realista de qual seria a possibilidade de vitória militar paraguaia sobre o Brasil e a relação custo/benefício desse conflito. Essa avaliação foi feita basicamente por um homem, Francisco Solano López, o que aumentava de forma dramática a possibilidade de erro, ainda mais ao ser feita por uma personalidade acostumada a alcançar seus objetivos em uma realidade simples, a sociedade paraguaia, na qual não havia jornais (exceto um pequeno tabloide oficial); inexistia um intercâmbio de ideias com o exterior e se desconheciam partidos políticos. O autoritarismo não só anestesiou a população paraguaia, alijada de uma participação ativa nos destinos do país, como também cegou o próprio Solano López: sua excessiva autoconfiança levou-o ao voluntarismo, a superestimar o poder nacional paraguaio e a fazer uma análise equivocada da correlação de forças militares e políticas no Prata. Nas palavras do dr. Stewart, que teve frequentes contatos pessoais com o governante paraguaio, este padecia de "uma megalomania de sua missão na política geral do Rio da Prata" e "as consequências foram desastrosas por causa do poder ilimitado que lhe permitia ter essas ilusões extravagantes". Em sua opinião, "a guerra se deu por obra exclusiva de Francisco Solano López".[173]

A aproximação argentino-brasileira; a pacificação do Uruguai

A gravidade do quadro platino levou o gabinete liberal, presidido pelo conselheiro Furtado, a enviar em missão ao Prata um conhecedor da região, o político conservador José Maria da Silva Paranhos. Este, que até meados de 1864 defendera que o governo brasileiro fosse flexível quanto à questão oriental, retificara sua posição. Paranhos passou a defender que o governo imperial agisse de acordo com as exigências feitas por Saraiva e que não deveria "recuar ante as bravatas de Montevidéu e de Assunção".[174]

O governo imperial instruiu Paranhos a buscar uma aliança com Buenos Aires, com vistas a uma intervenção conjunta no Uruguai, em apoio a Flores. Tal união fazia-se necessária porque o Brasil não tinha forças suficientes para atacar, sozinho, a cidade de Montevidéu e, "posto que não fosse julgada provável", havia a hipótese de uma invasão paraguaia do território brasileiro.[175] Paranhos procurou ampliar o caráter dessa aliança de modo que compreendesse uma ação comum entre o Império e a Argentina contra o Paraguai. O diplomata, conforme recordou posteriormente a Mitre, afirmara várias vezes a Elizalde que os respectivos países marchariam juntos contra Solano López. A aliança proposta foi, contudo, recusada pelo presidente argentino, que teria, porém, manifestado votos pela vitória do Brasil.[176]

Ao propor ao governo argentino a aliança contra o Paraguai, Paranhos reivindicava a aplicação do Tratado de 1857, assinado entre a Confederação Argentina e o Império. Por esse documento, os dois países se comprometiam a agir de comum acordo se o governo paraguaio atacasse um deles. Antes da invasão paraguaia do Mato Grosso, o chanceler Rufino de Elizalde e o general Gelly y Obes, ministro da Guerra, concordavam com esse compromisso, mas o presidente Mitre e os outros ministros não reconheciam a obrigação assumida em 1857.[177] No entanto, desencadeadas as hostilidades por Solano López, a posição de Elizalde, em instruções dadas a José Mármol no seu retorno ao Rio de Janeiro, foi a de defender a neutralidade argentina no conflito e, mais, embora a Argentina "tivesse questões graves a ajustar com o governo do Paraguai", devia buscar uma solução "justa e amistosa", mas julgava não ser digno fazê-lo quando o país estava em guerra, o que poderia criar-lhe dificuldades adicionais.[178]

Não havia uma aliança política ou militar entre a Argentina e o Brasil, antes de Francisco Solano López ordenar a invasão de Corrientes. Persistia, no início de abril de 1865, a neutralidade argentina, apesar das pressões do governo imperial para obter algum tipo de comprometimento formal de Mitre contra o Paraguai. No dia 3 de abril, José Mármol, que estava em Montevidéu, onde parara por problema de saúde na família, escreveu a Elizalde solicitando instruções sobre o exercício da neutralidade argentina na guerra quanto a que "franquias ou concessões" se fariam às partes em luta. Perguntava o que deveria responder se os governantes brasileiros tentassem introduzir o tema da guerra contra o Paraguai na proposta de aliança apresentada, anteriormente, pelo governo argentino. A resposta imediata de Elizalde foi no sentido de reforçar a neutralidade militar, informando que o governo argentino não reconhecia o bloqueio naval do Paraguai declarado pelo Império.[179]

De todo modo, Mitre não podia compor-se formalmente com o Império devido à reação interna que tal ato provocaria, quer entre os liberais *autonomistas* de Buenos Aires, quer em Entre Ríos e Corrientes, onde havia aversão ao Brasil e a população tinha mais afinidade cultural com o Paraguai, pois todos falavam o guarani, do que com Buenos Aires. O presidente argentino era, na verdade, simpático ao Brasil, elogiando o regime político brasileiro e chegando, mesmo, a censurar o escritor chileno Benjamín Vicuña Mackenna, por este utilizar-se de "palavras ocas como as de 'Império escravocrata'", pois, acrescentava, se a escravidão era um mal que existia na monarquia, nada se provava contra as instituições brasileiras. Estas, escreveu Mitre, "no liberalismo deixam muito atrás a muitas de nossas Repúblicas", que não sofriam nenhuma ameaça ou perigo pela existência do Império.[180]

O historiador argentino Tjarks, baseando-se no arquivo de Rufino de Elizalde, apontou a luta entre a ideologia liberal e a conservadora como a peça que faltava para compor o quebra-cabeça da Guerra do Paraguai. Para esse estudioso, tanto dom Pedro II quanto Mitre não desejavam ver seus países envolvidos no conflito uruguaio e na subsequente ação bélica no Prata. Esse não era, porém, o objetivo dos liberais que se encontravam no poder no Brasil e na Argentina. Essas correntes políticas, conclui-se do texto de Tjarks, articularam-se para promover a intervenção de seus respectivos países contra o Uruguai e o Paraguai, onde os governos eram antiliberais.[181]

O fato de grupos políticos liberais ocuparem o poder, simultaneamente, no Brasil e na Argentina, enquanto os governos de Assunção e Montevidéu tinham orientação política oposta, facilitou, por certo, a aproximação, e depois a aliança, entre Buenos Aires e o Rio de Janeiro. É farta, porém, a documentação demonstrando que o governo imperial não queria uma guerra contra o Paraguai e, ainda, que a intervenção no Uruguai de início tinha dupla finalidade: impedir Montevidéu de romper a dependência uruguaia em relação ao Brasil, atendendo aos reclamos dos pecuaristas gaúchos, e levar a opinião pública brasileira a esquecer a humilhação sofrida da Grã-Bretanha, com uma ação diversionista ao sul. Posteriormente, entre agosto e setembro de 1864, o objetivo da diplomacia imperial passou a ser, de fato, destituir o governo uruguaio. Argumentar que havia uma diplomacia secreta do Partido Liberal em relação ao Prata, da qual o imperador não tinha conhecimento, é desconhecer o papel desempenhado pelo monarca no Estado brasileiro. Dom Pedro II fazia-se presente nos assuntos de governo e procurava manter-se a par de tudo, ao participar, inclusive, da condução da política externa brasileira. O Imperador podia não estar convencido e comprometido com a política de uma aliança com a Argentina por parte dos liberais, mas não a desconheceria.

Quanto a Mitre, é improcedente afirmar que não tivesse conhecimento da política implementada por Elizalde, a qual buscava, na feliz definição de Tjarks, uma hegemonia compartilhada entre o Império e a Argentina no Prata. Na troca de cartas com Urquiza, o presidente argentino procurava, de fato, demonstrar que o governo nacional se mantinha neutro, tanto nas divergências entre o governo imperial e o uruguaio, quanto no conflito brasileiro-paraguaio em seu início. Ao mesmo tempo, porém, tentava convencer o caudilho entrerriano de que o Brasil não devia ser temido. Cercada a Argentina por dois vizinhos em guerra, escreveu Mitre, o Império era o que "pode fazer-nos maior mal, e o que até hoje nos fez mais bens", enquanto com o Paraguai "podemos ter no futuro questões de interesse nacional". E lembrava que também Urquiza se beneficiara, no passado, da aliança com o Brasil.[182]

É esse Mitre, simpático ao Império não só por afinidades ideológicas, mas também por interesses concretos, que beneficiou a ação brasileira no Prata. O jornal liberal *O Correio Mercantil*, do Rio de Janeiro, revelava, em setembro de 1864, ter o presidente argentino "a melhor boa vontade conosco" e, inclusive, seu ministro da Marinha teria oferecido abastecimento de carvão aos vapores brasileiros que operavam na costa uruguaia. Era permitido que petrechos de guerra, entre eles 6 mil carabinas e seis canhões raiados, fossem retirados de Buenos Aires por uma canhoneira brasileira. A boa vontade do governo argentino era tal que permitia a Paranhos solicitar autorização para instalar Miguel Joaquim de Souza Machado, vice-cônsul imperial em Paissandu, como espião em Corrientes, "para informar-nos das ocorrências que possam interessar-nos do lado do Paraguai". A resposta foi positiva, a ponto de Elizalde informar ao governador correntino Manuel Lagraña que os "agentes" brasileiros na província poderiam necessitar enviar "alguns ofícios a seus superiores" em Buenos Aires. Lagraña deveria enviar esses documentos ao chanceler argentino, "pelo [correio] expresso, sem perda de tempo".[183]

Enquanto isso, no Uruguai a situação definia-se. O presidente Aguirre estava decidido a não mudar sua postura em relação à Argentina e ao Império, apesar da pressão militar brasileira e da campanha hostil — que classificou de "fanfarronadas" — dos jornais argentinos *La Tribuna* e *La Nación Argentina*, favoráveis à política imperial no Uruguai. Segundo Aguirre, seu governo tinha por objetivo "ser consequente (como regra invariável de sua política) com seu aliado, o governo paraguaio".[184] A postura firme do presidente uruguaio, de resistir às pretensões de seus dois poderosos vizinhos, era resultado da informação de que os paraguaios invadiriam, na primeira semana de dezembro, o Rio Grande do Sul, para socorrer o Estado oriental.[185]

O socorro paraguaio a Montevidéu não se concretizou e, pressionado pelas forças do Império, restou a Aguirre tentar envolver as potências europeias para manter-se no poder. Em meados de janeiro de 1865 o governo *blanco* enviou Cándido Joanicó em missão à Espanha, França, Grã-Bretanha e Itália. Ele deveria obter dessas potências a garantia da independência uruguaia e da estabilidade do governo legal, demonstrando que os interesses comerciais da Europa estavam vinculados à paz no Uruguai, ameaçado por aspirações anexionistas do Brasil e da Argentina.[186]

Quando Joanicó chegou a seu destino, Flores já triunfara. A sucessão de Aguirre, cujo mandato presidencial findava, foi disputada por duas facções do Partido Blanco, havendo de um lado os mais radicais, favoráveis à guerra com o Brasil, representados por Juan Ceravia, e, de outro, aqueles que desejavam a paz, representados por Tomás Villalba e influenciados por comerciantes, em sua maioria composta por estrangeiros. Estes encontravam-se temerosos dos prejuízos ao comércio que adviriam do bloqueio de Montevidéu e de seu porto, declarado em 2 de fevereiro de 1865 por Tamandaré.[187] No dia 15 do mesmo mês, Villalba foi eleito presidente do Senado e, automaticamente, tornou-se chefe do Executivo em exercício, na impossibilidade de se realizarem eleições para o cargo, devido à Guerra Civil.

Com a mediação do representante italiano em Montevidéu, Ulisses Barbolani, iniciaram-se, no dia seguinte à posse de Villalba, as negociações de paz com Paranhos. Em 20 de fevereiro foi assinado, com a aquiescência argentina, o Protocolo de Paz de Villa Unión, pelo enviado brasileiro, por Manuel Herrera y Obes, representando o presidente em exercício, e por Venancio Flores, líder *colorado*. Por esse documento, Flores assumia a presidência da República.[188]

Com esse acordo, Paranhos conseguiu a capitulação de Montevidéu sem luta; "ninguém [...] previa um semelhante desenlace".[189] Um ataque à capital poderia ter levado à morte 2 mil soldados brasileiros, devido às trincheiras que a defendiam. Além do mais, Flores comprometeu-se a atender a todas as exigências do ultimato de 4 de agosto do ano anterior e o Império ganhou uma base vital para as operações contra o Paraguai.[190] O novo presidente era "um verdadeiro amigo do Brasil".[191] Flores suprimiu a Legação uruguaia em Assunção, colocou novamente em vigência os Tratados de 1851 e, cumprindo sua promessa, pôs-se ao lado do Império na luta contra Solano López. O governo *colorado* recebeu do Rio de Janeiro apoio "moral e material", sem o qual "seria expulso" da capital uruguaia, na opinião do conde d'Eu, casado com a princesa Isabel, herdeira do trono brasileiro.[192]

O sucesso de Paranhos custou-lhe, no mesmo dia em que a notícia chegou ao Rio de Janeiro, em 3 de março, sua demissão. A justificativa para esse ato era a de não ter o acordo reparado a honra brasileira ultrajada pelo governo *blanco*. Tal ultraje ocorreu em decorrência da tomada de Paissandu, cidade localizada às margens do rio Uruguai, que sofreu, a partir de 2 de dezembro de 1864, o cerco de 6 mil homens, entre soldados brasileiros e os homens de Flores. Quando os defensores da cidade arrasada se renderam, o comandante da praça, o general legalista Leandro Gómez, pediu a Tamandaré para ser entregue aos cuidados dos seus compatriotas, no que foi atendido. Os *colorados*, então, fuzilaram o prisioneiro e todos os oficiais que participaram na defesa da cidade, em ato reprovado pelo vice-almirante brasileiro, que ordenou a libertação dos demais prisioneiros.[193]

O ocorrido em Paissandu era a continuidade de uma prática não incomum no Rio da Prata, pela qual os vencidos aprisionados eram mortos. Anos antes, em janeiro de 1858, no próprio Uruguai, em Quinteros, o general Días, *colorado*, derrotado em sua rebelião contra o presidente Pereira, *blanco*, foi morto após ter recebido garantias de vida para si e seus oficiais, dadas pelo general legalista Medina. Cento e cinquenta dos sublevados foram, então, mortos por fuzilamento ou por baioneta, por ordem do chefe de Estado uruguaio, apesar dos protestos do corpo diplomático. O fuzilamento de Leandro Gómez foi uma réplica "colorada" de Quinteros, mas, em Montevidéu, o Império foi responsabilizado pelos fuzilamentos.[194] Como consequência, o presidente Aguirre ordenou a queima em praça pública dos Tratados de 12 de outubro de 1851, a qual foi feita por um prisioneiro retirado da cadeia pública com essa finalidade. A queima se deu diante de Aguirre, de seus ministros e de cerca de trezentas silenciosas pessoas, frustrando a expectativa da presença maciça de cidadãos indignados com o Brasil.[195] O governo imperial acabou por reconhecer formalmente Flores como beligerante.

Durante a queima dos Tratados de 1851, a bandeira brasileira foi arrastada pelas ruas da capital uruguaia. Ao tomar conhecimento do fato, Tamandaré, que bloqueava a cidade, quis bombardeá-la como forma de desagravar o pavilhão imperial. A represália foi evitada graças aos argumentos de Paranhos sobre sua inconveniência política. Tamandaré, contudo, insinuou falta de dignidade ao diplomata, chegando a afirmar que "só um militar pode saber o que significa um insulto à bandeira".[196] Para esse vice-almirante "os povos" do Rio da Prata faziam "pouco caso" das reclamações brasileiras e recebiam quase com desprezo as ameaças de intervenção armada do Império na região porque estavam "persuadidos de que o Brasil não tem meios de se fazer respeitar pela força nestas regiões".[197]

As relações entre o enviado imperial ao Prata e o comandante da esquadra brasileira agravaram-se rapidamente. Quando Paranhos reuniu os chefes militares brasileiros para informá-los do andamento das negociações com Villalba, entrou em atrito com Tamandaré, que afirmou não estar o diplomata credenciado para tal iniciativa. O almirante julgava-se não só o comandante supremo das questões militares como, também, das soluções políticas, no que foi refutado por aquele enviado. As relações entre essas altas autoridades foram conflitivas, o que talvez se explique pelo fato de ser Paranhos senador do Partido Conservador, enquanto o contra-almirante pertencia ao Partido Liberal. O diplomata tinha ácidas opiniões sobre Tamandaré, a quem classificava de "incapaz de plano e de método", sem condições de comandar as forças imperiais no Paraguai. Assim, Paranhos instou o marquês de Caxias, também membro do Partido Conservador, a aceitar o comando contra Solano López.[198]

Desgostoso com os acontecimentos, Tamandaré pediu demissão do comando das forças navais do Império no Prata. O chefe de governo, conselheiro Furtado, e o ministro dos Negócios Estrangeiros, Dias Vieira, propuseram a demissão de Paranhos ao imperador, argumentando que ela era reclamada pela opinião pública.[199] Este era um argumento verdadeiro, pois a notícia da rendição de Montevidéu provocou verdadeira festa nas ruas do Rio de Janeiro, mas, no dia seguinte, em 3 de março, os ânimos se exaltaram contra Paranhos ao se tornarem públicos os termos do acordo.[200]

Para a demissão de Paranhos teve maior peso o aspecto político e a opinião pública do que sua divergência com Tamandaré. A intervenção no Uruguai foi um sentimento realimentado e ampliado pelo gabinete liberal como forma de fortalecer-se perante a população melindrada com a Questão Christie, e mostrar-se competente em enfrentar os problemas externos. A intervenção no território uruguaio servia, ainda, para desviar a atenção da crise financeira, iniciada em setembro de 1864, e comercial, crise mais profunda que o país viveu no século passado. Essa crise teve origem na Casa Souto e Cia., a maior instituição bancária brasileira à época, que fechou seus guichês, provocando violenta corrida a outros bancos, com sérios prejuízos para o comércio e investidores.[201]

O envolvimento brasileiro no Uruguai, causado inicialmente para evitar o rompimento da dependência desse país em relação ao Império e, ainda, por pressão dos estancieiros gaúchos, acabou por se tornar diversionista. Buscou-se transferir dos problemas supracitados a atenção da opinião pública brasileira, transformada em alvo de uma "realimentação positiva" por parte dos governantes brasileiros, amplificadora dos sentimentos de hostilidade contra o governo *blanco*, num movimento de crescente intensidade. Há dois modos para esse tipo de movimento ser interrompido: seja quando algum elemento que o tenha gerado ou, mesmo, um elemento advindo do meio em que ocorre entra em colapso, seja quando algum recurso ou suprimento essencial se exaure. As formas de realimentação positiva "são características de situações que tendem a escapar de controle".[202] De fato, a situação fugiu de controle com a declaração de guerra por parte do Paraguai, surpreendendo o governo imperial.

A apreensão do *Marquês de Olinda* por Solano López acrescentava mais um fator para o Império desejar o fim do governo de Aguirre no Uruguai. Fazia-se necessária à esquadra brasileira, para operar contra o Paraguai, uma base no Prata. O acordo conseguido por Paranhos, ao estabelecer um governo aliado em Montevidéu, garantia tal base, mas, em lugar de receber elogios, esse enviado foi afastado de sua missão. A paz assinada não continha em seu texto a punição imediata e nominal daqueles responsáveis pelas violências contra brasileiros em território uruguaio, nem dos que arrastaram a bandeira imperial pelas ruas de Montevidéu. Esses dois acontecimentos foram utilizados para realimentar a hostilidade da opinião pública brasileira contra o governo *blanco*. O próprio Paranhos afirmou ter sido sua demissão causada pelos "justos ressentimentos da população brasileira" e pela apreciação errônea de seus atos por parte do governo imperial, em virtude da distância.[203] Para seu amigo Caxias, porém, Paranhos foi mais sincero: "venceram S.M. [Sua Majestade] e seu Almirante [Tamandaré] mas a vitória da razão há de ser minha".[204] A posteridade reconheceu, sem dúvida, essa vitória.

Afinal, com o Convênio assinado por Paranhos, o Império alcançou seus objetivos no Uruguai ao colocar Flores no poder e anular o surgimento de um novo status regional caso fosse concretizada a aliança entre Solano López, Urquiza e os *blancos* em Montevidéu. Esta abalaria a hegemonia brasileira no Prata, bem como seria fator desestabilizador na relação entre o Rio Grande do Sul e o poder central no Rio de Janeiro. Paranhos agiu em Montevidéu de acordo com as instruções recebidas do governo imperial e, por isso, sua demissão apresenta-se incongruente, mas teve motivação lógica, que foi o sacrifício da política externa do Império em benefício do governo imperial na política interna.[205]

O sentimento bélico ganhara dinamismo próprio no seio da opinião pública brasileira e fugira ao controle de seus fomentadores, sendo natural, pois, que ela se identificasse com as atitudes de força de Tamandaré. Dom Pedro II, amigo e admirador de Tamandaré, reservava quase que exclusivamente para si a solução das pendências internacionais de caráter grave e deu o aval para a desgraça de Paranhos. Essa postura tinha um efeito tanto interno quanto externo. De um lado, ela coincidia com a da opinião pública, e reforçava a identidade entre o cidadão e a pátria, personificada no imperador. De outro, a dura reação do governo imperial ao demitir Paranhos, por julgar que esse enviado não desagravara as ofensas recebidas pelo Império, também fazia ver a inimigos platinos que afrontar o Brasil não levaria a vantagens em negociações posteriores.

Com a demissão de Paranhos foi eliminada uma saída diplomática para a situação uruguaia. Para o visconde de Niterói, o convênio de 20 de fevereiro de 1865 era o "prenúncio de um arranjo pacífico em toda a extensão que tanto teria poupado o Brasil e ainda mais ao Paraguai", pois a guerra poderia ter sido "talvez até evitada". Para Joaquim Nabuco, no que dependeu dos acontecimentos uruguaios, nada contribuiu mais para a guerra contra o Paraguai do que as atitudes de Tamandaré.[206]

Solano López, por sua vez, também poderia ter evitado dar continuidade à guerra. Com a convenção de 20 de fevereiro, estavam garantidas a independência e a integridade territorial uruguaias, aspectos cuja defesa fora invocada pelo governo paraguaio ao atacar o Império, que permitia, pois, retirar com dignidade as forças invasoras. O país guarani gozava de uma magnífica posição geográfica defensiva, pois, isolado no interior do continente, somente poderia ser atacado por forças brasileiras em pontos defensáveis: pelo rio Paraguai, sob o controle da fortaleza de Humaitá, e a sudoeste. As contradições internas tendiam a manter a neutralidade da Argentina, impossibilitando uma eficaz ação militar do Império contra a República paraguaia, pois o Brasil carecia de pontos de apoio logístico no interior da região platina. Tal quadro poderia induzir a uma solução diplomática para o conflito, que não foi considerada pelo chefe de Estado paraguaio, o qual, com base em informações sobre a fraqueza militar do Império e a manutenção da neutralidade do governo argentino, acreditava na vitória militar paraguaia.[207] Thornton, representante britânico em Buenos Aires, tinha sua parcela de razão ao escrever que a situação uruguaia era apenas um pretexto para Solano López atacar o Brasil, ocupar território litigioso e, em posição vantajosa ao Paraguai, concluir um tratado de limites com o Império.[208]

O governo argentino, por sua vez, não acreditava na ampliação do conflito brasileiro-paraguaio, embora a demissão de Paranhos fosse lamentada e criasse algumas dúvidas.[209] Em março de 1865, Rufino de Elizalde via com otimismo a situação platina. Acreditava que o Paraguai ficaria na defensiva, pois o Mato Grosso era um território vazio, sem importância militar, e invadir o Rio Grande do Sul seria complicado, pois os paraguaios teriam que passar por território argentino e, mesmo que o fizessem, seriam "facilmente" derrotados pelos gaúchos. Quanto ao Brasil, analisava esse chanceler, era inviável invadir o Paraguai pelo Mato Grosso e também não poderia fazê-lo do lado do Rio Grande do Sul, pois implicaria atravessar território da Argentina. Esta, escreveu Elizalde, tinha questões de limites tanto com o Paraguai quanto com o Brasil. Cabia a José Mármol, no seu retorno ao Rio de Janeiro em missão especial, obter um tratado de limites e de comércio com o Império, por meio de solução "fraternal", e ficar atento à política interna brasileira. Afinal, escreveu Elizalde, a demissão de Paranhos significava a vitória daqueles que defendiam uma ação "dura e enérgica" do Brasil no Prata, o que provocaria reações na região "e perderíamos todo nosso trabalho para a união do Brasil conosco". O objetivo do governo argentino em relação ao Brasil era o de buscar harmonizar e combinar esforços "para manter a paz, baseada na liberdade e na justiça nos povos do Rio da Prata".[210]

Dos governos que lutaram a Guerra do Paraguai, apenas Solano López se preparara, de fato, para um conflito regional. Os *blancos* uruguaios o desejavam; Mitre e Elizalde apenas começaram a considerar seriamente essa possibilidade após a invasão paraguaia do Mato Grosso e o governo imperial foi tomado de surpresa com o ataque paraguaio a território brasileiro.

SOLANO LÓPEZ, DE TIRANO A HERÓI ANTI-IMPERIALISTA: A CONSTRUÇÃO DO MITO

Após a morte de Solano López, na batalha de Cerro Corá, em março de 1870, e até fins do século XIX, não se questionava o fato de ter sido ele um ditador que lançou seu país em guerra imprudente contra vizinhos mais poderosos. Ele era odiado pelos sobreviventes, conforme testemunhou um adolescente britânico, Robert Bontine Cunninghame Graham, que chegou ao Paraguai em 1871 e viajou pelo país durante um ano e meio, sem problemas de comunicação, pois falava o guarani.[211] Idêntico era o sentimento nos países vizinhos, a ponto de a historiografia tradicional, inclusive a paraguaia, personalizar a explicação das causas da guerra na figura de Solano López, deixando em segundo plano o processo histórico que levou ao conflito.

No final do século XIX, o Paraguai era um país paupérrimo do ponto de vista econômico, praticamente sem autoestima do passado e carente de heróis paradigmáticos. O Paraguai era apresentado como país de déspotas e derrotado em uma guerra da qual fora o agressor. Ao mesmo tempo, despontava uma geração de estudantes universitários e secundaristas — poucos e concentrados em Assunção —, desejosos de construir uma sociedade melhor, mas sem encontrar um pensamento que, ao mesmo tempo, recuperasse a autoestima nacional, rompendo o sentimento de inferioridade em relação às outras nações, e apontasse para a superação da realidade miserável. Esses jovens necessitavam de heróis que encarnassem os valores, supostos ou verdadeiros, da nacionalidade paraguaia. A educação liberal oferecia-lhes quase unicamente a denúncia do passado e dos "anti-heróis", os três ditadores que governaram o país até 1870.

Essas circunstâncias viabilizaram o nascimento, no Paraguai, do revisionismo histórico da figura de Solano López, também conhecido como lopizmo. Esse movimento buscou transformar a imagem de Solano López de ditador, responsável pelo desencadear de uma guerra desastrosa para seu país, em herói, vítima da agressão da Tríplice Aliança e sinônimo de coragem e patriotismo. O intelectual responsável pelo nascimento do revisionismo foi Juan Emiliano O'Leary que, por "recuperar" a memória do falecido ditador, passou a ser conhecido por *El Reivindicador*.

O'Leary era filho do segundo casamento de Dolores Urdapilleta Caríssimo. Seu primeiro marido foi o juiz Bernardo Jovellanos que morreu na prisão, para onde fora enviado ao desagradar, com suas decisões, o presidente Francisco Solano López. Durante a guerra, Dolores foi acusada de traição e condenada ao desterro interno. Ela e outras mulheres na mesma situação foram obrigadas a fazer longas marchas forçadas, quase sem comida, acompanhando os soldados paraguaios que recuavam para o interior do país frente ao avanço das tropas aliadas. Os filhos pequenos de Dolores morreram de fome nessa marcha. Ao recordar as penúrias de sua mãe, Juan Emiliano O'Leary escreveu:

> Para teus verdugos e para os verdugos de nossa pátria — perdoa-me minha mãe — meu ódio é eterno.

Teu martírio, mãe, é infinito. A cada dia, a cada momento, aparecem ante seus olhos as sombras de seus filhos, meus irmãos, mortos de fome na solidão de sua peregrinação. Você os viu morrer.

Você presenciou aquela agonia indescritível e, depois de mortos, teve que deixar seus pequenos corpos frios sob uma capa de terra e um tapete de flores.

Pobres de meus irmãos! Eu também os vejo nos meus sonhos, envoltos em nítidas mortalhas, flutuando no espaço como brancos anjinhos. Nem vocês escaparam da fúria dos tiranos e dos Caims.

Algum dia, quando meu canto seja digno de vocês, enterrarei sua memória na cristalina sepultura de meus versos!

Você perdoou o tirano, que tão brutalmente te maltratou. Eu não o perdoo. O esqueço. E, neste dia, uno minhas lágrimas às suas e com minha alma abraço esses pobres mártires, irmãozinhos meus, mortos de fome na solidão do desterro.[212]

Logo, porém, o talentoso escritor O'Leary esqueceu essa promessa, preferindo enterrar sua consciência. Se o nascimento do revisionismo histórico lopizta preencheu um vazio ideológico no Paraguai, bem outro é o motivo real para se construir a imagem heroica de Solano López.

Durante a guerra, a irlandesa Elisa Lynch, companheira de Solano López e que chegara ao Paraguai, na década de 1850, "comprou" terras e imóveis. Ela recebeu do governo paraguaio 33175 quilômetros quadrados em território litigioso com o Brasil, área que correspondia exatamente à extensão territorial da colônia de Dourados, delimitada pelo decreto do governo imperial de 26 de abril de 1856.[213] Também se tornou proprietária, graças ao beneplácito de Solano López, de uns 4375 quilômetros quadrados entre os rios Bermejo e Pilcomayo, território reconhecido como argentino no pós-guerra, e, ainda, outros 135 mil quilômetros quadrados na região oriental do Paraguai. Para manter a aparência de lisura desses negócios, em lugar do próprio presidente como era de praxe, as vendas possuíam a autorização do vice-presidente Sánchez. Em suas solicitações de compra, Elisa Lynch invocou a condição de cidadã britânica com filhos paraguaios, pretextando o desejo de contribuir, com o dinheiro que oferecia pelas terras, em favor do esforço de guerra do Paraguai. Como bem ressaltou Centurión, quando as vendas se deram, em fins de 1869, já não havia tempo hábil para usar o dinheiro arrecadado na defesa nacional e, ademais, não havia nenhuma lei que autorizasse a alienação das terras públicas.

Lynch comprou, ainda, 29 imóveis urbanos, dos quais 27 em Assunção.[214] O enriquecimento imobiliário de madame Lynch, como a chamavam os paraguaios da época, foi possível porque o Estado paraguaio era praticamente um feudo da família López. Na descrição de Richard Francis Burton, escritor, aventureiro e diplomata inglês: "o país é, de fato, uma grande estância da qual o supremo magistrado atua como proprietário".[215]

A transferência de terras públicas para Elisa Lynch se explica pela preocupação de Solano López com a sorte de sua família. Outra explicação hipotética, não excludente, é a de que, consciente da derrota final que se aproximava, Solano López estava convencido de que o Paraguai seria dividido entre Argentina e Brasil, deixando de existir como Estado independente. Teria buscado então que, pelo menos, a propriedade privada de grande parte de seu território coubesse a seus descendentes considerando, talvez, que a nacionalidade britânica permitiria a Elisa Lynch recorrer ao governo inglês na defesa da posse desses bens, caso fosse questionada pelos países vencedores.[216]

Em 23 de dezembro de 1868, quando estava cercado pelo inimigo em Lomas Valentinas, Solano López deixou seu testamento aos cuidados do representante diplomático norte-americano, general McMahon. Nele, mostrava-se "agradecido pelos serviços [sic!] da senhora dona Elisa A. Lynch" e a declarava sua herdeira universal.[217] McMahon partiu do Paraguai, atendendo ordens do governo norte-americano, em maio de 1869, e levando consigo, a pedido de Solano López, bens que ocuparam sete carretas e não foram fiscalizadas pelos Aliados devido a seu caráter diplomático, por fazerem parte, oficialmente, da bagagem desse representante dos EUA.[218]

Até há poucos anos, acreditava-se que, de volta à Europa após a morte de Solano López, Elisa Lynch ficou em estado de pobreza, após dissipar a herança em Paris, onde passou a viver a partir de 1882; em viagem ao Oriente Próximo, e, ainda, em virtude da recusa de Guillermo Stewart, cirurgião-chefe do Exército paraguaio, em entregar-lhe recursos financeiros que o falecido ditador o incumbira de transferir para Londres, fora do alcance do Exército aliado.[219] Stewart teria se apropriado de 200 mil libras esterlinas, que depositou em seu nome no Banco Real de Edimburgo.[220] No entanto, Michael Lillis e Ronan Fanning, em livro recente, desvendaram vários aspectos nebulosos da vida de Elisa Lynch, inclusive sua situação financeira, apontando que ela chegou a ter um padrão modesto de vida, mas não à pobreza. Descobriram, na ação de Elisa Lynch contra Stewart nos tribunais de Edimburgo, declaração dela de que havia mandado, por ele, 15 mil libras à Grã-Bretanha; outras 12 mil enviou por meio do ministro norte-americano Martin McMahon e, ainda, havia outras 23 mil que o médico devia por conta de lucros na venda de erva-mate, de origem estatal, a seu encargo. Declarou ela:

> Isso fica em torno de 50 mil libras. Não tenho mais nada agora. Comprei propriedades [no Paraguai] que chegam a quase 20 mil libras. Tinha uma boa quantidade de joias — não excessiva —, cerca de 5 ou 6 mil libras [...] [e prataria] no valor de mais ou menos mil libras [...] Prata e joias foram perdidas.[221]

Mediante acordos, Elisa Lynch recuperou uma parcela pequena do que pleiteava: 12,5 mil libras da companhia Blyth Brothers e 1,5 mil libras de Robert Stewart, irmão do dr. Stewart. Após superar vários obstáculos legais, ela conseguiu que o tribunal de Edimburgo a reconhecesse como herdeira oficial de Solano López. Ainda assim, não ganhou as 23 mil libras pela venda da erva-mate, com Stewart argumentando que não sobrara dinheiro da venda, pois a quantia tinha sido insuficiente para cobrir o valor que o falecido ditador lhe devia. Elisa também não recuperou os milhares de libras esterlinas depositados por Solano López em seu nome em vários bancos britânicos, pois os números de contas, as senhas de acesso e os comprovantes bancários se encontravam em uma carroça que foi incendiada durante a batalha de Cerro Corá.[222]

Elisa Lynch retornou a Buenos Aires em 1885 — aí estivera dez anos antes, a caminho de Assunção, onde não pôde permanecer devido à hostilidade das mulheres da elite local — com o objetivo de obter a posse das terras que o governo de Solano López transferira para seu nome.[223] Ao tomar consciência da dificuldade de conseguir seu objetivo, Elisa Lynch transferiu seus supostos direitos de posse para o filho mais velho, Enrique Venancio Solano López.[224]

Em 1885, porém, o procurador-geral do Estado paraguaio, Juan Crisóstomo Centurión, opôs-se ao pedido de reconhecimento da posse dessas propriedades, que perfaziam um total de 19 mil quilômetros quadrados, por parte da ex-companheira de Solano López. Para Centurión, o pedido era "improcedente perante as leis e a razão". Três anos mais tarde, em 1888, o parecer de Ramón Zubizarreta, do Supremo Tribunal de Justiça, acrescentou que aquelas vendas tinham sido simuladas, um abuso de poder, e que não constituíam fonte de direito, perdurando seus efeitos tanto quanto a força que os produzira. Escreveu Zubizarreta que não haveria quem "no mínimo pelo respeito à verdade, se não às desgraças de um povo, se atrevesse a defender a realidade daquelas vendas".[225]

Ademais, a negativa das autoridades judiciais paraguaias tinha respaldo legal e baseava-se em três decretos. O primeiro, de agosto de 1869, do governo provisório paraguaio, declarou Francisco Solano López traidor da pátria e fora da lei; outro, de 19 de março de 1870, embargou seus bens e os de seus familiares, inclusive da "concubina" Elisa Lynch, por serem de origem "bastarda e ilegítima", resultantes do enriquecimento à custa de propriedades públicas. Um terceiro decreto, de 4 de maio de 1870, transferiu os bens de Solano López para o Estado e aqueles que constavam como sendo de Elisa Lynch, anteriores a "doações" ou "compras" no período final da guerra, foram embargados, e ela devia ser submetida a julgamento para esclarecer seu enriquecimento. Os três decretos foram aprovados pelo Legislativo paraguaio, inclusive por congressistas que tinham lutado a guerra ao lado de Solano López.[226] Bloquearam-se, dessa maneira, estratagemas jurídicos que seus herdeiros poderiam utilizar para reclamar essas propriedades.

De volta à Europa, Elisa Lynch morreu em Paris, em 1886, na miséria, a ponto de seu enterro ter sido pago pela prefeitura, segundo a historiografia sobre ela, inclusive a edição anterior deste livro.[227] No entanto isso não corresponde à realidade, pois, segundo meticulosa pesquisa recente sobre Lynch feita por Lillis e Fanning, após voltar para a Europa, ela visitou Constantinopla, Roma e Jerusalém, e morou até o fim da vida em seu confortável apartamento no Boulevard Pereire, no elegante bairro do 17º Arrondissement, em Paris. Elisa Lynch faleceu aos 52 anos de idade, solitária, pois os filhos tinham vínculos afetivos distantes com ela, e foi enterrada no cemitério Père-Lachaise, em sepultura com pessoas de outras famílias, o que era um costume.[228]

Enquanto isso, Enrique Venancio Solano López buscou obter que tribunais da Argentina e do Brasil o declarassem proprietário das terras que a mãe lhe transferira. Na Argentina as terras consistiam em 11 240 quilômetros quadrados entre os rios Pilcomayo e Bermejo, e, em 1920, a Justiça decidiu que elas eram propriedade do patrimônio público.[229]

No Brasil, um representante de Enrique registrou, em 24 de outubro de 1892, no cartório de imóveis da comarca de Corumbá, a escritura de compra e venda lavrada em Buenos Aires por mãe e filho. Os 33 175 quilômetros quadrados de terras em Mato Grosso reclamadas por Enrique eram, então, exploradas mediante concessão pela poderosa Companhia Matte Larangeira.[230]

Em 1895, o governo paraguaio enviou ao Rio de Janeiro, na condição de representante diplomático, Juan Silvano Godoi. À missão oficial acrescentava-se um objetivo privado, no qual o próprio presidente paraguaio, Juan Bautista Egusquiza, parecia ter interesses pessoais envolvidos, que era o de obter o reconhecimento da posse daquelas terras por Enrique Solano López. Godoi encontrou-se na capital brasileira com o senador Amaro Cavalcanti, que, conhecedor dos seus propósitos, prometeu procurar o chanceler Carlos de Carvalho para "prepará-lo no sentido em que combinamos".[231] Amaro Cavalcanti, que anos depois ocupou o cargo de ministro do Supremo Tribunal Federal, fora enviado pelo presidente Floriano Peixoto ao Paraguai, em 1894, para impedir a eleição a presidente de um suposto inimigo do Brasil, José Segundo Decoud.[232] Data dessa época seu relacionamento com políticos paraguaios.

Em 6 de fevereiro, Godoi foi recebido pelo presidente Prudente de Morais, expondo um dos objetivos de sua presença: o de obter as terras exploradas em Mato Grosso pela Matte Larangeira para Enrique Solano López. Em seguida, o enviado paraguaio encontrou-se duas vezes com o chanceler Carlos Carvalho e argumentou que a nenhum país, ao anexar ou adquirir novos territórios, jamais se atribuíra direitos sobre a propriedade rural ou urbana de particulares. Afirmou que isso ocorrera com o governo brasileiro, ao considerar o território reivindicado por Solano López como pertencente ao domínio público e ao cedê-lo à Matte Larangeira para exploração. Carvalho teria respondido que não se opunha à reivindicação de Enrique Solano López, reconhecendo, mesmo, a validade da documentação apresentada, mas que não poderia atendê-la sob pena de comprometer seu futuro político. A concordância com tal reivindicação seria interpretada, no Brasil, como desmembramento do território nacional.[233]

Carvalho sugeriu que Solano López iniciasse uma demanda judicial contra a Matte Larangeira, arrendatária da propriedade contestada.[234] Em 1895, Enrique Solano López se associou, no Mato Grosso, com o brasileiro João Baptista Meduce,[235] talvez para descaracterizar o pleito de terras exclusivamente por um descendente de Francisco Solano López. Em meados de 1896, o próprio Enrique Venancio Solano López foi ao Rio de Janeiro e contratou Rui Barbosa para defender sua causa. Este teria ironizado a argumentação de Carvalho para evitar resolver administrativamente a questão, ao afirmar que existiam muitos proprietários estrangeiros de extensas áreas no Brasil e que nem por isso o país fora desmembrado.[236]

Rui Barbosa foi objeto de críticas públicas. O jurista e senador defendeu-se no Senado, afirmando que as terras demandadas faziam parte do território brasileiro e não se questionava o fato. A ação que ele patrocinava, afirmou, era uma ação civil contra a Companhia Matte Larangeira, da qual a Fazenda brasileira não era parte. Rui Barbosa deu continuidade à demanda judicial não só contra essa companhia, mas também contra o Estado de Mato Grosso, com Enrique Solano López reclamando, além da posse de terras, o recebimento de indenização por prejuízos e a entrega de lucros nelas obtidos com a exploração de erva-mate. Em 18 de outubro de 1900, a Justiça Federal de Mato Grosso julgou a demanda improcedente com o argumento de que Enrique e seus antepassados jamais tiveram a posse das terras pretendidas e, mais, de que o governo paraguaio não podia vender posses no território litigioso. Rui Barbosa apelou ao Supremo Tribunal Federal que confirmou essa sentença em 17 de dezembro de 1902. Reafirmou-se que as terras reivindicadas eram devolutas, fazendo parte do patrimônio da nação e, nos termos do artigo 64 da Constituição, pertenciam ao Estado de Mato Grosso.[237]

A busca do reconhecimento, por parte de Enrique Venancio Solano López, do direito de receber os bens de que seus pais se apropriaram durante a guerra explica, em parte, a transformação da imagem de Francisco Solano López de tirano para a de herói. Relatório sobre a situação política do Paraguai, elaborado em 1931 pela Legação do Brasil em Assunção, lança luzes sobre o nascimento do revisionismo lopizta e explica a surpreendente transformação de O'Leary de crítico a panegirista de Solano López. Afirma o relatório que os herdeiros desse governante, interessados em recuperar seus bens, compuseram-se com paraguaios influentes com vistas a iniciar uma campanha para conseguir a revogação do decreto de 1869 e, assim, resgatar seus direitos civis. Alcançado tal objetivo e criado um ambiente político favorável, os obstáculos jurídicos seriam contornados para que os descendentes de Solano López e Elisa Lynch obtivessem a devolução das propriedades e dos bens que seus pais possuíram. "O Senhor O'Leary lançou-se na campanha lopizta por interesses inconfessáveis de dinheiro" e nela permaneceu ao dar-se conta de que era fonte de prestígio e vantagens materiais.[238]

Cecilio Báez, escritor e político paraguaio, escreveu na década de 1920, quando a ideologia lopizta crescia no seu país, sobre a recuperação da imagem de Solano López que:

[...] Essa tarefa não é o cumprimento de um dever familiar, como querem alguns. É simplesmente uma empresa mercantil, de lucro, em cujo êxito acredita[ra]m os filhos da Linch [sic] adulando os poderosos.[239]

O revisionismo lopizta adquiriu força nas décadas seguintes. Em 1936, o coronel Rafael Franco, que ascendeu ao poder derrubando o presidente eleito Eusebio Ayala, editou decreto que tornava Solano López herói nacional. Sob as três décadas da ditadura de Alfredo Stroessner (1954-89), o lopizmo tornou-se onipresente, apoiado pelo Estado, e intelectuais que ousaram questionar a glorificação de Solano López foram perseguidos e, mesmo, exilados. Criou-se, na feliz expressão de Luc Capdevila, um verdadeiro "lopizmo de estado".[240] Afinal, Stroessner apresentava-se como continuador da obra do general Bernardino Caballero, fundador do Partido Colorado em 1887 e, nos anos da guerra, expoente do Exército paraguaio e homem de confiança de Solano López. O revisionismo paraguaio construiu, de Caballero, uma imagem militarista e de protegido e herdeiro político de Solano López.

No Brasil, os ideólogos do positivismo, inimigos do regime monárquico de governo, foram os maiores críticos da guerra contra o Paraguai, responsabilizando o Império pelo conflito.[241] Travaram verdadeira batalha de ideias, em jornais e livros, contra aqueles que apontavam ser de Solano López, posto que foi o agressor, a responsabilidade pelo início da guerra. Francisco Alambert levanta a hipótese de que, ao se transpor o positivismo para o Brasil, houve a inovação do universalismo dessa corrente pensar a América Latina como um todo. A participação brasileira em um projeto republicano de integração continental exigia, porém, "resolver" a questão da Guerra do Paraguai. Como consequência, os positivistas brasileiros geraram uma "interpretação negativa do papel da guerra na constituição da nacionalidade brasileira".[242]

Nas décadas de 1960 e 1970, o revisionismo sobre a Guerra do Paraguai foi mais longe, explicando-a como o confronto entre duas estratégias de crescimento: a paraguaia, sem dependência dos centros capitalistas, e a da Argentina e do Brasil, dependente do ingresso de recursos financeiros e tecnológicos estrangeiros. Para o revisionismo, estes dois países teriam sido manipulados por interesses da Grã-Bretanha, maior potência capitalista à época, para aniquilar o desenvolvimento autônomo paraguaio, abrindo um novo mercado consumidor para os produtos britânicos e fornecedor de algodão para as indústrias inglesas, matéria-prima cujo fornecimento fora prejudicado pela Guerra Civil Norte-americana.

Esses argumentos não se sustentam factualmente. O mercado consumidor paraguaio era diminuto, pela falta de poder aquisitivo da população, e, ainda assim, aberto a importações. Quanto ao algodão, a Guerra do Paraguai se iniciou quando a luta norte-americana já terminara sem que, durante os quatro anos desse conflito, a Grã-Bretanha tivesse tomado qualquer iniciativa para obter algodão paraguaio. Além disso, desde 1860, a compra de algodão no Egito atendia às necessidades da indústria têxtil britânica.[243]

Os pressupostos e conclusões desse revisionismo sofreram forte influência do contexto histórico em que foram escritos. As décadas de 1960 e 1970 caracterizaram-se, na América do Sul, por governos militares. Uma forma de se lutar contra o autoritarismo era minando suas bases ideológicas. Daí, em grande parte, a acolhida acrítica e o sucesso em meios intelectuais do revisionismo sobre a Guerra do Paraguai: por atacar o pensamento liberal, por denunciar a ação imperialista e por criticar o desempenho dos chefes militares aliados, quando um deles, Bartolomé Mitre, foi expoente do liberalismo argentino, e, no Brasil, Caxias e Tamandaré tornaram-se, respectivamente, patronos do Exército e da Marinha. Nota-se, ainda, nas entrelinhas de trabalhos revisionistas, a construção de certo paralelismo entre a Cuba socialista, isolada no continente americano e hostilizada pelos Estados Unidos, e a apresentação de um Paraguai de ditaduras "progressistas" e vítima da então potência mais poderosa do planeta, a Grã-Bretanha.

Culpar a Grã-Bretanha pelo início do conflito satisfez, nas décadas de 1960 a 1980, a distintos interesses políticos. Para alguns, tratava-se de mostrar a possibilidade de construir na América Latina um modelo de desenvolvimento econômico não dependente, apontando como um precedente o Estado paraguaio dos López. Acabaram, porém, por negar essa possibilidade, na medida em que apresentaram a potência central — a Grã-Bretanha — como onipotente, capaz de impor e dispor de países periféricos, de modo a destruir qualquer tentativa de não dependência. Como resultado, o leitor desavisado ou os estudantes que aprenderam por essa cartilha podem ter concluído que a história do nosso continente não se faz ou não se pode fazer aqui, pois os países centrais tudo decidem inapelavelmente. Os latino-americanos, nessa perspectiva, deixam de ser o sujeito de sua própria história, ou, de outro modo, veem negado seu potencial de serem tais sujeitos. A visão maniqueísta e mistificadora de Solano López também interessava ao oficialismo paraguaio sob a ditadura de Stroessner. Solano López na condição de vítima de uma conspiração internacional, que preferiu morrer a ceder às pressões externas, conferiu um caráter épico para as origens do "coloradismo".

As relações do Paraguai com a Grã-Bretanha não se tinham caracterizado, até 1865, por excesso de cordialidade. Porém, mais do que isso pode ser dito quanto ao Império, que, inclusive, rompeu relações diplomáticas com Londres em 1863. Conforme Herken Krauer e Giménez de Herken, baseados em farta documentação diplomática britânica, a opinião pessoal dos diplomatas ingleses que tiveram que negociar com o governo paraguaio foi, em sua maioria, negativa, tanto quanto ao caráter político do país, como sobre suas potencialidades comerciais. Isso não impediu que esses representantes seguissem as instruções de seu governo com respeito ao Estado guarani, as quais consistiam, essencialmente, em impedir que Solano López utilizasse a Grã-Bretanha nas disputas com os países vizinhos e, ao mesmo tempo, em assegurar o livre acesso dos navios de bandeira britânica aos rios Paraná e Paraguai. Foi esse país europeu o que mais capitalizou com o auge econômico paraguaio do pré-guerra: os projetos de infraestrutura guarani foram atendidos por bens de capital ingleses e os especialistas estrangeiros que os implementaram eram, em sua maioria, britânicos.[244]

Durante a guerra, à exceção da simpatia dos Estados Unidos pelo Paraguai, os governos das grandes potências mantiveram-se neutros. O governo britânico chegou, mesmo, a tomar iniciativa desfavorável à causa aliada ao apresentar ao seu Parlamento, em 2 de março de 1866, na íntegra, o tratado até então secreto que constituiu a Tríplice Aliança.[245] Durante a guerra, o representante inglês em Buenos Aires proporcionou a Solano López "comunicações frequentes com o exterior", enquanto a mala diplomática britânica, por seu caráter oficial protegida de ser revistada pelas forças em guerra contra o Paraguai, foi utilizada por Elisa Lynch para receber jornais europeus.[246]

Rompidas as relações entre o Paraguai e o Império, Edward Thornton, representante britânico na Argentina e, cumulativamente, no Paraguai, tentou evitar o início da guerra entre os dois países. Thornton escreveu ao chanceler paraguaio José Berges uma carta que é prova adicional de não interessar à Grã-Bretanha uma guerra entre o Paraguai e seus vizinhos. Por sua importância, essa carta merece ser transcrita:

Ao Exmo. Senhor

Dom José Berges[247]

Reservada

Buenos Aires, 7 de dezembro de 1864.

Meu prezado Senhor e Amigo,

Muito agradeço a comunicação dos documentos importantes anexos à sua Nota Oficial de 17 p. Não posso deixar de deplorar a necessidade de seu governo, segundo sua opinião, romper as relações de amizade com o Brasil. V.E. [Vossa Excelência] já conhece meu pensamento sobre esse assunto. Creio que o Brasil, a julgar pelos documentos que vi, tem justos motivos de queixa contra o governo oriental e tem o direito de pedir satisfação pelas ofensas que seus súditos tiveram que aguentar. Também não tenho o menor motivo para suspeitar que o governo do Brasil tenha a menor intenção de ameaçar a independência da República Oriental do Uruguai. Contudo, devo reconhecer que o governo paraguaio é o melhor juiz do que mais convém à sua pátria e não me é permitido dizer nada contra suas resoluções.

V.E. sabe que a Inglaterra também está em atritos com o Brasil, de modo que tanto por esse motivo, como pela falta de instruções de meu governo, não poderia fazer nada de oficial com seu governo; mas particularmente sim, se puder servir, no mínimo que seja, para contribuir para a reconciliação dos dois países, espero que V.E. não hesite em me utilizar.[248]

Me atrevo a lembrar a V.E. sua promessa de enviar-me alguma informação sobre a quantia total das contas da República [do Paraguai]. Quando V.E. tenha um momento para dedicar-se a esse assunto, ficarei imensamente agradecido.

Ao mesmo tempo, suplico a V.E. que apresente meus respeitos ao Exmo. Senhor e que tenha a certeza de minha mais alta consideração, com o que tenho a honra de subscrever-me.

De V.E.
o atento servidor
e amigo
[??]

Edward Thornton (assinatura)

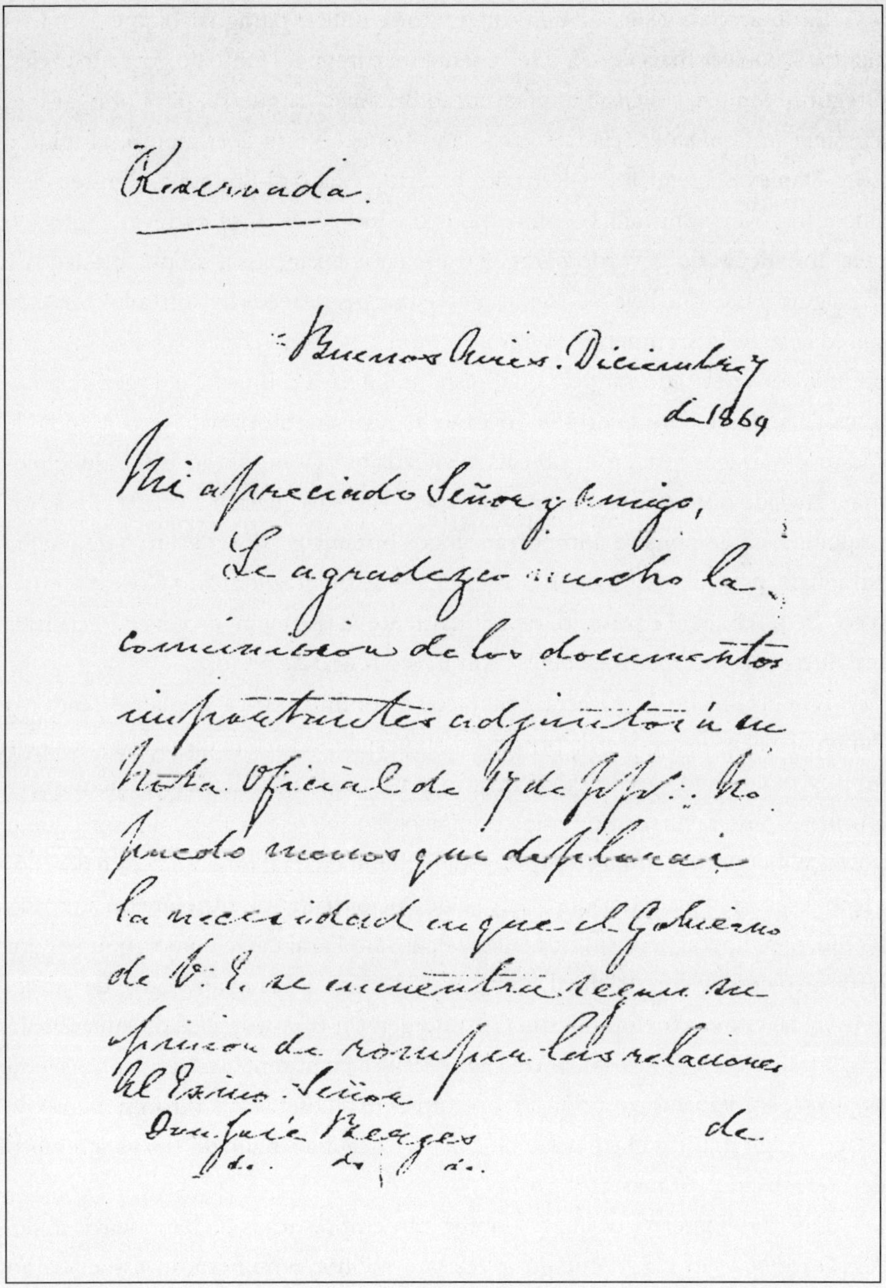

Reservada.

Buenos Aires. Diciembre 7 de 1864

Mi apreciado Señor y Amigo,

Le agradezco mucho la comunicacion de los documentos importantes adjuntos á su Nota Oficial de 17 de ppdo. No puedo menos que deplorar la necesidad en que el Gobierno de V. E. se encuentra segun su opinion de romper las relaciones de

Al Exmo. Señor
Don José Berges
&c. &c. &c.

Trecho da carta em que Edward Thornton, representante inglês em Buenos Aires, oferece ao chanceler paraguaio José Berges mediação para evitar a guerra entre o Paraguai e o Brasil.

Em março de 1868, quando uma vitória militar paraguaia sobre os países aliados já não era mais viável, o representante paraguaio junto ao governo inglês, Gregorio Benítez, solicitou a intervenção britânica na guerra, para obrigar-lhes a assinar uma paz negociada com Solano López. Nesse documento, dirigido a Lord Stanley, secretário das Relações Exteriores da Grã-Bretanha, Benítez classificou o governo britânico como "neutro e amigo" e disse escrever motivado pelas instruções do governo paraguaio "de não deixar passar a oportunidade de dar algum passo que leve a estreitar mais e mais as relações de amizade com o de sua Majestade". Argumentou serem os interesses comerciais dos países neutros prejudicados pela guerra, pela qual responsabilizava o Brasil e a Argentina. Benítez defendeu a atitude do seu governo de recusar autorização para a saída de súditos britânicos residentes no país, pleiteada por Gerard Francis Gould, diplomata enviado por Londres em missão especial ao país guarani em 1867. Essa correspondência demonstra a importância dos britânicos para o esforço de guerra paraguaio, pois, de acordo com o argumento de Benítez junto ao Governo britânico, "se o Paraguai é privado, repentinamente, desse elemento [os especialistas britânicos] os seus meios de defesa sofrerão um grande prejuízo".[249]

A neutralidade do governo britânico no conflito entre a Tríplice Aliança e o Paraguai é demonstrada pela própria existência dessa carta, pois não se escreve a inimigos solicitando apoio. Ao contrário, a argumentação de Benítez demonstra a utilização de recursos humanos britânicos no Exército paraguaio, sem que o governo de Londres tomasse a iniciativa para impedi-la. Somente com a deterioração da posição paraguaia na guerra é que o governo britânico enviou a missão Gould, para liberar seus súditos encurralados no Paraguai, e conformou-se com o fracasso desse esforço. Afinal, a influência britânica na região "longe de ser hegemônica, enfrentava limites reais", como demonstram os casos da intervenção anglo-francesa contra Rosas, entre 1845 e 1848; a persistente resistência brasileira às pressões britânicas para pôr fim ao comércio de escravos e o rompimento de relações diplomáticas entre o Rio de Janeiro e Londres (maio de 1863 a setembro de 1865) devido à "Questão Christie".[250]

Durante a guerra, os aliados obtiveram empréstimos de banqueiros ingleses. O capital não tem ideologia e busca a melhor remuneração associada ao menor risco. Fazer empréstimos ao governo de Solano López seria, pela lógica empresarial, uma atitude arriscada, pois, desde o segundo semestre de 1865, era evidente a impossibilidade de o Paraguai vencer a guerra. O país estava em grande desvantagem econômica, financeira e demográfica, conforme os dados abaixo, referentes a 1860:

	POPULAÇÃO	COMÉRCIO EXTERIOR EM LIBRAS ESTERLINAS	ARRECADAÇÃO DE IMPOSTOS EM LIBRAS ESTERLINAS (FINS 1864)	EFETIVO DO EXÉRCITO
Paraguai	400 000	560 392	314 420	77 000
Argentina	1 737 076	8 951 621	1 710 324	6000
Brasil	9 100 000	23 739 898	4 392 226	18 320
Uruguai	250 000	3 607 711	870 714	3163[251]

Quanto maior o número de habitantes de um país, tanto maior sua capacidade de ampliar o exército em caso de guerra. Os efetivos do Exército paraguaio na tabela acima já são os resultantes da mobilização militar em fins de 1864, sendo reduzida a capacidade de ampliá-los, no futuro, em comparação com a Argentina e o Brasil. Apesar da falta de unidade interna argentina e, no caso brasileiro, de o país ser gigante porém frágil — devido à escravidão — e ter exército débil, ainda assim, nessa época, a superioridade numérica era importante para vencer guerras. Ademais, a posição geográfica do Paraguai, isolado no interior do continente, sem acesso ao mar, praticamente o impedia de receber armas do exterior, devido ao bloqueio do Rio da Prata imposto pela esquadra brasileira. Havia, ainda, a própria desvantagem econômico-financeira paraguaia, em relação a seus inimigos, para financiar a guerra. Nessas condições, os banqueiros não emprestaram dinheiro ao Paraguai e, pela mesma lógica, emprestaram ao Brasil.

No plano bélico, a organização militar do Paraguai era anacrônica. O único general — marechal por decreto com o início da guerra — do país era o próprio Solano López, que atingira tal posto não por méritos militares, mas, sim, devido à sua condição de filho do presidente Carlos Antonio López. A oficialidade paraguaia restringia-se a cinco coronéis, dois tenentes-coronéis, dez majores, 51 capitães e 22 primeiros-tenentes, demonstrando clara indigência de comando para uma força de milhares de homens. Quando Solano López chegou ao poder, o Exército guarani dispunha de 73 273 soldados, número que se torna menos impressionante, mas ainda assim respeitável, se considerarmos que 43 846 homens não tinham instrução militar e se restringiam a fazer exercícios de ginástica, aos domingos, com armas simuladas. No serviço ativo encontravam-se 12 945 homens e outros 16 484 na reserva haviam passado por quartéis. Em março de 1864, havia, porém, nos campos de treinamento 30 mil homens em Cerro León; 17 mil em Encarnación; 10 mil em Humaitá; 4 mil em Assunção e 3 mil em Concepción. O armamento paraguaio carecia de artilharia pesada e raiada; nesta o projétil pontiagudo é expelido do cano girando sobre o próprio eixo, com trajetória estável e poder de penetração. Apenas esse tipo de projétil permitiria perfurar as blindagens dos navios encouraçados, que tinham costados e convés protegidos por chapas de ferro, última palavra em tecnologia naval à época. Parte dos canhões paraguaios era da época colonial, ou seja, de cano liso e atirando projéteis redondos, com poder de impacto mas não de penetração. Grande parte da infantaria paraguaia portava obsoletos fuzis de chispa que não funcionavam debaixo de chuva, pois dependiam da faísca produzida ao se golpear a pedra de chispa contra o metal para produzir o disparo.[252]

Não corresponde à realidade a descrição feita por parte da historiografia militar brasileira e por historiadores revisionistas de que o Exército paraguaio era bem adestrado e armado. São vários os relatos e a iconografia referentes à magreza e à quase nudez dos soldados paraguaios. Essas carências, agravadas pela má condução da guerra por Solano López, não impediram, porém, que as forças paraguaias lutassem bravamente durante os longos anos do conflito.[253] De todo modo, a força de linha paraguaia era numericamente superior à de seus vizinhos, os quais ainda não dispunham de embarcações encouraçadas.

Contudo, o Exército paraguaio poderia, sim, ter-se armado bem, se Solano López não se tivesse precipitado em invadir Mato Grosso. O Paraguai comprara armamento na Europa que estava prestes a ser entregue. Em novembro de 1864, antes de a Marinha brasileira bloquear o Prata para navios que fossem a Assunção, o governo paraguaio recebeu, da Inglaterra, 106 caixões com rifles e munições, além de recursos humanos representados por três médicos e quatro técnicos contratados, todos ingleses. O representante paraguaio na Europa, Cándido Bareiro, tinha "muito armamento" para enviar.[254] Havia, ainda, quatro encouraçados em construção, encomendados pelo governo paraguaio a estaleiros europeus, além de 36 canhões raiados de grosso calibre encomendados na Prússia.[255]

Solano López armava-se para uma guerra e, ao dispor de algum armamento moderno e na expectativa de obter mais, passou a ver como alternativa real iniciar um conflito contra países vizinhos para alcançar seus objetivos, em contraste com o governo do seu pai, em que a única política externa considerada possível para o Paraguai era a defensiva. Nessas circunstâncias, é ostensivo quão absurdo foi o momento que ele escolheu para atacar o Brasil, pois o Paraguai teria armamento moderno que lhe permitiria alterar o equilíbrio militar regional, ao garantir a navegação para seus barcos e a presença de tropas do rio Paraná até, pelo menos, próximo de Buenos Aires. Se dispusesse dos quatro encouraçados, ou mesmo somente daqueles canhões raiados, muito provavelmente numa batalha como a do Riachuelo, de 11 de junho de 1865, a vitória teria sido paraguaia e não brasileira; tal resultado permitiria a Solano López manter sua ofensiva. Contudo, ele lançou-se em uma aventura ao atacar com força militar basicamente obsoleta e com um Estado cuja organização satisfazia às suas necessidades de impor seu poder à sociedade paraguaia, mas que era insuficiente para realizar seus objetivos em relação aos países vizinhos. Apesar da esmagadora inferioridade geográfica, demográfica e econômica, o governante paraguaio pretendeu enfrentar o Império, o mais povoado e rico dos Estados sul-americanos, aliado à Argentina e ao Uruguai.

A Guerra do Paraguai foi fruto das contradições platinas, tendo como razão última a consolidação dos Estados nacionais na região. Essas contradições se cristalizaram em torno da Guerra Civil Uruguaia, iniciada com o apoio do governo argentino aos sublevados, na qual o Brasil interveio e o Paraguai também. Contudo, isso não significa que o conflito fosse a única saída para o difícil quadro regional. A guerra era uma das opções possíveis, que acabou por se concretizar, uma vez que interessava a todos os Estados envolvidos. Seus governantes, tendo por base informações parciais ou falsas do contexto platino e do inimigo potencial, anteviram um conflito rápido, no qual seus objetivos seriam alcançados com o menor custo possível. Aqui não há "bandidos" ou "mocinhos", como quer o revisionismo infantil, mas sim interesses. A guerra era vista por diferentes ópticas: para Solano López era a oportunidade de colocar seu país como potência regional e ter acesso ao mar pelo porto de Montevidéu, graças a uma aliança com os *blancos* uruguaios e os federalistas argentinos, representados por Urquiza; para Bartolomé Mitre era a forma de consolidar o Estado centralizado argentino, eliminando os apoios externos aos federalistas, proporcionado pelos *blancos* e por Solano López; para os *blancos*, o apoio militar paraguaio contra argentinos e brasileiros viabilizaria impedir que seus dois vizinhos continuassem a intervir no Uruguai; para o Império, a guerra contra o Paraguai não era esperada, nem

Desenho inédito de Taunay.

desejada, mas, iniciada, pensou-se que a vitória brasileira seria rápida e poria fim ao litígio fronteiriço entre os dois países e às ameaças à livre navegação, e permitiria depor Solano López.

Dos erros de análise dos homens de Estado envolvidos nesses acontecimentos, o que maior consequência teve foi o de Solano López, pois seu país viu-se arrasado materialmente no final da guerra. E, recorde-se, foi ele o agressor, ao iniciar a guerra com o Brasil e, em seguida, com a Argentina.

2. O Paraguai ataca: o fracasso da "Guerra-relâmpago"

Entre dezembro de 1864 e meados de setembro de 1865, o Paraguai esteve na ofensiva militar, ao invadir o território brasileiro e o argentino. Solano López planejou uma guerra-relâmpago que, se bem-sucedida, resultaria em novo equilíbrio de poder no Prata. O plano, porém, foi frustrado por um conjunto de fatores. As forças invasoras de Corrientes e do Rio Grande do Sul não se aproveitaram adequadamente do fator surpresa; os *blancos* saíram do poder no Uruguai e, em Corrientes e Entre Ríos, a população não aderiu à força invasora.

O ATAQUE A MATO GROSSO

Envolvido por uma guerra inesperada, o Império do Brasil foi surpreendido com o Exército despreparado a ponto de, seis meses depois de iniciada a luta, não ter conseguido tomar a ofensiva. Mato Grosso era a província mais isolada e indefesa do Brasil e tornou-se alvo fácil para a invasão paraguaia.

A invasão

Antes do ataque paraguaio ao Brasil, vozes isoladas alertaram para o despreparo militar brasileiro, particularmente grave no Sul e em Mato Grosso. Em

1862, o senador Ferraz interpelou o ministro da Guerra sobre o estado de abandono das forças terrestres no Rio Grande do Sul, onde os destacamentos careciam de quartéis, abrigando-se em pequenas choças e em velhas barracas que não os protegiam dos rigores do clima. O senador Silveira da Motta, por sua vez, apontou que os tipos de belonave da Marinha não eram apropriados para uma guerra no Prata. Já *O Correio Mercantil* denunciou que Assunção se armava com navios encouraçados, artilharia raiada[1] e um bom exército. Recomendou o periódico que se pusesse no rio Paraguai "umas quatro canhoneiras encouraçadas", não só para defender Mato Grosso, "como para tomar a ofensiva e cooperando eficazmente com qualquer expedição que mandarmos àquela República".[2]

No ano de 1862, o governo imperial enviara à Europa uma missão para comprar armamento destinado à infantaria e à cavalaria, bem como para a artilharia costeira. Esse material, entregue em 1863, era insuficiente para enfrentar a invasão paraguaia, pois fora dimensionado para armar o pequeno Exército brasileiro em tempos de paz.[3] A compra da artilharia costeira se explicava pelo aumento da tensão com a Inglaterra, cujos navios de guerra eram instrumento de pressão contra o Brasil, e as belonaves da esquadra imperial foram construídas para ações marítimas ignorando-se a necessidade de canhoneiras fluviais modernas, apropriadas para o Mato Grosso.

O quadro de tensão no Prata levou o governo imperial a propor, em abril de 1864, o aumento do efetivo do Exército em tempos de paz para 22 mil homens. A Câmara de Deputados aprovou a proposta mas, em fins de 1864, o Brasil dispunha de uns 18 mil soldados profissionais espalhados pelo país. Também não se tomou medida defensiva séria no território mais vulnerável do Império, o Mato Grosso, embora em 1863 o próprio ministro da Guerra afirmasse que era necessário conservar uma força do Exército nessa província, pois seria "imprevidência" enviá-la quando "circunstâncias inesperadas" o exigissem. Ocorreu, porém, a imprevidência, a ponto de, em meados de 1864, a província, habitada por aproximadamente 75 mil pessoas — em grande parte índios e escravos —, encontrar-se no momento de maior fraqueza militar, ao dispor de apenas 875 efetivos do Exército, quando seu número deveria ser de 3879, e a Guarda Nacional não alcançar 3 mil homens.[4]

A negligência militar dos gabinetes que governaram o Brasil fez com que enviassem para Mato Grosso, desde 1862, grande quantidade de armas, munições e outros artigos bélicos, sem destinar a tropa necessária para utilizá-las. Para defender a província eram insuficientes aqueles 875 soldados, dispersos por cinco distritos militares, e os seis pequenos vapores da Marinha imperial, dos quais apenas um dispunha de dois canhões. Esses navios não poderiam ser considerados de guerra, e serviam, sim, de transporte.[5] Nesse contexto, a única e precária defesa de que dispunha o Mato Grosso, em caso de ataque paraguaio, era o forte Coimbra, construído na época colonial e estrategicamente localizado às margens do rio Paraguai, na fronteira com o país guarani.

Do lado paraguaio, a invasão de Mato Grosso foi bem preparada, precedida do levantamento de informações por espiões. Em 1862, uma patrulha de cavalarianos paraguaios percorreu o distrito de Miranda. No ano seguinte, em abril, chegou a Corumbá o tenente André Herreras, da Marinha paraguaia, que foi recepcionado pelo comandante da guarnição militar brasileira e visitou, em seguida, o porto de Dourados, na margem do rio Paraguai. Dois anos depois, Herreras voltaria a essa região, no comando do navio *Iporá*, pertencente à força invasora. Em novembro, também de 1863, o coronel paraguaio Francisco Isidoro Resquín desembarcou em Corumbá, disfarçado de fazendeiro interessado em comprar terras no município de Miranda, para onde se dirigiu e, em seguida, foi a Nioaque e contratou um guia brasileiro para percorrer a região. Resquín retornou a Corumbá somente em fevereiro do ano seguinte, embarcando para Assunção; meses depois, ele comandava a força invasora do território mato-grossense.[6] Em outubro de 1864, o governo paraguaio obteve informações sobre a situação militar em Mato Grosso, dadas por José Antônio Acosta, desertor brasileiro do forte Coimbra. Interrogado, o desertor afirmou não correr nenhuma informação sobre intenções paraguaias quanto a essa posição e, mais, que não era bom o estado de espírito dos soldados brasileiros desse forte e que não seriam capazes de nada, pois eram poucos e lá estavam havia quatro anos, sem serem substituídos.[7]

Nos dias 15 e 24 de dezembro saíram, respectivamente, de Assunção e de Concepción, duas expedições militares para invadir Mato Grosso.[8] A primeira, fluvial, era formada por cinco barcos a vapor e cinco outras embarcações menores, contando com 4200 homens — mil deles de cavalaria — comandados pelo coronel Vicente Barrios, cunhado de Solano López, tendo como objetivo inicial tomar o forte Coimbra. A segunda expedição, terrestre, era composta de cerca de 3500 homens, comandados pelo coronel Francisco Isidoro Resquín, e seguiu o trajeto Concepción-Bella Vista-Nioaque-Miranda-Coxim. Antes da partida da expedição fluvial, Solano López leu para os soldados uma proclamação em que

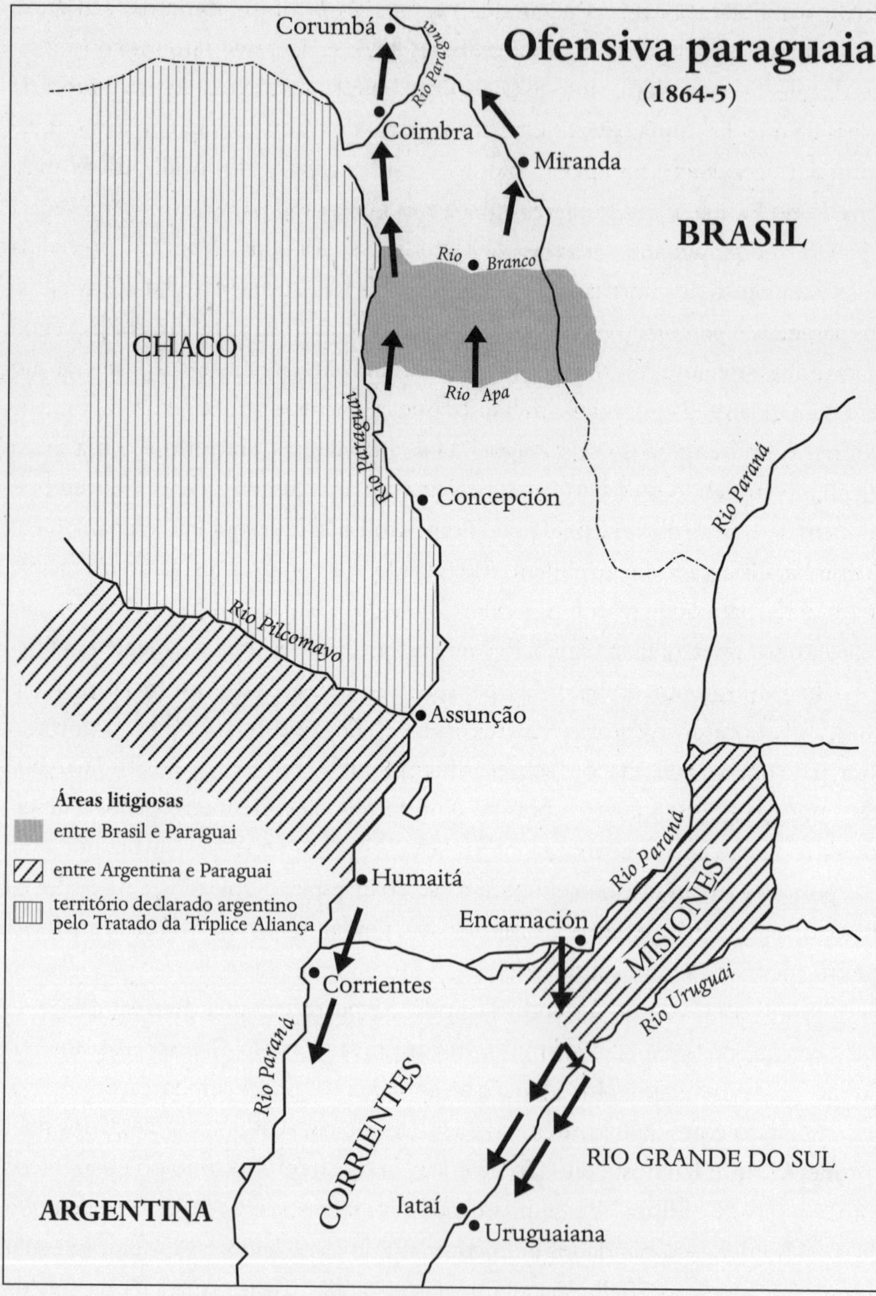

Ofensiva paraguaia
(1864-5)
Corumbá
Rio Paraguai
Coimbra
Miranda
BRASIL
Rio Branco
CHACO
Rio Apa
Rio Paraguai
Concepción
Rio Paraná
Rio Pilcomayo
Assunção
Áreas litigiosas
entre Brasil e Paraguai
entre Argentina e Paraguai
território declarado argentino pelo Tratado da Tríplice Aliança
Humaitá
Rio Paraná
MISIONES
Encarnación
Corrientes
Rio Uruguai
Rio Paraná
CORRIENTES
RIO GRANDE DO SUL
Iataí
Uruguaiana
ARGENTINA

afirmava terem sido estéreis seus esforços para manter a paz e que o Brasil provocava a guerra, devendo o Paraguai aceitá-la em nome da honra nacional e "dos mais caros direitos".[9] Mais tarde, em março de 1865, também o ministro da Guerra e Marinha, Venancio López, afirmou, em exposição de motivos ao Congresso, que o ataque a Mato Grosso fora feito "tendo em vista a guerra que o Brasil declarou à República", para assegurar a fronteira norte.[10] Negando a sequência cronológica dos acontecimentos, o governo paraguaio se apresentava como agredido, quando era o agressor.

As instruções do coronel Barrios determinavam que Cuiabá, a capital mato-grossense, fosse ocupada. Nelas, afirmava-se que os efetivos brasileiros em Mato Grosso não alcançavam 2 mil combatentes, espalhados em oito pontos diferentes, sem comunicação entre si. Barrios contava também com a informação de que, da força naval brasileira nessa província, apenas a *Anhambaí* estava artilhada, com dois canhões. As instruções apontavam, acertadamente, o efetivo de Coimbra e de outras fortificações brasileiras, prevendo que os mil guardas nacionais mato-grossenses "não lutarão".[11] Embora não conste das instruções, a lógica leva a crer que o plano paraguaio era o de as duas colunas invasoras convergirem sobre Cuiabá.

Na noite de 26 de dezembro, a expedição paraguaia chegou ao forte Coimbra, situado sobre um monte cujo terreno é gradualmente inclinado, até alcançar a margem do rio Paraguai. Era uma posição defensiva relativamente forte, com sólidas muralhas de pedra e que podia ser atacada apenas por um lado, devido às colinas que a circundavam. O forte era comandado pelo capitão Benedito de Faria e contava com dezessete canhões e 115 homens para defendê-lo, número que chegava a 150 pessoas, se computadas as mulheres e os índios.[12] Na manhã seguinte, Barrios intimou a guarnição brasileira a render-se, mas foi rechaçado pelo coronel Hermenegildo Portocarrero, comandante do Distrito Militar do baixo Paraguai que se encontrava inspecionando o forte. Era o mesmo Portocarrero que, em 1851, estivera a serviço no Paraguai.[13]

Coimbra sofreu forte bombardeio e a infantaria paraguaia, com 750 homens, avançou pelo único caminho possível, um desfiladeiro, sob o fogo dos canhões e fuzis brasileiros, perdeu duzentos soldados e teve que recuar. A muralha do forte não contava com fosso para protegê-la e, em certo trecho, tinha apenas três metros de altura, o que permitiu a oito atacantes entrar no perímetro de defesa, matando dois brasileiros, antes de serem feridos e capturados. A historiografia brasileira afirma que os defensores gastaram 9 mil dos 12 mil cartuchos de fuzis de que dispunham no paiol e que outros 3 mil foram preparados pelas mulheres que se encontravam no forte e por alguns soldados. Após novo combate, travado durante o dia 28, teriam restado às forças brasileiras apenas mil cartuchos de fuzis e pistolas. Essa situação teria sido o motivo da ordem de Portocarrero de evacuação do forte, utilizando o vapor *Anhambaí*, sem que os atacantes percebessem. Os feridos paraguaios, deixados na fortificação, foram bem tratados, segundo o testemunho de seus compatriotas.[14] Pela falta de munição em Coimbra, o presidente de Mato Grosso, general Alexandre Manuel Albino de Carvalho, responsabilizou o coronel Carlos Augusto de Oliveira, que teve dois meses para abastecer de munição o alvo óbvio de ataque em caso de invasão paraguaia, e nada fez.[15]

Para Thompson e Centurión, dois participantes da guerra do lado paraguaio e autores de relatos equilibrados, os brasileiros deveriam ter resistido em Coimbra. Argumentam que os defensores dispunham, sim, de munições, e que não haviam sido cortadas suas comunicações com a retaguarda, onde contavam, para apoiá-los, com navios da Marinha imperial no rio Paraguai.[16] De fato, na lista do armamento capturado pelos paraguaios constam 83 400 cartuchos de fuzil e 120 quilogramas de pólvora fina. Na fortaleza de Humaitá, instalou-se a "bateria Coimbra", assim denominada pelo fato de os dez canhões que a compunham terem sido capturados no forte brasileiro.[17]

No entanto, a existência de tal quantidade de cartuchos e de pólvora não significava disponibilidade de tiros. Os fuzis da tropa de Coimbra exigiam para seu funcionamento, no disparo dos projéteis, o emprego de cápsulas fulminantes. Adler Homero Fonseca de Castro chama a atenção para o fato de que, nos combates iniciais, os defensores da fortaleza gastaram 9 mil cartuchos e a munição restante seria suficiente para apenas 3 mil disparos, pois só havia esse número de cápsulas de fulminante disponíveis, o que tornava a defesa de Coimbra "insustentável".[18]

A decisão de retirada de Portocarrero justifica-se também pela grande inferioridade numérica entre os defensores do forte e os atacantes, bem como da falta de tempo hábil para aguardar reforço de Corumbá. O sacrifício dos defensores de Coimbra dificilmente traria resultado militar positivo e podia, no máximo, retardar o avanço paraguaio em poucas horas.

Portocarrero e seus homens buscaram refúgio em Corumbá, perseguidos em um trecho pelo coronel Barrios, que se deteve na povoação de Albuquerque, ocupando-a em 1º de janeiro de 1865. Dois dias depois a força paraguaia desembarcou a cerca de doze quilômetros de Corumbá, que contava com pouco mais de mil habitantes, umas oitenta casas de telha e 149 ranchos cobertos de palha, capela, igreja em construção, quartel e depósitos do Exército e da Marinha. Para sua defesa, a vila dispunha de quatrocentos soldados, 23 canhões, armamento portátil e munição, o suficiente para enfrentar os atacantes e infligir-lhes maiores perdas do que sofreram no ataque a Coimbra. Apesar da vulnerabilidade de Corumbá, era possível sustentar sua defesa, contendo o inimigo rio abaixo e mantendo aberta sua comunicação fluvial com Cuiabá. Contudo, o coronel Carlos Augusto de Oliveira nem quis avistar o inimigo antes de ordenar a evacuação da vila, apesar de o comandante da flotilha da Marinha opor-se à fuga. Tivesse havido resistência e se teria ganhado tempo para receber eventuais reforços da capital e, principalmente, para evacuar os civis pelos barcos da flotilha brasileira. Garantir essa evacuação era obrigação moral, pois Oliveira proibira, anteriormente, qualquer pessoa de se afastar de Corumbá, dando a impressão de que resistiria aos paraguaios.[19]

No dia 2 de janeiro, o coronel Oliveira, seu Estado-Maior e a guarnição de Corumbá fugiram no vapor *Anhambaí* com destino a Cuiabá, superlotando a embarcação, cuja linha de segurança ficou submersa. Abandonados, famílias de civis e alguns soldados buscaram escapar em lanchas, sobretudo na escuna argentina *Jacobina* rebocada pelo *Anhambaí*. Este, porém, não conseguiu puxar a escuna superlotada, que, por ordem de Oliveira, foi desamarrada, causando protestos dos deixados à própria sorte. Nesse momento o tenente João de Oliveira Melo, que lutara em Coimbra e estava no *Anhambaí*, pediu permissão para desembarcar e levar os passageiros da *Jacobina* a Cuiabá. Desembarcado, Oliveira Melo ainda retornou a Corumbá, para destruir munição de infantaria, abandonada com displicência e que poderia ser útil ao inimigo; liderou, em seguida, a retirada de uma coluna que, engrossada durante a marcha, chegou a ter quatrocentas pessoas e alcançou Cuiabá em 30 de abril, após penosa caminhada de 650 quilômetros por pantanais.[20] O coronel Augusto de Oliveira, por sua vez, desembarcou no porto de Sará, no rio São Lourenço, e, seguindo por terra, chegou à capital mato-grossense em 6 de março. Ele foi destituído de suas funções pelo presidente de Mato Grosso, o qual classificou de "desastroso" o abandono de Corumbá. Oliveira escreveu um relatório com uma frágil defesa de sua atuação, mas não recuperou suas funções e foi afastado do serviço ativo pelo governo imperial.[21]

Acima, reconstituição artística do forte Coimbra na época da guerra e, abaixo, foto atual. O forte Coimbra foi a primeira fortificação atacada e tomada pelos paraguaios, em dezembro de 1864, por ocasião da invasão do Mato Grosso.

Do porto de Sará, o *Anhambaí* retornou para prestar socorro à *Jacobina*, deparando, no dia 6 de janeiro, na foz do São Lourenço, com o vapor de guerra paraguaio *Iporá*. Este participara, juntamente com o *Marquês de Olinda*, incorporado à flotilha naval paraguaia, da ocupação do posto naval de Dourados, situado na margem esquerda do rio Paraguai, onde havia estaleiro e depósito de munições da Marinha imperial. Ocupada Corumbá, em 4 de janeiro, o coronel Barrios enviou o *Iporá* e o *Rio Apa* em perseguição ao *Anhambaí* que, alcançado após quatro horas, foi empurrado para a margem, onde encalhou e foi abordado. Poucos marinheiros brasileiros escaparam com vida; foram mortos com espadas e machadinhas aqueles que ficaram a bordo e a tiros os que tentaram escapar a nado. Os mortos teriam tido as orelhas arrancadas e penduradas em cordas nos mastros do *Iporá*, segundo diário de passageiro não identificado do vapor britânico *Ranger*, que estivera em Corumbá depois de sua ocupação. Conforme esse diário, o *Iporá* aportou em Assunção com produtos saqueados em Mato Grosso, tendo "à vista do público uma corda contendo grande quantidade de orelhas humanas, postas a secar, que pertenciam aos infelizes tripulantes da *Anhambaí*".[22]

A expedição terrestre paraguaia, dividida em duas colunas, invadiu o Mato Grosso por dois pontos: pelo antigo forte paraguaio de Bella Vista, à margem esquerda do Apa, e por onde hoje se situa a cidade brasileira de Bela Vista. O grosso da tropa paraguaia, vinda de Bella Vista sob o comando de Resquín, entrou na colônia militar de Miranda, tendo derrotado, antes, uma pequena força brasileira de cavalaria. Os moradores evacuaram Miranda e, antes que os paraguaios nela penetrassem, índios da região se apoderaram de parte do armamento que havia no depósito da localidade e tiveram breve e malsucedido combate com os invasores.[23] No dia 2 de janeiro, Resquín ocupou a localidade de Nioaque, cujos habitantes também haviam fugido, e daí se dirigiu para a vila de Miranda (não confundir com a colônia militar de mesmo nome). Enquanto isso a outra coluna invasora, comandada pelo capitão Martín Urbieta, atacou e conquistou a colônia militar de Dourados, defendida por apenas dezoito soldados. O comandante brasileiro, tenente Antônio João Ribeiro, ordenou aos colonos — uns cinquenta — que fugissem, e escreveu a seu chefe, coronel Dias da Silva, que "sei que morro, mas o meu sangue e dos meus companheiros servirá de protesto solene contra a invasão do solo de minha pátria"; de fato, eles morreram.[24] No caminho para a vila de Miranda, a coluna de Urbieta se uniu à de Resquín e quando chegaram a seu destino, em 12 de janeiro, encontraram-na abandonada. Novamente os paraguaios apossaram-se de farta quantidade de munição e armamento existente no arsenal local: quatro canhões com 9847 projéteis, 502 fuzis, 67 carabinas, 131 pistolas, 468 espadas e 1092 lanças.[25]

No distrito de Miranda havia dez aldeamentos indígenas fixos, com cerca de 5 mil índios. Cada tribo adotou postura própria na guerra. Os Guaná, Kinikinau e Laiano associaram-se à população branca brasileira; os Terena mantiveram-se equidistantes e os Kadiweus (Guaikuru) atacaram tanto os paraguaios quanto os brasileiros. Fugitivos da invasão paraguaia do distrito de Miranda, precedidos pelos Kinikinau, fizeram acampamentos na chapada da serra do Maracaju, onde estavam mais ou menos a salvo. Constituiu-se nesse ponto verdadeira colônia, composta de índios e brancos, que, inicialmente, se alimentaram da coleta de frutos e da caça, mas logo partiram para o cultivo agrícola, semeando a pequena quantidade de sementes de que dispunham. Com grande esforço foram abertas clareiras e, dois meses após a semeadura, o solo fértil trouxe fartura de cereais já na primeira colheita. Apesar da dureza com que foram tratados anteriormente pelos brancos e sua superioridade numérica fosse de dez para um, os índios não retaliaram ou se aproveitaram da situação. Ludibriando as patrulhas paraguaias, os indígenas desciam à planície de noite para laçar gado e o traziam para os acampamentos e se tornavam cada vez mais ousados nessa tarefa. Seu exemplo também incentivou os brancos a buscarem nova fonte de alimento e, assim, iam pescar no rio Aquidauana, distante dos acampamentos.[26]

Reunidas as colunas de Resquín e Urbieta, a força invasora marchou até Coxim, aonde chegou em 24 de abril e aí ficou. A expedição fluvial paraguaia, por sua vez, não foi além do rio São Lourenço. Os invasores não tentaram prosseguir até Cuiabá, apesar de buscarem informações sobre a existência de caminho de terra entre Dourados e essa capital — a estrada de Piquiri —, e a possibilidade de o utilizarem para transportar artilharia.[27] Essa estrada foi protegida, após a tomada de Corumbá, por uma força de 2 mil homens, entre guardas nacionais e soldados do Exército imperial, instalados em um ponto do rio Aricá. Na capital mato-grossense a população ficou alarmada com as notícias das fáceis vitórias paraguaias e da visão de refugiados chegando do sul em condições deploráveis. O presidente da província, Albino de Carvalho, convocou três batalhões da Guarda Nacional, criou um batalhão intitulado Voluntários Cuiabanos e, além da força enviada para o rio Aricá, ordenou a construção de fortificação na colônia de Melgaço, situada a mais de cem quilômetros de Cuiabá, para enfrentar a temida expedição fluvial paraguaia, que não se materializou.[28] Ao final, Carvalho conseguiu mobilizar, em toda a província, 2400 soldados do Exército e da Guarda Nacional.[29]

As instruções originais de Barrios eram de tomar Cuiabá, o que praticamente separaria o Mato Grosso do Império. Contudo, os paraguaios se restringiram a ocupar território litigioso com o Brasil, quer por não se sentirem seguros para avançar, pois não dispunham de barcos adaptados à difícil navegação até Cuiabá, quer por mudança de planos de Solano López. Este se preparava para invadir o Rio Grande do Sul, estava satisfeito com a grande quantidade de armamento — mais de cinquenta canhões — e de munição tomada no Mato Grosso. Conforme Thompson, esse material bélico atendeu a quase todas as necessidades do Paraguai durante a guerra. Assim, Solano López voltou suas atenções para o novo teatro de guerra, ao sul, e, em abril de 1865, diminuiu a força de ocupação em Mato Grosso, para pouco mais de mil homens, retornando Barrios a Assunção com o grosso de suas tropas.[30]

A entrada do Exército paraguaio em Mato Grosso pareceu mais um treinamento militar do que uma invasão. Em seu avanço houve luta apenas em Coimbra e em Dourados, perdendo os invasores entre duzentos e trezentos homens, enquanto os brasileiros, por sua vez, tiveram 33 militares mortos e outros 23 feridos. Exceto em Corumbá, onde a população em sua totalidade não teve barcos para escapar, por todo o território invadido os povoadores brasileiros fugiram. A fuga foi possível devido à própria escassez de população, pois em Miranda, Dourados e Albuquerque havia apenas 1820 pessoas, das quais 606 eram escravos. Os distritos de Corumbá e Miranda passaram a constituir, após sua invasão, a província paraguaia de Mbotetey, governada pelo coronel Hermógenes Cabral.[31]

Os ocupantes paraguaios sofreram, durante o ano de 1865, frequentes ataques dos índios Mbaya que, armados de fuzis e flechas, causaram várias mortes e ferimentos com sua ação de guerrilha.[32] Do lado brasileiro, por sua vez, houve a ameaça de fome, devido à desarticulação da produção agrícola mato-grossense resultante da invasão. Os preços dos alimentos em Cuiabá subiram, especialmente do sal. Garantida a livre navegação do rio Paraguai anos antes, deixara-se de explorar o sal do solo em Mato Grosso, chegando o produto por via fluvial a preço menor. A invasão paraguaia, ao pôr fim a essa navegação, aumentou o isolamento da província a ponto de, somente em fevereiro de 1865, chegar a Cuiabá a correspondência oficial enviada do Rio de Janeiro em outubro do ano anterior.[33]

Em Corumbá, os paraguaios tomaram "um butim de imenso valor". Os habitantes que fugiram para o mato foram procurados pelos soldados e obrigados a voltar à vila, onde encontraram suas casas saqueadas. As mulheres sofreram violências sexuais; o próprio coronel Barrios ficou com uma moça, após atirar fora do seu barco o pai e ameaçá-lo de fuzilamento, caso resistisse a deixá-la. Os homens de Corumbá foram interrogados e os que não souberam ou resistiram a responder às perguntas foram espancados; alguns, acusados de espionagem, foram mortos por lanças.[34] As instruções de Barrios eram, porém, para tratar bem os civis, desde que não hostilizassem a força invasora, e ter "esmerado cuidado" com os soldados feridos inimigos, pois a "cortesia" de guerra "é a mais evidente prova de civilização de um Exército".[35]

Mulheres de Assunção, algumas parentes do próprio Barrios, foram a Coimbra e Corumbá, com o objetivo declarado de cuidar dos feridos paraguaios. O objetivo real era, porém, o de se apropriarem das riquezas saqueadas e, pouco tempo depois, retornaram à capital com joias e objetos de valor.[36] Corumbá teve todas as casas saqueadas e parte dos bens foram repartidos entre os oficiais e a tropa, na presença do comandante paraguaio, enquanto os objetos mais valiosos foram transportados para Assunção. Até os sinos da igreja foram retirados e levados para a catedral de Assunção, sendo restituídos a Corumbá em 1869, após a ocupação brasileira da capital paraguaia.[37] Como resultado do saque, em Assunção passou a ser oferecido à venda "considerável número de objetos brasileiros", ainda que com certa discrição.[38]

Em seu caminho, os invasores da coluna terrestre paraguaia saquearam casas e fazendas abandonadas pela população. Os habitantes que estavam no caminho dessa coluna se esconderam nos bosques. Quando descobertas, as mulheres foram, sem qualquer exceção, "escandalosamente tratadas e roubadas".[39]

De Corumbá, Barrios enviou prisioneiros brasileiros e estrangeiros (basicamente portugueses) para Assunção. O barco com os prisioneiros chegou a seu destino em fevereiro de 1865 e alguns deles foram enviados para Villa Occidental, um lugarejo localizado no Chaco, na margem do rio Paraguai oposta à capital, onde sobreviveram dedicando-se à agricultura. Outros 140 foram mantidos na prisão próxima do porto de Assunção, o Cuartel de la Rivera, separados os civis dos militares e impedidos de se comunicarem. Houve, ainda, prisioneiros brasileiros enviados para a longínqua vila de San Pedro, localizada entre Assunção e Concepción. Em 29 de julho de 1866, por ordem de Solano López, outros quatrocentos a quinhentos civis que ainda viviam em Corumbá, em sua maior parte estrangeiros, foram embarcados para Assunção. Receberam ordem de embarcar em três horas, sob pena de serem fuzilados se não estivessem prontos. Partiram com a roupa do corpo e poucos pertences, deixando para trás bens que também foram saqueados pelos soldados paraguaios.[40]

Em Assunção, os brasileiros não recebiam alimentos ou vestimentas das autoridades paraguaias; apenas os militares, prisioneiros, recebiam comida, normalmente carne estragada. Alguns brasileiros escaparam da indigência, quer por terem recursos financeiros no Brasil e se beneficiarem de relacionamentos pessoais, quer por receberem socorro do Consulado de Portugal. Foi o caso de Antonio Gaudie Ley, tesoureiro da Aduana de Corumbá, proprietário de vários imóveis nessa localidade e em Cuiabá, além de credor de pessoas nessas localidades e no Rio de Janeiro, que se hospedou na casa de José Maria Leite Pereira, responsável pelo Consulado português. Outro exemplo foi o de Francisco da Costa Leite Falcão, proprietário de terras e comerciante em Mato Grosso, que pagava hospedagem em casa de uma família de Assunção. Emitindo notas promissórias, Gaudie Ley conseguiu dinheiro com Leite Pereira, enquanto Falcão o obteve com um comerciante boliviano, Rafael Peña, que viera de Santa Cruz de la Sierra, pelo Mato Grosso, para vender mercadorias ao governo paraguaio. Esses dois brasileiros emprestaram dinheiro para outros prisioneiros que, para sobreviver, trabalhavam durante o dia e retornavam à prisão ao anoitecer. O comerciante italiano Manuel de Luque, obrigado a mudar-se de Corumbá para Assunção em junho de 1866, e que gozava de liberdade, ao passear de trem até Cerro León, encontrou "cinco ou seis" soldados brasileiros prisioneiros trabalhando no grande acampamento militar dessa localidade.[41]

As autoridades paraguaias não temiam fugas dos militares e civis trazidos de Mato Grosso. As grandes distâncias, as florestas e pântanos, a falta de caminhos e de meios de transporte, bem como a inexistência de mapas do Paraguai, tornavam impossível aos prisioneiros alcançar território brasileiro ou argentino. A capital paraguaia era uma Sibéria tropical e, nela aprisionados, vários desses brasileiros acabaram presos, acusados de pequenos roubos.[42]

Uma espécie de anjo da guarda dos cidadãos estrangeiros retidos em Assunção foi José Maria Leite Pereira, secretário e genro de Francisco José Corrêa Madruga, cônsul português em Assunção. Madruga estava há cerca de dez anos no país, tornara-se fazendeiro e, em novembro de 1865, foi a Buenos Aires, não retornando a seu posto, pretextando, perante seus superiores, não poder fazê-lo devido ao bloqueio do Paraguai imposto pela Marinha brasileira. A justificativa não procedia, pois o bloqueio não chegou a ser total, sendo permitida a passagem de navios de outros países, em missão oficial. Antes de partir, Madruga, em lugar de nomear como seu substituto o vice-cônsul Antonio Vasconcellos, indicou Leite Pereira, o qual foi reconhecido pelo governo paraguaio como "gerente do Consulado".[43]

Sem comida, roupas e sapatos, os prisioneiros brasileiros em Assunção foram socorridos por José Maria Leite Pereira, que lhes forneceu o necessário para sobreviverem, mediante a assinatura de recibos. No início de 1865, José Maria da Silva Paranhos e o almirante Tamandaré solicitaram que o Consulado português em Assunção distribuísse vestimentas entre os militares brasileiros prisioneiros, pelo que seria ressarcido posteriormente pelo governo imperial. Os prisioneiros receberam as roupas e a Legação brasileira em Buenos Aires ressarciu os gastos do Consulado português, em montante que talvez tenha alcançado o valor de quase três quilogramas de ouro.[44]

Os habitantes trazidos de Corumbá em agosto de 1866 estavam "famintos e quase nus". Leite Pereira socorreu não só seus conterrâneos como todos os demais carentes, motivado pela caridade mas, também, como ressaltou para justificar sua ação, em obediência ao Regulamento Consular de Portugal, que determinava a seus agentes consulares protegerem os cidadãos necessitados de outros países, quando não tivessem representantes consulares próprios. Hospedou três brasileiros e oito portugueses em sua casa e, em chácara na periferia de Assunção, outras 26 pessoas. Cauteloso, Leite Pereira consultou o chanceler José Berges se havia algum inconveniente nessa ajuda, e recebeu a resposta de que os retirantes de Corumbá eram pessoas livres, que podiam residir onde desejassem na capital.[45]

Meses depois, em março de 1867, chegaram a Assunção vários habitantes remanescentes das redondezas de Corumbá. Eram familiares daqueles que já viviam sob a proteção de Leite Pereira e a eles se juntaram. No mês seguinte, porém, sua casa e chácara foram invadidas pela polícia que, sem explicação, levou seis portugueses e dois brasileiros. Eles foram trancafiados, incomunicáveis, no calabouço da cidade, e sobreviveram graças à comida enviada pelo Consulado português, até serem transferidos para o acampamento militar de Cerro León, em fevereiro de 1868.[46]

O socorro humanitário prestado por Leite Pereira levou o governo paraguaio a persegui-lo. As autoridades policiais procuraram, infrutiferamente, associar esse socorro à prática ilegal do câmbio de moedas, a partir da denúncia feita nesse sentido, em janeiro de 1867, por outro cidadão português, comerciante de produtos agrícolas.[47]

Leite Pereira não se deu conta, mas sua situação ficou cada vez mais vulnerável e, pior, em parte em consequência da ação do próprio representante diplomático português junto aos governos dos países platinos, o ministro Leonardo de Sousa Leite Azevedo, residente em Montevidéu. Azevedo era informante do governo paraguaio desde 1864, quando se ofereceu para essa função e, após a oferta aceita, escreveu ao chanceler paraguaio que "meus serviços [...] estarão sempre à disposição" de Solano López. Esse espião transmitia as informações para José Brizuela, agente comercial paraguaio na capital uruguaia que, por sua vez, as enviava para Assunção.[48] Estabelecido o bloqueio naval brasileiro sobre o Paraguai, Azevedo continuou a enviar informações e publicações para Solano López por meio da mala diplomática que, por transportar documentos oficiais portugueses, não era revistada pelas forças brasileiras. Em setembro de 1865, por exemplo, Berges comunicou a Solano López, em duas ocasiões, a chegada de correspondência — "pacotes grandes" — transportada pela canhoneira italiana *Veloce* e pelo vapor *Principe Odone*, de mesma nacionalidade, "sob a proteção da Legação de Portugal".[49]

Em 1867, Azevedo, já portando o título nobiliárquico de barão de Sousa, continuava a prestar seus "serviços" ao governo paraguaio e agravou a situação de Leite Pereira. José Berges informou a esse diplomata-espião que as autoridades paraguaias não mais reconheceriam Leite Pereira como gerente do Consulado. Azevedo, em lugar de preservar esse seu subordinado, respondeu que ele mesmo se correspondia apenas com o vice-cônsul Antonio Vasconcellos e que já ordenara, em 1865, que o Consulado ficasse a cargo deste agente.[50] Leite Pereira não foi informado desses fatos e, ao ficar sem qualquer proteção do governo português, tornou-se presa fácil do regime paraguaio.

Desautorizado, sem saber, pela maior autoridade diplomática de Portugal no Prata, foi trágico o destino de José Maria Leite Pereira. Em 1868 foi acusado pelo governo paraguaio de participar de suposta conspiração contra Solano López, sendo obrigado a refugiar-se na única representação diplomática em Assunção, a norte-americana. Esta sofreu fortes pressões das autoridades locais, a ponto de também o ministro residente norte-americano, Charles Washburn, ser acusado de conspirador e não se sentir seguro quanto à inviolabilidade de sua residência. Como consequência, Leite Pereira entregou-se às autoridades paraguaias e, em um simulacro de julgamento, foi considerado culpado e fuzilado em 25 de agosto de 1868. Igual destino teve Antonio Vasconcellos, cuja condição de vice-cônsul deixou de ser reconhecida pelo governo paraguaio.[51]

Finalizada a guerra, Francisco José Corrêa Madruga e Francisca Lópes Leite Pereira, sua filha e viúva de José Maria Leite Pereira, solicitaram ao governo imperial o pagamento de quantia superior a duzentos contos de réis, pelos socorros prestados a brasileiros no Paraguai pelo Consulado português em Assunção. O governo imperial consultou sobre o assunto a Seção dos Negócios Estrangeiros, que deu parecer favorável ao pagamento apenas à viúva.[52]

A reação brasileira

O ataque paraguaio a Mato Grosso causou indignação no Brasil, visto como ato traiçoeiro e injustificável, pois eram normais as relações entre os dois países, bem como pelo fato de o *Marquês de Olinda* ter sido aprisionado sem declaração de guerra. Por todo o país houve, de início, entusiasmo popular e voluntários se apresentaram para o campo de batalha. O mesmo ardor não foi demonstrado pela Guarda Nacional, milícia controlada pelas elites regionais.

A MOBILIZAÇÃO MILITAR

Apreendido o *Marquês de Olinda* e caracterizada a política de enfrentamento do Paraguai em relação ao Brasil, o governo imperial mobilizou os modestos efetivos do Exército espalhados pelo país, insuficientes para travar uma guerra. O serviço militar era considerado um castigo, uma degradação, quer pelos soldados do Exército serem compostos por aqueles vistos como desclassificados pela elite, quer pelas más condições de vida nos quartéis. Neles, havia punições corporais para as faltas dos soldados; a remuneração era a mesma desde 1825, quando a moeda valia o dobro em relação a 1865; a tropa recebia apenas uma refeição por dia e as acomodações nos quartéis eram péssimas.[53] O próprio Caxias escreveu ao ministro da Guerra, referindo-se aos anos anteriores à guerra, que, "por um conjunto de circunstâncias deploráveis, o nosso Exército contava sempre em suas fileiras grandes maiorias de homens que a sociedade repudiava por suas péssimas qualidades".[54]

O recrutamento somente mereceu atenção por parte do governo imperial em 1848, quando foi criado o voluntariado no Exército, com a duração de seis anos. A insuficiência de homens alistados levou o Império a recorrer, em 1851 e 1852 nas intervenções no Prata, a uma tropa mercenária europeia. Em 1852, devido ao grande número de baixas de soldados que já haviam cumprido seus seis anos de alistamento, o governo brasileiro aumentou o prêmio em dinheiro pelo voluntariado, mas retirou-lhe o atrativo ao ampliar sua duração de seis para nove anos. Como paliativo para o problema da falta de efetivos e a pedido do presidente do Conselho de Ministros, marquês de Caxias, ampliou-se, em 1862, o recrutamento da Guarda Nacional. Nela passaram a ser alistados todos os cidadãos maiores de dezoito anos, independentemente de renda, divididos em três classes: os que estavam na *ativa*, os da *reserva* e os *disponíveis*, sendo esta última constituída de todos os cidadãos de dezoito a 35 anos de idade não incluídos nas outras classes. Voluntários e recrutados eram submetidos a uma instrução militar precária, que não lhes dava condições de entrar em combate contra um exército organizado.[55]

Para complementar o Exército, no início da crise com o Paraguai, considerou-se, primeiro, a possibilidade de mobilizar a Guarda Nacional. Nela se alistavam todos os cidadãos de dezoito a sessenta anos de idade, que tivessem renda mínima de 200 mil réis anuais. A Guarda era composta por 440 972 homens, subordinados a 239 comandos superiores, sendo 48 607 na cavalaria, 6474 na artilharia, 310 585 na infantaria e, na reserva, 75 306.[56] Apesar da sua grandeza, esses números não se traduziam em força militar real, pois os guardas nacionais, embora considerados auxiliares do Exército em caso de guerra, eram despreparados para o combate, pois desempenhavam apenas funções parapoliciais internas. Ademais, estando os setores subalternos da população excluídos da Guarda Nacional, as classes superiores viam a milícia como forma de "entreter sua vaidade e servir de engodo às [suas] ambições".[57]

Um decreto do governo imperial, de 21 de janeiro de 1865, convocou 15 mil guardas nacionais, divididos em cotas distribuídas entre as províncias, para fortalecerem o Exército no Sul do Brasil. Verificou-se, então, ampla resistência desses milicianos a cumprir seu dever. Em Pernambuco, cuja cota era de 2424 guardas nacionais, houve resistência de todos os batalhões a enviar os convocados e, destes, boa parte desertou. Como Santa Catarina ainda não preenchera sua cota em 1866 e, como essa situação ocorria "por quase toda a parte", o presidente dessa província concluiu que a Guarda Nacional tinha "pouca utilidade prática". A Paraíba, em 1866, também não completara sua cota de guardas nacionais, e o mesmo ocorreu, em 1867, no Rio de Janeiro, onde o presidente relatava "sérios esforços" para completar o efetivo desses milicianos destinados a lutar no Paraguai. Idênticas dificuldades foram relatadas pelos governos de Minas Gerais e do Rio Grande do Norte. Foi uma raridade a boa disposição dos membros da Guarda Nacional da Bahia e de Goiás para cumprirem com suas obrigações militares.[58]

Os limites e as fraquezas da Guarda Nacional tornaram-se consensuais. Para João da Silva Carrão, presidente de São Paulo, a Guarda Nacional, cuja milícia, apesar de possuir 36 mil homens, não era uma força militar respeitável, achava-se "ferida de profundo descrédito", e devia sofrer alterações com urgência, pois do modo como se encontrava "não pode merecer confiança". Essa opinião era compartilhada pelo presidente cearense, para quem a dificuldade em mobilizar a Guarda Nacional para a guerra demandava "uma reforma radical nessa instituição".[59] O próprio Ministério da Justiça, ao qual estava subordinada a Guarda Nacional, reconheceu que, da forma como estava organizada, a milícia não atendia à sua finalidade; atrapalhava gravemente as atividades profissionais dos seus membros e, no interior do país, servia "somente" como instrumento de dominação política e de cerceamento das liberdades civis.[60] De todo modo, durante o conflito com o Paraguai, foram mobilizados 24 regimentos de cavalaria da Guarda Nacional, com 43 522 homens, dos quais 29 210 tomaram parte ativa na guerra, ficando os demais de reserva no Brasil.[61]

Não foi incomum guardas nacionais convocados para a guerra enviarem um substituto no seu lugar. Era uma prática regulamentada pelo Decreto 3509, de 12 de setembro de 1865, viável para os que tinham recursos financeiros, e a substituição era legalizada por meio de contrato. O substituto teria que servir, durante nove anos, na Guarda Nacional, ficando dispensado do serviço militar. Pelo decreto, toda pessoa que apresentasse um substituto seria por ele responsável, durante um ano, em caso de deserção. Pode-se ver, nos dois exemplos abaixo, o contrato de serviços entre o guarda nacional convocado e seu substituto:[62]

Entre nós, abaixo assinados, João Jacob Schmidt e João Hermes se fez e acordou a seguinte convenção:

Eu, João Hermes, natural da Alemanha, declaro que me obrigo a alistar-me e entrar no serviço ativo do Corpo da Guarda Nacional, em Santa Ana, [Rio Grande do Sul] em lugar de João Jacob Schmidt, pela quantia de seiscentos e oitenta réis, para que lhe serve este de quitação, e o restante na importância de trezentos mil réis devendo pagar-me o dito João Jacob Schmidt no fim da guerra, e no caso que não volte mais no fim da guerra, deve então que pagar o mesmo João Jacob Schmidt a mencionada quantia de trezentos mil réis ao meu cunhado Carlos Juchem. E eu, João Jacob Schmidt, prometo e me obrigo a cumprir as condições supramencionadas. E para clareza mandamos fazer dois originais do mesmo teor, por ambos assinados.

Picada do Hortêncio, 1º de agosto de 1865.
João Jacob Schmidt
João Hermes

Declaro eu abaixo assinado Jº Hemsing, que tendo contratado seguir no 12º Corpo da Cav.ª da G.ª Nal. de São Leopoldo em lugar de Jacob Reinheimer da 2ª Companhia, mediante a gratificação de quatrocentos mil réis que recebi neste ato. E por ser assim, me tenho comprometido a seguir como seu substituto, me obrigo a sustentar o lugar que vou ocupar e me obrigo a jamais abandonar dito lugar, e quando o faço me obrigo a restituir dita quantia e a ser capturado para ser entregue em dito Corpo para sustentar o presente contrato.

Acampamᵗº. na Estância Nova, 22 de setembro de 1865.

A dificuldade de mobilização de guardas nacionais para enviar ao sul só não teve consequências mais graves porque, em decorrência da declaração de guerra paraguaia de novembro do ano anterior, o governo imperial criou, por decreto do dia 7 de janeiro de 1865, os corpos dos Voluntários da Pátria. Nestes podiam alistar-se, por livre vontade, cidadãos entre dezoito e cinquenta anos para servir no Exército. Para estimular o alistamento, oferecia-se aos voluntários, além do soldo normal dos soldados das forças regulares, de quinhentos réis diários, uma gratificação de 300 mil réis ao darem baixa no final da guerra. Nesse momento os voluntários teriam direito, ainda, a terras, na extensão de 49 500 metros quadrados, nas colônias militares e agrícolas existentes em diferentes pontos do Brasil.

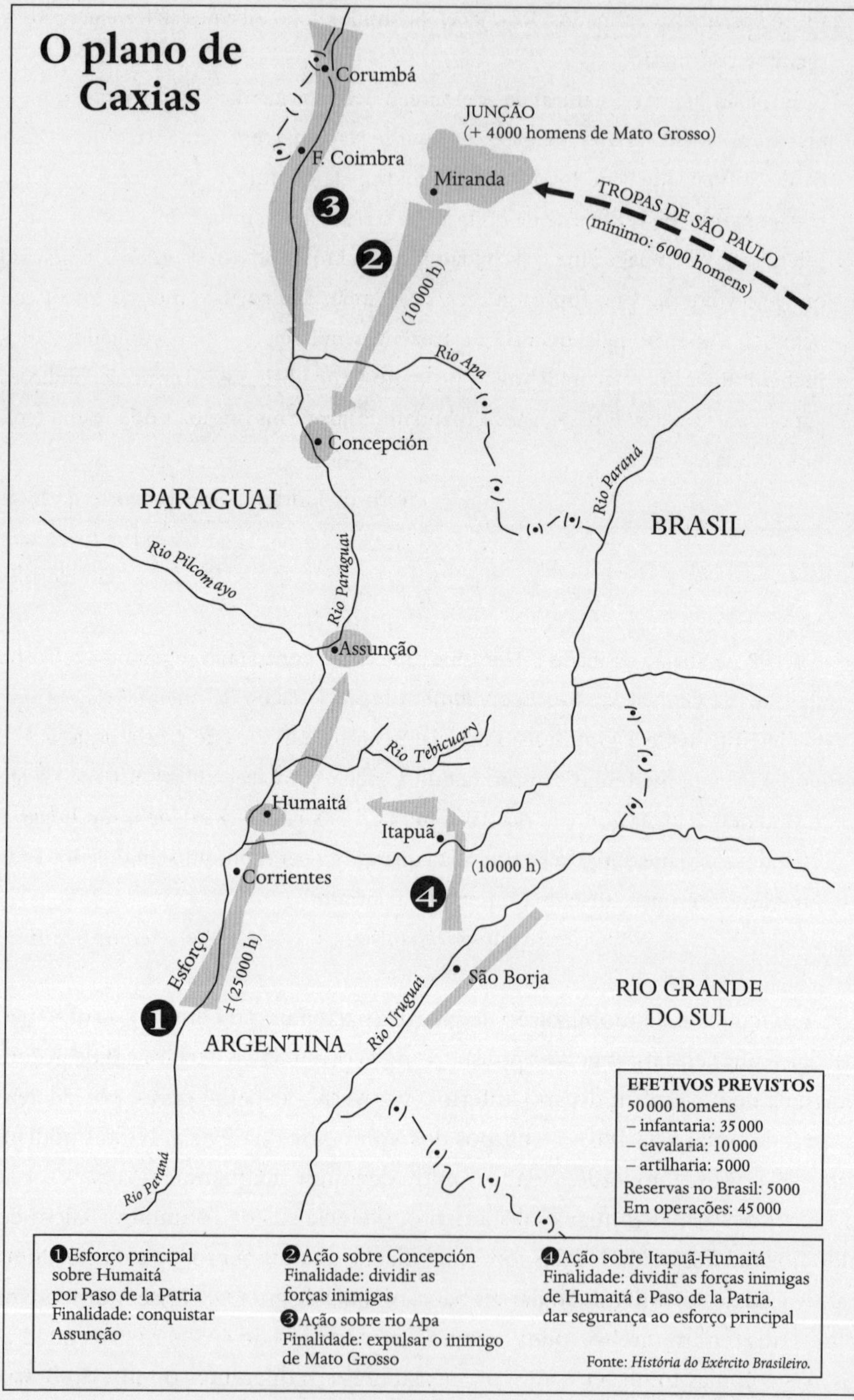
O plano de Caxias
Corumbá
JUNÇÃO
(+ 4000 homens de Mato Grosso)
F. Coimbra
Miranda
TROPAS DE SÃO PAULO
(mínimo: 6000 homens)
(10000 h)
Rio Apa
Concepción
PARAGUAI
Rio Paraná
BRASIL
Rio Pilcomayo
Rio Paraguai
Assunção
Rio Tebicuary
Humaitá
Itapuã
(10000 h)
Corrientes
Esforço
+(25000 h)
São Borja
RIO GRANDE DO SUL
Rio Uruguai
ARGENTINA
EFETIVOS PREVISTOS
50000 homens
– infantaria: 35000
– cavalaria: 10000
– artilharia: 5000
Reservas no Brasil: 5000
Em operações: 45000
Rio Paraná
1 Esforço principal sobre Humaitá por Paso de la Patria
Finalidade: conquistar Assunção
2 Ação sobre Concepción
Finalidade: dividir as forças inimigas
3 Ação sobre rio Apa
Finalidade: expulsar o inimigo de Mato Grosso
4 Ação sobre Itapuã-Humaitá
Finalidade: dividir as forças inimigas de Humaitá e Paso de la Patria, dar segurança ao esforço principal
Fonte: História do Exército Brasileiro.

"A Bahia a seus filhos — Ide, meus filhos —, esta capella cingirá os vivos, as minhas orações acompanharão os mortos; e mortos ou vivos, o Brasil espera, e eu mando, que cada um de vós cumpra o seu dever."

Alegoria publicada na Semana Illustrada, *em 1865, alude aos baianos que se alistaram na formação dos batalhões de Voluntários da Pátria.*

Ao voluntário garantiam-se, também, promoções por bravura, meio soldo se ficasse inválido e, em caso de morte, pensão nesse valor para herdeiro indicado à vontade. Em agosto de 1865, as vantagens concedidas aos voluntários foram estendidas aos guardas nacionais no teatro da guerra, as quais representavam para eles um ganho financeiro de meio soldo.[63] As condições vantajosas oferecidas aos Voluntários da Pátria demonstravam a gravidade da carência de soldados no Brasil, onde os cidadãos, no geral, relutavam em ir para o Exército.[64]

Na realidade, enquanto a elite, representada pela Guarda Nacional, resistia a ir para a guerra, no setor popular houve entusiasmo patriótico para preencher os corpos de Voluntários da Pátria. Alistaram-se cerca de 10 mil voluntários, número considerado suficiente pelo governo imperial que suspendeu o recrutamento de guardas nacionais, pois "não é necessário coagir ninguém a ir para a guerra". No Piauí, chegou a alistar-se, disfarçada de homem, a adolescente Jovita Alves Feitosa, que, descoberta, acabou aceita, sendo destinada a um hospital militar. Na Bahia, o afluxo de voluntários foi tal que lotou os quartéis e outros edifícios de Salvador. O governo provincial ordenou, inclusive, a recusa de novos voluntários, o que foi difícil de ser implementado, devido à pressão dos que desejavam alistar-se. Os diferentes setores da economia baiana também fizeram generosas doações financeiras para o esforço bélico, que alcançaram 200:000$000. O entusiasmo na Bahia parece ter sido o maior de todo o Império, mas também em outras províncias os cidadãos, no início da guerra, se apresentaram espontaneamente para compor os batalhões dos Voluntários da Pátria. O presidente de Pernambuco referiu-se a uma "torrente" de voluntários: foram 1300.[65]

Parte dos voluntários, sem suspeitar de que a guerra seria longa e dura, talvez visse no alistamento a possibilidade de melhorar sua condição de vida, tendo em vista as vantagens financeiras oferecidas pelo governo. Outros, porém, delas abriram mão, e comprovaram o caráter realmente voluntário de sua ida para a guerra, como se vê nos relatórios do Ministério da Guerra de 1865 e 1866, nos quais também se registram doações financeiras de particulares e instituições para custearem despesas dos voluntários. Na verdade, a apresentação de voluntários correspondeu ao clima de indignação contra a agressão paraguaia, sintetizado no poema "A cólera do Império", de Machado de Assis, publicado no *Diário do Rio de Janeiro*:

> *De pé — Quando o inimigo o solo invade*
> *Ergue-se o povo inteiro; e a espada em punho*
> *É como um raio vingador dos livres!*
> [...]
> *Cada palmo do chão vomita um homem!*
> *E do Norte, e do Sul, como esses rios*
> *Que vão, sulcando a terra, encher os mares,*
> *À falange comum os bravos correm!*[66]

Em 1865, a maior parte dos soldados brasileiros que foi para o teatro da guerra vinha das províncias do Norte e do Nordeste do Império. Essa tropa sofreu com a mudança rápida de temperatura, de um ambiente quente para o frio intenso que caracteriza o inverno no Rio da Prata. Sem receberem roupas adequadas, quase todos os quatrocentos soldados de um batalhão vindo do Pará morreram de frio. Ademais, o excesso de carne fresca na alimentação e a necessidade de beber água dos rios, nem sempre pura, agravaram as doenças dessa tropa.[67]

O alistamento de novos soldados se fazia já com vistas a executar um plano de campanha, elaborado pelo marquês de Caxias, por solicitação do ministro da Guerra, Beaurepaire Rohan. Caxias, o general brasileiro mais graduado e senador pelo Partido Conservador, apresentou seu plano em 20 de janeiro de 1865, prevendo a organização de um exército de 50 mil homens, sendo 35 mil de infantaria, 10 mil de cavalaria e 5 mil de artilharia. A invasão do Paraguai seria feita por 45 mil soldados, permanecendo outros 5 mil como reserva no Rio de Janeiro e em Santa Catarina. Seriam três as colunas invasoras: a primeira, de 25 mil homens, em ação combinada com a Marinha imperial entraria em território paraguaio pelo Passo da Pátria, no rio Paraná, quase confluência com o Paraguai; seus objetivos seriam anular a fortaleza de Humaitá e, em seguida, ocupar Assunção. A segunda coluna, de 10 mil soldados, agiria no Mato Grosso, em Miranda, protegendo a cavalhada e o gado aí existentes e distraindo a atenção do inimigo, para levá-lo a transferir tropas para o norte, facilitando o ataque a Humaitá. A terceira coluna, com outros 10 mil homens, organizados no Rio Grande do Sul, agiria no ponto mais próximo do Paraguai, em São Borja, para, ao mesmo tempo, impedir a concentração de tropas inimigas em Humaitá e evitar que se cortasse a retirada da força brasileira que atacaria pelo Passo da Pátria, caso esta ação malograsse.[68]

O plano pecava pelo fato de o território entre São Borja e o Paraguai estar sob soberania da Argentina, embora fosse reivindicado por Assunção, país formalmente neutro. Talvez Caxias considerasse vigorar acordo assinado entre o Império e a Confederação Argentina, em 1857, que garantia o livre trânsito de tropas brasileiras por território argentino, em caso de guerra entre o Brasil e o Paraguai. A situação interna argentina, porém, não permitiria que Mitre reconhecesse, naquelas circunstâncias, a vigência desse acordo. De todo modo, Solano López se antecipara ao plano de uma ação contra o Paraguai a partir do Rio Grande do Sul e preparou a reação adequada. Esta seria um ataque pela retaguarda das tropas aliadas, encurralando-as.[69]

O conselheiro Pimenta Bueno, marquês de São Vicente, que conhecia melhor o Paraguai, onde foi o primeiro representante diplomático brasileiro, propôs alterações no plano de Caxias. Para Pimenta Bueno dificilmente Humaitá seria conquistada por ataque frontal, opinião que os anos de guerra confirmariam. Propunha que a fortaleza fosse contornada e as forças brasileiras marchassem diretamente sobre Assunção. Ocupada a capital, as tropas brasileiras desceriam o rio para atacar Humaitá, operação que também era tida como difícil.[70] Também esse plano era inviável, pois as alternativas para as tropas brasileiras chegarem a Assunção seriam, ou marchando por terra, a partir do Passo da Pátria, ou sendo transporta-

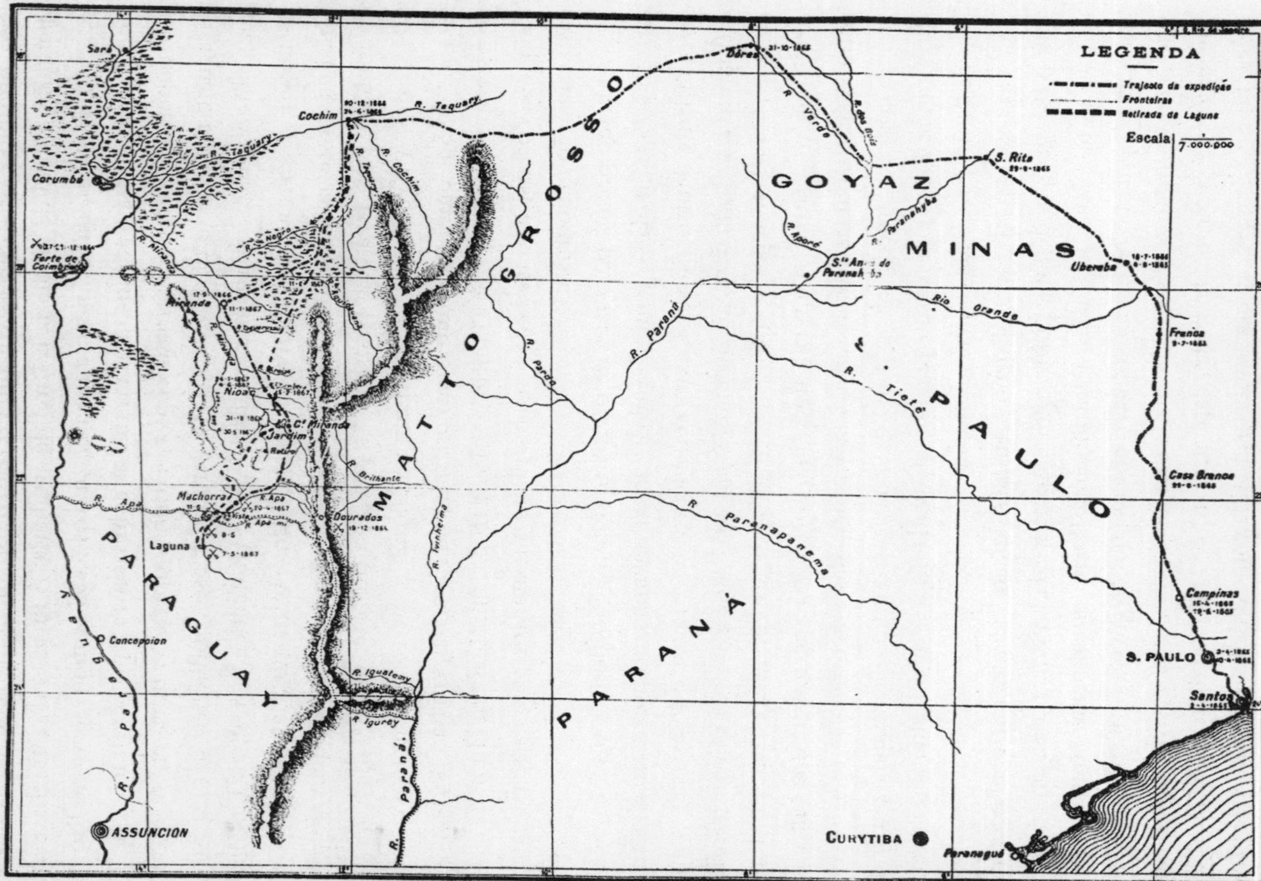

SOCORRO A MATO GROSSO

Mapa da Marcha das Forças, de acordo com os documentos oficiais e ampliado em seus pormenores. Desenho de Visconde de Taunay.

das por barcos. Se marchassem por terra, o fariam por terreno desconhecido — e que era, em grande parte, pantanoso —, visto não haver mapas do interior do Paraguai, em decorrência do isolamento em que o país sempre viveu. A marcha por terra tornaria a coluna brasileira presa fácil de emboscadas, além de o plano não se preocupar em saber se os caminhos comportariam a passagem dos canhões e o transporte de mantimentos e de munições. Na remota hipótese de Assunção ser ocupada, a tropa brasileira correria o sério risco de ficar cercada pelo inimigo e sem acesso a suprimentos, pois a esquadra imperial estaria retida no rio Paraná. Os navios de guerra brasileiros eram de madeira e seriam facilmente afundados pelos canhões de Humaitá, que controlava o acesso por rio à capital. Essa realidade também impossibilitava o plano de a esquadra transportar soldados destinados a ocupar Assunção. O fato é que a conquista da fortaleza de Humaitá era pré-requisito para qualquer outra ação militar brasileira contra Solano López.

O governo imperial decidiu-se por enviar uma coluna para Mato Grosso, tal como Caxias propusera, convocando 12 mil guardas nacionais de Goiás, Minas Gerais e São Paulo. No começo de abril começaram as tarefas para organizar a chamada Coluna Expedicionária de Mato Grosso. No Sul, o general Manuel Luís Osorio foi nomeado comandante interino do Exército, função que assumiu em 1º de março, quando o efetivo era de 9465 homens acampados próximos de Montevidéu. Essa tropa, fatigada pelas longas marchas, sofria com as condições sanitárias do Exército, devido à utilização de água poluída, que causou diarreia em grande número de soldados; a diarreia, aliás, foi causadora de muitas mortes na guerra. A marcha até a capital uruguaia também comprometeu as montarias, deixando a cavalaria a pé, e exaurindo os bois, que serviam para transportar a artilharia. Outro problema sério, decorrente do aumento de efetivos, era a falta de uniformes, capotes e barracas; essa precariedade causava descontentamento, levando a oficialidade a pedir frequentes licenças ou simular invalidez. Cabia a Osorio o difícil encargo de organizar um exército de campanha em plena guerra, deslocado em relação aos centros de apoio logístico do Brasil, que o obrigou a tomar decisões firmes e enérgicas. Para prover suas tropas, Osorio comprou em Montevidéu tudo que lhe pareceu indispensável e urgente por iniciativa própria, sem aprovação prévia do governo imperial. Também criou um hospital militar na capital uruguaia e colocou em dia o pagamento dos soldos, atrasados em dois meses. Devido à sua ação decidida, dois meses após ter assumido o comando, Osorio contava com 13181 homens e a artilharia fora duplicada de doze para 24 canhões.[71]

O teatro de operações de Mato Grosso foi secundário e não influenciou o resultado da guerra, embora as armas e munições apreendidas pelos invasores reforçassem o poder bélico do Exército paraguaio. Com a ocupação de Mato Grosso, Solano López garantiu sua retaguarda e pôde voltar-se para o Rio da Prata.

O ponto de encontro das tropas que comporiam a coluna expedicionária era a vila de Uberaba, de onde marchariam para Cuiabá, para reforçar a defesa e a moral dos habitantes de Mato Grosso. Alguns oficiais vieram do Rio de Janeiro para São Paulo, entre eles o tenente Alfredo d'Escragnolle de Taunay, futuro visconde de Taunay, que serviu no Corpo de Engenheiros da coluna e, em 1871, publicou *A retirada da Laguna*, livro épico que descreve o malogro militar dessa expedição. Em 10 de abril de 1865, saiu de São Paulo uma coluna de 568 homens — 135 paranaenses —, sob o comando do coronel Manuel Pedro Drago, presidente nomeado de Mato Grosso, com destino a Uberaba. Sua primeira parada foi em Campinas, onde o coronel Drago permaneceu por dois meses e desperdiçou tempo precioso, enquanto desfrutava da vida social da cidade, preenchida por bailes e outros divertimentos. Enquanto isso, o presidente de Mato Grosso, Alexandre Albino de Carvalho, queixava-se de não ter recebido "o mais leve auxílio de defesa"; a província tinha que contar com seus escassos recursos para defender-se, reunindo, até então, não mais do que uns 3200 homens sofrivelmente armados. Em Cuiabá não se tinha notícia do restante do Brasil desde 20 de março e nada se sabia da organização, trajeto da marcha e objetivos de eventuais reforços militares que tivessem sido enviados. Apenas no começo de junho, Carvalho obteve a informação do envio de socorro militar, mas sem detalhes quanto a efetivo e objetivos.[72]

Em Campinas, a coluna foi vítima da varíola, teve seis mortos e sofreu 159 deserções, principalmente de praças do Corpo Policial de São Paulo e da Companhia de Cavalaria da Guarnição de São Paulo.[73] Em 20 de junho, a coluna retomou a marcha em direção ao norte, passando por Casa Branca e Franca, em caminho ladeado por casas e rancharias, onde a tropa se alimentou. A força de Drago chegou a Uberaba em 18 de julho, encontrando o reforço da brigada mineira de Ouro Preto, composta por 1212 homens comandados pelo coronel José Antonio da Fonseca Galvão. A força expedicionária permaneceu acampada nessa cidade outros 47 dias, à espera de que se juntassem novos reforços locais. Nesse período, desertaram 96 soldados, dos quais vinte mineiros, e outros treze faleceram. Para evitar novas deserções, outros 25 praças mineiros convocados para a guerra foram colocados em regime de prisão, mas ainda assim fugiram para o campo. Reafirmava-se, desse modo, o ditado corrente à época, ante a perspectiva de se ir para a guerra: "Deus é grande, mas o mato [é] ainda maior". A coluna recebeu o reforço de 1209 homens e partiu, em 4 de setembro, rumo a Cuiabá, com efetivo total de apenas 1575 soldados, em lugar dos 12 mil previstos inicialmente. Estavam organizados em duas brigadas, uma paulista e outra mineira, nas quais se distribuíram praças amazonenses e paranaenses, e contavam com doze canhões. Seguiam a coluna umas duzentas mulheres, amantes ou esposas dos soldados, algumas com crianças.[74] A coluna tinha a designação oficial de Corpo Expedicionário em Operações no Sul de Mato Grosso, nome pomposo para uma força numericamente acanhada.

Por temer que os paraguaios de Coxim ameaçassem Santana do Parnaíba, o Corpo Expedicionário fez o caminho mais longo, marchou rumo a Goiás e chegou a Santa Rita, à margem do rio Paranaíba, em 29 de setembro, que atravessou com a já habitual morosidade. Tendo recebido reforços goianos, a primeira força de auxílio a pisar em território mato-grossense constituía-se de 2080 homens e com novas ordens: marchar para o distrito de Miranda e ocupá-lo, a fim de restabelecer a soberania brasileira nessa região, pois o governo imperial tinha notícias de um recuo paraguaio até o rio Apa. Embora sem armamento e efetivos suficientes para essa missão, o Corpo Expedicionário marchou em direção a Coxim, por extenso terreno insalubre, inundado pelo rio Paraguai, durante quatro difíceis meses e enfrentando diversos problemas de saúde na tropa. Desde 20 de outubro o novo comandante dessa força era o coronel José Antonio Fonseca Galvão, devido à demissão do coronel Drago, antipatizado pela opinião pública por sua prolongada estada em Campinas. Após marchar 1106 quilômetros desde Uberaba, em 20 de dezembro de 1865 o Corpo Expedicionário chegou a Coxim, ponto de confluência do rio desse nome com o Taquari e que afirmavam ser a melhor posição para evitar um ataque paraguaio a Cuiabá. A coluna passou a denominar-se, então, Forças em Operação ao Sul da Província de Mato Grosso, contando com 2203 combatentes e outras 1300 pessoas, entre mulheres, crianças e outros agregados, como os carreteiros e os bagageiros.[75] Ainda era um hábito, nos exércitos da época, que as famílias dos soldados, além de comerciantes e aventureiros civis, acompanhassem as tropas que marchavam para a guerra.

A coluna permaneceu em Coxim, ilhada pelas inundações, até junho de 1866, e começou a sofrer com a falta de mantimentos, problema que desde então a perseguiria. O componente principal na alimentação desses soldados e de todos os combatentes durante a guerra, fossem aliados ou paraguaios, era a carne bovina, sendo raros os vegetais e inexistentes as verduras. Em Coxim, porém, a alimentação era exclusivamente de carne e, ainda assim, de péssima qualidade, acompanhada apenas de sal grosso. O acampamento ficou ilhado por água estagnada, proveniente das chuvas abundantes, o que impediu o adequado reabastecimento de víveres e deu margem a doenças entre a tropa e também a expressivos lucros para comerciantes e mesmo para alguns oficiais que, dispondo de alimentos, os vendiam a colegas e soldados. A penúria da coluna levou a um aumento sensível das deserções.[76]

O coronel Fonseca Galvão sentiu a necessidade de sair de Coxim e ordenou a marcha para a vila de Miranda, distante quatrocentos quilômetros. O percurso da coluna foi por terreno pestilento, pantanoso, onde os soldados caminhavam dias inteiros com água pela cintura. Vários deles afogaram-se, bem como as mulheres que os acompanhavam, tragados pelo lodo do fundo do pântano. A insalubridade do terreno causou febres que mataram vários homens, inclusive o próprio coronel Galvão. Em 17 de setembro de 1866, após três meses de marcha, a força brasileira entrou na vila de Miranda. A essa altura tinham sido percorridos 2112 quilômetros em dois anos, se considerada a saída dos primeiros homens do Rio de Janeiro com destino a São Paulo, e um terço de seus membros já morrera.[77]

A vila de Miranda era rodeada por depressões que se inundavam facilmente, mesmo com chuvas leves, e a água existente para consumo era lodosa. As más condições sanitárias causaram uma epidemia de beribéri na coluna brasileira, vitimando quatrocentos homens. Miranda estava arruinada, sem edifícios para alojar a tropa, e carecia de justificava militar para nela permanecer o Corpo Expedicionário; ao contrário, sua geografia facilitava a aproximação do inimigo. Porém, o desastroso comando do coronel Alexandre Albino de Carvalho, que ascendeu a essa função com a morte do coronel Fonseca Galvão, manteve a coluna nesse local. A transferência dos soldados brasileiros para outro ponto somente foi considerada após o coronel Carlos de Morais Camisão, enviado pelo presidente de Mato Grosso, assumir o comando em 1º de janeiro de 1867. Atendendo a um parecer da comissão de engenheiros e da junta médica, o novo comandante abandonou o terreno insalubre e, no dia 11 de janeiro de 1867, marchou para

Nioaque. Os 210 quilômetros de distância entre os dois pontos caracterizavam-se por bosques e riachos de água potável, o que permitiu à tropa, então reduzida a cerca de 1300 homens, chegar a seu destino no dia 24 do mesmo mês. Nioaque, ao contrário das localidades anteriores, era bem localizada e com clima agradável, poupando a coluna.[78] Os paraguaios, enquanto isso, permaneciam além do rio Aquidauana.

O coronel Morais Camisão estava em Corumbá, no comando de um batalhão de artilharia, quando a vila foi abandonada ao invasor paraguaio por ordem do coronel Carlos Augusto de Oliveira. O nome de Camisão figurou, junto ao de outros, em soneto que correu o Mato Grosso e que estigmatizava os militares que abandonaram a vila em lugar de defendê-la. Ferido em sua honra, Camisão viu no comando do Corpo Expedicionário a oportunidade de reabilitar-se perante a opinião pública e, como consequência, não se contentou em ocupar e manter o território abandonado pelos invasores. Esse militar queria provar sua bravura e concebeu o projeto de invadir o território paraguaio, com o objetivo de alcançar a vila paraguaia de Concepción, às margens do rio Paraguai, praticamente a meio caminho entre a fronteira e Assunção.[79] Era uma missão suicida, por não dispor a coluna de recursos bélicos e logísticos para alcançar essa localidade.

A tropa brasileira partiu em 25 de fevereiro de 1867 e em 4 de março penetrou na antiga colônia militar de Miranda, a doze quilômetros do rio Apa. Desse ponto o coronel Morais Camisão enviou patrulhas para explorar o terreno, o que permitiu aos paraguaios tomarem conhecimento da presença da coluna adversária, anulando o fator surpresa. Os brasileiros viram-se, então, em precárias condições de subsistência, sendo iminente a fome. Camisão parece ter vacilado quanto à sua decisão de invadir o Paraguai e mandou o coronel Juvêncio Manuel Cabral de Menezes, chefe da comissão de engenheiros, convocar um conselho de guerra para opinar sobre a situação. Neste, três dos oficiais apontaram a falta de recursos — de víveres, munições e de cavalaria — para invadir o território inimigo, enquanto dois outros, após reconhecerem a fragilidade da tropa, defenderam a invasão, mesmo com o provável sacrifício da coluna, por crerem que a operação seria importante para o desenrolar da guerra. Após acalorado debate, o coronel Juvêncio afirmou que a coluna não poderia avançar sem víveres; nesse instante, o guia José Francisco Lópes entrou com um rebanho de gado no acampamento. Juvêncio ordenou que a ata do conselho reconhecesse ser viável marchar adiante

A retirada da Laguna

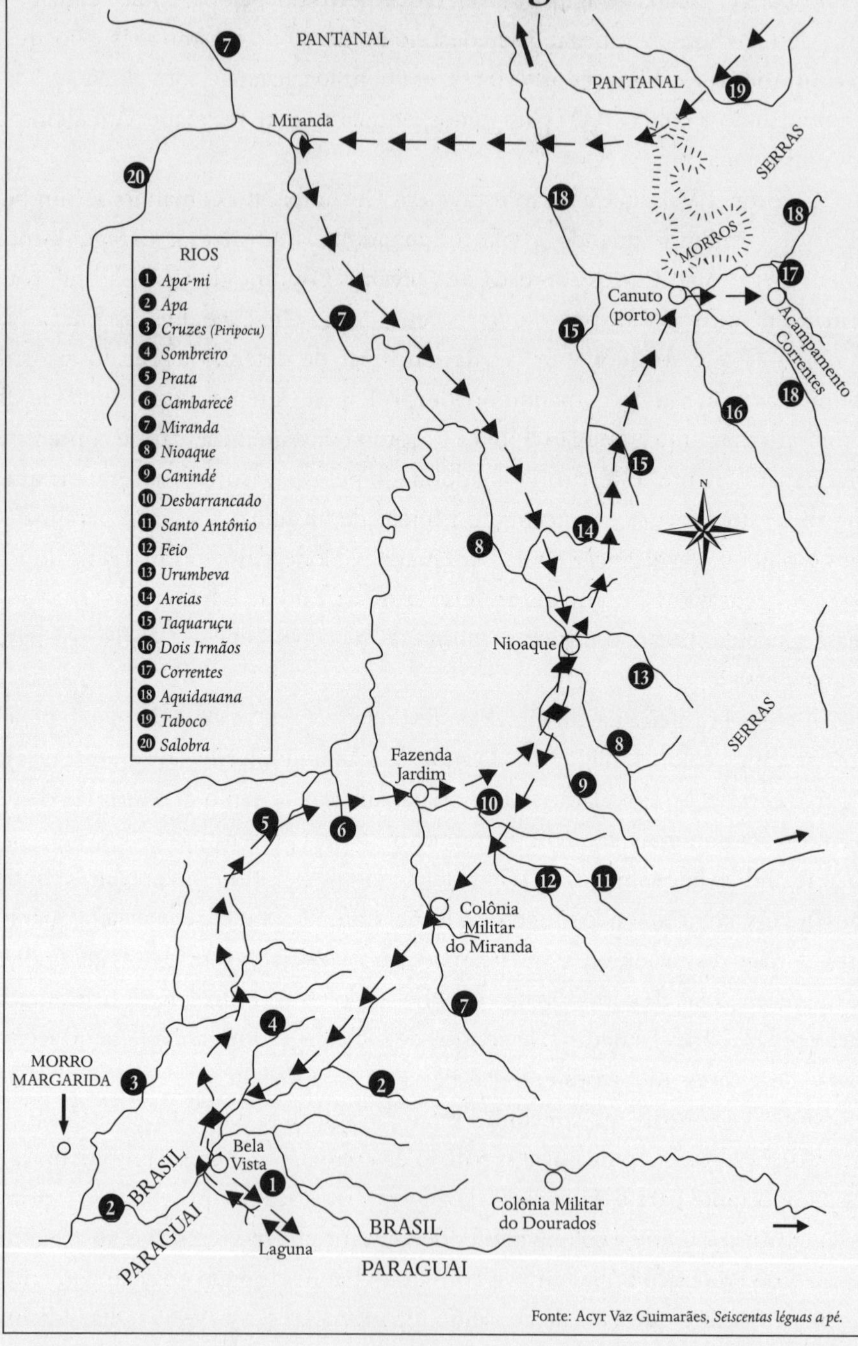

Fonte: Acyr Vaz Guimarães, *Seiscentas léguas a pé.*

Comissão de engenheiros da Campanha de Mato Grosso e Retirada da Laguna. De pé, ao centro, o visconde de Taunay, autor dos clássicos A retirada da Laguna *e* Memórias, *importantes fontes sobre a história da guerra.*

e, cônscio de que partia para o sacrifício pessoal, exclamou: "Deixo viúva e seis órfãos. Terão como única herança um nome honrado".[80]

Em 21 de abril de 1867, a força brasileira, composta de 1680 homens — além de mulheres, índios e alguns comerciantes que a acompanhavam —, carecendo de cavalaria, atravessou o rio Apa, penetrou no território paraguaio e atacou o forte de Bella Vista. Este era, na verdade, um perímetro com estacas de madeira solidamente fincadas, antes do que uma posição com defesas sólidas. A coluna brasileira mudou a denominação de *Forças em Operações no Sul de Mato Grosso* para *Forças em Operações no Norte do Paraguai*, título que pôde ostentar por pouco tempo, pois logo teve que recuar para território nacional. Morais Camisão, temeroso de novos comentários contra si, caso ordenasse o recuo que a lógica exigia, apegou-se à notícia da existência de um grande rebanho na Fazenda Laguna, a uns trinta quilômetros, pertencente a Francisco Solano López. O rebanho forneceria comida e animais de tração, e viabilizaria a continuação da marcha em direção a Concepción. Na Laguna, porém, não se encontrou nenhum gado mas, sim, inimigos. Cerca de seiscentos brasileiros — entre os quais trinta índios — atacaram a força paraguaia superior, composta de 780 homens e armada com dois canhões, causando-lhe oitenta mortos e perdendo apenas um homem.[81]

Laguna foi ocupada em 1º de maio de 1867. Três dias depois chegou ao local o comerciante Miguel Arcângelo Saraco, com quatro carretas de mantimentos e mercadorias. Saraco iniciou suas atividades de fornecedor da coluna ainda em Goiás, dispondo apenas de um burrico. Ao cobrar preços exorbitantes, como o faziam os demais comerciantes, pôde Saraco progredir na atividade comercial, a ponto de chegar a encher essas quatro carroças de mercadorias e declarar-se rico.[82] A Guerra do Paraguai foi, aliás, o paraíso de ganhos para aventureiros, sobretudo europeus, transformados em comerciantes, e para fornecedores argentinos, quer de carvão para a esquadra imperial, quer de mantimentos e forragem para a cavalaria do Exército brasileiro, quer ainda de mercadorias em geral para a tropa.

Sem recursos logísticos e sem força militar suficiente, o coronel Camisão teve que recuar em sua decisão de alcançar Concepción. Ordenou, em 7 de maio de 1867, a retirada para Nioaque, que ficou conhecida como a Retirada da Laguna, e à qual se incorporaram índios Guaicuru e Terena.[83] A retirada foi feita sob constantes ataques dos paraguaios, que arrebataram à coluna o gado de corte, o que a levou, novamente, à fome. Os soldados brasileiros marcharam, famintos, sob incessantes tempestades e por terreno pantanoso; tinham a incomodá-los, além dos inimigos, piolhos, e a vitimá-los o cólera[84] e outros problemas de saúde, decorrentes do contraste entre o frio glacial noturno e o calor escaldante diurno. Para encurralar os retirantes, as forças paraguaias ateavam fogo no mato, alto e seco, que os asfixiava e os instava à rendição, sempre recusada. As mulheres que acompanhavam a coluna brasileira, exaustas, "andavam aos pontapés, algumas [...] esfarrapadas, crianças ao colo, esquálidas como cadáveres, a mendigarem rebotalhos de alimento!".[85]

No dia 25 de maio, os paraguaios atacaram o acampamento brasileiro e foram novamente rechaçados. A debilidade dos retirantes impedia-os, porém, de perseguir os inimigos, que se dedicaram a abrir as covas de brasileiros enterrados nas proximidades, para despojar os cadáveres de suas miseráveis roupas; aliás, índios e civis que acompanhavam a coluna brasileira também costumavam saquear os mortos inimigos. Os soldados paraguaios digladiaram entre si por essas roupas e alguns as vestiram imediatamente, à vista das lunetas dos brasileiros, que reagiram matando alguns dos profanadores e colocando os demais em fuga, com tiros de canhão. A falta de meios de transporte para os coléricos, carregados por seus companheiros exauridos pela fome e pelo cansaço, inviabilizava a retirada da coluna. Camisão tomou a dramática decisão de abandonar mais de 130 soldados doentes, que aceitaram, resignados, seu destino. Deixados em uma clareira, com um cartaz destinado ao inimigo com a frase "compaixão com os coléricos!", foram mortos por seus perseguidores. Pouco depois o cólera atingiu o próprio coronel Camisão e, ainda, José Francisco Lópes, guia da coluna, matando a ambos e a outros companheiros.[86]

Repelindo os ataques inimigos, o que restou da força expedicionária brasileira alcançou Nioaque em 4 de julho, e surpreendeu-se ao descobrir seu abandono pela tropa que aí fora deixada. Esse fato permitiu aos paraguaios ocupar pela segunda vez a localidade, saqueá-la, incendiar suas casas e retirarem-se para o cemitério, localizado nas proximidades. A coluna brasileira, ao entrar nessa vila, encontrou incólume apenas o edifício da igreja e cadáveres de brasileiros, vários deles desertores da marcha em direção ao Paraguai. No dia seguinte, a igreja explodiu, devido a uma armadilha montada pelos antigos ocupantes, matando quinze brasileiros. A partir desse momento a força retirante viu-se livre dos paraguaios e marchou, no mesmo dia, para o porto do Canuto, no rio Aquidauana, aonde chegou em 11 de junho de 1867 reduzida a setecentos combatentes. Nesse local encontrava-se o coronel Lima e Silva, que abandonara Nioaque com seus homens e o arquivo da coluna. Terminava, assim, a Retirada da Laguna. Desde a invasão do Paraguai, o Corpo Expedicionário teve 908 soldados mortos pelo cólera e pelo fogo inimigo, além "de grande número" de índios, mulheres, negociantes e outros homens que tinham acompanhado a coluna.[87]

Nesse mesmo mês, o presidente de Mato Grosso, Couto de Magalhães, que assumiu o cargo em fevereiro de 1867, decidido a romper com a inércia ante a presença paraguaia, aceitou um plano do capitão Antonio Maria Coelho. A proposta era a de que se aproveitasse da época de cheia do pantanal para atacar Corumbá pelo sul, em lugar de pelo norte, pelo rio, caminho este previsto pelo inimigo. Couto de Magalhães, ignorando a objeção dos oficiais superiores, comissionou Coelho ao posto de coronel e começou a preparar a ação, que resolveu executar ao saber que o coronel Camisão invadira o território paraguaio. Partindo com mil homens e cinco pequenos navios de Cuiabá, o coronel Coelho desceu pelo pantanal até a jusante de Corumbá, onde desembarcou seus homens. Pôde, assim, atacar a vila pelo sudoeste, surpreendendo o inimigo em 13 de junho de 1867.

O comandante Hermógenes Cabral colocara seus homens trabalhando no cultivo agrícola, para garantirem sua subsistência, de modo que, quando ocorreu o ataque brasileiro, a tropa estava espalhada; os invasores que se encontravam em Corumbá foram vencidos, apesar de vigorosa resistência. Há autores que afirmam que os prisioneiros paraguaios, incluindo o comandante Cabral, teriam sido degolados, o que, de fato, pode ter ocorrido, pois essa era uma prática comum à época. O sacerdote paraguaio Silvio Gaona fala em quatrocentos homens degolados, número exagerado, pois significaria que nenhum dos invasores teria morrido em combate. O historiador Efraím Cardozo, por sua vez, cita o número de 160 mortos, em um total de 316 homens que compunham a guarnição de Corumbá, mas não afirma que as mortes tenham sido causadas por degolamento; Cabral e doze homens que resistiram de armas na mão teriam sido mortos "a golpes de arma branca" (espada ou baioneta). Segundo Cardozo, circulou a versão de que os doentes que se encontravam no hospital, atacados pela varíola, assim como os prisioneiros, "foram massacrados pelos vencedores". A força brasileira teve oito mortos no ataque, mas logo foi vitimada pela varíola, doença contra a qual não fora vacinada.[88]

Ao chegar a Corumbá, em 23 de junho, Couto Magalhães encontrou metade do efetivo brasileiro vitimado pela varíola e com a perspectiva de que a situação se agravasse. O presidente mato-grossense, ante a impossibilidade de defender a vila nessas circunstâncias, ordenou seu abandono. A força brasileira levou consigo a doença para Cuiabá, onde causou a morte de 5 mil dos 10 mil habitantes.[89] Em seu auge, a epidemia matou cem moradores por dia, o que inviabilizou o sepultamento de todos e levou à sua cremação; não raro, cadáveres foram arrastados nas ruas por cães famintos.[90]

Em fevereiro de 1868, quando a esquadra brasileira ultrapassou Humaitá e chegou até a capital paraguaia, Solano López ordenou a retirada de Mato Grosso, para reforçar o Exército paraguaio no Sul. Em abril desse ano, Corumbá foi evacuada pelos paraguaios, fato apenas confirmado pelo governo mato-grossense em 17 de agosto, ao enviar uma patrulha de reconhecimento à vila. As comunicações regulares, por meio da navegação da bacia platina, de Mato Grosso com o Rio de Janeiro somente se restabeleceram em 4 de fevereiro de 1869, após Assunção ser ocupada por forças brasileiras e quando chegaram a Cuiabá os vapores *Felipe Camarão* e *Fernandes Vieira*, da Marinha imperial. Eles foram recebidos por 2 mil pessoas, com bandas de música e salvas de artilharia, e realizou-se um *te-déum* em Ação de Graças na igreja de São Gonçalo.[91]

O ATAQUE A CORRIENTES

Ocupado o Sul de Mato Grosso, o passo seguinte de Solano López era o de invadir o Rio Grande do Sul, visando atacar o Exército brasileiro no Uruguai. Contava, para isso, com a garantia de Urquiza de que a Argentina se manteria neutra no conflito. Desejoso de "manter respeito" pelo governo argentino, Solano López solicitou permissão para passar com suas tropas pelo território de Misiones, embora este fosse reivindicado pelo Paraguai, para atacar o Rio Grande do Sul.[92] Mitre recusou a autorização, respaldando-se na neutralidade do seu país, o que o tornou o próximo alvo de Solano López.

Em 5 de março de 1865, o Congresso paraguaio reuniu-se, como sempre convocado pelo Executivo para sacramentar uma decisão, neste caso, a de fazer guerra à Argentina. Na mensagem ao Congresso, Solano López fez duras referências ao governo argentino e, durante os quatro dias de sessões, se expôs que a Argentina declarara tacitamente guerra ao Paraguai ao não autorizar a passagem de tropas guaranis por seu território, enquanto permitia que a esquadra brasileira subisse o rio Paraná. O argumento não procedia, pois esse rio tinha caráter internacional. Assim, Solano López foi autorizado a entrar com tropas em Corrientes, quando julgasse necessário. Tratava-se, tal qual no caso da declaração paraguaia de guerra ao Brasil, de tentar inverter a lógica dos acontecimentos, mostrando o agressor como agredido; ademais, o Paraná era, em termos jurídicos, um rio de livre navegação, quer para navios brasileiros, quer para os paraguaios. O Congresso paraguaio também aprovou um empréstimo externo de 5 milhões de libras esterlinas e autorizou a emissão de papel-moeda, sem fixar qualquer limite.[93] A declaração de guerra à Argentina foi aprovada por unanimidade em 19 de março de 1865.

Os congressistas paraguaios decidiram, também, dar a Solano López o título de marechal e elevar sua remuneração para 60 mil "duros" anuais — equiva-

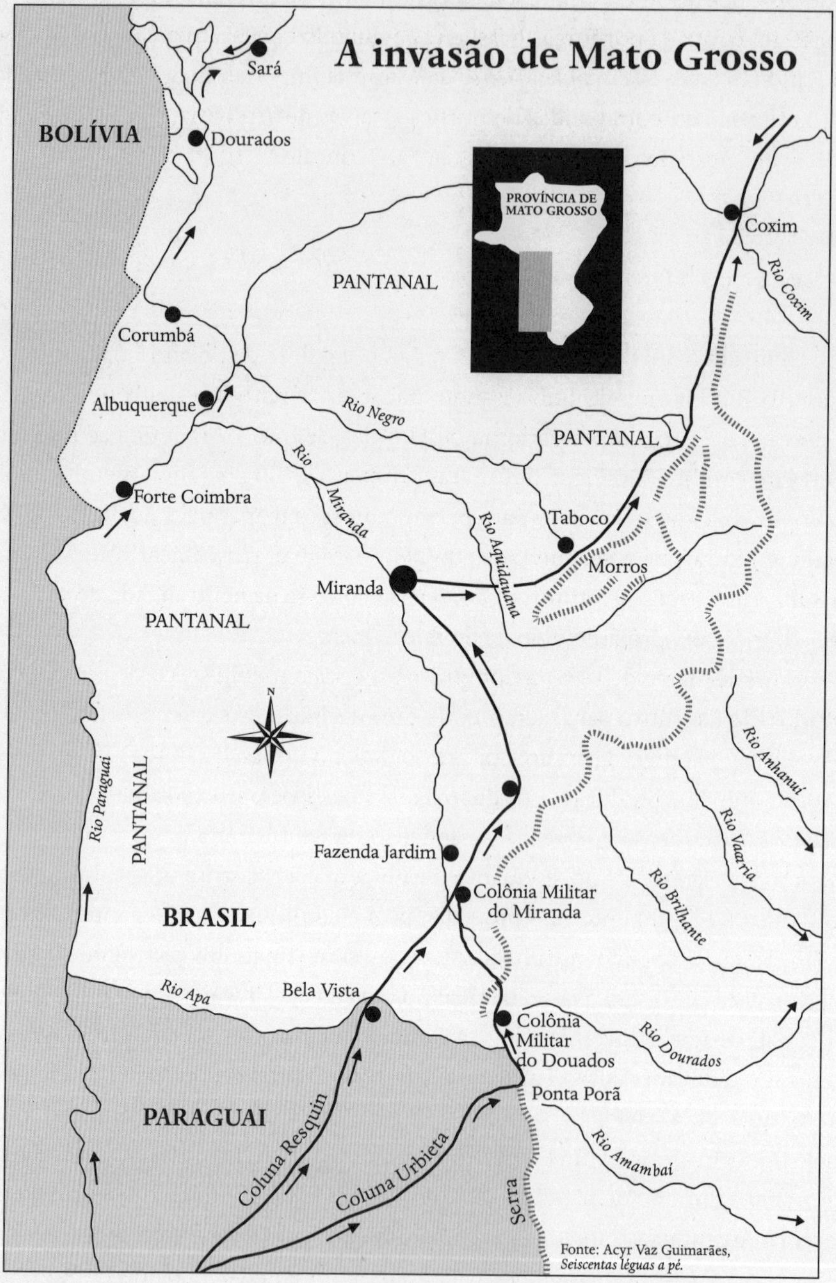
A invasão de Mato Grosso
BOLÍVIA
Sará
Dourados
PROVÍNCIA DE MATO GROSSO
Coxim
Rio Coxim
PANTANAL
Corumbá
Albuquerque
Rio Negro
PANTANAL
Rio Miranda
Forte Coimbra
Rio Aquidauana
Taboco
Morros
Miranda
PANTANAL
N
Rio Anhanuí
Rio Paraguai
PANTANAL
Rio Vacaria
Fazenda Jardim
Rio Brilhante
Colônia Militar do Miranda
BRASIL
Rio Apa
Bela Vista
Colônia Militar do Douados
Rio Dourados
Ponta Porã
PARAGUAI
Rio Amambai
Coluna Resquin
Coluna Urbieta
Serra
Fonte: Acyr Vaz Guimarães, Seiscentas léguas a pé.

lente a uns 15 mil pesos, o suficiente para comprar umas 180 casas simples em Assunção —, em lugar dos 4 mil que pagavam anteriormente. López aceitou o título de marechal, recusando, porém, a remuneração, o que levou um deputado a propor, como alternativa, presenteá-lo com uma espada incrustada de diamantes na empunhadura. No final, Solano López ficou com a espada e, ainda, com o soldo de 60 mil "duros".[94]

A invasão

Em 9 de março de 1865, Adolfo Soler, cônsul argentino em Assunção, alertou Rufino de Elizalde de que os paraguaios invadiriam, em pouco tempo, a Argentina. O cônsul acreditava, porém, que a invasão teria como finalidade passar tropas que atacariam território brasileiro. Dias depois, Soler renunciou a seu cargo argumentando que a situação era perigosa e que, para anular a "má impressão" que o governo paraguaio tinha de seu congênere argentino, este devia ter no país guarani um representante de maior hierarquia diplomática e não apenas um cônsul.[95] O chanceler argentino, porém, não acreditava em um ataque paraguaio a seu país, postura esta explicada por José Mármol, que pensava ser possível essa ação, em carta a Elizalde: "Você agia respeitando a lógica e não acreditava na guerra; eu agia respeitando a história de todos os tiranos e a esperava".[96]

Em 13 de abril de 1865, uma flotilha de cinco vapores de guerra paraguaios, entre os quais o *Marquês de Olinda*, incorporado à Marinha de Guerra guarani, chegou à cidade argentina de Corrientes e atacou dois navios da Marinha argentina, o *Gualeguay* e o *25 de Mayo*, que se encontravam no porto. Os paraguaios fizeram forte fogo de fuzis e deram alguns tiros de canhões, a que as tripulações argentinas, tomadas de surpresa, responderam debilmente. O *Gualeguay* e o *25 de Mayo* foram rebocados até Humaitá, com cerca de cinquenta de seus tripulantes como prisioneiros, e, depois de algumas reparações em seus cascos e máquinas, foram incorporados à flotilha paraguaia. No dia seguinte à tomada dos barcos argentinos, o general Wenceslao Robles, à frente de 3 mil soldados, ocupou Corrientes, que fora abandonada por suas autoridades, inclusive pelo governador provincial, Manuel Lagraña, impotentes para deter inimigo mais numeroso e mais bem armado,[97] que, porém, carecia de roupas, por ser inverno. Robles era um chefe inexperiente e incompetente, que, na primeira noite na capital correntina, se embebedou a tal ponto que um enviado de Solano López, apesar de fazer várias tentativas, não conseguiu acordá-lo. Durante os meses seguintes, esse general embebedou-se com frequência, tomando de uma a duas garrafas de conhaque por dia.[98]

Para alguns setores políticos em Buenos Aires, a invasão paraguaia não foi uma surpresa, e era mesmo desejada, pois viabilizaria a efetivação da aliança entre a Argentina e o Império, além de ser prevista.[99] Desde o início de 1865, o jornal *El Nacional* alertava estar a província de Corrientes ameaçada de uma invasão e defendia uma aliança com o Brasil, "para empreender uma cruzada libertadora contra o Paraguai". No início de abril, o jornal já insinuava que chegara a Buenos Aires a declaração paraguaia de guerra à Argentina. E, de fato, o tenente paraguaio Cipriano Ayala, encarregado por Solano López de entregar a declaração de guerra ao governo argentino, chegou a essa capital entre o dia 7 — em 6 passou pelo Paraná —[100] e, provavelmente, antes de 8 de abril. Neste dia o próprio governo argentino afirmava, em decreto que confiscava armas que tinham como destino Assunção, que o Paraguai lhe declarou "uma guerra de fato". No dia 11 de abril, *El Nacional* já se mostrava informado não só de que ocorreria a invasão paraguaia, como também de que seria constituída uma tríplice aliança contra Solano López. Em editorial intitulado "Triple Alianza" afirmava-se:

> Não sabemos por quê, mas está parecendo que, antes de terminar esta semana, poderemos anunciar a nossos leitores que se constituiu uma tríplice aliança entre a República Argentina, o Império do Brasil e o Estado oriental, contra López, de Assunção.
>
> Se isso ocorre, estarão satisfeitos os nossos mais ardentes desejos [...] de derrubar o tirano que oprime o Paraguai, que terá tido a imprudência de provocar-nos. Esperemos um pouco mais e a luz se fará.[101]

Nos dias seguintes à invasão, a força atacante, chamada de Divisão do Sul, alcançou 22 mil homens.[102] Acompanhado por sobreviventes dos dois navios argentinos capturados e dos poucos homens da Guarda Nacional que conseguiu reunir, Lagraña retirou-se para o sul, até o arroio Empedrado. Desse ponto, ordenou a mobilização de todos os correntinos entre dezessete e sessenta anos de idade e determinou a pena de morte para o correntino que apoiasse os invasores. Informado da marcha de uma coluna paraguaia em direção a seu acampamento,

Operações militares em Corrientes

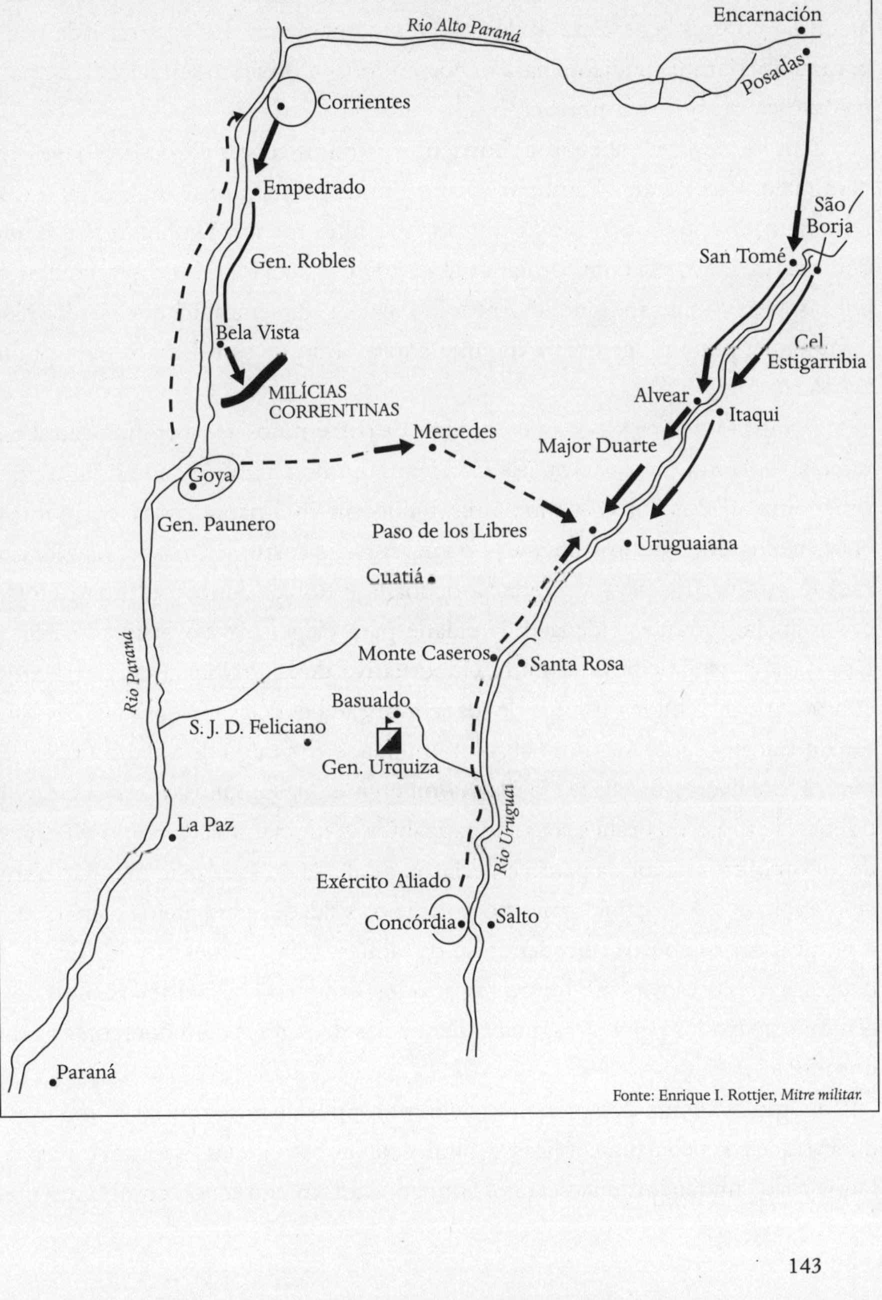

Fonte: Enrique I. Rottjer, *Mitre militar.*

o governador retirou-se para San Roque, ponto central da província e local determinado para a reunião da Guarda Nacional a ser mobilizada.[103]

A população de Corrientes manteve-se, no primeiro momento da invasão, em suas casas, com as portas fechadas. Alguns habitantes procuraram, então, o general Robles e receberam a garantia de que os moradores seriam respeitados, assim como seus bens. Essa declaração e o comportamento exemplar da tropa paraguaia criaram condições para os correntinos retomarem seus afazeres e para o comércio reabrir suas portas.[104]

Em 16 de abril, chegou a Corrientes o ministro das Relações Exteriores paraguaio, José Berges. Também Solano López planejava ir para a capital correntina, mas acabou não o fazendo por seu filho menor, Leopoldo, ter ficado doente. Ademais, sua companheira Elisa Lynch, articulada com chefes militares, e o bispo de Assunção, Manuel Antonio Palacios, disseram-lhe que, se deixasse o Paraguai, poderia ser vítima de uma conspiração de seus irmãos para tirá-lo do poder.[105]

A missão de Berges era a de induzir os correntinos a aderirem à causa paraguaia. Solano López não queria Corrientes como território conquistado mas, sim, como aliado contra Buenos Aires, tendo em vista paraguaios e correntinos compartilharem a mesma língua — o guarani — e costumes. Assim, não foi nomeado governador para a província ocupada e Robles convocou uma reunião dos mais importantes cidadãos da cidade para eleger um governo provisório. Desse modo, foi eleita uma Junta Gubernativa de la Provincia de Corrientes, composta por Teodoro Gauna, de idade avançada e ideias retrógradas; por Sinforoso Cáceres, que era "uma absoluta nulidade" e amigo de Solano López, e, por Víctor Silvero, jornalista, "o mais competente por sua cultura", que atacava a política do Brasil no Prata e seus simpatizantes. A Junta, tutelada por José Berges, decretou Mitre traidor da pátria e declarou-se aliada do Paraguai, mas não obteve o apoio dos correntinos, mesmo porque os soldados paraguaios começaram a praticar sérios abusos, sucedendo-se os saques.[106] Nos meses em que durou a ocupação dessa província, "foram registrados, em todos os Departamentos correntinos ocupados pelos paraguaios, denúncias de roubos com diferentes graus de violência".[107]

Como resultado desses saques, diferentes tipos de mercadorias e "imensas" quantidades de bebidas alcoólicas — vinhos, licores e cervejas — foram transportados para Humaitá; muitos artigos roubados foram entregues, como presente, a Solano López, sendo Elisa Lynch obsequiada com um piano retirado da casa de um habitante de Corrientes. Com a nova postura dos soldados paraguaios, os correntinos passaram a ser pessimamente tratados e "muitos assassinados sem qualquer motivo".[108] Dessa vez, os saques eram de conhecimento de Solano López, a ponto de ele ordenar que tudo que fora tomado em Bella Vista deveria ser repartido entre os soldados.[109]

A *Junta Gubernativa* foi a única aliança que Solano López obteve na Argentina. Ainda assim, o governo colaboracionista existia "somente devido às nossas [paraguaias] baionetas", situação que, escreveu Solano López, não poderia persistir. A Junta tinha que obter recursos e elementos que a sustentassem, permitindo às forças paraguaias executarem o plano de campanha.[110] A maioria da população de Corrientes permaneceu indiferente à invasão ou aderiu ao governo central, ficando os dissidentes em minoria. Nenhum caudilho da região se sublevou contra o poder central em 1865, frustrando o plano do governante paraguaio de ser visto, pela opinião pública do interior argentino, como um libertador e não um invasor. Essa mesma opinião pública, porém, mostrou-se, durante a guerra, fortemente antibrasileira.

A falta de adesão de correntinos e entrerrianos a Solano López foi o primeiro e importante fator para inviabilizar seu plano de campanha no Prata. O líder paraguaio esperava que suas tropas em Corrientes fossem reforçadas pelas milícias de Entre Ríos e de Corrientes, com o general Urquiza colocando-se do lado paraguaio. Consolidada a situação militar, as tropas de Robles marchariam para o sul, pela margem direita do rio Paraná, até encontrar as forças paraguaias que desciam pelas margens do rio Uruguai, sob o comando do coronel Estigarribia. Reunidas as forças de Robles e Estigarribia, elas atacariam o Exército brasileiro que ocupava o Uruguai.[111] As forças paraguaias somente poderiam avançar com segurança se os rios estivessem sob seu controle, e o plano de Solano López era obtê-lo aprisionando ou destruindo a esquadra brasileira no rio Paraná. Em seguida Urquiza comandaria a força invasora do Rio Grande do Sul, não dando tempo ao Império de mobilizar-se para defender essa província. Urquiza forneceria os cavalos a serem utilizados na invasão, enquanto os gastos seriam por conta do governo paraguaio. Solano López responsabilizou, em parte, José Berges pelo fracasso em obter a adesão dos correntinos à causa paraguaia, por lhe enviar informações insuficientes. Em 9 de novembro, Berges recebeu ordens de voltar a Humaitá para, escreveu Solano López, trabalhar pela pátria, compensando a atuação, que deixou "penosas impressões" em Corrientes.[112] Em todos os fracassos da guerra, Solano López jamais assumiu qualquer responsabilidade, transferindo-a para seus auxiliares.

Após receber todas as forças que compunham a Divisão do Sul, Robles deixou em Corrientes uns 1500 soldados e marchou, com cerca de 20 mil homens, rio abaixo, pelas margens do Paraná, indo acampar em Riachuelo. O comandante paraguaio recebia, diariamente, correspondência e suprimentos pelo rio, pois até então a 3ª Divisão da Esquadra brasileira estava em Goya, sob as ordens de José Secundino de Gomensoro.[113] Essa divisão naval, com oito canhoneiras, poderia ter tentado enfrentar os cinco navios paraguaios que atacaram Corrientes, talvez quase neutralizando, já no início da guerra, a Marinha adversária. O ataque brasileiro não se deu devido à falta de um comandante ativo, com formação militar adequada.[114] Nesse caso, como em outros durante a guerra, a Marinha imperial, apesar de sua superioridade numérica e de armamentos, foi lenta e evitou ousar.

Com a notícia da invasão de Corrientes, Mitre declarou estado de sítio, bem como o bloqueio dos portos do Paraguai e a mobilização da Guarda Nacional. A mobilização foi lenta, quer pelas dificuldades de comunicação, quer pela resistência de seus membros a ir para a guerra. O governo argentino ordenou que Entre Ríos e Corrientes mobilizassem, cada uma, 5 mil cavalarianos, e nomeou, para comandá-las, respectivamente, os generais Urquiza e Nicanor Cáceres. Apesar das conhecidas ligações de Urquiza com os *blancos* uruguaios e com Solano López, Mitre depositava confiança no caudilho entrerriano, devido à aproximação entre ambos nos meses anteriores à invasão paraguaia. As proclamações de Urquiza contra a invasão causaram entusiasmo, a ponto de conseguir que se apresentassem 8 mil cavalarianos entrerrianos, sobrepujando o número fixado pelo governo central.[115]

Explica a atitude de Urquiza o temor, exposto a Mitre, dos prejuízos às atividades econômicas de sua província e das vizinhas, caso fossem palco de uma guerra. A atuação do Brasil no conflito, com sua poderosa esquadra no Prata, traria grandes perdas a essas províncias, localizadas às margens do rio Paraná, dificultando, se não impedindo, que mantivessem comércio pelo oceano Atlântico. O caudilho entrerriano, que inicialmente propusera uma ação conjunta com o Paraguai e o Uruguai, contra Buenos Aires, imaginara, então, que a luta se daria apenas contra um inimigo, quer contra o governo argentino, quer contra

Flores.[116] A ação militar do Império, em harmonia crescente com Buenos Aires, inviabilizou o plano inicial de Urquiza, bem como o de Solano López e o de Aguirre, porém apenas o primeiro se deu conta disso. Daí a insistência desse caudilho com Mitre no sentido de manter a Argentina neutra no conflito entre o Brasil e o Paraguai, o que favoreceria a causa paraguaia. Explica-se, também, o envio de Julio Victorica, secretário particular desse líder entrerriano, em missão confidencial a Assunção, para mostrar a Solano López que convinha respeitar a neutralidade argentina. Como alternativa para a ação contra o Brasil, Victorica transmitiu a Solano López a sugestão de Urquiza de que o Paraguai atacasse o Rio Grande do Sul, passando com suas tropas pelo território brasileiro do Paraná e não por Misiones, de modo a manter a neutralidade argentina. Essa operação era tida pelo governo paraguaio como impossível, pois seu Exército teria que marchar trezentas léguas adicionais por florestas virgens, antes de chegar, com tropas esgotadas, meses depois, à província gaúcha, dando tempo ao Império de preparar a defesa.[117]

A deserção da causa paraguaia não se explica, portanto, pelos 30 mil cavalos que o governo imperial lhe comprou, pela respeitável quantia de 390 mil patacões, muito acima de seu valor. A compra foi feita pelo comandante das forças terrestres brasileiras no Uruguai, general Osorio, antigo aliado do caudilho entrerriano na derrota de Rosas,[118] e teve a consequência de anular a milícia entrerriana, que ficou temporariamente desmontada, caso tentasse colocar-se ao lado de Solano López. Esse negócio dá a dimensão do senso de oportunismo de Urquiza, ao vender caro um ato necessário à preservação da economia de Entre Ríos, base de sua riqueza pessoal.

A reação argentina

A invasão de Corrientes levou à assinatura, em 1º de maio de 1865, do Tratado da Tríplice Aliança, entre a Argentina, o Brasil e o Uruguai. No mesmo dia, foi elaborado o plano de operações militares aliado, em conselho de guerra composto pelos generais Bartolomé Mitre, Justo José Urquiza, Venancio Flores, Manuel Luís Osorio e o contra-almirante Tamandaré. A ata lavrada na ocasião estabeleceu que o objetivo dos aliados era o de levar a guerra a território paraguaio, convergindo as operações militares na fortaleza de Humaitá, que controlava a via fluvial e a terrestre mais curtas para se alcançar Assunção, ponto estratégico da ação aliada. O rio Paraná foi classificado como caminho mais fácil, pois permitiria a cooperação entre as forças terrestres aliadas e a esquadra imperial, a qual seria utilizada até o Passo da Pátria, ponto onde se daria a invasão do território paraguaio. Este local, na confluência dos rios Paraná e Paraguai, estava a pouco mais de quarenta quilômetros de Humaitá e, afirmava a ata, as dificuldades que o terreno viesse a oferecer à ação ofensiva aliada seriam compensadas pelo fato de ser a alternativa de ataque a mais rápida e por permitir golpear o inimigo em seu ponto mais forte. A concentração aliada se daria em Corrientes, e a cavalaria, após atravessar o rio Uruguai, obteria mais cavalos em Entre Ríos. Falava-se também em ações, para desviar a atenção do inimigo, em Mato Grosso e Concórdia, mediante um "exército regularmente preparado".[119] Possivelmente pensou-se que essas ações seriam feitas pela poderosa força planejada que, marchando de São Paulo, alcançaria a província mato-grossense. Tal força, porém, não conseguiu cumprir essa missão e, no caso de Concórdia, a ação diversionista se daria com tropas vindas do Rio Grande do Sul.

O plano de invasão do país guarani pelo sul, por Corrientes, aproveitando-se do domínio dos rios pela esquadra imperial, permitiria, em tese, o reaprovisionamento e deslocamento rápido de tropas. A Solano López restaria a vantagem defensiva, ao se considerar sobretudo a topografia do território paraguaio, desconhecida pelos aliados, com características pantanosas nessa região.

O governo argentino esperava uma guerra rápida contra o Paraguai. Conhecida a invasão de Corrientes, Mitre prometeu, perante uma multidão: "Em 24 horas ao quartel, em quinze dias em Corrientes, em três meses em Assunção". Promessa difícil de cumprir, pois o Exército argentino carecia de todo tipo de recursos: homens, armamento e organização. Espalhados pelo país, haveria demora em reunir os escassos 6391 soldados profissionais de que a Argentina dispunha, muitos deles estrangeiros, inclusive mercenários. Ademais, era lícito desconfiar da motivação que esses soldados poderiam ter, pois, como ressalta De Marco, grande parte do efetivo argentino, tal como ocorria no Exército imperial (no qual, porém, inexistiam mercenários), fora alistada ou contra a vontade, por marginais condenados pela Justiça, ou ainda por aqueles que queriam ser esquecidos, devido a atos praticados no passado. Em meados de 1864, Nicasio Oroño, deputado nacional por Santa Fé, afirmava na tribuna:

> É sabido, senhor, como se conseguem soldados entre nós. Arrebatam-se de suas casas a pobres civis, cujo crime é ter nascido na humilde condição de *gaucho* [peão], para levá-los a servir [no Exército] sem soldo, nus, e muitas vezes sem a alimentação necessária, e quando conseguem escapar da prisão — porque para eles o acampamento é a prisão — e são presos recebem em açoites as horas que tiveram de liberdade.[120]

O Exército argentino possuía 2993 soldados na infantaria e 2858 na cavalaria. A artilharia contava com apenas 540 homens e seus canhões eram obsoletos, tendo a maioria sido fabricada em fins do século XVIII. Inexistiam corpos de engenharia e de apoio às forças em combate e entre os chefes e oficiais havia rivalidades, antigas e recentes, originadas do processo político do qual o Exército fazia parte.[121]

Também o chanceler Elizalde se deixou levar pelo otimismo irrealista. Acreditava que, graças à aliança argentino-brasileira, a guerra duraria entre três ou quatro meses. Não previa a falta de recursos humanos e supunha que o Exército argentino teria, em junho de 1865, um efetivo de 25 mil homens.[122] Contudo, o governo de Mitre enfrentou, durante toda a guerra, enorme dificuldade em obter que cada província enviasse sua cota de voluntários para compor o Exército no teatro de luta. Havia resistência generalizada, por parte da população, a seguir para a guerra, a ponto de os "voluntários" de Córdoba serem enviados, em julho de 1865, atados uns aos outros para não fugirem. Em La Rioja, os homens que poderiam ser alistados se esconderam nas serras, enquanto os "voluntários" de Salta se sublevaram ao chegar a Rosário.[123] Os contingentes convocados para irem à guerra se sublevavam durante a marcha, dando vivas ao Paraguai e gritando que não queriam lutar em união com os *portenhos*.[124]

Tanto em Buenos Aires quanto no interior, os membros da Guarda Nacional foram submetidos a sorteio para definir aqueles que iriam para a guerra contra o Paraguai. Contudo, os mais abonados podiam contratar um *personero*, alguém para ir em seu lugar; a figura desse substituto foi legalizada em decreto do governo argentino de 2 de maio de 1865. Por esse documento, o guarda nacional que desejasse enviar um *personero*, para substituí-lo até o final da guerra, deveria apresentar-se a uma comissão de oficiais e pagar uma quantia total de 5 mil pesos. A maioria dos dispensados era de comerciantes e alguns deles, mais tarde, acompanharam as tropas aliadas como fornecedores e lucravam com as penúrias dos combatentes, de cujas filas se recusaram a participar.[125]

A falta de forças militares e de meios logísticos inviabilizava, em meados de 1865, efetivar o ataque ao território paraguaio, previsto pelo plano de campanha aliado. Em 24 de maio, Mitre escreveu a Urquiza e expôs seus preparativos de curto prazo, visando ao primeiro combate com os invasores. Não se falava em reunir a tropa aliada em Corrientes, nem em conter os paraguaios próximo à fronteira. Mais realista, Mitre planejou reunir as forças aliadas na cidade de Concórdia, às margens do rio Uruguai, de onde se poderia vigiar o Estado oriental, cujo quadro político interno inspirava receios, e ainda marchar contra Robles. Segundo esse plano, Urquiza, à frente das tropas do general Paunero e das milícias correntinas, atuaria entre as duas colunas invasoras paraguaias, a que entrara em Corrientes, e a outra, que invadira Misiones em 10 de maio.[126] Concórdia tinha uma posição central, portanto estratégica, em relação a Entre Ríos, Corrientes, Rio Grande do Sul e Uruguai, se localizava às margens do rio deste nome e se beneficiava, pois, do apoio da esquadra imperial, o que tornava menos problemático seu afastamento dos grandes centros de apoio logístico situados no Sudeste do Brasil.[127]

Mitre buscava ganhar tempo para organizar um exército de campanha. A força de Paunero, apesar da pomposa designação de 1ª Divisão do Exército, era composta de apenas mil homens. Essa tropa partiu de Buenos Aires em 24 de abril, a bordo de três vapores, que subiram o rio Paraná até Bella Vista, onde aportaram em 4 de maio e encontraram a 3ª Divisão da Esquadra brasileira. Em Bella Vista, a 1ª Divisão argentina adestrou-se e, em 12 maio, recebeu comunicação do general Cáceres, que reunira milícia de 5 mil homens a cavalo, de que os paraguaios recuavam, abandonando o acampamento às margens de Riachuelo. Paunero resolveu perseguir o inimigo, convencido de que este recuava para a cidade de Corrientes ou, mesmo, de volta para seu país. Não havia, porém, qualquer motivo militar para se crer no recuo, pois os paraguaios eram superiores em número e estavam em situação vantajosa. A força argentina embarcou no mesmo dia 12, na esquadra brasileira, rumo a Corrientes, mas logo Paunero se deu conta de seu erro de avaliação, ao ser comunicado por Cáceres, à altura de Empedrado, de que as tropas de Robles marchavam para esse ponto. O comandante argentino resolveu, então, retornar a Bella Vista, mas como esta também estava sob ameaça, devido ao rápido avanço paraguaio, decidiu que a esquadra desembarcasse seus soldados em Goya, o que ocorreu em 16 de maio. Os paraguaios chegaram a Bella Vista em 22 de maio e já no dia 26 estavam próximos de Goya.[128]

Essas idas e vindas demonstram que Paunero desconhecia o terreno onde iria atuar, bem como ignorava os métodos de ação e os objetivos do inimigo. Ele nem sequer podia contar com as milícias correntinas que, conforme escreveu Cáceres a Urquiza, foram "completamente" desmoralizadas pelos "traidores que infelizmente abrigam este solo", levando a uma grande deserção.[129]

Sem recursos para um enfrentamento direto que contivesse o avanço paraguaio, Paunero resolveu detê-lo com uma operação na retaguarda inimiga, atacando a cidade de Corrientes. O plano era transportar as forças argentinas em navios, sob a proteção da esquadra brasileira, desembarcando-as na capital correntina, que sofreria, simultaneamente, um ataque terrestre de 1500 cavalarianos do general Cáceres.[130] O objetivo de Paunero ao ocupar essa cidade era o de isolar a coluna de Robles no norte de Bella Vista, cortando-lhe a linha de abastecimento, levando-o à rendição.[131]

E assim foi feito. Simbolizando a aliança, os transportes argentinos tinham a bandeira brasileira hasteada nos seus mastros, enquanto as belonaves imperiais levavam hasteado o pavilhão argentino; era uma cena histórica, impensável poucos meses antes. A esquadra brasileira fora reforçada com a chegada dos navios da 2ª Divisão Naval, comandada pelo chefe de divisão Francisco Manuel Barroso da Silva, português de nascimento, nos quais vinham 1430 soldados brasileiros, de infantaria e artilharia. No dia 25, às 15h30, 3 mil soldados argentinos desembarcaram em Corrientes, seguidos por 2 mil brasileiros; a cavalaria de Cáceres não apareceu, descumprindo o plano de ataque. O combate foi rápido, travado em violento corpo a corpo, obrigando os paraguaios à retirada, fustigados pelo fogo da artilharia dos navios e de uma bateria brasileira em terra, a qual também atingiu soldados aliados. Sem dispor de cavalaria, as forças argentinas não puderam perseguir os paraguaios que se retiravam. Diferentes autores apontam números divergentes para as perdas: entre quatrocentos e seiscentos paraguaios e de 166 a 360 aliados, dos quais cinquenta brasileiros e os demais argentinos.[132] Durante a noite do dia 26 e a madrugada seguinte, os soldados aliados que patrulhavam as ruas de Corrientes saquearam casas comerciais e residências de alguns particulares.[133]

O general Paunero acampou na praça central de Corrientes, sem condições de manter a posição tomada. A ausência da cavalaria de Cáceres inviabilizou não só aquela perseguição, como também a contenção dos prováveis reforços que seriam enviados por Solano López de Humaitá ou, ainda, da tropa do general

Robles, caso eventualmente retornasse. Solano López, por sua vez, percebeu o desaparecimento das milícias correntinas de Cáceres da frente do Exército de Robles e interpretou, corretamente, que seriam usadas na ocupação de Corrientes. Como consequência, ordenou, em 26 de maio, que as forças de Robles recuassem em marcha forçada, pelas margens do rio Santa Lúcia, até chegar à capital correntina.[134] Esse recuo constituía uma vitória para Paunero, independentemente de manter ou não a posse da capital correntina, pois, afinal, punha termo ao avanço paraguaio em direção ao sul, dando tempo a Mitre de mobilizar recursos para enfrentar os invasores.

Para interceptar um eventual reforço paraguaio vindo de Humaitá, Paunero pediu, na noite do dia 25, que o vice-almirante Barroso enviasse pelo menos duas canhoneiras ao Passo da Pátria. A resposta foi negativa, e o argumento do vice-almirante foi o de não possuir práticos que conhecessem o rio nessa região, o que faria as naves brasileiras correrem o risco de encalhar.[135] Essa recusa e a ausência das milícias de Corrientes tornaram insustentável a posição de Paunero que, na manhã do dia 26, ordenou a seus homens que embarcassem. Estes se retiraram em verdadeira fuga, a ponto de deixarem insepultos companheiros mortos no combate do dia anterior e, ainda, levando alguns dos retirantes a se afogarem na tentativa de alcançar os barcos.[136] A força argentina desembarcou à altura de Esquina, em 2 de junho, enquanto a esquadra brasileira permaneceu imóvel na desembocadura do arroio Riachuelo, a cerca de dezessete quilômetros do porto de Corrientes, em lugar de fundear próximo à tropa de Paunero. Os navios imperiais ficaram em posição vulnerável, pois não contavam com porto que lhes servisse de abrigo e acabaram bloqueados no Riachuelo pelos canhões que os paraguaios instalaram na margem esquerda do rio Paraná. Como consequência, a esquadra brasileira não criou obstáculos às comunicações entre o Exército invasor paraguaio e sua retaguarda em Humaitá, feita por navios.[137]

Nos primeiros dias de junho, a cavalaria de Urquiza chegara ao arroio Basualdo, na divisa de Entre Ríos com Corrientes. Urquiza iniciara a marcha para o norte em 14 de maio e deveria assumir o comando de todas as tropas argentinas em Corrientes. A presença das forças de Robles às margens do rio Santa Lúcia levou o caudilho entrerriano a temer não só pela sorte das tropas de Paunero, como também por uma invasão paraguaia de Entre Ríos. Para anular esses riscos, Urquiza solicitou a Mitre reforço de 5 mil a 6 mil soldados;

ordenou a Paunero marchar para Basualdo e, ainda, que toda a infantaria da Guarda Nacional de sua província se concentrasse em Concepción del Uruguay; diante do inimigo ficaria somente a cavalaria correntina, para observar e relatar seus movimentos.[138]

Em 14 de junho, dias depois da derrota paraguaia na batalha naval de Riachuelo, as forças de Paunero partiram do acampamento em Esquina e marcharam pela margem esquerda do rio Corrientes, na expectativa de que o general Urquiza a elas se incorporasse. Isso não ocorreu, pois Urquiza interpretava o recuo de Robles até San Roque como uma manobra diversionista, para levar as tropas argentinas a atravessar o rio Corrientes, emboscando-as. Em seguida, acreditava o caudilho entrerriano, Robles marcharia para unir-se, no rio Uruguai, à coluna do coronel Estigarribia, que invadira o Nordeste argentino, tomando San Tomé e, em 10 de junho, entrara no Rio Grande do Sul. Em meados de junho, porém, as tropas paraguaias estavam em plena retirada, com Robles detendo-se no dia 17 ao norte do arroio Empedrado. A vitória naval brasileira no Riachuelo inviabilizou a continuidade da invasão paraguaia, ao dar aos aliados o controle da navegação do rio Paraná, caminho estratégico para o envio de tropas e suprimentos na ação contra os invasores de Corrientes. O general Paunero marchava na direção seguida por Robles, enquanto forças avançadas correntinas também seguiam o inimigo. O general Urquiza, porém, permaneceu no acampamento de Basualdo, de onde pretendia comandar as operações das forças argentinas, apesar de estar a duzentos quilômetros do teatro de guerra.[139]

Apesar de ordens contrárias, Paunero atravessou o rio Corrientes em 25 de junho, com a intenção de marchar sobre San Roque para, eventualmente, apoiar a ação da cavalaria correntina que tivera alguns enfrentamentos com os invasores. No dia 24 de junho, Mitre ordenou que também a força entrerriana atravessasse o rio Corrientes, mas Urquiza não o fez, argumentando que não se arriscaria a perder sua cavalaria, o que poderia ocorrer devido ao mau tempo e às péssimas pastagens na outra margem. Em 3 de julho, Urquiza partiu de Basualdo rumo ao acampamento aliado de Concórdia, onde estava Mitre, para ambos analisarem a futura ação aliada contra Solano López. Na manhã seguinte, quando estava a caminho, recebeu a notícia de que, durante a noite, havia ocorrido deserção em massa de algumas divisões entrerrianas, alcançando cerca de 25% de toda a tropa.[140]

Urquiza retornou a Basualdo e, mesmo fuzilando desertores, não conseguiu deter a debandada de cerca de 8 mil cavalarianos, o que o obrigou a licenciar as tropas remanescentes. Com dificuldade foram reunidos outros 6 mil homens, porém, em dezembro do mesmo ano, a Divisão Gualeguaychú iniciou deserção em massa, seguida pelas demais divisões. Apesar dos fuzilamentos de desertores presos, numerosos membros daquela tropa continuaram a procurar refúgio em território uruguaio ou a se unir aos paraguaios. Desse modo, desfez-se o Exército de Vanguarda, comandado por Urquiza; em 8 de novembro de 1865, novo contingente organizado por esse caudilho para ir à guerra se sublevou em Toledo, desertando.[141]

A motivação dessa debandada está explicada na resposta do caudilho entrerriano López Jordán à convocação de Urquiza para enfrentar a invasão paraguaia:

> O senhor nos chama para lutar contra o Paraguai. Nunca, general; ele é nosso amigo. Chame-nos para lutar contra os portenhos e os brasileiros. Estamos prontos. Esses são nossos inimigos.[142]

Outro, porém, foi o boato que correu entre a tropa brasileira para explicar o ocorrido. Dizia-se que Urquiza era, naquele momento, mais "amigo" de Solano López do que do Brasil e, por isso, o caudilho entrerriano ordenou que as milícias sob suas ordens se sublevassem. Esse boato se espalhou justamente quando Urquiza visitou um acampamento brasileiro próximo de Concórdia. No dia seguinte, véspera de essa tropa retomar sua marcha em direção a Corrientes, a cavalhada disparou, espalhando-se pelo campo, fato que "os soldados atribuíram à influência maléfica do general" entrerriano.[143]

As autoridades militares paraguaias tomaram atitude cautelosa em relação aos desertores correntinos. Estes tiveram permissão, conforme instruções de Solano López, de retornarem a suas vilas de origem. Planejava-se, porém, reuni-los mais tarde, quando estivessem descansados e mais dispostos, para combater ao lado dos paraguaios.[144]

A deserção foi um problema sério, nesse momento, também no restante do Exército argentino. Em sua marcha em direção ao rio Uruguai, o general Wenceslao Paunero implementou o sistema de fuzilar, por sorteio, um em cada cinco soldados que tentassem desertar: era a *quintada*. Em 12 de agosto de 1865, Paunero baixou uma ordem pela qual

> Todo membro da tropa que, sem autorização por escrito do Estado-Maior, se afaste do acampamento ou da coluna em marcha deste Corpo de Exército em distância maior que mil passos de dia e duzentos de noite, será breve e sumariamente julgado por um conselho de guerra verbal e, uma vez comprovado o fato, será, invariavelmente, passado pelas armas [fuzilado].[145]

Também Mitre, no acampamento em Concórdia, viu-se com o problema das deserções. Elas adquiriram proporções preocupantes, motivo pelo qual "se multiplicaram os fuzilamentos e outros castigos, cujas execuções eram rodeadas de grande aparato", como forma de intimidar eventuais novos desertores. Mitre procurava minimizar os fuzilamentos por deserção, utilizando-se de datas comemorativas para indultar os condenados. Assim, alguns soldados de infantaria, capturados em território uruguaio em 18 de julho, tiveram o fuzilamento cancelado por ser esse o dia do juramento da Constituição do Uruguai.[146]

Após a sublevação em Toledo, Urquiza retornou a seu palácio em Entre Ríos e, durante o resto da guerra, assistiu ao aumento de sua já imensa riqueza, ao vender provisões aos Exércitos aliados. Desde os meses anteriores Urquiza vinha tendo ganhos com a venda de víveres e animais ao Exército brasileiro. O general Osorio vinha comprando cavalos e outros itens de Mariano Cabral e Apolinario Benítes, capitalistas de Entre Ríos, indicados por Francisco Javier Brabo. Brabo, porém, era o intermediário e portador de cartas entre o general brasileiro e o caudilho entrerriano. É certo que "o nome de Urquiza não figurou em contratos [daquelas vendas], mas teve ele quem o representasse na colheita dos lucros".[147] Em 1869, comentava-se que a fortuna de Urquiza era de 1 milhão a 1,2 milhão de libras esterlinas, embora não fosse bom pagador, a ponto de seus peões ficarem seis meses sem receber; "a maior parte dessa riqueza foi feita graças ao fornecimento de gado e cavalos aos aliados, um lucro do qual os súditos entrerrianos tiveram permissão de participar".[148]

A derrota em Riachuelo inviabiliza a estratégia paraguaia

Solano López, em um de seus muitos erros, conduziu a guerra desde Assunção, longe do teatro de operações, de onde se aproximou somente em 9 de junho, instalando-se, ainda assim, em Humaitá. Ordenou, então, o ataque à esquadra imperial, de modo a liberar o rio Paraná e viabilizar a marcha para o sul

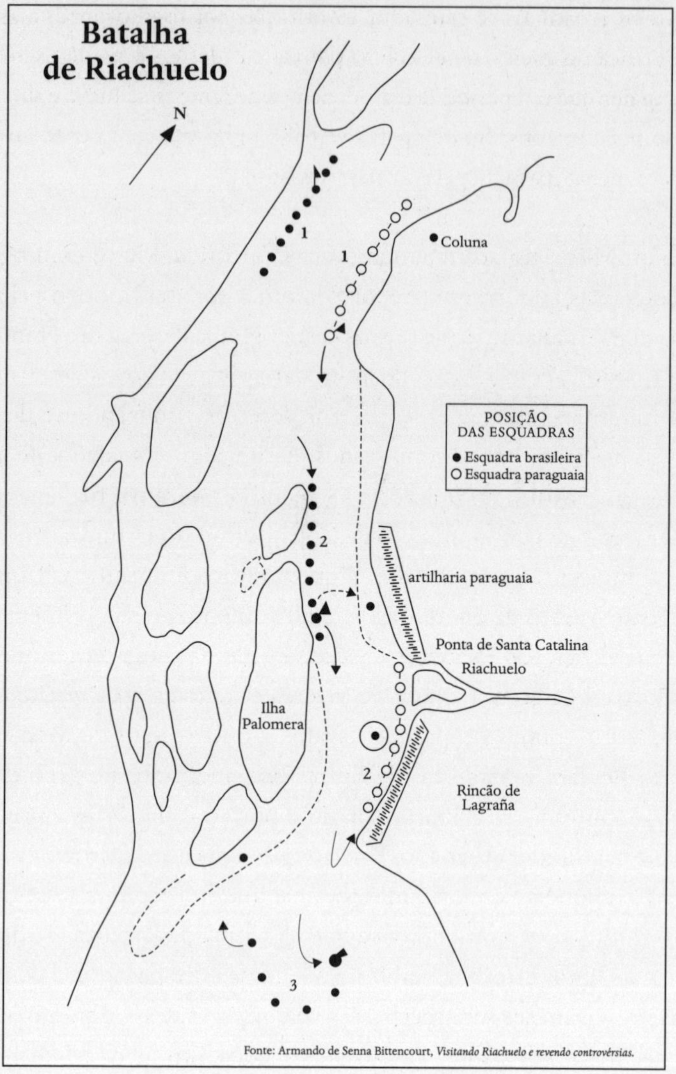

Fonte: Armando de Senna Bittencourt, *Visitando Riachuelo e revendo controvérsias*.

do seu exército em Corrientes. A essa altura, a força naval brasileira, comandada por Barroso, era constituída pela fragata *Amazonas* e pelos vapores *Jequitinhonha, Beberibei, Belmonte, Parnaíba, Mearim, Araguaí, Iguatemi* e *Ipiranga*.

A esquadra paraguaia enviada nessa missão de ataque, sob o comando de Pedro Inácio Meza, dispunha também de nove navios, mas todos, à exceção do *Tacuarí*, eram mercantes improvisados em embarcações de guerra — um deles o *Marquês de Olinda* —, com as caldeiras de vapor acima do nível da água, portanto expostas a balas inimigas. A esquadra levava quinhentos homens, que seriam utilizados na abordagem dos navios brasileiros, e dispunha ainda do apoio da infantaria e da artilharia, escondidos nas barrancas do arroio Riachuelo.[149]

Os navios paraguaios rebocavam seis chatas, até então desconhecidas dos aliados, pois foram construídas secretamente dois ou três anos antes da eclosão da guerra. Elas eram embarcações de pequeno tamanho, que variavam entre quinze e quarenta metros e não possuíam remos, velas ou qualquer outro mecanismo propulsor, e eram rebocadas até o local em que atuariam, onde permaneciam ancoradas. As chatas possuíam fundo chato e um perfil baixo, praticamente ao nível da água, ficando visível apenas a boca de seu único canhão. Afundar essa embarcação somente era possível com um tiro certeiro de canhão na diminuta superfície visível, mas a pouca eficiência dos canhões da época obrigava os navios brasileiros a se aproximarem das chatas o máximo possível. Era uma aproximação perigosa, pois elas ficavam ancoradas nas margens dos rios, onde era pequena a profundidade da água, e sob a proteção de canhões em terra. Desse modo, os navios brasileiros corriam o risco de encalhar, de serem atingidos pela artilharia de terra inimiga e ainda podiam ser atingidos no casco à altura da água, no seu nível de flutuação, pelo canhão da própria chata.[150]

Na noite de 10 para 11 de junho, a esquadra paraguaia desceu o rio procurando surpreender os navios brasileiros, dos quais deveria se aproximar sob o manto protetor da noite, atacando-os ao amanhecer. A inferioridade paraguaia era evidente, mas o objetivo não era destruir em combate a esquadra imperial, e, sim, capturá-la. As instruções de Solano López eram de que seus navios che-

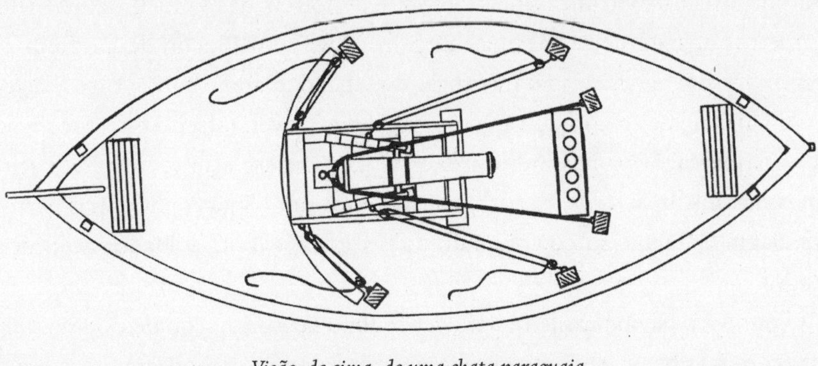

Visão, de cima, de uma chata paraguaia.

gassem ao clarear do dia onde estavam fundeadas as belonaves imperiais e se colocassem, cada um, ao lado de uma embarcação brasileira. Esta deveria sofrer rápido ataque a tiros, para anular a tripulação que estivesse na coberta e, em seguida, ser abordada, travando-se luta de corpo a corpo na qual os paraguaios deveriam ser vencedores, pois os brasileiros teriam sido colhidos de surpresa, sem tempo de se armarem e de ocuparem as melhores posições defensivas. Os preparativos do ataque foram improvisados, e os paraguaios esqueceram de embarcar material indispensável à abordagem, como ganchos e escadas.[151]

Uma avaria na hélice de um dos navios, o vapor *Iberá*, atrasou a esquadra paraguaia, pois o comandante Meza mandou repará-la, gastando tempo, o que anulou o fator surpresa, elemento fundamental no plano de ataque. Aliás, a própria partida de Humaitá fora retardada devido à demora do próprio Solano López em liberar a esquadra.[152] Diante do atraso acumulado, a prudência determinava que Meza adiasse o ataque para o dia seguinte, pois não contava mais com a escuridão para aproximar-se do inimigo. Os navios paraguaios prosseguiram, porém, rio abaixo e se aproximaram da esquadra brasileira às 9 horas da manhã.[153] Dado o alarme na manhã de 11 de junho, um domingo, a força brasileira aprontou-se na medida do possível para o combate. Parte das guarnições brasileiras estava em terra para trazer lenha para as caldeiras, de modo a poupar carvão, utilizado para alimentar as caldeiras que geravam o vapor para movimentar os navios. A esquadra imperial acendeu as fornalhas às 9h25 e somente às 10h50 pôde mover-se, quando se iniciou o combate.

A batalha do Riachuelo se deu principalmente ao longo da curva do rio Paraná, em frente à foz do riacho do Riachuelo, em uma área de uns seis quilômetros quadrados de extensão e dois de largura. Nesse local, na margem esquerda do Paraná, existem barrancas mais elevadas, denominadas Santa Catalina, e dois quilômetros abaixo, nessa mesma margem, eleva-se o Rincón de Lagraña. Na margem oposta encontra-se o território do Chaco, plano e pantanoso. Existem diversas ilhas nesse trecho do rio, cujo canal navegável, estreito e tortuoso, forçava as embarcações a passarem próximas da margem esquerda.[154] Para atirar sobre os navios brasileiros, os paraguaios colocaram trinta canhões nas barrancas de Santa Catalina, sob o comando de Bruguez, e 3 mil soldados no Rincón de Lagraña.[155]

O primeiro navio brasileiro a mover-se foi o *Belmonte*, seguido do *Jequitinhonha* e das outras belonaves, que navegaram em coluna e manobraram em um espaço mínimo sob descargas inimigas. No primeiro momento, a força paraguaia passou pelos navios brasileiros, ainda imobilizados, e desceu para a margem esquerda, além dos canhões de terra, junto ao Riachuelo.

Pouco depois, os navios brasileiros tiveram a visão completa da curva do Rincón de Lagraña, onde estavam parados os navios e as chatas paraguaias. A vegetação impedia que se percebesse a existência de canhões paraguaios na margem, e Barroso resolveu deter o *Amazonas* para interceptar uma eventual volta, rio acima, dos navios inimigos, o que desorientou os comandantes de alguns barcos brasileiros que, por não entenderem a manobra, ficaram indecisos. O *Jequitinhonha* sofreu várias avarias, encalhou num banco de areia e foi duramente atingido pelas baterias de Santa Catalina, e o *Belmonte*, que seguiu à frente sozinho, teve que encalhar propositalmente, para não afundar devido aos danos sofridos pelos tiros de canhões da barranca. A canhoneira *Parnaíba* tentou rebocar o *Jequitinhonha*, mas teve o leme partido, o que permitiu que três navios paraguaios a cercassem. Travou-se, então, uma luta violenta no convés da *Parnaíba* e sua coberta chegou a ser controlada pelos atacantes, a ponto de um deles tentar arriar a bandeira imperial, sendo morto por um soldado brasileiro, o qual, por sua vez, também perdeu a vida.[156] Barroso avançou, então, com o *Amazonas*, assumiu a liderança dos navios que estavam atrás do *Belmonte* e completou a passagem ao longo do Rincón, sob o fogo dos canhões inimigos. Desceu, às 12h10, o rio Paraná, com seis dos nove navios que compunham a Divisão brasileira, e buscou um ponto em que fosse possível fazer a manobra de retorno ao Rincón de Lagraña.

Nessa primeira fase da batalha, a vantagem era paraguaia: o *Belmonte* e o *Jequitinhonha* estavam fora de ação e o *Parnaíba* cercado e quase dominado pelo inimigo. Utilizando-se do grande porte do *Amazonas*, de sua maior facilidade de manobrar, por ser o único navio brasileiro movido a rodas, e contando com a perícia do prático argentino Bernardo Guastavino, Barroso usou a proa de seu navio, que nem sequer tinha reforço estrutural, para abalroar os cascos de madeira das embarcações paraguaias.

Posteriormente, houve polêmica quanto à autoria da ideia de utilizar o *Amazonas* como aríete. A imprensa argentina, dias após a batalha, reivindicou para Guastavino a iniciativa dessa operação, o que levou Barroso a solicitar um Conselho de Justificação, em que foram inquiridas várias testemunhas, o qual lhe resultou favorável. Mais tarde, em 1877, o chefe de esquadra Delfim de Carvalho, o barão da Passagem (título de nobreza recebido por ter comandado a ultrapassagem de Humaitá em 1868), e que servia na fragata *Amazonas* quando ocorreu a batalha do Riachuelo, também questionou o fato de a ideia ter sido de Barroso. Este estava vivo, portava o título nobiliárquico de barão do Amazonas, e reagiu escrevendo um pequeno livro no qual reafirmava que "a iniciativa da manobra da *Amazonas* a mim exclusivamente pertence".[157] Na opinião de Bittencourt, é possível que outros tenham a mesma ideia, principalmente quando o *Amazonas* já rumava para abalroar o primeiro inimigo, mas crê caber o mérito a Barroso que, afinal de contas, se decidiu por retornar, enfrentar a flotilha inimiga e alcançar, assim, a vitória.

Do lado paraguaio, durante a batalha do Riachuelo, o comandante da flotilha paraguaia, capitão Meza, foi morto por um tiro de rifle. Foi o *Marquês de Olinda*, comandado pelo tenente Ezequiel Robles, irmão do general Robles, que guiou a esquadra paraguaia no enfrentamento com a divisão naval brasileira. Coube, inclusive, ao *Marquês de Olinda* iniciar a batalha, atirando primeiro e sendo atingido por vários tiros. Avariada sua embarcação, Robles, que estava bêbado, recorreu ao engenheiro de bordo, o inglês George Gibson, perguntando o que deveria fazer.[158] Nesse momento, o *Marquês de Olinda* foi abalroado pelo *Amazonas* e encalhou em um banco de areia. Gibson foi ferido com dois tiros e Robles, atingido por um mastro, teve o braço despedaçado. A embarcação paraguaia ficou semiafundada e seus tripulantes aguardaram socorro de seus compatriotas, que nunca chegou; no final da tarde do dia 12, uma lancha brasileira veio ao local e subiram a bordo quinze soldados armados.[159] O tenente Robles foi, então, levado para bordo do *Amazonas*, onde recebeu atendimento médico e teve seu braço amputado, prática comum à época para ferimento tão extenso. Robles, porém, arrancou os curativos, dizendo que preferia morrer a ficar prisioneiro e, de fato, faleceu em consequência da hemorragia.[160]

Da batalha do Riachuelo escaparam quatro navios paraguaios, seriamente danificados, sendo um deles o *Tacuarí*; perderam-se 2 mil homens. Posteriormente, os paraguaios recuperaram o *Paraguarí*, construído na Inglaterra, cujo casco era de ferro, mas seu interior estava totalmente destruído por incêndio. Não houve perseguição brasileira aos navios paraguaios que se retiravam, pois a esquadra imperial sofreu sérias avarias, perdendo o *Jequitinhonha* e 124 homens. A esquadra, ameaçada pelos canhões paraguaios instalados nas margens, navegou rio abaixo até fundear próximo de Bella Vista.[161] Para Centurión, o resultado da batalha de Riachuelo teria sido outro, adverso ao Império, se o capitão Meza tivesse seguido suas instruções e abordado imediatamente os navios brasileiros fundeados, privando-os da vantagem de seus excelentes canhões que lhes permitia combater à distância.[162] Para Bittencourt, a abordagem dos navios brasileiros pelos paraguaios era extremamente difícil, pois foram construídos para operar no mar, possuindo costado alto. Crê que Meza tenha levado em conta essa dificuldade, bem como o fato de ter perdido o fator surpresa, para desistir do plano de abordagem.

O resultado da batalha do Riachuelo não teve caráter decisivo, pois as fortalezas inimigas sobre o rio Paraguai impediram o domínio dessa via fluvial pela esquadra brasileira, situação que perdurou até 1868. A vitória brasileira permitiu, porém, bloquear o contato marítimo do Paraguai com outros países, que inviabilizou a obtenção de armamentos e mercadorias pelo Prata, e, ainda, pôs fim ao avanço da coluna invasora de Corrientes. A vitória causou otimismo exagerado no Brasil, a ponto de Silveira Lobo, ministro da Marinha, escrever que a guerra estava próxima de seu desenlace e que haveria, em breve, a destruição de Humaitá, a tomada de Assunção e o resgate de Mato Grosso: "tudo está calculado e previsto".[163]

O fator surpresa era essencial para o sucesso do ataque paraguaio. Por que, então, Meza não adiou a ação para o dia seguinte? Afinal, quando o sol apareceu, a flotilha paraguaia ainda estava na ilha de Cerrito, fora do alcance visual da esquadra brasileira. Centurión responde "ser possível" que Meza tivesse medo da reação de Solano López ao descumprimento de uma ordem sua. É provável. O chefe de Estado paraguaio infundia terror nos seus subordinados, não lhes dava autoridade e lhes anulava a iniciativa própria, que teria sido útil à causa paraguaia em diferentes momentos da guerra. Foi o que se viu em Riachuelo e, na mesma época, nos rápidos confrontos entre as forças argentinas e as de Robles, em que este, antes de agir, tinha que esperar ordens de Solano López, que tardavam dias.[164]

Os subordinados de Solano López tinham pavor de serem punidos por não alcançarem objetivos pelos quais eram responsáveis, independentemente das causas desse fracasso. Como consequência, minimizavam, quando não omitiam, em seus informes ao chefe de Estado paraguaio, os reveses sofridos em diferentes momentos da guerra. Robles, por exemplo, não comunicou a ocorrência de deserções em Corrientes para "não causar-lhe desgostos".[165] O "egoísmo" de Solano López não lhe permitia escutar a verdade quando ela não era favorável "a seu amor-próprio e orgulho".[166] Escreveu Julián N. Godoy, ajudante de ordens do líder paraguaio:

> [...] a adulação produzida pelo terror que López infundia chegava a tal ponto que os informes que recebia eram sempre falsos em relação ao número de forças inimigas, fazendo-o crer, depois de qualquer combate, por pior que nos tivesse sido o resultado, que a vitória definitiva para nossas armas estava próxima, motivo pelo qual não se preocupava em enviar-nos qualquer reforço.[167]

A comunicação do general Barrios, ministro da Guerra, a Solano López, seu cunhado, exemplifica esse comportamento. Ao comentar o resultado da batalha do Riachuelo, Barrios escreveu:

> [...] ainda que tenhamos perdido quatro vapores, o que é um acontecimento normal na guerra, isso nada significa quando enfrentamos o inimigo, com toda sua superioridade de combate, e quando nossos valentes [soldados], sem considerar sequer o número de inimigos, portaram-se como heróis.[168]

Esse comentário, em contrapartida, reflete a postura típica dos chefes militares paraguaios, a de valorizar antes as demonstrações de bravura e de heroísmo do que o resultado das batalhas. Nesse contexto, ponderação, moderação, senso de equilíbrio, o respeito ao inimigo e a economia de vidas não eram características valorizadas nos oficiais paraguaios, mas, sim, sua ousadia, suas bravatas, seu desprezo pelo inimigo, sua valentia em atacar forças bem mais superiores. Explica-se, assim, a facilidade com que esses chefes iniciavam ações ofensivas irresponsáveis, jogando suas tropas contra o inimigo mais poderoso.

Era prejudicial à campanha paraguaia que auxiliares e espiões do ditador paraguaio lhe dessem as informações que desejava escutar e não aquelas que refletiam a realidade. A esse fato somava-se o caráter voluntarista de Solano López e o seu desprezo quanto à capacidade militar dos inimigos, que os induziu aos muitos erros de avaliação durante a guerra. Na batalha do Riachuelo, esses fatores o levaram a desconsiderar a possibilidade de um resultado adverso. Comunicado da derrota por Julián N. Godoy, que participou do combate na infantaria paraguaia, Solano López respondeu que: "desejo que Meza retorne vivo para fuzilar, pelas costas, esse filho da puta".[169]

O governo paraguaio procurou esconder da população a extensão da derrota sofrida na batalha do Riachuelo, e nem sequer liberou lista com os nomes dos mortos e feridos. Informou Laurent-Cochelet, cônsul francês em Assunção, que os marinheiros paraguaios dos navios que chegavam à capital, para buscar mais tropas, foram proibidos de informar o nome dos mortos aos familiares destes. Porém, esses marinheiros encontraram alternativas, por meio de sinais, expressões faciais ou frases com sentido dúbio, para dar a notícia da morte às famílias das vítimas. Escreveu Laurent-Cochelet que, ao serem informados da morte,

> como a polícia proibiu que se lamentasse ou chorasse em público, os familiares vão para suas casas para dar, privadamente, livre curso a sua dor [...]
>
> Assisti, em diferentes ocasiões, ao embarque de tropas, como também o presidente, e vi despedidas emocionantes, mas sempre estava presente esse mesmo sentimento de opressão, e as mulheres escondiam o rosto com seus mantos para que os numerosos espiões, espalhados pela multidão, não as vissem manifestar um sentimento reprovado pelo governo, cujo órgão de oficial de imprensa compara as mulheres paraguaias às espartanas, as quais entregavam seus filhos à defesa da pátria sem derramar lágrimas!
>
> Além de estarem proibidas as manifestações de dor, foi *ordenado alegrar-se*: a Polícia dá *ordem formal* de comparecer aos bailes populares, que o governo promove para celebrar os triunfos do seu Exército, às famílias que se abstêm disso.[170]

Quase dois meses depois da batalha de Riachuelo, a artilharia paraguaia nesse local foi reforçada e seu comandante recebeu ordens de Solano López para marchar até Bella Vista, para atacar a esquadra brasileira. Esta, ao deslocar-se para o sul de Empedrado, foi atacada, em 18 de junho, em Mercedes, pela artilharia e infantaria paraguaias, que estavam em posição privilegiada, pois a barranca do rio era mais alta do que os conveses dos navios, sobrepujou os tiros dos soldados brasileiros embarcados, causando-lhes baixas. Rapidamente a força paraguaia deslocou-se doze quilômetros para o sul, posicionando-se na retaguarda da esquadra, instalando de 25 a trinta canhões, além de 3 mil soldados de infantaria, em Cuevas, onde o canal do rio era estreito e sinuoso, com barranca elevada.

Mais uma vez os navios brasileiros recuaram e, juntamente com o vapor argentino *Guardia Nacional*, ao passarem por Cuevas, em 12 de agosto, duelaram com os paraguaios, resultando em dezessete mortos do lado brasileiro e outros quatro na embarcação argentina.[171]

Ultrapassada Cuevas, a divisão naval de Barroso fundeou no Rincón de Soto, pouco acima de Goya. Tamandaré buscou justificar-se com o governo brasileiro por sua resolução de ordenar esse recuo. Afirmou que a retirada foi necessária para evitar que os navios brasileiros ficassem com a retaguarda cortada pela força paraguaia em Cuevas, tornando-se assim isolada e vulnerável.[172]

A pressão paraguaia sobre a esquadra, fazendo-a recuar, atendia a um plano maior do governo paraguaio. Apesar do domínio naval brasileiro e do bloqueio imposto ao Paraguai, do lado paraguaio, não se perderam de todo as esperanças de as forças invasoras chegarem a Buenos Aires. Em Corrientes, a força paraguaia era muito forte e, em fins de julho, Solano López instruiu o general Resquín, novo comandante da Divisão Sul, a reunir os recursos necessários "para começar nossa campanha em poucos dias". Para impedi-lo havia apenas uns 6 mil soldados argentinos, dos generais Hornos e Cáceres,[173] e, como obstáculo maior, a presença da esquadra de Barroso. No início de agosto, Solano López o instruiu para que se ocupassem posições em Corrientes, onde houvesse cavalos, para serem utilizados pelos "corpos que vão comigo", em referência à planejada marcha dessa divisão para o Uruguai. A esquadra imperial deveria ser empurrada para baixo, para que fosse seguro aos vapores paraguaios desembarcarem tropas no arroio Aoropí.[174] Pouco depois essas ilusões foram desfeitas, ao render-se a força paraguaia invasora do Rio Grande do Sul.

A divisão paraguaia em Corrientes era, assim, comandada pelo general Resquín, pois Robles, acusado de traição, fora afastado do comando em 23 de julho. Em 26 de maio, dia seguinte à retomada de Corrientes pelo general Paunero, Solano López ordenou ao general Robles que voltasse para essa cidade. Robles, que alcançara Goya, respondeu que aguardava novas ordens, e argumentou que a desocupação de Corrientes por Paunero e a posição da esquadra brasileira, fundeada e inerte no Riachuelo, alterara a situação. Solano López replicou que sua ordem anterior não dava margem ao adiamento da marcha das forças, e lembrou ter informado que o recuo não era para desalojar o inimigo da capital correntina, e que isso poderia ser feito por outras tropas. Solano López acrescentou que o atraso no recuo de Robles inviabilizara "outros planos", que deveriam ser executados durante sua marcha, e que, como consequência, foram anulados: "agora é tarde".[175]

Nesse ínterim, Robles recebeu diferentes mensagens de Urquiza, que lhe propunha que se voltasse contra Solano López e se tornasse a vanguarda de um exército libertador do Paraguai. Conforme relato de Julio Victorica, secretário de Urquiza, este negociou com Robles por intermédio de agentes e com a anuência de Mitre. Porém, devido à rebelião de forças entrerrianas, o plano fracassou e, por imprudência de Robles, foi descoberto pelo chefe de Estado paraguaio.[176]

Segundo Resquín, contudo, à medida que Robles recebia cartas propondo que se sublevasse, ele as enviava para Solano López, o qual, no entanto, passou a suspeitar desse subordinado. As suspeitas aumentaram quando, acampado próximo de Empedrado, o general Robles jogou no chão a condecoração da Ordem Nacional do Mérito, com que fora agraciado pelo chefe de Estado paraguaio. A cena foi assistida e relatada pelo coronel Paulino Alén, portador da condecoração e nomeado para assumir o Estado-Maior da força invasora de Corrientes. Ao recusar a honraria, o general Robles afirmou não a merecer, pois não vencera nenhuma batalha, e que ela deveria, sim, ser dada a seu irmão, tenente Robles, morto em virtude dos ferimentos que sofreu na batalha do Riachuelo. A recusa robusteceu a acusação de traição de Robles feita pelo próprio Alén e por cidadãos estrangeiros residentes em Corrientes.[177]

A suspeita de Solano López tornou-se ainda maior pelo fato de haver cartas, que convidavam o general Robles a sublevar-se, de parte dos coronéis Fernando Iturburu e Juan Francisco Decoud, da Legión Paraguaya. Esta era uma pequena força militar, que chegou a ter pouco mais de duas centenas de soldados, composta por exilados paraguaios que viviam em Buenos Aires. Iniciada a guerra, dois representantes dos exilados, organizados na Asociación Paraguaya, foram ao Rio de Janeiro e solicitaram ao governo imperial que sua entidade fosse reconhecida como representante da República do Paraguai. Nesta condição, a Asociación assinaria uma aliança com o Império e receberia deste um empréstimo de modo a viabilizar a constituição de uma força paraguaia de exilados que acompanharia, em caráter auxiliar, o Exército brasileiro contra Solano López. As autoridades imperiais, porém, recusaram esse reconhecimento e apenas aceitaram voluntários paraguaios nas fileiras brasileiras, sem que eles constituíssem força militar própria.[178]

Excluídos do Exército imperial pelas exigências do governo brasileiro, esses exilados tiveram sua proposta de formar a Legión Paraguaya aceita pelo governo Mitre, e a qual lutaria com o Exército argentino. Posteriormente, Caxias classificou, a partir de considerações políticas, como "um erro"[179] aquela recusa brasileira, que levou em conta apenas o aspecto militar. Do lado argentino houve maior sensibilidade política, ao ver os *legionários* como homens que poderiam "levar a guerra civil" ao Paraguai e constituir a base para o governo que viesse a substituir Solano López no pós-guerra.[180] A Legión era a única força paraguaia, organizada, de oposição ao autocratismo lopizta.[181]

Juan Crisóstomo Centurión não confirma a veracidade da conspiração de Robles, e José María Rosa, um revisionista simpático a Solano López, não acredita nela.[182] Ao que parece, a traição de Robles foi um boato inventado pelo coronel Paulino Alén, e Solano López tinha o hábito de escutar denúncias e calúnias, mas não o de ouvir a defesa dos acusados.[183] A ação de Robles não foi comprometida pela traição mas, sim, por ser um chefe militar inexperiente e incompetente, que com frequência estava bêbado, o que comprometia sua capacidade de decisão e, ainda, que temia avançar por ter, visivelmente, medo de Urquiza. Além das falhas no comando, os soldados paraguaios em Corrientes eram castigados pelas carências materiais, pois, às vésperas do inverno, Solano López os enviara sem roupas e barracas, obrigando-os a dormir diretamente sobre o solo, ao relento, o que causou muitas mortes; receberam roupa adequada tarde demais. Daí a tropa invasora logo mostrar-se abatida e desanimada, especialmente seus oficiais.[184]

O fato de Solano López aceitar uma acusação contra um subordinado significava, praticamente, a condenação do suspeito, constituindo-se o julgamento em mera formalidade. Foi o que ocorreu com Robles e seus auxiliares. Nos depoimentos do inquérito contra esse general, não se caracterizou a traição, mas, sim, a incompetência militar, a falta de equilíbrio psicológico, bem como o fato de maltratar seus subordinados, o que tornou ressentidos os oficiais a ponto de eles, possivelmente, inventarem a acusação de traição contra seu chefe. Em seu depoimento, Robles reconheceu o erro na demora em cumprir ordens de movimentar sua divisão, pôs a culpa no "vício" de beber conhaque e admitiu que, em mais de uma ocasião, por estar bêbado, deixou de dar ordens ou as deu erradas.[185] Robles foi condenado, mas manteve a patente de general e seu fuzilamento ocorreu, oficialmente, em virtude de "ter esterilizado a ocupação da província de Corrientes, impossibilitando operações posteriores"; de não perseguir o inimigo; de não ter rechaçado com o necessário "vigor" propostas de traição e, ainda, pelo tratamento arbitrário, humilhante e opressivo que deu à tropa "desde o primeiro oficial até o último soldado". Em 8 de janeiro de 1866, às 17h30, Robles e três auxiliares diretos foram fuzilados no acampamento de Passo da Pátria, diante de toda a tropa.[186] O fato é que nos meses seguintes à derrota em Corrientes, tornaram-se comuns as execuções sumárias ordenadas por Solano López, sob a acusação de manifestações de derrotismo; era uma forma de ele transferir sua responsabilidade no fracasso, pois "era incapaz de admitir um erro".[187]

A TRÍPLICE ALIANÇA CONTRA O PARAGUAI

Os ataques paraguaios a Mato Grosso e Corrientes viabilizaram a formalização da aliança argentino-brasileira, à qual aderiu o Uruguai governado por Venancio Flores. A aliança contra o Paraguai era parte de uma aliança maior, planejada por Mitre antes desses ataques, pela qual Argentina e Brasil estabeleceriam uma política de cooperação no Prata, exercendo uma hegemonia compartilhada em substituição às rivalidades e disputas que predominaram nas relações entre os dois países. Em 1º de maio de 1865 foi assinado, em Buenos Aires, o Tratado da Tríplice Aliança, contra Solano López, que estabelecia as condições da paz e também deveria servir de base para "que façamos [Argentina e Brasil] uma aliança perpétua, baseada na justiça e na razão, que será abençoada por nossos filhos".[188]

O Tratado de Aliança

Em março de 1865, o liberal "progressista" Francisco Otaviano de Almeida Rosa substituiu o ministro Paranhos, demitido da missão especial ao Prata. O novo ministro plenipotenciário recebeu instruções de colaborar para fortalecer o governo de Flores, bem como de verificar o valor das reclamações de prejuízos causados a brasileiros pela Guerra Civil Uruguaia, quais recursos o Estado oriental tinha disponíveis e, ainda, como este poderia cooperar com o Brasil na guerra contra o Paraguai. Em relação à Argentina, Almeida Rosa deveria, como "objeto principal", conseguir que seu governo não criasse obstáculos à ação do Império contra Solano López.[189]

A cooperação argentino-brasileira, quanto à situação uruguaia, existia desde o encontro de Rufino de Elizalde com Saraiva no ano anterior, em Puntas del Rosario. O Tratado da Tríplice Aliança, contudo, resultou da agressão paraguaia a Corrientes. Esta precipitou os acontecimentos, tendo Almeida Rosa que agir por conta própria quanto ao conteúdo do acordo de aliança, pois não possuía instruções do Rio de Janeiro sobre esse assunto e, em uma época em que não havia ligação telegráfica entre as capitais argentina e brasileira, não dispunha de tempo para esperá-las. Como resultado, o enviado imperial baseou-se apenas nas instruções gerais que recebera por ocasião do início de sua missão. Nelas se estabelecia que, findo o conflito, o governo paraguaio deveria pagar indenização pelos prejuízos causados a súditos brasileiros, bem como as despesas de guerra do Império. Além disso, como garantia da livre navegação, deveria conseguir-se a destruição completa de fortificações paraguaias existentes na margem do rio Paraguai e a proibição de que se levantassem outras. Deveria assinar, também, um tratado de limites com o Paraguai, de conformidade com a proposta apresentada ao presidente Carlos Antonio López pelo governo imperial, em 1853, e reiterada posteriormente. O governo imperial remeteu instruções específicas para a assinatura de um tratado de aliança com Buenos Aires e Montevidéu apenas em 28 de abril, após receber informações da Chancelaria argentina de que poderia haver a invasão de Corrientes. Não houve tempo hábil para essas instruções alcançarem Almeida Rosa antes da assinatura dos termos da aliança.[190]

Em 1º de maio de 1865, representantes da Argentina, Brasil e Uruguai, respectivamente, Rufino de Elizalde, Almeida Rosa e Carlos de Castro, assinaram o Tratado da Tríplice Aliança contra o Paraguai. O texto do acordo era secreto e firmava, além da aliança militar, os pré-requisitos para o estabelecimento da paz. Também as fronteiras entre o país guarani e os vizinhos argentino e brasileiro foram previamente determinadas.[191]

No plano bélico, a aliança entre Buenos Aires e Rio de Janeiro era uma forma de suplantar as respectivas falhas de organização militar e viabilizar as futuras operações bélicas contra o Paraguai. Acrescentava-se ao poderio do Brasil tropas argentinas que, embora em número pequeno, eram combativas, por serem veteranas de outras lutas. O Império ampliava, também, sua capacidade operativa e tática, dificultada pela distância do teatro de guerra, ao poder utilizar como base o território da República aliada e seus recursos materiais. A Argentina, por sua vez, passou a contar com a numerosa esquadra imperial, elemento indispensável para a condução do conflito, pois os rios Paraguai e Uruguai constituiriam linhas obrigatórias de comunicação nas operações que se seguiriam.[192] Também foi beneficiada por um aliado que, por sua superioridade demográfica e maior unidade política interna, tinha maior capacidade de mobilização de tropas. O governo argentino teve, ainda, acesso aos recursos do Tesouro brasileiro que, logo no início da guerra, concedeu um empréstimo de cerca de 400 mil libras esterlinas à Argentina e quase 200 mil ao Uruguai. Daí para a frente, parte dos gastos da campanha contra o Paraguai, por parte dessas duas repúblicas, foi financiada por empréstimos do barão de Mauá e dos banqueiros britânicos.[193]

Para Solano López, a Tríplice Aliança era uma catástrofe. Restava lhe, como opção mais segura, recuar suas tropas de volta ao território paraguaio e negociar a paz em inferioridade, mas em forte posição defensiva, atrás da poderosa fortaleza de Humaitá. Essa alternativa, porém, não o resguardaria de ser obrigado a fazer concessões. Outra possibilidade, mais arriscada, seria usar os recursos acumulados com fins defensivos para desencadear uma operação bélica, de grande envergadura, contra os aliados. Esta, se bem-sucedida, provocaria grande impacto psicológico no inimigo, criando melhores condições para o governo paraguaio negociar a paz.

No plano das relações argentino-brasileiras, a assinatura do tratado de aliança não levou à superação das desconfianças do Império quanto às intenções argentinas no Prata. Almeida Rosa chegou a Buenos Aires convencido de que o governo argentino "preparava tudo para incorporar o Paraguai".[194] Acreditava ser intenção desse governo obter do Brasil todos os auxílios de guerra, mas sem assumir compromisso algum, de modo que, terminado o conflito, "pudesse com uma vanguarda de exploradores políticos promover movimentos em Assunção no sentido da incorporação do Paraguai à antiga cabeça do vice-reinado". Contudo, afirmava o enviado imperial, a intenção de Mitre foi frustrada "com a minha linguagem enérgica, com a perspectiva dos recursos militares e financeiros e com a lealdade da aliança oriental".[195] Edward Thornton relatou a seu governo que a exigência de Almeida Rosa, de se garantir, no Tratado de Aliança, a independência paraguaia, lhe valera uma recepção fria

O chanceler argentino Rufino de Elizalde e o diplomata brasileiro Francisco Otaviano. Elizalde e Otaviano viam no Tratado da Tríplice Aliança o primeiro momento da construção de uma aliança estratégica entre a Argentina e o Império do Brasil.

O general Paunero comandou as primeiras operações contra a força paraguaia que invadiu Corrientes.

por parte dos governantes argentinos. Eram "motivos bem notórios", segundo o representante espanhol em Buenos Aires, que levaram o governo argentino a resistir a atender a essa exigência.[196]

Há indícios, realmente, de que o governo argentino não descartava, à época, a possibilidade de anexar o Paraguai, embora, ao que tudo indica, não tivesse um plano preparado nesse sentido. Paranhos ouviu de José Mármol, em almoço que ambos tiveram em Montevidéu, que a incorporação do país guarani era pensamento de Mitre e que isso determinaria uma aliança da Argentina com o Brasil. O ministro inglês em Buenos Aires, por sua vez, escutou do presidente argentino que não pensava, "por agora", anexar o Paraguai, mas que não desejava assumir nenhum compromisso nesse sentido com o Império, pois as circunstâncias poderiam ser diferentes no futuro. Rufino de Elizalde foi mais explícito com Thornton, afirmando que "esperava viver o bastante para ver a Bolívia, o Paraguai e a República Argentina unidas em uma confederação, formando uma poderosa república na América do Sul".[197]

Apesar das resistências do governo argentino, a posição de Almeida Rosa foi vitoriosa e o artigo 9º do Tratado de Aliança determinou que, finda a guerra, seriam garantidas a independência, a soberania e a integridade territorial paraguaias. Tal integridade, porém, seria do que restasse de território ao país guarani, após ser aplicado o artigo 16º daquele tratado, pelo qual o Paraguai perdia para os aliados territórios até então sob sua soberania, ou, ainda, litigiosos. Por esse artigo caberia à Argentina todo o Chaco boreal — terras à margem direita do rio Paraguai, até a Bahía Negra, na fronteira com o Mato Grosso — e a margem esquerda do Paraná até o Iguaçu, ou seja, a área de Misiones. Ao Império caberia o território pelo qual há anos mantinha disputa com Assunção, rico em campos de erva-mate, ficando estabelecido no documento da Aliança que a fronteira seria pela linha do rio Igurei, pela serra do Maracaju e pelos rios Apa e Paraguai.

O Tratado de 1º de maio declarava que a guerra era contra o governo do Paraguai e não contra seu povo. Os aliados comprometiam-se a não depor as armas senão em comum acordo e depois da derrubada de Solano López, ficando proibida qualquer iniciativa separada de paz por um dos países aliados. Sua derrubada apresentava-se ao Império como pré-requisito à paz, por ser o líder paraguaio o "guarda-costas" dos federalistas argentinos e dos *blancos* em Montevidéu; sua deposição era uma questão de "segurança" para o governo imperial.[198]

Terminado o conflito, o Paraguai deveria, segundo o Tratado de Aliança, pagar indenizações de guerra, prática comum na época e mesmo posteriormente, como no caso da Primeira Guerra Mundial (1914-8). Ao governo que substituísse o de Solano López caberia indenizar todos os gastos de guerra feitos pelos governos aliados, bem como os danos e prejuízos causados, durante o conflito, às propriedades públicas e particulares, por tropas paraguaias em territórios dos países vizinhos. Pelo documento de 1º de maio o comando em chefe dos Exércitos aliados caberia ao presidente Mitre, enquanto as operações se dessem em território argentino ou paraguaio. Caso as operações ocorressem em território do Uruguai ou do Brasil, garantia-se o comando aos líderes desses países. As forças navais dos aliados, que eram, na realidade, os navios brasileiros, seriam comandadas pelo vice-almirante Tamandaré. As forças terrestres brasileiras seriam dirigidas pelo general Luís Osorio e as uruguaias obedeceriam ao general Venancio Flores. A nomeação do presidente argentino para o comando supremo das forças aliadas foi um ato político do governo imperial, que temia ser visto como uma ameaça por outros países americanos, com ambições territoriais sobre o Paraguai, caso um brasileiro ocupasse essa posição.[199] Contudo, durante a guerra, o título de comandante em chefe de Mitre foi mais nominal do que uma função real, pois as decisões sobre os rumos da guerra eram tomadas em comum acordo com os comandantes brasileiro e uruguaio.[200]

Por iniciativa de Almeida Rosa, os aliados trocaram notas entre si — as "reversais" — que ressalvavam o direito da Bolívia de discutir suas prerrogativas sobre o Chaco boreal. O governo de La Paz manifestou pretensões sobre esse território pela primeira vez em 1852, quando protestara contra a Confederação Argentina por tê-lo reconhecido como de jurisdição paraguaia no tratado assinado com Assunção em 14 de setembro daquele ano. Ainda por iniciativa de Almeida Rosa, foi assinado um protocolo, também em 1º de maio, que estabelecia a demolição da fortaleza de Humaitá e a proibição de o país guarani levantar, no futuro, outras fortificações que pudessem dificultar a livre navegação do rio Paraguai.[201]

As críticas do Conselho de Estado ao Tratado

A notícia da assinatura do Tratado da Tríplice Aliança foi recebida friamente no Rio de Janeiro. Era crença generalizada de que, para vencer o Paraguai, seria preciso apenas que Buenos Aires não opusesse obstáculos à ação das forças brasileiras, sendo desnecessária uma aliança entre o Império e a Argentina.[202] O representante argentino no Brasil, José Mármol, relatou que o governo imperial recebeu a aliança como necessária, mas sem entusiasmo, e a via como um golpe da fortuna, sem conseguir dissimular o ocorrido. Isso decorreria, segundo esse diplomata, de que na aliança seria inevitável uma comparação entre o "poder viril e democrático" de uma República, a Argentina, com o poder "oficial e gasto" de um Império, o Brasil. Acreditava Mármol que os governantes brasileiros temiam essa comparação e as combinações de interesses políticos que, terminada a guerra, poderiam surgir entre argentinos, paraguaios e uruguaios, povos de mesma origem e língua.[203] Elizalde escreveu a José Antônio Saraiva, a essa altura ministro dos Negócios Estrangeiros, não compreender que, no Rio de Janeiro, houvesse quem não entendesse as vantagens que a aliança trazia ao Império. A aliança, argumentou Elizalde, encurtaria a duração da guerra, poupando o Império de dificuldades, ao permitir o uso de território argentino para as ações bélicas contra Solano López, e tornaria desnecessárias novas mobilizações militares no Brasil, em virtude do reforço obtido com a entrada no conflito dos Exércitos da Argentina e do Uruguai.[204]

Convencido da brevidade da guerra, o governo argentino apresentou à Chancelaria brasileira, ainda em 1865, por meio de seu representante no Rio de Janeiro, um projeto de paz. O texto foi encaminhado por dom Pedro, juntamente com o Tratado da Tríplice Aliança, as notas "reversais" e o protocolo, assinados em 1º de maio, à Seção dos Negócios Estrangeiros do Conselho de Estado, para que emitisse um parecer. O documento da aliança, assinado por Almeida Rosa, fora aprovado pelo gabinete liberal presidido pelo marquês de Olinda, mas acabou por ser duramente criticado pela oposição conservadora. Assim, a resposta da Seção dos Negócios Estrangeiros foi, graças aos votos dos conselheiros conservadores, uma crítica à proposta argentina de paz e ao próprio Tratado da Tríplice Aliança.[205]

O parecer da Seção dos Negócios Estrangeiros classificou as estipulações do Tratado de 1º de maio, referentes ao Chaco, como contrárias à política tradicional do Império, que fora concebida no sentido de manter não só a independência do Paraguai, como também sua soberania sobre a parte do território necessária para separar a fronteira de Mato Grosso do contato direto com o território argentino. Segundo o parecer, pelo fato de o tratado de aliança reconhecer como argentina também a área de Misiones, a independência paraguaia estava ameaçada, pois o país guarani sofreria um "abraço apertado" da Argentina, com a qual seria fronteiriço a leste e a oeste, além de já o ser ao sul. Como o Tratado da Tríplice Aliança garantia a independência paraguaia pelo prazo de cinco anos no pós-guerra e não perpetuamente, as suspeitas dos conselheiros aumentavam. Perguntava-se, no referido parecer, se esse período não corresponderia, na verdade, ao prazo necessário para que Buenos Aires preparasse a incorporação do Paraguai. Ademais, apontavam-se como ausências suspeitas no projeto argentino o fato de não se propor a garantia dos aliados ao novo governo que substituísse o de Solano López e a omissão em confirmar seu afastamento do Paraguai.

As ilhas de Atajo, também conhecidas como Cerrito e Apipé, ambas no rio Paraná, na confluência com o Paraguai, que não eram mencionadas no tratado de aliança, tornavam-se argentinas pelo citado projeto de paz. No entanto, segundo a Seção dos Negócios Estrangeiros, Apipé era valiosa ao Império, pois serviria de base de operações navais e de ponto de descanso de tropas brasileiras em caso de futuro conflito com o Paraguai, funções que não poderia cumprir, se ela estivesse sob o domínio de Buenos Aires. Chamava-se, ainda, a atenção para o fato de que a demolição da fortaleza de Humaitá não constava na proposta de paz do governo argentino.

A quase impossibilidade de a esquadra imperial realizar operações de bloqueio no futuro era outro ponto sobre o qual o parecer alertava. O projeto de paz argentino determinava que um país só podia declarar o bloqueio contra outro em um ponto no qual se fechasse a entrada dos rios pertencentes, em ambas as margens, exclusivamente ao Estado alvo da ação naval e quando não houvesse países ribeirinhos acima do ponto objeto desse ato. Pelo Tratado de 1º de maio, o rio Paraná seria argentino até Corrientes e daí para cima seria compartilhado com o país guarani, o mesmo ocorrendo com o rio Paraguai. A Seção dos Negócios Estrangeiros perguntava que tipo de bloqueio restaria, então, ao Império fazer, exceto apenas aquele dos portos inimigos, praticamente sob tiros de canhões. Além disso, a navegação dos barcos brasileiros, de Buenos Aires a Mato Grosso ou ao rio Iguaçu, ficaria dependente da autorização do governo argentino.

A Seção dos Negócios Estrangeiros afirmava que, por ser o tratado de aliança uma realidade irreversível, a melhor saída dessa situação seria a de que a Argentina não tivesse "nem um palmo de costa" acima do rio Pilcomayo. O território compreendido entre esse ponto até a Bahía Negra poderia ficar de posse da Bolívia. Caso Buenos Aires não concordasse em reduzir suas pretensões territoriais, sugeria-se que o Império ampliasse as suas, exigindo como linha divisória com o Paraguai não o rio Igurei, como estabelecia o documento de 1º de maio, mas, sim, o rio Iparreguaçu, ou, no mínimo, até o rio Aquidabán. Desse modo se deixaria "uma presa mais limitada à futura absorção argentina".

Em voto separado, o conselheiro Jequitinhonha, do Partido Conservador, afirmou que o Tratado de Aliança só era definitivo em relação à guerra e ao modo de fazê-la. Para ele, as demais disposições eram transitórias, dependentes do êxito da guerra, e admitia, mesmo, a possibilidade de a paz resultar de outros meios diferentes daqueles definidos pelos plenipotenciários aliados. Dois anos mais tarde era a vez de o liberal Nabuco de Araújo afirmar que o acordo de 1º de maio de 1865 tinha caráter preliminar quanto a fronteiras, não sendo, pois, um texto perfeito, e que podia ser modificado conforme a situação, mesmo depois da vitória.[206]

Almeida Rosa defendeu-se das críticas feitas, no Conselho de Estado, por São Vicente "que foram subscritas pelos seus dois caducos companheiros", Uruguai e Jequitinhonha. Segundo aquele negociador, a manutenção da política "tradicional", aconselhada por Pimenta Bueno, apenas alimentou discórdias oriundas da época colonial por meio de suspeitas e amesquinhamento da República Argentina, como se o Império só pudesse prosperar na América, se tudo à sua volta "descer às proporções de pigmeu". Para o enviado imperial, essa política tradicional resultou em decepções e guerras no Prata para o Brasil, além de um "espantoso" crescimento da dívida pública. Continuar com essa postura, na ocasião em que se podia fazer a paz duradoura com Buenos Aires, somente poderia ser defendida por aqueles que não presenciavam os sofrimentos dos brasileiros na guerra que se estava travando contra o Paraguai. Por tais motivos, afirmava Almeida Rosa, "pertenço à escola dos que hão de aconselhar o Brasil à paz com seus vizinhos desprendendo-se das pretensões dos tratados portugueses".[207]

Além dessas considerações, anos depois o senador Francisco Otaviano de Almeida Rosa acrescentou, na tribuna parlamentar, outros argumentos em defesa dos termos que negociara para o Tratado da Tríplice Aliança, recordando "o momento crítico" no qual o documento fora assinado. O Brasil, afirmou ele, não podia contar com o apoio de outras nações, pois estava rompido com a Grã-Bretanha e se encontrava isolado em relação às Repúblicas vizinhas, em decorrência de questões de limites, ao mesmo tempo que os Estados Unidos mantinham uma atitude "inquieta" para com o Império. Contestava, também, as críticas que surgiram ao auxílio financeiro, em forma de empréstimo, concedido pelo governo imperial a Buenos Aires. O quadro era tão grave em 1865 que, se o governo argentino tivesse planejado aproveitar-se da situação, "dar-lhe-íamos o dobro, o triplo e até seríamos obrigados a prestar-lhe contribuições gratuitas".[208]

Quanto à concordância com as pretensões argentinas sobre o Chaco, Almeida Rosa considerou sua atitude em aceitá-las uma "grande arte da política brasileira", pois, com isso, Buenos Aires reconheceu os limites do Império com o Paraguai e contraiu "a obrigação de os defender à força das armas". Na conferência que esse enviado imperial tivera com Mármol, em Montevidéu, no dia 2 de abril de 1865, ouviu que, caso o Brasil pretendesse "decidir pela espada" a questão de limites com o Paraguai, o governo argentino não acompanharia essa atitude e que, segundo suas palavras, "Mitre dirá à América que não quer um palmo de terreno conquistado". Essa ameaça aparentemente influenciou o negociador brasileiro no sentido de aceitar os limites pretendidos pela Argentina, os quais, segundo ele analisou em 1866, não poderiam ser questionados, posto que Mitre não o fizera em relação às fronteiras pleiteadas pelo Império. Além disso, argumentou Almeida Rosa, o território chaquenho não era fértil nem povoado, e talvez não tivesse condições de ser ocupado sequer no século XX. Os limites foram estabelecidos de modo que nenhum dos dois aliados pudesse, no futuro, pedir mais territórios, "o que não quer dizer que se não possa pedir menos". Com isso, acreditava Almeida Rosa, eliminavam-se os motivos que, posteriormente, poderiam enfraquecer a aliança. Ademais, ao aceitar as pretensões territoriais de Buenos Aires, facilitava-se a definição dos limites entre o Império e a Argentina, evitando "criar embaraços à solução de nossos interesses ou suscitar na República a ideia de que a pretendíamos diminuir".[209]

A atitude de Almeida Rosa em aceitar as pretensões territoriais máximas do governo argentino em relação ao Paraguai facilitou, de fato, a constituição da aliança entre o Rio de Janeiro e Buenos Aires. A Argentina não ficava de posse segura do território do Chaco, pois se reconhecia à Bolívia o direito de reclamá-lo. Já no caso do Império, a área que lhe fora atribuída não possuía ressalva em favor de um terceiro país e, ainda, contava com o respaldo argentino. Aquele diplomata também respondeu às críticas do Conselho de Estado por não constar do Tratado da Tríplice Aliança, mas em protocolo anexo, a demolição das fortificações paraguaias nos rios em que houvesse outro país ribeirinho. Isso ocorreu, conforme Almeida Rosa, porque a Argentina se localizava na foz ou águas baixas dos rios brasileiros e não podia aceitar, "sem cerimônia", o princípio de que as nações ribeirinhas, em tais circunstâncias, não pudessem ter fortificações, as quais somente o país ribeirinho das nascentes poderia possuir, o que seria claro benefício ao Brasil e desvantagem para o aliado. Perguntava Almeida Rosa se o Império "quer francamente dizer isso à Bolívia e ao Peru, para o Amazonas e seus afluentes", cuja foz, e não a nascente, se localizava em território brasileiro. Lembrava, ainda, que apenas o Brasil tinha uma esquadra e que Tamandaré recebera ordens de arrasar as fortificações paraguaias, carecendo de importância fazer constar tal determinação no Tratado de 1º de maio, pois a execução da medida dependia unicamente do Império.[210]

Em pouco tempo Almeida Rosa esqueceu os temores iniciais, quanto às intenções do governo de Mitre em relação ao Paraguai, e tornou-se um admirador da Argentina e de seu governo liberal, defendendo, em junho de 1865, uma política de cooperação entre Buenos Aires e o Rio de Janeiro. Classificava os portenhos de "yankees do sul", por serem dinâmicos e empreendedores nas atividades comerciais, acreditando que queriam "verdadeiramente a paz com o Império e até uma aliança em grande ponto". Via um futuro promissor para a Argentina, que, se continuasse "a ter chefes como Mitre, breve será uma grande e feliz nação". Em fevereiro de 1866, Almeida Rosa encontrava-se convencido de que a tríplice aliança estabelecia a base "para uma reconciliação e amizade entre as duas raças que tanto se odiaram", argentinos e brasileiros. A experiência em comum da guerra contra o Paraguai, "auxiliada pelo bom senso dos generais Mitre e Flores e dos verdadeiros liberais das duas Repúblicas", evitaria para o Brasil "novos desgostos e novas despesas de sangue e dinheiro".[211] E em 1869, quando Assunção já fora ocupada pelos Aliados e afloravam as divergências entre os governantes argentinos e brasileiros, Almeida Rosa escreveu a Rufino de Elizalde que a paz e o progresso do Brasil e da Argentina somente poderiam ser obtidos "com a aliança verdadeira das nossas duas nacionalidades, aliança firmada na estima recíproca e no mútuo respeito dos legítimos interesses".[212]

Um dos precursores da escola romântica brasileira, Francisco Otaviano de Almeida Rosa defendeu a cooperação argentino-brasileira nos seguintes versos:

O majestoso Prata bem claro nos ensina,
Nesta junção feliz de rios tão distantes,
Que os sul-americanos, por uma lei divina,
Devem viver unidos, se querem ser gigantes.

Descem as suas águas das duas cordilheiras,
Dos Andes argentinos, das Serras brasileiras,
E, como dois amigos unidos peito a peito,
Abraçam-se no encontro e têm o mesmo leito.[213]

No dia anterior ao parecer do Conselho de Estado, datado de 30 de novembro, ou seja, no dia 29, o gabinete liberal enviou instruções para Almeida Rosa, nas quais constavam requisitos para se assinar a paz com o Paraguai. De acordo com essas instruções, nenhuma autoridade brasileira poderia tratar com Solano López, representante seu ou, mesmo, com um governo provisório ou permanente paraguaio, enquanto esse líder não se retirasse do Paraguai. Davam-se dez condições para reconhecer o governo que substituísse o de Solano López, as quais, em síntese, significavam a aceitação pelas novas autoridades dos termos do Tratado da Tríplice Aliança, inclusive o reconhecimento dos limites argentino-paraguaios nos termos determinados por esse documento. A inovação ao que fora assinado em 1º de maio de 1865 era a instrução para que se buscasse estabelecer a neutralização do território guarani, "muito necessária, considerando a posição topográfica [do Paraguai]".[214] Tratava-se de uma precaução, para evitar que o país se tornasse um corredor para tropas argentinas atacarem o flanco sudoeste, em caso de guerra entre o Império e a Argentina. Em maio de 1866, o chanceler José Antônio Saraiva enviou o contraprojeto brasileiro de paz ao governo argentino. O texto especificava a destruição das fortificações paraguaias em Humaitá e a proibição do levantamento de quaisquer outras que pudessem impedir a livre navegação dos rios. Quanto a bloqueios navais, o contraprojeto afirmava que eles não poderiam ser apenas uma intenção, mas, sim, mantidos por força naval suficiente para impedir, de fato, "o acesso ao litoral inimigo".[215] Desse modo, não se consideravam os requisitos levantados por Buenos Aires como obstáculos para se fazer um bloqueio. Como a Marinha imperial era a mais poderosa da América do Sul, não teria dificuldades de mobilizar belonaves suficientes para, em caso de necessidade, bloquear os rios platinos.

O contraprojeto mantinha as fronteiras estabelecidas pelo Tratado de 1º de maio. Acrescentava, porém, ao texto de Buenos Aires a estipulação de que se fixavam os limites apenas da Argentina em relação ao Paraguai quanto ao Chaco Boreal, que ressalvavam eventuais direitos da Bolívia nessa área e reforçavam, assim, as "reversais". Não se fazia qualquer referência à posse argentina de Apipé e Atajo. O contraprojeto inovava ao estabelecer que, mesmo depois de concluída a guerra vitoriosamente e assinados os tratados de paz com Assunção, os aliados poderiam conservar no território paraguaio as forças que julgassem necessárias à manutenção da ordem no país vizinho e para o cumprimento desses acordos. O número de tais forças, prazo de ocupação e modo de satisfazer as despesas decorrentes dessa permanência seriam estipulados por acordo especial. Também constava na proposta do governo imperial a expulsão perpétua de Solano López do Paraguai e, outra novidade, a inabilitação de todos os membros de sua família para ocupar qualquer cargo no Estado.

O texto argentino para o projeto de paz parecia, à maioria da cúpula política do Império, uma tentativa de Buenos Aires para criar as condições necessárias para anexar o Paraguai no pós-guerra. O texto brasileiro, por sua vez, ao propor a manutenção das tropas aliadas no país guarani, mesmo depois de assinada a paz, poderia ser interpretado como tentativa de estabelecer um protetorado, quando, na verdade, buscava evitar, com a presença de tropas imperiais, que a influência argentina viesse a ameaçar a independência paraguaia. Assim, no primeiro ano de uma longa guerra, os dois aliados davam-se motivos para desconfianças mútuas sobre a sinceridade existente para a realização dos objetivos estabelecidos pelo Tratado de 1º de maio. No Parlamento brasileiro surgiram duas tendências quanto à postura a ser tomada frente ao aliado argentino. Uma delas, a dos conservadores, pensava em reconstruir o Paraguai, para que este pudesse defender-se contra o expansionismo de Buenos Aires, e retomar a política brasileira que fora implantada originariamente para conter Rosas. A outra tendência, a dos liberais, embora simpáticos à Argentina, hesitava ante a convicção demonstrada pelos conservadores quanto aos referidos propósitos expansionistas, e não ousavam, assim, elaborar uma nova e consistente política platina que se contrapusesse à tradicional. Enquanto isso, do lado argentino, "partidários da reconstrução do vice-reinado são amigos do Brasil; adversários da anexação acreditam no espírito dominador do Império, na ideia por parte deste de suplantar o Prata".[216] À vontade individual de colaboração entre o Rio de Janeiro e Buenos Aires e à convergência ideológica entre homens de Estado argentinos e brasileiros se contrapunha a desconfiança estrutural, histórica, entre os dois países. Esta era uma verdadeira "força profunda", coletiva e durável, das respectivas sociedades.[217]

O ATAQUE AO RIO GRANDE DO SUL

Solano López planejava invadir o Rio Grande do Sul antes já da intervenção brasileira no Uruguai. Em abril de 1864, o major Pedro Duarte recebeu ordens de reassumir o comando militar de Encarnación — desde fevereiro desse ano comandava o acampamento militar de Cerro León — e organizar uma força com 10 mil homens. Atendendo a novas ordens, Duarte entregou o comando ao coronel Antonio de la Cruz Estigarribia, em 27 de abril, e permaneceu como vice-comandante. Nesta condição, foi-lhe ordenado tomar o povoado argentino de San Tomé, na margem correntina do rio Paraná, operação que foi feita na manhã de 10 de maio, sem perdas para os paraguaios e com a morte de um argentino; a vila estava praticamente deserta, em virtude da fuga de seus habitantes.[218] Após essa ocupação, o coronel Estigarribia entrou com o restante das suas forças em San Tomé; os invasores eram 12 mil homens.[219] Parte deles carecia de instrução militar, e começaram a recebê-la por ocasião da tomada dessa localidade argentina.[220]

O plano de Solano López era o de que o Exército de Estigarribia, dividido em duas colunas, marchasse para o sul, utilizando-se de ambas as margens do rio Uruguai. Pela margem esquerda, brasileira, desceria a maior parte da coluna, enquanto pela direita, argentina, iria uma pequena força, comandada pelo major Pedro Duarte. Uma coluna estaria permanentemente à vista da outra, de modo a se auxiliarem quando necessário. Com a coluna invasora descendo pelas margens do rio Uruguai, esperava-se que o governo argentino desviasse sua ação militar para esse lado, favorecendo as operações das forças do general Robles. As tropas de Robles e de Estigarribia se uniriam ao sul, no rio Uruguai, para, então, marcharem para enfrentar o Exército imperial no Estado oriental.[221] O pré-requisito para a unificação desses exércitos invasores paraguaios era o aprisionamento, ou

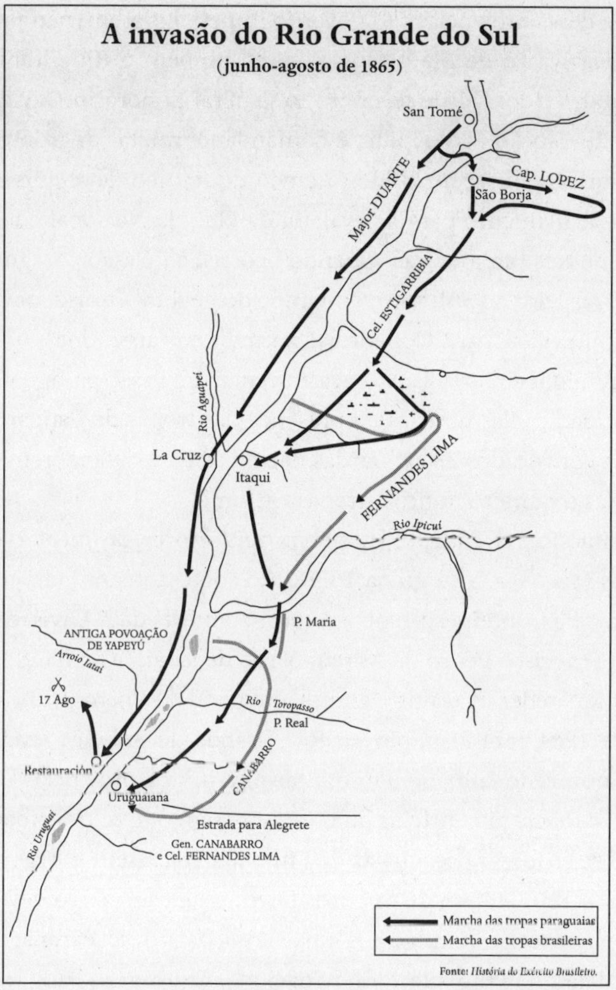

destruição, da esquadra brasileira, garantindo o controle paraguaio da navegação dos rios Paraguai e Paraná.

O passeio paraguaio: de São Borja a Uruguaiana

Em São Borja, na fronteira do Rio Grande do Sul, logo se soube da marcha paraguaia saindo de Encarnación para a outra margem do rio Paraná e a população gaúcha fronteiriça estava convencida de que se daria uma invasão. Esses fatos foram comunicados às autoridades da Guarda Nacional na região e ao presidente dessa província.[222] O governo imperial, porém, não tirara as lições necessárias da invasão de Mato Grosso, pois também o Rio Grande do Sul se achava desguarnecido. Desde fevereiro, o general honorário David Canabarro, veterano da Revolução Farroupilha e comandante militar da fronteira com Misiones, solicitara, sem ser atendido, o envio de reforço de alguns batalhões de infantaria, de armamento para a cavalaria da Guarda Nacional e a subida, pelo rio Uruguai, de três canhoneiras. Quando ocorreu a invasão paraguaia, as forças do Exército brasileiro no Sul, sob o comando do general Osorio, tinham se transferido de Montevidéu para Concórdia, na margem argentina do rio Uruguai, para comporem o Exército aliado. Para enfrentar a invasão paraguaia, anunciada com anterioridade pelas notícias da presença das tropas de Estigarribia em San Tomé, foram convocados 2300 guardas nacionais para defenderem o distrito de São Borja, mas o número nunca ultrapassou 2 mil.[223]

A defesa do Rio Grande do Sul previa dois setores, distintos: o da fronteira, na região das Misiones, a cargo da 1ª Divisão sob o comando do general David Canabarro, e o da fronteira sul, sob a responsabilidade da 2ª Divisão, comandada pelo coronel Francisco Pedro de Abreu, barão de Jacuí. O comando geral coube ao general João Frederico Caldwell, ajudante-geral do Exército que, enviado em dezembro de 1864 para inspeção no Rio Grande do Sul, em fevereiro do ano seguinte foi nomeado comandante militar interino da província. E elaborou-se um plano de cooperação entre as duas divisões, em que se trabalhava com duas hipóteses: a) se as forças paraguaias de Humaitá atacassem a Argentina, e as de Encarnación, o Rio Grande do Sul, a 1ª Divisão de Canabarro deveria transpor o rio Uruguai, vencer o inimigo e ocupar Posadas, no rio Paraná; b) se as duas forças paraguaias, de Humaitá e Encarnación, atacassem o Rio Grande do Sul, deveriam ser contidas pelas duas divisões brasileiras, até a chegada de reforço.[224]

Os invasores de San Tomé atravessaram o rio, utilizando-se de canoas trazidas em carretas, e desembarcaram em território brasileiro, próximo a São Borja, em 10 de junho de 1865. Entre as tropas invasoras havia uma companhia composta de correntinos e de brasileiros, "na maior parte agarrados à força", comandados por um oficial uruguaio, *blanco*, que escapara ao cerco de Paissandu. Os paraguaios venceram o obstáculo representado pelos guardas nacionais existentes na margem do rio Uruguai e avançaram para São Borja, onde haviam infiltrado espiões. Nesta, enfrentaram a guarnição militar local, composta de apenas 370 guardas nacionais cuja cavalaria se encontrava, em sua maioria, sem fardamento. Apenas uma pequena parcela da infantaria da guarnição brasileira recebera barracas e, ainda, da pouca munição existente parte não servia para as armas que traziam. Nessas condições, os soldados brasileiros entraram em combate no dia 10 de junho e foram socorridos pelo coronel João Manuel Menna Barreto, com 850 homens que compunham seu 1º Batalhão de Voluntários da Pátria, que estava acampado a uns dez quilômetros. Enquanto isso, os habitantes da vila, apavorados, buscavam fugir de qualquer modo, a maior parte descalços e sem direção; famílias se separaram, e mães perderam os filhos. Inferiorizada em homens e armas, as forças brasileiras começaram a fugir no primeiro contato com o inimigo, o que obrigou Menna Barreto a dar tiros para o ar e censurar asperamente seus soldados que, desse modo, se recompuseram, voltaram ao combate e, em seguida, recuaram para dentro da vila, para se defenderem melhor. Os brasileiros se retiraram de São Borja durante a noite, mas os paraguaios entraram na localidade apenas no dia 12.[225] Estigarribia desobedeceu, assim, a ordem de Solano López de não entrar nos povoados, de modo a evitar abusos dos soldados paraguaios contra a população, e respeitar bens e propriedades dos habitantes. Estigarribia, em sua marcha invasora pelo Rio Grande do Sul, permitiu a ocupação e o saque dos povoados.[226]

A resistência dos defensores de São Borja, embora curta, deteve os paraguaios tempo suficiente para permitir a fuga dos habitantes da vila. Ademais, Estigarribia também retardara o ataque à localidade por ter perto de si, na margem argentina do rio Uruguai, a força do coronel Paiva, com cerca de 1200 homens das milícias de Corrientes. Paiva contatou o coronel brasileiro Fernandes Lima, comandante da 1ª Brigada da 1ª Divisão de Canabarro, e pediu-lhe auxílio e ofereceu cavalos para que as forças rio-grandenses atravessassem o rio e engrossassem um ataque aos paraguaios. Fernandes concentrou quinhentos homens na margem brasileira do Uruguai, ao sul de São Borja, e esperou que aparecessem os cavalos no outro lado para, então, ir para lá. Os cavalos não chegaram, porque os paraguaios fizeram um recuo no dia 12 de maio, interpretado por Paiva como uma retirada, para, em seguida, retornarem e caírem de surpresa sobre os correntinos, que se dispersaram.[227]

O coronel Fernandes, que acreditara na notícia da retirada de Estigarribia dada por Paiva, estava distante e não pôde socorrer São Borja quando ela foi atacada. Os paraguaios penetraram na vila no dia 12 de junho, saqueando-a. A igreja matriz foi arrombada e saqueada, mas, antes, os invasores se ajoelharam diante das imagens dos santos, por ordem do capelão da coluna, o padre Duarte. Todos os estrangeiros que permaneceram em São Borja, convencidos de estarem protegidos pelo fato de não serem parte na guerra, foram obrigados por Estigarribia a assinarem documento no qual manifestavam que não tiveram prejuízo e que nem a igreja fora saqueada. No dia 22, ao suspeitar que dois soldados paraguaios desaparecidos durante a noite foram mortos, os oficiais da força invasora apregoaram que, se esses subalternos não aparecessem, em represália todos os moradores da vila, desde crianças até os mais velhos, seriam degolados. No final, os dois soldados foram encontrados embriagados, dormindo em campo adjacente a São Borja.[228]

Não há dúvida quanto à pilhagem sistemática, de propriedades urbanas e rurais, feita pela tropa invasora paraguaia, em seu percurso de São Borja até Uruguaiana, e de que os objetos saqueados foram conduzidos em carretas para o Paraguai. Há ainda informações de violência sexual contra mulheres que não tinham sido escondidas por suas famílias. Contudo, nem todo saque feito nesse período foi obra dos invasores. Alguns moradores que ficaram em São Borja juntaram-se aos invasores na pilhagem. Mesmo em áreas distantes até quase duzentos quilômetros de onde os paraguaios chegaram, todas as casas abandonadas por seus donos foram saqueadas.[229]

Em São Borja, Estigarribia recebeu novas ordens de Solano López. Elas eram para que a coluna invasora acampasse em Itaqui e estudasse o inimigo; reiteravam que não se entrasse em nenhum povoado e, por último, que Estigarribia deveria esperar nesse local a chegada do Exército principal, comandado pelo próprio Solano López. Quando este chegasse, decidiriam por atacar as tropas aliadas onde estivessem ou, então, marchar para o Uruguai. Estigarribia, porém, violou essas instruções e, desejoso de repetir a vitória inicial, decidiu marchar para Uruguaiana, deixando apreensivo Solano López, que enviou mais quinhentos homens para reforçar a coluna invasora.[230] Estigarribia ordenou que a força do major Pedro Duarte ocupasse a cidade de Paso de los Libres, na Argentina, do outro lado do rio onde estava a cidade brasileira de Uruguaiana.[231]

No dia 19 de junho, a parte principal do Exército de Estigarribia marchou em direção a Itaqui. Era acompanhada, à distância, pelas forças brasileiras do coronel Fernandes, as quais, à exceção de alguns entreveros, mantinham prudente distância, pois, sem canhões e em inferioridade numérica — eram entre 2 mil e 2500 brasileiros —, aguardavam reforço, solicitado a Canabarro, o qual nunca chegou. Em 7 de julho, Estigarribia ocupou e saqueou Itaqui: o primeiro dia foi reservado à ação dos oficiais e o seguinte à pilhagem da soldadesca; dessa vez, porém, o produto final não foi tão proveitoso, pois os habitantes, cientes da marcha dos invasores, tiveram tempo de levar seus objetos mais valiosos na fuga.[232] Um testemunho de oficial uruguaio, que fazia parte da coluna invasora, responsabilizou pelo estímulo ao saque o capelão e conselheiro de Estigarribia, o padre Duarte, "que tinha quase todos os vícios sem nenhuma das virtudes".[233]

Em 18 de julho, Estigarribia reiniciou a marcha de suas forças, rumo a Uruguaiana. No dia 24, os invasores chegaram ao rio Ibicuí onde, de acordo com ordem de Caldwell, deveriam ser atacados pela 1ª Divisão brasileira. Canabarro não executou a ordem, argumentando esperar reforços do acampamento aliado de Concórdia, pois não dispunha de tropa suficiente para derrotar o inimigo. Acrescentou, em curioso raciocínio, que, mesmo se saísse vencedor, não conseguiria impedir que o restante do Exército de Estigarribia retornasse ao Paraguai. Logo em seguida, esse chefe militar rio-grandense se opôs a outra tentativa de resistência, a de atacar os paraguaios no caudaloso rio Toropasso.[234] Apesar do título de general, Canabarro era inábil militarmente, sendo antes um guerrilheiro, como demonstrou durante a Revolução Farroupilha, do que um chefe militar.[235]

Uruguaiana, fundada em 1843, tinha cerca de 6 mil habitantes em 1865 e, por ordem do general Canabarro, fora preparada para resistir a um cerco. Não fora totalmente fortificada, mas dispunha de paredes de tijolo e de tábuas, bem como vários fossos; nela fora armazenada grande quantidade de víveres, de modo a permitir que a vila pudesse enfrentar um sítio prolongado. Canabarro dera sua palavra aos habitantes de que os paraguaios não entrariam em Uruguaiana e, como consequência, as casas de comércio e a alfândega estavam abarrotadas de gêneros alimentícios e mercadorias. A localidade tinha a defendê-la apenas duzentos guardas nacionais, "sem a menor aparência de soldados". Devido à má posição das trincheiras, Canabarro mandou arrasá-las no dia 4 de agosto, por crer que serviriam antes de apoio a um ataque do que de defesa à ação ofensiva de Estigarribia. A população de Uruguaiana entrou em pânico e fugiu de imediato em meio a grande confusão. Nessa mesma noite, Caldwell deu ordem de abandonar Uruguaiana e os soldados fugiram em pânico, deixando dois canhões que robusteceriam a força do inimigo. No dia 5, Caldwell tentou retardar o avanço paraguaio sobre essa localidade, atacando a vanguarda de Estigarribia no Passo do Imbá, mas Canabarro exigiu receber ordem por escrito para enviar suas tropas e argumentou que esse ataque seria uma imprudência. Isto apesar de as forças brasileiras na região alcançarem uns 7 mil homens e contarem com a vantagem da posição defensiva.[236]

Ainda assim a força do coronel Bento Martins se colocou entre o arroio Sauce e Uruguaiana, para retardar o avanço da vanguarda paraguaia. Ao mesmo tempo Caldwell e o barão de Jacuí posicionaram seus homens à esquerda da estrada pela qual o inimigo marchava e solicitaram alguns dos oito canhões que Canabarro possuía, para atacar a coluna paraguaia. Segundo João Pedro Gay, foram enviados quatro canhões sem artilheiros ou munição; já o barão do Rio Branco afirma que os canhões foram enviados tarde demais. De todo modo foi inviabilizada a ação contra Estigarribia que, em 5 de agosto, entrou em Uruguaiana após um breve tiroteio. A tropa do coronel Bento Martins, recuando diante do avanço paraguaio, entrou pelo norte da vila e saiu pelo sul, mas alguns soldados de sua retaguarda foram aprisionados pelo inimigo, levados para as proximidades do cemitério e degolados, à vista do general Canabarro e de todas as forças brasileiras.[237] A falta de resistência dos brasileiros mereceu crítica até dos próprios inimigos, a ponto de Francisco Barreiro, funcionário do Ministério da Guerra paraguaio, classificar de vergonhoso o abandono de Uruguaiana, quando os brasileiros tinham superioridade numérica e vantagem defensiva.[238]

Os invasores encontraram Uruguaiana vazia, exceto pela presença de poucas famílias de estrangeiros que, tal qual ocorrera em São Borja e Itaqui, não foram poupadas do saque. Os paraguaios logo reforçaram a fortificação da vila, circulando-a com um fosso e uma parede, construída uma parte de tijolo e, outra, de tábuas, coisa que os brasileiros, dispondo de muito mais tempo e recursos, não fizeram.[239] Os ocupantes de Uruguaiana se apossaram de grande quantidade de mantimentos em seus depósitos, principalmente bolachas, carne salgada e farinha; parte desses mantimentos, porém, fora envenenada pelos brasileiros, causando a morte de alguns soldados paraguaios.[240] Enquanto isso, a tropa imperial estava acampada na campina em torno da vila, vítima da fome e do frio, pois não recebera fardamento nem soldo para comprar roupas.[241] Sofriam particularmente as mulheres, esposas e amantes dos soldados brasileiros que, desabrigadas, logo ficaram doentes, havendo registro de mortes por frio.[242]

Ao entrincheirar-se em Uruguaiana, Estigarribia desobedeceu, de novo, às ordens de Solano López que eram de "retirar-se pelo caminho de São Miguel [...] por onde eu o esperava",[243] unindo-se à tropa do major Duarte.[244] Esta força esperaria, próxima do rio Uruguai, a chegada da tropa invasora vinda de Corrientes; a partir de então, comandado pessoalmente por Solano López, esse exército enfrentaria os soldados brasileiros no Uruguai. A esquadra imperial fundeada no rio Paraná após a vitória do Riachuelo era um obstáculo à marcha dos paraguaios desde Corrientes até esse ponto. Para contornar esse problema, Solano López planejava, com seu característico voluntarismo, sempre ao custo do sacrifício de terceiros, capturar "dez ou doze" barcos à vela da esquadra imperial.[245] Atuava na guerra antes como jogador disposto a fazer apostas arriscadas do que como um general ousado que usava as informações disponíveis para montar estratégias viáveis. O plano de capturar navios brasileiros não foi executado, anulado por seu irrealismo e por estarem os paraguaios encurralados em Uruguaiana.

A inépcia de Estigarribia em Uruguaiana mereceu críticas de diferentes estudiosos. Elas podem ser sintetizadas na avaliação dele, feita pelo major uruguaio Justiniano de Salvaniaach, membro da coluna invasora: "carecia de aptidões militares; era um sargento com as insígnias de tenente-coronel". Opinião confirmada por Cecilio Báez, para quem Estigarribia não soube o que fazer após entrar em Uruguaiana, rendendo-se, porque era "demasiado ignorante para adotar iniciativas por si próprio".[246]

Do lado brasileiro, todos os envolvidos na defesa do Rio Grande do Sul buscaram transferir, para outros, a responsabilidade de tamanha inépcia militar, que permitiu aos paraguaios chegarem com facilidade até Uruguaiana. Chefiava, então, o governo imperial o conselheiro Furtado, o qual se defendeu com o argumento de que, sob sua administração, se alcançaram as duas decisivas vitórias militares de Riachuelo e de Jataí, e jogou a responsabilidade da invasão do Rio Grande do Sul em seu presidente, que dera garantias de ter tomado medidas defensivas, e no ministério anterior, que não teve nenhuma iniciativa para melhorar as condições militares dessa província. João Marcelino de Souza Gonzaga, presidente gaúcho, por sua vez, justificou-se ao lembrar que tivera, com poucos recursos, que atender às requisições simultâneas dos generais Osorio e Canabarro, e ressaltou que este último lhe garantira que venceria os paraguaios. Já Canabarro lembrou que não fora atendido no pedido de reforço, feito antes da invasão, e que foi tática premeditada sua postura de permitir ao Exército paraguaio penetrar no território gaúcho, de modo a isolá-lo e destruí-lo. Por último, o general Osorio argumentou que não socorreu o Rio Grande do Sul com suas forças do acampamento de Concórdia — cerca de 16 mil homens — por estar convencido de que a invasão paraguaia estava derrotada a priori e, ainda, devido à precária situação de seus soldados que eram, em grande parte, recrutas inexperientes. Ademais, Osorio expôs a Francisco Otaviano que sua tropa não podia ser enfraquecida, por constituir-se na base do Exército aliado, que enfrentaria a divisão do general Robles, na marcha deste em direção ao sul.[247] Com a deserção da cavalaria de Urquiza em Basualdo, no início de julho, tornou-se ainda mais importante a permanência da força de Osorio em Concórdia, a ponto de o governo argentino solicitar que fosse reforçada, assim como a tropa brasileira no Rio Grande do Sul.[248]

As forças aliadas em Concórdia eram improvisadas e careciam de uma coordenação entre objetivos e meios. Não havia, à época, estudos sobre hipóteses de guerra, que se tornaram comuns posteriormente por parte dos Estados-maiores, e que identificavam possíveis inimigos e o modo de operar militarmente contra eles. Aquela falta de coordenação é outro fator que explica a facilidade com que as forças invasoras penetraram pelo território gaúcho. Todos os envolvidos, do lado brasileiro, tinham uma parcela de razão ao defenderem sua atuação diante dos invasores, mas também tinham algum grau de responsabilidade. A defesa mais frágil, porém, foi a de Canabarro, pois a alegada carência de recursos não justifica, quer seu imobilismo, quer a demora em juntar suas forças, a 1ª e a 2ª Divisão, sob o comando de seu desafeto pessoal,[249] o barão de Jacuí, ação realizada apenas quando os paraguaios entraram em Uruguaiana.

As atuações dos generais Canabarro e Caldwell, caracterizadas pela falta de espírito de combate, constituíram motivo de fortes críticas, sobretudo em relação ao primeiro, no Brasil e em Buenos Aires. Os defensores afirmam que Canabarro, ao concluir não ter forças suficientes para atacar os paraguaios, buscou atraí-los o quanto possível para o interior do Rio Grande, afastando-os de suas bases de operações — Concórdia e San Tomé — para derrotá-los quando chegassem a Concórdia ou se internassem no pampa gaúcho. O barão do Rio Branco lembra o "quase desarmamento" da província gaúcha e a falta de embarcações de guerra brasileiras no rio Uruguai para defender Canabarro, afirmando que sua "prudência" teria permitido destruir, em setembro, as forças de Estigarribia. Essa opinião é, porém, minoritária: Canabarro não foi prudente, foi inerte. Para Sousa Júnior os invasores encontraram uma "fragmentária e desorganizada resistência", que é classificada de "frouxa" pelo general Tasso Fragoso. Pereira Costa, contemporâneo dos acontecimentos, responsabiliza Canabarro e Caldwell por não cumprirem as ordens recebidas do governo imperial, sendo que o primeiro "iludiu" o presidente gaúcho com promessas não cumpridas e análises irrealistas.[250] A documentação demonstra que as autoridades do Rio Grande do Sul não acreditavam em invasão paraguaia à província e, consumado o fato, de início resistiram a aceitá-lo. A falta de um comando único, em que uma pessoa ocupasse, simultaneamente, a presidência e o comando militar do Rio Grande, dificultou sua defesa.

O governo imperial suspendeu o general Canabarro do comando superior da Guarda Nacional para submetê-lo a Conselho de Investigação com a finalidade de determinar se havia ou não motivo para levá-lo a um Conselho de Guerra. A instância de investigação não chegou a ser instalada e Canabarro morreu em 1867, com 74 anos de idade; ninguém chegou a ser responsabilizado pela débil resistência à invasão paraguaia. A anemia estrutural das forças imperiais e a negligência do governo brasileiro explicam parcialmente o despreparo da província gaúcha. Não se podem isentar dessa responsabilidade as autoridades gaúchas que, mesmo após a invasão paraguaia de Corrientes, quando era bastante provável o ataque a território rio-grandense, ainda assim não tomaram as necessárias medidas defensivas.

Para Joaquim Nabuco o quadro político interno brasileiro e sua repercussão no Sul do país explicam a ausência de tais medidas. O despreparo gaúcho relaciona-se com a mudança, em maio de 1865, do gabinete no Rio de Janeiro, que deixou, então, de ser constituído pela facção liberal dos "históricos" e passou a sê-lo pela dos "progressistas". Cada facção política tinha seu general no Sul e, com isso, a alteração do ministério implicava a mudança do comando militar do Rio Grande, ou "pelo menos um profundo abalo entre os chefes militares"; as questões da guerra eram tratadas sob o prisma dos interesses políticos internos. Essa província estava dividida em três correntes, "que não assinaram tréguas durante a guerra": os liberais "históricos", com os generais Canabarro e Osorio; os liberais "progressistas", com o conde de Porto Alegre; e os conservadores, que se identificavam com Ferraz, o ministro da Guerra, e, a partir de fins de 1866, com Caxias como comandante em chefe das forças brasileiras no Paraguai. Estava em jogo o enriquecimento proporcionado pelos fornecimentos às tropas, pois, segundo Nabuco, "a guerra era uma cornucópia inesperada que se derramava sobre a província" gaúcha, com os partidos acusando-se mutuamente de "falta de moralidade". Em torno do político e do general, "formava-se sempre uma clientela ávida de dinheiro, que só pensava em enriquecer à custa do Tesouro". Essa situação mereceu registro, inclusive, de um espião paraguaio instalado em Paso de los Libres, diante de Uruguaiana. A corrupção no Rio Grande do Sul era tão grande, escreveu o espião, que esse era o motivo de, em dezembro de 1864, ainda não terem sido comprados cavalos para as poucas forças brasileiras existentes na província. O informante descrevia uma província desguarnecida militarmente, oficiais superiores despreparados, com exceção de Osorio e Sampaio.[251]

O clima de inércia, insubordinação e anarquia em que se encontrava o Sul levou dom Pedro II a decidir-se por ir à província meridional.[252] Às objeções apresentadas pelo Conselho de Estado a essa viagem, o monarca respondeu "se me podem impedir que siga como Imperador, não me impedirão que abdique, e siga como voluntário da pátria".[253] Se dependesse exclusivamente dos chefes militares do Rio Grande do Sul, os paraguaios permaneceriam na província o tempo que desejassem.[254]

O imperador partiu em 10 de julho, no navio *Santa Maria*, com uma comitiva composta pelos genros Gastão de Orléans, conde d'Eu, e Luís Augusto Maria Eudes de Saxe-Coburgo-Gotha, duque de Saxe; os generais marquês de Caxias e Francisco Cabral como ajudantes de campo; o almirante Rodrigo Antonio de Lamare e o ministro da Guerra, Ângelo Muniz da Silva Ferraz. A comitiva desembarcou no porto de Rio Grande e percorreu o caminho rumo ao interior, passando por Porto Alegre, Rio Pardo, Cachoeira, Caçapava, São Gabriel e Alegrete. Em todo o trajeto o imperador foi recebido com festas populares espontâneas, como foguetórios, e manifestações de apreço da população.[255] A viagem impulsionou o esforço de guerra e pôs fim à inércia militar brasileira, restabeleceu a ordem administrativa e militar no Rio Grande do Sul e adquiriu uma dimensão simbólica, com a presença do monarca em uma província com antecedente republicano.

A invasão bem-sucedida do Rio Grande obrigou o comando da Tríplice Aliança a considerar a necessidade de remeter reforços para essa província. Mitre enviou, do acampamento de Concórdia, uma força sob o comando do general Flores, denominado Exército de Vanguarda, que, subindo ao longo da margem correntina do rio Uruguai, avançou por 289 quilômetros, sob o rigor do inverno e em região despossuída de recursos, em direção a Paso de los Libres, para enfrentar a coluna paraguaia do major Duarte que aí entrara em 31 de agosto de 1865. Flores recebeu o reforço das tropas do general Paunero, vindo do centro de Corrientes, para a eventualidade de a coluna de Estigarribia atravessar o rio. A travessia não poderia ser contida pela força brasileira, ainda pouco organizada, que se encontrava diante de Uruguaiana.[256] O Exército de Vanguarda ficou, então, composto por 4500 soldados argentinos, 2440 uruguaios e 1450 brasileiros, do coronel Kelly, num total de 8390 homens — 4 mil de cavalaria — e com 24 canhões. Essa força encontrou a coluna de Duarte em posição defensiva, junto ao arroio Jataí, afluente do Uruguai. Flores aproveitou-se do erro de Estigarribia, de manter divididas as forças paraguaias, e atacou frontalmente e pelo flanco os 3200 paraguaios, seminus, e que não contavam com qualquer artilharia.[257]

Em 9 de setembro, batedores paraguaios alertaram sobre a aproximação da força do general Flores, fato comunicado a Estigarribia no dia seguinte e por ele ignorado.[258] Duarte foi abandonado à própria sorte e a superioridade aliada se impôs, sendo os paraguaios derrotados após lutarem bravamente. As baixas aliadas foram de 83 mortos e 257 feridos, enquanto os paraguaios tiveram 1700 mortos, trezentos feridos e 1200 prisioneiros. Flores reconheceu que os paraguaios "combateram como bárbaros [...] não há força humana que os faça renderem-se e preferem a morte à rendição".[259] Solano López escreveu, com razão, que os aliados exageravam na força militar da coluna de Duarte e omitiam sua graduação, de major, por terem vergonha de que, para enfrentá-lo, recorreram a força muito superior e comandada por generais. Comentou, também com procedência, que Duarte lutou sem seus dois corpos de cavalaria, pois um dos comandantes desertou, enquanto o outro foi imprudente.[260] Contudo, como sempre voluntarista e não valorizando a vida de seus comandados, Solano López criticou Duarte por não ter participado diretamente da batalha, "até a exaustão", deixando-se aprisionar e ser "mostrado como troféu". Escreveu o governante paraguaio que:

> [...] sinto a mais viva pena em saber que muitos [paraguaios] foram feitos prisioneiros [...] porque é necessário que o soldado paraguaio morra e não se renda, vendendo caro sua vida ao inimigo, antes de servir de escárnio e [ser] objeto de crueldades e infâmias [...] A mais imponente arma que temos na guerra deve ser a de vencer ou morrer, jamais render-se. [...] Assim, nos imporemos ao inimigo que não sabe morrer, porque não tem fé em Deus e por carecer de justiça a causa que defende.[261]

Jataí foi a primeira vitória aliada na guerra. Seu resultado reergueu a moral dos aliados e contribuiu para neutralizar os planos militares de Solano López, ao isolar a coluna de Estigarribia em Uruguaiana. Inviabilizou-se, assim, que Duarte funcionasse como eventual instrumento de ligação entre essa força e a do general Robles em Corrientes.

A única alternativa que restava a Estigarribia à derrota seria sair de Uruguaiana, e ele chegou, mesmo, a dar ordem de retirada. Cancelou-a, porém, quando, ao começar a evacuar a vila, deparou-se com tropas inimigas. Também teria contribuído para essa atitude o fato de Estigarribia temer ser punido por Solano López, caso não chegasse a tempo no ponto combinado para unir-se às forças paraguaias vindas de Corrientes.[262] Independentemente do motivo, a realidade é que esse coronel "permaneceu inutilmente" em Uruguaiana.[263]

Ainda fora do território brasileiro, Flores intimou Estigarribia a se render, mas recebeu, em linguagem cautelosa, uma recusa como resposta. Em 21 de agosto, diante de Uruguaiana, o general Porto Alegre assumiu o comando das forças brasileiras em ação no Rio Grande do Sul, substituindo o general Caldwell. Logo chegou Tamandaré e houve uma conferência entre os comandantes aliados para definir a ação militar a ser tomada contra o inimigo. Os chefes militares brasileiros defenderam que se esperasse o imperador chegar para, então, tomar uma decisão definitiva. Em 2 de setembro, Flores e Paunero insistiram em um ataque imediato, o que foi rejeitado pelos comandantes brasileiros. Nessa ocasião houve desentendimento entre Flores, de um lado, e Tamandaré e Porto Alegre, de outro, quanto à ação contra os invasores; os brasileiros defendiam que se obtivesse a rendição pela fome e, ainda, que se aguardasse a chegada de Pedro II. Flores acusou-os de tratá-lo como tolo e ameaçou voltar com suas tropas para a outra margem do rio Uruguai. Para reforçar seu argumento de ataque imediato, o general uruguaio afirmou que só com seus 5557 homens — 2971 argentinos antes do reforço do Batalhão Santa Fé, 1170 uruguaios e 1416 brasileiros — seria possível atacar e destruir a Divisão de Estigarribia. Os dois chefes brasileiros responderam que a ideia era uma fanfarronada e, mais, que o Rio Grande do Sul não precisava de auxílio estrangeiro para aniquilar as forças invasoras. Ao perceber que se excedera, Flores acabou por fazer as pazes com Tamandaré e Porto Alegre.[264]

Em 4 de setembro, o almirante brasileiro visitou Osorio, no acampamento em Concórdia, em busca de reforços para o cerco de Uruguaiana. Mitre, que lá se encontrava à frente do Exército aliado, autorizou o envio de dois batalhões brasileiros e decidiu também ir a Uruguaiana, a bordo do vapor *Onze de Junho*, em companhia de Tamandaré; Osorio permaneceu, ocupando a função de comandante em chefe aliado. Navegando pelo rio Uruguai, Mitre mandou embarcar o 11º Batalhão do Exército imperial e o Batalhão argentino Santa Fé, para reforçar o cerco a Uruguaiana, aonde chegou em 10 de setembro. A chegada, no dia seguinte, de Pedro II foi providencial, pois o general conde de Porto Alegre se recusara a entregar o comando da força imperial a Mitre, argumentando, com razão, que essa função cabia a um general brasileiro. Afinal, o Tratado da Tríplice Aliança dispunha que o comando em chefe seria brasileiro, caso as ações militares se dessem no território do Império. Mitre, porém, afirmava que tropas aliadas sob seu comando — as forças lideradas por Flores — tinham entrado no Rio Grande em perseguição ao inimigo, o que não correspondia à realidade e, mesmo se o fosse, não alteraria o disposto naquele tratado. A presença de dom Pedro em Uruguaiana distendeu a situação e a discussão teve fim, ficando o comando brasileiro a cargo de Porto Alegre e do ministro da Guerra; Mitre comandou outro Exército, composto de argentinos, orientais e da força brasileira que os acompanhava. O monarca, por sua vez, assistiu ao sítio imposto aos paraguaios, mas não desempenhou função de comando.[265]

A essa altura, era extrema a miséria dos soldados paraguaios em Uruguaiana. Eles haviam consumido com prodigalidade e, mesmo, inutilizado a grande quantidade de víveres que aí encontraram, talvez por pensarem que não permaneceriam muito tempo na vila. Como consequência, para se sustentarem, recorreram a carne de cavalo, de gatos, de cachorros, de ratos e mesmo de insetos, que encontravam no interior dos muros. Muitos desses soldados adoeciam, quer por fome ou alimentação inadequada, quer por doenças decorrentes das más condições higiênicas, pois os restos dos animais devorados ficavam amontoados pela vila, tornando-se foco de doenças.[266]

Do lado aliado, foram feitos os preparativos para o ataque na manhã do dia 18 de setembro, a ser executado pelo 1º Corpo de Exército, sob o comando de Porto Alegre, pelos soldados argentinos, comandados pelo general Paunero, e pela força de Flores. Eram 17 346 aliados, dos quais 12 393 brasileiros, 3733 argentinos e 1220 uruguaios, dispondo de 42 canhões; havia, ainda, a força fluvial, comandada por Tamandaré, composta de cinco vapores e duas chatas, com doze canhões. A maior parte dos soldados aliados tinha experiência militar, mas os 6350 homens da cavalaria — 6 mil brasileiros, trezentos argentinos e cinquenta uruguaios — eram inúteis em ataque a uma posição fortificada; por esse motivo, outros 2123 cavalarianos já tinham sido desmontados e improvisados como infantaria. As forças aliadas encontravam-se pessimamente alimentadas, exaustas, sem roupas e barracas apropriadas para se protegerem do inverno. Ainda assim, sua vantagem numérica e a possibilidade de receber reforços tornavam inviável aos 5200 famélicos paraguaios resistirem prolongadamente ao cerco ou enfrentarem em combate o inimigo.[267]

Do cerco de Uruguaiana participou a 1ª Companhia de zuavos baianos — até o início de 1866, foram enviadas onze —, composta exclusivamente de negros, inclusive os oficiais.[268] O conde d'Eu classificou-a de "a mais linda tropa do Exército brasileiro". Meses depois, em dezembro de 1865, no acampamento de Lagoa Brava, próximo da cidade de Corrientes, o general Osorio dissolveu a Companhia de zuavos e distribuiu seus soldados entre outros batalhões e enviou muitos deles para trabalharem de serventes nos hospitais. Era "gente forte e brava", escreveu Dionísio Cerqueira lamentando a dissolução.[269]

Ao meio-dia, antes de desencadear o ataque, o comandante do Exército brasileiro, Porto Alegre, fez um último apelo de rendição a Estigarribia, terminando a nota com a saudação "Deus guarde a V. S.", tratamento sempre presente nas trocas de notas entre aliados e paraguaios durante o conflito. Cercado, Estigarribia aceitou a rendição sob três condições: seus homens receberiam o tratamento prescrito aos prisioneiros de guerra; os oficiais paraguaios sairiam de Uruguaiana com suas armas e bagagem e iriam residir onde desejassem, desde que não fosse em seu país, e seriam sustentados pelos aliados e, por último, os oficiais uruguaios, a serviço do Paraguai, ficariam prisioneiros do Império, gozando dos mesmos direitos dos paraguaios. As condições foram aceitas, exceto a saída dos oficiais paraguaios com suas armas, aos quais, porém, foi permitido escolher o local de "residência" — não ficaram em prisões —, em território aliado. O coronel uruguaio Palleja, testemunha ocular, afirma que a tropa paraguaia estava bêbada e queria render-se. Enquanto se davam as negociações de rendição, soldados paraguaios saíram espontaneamente das fortificações e subiram na garupa da cavalaria aliada, basicamente rio-grandense. Devido a essa situação confusa, escreveu Palleja, esses soldados não foram registrados oficialmente; seria de 5545 o verdadeiro número dos que se renderam e não os 5131 citados oficialmente. Os paraguaios saíram de Uruguaiana desarmados e desfilaram durante duas horas diante de dom Pedro e pelo meio do Exército aliado, todos descalços, à exceção dos 59 oficiais que a coluna invasora possuía.[270]

Prisioneiros, o coronel Estigarribia e outros oficiais tinham livre movimentação no acampamento brasileiro e no uruguaio, portando, inclusive, pistolas e espadas e sendo tratados "como irmãos em desgraça". Os soldados prisioneiros, de Jataí e de Uruguaiana, foram distribuídos entre os três Exércitos aliados. Do lado argentino e principalmente uruguaio incorporaram-se os prisioneiros aos

Soldado paraguaio feito prisioneiro em Uruguaiana. A rendição da coluna paraguaia, que invadiu o Rio Grande do Sul, contribuiu para inviabilizar o plano de Solano López de vencer o Exército brasileiro que invadira o Uruguai.

respectivos exércitos, para lutar contra seus conterrâneos, o que foi contraproducente, pois, na marcha para Corrientes, na primeira oportunidade eles fugiram de volta ao Paraguai.[271] O jovem capitão argentino Domingo Fidel Sarmiento — Dominguito —, enteado do futuro presidente Sarmiento, estava seguro de que os prisioneiros paraguaios lutariam "nas nossas fileiras com entusiasmo", argumentando serem pessoas "boas, humildes e jamais terão sonhado com se verem bem alimentandos, vestidos e pagos". Flores, por sua vez, incorporou uns 1700 prisioneiros à sua tropa, compondo um batalhão inteiro denominado Batallón de Voluntarios Independientes, sob comando do major Francisco Elías, e outros seiscentos foram enviados para trabalhar em Montevidéu.[272]

Mitre discordava dessa prática de Flores e era favorável a que se aceitasse somente prisioneiros voluntários e até o limite de 15% do total das tropas. Contudo, os prisioneiros paraguaios apresentavam-se voluntariamente, e em grande quantidade, para ingressar no Exército argentino, que incorporou 1030 deles, da cota de 1400 que lhe coube.[273] Cada um dos incorporados recebia um soldo mensal de sete pesos, normalmente pago com atraso, o que ocorria também com os soldados argentinos.[274] Os demais prisioneiros tiveram que procurar por si mesmos os meios de subsistência e a maior parte deles foi servir na fronteira da Patagônia, incorporada às tropas argentinas. Os comentadores da primeira edição do livro de George Thompson na Argentina escreveram que chegaram a Buenos Aires "uns trezentos [prisioneiros] e foram trabalhar como peões e serventes, por sua própria conta". O major Duarte, por exemplo, durante dezesseis meses residiu no departamento de Dolores, ao sul, fazendo trabalho doméstico; posteriormente recebeu uma proposta comercial do exilado paraguaio Fernando Saguier e mudou-se para a localidade de Rojas. Ambos foram sócios no comércio de gado até dezembro de 1869, quando Duarte retornou a Assunção, já ocupada pelas forças brasileiras.[275]

No Brasil, em um primeiro momento, os prisioneiros paraguaios trabalharam para particulares no Rio Grande do Sul. Logo o governo da província mandou recolhê-los e recebeu ordens de enviar aqueles que fossem oficiais a Santa Catarina e os soldados ao Rio de Janeiro. Durante toda a guerra, tanto os oficiais como os soldados prisioneiros receberam soldo idêntico ao pago à sua patente no Exército brasileiro, vestuário, alimentação e alojamento por conta do governo imperial. Foram distribuídos por diversas províncias, designados para quartéis ou repartições públicas, com a finalidade administrativa de terem lotação onde recebiam seus vencimentos. Os prisioneiros ocupavam seu tempo em dormir e em "vagar" pelas ruas, gastando como o desejassem o soldo que recebiam.[276] Um dos expoentes paraguaios da guerra, o general Bernardino Caballero, aprisionado no final do conflito, foi enviado para o Rio de Janeiro, e constituiu-se em uma exceção ao não receber soldo equivalente à sua patente mas, sim, à de coronel, que era de 120 réis — quase quinze libras esterlinas. Caballero vivia em uma pensão e tornou-se amigo de José Maria da Silva Paranhos Júnior — filho do visconde do Rio Branco e futuro barão do Rio Branco — e ambos divertiam-se juntos na noite carioca. O próprio coronel Estigarribia optou por viver no Brasil e foi transferido para a Corte, onde era alvo de curiosidade da população, pois gozava de liberdade de movimento, frequentando, inclusive, o teatro.[277] José Falcón, aprisionado em Cerro Corá e enviado para o Rio de Janeiro, com outros prisioneiros paraguaios, registrou que "lá tivemos hospitalidade muito generosa

Operacões militares em Corrientes e Rio Grande do Sul

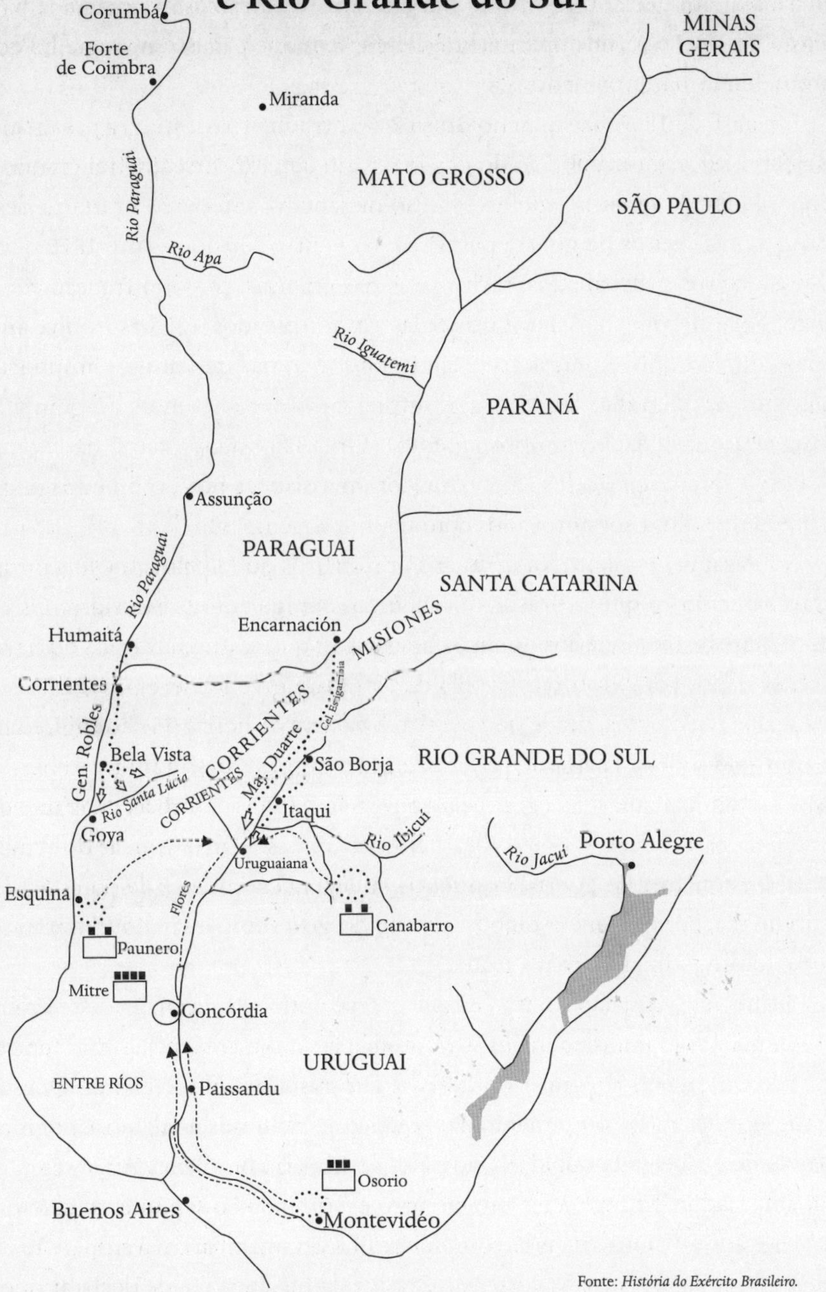

Fonte: *História do Exército Brasileiro.*

e auxílios do governo para subsistir", recebendo pagamento mensal de 60 mil réis. Falcón, a seu pedido, foi recebido pelo imperador ("muito amável") em audiência, a quem queixou-se de que sua casa em Assunção estava ocupada havia mais de um ano por funcionários brasileiros, sem que pagassem aluguel; Pedro II prometeu tomar providências.[278]

Em abril de 1869, existiam no Brasil 2458 prisioneiros de guerra paraguaios, dos quais 2183 estavam no Rio de Janeiro.[279] Em janeiro desse ano foi criada, na Escola Militar da Praia Vermelha, no Rio de Janeiro, um curso primário destinado aos prisioneiros de guerra paraguaios. O curso funcionou até 1870 e teve 180 prisioneiros matriculados, inclusive várias crianças, pois, no transcorrer da guerra, Solano López passou a utilizá-las como soldados. O curso tinha aulas diárias de três horas de duração e oferecia as matérias de leitura ("impressa e manuscrita"), caligrafia, aritmética, doutrina cristã e rudimentos de gramática portuguesa e civilidade (comportamento). Em 1870 houve exame na escola e 129 alunos foram aprovados. As provas foram assistidas por dom Pedro II, que distribuiu medalhas aos aprovados com melhor desempenho.[280]

No Paraguai também foi dado aos prisioneiros do *Marquês de Olinda* tratamento parecido ao que o Brasil concedeu aos paraguaios aprisionados. Os oficiais militares e funcionários públicos brasileiros, que se encontravam no navio, foram enviados para viver em Capilla de San Joaquín, e forneceram-lhes casa e metade dos seus soldos, desde que dessem a palavra de honra de não fugirem. O total dos soldos desses prisioneiros era de 242 patacões e passaram a receber 121 pesos,[281] quantia a que se chegou pela conversão paritária entre as duas moedas quando, na realidade, o dinheiro brasileiro valia mais. Com o passar do tempo, porém, prisioneiros de guerra brasileiros, independentemente de patente, deixaram de receber qualquer soldo por parte do governo paraguaio e, durante a guerra, foram vítimas de maus-tratos.

Diante de Uruguaiana, dom Pedro II obteve outra vitória em 23 de setembro de 1865, quando o ministro inglês Thornton apresentou credenciais, por ter sido removido da Argentina para o Brasil. Esse fato resultou da solução da Questão Christie, que levara ao rompimento diplomático entre Brasil e Inglaterra, por meio do laudo do rei belga Leopoldo I, favorável ao Império brasileiro. Ao apresentar-se ao imperador, Thornton fez um discurso exprimindo "o sentimento com que Sua Majestade a Rainha viu as circunstâncias que acompanharam a suspensão das relações de amizade entre as cortes do Brasil e da Inglaterra, e de declarar que o governo de Sua Majestade [britânica] nega de maneira mais solene toda a intenção de ofender a dignidade do Império do Brasil".[282] A canhoneira inglesa que trouxe Thornton até Uruguaiana hasteou, então, a bandeira do Império brasileiro no lugar de honra da embarcação e saudou-a com 21 tiros de canhão.[283]

A rendição de Uruguaiana e o pedido de desculpas britânico, segundo Barman, "marcaram um ponto alto no reinado de d. Pedro II". Afinal, frente a séria crise externa, ele reagiu com energia, contribuindo "decisivamente" para a derrota paraguaia no Rio Grande do Sul e, com "sua insistência em defender a honra nacional na Questão Christie", ajudou "a obter da nação mais poderosa da Europa [...] desculpas formais".[284]

Em 24 de setembro, os chefes aliados discutiram em Uruguaiana, e ficou decidida a marcha das forças aliadas para Corrientes, a fim de enfrentar os invasores. No dia seguinte Pedro II partiu a bordo da canhoneira *Onze de Junho* e, após visitar Itaqui e São Borja, voltou ao Rio Grande e daí retornou ao Rio de Janeiro.[285] Quanto a Solano López, apesar de "frio [e] impassível", mesmo ao receber notícias importantes, chorou ao saber da derrota paraguaia em Uruguaiana.[286]

Recuo paraguaio; avanço aliado

Com a rendição de Uruguaiana, os aliados dispunham de duas forças, uma nesse local e outra em Concórdia. Era necessário reuni-las e marchar por mais de duzentos quilômetros, até alcançar Corrientes, para atacar os paraguaios. Em 19 de setembro, as tropas aliadas de Uruguaiana começaram a atravessar o rio Uruguai e a marchar em direção à vila de Mercedes, ponto de reunião aliado e para o qual também se dirigiram os generais Osorio e Gelly y Obes, vindos de Concórdia. Esta estava muito distante de Corrientes, futuro teatro de operações, enquanto Mercedes estava mais próxima e distante pouco mais de duzentos quilômetros de Uruguaiana, de onde viriam marchando as tropas brasileiras que tinham participado do cerco aos invasores do coronel Estigarribia.

A passagem das tropas brasileiras por Paso de los Libres foi relatada por Augusto Parmentier, vice-cônsul francês nessa localidade. Escreveu que os oficiais brasileiros eram bem preparados, mas tinham que enfrentar a falta de disciplina e coesão dos soldados que se roubavam uns aos outros e aos seus superiores, vendendo o que obtinham aos comerciantes locais. As forças brasileiras levavam, porém, "muito ouro", a ponto de as libras esterlinas serem usadas para troco

Fugir para a Inglaterra ou Bolívia, com o dinheiro que tinha; cair prisioneiro ou lutar em Humaitá eram as opções de Solano López em setembro de 1865, segundo jornal satírico carioca Paraguay Illustrado.

de valores pequenos. Os comerciantes de Paso de los Libres se aproveitavam da situação para cobrar preços extorsivos de qualquer mercadoria. Os soldados compravam sobretudo bebidas alcoólicas, e preferiam a pinga, cujo litro chegava a custar quatro libras esterlinas.[287]

As tropas chegavam do Brasil com muita bagagem e dificultavam a marcha, também retardada pelas mulheres que as acompanhavam. Em território brasileiro, o número de mulheres chegava a ultrapassar, às vezes, o de soldados, e foi reduzido durante a marcha rumo a Corrientes, devido às privações que elas tiveram que enfrentar.[288] Também do lado argentino elas ficaram "ocultas na penumbra da história" e é impossível calcular o número de mulheres que seguiram maridos e companheiros alistados no Exército. O argentino Francisco Seeber escreveu sobre elas com admiração, em 1866, do campo de batalha:

> [...] Essas infelizes seguem nossos movimentos [do Exército aliado], se vestem pobremente, se alimentam com o que sobra, vivem sob os galhos, lavam e cozinham para os soldados e lhes dedicam os maiores cuidados quando ficam doentes ou caem feridos. Seus maridos ou amigos muitas vezes as tratam mal e elas morrerão no esquecimento. Ninguém se lembrará delas, exceto para menosprezá-las.[289]

O brasileiro José Luiz Rodrigues da Silva ratifica o que Seeber escreveu. Rodrigues da Silva lembra que, no Passo da Pátria, havia mulheres "de vida alegre" que, nos pontos mais perigosos da frente de combate, socorriam feridos, rasgavam roupas para fazer ataduras e permaneciam junto deles até o final da luta. Azevedo Pimentel cita uma Florisbela que, ao acompanhar o 29º Corpo de Voluntários da Pátria, participava dos combates pegando a carabina do primeiro homem que caía ferido e, finda a luta, ia ajudar no hospital.

> E, no entanto... quem hoje fala em Florisbela, ignorada, desconhecida, quando merecia uma epopeia?
>
> [...]
>
> Todo o 2º Corpo de Exército, às ordens do conde de Porto Alegre, viu-a, admirou-a, invejou-a. A Pátria esqueceu-a.[290]

Das mulheres brasileiras que estiveram na guerra, apenas Ana Justina Ferreira Nery passou a ser devidamente lembrada. Era, porém, exceção, por não

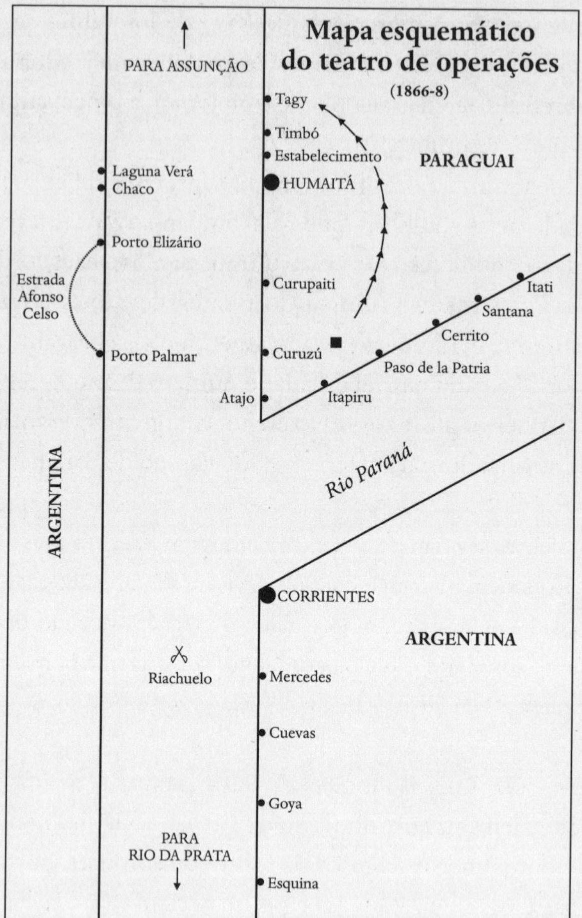

Fonte: Helio Leôncio Martins, *A estratégia naval brasileira na Guerra do Paraguai.*

ser uma companheira, uma mulher só, mas, sim, uma viúva, do capitão de fragata Antonio Nery. Ela seguiu para o Paraguai com os três filhos combatentes, para deles cuidar, e acompanhou, em 1865, o 40º Batalhão de Voluntários da Pátria, comandado por seu irmão Joaquim Maurício Ferreira. Durante a guerra, Ana Nery residiu em Corrientes, Humaitá e Assunção, tratou de doentes em hospitais e até converteu sua casa em hospital. Mais tarde, o governo imperial concedeu-lhe uma pensão e a medalha de prata por serviços prestados.[291] Tanta dedicação levou a ser apelidada, pela tropa, de "mãe dos brasileiros".[292]

Era um contraste com Florisbela que, como escreveu Azevedo Pimentel, "tinha a desventura de ser uma *transviada*, sem nome, nem família". A figura antes de mãe do que de mulher — esposa, companheira ou aventureira — levou a sociedade da época a erigir Ana Nery como heroína emblemática, mesmo porque seus filhos eram oficiais, parte integrante da elite brasileira. Ela "era a viúva honrada", enquanto Florisbela "não tinha a virtude de Ana Nery" mas, "como a Madalena da Bíblia, merecia achar um Cristo que penhorado [...] a amasse e venerasse!".[293]

As forças aliadas de Concórdia não tinham capacidade operativa para uma marcha longa em curto espaço de tempo. Para alcançar Mercedes tiveram que atravessar uma região pouco povoada, pobre em vias de comunicação, cortada por caudalosos riachos e com falta de suprimento adequado de mantimentos. A essas dificuldades se somou o rigor do clima, o inverno platense — para o qual as forças brasileiras, vindas do norte do Império, não estavam preparadas —, logo substituído por calor sufocante e chuvas, que retardaram a marcha e facilitaram a propagação de doenças. Para evitar a morte por fadiga das montarias, muitos soldados carregavam as selas de seus cavalos e tinham, ainda, que ajudar a desatolar as pesadas carretas transportando armamento e mantimentos, que os exauridos bois não conseguiam puxar. Como resultado, somente em fins de outubro a força aliada se concentrou em Mercedes, sendo que dos 3 mil homens da tropa de Flores, seiscentos estavam enfermos, enquanto Osorio perdera, desde que partiu do acampamento próximo a Montevidéu, 5 mil soldados, entre mortos nos hospitais militares e os doentes enviados para a capital argentina e a uruguaia. Em virtude das precárias condições higiênicas nesse acampamento, morriam diariamente entre sessenta e cem soldados, devido, principalmente, ao sarampo, ao tifo e à disenteria.[294]

Em Mercedes eram cerca de 35 584 soldados exaustos — 16 173 argentinos, 13 828 brasileiros e 5 583 uruguaios —,[295] que não tiveram tempo de enfrentar o Exército invasor de Corrientes, como Mitre planejara. A desastrosa derrota no Rio Grande do Sul e o bloqueio do rio Paraná pela esquadra brasileira levaram Solano López a ordenar a Resquín que retornasse com suas tropas para o território paraguaio, pelo Passo da Pátria. Entre 31 de outubro desse mês e 3 de novembro, os paraguaios atravessaram a confluência dos rios Paraná e Paraguai, conhecida como Três Bocas, sem serem incomodados pela esquadra imperial. Não foi uma passagem fácil, pois carregaram consigo cerca de 100 mil cabeças de gado e cavalos, algumas centenas de carretas com o saque das estâncias e povoados correntinos e, ainda, a artilharia que utilizaram em Corrientes. Acompanharam os retirantes o triunvirato títere correntino e outros habitantes da província que aceitaram a hospitalidade oferecida pelo governo paraguaio na nota oficial em que comunicava a retirada das tropas. Um deles, Silveiro, foi aprisionado pelos aliados em 1º de março de 1870, em Cerro Corá, e permaneceu vivendo no Paraguai.[296]

A inércia dos navios de Barroso foi, à época, motivo de críticas, o mesmo ocorrendo com a ausência de Tamandaré, que permanecia em Buenos Aires. A falta de práticos sobre essa parte do Paraná e as águas baixas do rio, devido à vazante, "foram os obstáculos, ou antes as desculpas para justificar a inação dos nossos navios".[297] Contudo, Barroso de fato não conhecia a calha fluvial do rio Paraná, não dispunha de nenhuma carta hidrográfica, nem conseguiu em Corrientes um prático que a conhecesse, o que colocava em risco de encalhe as embarcações brasileiras que por ali se aventurassem, e podiam, então, ser destruídas pela artilharia paraguaia. Dos dez navios que compunham a Divisão de Barroso apenas seis canhoneiras da esquadra eram verdadeiramente operacionais, e os paraguaios poderiam atravessar o Paraná, além do Passo da Pátria, em outros pontos, num trecho de uns quarenta quilômetros, pontilhados de ilhas e bancos de areia.[298] Para vigiar essa extensão e tentar impedir a retirada paraguaia, as seis canhoneiras teriam que ser divididas, consumindo o pouco carvão disponível, e assim ficar vulneráveis aos canhões de terra e à ação da própria esquadra paraguaia que, afinal, perdera apenas quatro vapores na batalha do Riachuelo. Nessas circunstâncias, é compreensível a cautela de Barroso, mas não se pode deixar de apontar que ela deu maior liberdade de movimento que o poder militar do inimigo lhe permitiria, caso a Marinha imperial ousasse mais. De todo modo, se houvesse ação dos navios brasileiros, o objetivo seria apenas o de causar baixas nas forças paraguaias, pois não seria possível impedir a retirada, já que inexistiam forças terrestres aliadas na região para bloqueá-la; o Exército aliado estava a mais de trezentos quilômetros de distância.

As campanhas do Uruguai e de Corrientes redundaram em desastre estratégico e político para Solano López. Perderam-se tropas bem treinadas e as que se retiraram de Corrientes o fizeram desmoralizadas e doentes.[299] Era uma grande derrota para o ditador, pois, como escreveu Mitre, o exército paraguaio se retirava tendo perdido em Uruguaiana e no território argentino "18 ou 20 mil homens, entre mortos e prisioneiros, enquanto houve menos de quinhentos homens perdidos entre nossos aliados".[300]

O plano original de Solano López fora ousado, mas era possível de ser realizado, não fosse o fato de ter premissas que se revelaram falsas — o apoio dos *blancos* e, principalmente, de Corrientes e Entre Ríos — e contar com dois comandantes, Estigarribia e Robles, incompetentes e desobedientes. Todavia, a res-

O cadete Dionísio Cerqueira, em 1866. Lutou na guerra desde o início e escreveu um dos melhores livros brasileiros de memórias sobre o conflito. O general Dionísio Cerqueira foi ministro das Relações Exteriores entre 1896 e 1898, na presidência de Prudente de Morais.

ponsabilidade do fracasso, "em grau máximo", cabe a Solano López, por não ter comandado diretamente as operações no campo de batalha. O líder paraguaio deixou a execução de seus planos na mão de subordinados que ele, melhor do que ninguém, "estava obrigado a saber" serem ineptos para essa tarefa.[301]

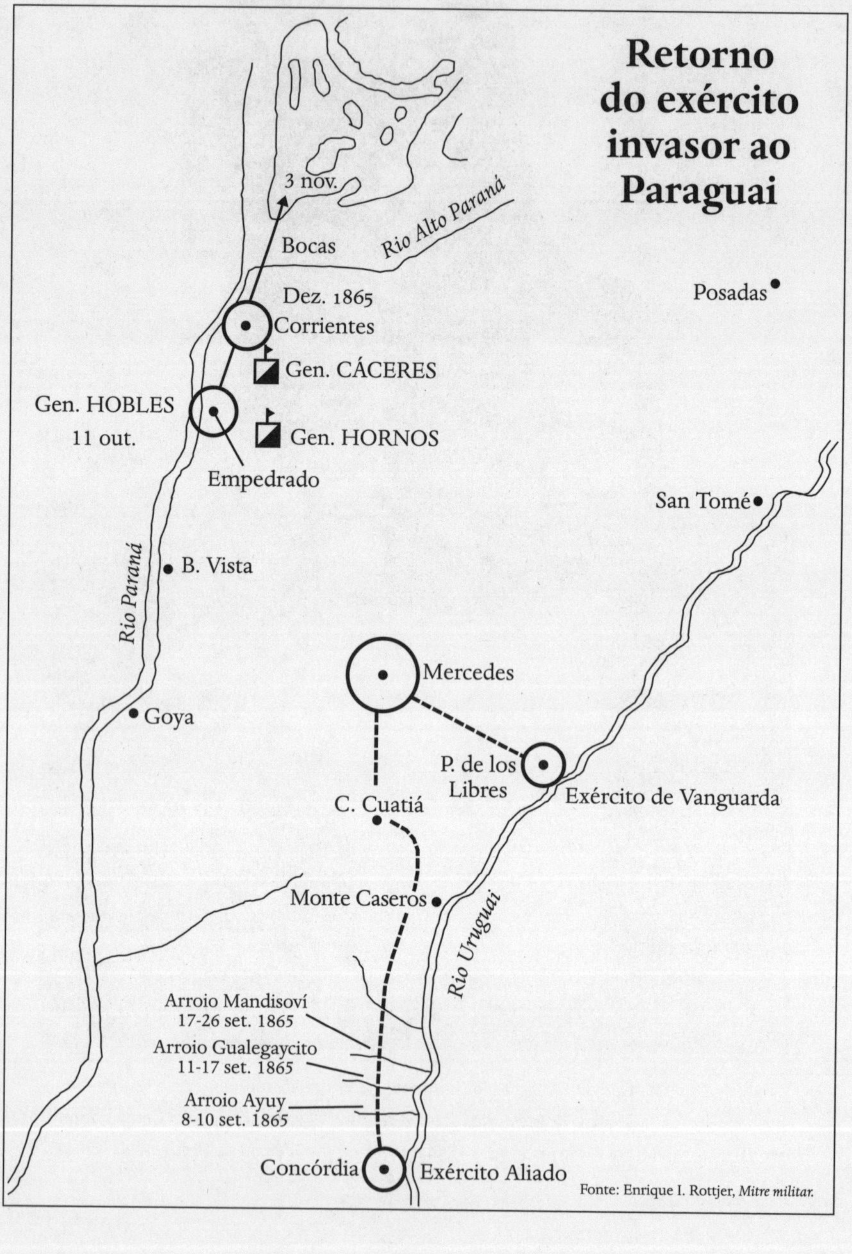

Fonte: Enrique I. Rottjer, *Mitre militar.*

3. A guerra de posições (1866-7)

Desde o desembarque em Passo da Pátria até a ocupação aliada de Humaitá, distante vinte quilômetros, a guerra foi basicamente de posições, travada nos limites de confluência entre os rios Paraná e Paraguai e a linha de defesa construída por Solano López. Era uma realidade nova, pois até então se travaram, na Europa e no Rio da Prata, guerras rápidas, de movimento, com uso predominante de cavalaria e artilharia e batalhas campais decisivas. A Guerra Civil Norte-americana (1860-5) iniciou a mudança na forma de guerrear, pois foi longa, exigiu a mobilização de vastos recursos de toda a sociedade, e tornou-se, portanto, uma "guerra total", novo conceito para uma nova realidade na tecnologia de armamentos. Na luta norte-americana utilizaram-se trincheiras e novas armas, como rifles de repetição, encouraçados, balões de observação e até um rudimentar submarino, características que implicavam maior mortandade e duração dos conflitos. A Guerra do Paraguai foi a segunda "guerra total" da época contemporânea e a ela tiveram dificuldade de adaptação os chefes militares aliados, que fizeram carreira combatendo em conflitos rápidos, nos quais o fator decisivo era a cavalaria, e o armamento principal, espadas e lanças. Esses comandantes não tiveram tempo — e grande parte não teria, também, condições intelectuais — para assimilar as lições da Guerra Civil Norte-americana, que terminou quando a luta contra o Paraguai se iniciava.

O Exército brasileiro no Paraguai operou, no início, a partir de táticas decorrentes da doutrina militar implementada em 1855 por Caxias, então ministro da Guerra. Essa doutrina fora elaborada a partir da experiência nas lutas internas brasileiras e, ainda, sob influência portuguesa, inglesa e francesa. A infantaria adotou o sistema de instrução proposto pelo coronel do Exército português, Bernardo Antônio Zagalo, que preconizava o domínio da ordem-unida no campo de batalha, que visava, particularmente, à realização do tiro nas melhores condições, seja avançando ou recuando, e podia ser realizado a pé firme, em conjunto ou por atirador. A baioneta era utilizada como arma ofensiva no assalto e, na defensiva, contra o ataque da cavalaria, os infantes se concentravam na forma geométrica de quadrados. A cavalaria, por sua vez, adotou o regulamento de tática do general inglês Beresford, pelo qual o objetivo dessa arma era o do ataque, pois tinha velocidade e potência de choque. A artilharia montada usava o regulamento francês, elegendo como seus alvos principais a infantaria e cavalaria inimigas.[1] Além dessas três armas — artilharia, cavalaria e infantaria — havia os chamados corpos especiais, aos quais se encontrava agregado o Batalhão de Engenheiros, encarregado de organizar o terreno e proporcionar a transposição de pequenos cursos de água. Esse batalhão, embora pouco valorizado por generais sem formação em academia militar, foi fundamental em uma guerra travada, em grande parte, em terreno pantanoso ou cortado por rios e riachos e, ainda, em trincheiras que tiveram que ser rapidamente construídas.

Entre 1866 e meados de 1867, a Guerra do Paraguai foi uma guerra de posições. Foi um período em que o Exército que esteve na defensiva levou grande vantagem sobre a ofensiva em todos os combates travados.

A INVASÃO DO PARAGUAI

Com a retirada paraguaia de solo argentino, invertia-se o sentido da guerra. O Paraguai seria o invadido, cabendo aos aliados escolherem o lugar da invasão, o que deveriam fazer com cautela por não disporem de mapas do país. O interior paraguaio era, em virtude das décadas de isolamento, um imenso desconhecido para os estrangeiros e esse foi um fator que, até o final da guerra, constituiu sério obstáculo às ações militares aliadas. A falta de dinamismo do comandante da esquadra brasileira, Tamandaré, foi uma dificuldade adicional à ação do Exército aliado. Somente em abril de 1866, os aliados invadiram o território guarani, obrigando Solano López a recuar suas tropas, que se instalaram em sólidas posições defensivas, atrás de terrenos alagados que dificultariam o avanço do inimigo.

A longa espera

O Exército paraguaio que voltou de Corrientes para seu país, composto de 14 mil homens sãos e outros 5 mil doentes, parecia extremamente fatigado. Em território argentino morreram 8500 paraguaios, aos quais se devem adicionar os 12 mil homens da coluna de Estigarribia, mortos ou aprisionados. Thompson afirma que a essa altura, no Paraguai, já haviam morrido outros 30 mil soldados e 10 mil haviam ficado doentes, devido, principalmente, à diarreia. Por esses cálculos, em fins de 1865, a mortandade paraguaia já seria de 52 mil homens. Thompson induz à conclusão de que boa parte dos mortos na Guerra do Paraguai, não só entre paraguaios, mas também no Exército aliado, resultou não de combates, mas de doenças originadas por má alimentação e péssimas condições de higiene nos acampamentos. Corrobora essa conclusão o depoimento de Henrique d'Ávilla, participante brasileiro da guerra e futuro senador do Império, de que "dois terços dos soldados morreram nos hospitais e em marcha para o teatro da guerra, sem ter disparado um tiro, sem ter visto o inimigo".[2]

A tropa paraguaia retornou a seu país, além de desmoralizada, faminta e praticamente sem roupas. Poucos desses soldados ousaram queixar-se em voz alta, pois, se denunciados, seriam duramente castigados. O descontentamento entre eles foi agravado por estarem conscientes de que o retorno ao Paraguai significaria a perda de acesso a bens de consumo que, em virtude de décadas de isolamento do país, anteriormente desconheciam. Os invasores de Corrientes se deslumbraram ao encontrar esses bens e os pilharam. O descontentamento está registrado nos processos contra militares, acusados de traição por fazerem comentários críticos à condução da guerra por Solano López e às condições de vida da tropa.

Assim, o capitão José María Rodriguez foi condenado à morte e fuzilado por criticar Solano López.[3] Também foi processado o major José Martínez que, por seu desempenho na invasão do território argentino, recebera a Ordem do Mérito Nacional de Solano López. Ele queixou-se, em diferentes momentos, da desnutrição e do estado de seminudez de suas tropas, questionando mesmo a necessidade de se recorrer à guerra para "a salvação da Pátria". Ao retornar ao Paraguai e não conseguir mantimentos para sua tropa, esse major afirmou "que já estavam de novo nessa nação 'diaba', onde não se encontra o que comprar". O tenente Ramón Silvero, subordinado a Martínez, comentou que os soldados paraguaios, na volta a seu país, estranharam a miséria, levando à deserção que já ocorrera, aliás, em território argentino. Denunciados, ele e outros militares que escutaram, em diferentes momentos, essas críticas sem comunicar a Solano López, foram levados a julgamento por "traição e atentado contra a disciplina e a boa ordem". Martínez, Silvero e um outro oficial foram condenados à morte e fuzilados em 15 de janeiro de 1866; outros dez companheiros receberam penas diversas.[4]

Em Assunção, também o cônsul francês Laurent-Cochelet registrou uma mudança na opinião pública. Escreveu que a popularidade de Solano López diminuíra consideravelmente nas classes inferiores, devido aos resultados da guerra as terem "despertado cruelmente dos dourados sonhos em que se tinham enredado, como consequência da fácil captura de Coimbra e a lucrativa pilhagem das localidades de Mato Grosso". Principalmente as mulheres, "que formam quase exclusivamente" a população que não foi para a guerra, começaram a responsabilizar Solano López pelo que viam ser uma espécie de castigo divino contra o Paraguai. O certo, escreveu Laurent-Cochelet, era que a miséria e as doenças aumentavam dia a dia no país e que "a desgraçada população paraguaia, malvestida, mal alimentada, privada de seus meios normais de sustento, está, por assim dizer, empurrada para o desespero".[5]

Com a retirada paraguaia de solo argentino, a iniciativa da guerra caberia aos aliados que, de Mercedes, marcharam, nos primeiros dias de novembro, duzentos quilômetros até Corrientes, por caminhos quase intransitáveis, devido à estação chuvosa, e cruzando rios e arroios que tinham transbordado de seu leito. Nos últimos dias de dezembro, as forças aliadas chegaram à região de onde partiriam para invadir o Paraguai. O acampamento argentino foi instalado em Ensenada, trinta quilômetros a nordeste da cidade de Corrientes; o acampamento do general Osorio ficou em Lagoa Brava, localizada a leste dessa capital, enquanto as tropas de Flores se instalaram em San Cosme. Os brasileiros tiveram como inimigos o calor e os insetos; o suor escorria fartamente pelo corpo em qualquer momento e as moscas não davam trégua, presentes na comida precária, sempre baseada em carne. Vez ou outra variavam-se as refeições com pirão da farinha mofada, com bolachas, "duras como tábuas", ou alguma lata de sardinha, compradas de comerciantes a "preços fabulosos". Fosse qual fosse a comida, as moscas eram tantas que dificilmente ela era ingerida "sem uma dúzia delas". A carne que algum cozinheiro deixava sem proteção logo estava coalhada de larvas das moscas varejeiras. Dionísio Cerqueira relata que um companheiro, cansado de combater as moscas e desanimado com a quantidade delas, resolveu amassar as que pousavam no pirão ou no arroz, raramente servido, comendo-as. Esse companheiro pegou uma xícara de ferro, cheia de vinho comprado numa carreta próxima, e bebeu "coando nos dentes a massa de moscas que o engrossavam, cuspindo-as depois".[6]

Em março de 1866, as forças aliadas estavam às margens do Paraná, avistando-se do lado oposto, em território paraguaio, o forte de Itapiru. Este, na verdade, era uma construção antiga, dispondo, desde que a esquadra brasileira tomou posição perto de Corrales em 17 de março, de cinco canhões, que tinham por base rochas e como proteção um muro de terra revestido de tijolos, que desabara em um dos lados.[7] A invasão aliada, porém, era um desafio, não tanto pelo sistema de fortificações inimigo, mas sobretudo pelas condições desfavoráveis de terreno e o desconhecimento do campo de operações.

O sistema defensivo paraguaio estava localizado no espaço de sessenta quilômetros de comprimento por uns vinte de largura, entre a confluência dos rios Paraná e Paraguai, ao sul, até o Tebicuary, ao norte. A primeira posição paraguaia era Itapiru; mais ao norte, na margem esquerda do rio Paraguai, encontravam-se, sucessivamente, as fortificações de Curuzú, Curupaiti e Humaitá, que dominavam o rio com numerosa artilharia, e eram de difícil acesso por terra, pois estavam cercadas de vegetação cerrada. Entre Humaitá e Assunção foram erigidas duas outras posições fortificadas, uma à direita do rio, Timbó, e outra à esquerda, Tahí. A sequência de posições fortificadas, tendo como epicentro Humaitá, protegia a capital paraguaia contra uma ação fluvial inimiga, enquanto, por terra, a maior defesa da cidade era a natureza. O território entre Assunção e Passo da Pátria era selvagem, coberto por densa vegetação, cortado por verdadeiro labirinto de riachos, charcos, pântanos e lagoas, infestado de cobras, aranhas e insetos; estes particularmente infernizavam os soldados aliados, suas montarias e seus animais de tração.

Até o começo de abril de 1866, os aliados permaneceram em seus acampamentos no território argentino, sofrendo verdadeira guerrilha. Dezenas ou centenas de soldados paraguaios cruzavam o rio em canoas, para fazer pequenos ataques e capturar gado; as seguidas escaramuças abalaram o ânimo dos aliados. A mais significativa delas foi o ataque de 31 de janeiro de 1866 a Corrales, no qual, durante boa parte do dia, cerca de seiscentos paraguaios enfrentaram, em meio à vegetação de um bosque, 2500 soldados argentinos da 2ª Divisão (chamada Buenos Aires), do coronel Conesa. Após cinco horas de combate, em que os argentinos lutaram a peito descoberto, os paraguaios se retiraram e as duas partes se atribuíram a vitória do confronto. Autores paraguaios citam a perda de 170 atacantes, entre mortos e feridos, após causarem pesadas baixas — talvez novecentas — à tropa de Conesa; autores argentinos declaram perdas em torno de quatrocentos soldados. O certo é que os dois lados lutaram corajosamente e, ainda, que o retorno dos atacantes a seu território se deu sem serem incomodados, quer pelos navios brasileiros, que estavam fundeados alguns quilômetros abaixo, quer pela cavalaria argentina, do general Hornos, que poderia ter cortado a retirada inimiga.[8]

A longa espera na invasão do Paraguai, segundo as memórias de Dionísio Cerqueira, levou os soldados brasileiros a se indignarem com a imobilidade da esquadra imperial. Eles se perguntavam, revoltados, o que fazia aquela força naval enquanto as flotilhas de canoas paraguaias atravessavam o rio Paraná para atacar as tropas avançadas aliadas.[9] Essas críticas eram, no geral, procedentes, mas devem ser relativizadas, pois, como destaca o próprio Cerqueira, parte da tropa brasileira era composta de jovens em torno de vinte anos de idade, impacientes por travar batalhas para alcançar a glória. Ignoravam os problemas que o comando aliado enfrentava e as cautelas que ele deveria ter para agilizar as operações. O certo é que a inércia de Barroso, comandante da esquadra em Corrientes, decorria de não ter instruções para agir, e assim ficava impedido de sair do porto, mesmo que fosse somente até a embocadura do rio Paraguai. Descontente com essa situação, Mitre enviou uma mensagem à pessoa próxima a Tamandaré, que continuava em Buenos Aires, para que fizesse o almirante compreender "a imperiosa necessidade de que se coloque à frente da Esquadra", para planejar operações contra os paraguaios.[10]

André Rebouças, tenente engenheiro do 1º Corpo de Exército imperial, estava cansado de "aturar inércia", conforme comentou com Francisco Otaviano de Almeida Rosa, que, em meados de março de 1866, chegou a Corrientes. O diplomata respondeu: "É verdade, já fatigam; e o Tamandaré que ainda hoje não subiu??! Não sei a que atribuir isto; só acho explicação em uma decrepitude precoce". Conforme Rebouças, não só no Exército, mas na própria esquadra, havia descontentamento pela morosidade com que se travava a guerra: "há uma irresolução, uma timidez, um excesso de precauções, que ora faz supor covardia e quase sempre é ridícula".[11] Mesmo Pedro II mostrava-se "impaciente e desgostoso" com a paralisia da esquadra e do Exército; no Rio de Janeiro se condenava, no geral, Tamandaré por permanecer em Buenos Aires e comentava-se que Osorio tinha "pouca ou nenhuma harmonia" com o almirante.[12]

José Ignacio Garmendia, participante argentino da guerra, foi mais condescendente. Justificou a demora na invasão aliada do Paraguai pela necessidade de tempo para treinar metade das forças argentina e brasileira, compostas de recrutas, e para aguardar reforços, pois os aliados eram numericamente insuficientes para um ataque. Garmendia ainda atribui a inércia da Marinha brasileira, até fins de maio de 1866, ao baixo nível de água do rio.[13] O fato é que essa situação beneficiava Solano López, pois lhe dava tempo para reforçar suas posições defensivas e proporcionava lucros adicionais aos comerciantes, que, aproveitando-se da relativa calma, vendiam aos soldados aliados, a altos preços, bebidas alcoólicas, alimentos e outros produtos.

Durante três meses foram frequentes as incursões paraguaias ao acampamento aliado. Atravessavam o rio Paraná em canoas, à vista dos aliados, penetravam alguns quilômetros no interior e, após alguma escaramuça, retornavam sempre com algum troféu a seu acampamento. Certa feita, um sargento paraguaio, negro — havia negros e escravos no Paraguai —, voltou de uma incursão com nove cabeças de soldados aliados em um saco e, apresentando-se a Solano López, empilhou-as uma sobre a outra. Foi promovido e se tornou o único oficial negro do Exército paraguaio, e Solano López "o enviou a todos os combates", expondo-o, até que foi morto.[14]

Enquanto os soldados aliados se impacientavam e sofriam agruras com a inércia, os paraguaios levavam uma vida "agradável" no acampamento de Passo da Pátria. As guerrilhas com que fustigavam o inimigo e os combates entre as chatas e as belonaves brasileiras, nunca desfavoráveis aos paraguaios, os mantinham entretidos e lhes infundiam confiança, criando a esperança de que lhes seria favorável o resultado de uma grande e definitiva batalha. Aos domingos, havia baile no acampamento, a que todos compareciam não só por diversão mas, também, para não se tornarem suspeitos aos olhos de Solano López como indiferentes às manifestações de entusiasmo e alegria do Exército.[15]

A imobilidade da esquadra imperial e a permanência de Tamandaré em Buenos Aires, que se recusava a subir o rio Paraná enquanto não chegassem mais tropas e vapores, irritaram o ministro do Interior argentino, Guilhermo Rawson. Este acreditava que Tamandaré tinha o objetivo deliberado de fazer uma demonstração de força não para o inimigo, mas, sim, para os aliados. Rawson suspeitava de haver um plano de "alguns estadistas" do Império para retardar a ação contra Solano López, pois o Brasil tinha condições financeiras de esperar "dois anos antes de tentar algo sério contra o Paraguai", enquanto sabia que "não podemos suportar esforços tão grandes, sem arruinar-nos financeira e politicamente".[16]

Era outro, porém, o motivo da demora de Tamandaré em agir. Ele aguardava a chegada de mais navios, ao supor que um imponente aparato de forças aliadas, navais e terrestres, impressionaria os soldados inimigos e os levaria a abandonar Solano López. Ao mesmo tempo, Tamandaré apontava Mitre como o responsável pela demora na invasão do Paraguai, vendo no procedimento do comandante em chefe aliado aspirações no sentido de manter a influência argentina nas deliberações militares e nos ajustes de paz. O almirante brasileiro também temia que, por questões de política interna argentina, Mitre protelasse a invasão. Embora, até então, somente o próprio Tamandaré pudesse sofrer a acusação de falta de iniciativa, ele chegou a solicitar que se lhe confiasse a direção da guerra e se ordenasse que o Exército imperial invadisse o Paraguai. Tamandaré, tal qual outros homens públicos brasileiros, não confiava no aliado argentino e tinha como elemento adicional de antipatia o fato de ter lutado na guerra entre o Império e Buenos Aires, entre 1825 e 1828. José Antônio Saraiva, ministro dos Negócios Estrangeiros, não via motivos para essas desconfianças, mas se comprometeu a fazer "sentir" ao presidente argentino que os generais brasileiros tinham ordem para atravessar o rio Paraná e continuar a luta.[17]

A aliança argentino-brasileira não pusera fim às desconfianças entre os homens públicos dos dois países. Herança da época colonial, essa desconfiança aprofundou-se com a Guerra de 1825-8 e nos anos seguintes, e perdurou durante o conflito contra o Paraguai, inclusive entre chefes militares. Um aliado via no outro, quando ocorriam fracassos ou demoras nas ações bélicas, uma política deliberada para promover seu enfraquecimento. Os erros militares do início da campanha, conforme Nelson Werneck Sodré, "não têm conta nem medida". Eles serviram, na análise de Paranhos, para se retomarem ressentimentos e desconfianças entre a Argentina e o Império, que acabaram por se aprofundar com o prolongamento do conflito.[18]

Apesar das elucubrações de Tamandaré, ele ainda não cumprira a sua parte para viabilizar a invasão do Paraguai. Cabia à Marinha imperial dominar o rio Paraná, em lugar de se manter estática, eliminar as incursões paraguaias de guerrilha, reconhecer a calha do rio e, ainda, localizar fortificações na margem paraguaia e pontos onde o Exército aliado pudesse desembarcar. Nada disso fora feito até o início de 1866, para desespero do governo argentino, cujos cofres estavam exauridos pelos enormes gastos com a guerra, que obrigaram, após os fracassos, à obtenção de empréstimos em Londres e de 500 mil "pesos fortes" de argentinos ricos. Recorreu-se, então, a novo empréstimo de 1 milhão de "pesos fortes" ao governo imperial, o qual alertou para o fato de que também enfrentava dificuldades e que esse dinheiro somente deveria ser utilizado pelo Tesouro argentino em caso de extrema necessidade.[19]

Enquanto não se definia a invasão do Paraguai, o general Osorio não permaneceu inerte. Criou na cidade de Corrientes uma oficina para fabricar cartuchos. Até janeiro de 1866, já haviam sido produzidos cerca de 2 milhões de cartuchos, para diferentes tipos de armas. Também chegavam a Corrientes os reforços do Brasil, desembarcados em um porto especial utilizado exclusivamente para movimentação de armamento e tropas brasileiras. Na cidade existia, ainda, um hospital militar brasileiro.[20]

Somente em 21 de fevereiro de 1866, nove meses após a assinatura do Tratado da Tríplice Aliança e oito após a batalha de Riachuelo, Tamandaré chegou a Corrientes, à frente da 3ª Divisão Naval. No mês seguinte, também chegou ao teatro de operações Francisco Otaviano de Almeida Rosa, para acompanhar a situação. A essa altura, a esquadra brasileira no teatro de guerra recebera reforços e totalizava dezoito navios de guerra movidos a hélice e quatro encouraçados (*Brasil*, *Tamandaré*, *Barroso* e *Bahia*). O *Tamandaré* e o *Barroso* foram construídos no Arsenal da Marinha, no Rio de Janeiro, enquanto o *Brasil* fora encomendado a um estaleiro francês em 1864, por conta do dinheiro obtido com uma subscrição nacional, aberta como consequência da Questão Christie.[21] Apenas em dezembro de 1865 o *Brasil* foi incorporado à Marinha imperial, pois sua partida fora embargada pelo governo de Napoleão III, neutro na guerra entre o Império e o Paraguai, devido à ação da diplomacia paraguaia. Foi necessária uma missão especial do barão de Penedo, representante brasileiro em Londres, para que aquela belonave fosse entregue e partisse às pressas, por se temer uma contraordem do governo francês.[22]

O encouraçado *Bahia* foi comprado em Liverpool e fazia parte de uma flotilha desse tipo de navio, cuja construção fora encomendada por Solano López na Europa. Com a guerra, o governo paraguaio deixou de pagar as prestações da construção dessa flotilha, e os agentes brasileiros aproveitaram-se da oportunidade para comprá-la. Esses encouraçados foram batizados com os nomes de *Bahia, Lima Barros, Colombo* e *Cabral.*[23] Graças à encomenda desses encouraçados por Solano López, o Império pôde constituir, com rapidez, uma flotilha que viabilizou o bloqueio do Paraguai, quando, em condições normais, teria demorado muito mais tempo para obtê-la.

O lado paraguaio, por sua vez, utilizava chatas armadas, remanescentes da batalha do Riachuelo, como baterias flutuantes. Essas embarcações, como se viu, eram perigosas para a esquadra brasileira e difíceis de avistar, quer por permanecerem quase totalmente submersas, quer por ficarem camufladas devido à água lamacenta do rio, por onde desciam, em época de chuva, grandes torrões de terra com vegetação, arrancados pela correnteza das barrancas paraguaias, e devido ao seu perfil baixo e torre com um único canhão, que mal emergia na superfície do rio.

Para financiar as compras de armamentos no exterior, entre os quais se destacam navios de guerra, já em 1865 o Império recorreu a empréstimo externo, tomado na praça de Londres, no valor de 5 milhões de libras. As condições dessa operação financeira causaram a "grita geral" no Rio de Janeiro, pois o país deveria pagar por esse empréstimo 6,963 milhões de libras, das quais 2 milhões a título de comissões, juros e amortização. A quantia deveria ser saldada em 37 anos com pesados juros, para a época, de 5% ao ano. Assim, o Tesouro Real recebeu um total de 44.444:000$308 réis e acabou por pagar 116.354:655$308, ou seja, 160% do valor inicial.[24]

Em março de 1866, os navios brasileiros, já fundeados em Três Bocas, passaram a procurar o melhor ponto da margem paraguaia do Paraná onde pudessem desembarcar o Exército aliado. Em 17 de abril, as forças aliadas, mais de 65 mil soldados, começaram a cruzar o rio Paraná, pelo Passo da Pátria, em frente ao forte de Itapiru, para enfrentar os 30 mil homens do Exército reorganizado por Solano López.[25] À época, uma força atacante deveria ser duas ou três vezes superior para superar a vantagem defensiva. Durante toda a Guerra do Paraguai, as forças aliadas jamais chegaram a ter, operacionalmente, mais do que o dobro de homens do Exército de Solano López, o que explica, em parte, a longa duração do conflito.

A forma de invadir o Paraguai ficou decidida em conferência entre os chefes aliados, em 25 de fevereiro. Estavam presentes Mitre, Tamandaré, que chegara ao teatro de guerra, três dias antes, vindo de Buenos Aires, Osorio e Flores. Mitre abriu a conferência declarando caber ao almirante propor um plano de campanha, visto ser a esquadra o principal apoio das próximas operações de guerra. Tamandaré respondeu de forma irrealista ou arrogante, dependendo do ângulo que se veja sua declaração, que dispunha de todos os meios para destruir, com seus navios, as fortificações inimigas desde o Passo da Pátria até Assunção. Achava, porém, conveniente estabelecer-se um plano pelo qual a esquadra e as forças terrestres aliadas atuassem conjuntamente. Ficou estabelecido, então, que a esquadra transportaria o Exército para a margem paraguaia, talvez sem perder um soldado, disse Tamandaré, e em número entre 8 e 10 mil homens em um só dia. Eram 26 navios, dezesseis de combate, com 110 canhões e guarnecidos por 3510 marinheiros. Em Corrientes havia cinco pequenos vapores argentinos, aos quais Tamandaré não recorreu por não servirem para combate.[26] Durante o mês de março foi feito o reconhecimento do território paraguaio, em busca de um ponto que pudesse comportar o desembarque dos milhares de aliados, de canhões, carroças, cavalaria, mantimentos e diversas bagagens. O local deveria, portanto, ser razoavelmente seco e não haver trincheiras paraguaias próximas às margens, pois era necessário um mínimo de espaço para o desembarque de homens e de todo esse material. Em diferentes momentos, durante esses reconhecimentos, os navios brasileiros foram atacados por chatas paraguaias; em uma dessas ocasiões, a bala entrou pela fresta da casamata do encouraçado *Tamandaré*, causando a morte de dezenove tripulantes e ferimento em quinze outros. Um exemplo da psicologia do oficial da época (e não só brasileiro), de provar sua coragem à custa de riscos e sacrifícios desnecessários, foi o do tenente Mariz e Barros, filho do futuro comandante da esquadra, almirante Joaquim José Ignacio. Mariz e Barros teve as duas pernas atingidas por estilhaços da bala que penetrou pela janela da casamata do seu navio e foi levado ao navio-hospital *Onze de Junho*. Os médicos decidiram ser necessária a amputação das pernas, mas, quando foram aplicar clorofórmio, Mariz e Barros declarou que isso era para mulheres, e solicitou, apenas, que lhe dessem um charuto aceso e fizessem a cirurgia. Assim, suas pernas foram amputadas sem anestesia, mas horas depois morreu.[27]

Elaborada uma carta hidrográfica da região, decidiu-se que o melhor ponto para a invasão aliada do Paraguai era um trecho do rio Paraná a 2 mil metros do pequeno forte de Itapiru. A região tinha um terreno alagado, com largura de cerca de 21 quilômetros, que se estendia desde a confluência dos rios Paraná e Paraguai até o forte de Curupaiti. Havia apenas um caminho seco da margem até Itapiru que passava pela pequena aldeia de Passo da Pátria onde Solano López, vindo de Humaitá, instalou seu quartel-general. Entre essa aldeia e Itapiru, havia 4 mil soldados paraguaios, camuflados na vegetação, prontos para atacar os aliados que tentassem desembarcar.[28]

A decisão de fazer a invasão levou a artilharia brasileira e a uruguaia, instaladas em Corrales, a bombardear Itapiru. Essa artilharia possuía potentes canhões raiados, com grande alcance de tiro, enquanto as balas paraguaias não alcançavam as baterias aliadas, caindo no rio. Somou-se ao solitário canhão de Itapiru o de uma chata — outra fora destruída a tiros de canhão — travando ambos, apesar da desproporção de forças, combates diários, durante três semanas, com a esquadra brasileira.[29] Outro preparativo para a invasão foi ocupar, em 30 de março, uma pequena ilha ao sul de Itapiru, operação feita por novecentos soldados comandados pelo coronel Vilagran Cabrita. Em 10 de abril, forças paraguaias tentaram tomar a ilha, fracassando no intento ao custo de 640 mortos, enquanto os brasileiros tiveram 52 mortos.[30] Impressionaram a magreza e a nudez dos soldados paraguaios; os feridos, muitas vezes com gravidade, comiam vorazmente farinha e carne que lhes eram oferecidas.[31] Terminada a luta, Cabrita recolheu-se a uma chata e, estando com alguns oficiais a seu lado, uma bala lançada de Itapiru caiu no meio do grupo, matando instantaneamente o coronel. Em sua homenagem, a ilha passou a ser chamada de Cabrita.

Nos dias seguintes persistiu o canhoneio entre a ilha Cabrita e Itapiru, enquanto as tropas aliadas, já concentradas na margem do rio, prosseguiam nos preparativos para a passagem, construindo rampas e pontes para embarque e desembarque de homens, animais e material bélico. Os chefes aliados decidiram que o desembarque seria na barranca da margem esquerda da embocadura do rio Paraguai, um pouco abaixo de Cabrita e de Itapiru, região em que o inimigo fora induzido a pensar que se daria o desembarque, em decorrência da ocupação, pelos brasileiros, da citada ilha e dos bombardeios ao forte. O Exército aliado alcançava, a essa altura, o efetivo nominal de 65 730 homens, sendo 37 870 brasileiros, 25 mil argentinos e 2860 uruguaios. Descontados, porém, os doentes nos hospitais e os homens embarcados nos navios, a força real aliada que invadiu o Paraguai foi de 42 200 soldados — de 15 mil a 20 mil cavalarianos — com 87 canhões; os brasileiros eram 29 mil, os argentinos 11 mil, e os uruguaios 2200.[32] Solano López, por sua vez, contava com 30 mil homens no acampamento fortificado de Passo da Pátria.[33]

Em 16 de abril de 1866, as tropas aliadas atravessaram o rio Paraná, em embarcações de transporte, inclusive particulares alugadas, protegidas pelos navios da esquadra imperial, para invadir o Paraguai. Forte bombardeio foi feito na praia de Itapiru, enquanto a 3ª Divisão Naval realizava o desembarque bem mais abaixo. Osorio exigiu que a primazia de pisar em território paraguaio fosse do Exército brasileiro e assim foi. Com nove navios-transporte, dois avisos a vapor, quatro grandes chatas e doze canoas, protegidos por quatro canhoneiras, desembarcaram 9465 soldados de infantaria e 1830 toneladas de material, na foz do rio Atajo. Os oficiais brasileiros usavam uniformes de gala, com as medalhas e insígnias, o que se repetiu quando as forças argentinas e uruguaias passaram; essa prática tornava os chefes militares alvos visíveis para franco-atiradores e foi abolida posteriormente. Pouco antes de iniciar a travessia do caudaloso rio, em meio a uma tensa expectativa, em proclamação à tropa brasileira, Osorio afirmou:

> Soldados! É fácil a missão de comandar homens livres; basta mostrar-lhes o caminho do dever. O nosso caminho está ali em frente.
>
> Não tenho necessidade de recordar-vos que o inimigo vencido e o paraguaio desarmado ou pacífico devem ser sagrados para um exército composto de homens de honra e de coração. Ainda uma vez mostremos ao mundo que as legiões brasileiras no Prata só combatem o despotismo e fraternizam com os povos.
>
> Avante soldados!
>
> Viva o Brasil! Viva o Imperador! Viva os Exércitos aliados![34]

Osorio foi o primeiro a pôr o pé em terra no território paraguaio, às 9 horas da manhã, a uns 2,5 quilômetros do rio Paraguai, seguido de seis ajudantes de ordens e outros doze homens que formavam seu piquete de proteção, e avançou a cavalo para reconhecer o terreno adjacente, sem esperar o desembarque do 1º Corpo de Exército.[35] Durante a guerra, tornou-se lendária a coragem de Osorio, ao liderar cargas de cavalaria, ao colocar-se, seguidamente, ao alcance das balas inimigas e ao participar de combates de corpo a corpo. Ele foi, sem dúvida, o oficial brasileiro mais admirado pela tropa aliada, cultivando excelentes relações com seus colegas argentinos, e respeitado também pelo inimigo.

General Osorio na década de 1870.

O transporte de milhares de soldados aliados do território argentino para o paraguaio ocorreu sem que o inimigo oferecesse qualquer resistência. Afinal, a flotilha paraguaia fora praticamente destruída no combate do Riachuelo e, ademais, a forte artilharia naval brasileira intimidava o inimigo. Além do fato de que o líder paraguaio, Solano López, não soube utilizar os cerca de 30 mil homens de que dispunha no acampamento de Passo da Pátria, e outros 15 mil em Humaitá, distribuindo-os em pontos de onde pudessem cobrir os possíveis locais de desembarque, que esperava que fosse ocorrer nas margens do rio Paraná.

Na passagem do Paraná, Tamandaré não utilizou nenhum dos cinco pequenos vapores argentinos fundeados em Corrientes — *Guardia Nacional*, *Chacabuco*, *Buenos Aires*, *Pavón* e *Libertad* —, comandados pelo chefe de divisão Muratori. Essa ausência provocou críticas contra Tamandaré nos jornais do Prata; ele, porém, se oferecera para receber Muratori e os oficiais argentinos na esquadra imperial, com iguais postos, sempre que um combate fosse iminente. O almirante brasileiro não se utilizou das embarcações argentinas naquela passagem porque elas não serviam para combate; foram empregadas apenas em três ocasiões. Na primeira, em 27 de março, o *Chacabuco* e o *Buenos Aires*, juntamente com a canhoneira brasileira *Henrique Martins*, levaram o general Flores para reconhecer as margens do rio Paraná; no dia 5 de abril, esses mesmos navios argentinos subiram esse rio, com três belonaves brasileiras, em missão de reconhecimento. Por último, em 16 de abril, os cinco vapores argentinos transportaram parte das tropas de Flores e Paunero até o ponto do território paraguaio em que as forças de Osorio tinham desembarcado. Depois disso, os navios argentinos retiraram-se e não mais estiveram expostos aos canhões inimigos.[36]

Com o desembarque aliado no Paraguai, terminou a primeira fase da Guerra do Paraguai. Solano López fracassou em seus planos e perdeu a capacidade de dar os rumos futuros da guerra; restava-lhe adotar posturas defensivas. A partir de então, caberia aos aliados tomar as iniciativas militares.

A invasão

As tropas brasileiras, desembarcadas abaixo de Itapiru, surpreendem as forças paraguaias — cerca de 2 mil homens —, pois Solano López não esperava a invasão nesse ponto. A vanguarda brasileira avançou pelo único caminho existente, arenoso, em meio a terreno alagado, em direção a Itapiru, e travou breve combate, às 10 horas da manhã, com a força paraguaia que se retirou. Solano López enviou um reforço e, da esquadra, via-se a nuvem de poeira que essa tropa levantava na marcha acelerada, ao passar por terreno seco, o que permitia à artilharia dos navios atingi-la.[37] Por volta das 14 horas, as forças de Osorio chegaram próximo do forte Itapiru, ocasião em que desabou forte temporal. Os atacantes se imobilizaram, suportando chuva de granizo diretamente nos seus corpos, pois, para serem ágeis, não levavam mochilas. Os soldados brasileiros careciam de tendas ou de qualquer outro abrigo e passaram a noite ao relento, suportando o frio. Durante o dia 16 desembarcou, no mesmo local em que o fizera Osorio, o segundo escalão invasor, composto de cerca de 10 mil soldados brasileiros e, às 20 horas, começou a desembarcar o terceiro escalão, com a divisão do general

Paunero e a tropa de Flores, operação terminada no dia seguinte. Na manhã de 17, cerca de 4 mil paraguaios atacaram as tropas de Osorio, sendo rechaçados, e assim se consolidou a cabeça de ponte aliada com 17 mil homens, que garantiu a travessia das demais forças invasoras. Ao ver a impossibilidade de conter o avanço aliado e seu acampamento sofrer um forte bombardeio dos navios brasileiros, Solano López ordenou o abandono do acampamento de Passo da Pátria, o que ocorreu nos dias 22 e 23 de abril, enquanto, simultaneamente, se afundava o *Gualeguay*, para não ser capturado pela esquadra brasileira, e se destruía a ponte que ligava Itapiru a Passo da Pátria. Posteriormente, Tamandaré conseguiu retirar o *Gualeguay* do leito do rio e devolveu-o ao governo argentino.[38]

O general Osorio foi criticado por arriscar-se em demasia, ao ter-se antecipado à ação ofensiva do 1º Corpo de Exército brasileiro que desembarcava no Passo da Pátria. Afinal, não era missão de um comandante em chefe ir à frente de suas forças e, menos ainda, de apenas um piquete de doze cavalarianos que se tornavam alvo fácil. Perguntado sobre o motivo dessa sua iniciativa e de que recursos dispunha, Osorio respondeu que contava com o medo do inimigo em reagir e que, ademais, recebera civis e não soldados para a guerra: "precisava provar aos meus camaradas que o seu general era capaz de ir até onde os mandava".[39]

A evacuação do Passo da Pátria poupou muitas vidas aos aliados, que se preparavam, mediante bombardeios por parte dos canhões da esquadra, para atacar esse acampamento. Este era bem fortificado e, segundo Thompson, se Solano López tivesse defendido as trincheiras de Passo da Pátria, em lugar de sacrificar homens inutilmente, enviando-os a combater às margens do rio, teriam caído de 8 mil a 10 mil soldados aliados, sem grandes perdas do lado paraguaio. Para esse autor, foi um erro enviar os soldados guaranis à margem do rio, para combates em que eram numericamente inferiores. Porém, durante toda a guerra, Solano López enviou pequenas colunas de soldados, extremamente corajosos, para lutar em campo aberto contra as tropas aliadas, disciplinadas, superiores em número e comandadas por oficiais experimentados.[40]

Apesar do argumento de Thompson, justificava-se a evacuação paraguaia do Passo da Pátria para posição mais segura, fora do alcance dos canhões da esquadra e com melhores condições de defesa — o braço setentrional do esteiro Bellaco —, onde os paraguaios se entrincheiraram. Os esteiros eram regiões alagadas, com alguns caminhos em meio à vegetação, chamados de passos, e, ao contrário do pântano, tinham água clara, potável, e fundo de lodo. Neles cresciam juncos de até três metros de altura, cerrados de tal forma que era quase impossível atravessá-los e mesmo arrancá-los, pois suas raízes penetravam mais de um metro no lodo, que tragava, facilmente, um homem a cavalo. Era possível atravessar os esteiros por alguns poucos caminhos preexistentes, desconhecidos dos aliados, mas familiares aos soldados paraguaios.[41]

A posição paraguaia no esteiro Bellaco compunha o sistema defensivo de Humaitá, que ficou conhecido como "quadrilátero". A fortaleza de Humaitá encontrava-se a uns vinte quilômetros do Passo da Pátria, tendo a protegê-la não só armas mas, também, dois esteiros, o Bellaco e o Rojas, que se constituíam em obstáculos formidáveis para o avanço de forças terrestres aliadas. A fortaleza estava a uns dez metros acima do nível do rio Paraguai e sua artilharia controlava vários quilômetros dessa via fluvial; possuía, ainda, uma trincheira de cerca de treze quilômetros, que se estendia desde a margem do rio Paraguai até a planície. À sua volta havia um enorme terreno, com profundas lagunas e carriçais, compostos de mata de cana-brava, difícil de ser penetrada, intermediados por bosques impenetráveis e espessas moitas — o potreiro Obella, que tinha poucos caminhos, somente conhecidos pelos paraguaios. A leste de Humaitá havia uma selva cerrada, contando com único caminho utilizado por Solano López para trazer gado para dentro da fortaleza. Apenas durante a seca, quando os pântanos baixavam, as lagunas e as areias movediças ficavam visíveis, aparecia um pequeno trecho de terreno sólido, que se estendia ao norte dessa posição e terminava em Tahí, pequena posição guarani fortificada, à margem do rio Paraguai e acima de Humaitá. Do outro lado do rio havia o Chaco, região pantanosa, com vegetação espessa.[42]

Nesse terreno inóspito e desconhecido para os aliados, foi travada a guerra até o início de 1868. A ausência de recursos locais obrigava que o abastecimento de gêneros alimentícios viesse de Corrientes. O alimento principal da tropa aliada era a carne do gado correntino, trazido vivo e abatido no acampamento. Na região do Passo da Pátria não havia pastagens formadas, mas, sim, uma rala vegetação, e era insuficiente a forragem trazida da Argentina para alimentar os animais de tração e cavalos, que sofriam grande mortandade.[43]

De início, os aliados não tiveram problemas e invadiram com facilidade o território inimigo, a ponto de, entre 21 de março e 30 de abril, as tropas brasileiras terem tido 157 mortos e 483 feridos, os uruguaios, dois homens feridos, e os argentinos não terem sofrido nenhuma baixa, pois não participaram das ações de vanguarda.[44] Em 27 de abril os aliados ocuparam o Passo da Pátria, e não avançaram

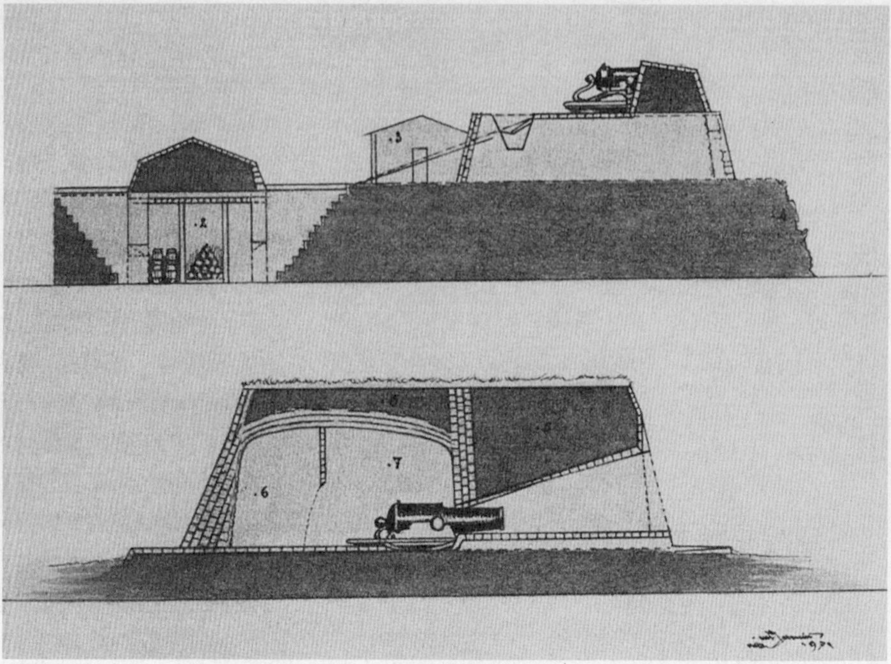

Esquema do sistema defensivo de Humaitá. Na parte inferior, o canhão (6 e 7) e o paiol (2) ficavam sob a camada do solo (1 e 5). A conquista dessa fortaleza, situada às margens do rio Paraguai, era essencial para os aliados penetrarem no Paraguai e alcançarem a capital, Assunção.

mais devido às características topográficas da região e à falta de cavalaria, pois a maioria dos cavalarianos estava a pé em decorrência da morte ou exaustão da montaria. Sabia-se que as posições do Exército paraguaio estavam próximas, mas se desconheciam suas características. Devido a essa proximidade, Mitre ordenou medidas de segurança e, na manhã de 2 de maio, ele se preparava para enviar a tropa do general Flores para fazer um reconhecimento mais para o interior do território inimigo. Justamente nesse dia, Solano López ordenou um ataque à vanguarda do Exército aliado, por uns 4 mil paraguaios e uma bateria de artilharia, comandados pelo coronel José Eduvigis Díaz.[45] Às 14 horas as colunas paraguaias passaram pelo esteiro Bellaco, ocultaram-se na vegetação e atacaram de surpresa a vanguarda aliada, composta de 3580 homens comandados por Flores — 1680 uruguaios de seus soldados (parte deles paraguaios "voluntários") e 1900 brasileiros —, que se preparavam para partir na missão de reconhecimento. O ataque foi possível porque não se estabeleceram as devidas medidas defensivas no acampamento, principalmente na vanguarda de responsabilidade de Flores; nesta, inclusive, a artilharia estava excessivamente próxima de mato espesso, que podia ser utilizado pelo inimigo para esconder-se.[46] Daí que, logo ao iniciar-se o ataque, foi capturada a bateria de canhões Lahitte, abandonada pela guarnição brasileira que recuou em virtude da confusão causada pelo repentino ataque paraguaio.[47]

No momento do ataque, muitos altos oficiais aliados, principalmente os da primeira linha de defesa do acampamento de Passo da Pátria, estavam em Itapiru. Ali uns almoçavam a bordo dos navios, inclusive Mitre e Osorio, e outros faziam compra no variado comércio local. A ausência desses oficiais agravou o efeito do ataque surpresa, pois a tropa aliada se ressentiu da falta de orientação.[48] No início da batalha, o restante das tropas aliadas descansava tranquilamente e debitava o barulho de tiros ao longe ao reconhecimento que as tropas de Flores deveriam estar fazendo. Apenas quando os paraguaios penetraram mais profundamente no acampamento é que todos se deram conta do ataque. Socorrido pelas forças de retaguarda, tendo à frente o general Osorio, Flores, que em um primeiro momento perdera até sua bagagem pessoal, rechaçou o ataque, que teve como baixas, entre mortos e feridos, de 2300 a 2500 do lado paraguaio e, do aliado, 1551, sendo 1102 brasileiros, quatrocentos uruguaios e 49 argentinos. No combate, Osorio conquistou, conforme relato do coronel Conesa, "a maior glória desta jornada e o apreço de todo nosso Exército [argentino]".[49]

O ataque não foi bem-sucedido porque, estando os aliados dispersos, os atacantes necessitavam de mais homens para empurrá-los para as margens do rio Paraná e esse reforço não chegou.[50] Se, em lugar de utilizar apenas uma divisão, Solano López tivesse enviado a maior parte do seu Exército, deixando o restante como reserva, teriam sido grandes as possibilidades de vitória paraguaia. Solano López, porém, "ignorava a utilização das reservas, não as empregando nos combates", o que causou algumas de suas principais derrotas na guerra. Além de não se utilizar de reservas, ele lançava tropas à luta sem base de operações e sem articulação com outras forças; "Solano López não era militar, nem o eram os [seus] chefes".[51]

Terminada a batalha do esteiro Bellaco, Dionísio Cerqueira percorreu o campo de batalha. Cerqueira lembrou-se, posteriormente, que o campo

> Era um extensíssimo tendal de cadáveres, horrivelmente mutilados e amontoados em confusão. Havia cabeças decepadas, com olhos bem abertos; umas, presas ainda ao tronco por músculos ensanguentados; outras, rachadas de meio a meio, mostrando os

miolos transbordando; narizes cortados, braços mutilados, queixos partidos, peitos esburacados. Que golpes aqueles! Que talhos e estocadas! Era o caminho da morte para o inimigo e da glória para nós... Que morte gloriosa e que glória cheia de lágrimas![52]

A batalha do esteiro Bellaco não modificou a situação militar anterior. Solano López nada conseguiu com o ataque, ao contrário, perdeu uma tropa aguerrida, em maior número que o inimigo. Não há explicação militar para o ataque, pois não foi uma operação de reconhecimento e, ao ser uma ação ofensiva, era improvável a vitória paraguaia com tamanha desproporção de forças. A combatividade dos soldados guaranis, porém, impôs respeito aos aliados, a ponto de o coronel Emilio Conesa escrever: "está claro, os paraguaios defendem sua terra palmo a palmo, não querem a liberdade que se lhes oferece [não há] nenhuma deserção".[53]

Do lado aliado, quatro batalhões perseguiram o inimigo, que se retirava pelo passo de Sidra, mas tiveram que recuar após duro combate com as forças paraguaias.[54] Os aliados não avançaram após a batalha e nos dias seguintes, porque lhes faltaram condições de mobilidade — cavalos e animais de tração — e provisões

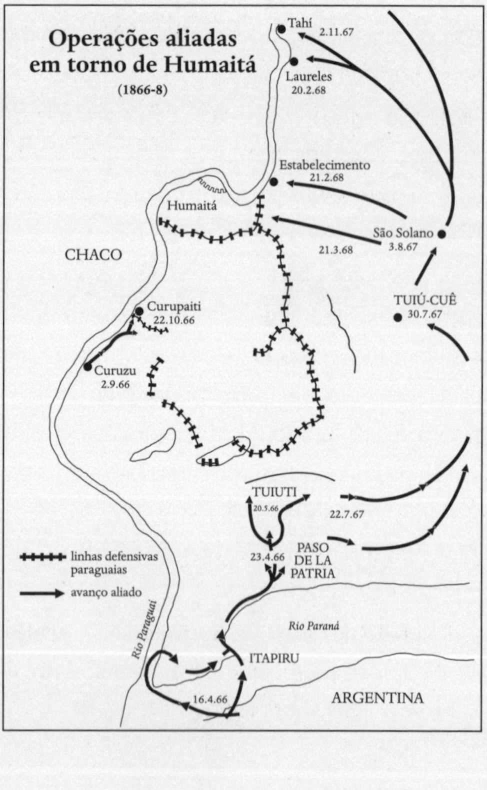

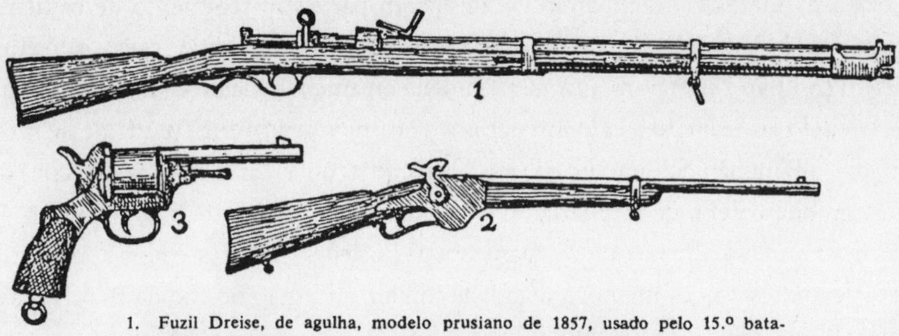

1. Fuzil Dreise, de agulha, modelo prusiano de 1857, usado pelo 15.º batalhão de fuzileiros na tomada do reduto do Estabelecimento e depois abandonado.
2. Clavina Spencer, usada pela cavalaria na campanha das Cordilheiras.
3. Revólver sistema Lafoucheux, usado pelos oficiais.

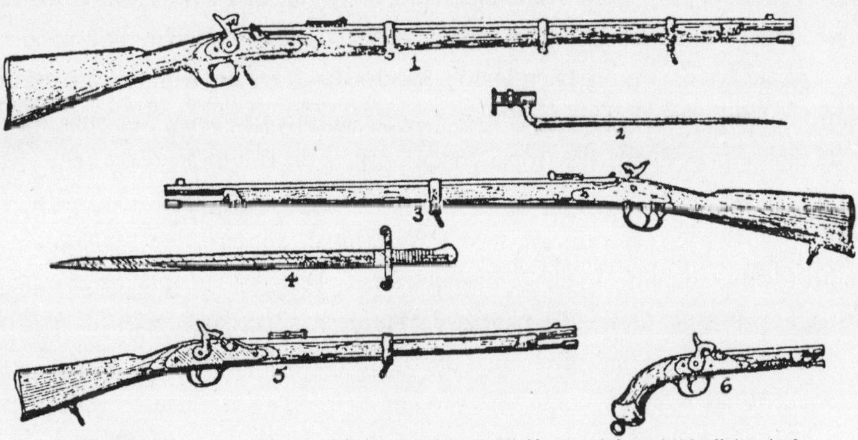

1. Espingarda ou granadeira de fulminante, sistema Minié, para infantaria de linha, i. é., fuzileiros.
2. Baioneta triangular para a mesma arma.
3. Carabina do mesmo sistema, para infantaria ligeira, i. é., caçadores a pé
4. Réfle ou sabre-baioneta para essa arma.
5. Clavina do referdo sistema para cavalaria ligeira, i. é., caçadores a cavalo.
6. Pistola de fulminante usada pela cavalaria.

Armas do Exército brasileiro, usadas até 1870.

indispensáveis. Mesmo o avanço em 14 de maio, decidido três dias antes, teve que ser adiado pelo fato de a tropa argentina não dispor de meios de transporte e de víveres para acompanhar a força brasileira. Somente no dia 20 desse mês, os aliados marcharam à frente, pela estrada que ligava o Passo da Pátria a Humaitá, com a tropa de Flores na vanguarda. Desta faziam parte um regimento de cavalaria argentino, o *San Martín*, e a 6ª Divisão de Infantaria brasileira, os quais, após um rápido combate, afastaram a tropa paraguaia entrincheirada próxima desse passo, permitindo ao Exército aliado instalar novo acampamento, em Tuiuti. Nesse mesmo dia, o Batalhão de Engenharia brasileiro começou a construir as instalações de uma grande bateria de artilharia, que bloqueava a estrada que ligava o Passo da Pátria a Humaitá. Era o começo da guerra de posições que se estenderia pelos dois anos seguintes.[55] Era uma nova realidade militar na região do Rio da Prata e, dias antes, Flores mostrava sua impaciência com ela, escrevendo para sua esposa que "não é para meu gênio o que acontece aqui [...] tudo se faz com cálculos matemáticos; em elaborar mapas, medir distâncias [...] perde-se tempo precioso".[56]

O terreno de Tuiuti era o menos apropriado para operações ofensivas, por ser arenoso, estar cercado por terreno inundado, o que dificultava uma ação ofensiva, e tinha juncos com mais de dois metros de altura, onde o inimigo podia esconder-se. A parte seca em que estava o acampamento aliado era um pequeno espaço de quatro quilômetros de comprimento por 2,4 de largura; não havia, portanto, espaço de manobra por parte das tropas aliadas. Ao sul de Tuiuti estava o esteiro Bellaco e, a oeste, a lagoa Piris — ligada ao rio Paraguai logo abaixo de Curupaiti —, dentro da qual havia um caminho seco, classificado de potreiro, de 1,5 quilômetro. Ao norte do acampamento aliado havia o esteiro de Rojas e uma lagoa chamada Tuiuti, a leste, uma vasta região pantanosa. Por desconhecer a geografia da região, os aliados não sabiam onde ficavam as passagens que permitiam atravessar, quer o esteiro de Rojas, quer o pântano a leste, o que os levou a um verdadeiro beco sem saída. Tinham diante de si, sem o saber, uma forte posição defensiva do inimigo, a trincheira de Sauce que, melhorada no decorrer do tempo, chegou a 1580 metros, 26 promontórios para canhões, alojamento para 3 mil homens, e várias "bocas de lobo", como eram chamados os fossos camuflados com estacas de madeira que fariam vítimas nos eventuais ataques de infantaria ou de cavalaria.[57]

Durante dois anos, os aliados ficaram imobilizados em Tuiuti, emboscados pelos paraguaios, tateando em meio ao matagal e a pântanos, na busca de uma alternativa para alcançar Humaitá. Eles sofriam a mortandade decorrente do local insalubre em que o acampamento estava instalado, e a desmoralização da tropa, em decorrência da imobilidade. Na guerra, reconheceram-se oficialmente como heróis aqueles que se destacaram nos combates por sua bravura; eles receberam medalhas e elogios. Heróis foram, na verdade, todos os que viveram nessas condições durante dois anos, sem desertar ou pretextar doença para ser dispensado da frente de combate.

O número de homens e os recursos logísticos do acampamento aliado, visíveis desde a posição paraguaia atrás do esteiro de Rojas, impressionavam. Contudo, durante toda a guerra, o paraguaio que fizesse quer uma referência positiva em relação aos aliados, quer uma crítica quanto à situação do seu Exército, era punido. Ao avistar de Rojas a força aliada que se instalava em Tuiuti, Torrens, médico militar, comentou com Juan Crisóstomo Centurión que ela era numerosa e bem equipada, e é possível que tenha feito outras observações. O fato foi denunciado a Solano López e Torrens foi fuzilado sem qualquer julgamento.[58]

No mesmo dia em que os aliados se instalaram em Tuiuti, Solano López transferiu seu quartel-general de Rojas, agora ao alcance dos canhões inimigos, para Paso Pucú, localizado a seis quilômetros de Sauce, onde permaneceu pelos dois anos seguintes. De Paso Pucú era possível observar os movimentos no acampamento inimigo, e desse quartel-general Solano López mantinha comunicações telegráficas com os pontos de defesa na região e com Assunção.[59]

Em 23 de maio, os chefes militares aliados resolveram que fariam no dia seguinte, às 14 horas, uma operação de reconhecimento à direita dos paraguaios, de modo a testar a localização e a força das posições defensivas inimigas.[60] Antes de ir para suas barracas, com o toque de recolher às 8 horas da noite, toda a tropa brasileira entrou em formação. Depois da chamada, as companhias rezaram o terço; alguns, com voz mais forte, eram os responsáveis por entoar a oração:

> Oh, Virgem da Conceição, Maria Imaculada, vós sois a advogada dos pecadores e a todos encheis de graça com a vossa feliz grandeza. Vós sois dos céus princesa e do Espírito Santo esposa. Maria, mãe de graça, mãe de misericórdia, livrai-nos do inimigo e protegei-nos na hora da morte. Amém.[61]

Durante o dia 23, a infantaria e a cavalaria aliadas fizeram pequenas incursões de reconhecimento, à esquerda e à direita das posições paraguaias, que levaram Solano López a elaborar, nesse mesmo dia, um plano de ataque ao acampamento de

Tuiuti que seria executado em 24 horas.[62] A vanguarda do acampamento aliado era composta pelas forças uruguaias, por Batalhões de Infantaria brasileiros e pelo 1º Regimento de Artilharia a Cavalo, com 28 canhões raiados, comandado pelo coronel Emílio Luís Mallet. Mais atrás, estavam acampadas outras forças brasileiras, inclusive a cavalaria, enquanto no centro do acampamento ficava o posto de comando do general Osorio. No flanco direito estavam as forças argentinas e a retaguarda era protegida pela cavalaria brasileira. Esta, porém, estava quase toda a pé e dispunha de apenas seiscentos cavalos em mau estado; a cavalaria argentina dispunha de idêntico número, enquanto a uruguaia tinha quinhentos animais de montaria.[63]

No amanhecer de 24 de maio, no acampamento aliado em Tuiuti, a cerração logo foi substituída pela fumaça negra e asfixiante resultante dos tiros de canhão, das bombas incendiárias e dos foguetes. Com o ataque surpresa paraguaio, iniciava-se a batalha de Tuiuti, a maior travada até então na América do Sul. Dela participaram cerca de 24 mil paraguaios, que enfrentaram 32 mil aliados, compostos de 21 mil brasileiros, 9700 argentinos e 1300 uruguaios. A cavalaria dos atacantes era em número de 8500, bem superior às poucas centenas de aliados montados. Em compensação, a superioridade da artilharia aliada era esmagadora, o que seria vital para a vitória sobre os atacantes.[64]

Os atacantes puderam surpreender os aliados devido a um descuido de Osorio, comandante do 1º Corpo de Exército brasileiro. Esse general não colocara vigias no potreiro Piris, não organizara posições defensivas em frente às matas de Sauce e não vigiara outras picadas e caminhos que poderiam conduzir o inimigo ao flanco e à retaguarda brasileira. Também os argentinos descuidaram da segurança em seu flanco direito, onde havia extenso palmeiral. A única exceção foi o 1º Regimento de Artilharia brasileiro, comandado por Mallet, localizado em posição avançada, a escassos 1600 metros das trincheiras paraguaias. Devido a essa proximidade, Mallet mantinha o regimento em prontidão permanente e construíra dois sólidos redutos defensivos, com fosso camuflado, largo e profundo, que salvaram sua artilharia e serviram de núcleo à resistência aliada.[65]

O plano de ataque de Solano López baseava-se no fator surpresa. A força atacante foi dividida em quatro colunas, sendo que as comandadas pelos coronéis José Díaz e Hilario Marcó, ambas, respectivamente, com 5030 e 4200 soldados, contando com cavalaria e infantaria, deveriam atacar o centro do acampamento aliado. A coluna do general Barrios, composta de 8700 homens e possuindo artilharia, além de cavalaria e infantaria, faria o ataque-relâmpago à retaguarda aliada, através do potreiro Piris. Por último, a coluna do general Resquín, com 6300 homens, que marchava sob a proteção da vegetação dos palmeirais que atingiam dez metros de altura, faria o ataque surpresa pelo leste. Haveria, portanto, um movimento de pinça dos generais Barrios e Resquín bloqueando a única alternativa para uma eventual retirada aliada: o esteiro Bellaco. Enquanto isso, as forças de Díaz e Marcó destruiriam os aliados no ataque frontal. Era um plano "brilhante", que inovava, inclusive, no pensamento militar da época, para o qual a cavalaria era usada para acabar as batalhas, enquanto Solano López planejou utilizá-la na fase inicial.[66]

Solano López não soube, porém, executar corretamente um ataque tão bem planejado. Errou ao desencadear o ataque sem comando unificado, que coordenasse suas colunas durante o combate, deixando-as entregues a si próprias. Errou ao escolher a força necessária para cada coluna realizar seu objetivo. Assim, no flanco de Resquín, havia grande massa de cavalaria, mas apenas dois batalhões de infantaria, com reduzidos efetivos, insuficientes para o ataque. No outro flanco, o general Barrios dispunha de grande massa de infantaria, mas teve seus movimentos prejudicados pelo matagal, que tornou sua marcha lenta, além de enfrentar sucessivos combates; em erro primário, Solano López não mandara fazer o reconhecimento do terreno.[67] Esses fatores atrasaram a marcha da coluna de Barrios em cinco horas, a qual, ao chegar a seu objetivo, já não tinha capacidade de travar uma grande batalha. Mesmo assim ele deu o sinal de ataque, sob dia claro, quando o plano era que o fizesse ainda de madrugada. O ataque não foi adiado porque os chefes militares paraguaios, mesmo um general, não tinham autorização para alterar ordens de Solano López, ainda que, como nesse caso, as premissas tivessem sido alteradas. Barrios se aferrou "à obediência, letra por letra, da ordem recebida e ao fazê-lo, levou ao fracasso" o ataque.[68] Era prudente suspender a operação, mas para tanto teria de haver ordem direta do ditador, que não foi obtida pois, como sempre durante a guerra, ele estava longe do campo de batalha e tornava-se impossível consultá-lo com a urgência necessária.

No centro do ataque faltou apoio suficiente de artilharia a Marcó e Díaz, para anular os canhões de Mallet. Outro erro de Solano López foi o de manter 6 mil homens de reserva, comandados por Bruguez, em Paso Pucú, apesar dos apelos de reforço de Díaz. Se Solano López admitia a possibilidade de sucesso, não havia a necessidade de uma força de reserva para cobrir a retirada da tropa principal do campo de batalha. Ao contrário, se admitia a possibilidade de fracasso, errou ao ter atacado em inferioridade numérica, pois poderia ter mantido uma posição defensiva a partir da qual poderia desencadear uma agressiva atividade de guerrilhas para desgastar os aliados. Desse modo, ganharia tempo para que surgissem circunstâncias favoráveis a um ataque de envergadura a Tuiuti. Por último, faltou ao ataque um objetivo geográfico sobre o qual convergissem os soldados paraguaios; em lugar disso, eles se dispersaram pelo campo de batalha, no afã de exterminar, indiscriminadamente, os aliados.[69]

Solano López fora hábil em escolher o local para instalar o sistema defensivo paraguaio, protegido pelas condições do terreno, pelos pântanos e pela vegetação alta, que dificultavam o ataque dos aliados. Contudo, ao trocar a postura defensiva pela ofensiva, inverteu a situação, transferindo a vantagem do terreno

Batalha de Tuiuti
(24/5/1866)

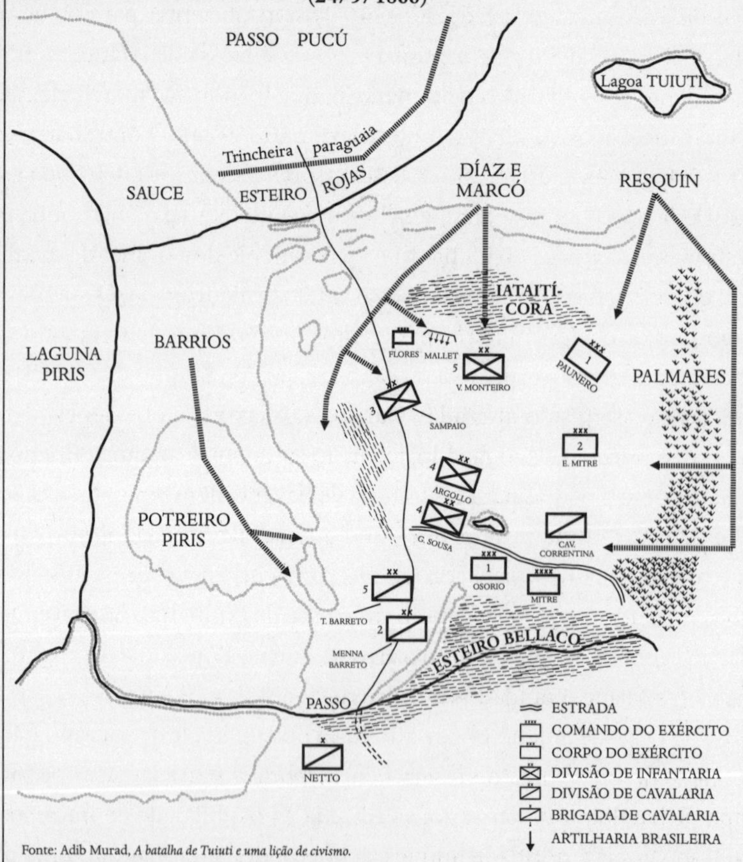

Fonte: Adib Murad, *A batalha de Tuiuti e uma lição de civismo.*

para os aliados que, além disso, também eram superiores em número e armamento. Em Tuiuti, como no combate de esteiro Bellaco, interpunha-se um obstáculo de terreno entre o atacante e o defensor, que obrigava Solano López a executar a manobra de ataque em várias colunas, com o objetivo de suas tropas contornarem o obstáculo e avançarem com rapidez, de modo a contar com a vantagem da confusão causada no inimigo pelo ataque surpresa. Para isso, porém, era necessária a perfeita coordenação entre essas colunas, mas os chefes militares paraguaios, inexperientes, não sabiam manobrar em campo de batalha, quer para evitar um golpe não previsto, quer para corrigir alguma falha.[70]

Os aliados, por sua vez, subestimaram o inimigo, atribuindo-lhe a intenção de manter-se em posição defensiva. A resistência à ação paraguaia foi paulatina e iniciou-se pelo soldado da vanguarda, buscando preservar sua vida, até chegar aos comandantes que conseguiram organizar suas tropas para enfrentar os atacantes. Boa parte dos soldados brasileiros eram civis improvisados de militares e viviam, pela primeira vez, uma situação de combate, justamente na maior batalha campal vista pela América do Sul. Ao sofrer mais seriamente o ataque, Osorio — que almoçava com Tamandaré na ocasião do início da ação — manobrou com segurança e bravura, e percorreu todo o acampamento. Esse general foi para a vanguarda e, aos gritos de "Viva a Nação brasileira" e "Viva o Imperador", fez parar os batalhões que recuavam e avançar aqueles que trazia consigo; lançou suas reservas para fortalecer o setor argentino, onde Mitre comandava a ação e sua infantaria fraquejava.[71] Osorio sacrificou batalhões brasileiros inteiros, para impedir que os paraguaios penetrassem pelo flanco, vindos do potreiro Piris. Caso isso ocorresse, os atacantes teriam ocupado Itapiru e isolado o Exército aliado em Tuiuti da sua retaguarda, ameaçando-o de ser destruído.[72] Em Curupaiti, foi ferido o general brasileiro Antônio de Sampaio, que morreu dias depois, a caminho do hospital em Buenos Aires.

A batalha de Tuiuti durou cinco horas e meia, terminando no final da tarde. Dionísio Cerqueira participou da luta e descreve algumas de suas cenas:

> A distância entre a coluna inimiga e os nossos voluntários [6º Batalhão] ia diminuindo a olhos vistos. O comandante Valente [dos voluntários] firmou-se nos estribos, ergueu-se sobre a sela, encarou o inimigo, e falou ao corneta: soou, vibrante e alegre, o toque de avançar. As baionetas já estavam armadas. Os bravos filhos do Brasil deram um viva entusiástico à Pátria, e marcharam impávidos sobre a coluna [paraguaia], que avançava lenta, majestosa, solene.

> Vibrou o som festivo do toque de acelerado, e, logo depois, os ares estrugiram com o mais grandioso de todos — o toque de carga, que foi repetido por toda a banda. Os nossos rapazes cruzaram baioneta, e correram, impetuosos e vivos, sobre o inimigo, que fez alto.
>
> Parou?!... Estava perdido.
>
> As duas linhas chocaram-se. As nossas baionetas penetraram nos peitos dos mais bravos daqueles heróis e nas costas dos outros, que, embora valentes, recuavam em debandada. Batamos palmas orgulhosos dos nossos companheiros. E das linhas dos veteranos do 4º de Infantaria, ergueu-se um viva delirante ao 6º de Voluntários, que seguia, como louco, ferindo e matando, e juncando de cadáveres a terra paraguaia, tão ensopada, naquele dia, com o sangue dos seus valorosos filhos.
>
> [...]
>
> Era noite quando voltamos ao acampamento. Perto da minha barraca, estava estendido, com os miolos de fora, um amigo de infância, o tenente de Voluntários Emídio de Azevedo Monteiro. Ajoelhei-me ao seu lado; apertei-lhe a mão gelada e dei-lhe um beijo de adeus na larga testa ensanguentada.[73]

O terreno ficou coalhado de cadáveres paraguaios, em distância superior a três quilômetros, e em tal quantidade que nem todos puderam ser sepultados. Eram tantos os mortos que, após 48 horas enterrando-os, os soldados brasileiros, exaustos, estavam longe de terminar a tarefa. Para evitar doenças decorrentes da putrefação, os cadáveres inimigos foram empilhados, em montes de cinquenta a cem corpos, e incinerados, já de noite.[74] Uma testemunha descreveu que o fogo começou a arder pelas camadas inferiores desses montes, com as labaredas, alimentadas pela gordura dos corpos, crescendo e envolvendo toda a pirâmide de cadáveres. Explodiam cartuchos de munição, que ainda estavam na roupa dos cadáveres, os crânios e, conforme aumentava a intensidade da fogueira, membros dos cadáveres se moviam:

> Ora um braço se levantava hirto pela distensão nervosa dos músculos; depois outro se contraía do mesmo modo; ora uma perna se encolhia, para, rapidamente, como impelida por mola de aço, esticar-se arrojando fora da pilha o companheiro que lhe ficava perto.

Uns abriam desmesuradamente a boca com expressão terrível de ódio ou raiva; outros ameaçavam o céu com o punho cerrado e braço teso; aquele dobrava-se formando arco com a união dos pés à cabeça; outro invertia a figura quebrando-se sobre as costas [...][75]

Muitos feridos paraguaios, excessivamente próximos das trincheiras aliadas, não puderam ser recolhidos por seus companheiros. Até 30 de maio, esses feridos, há seis dias sem comer e beber, foram encontrados e recolhidos pelos aliados, que os trataram bem.[76] Apesar da preocupação sanitária em sepultar ou incinerar os cadáveres, eles eram tantos — e alguns ocultos em meio à vegetação — que muitos permaneceram insepultos no início de junho. Na noite de 9 para 10 daquele mês, o tenente-coronel Albuquerque Bello, comandante do 19º Corpo dos Voluntários da Pátria, registrou no seu diário que um dos motivos de não conseguir dormir foi o cheiro dos cadáveres.[77]

Thompson relata que os aliados, durante a batalha de Tuiuti, tomaram dos paraguaios quatro obuses, 5 mil fuzis e cinco bandeiras. Uma das bandeiras estava nas mãos de um sargento paraguaio, ferido, que foi morto para que ela pudesse ser tomada, pois, intimado a render-se, ele "gastou seus últimos momentos [de vida] despedaçando a bandeira com os dentes, para impedir que caísse em poder do inimigo". Segundo um relato brasileiro, o portador da bandeira enfrentou com arma branca um soldado brasileiro, a quem atingiu em dois lugares, o qual, mesmo assim, reagiu e o feriu gravemente. Caído o paraguaio, "o brasileiro intimou-lhe que se rendesse; ele, porém, em vez de responder, pôs-se a romper com os dentes a bandeira que lhe tinha sido confiada", e foi morto para se poder arrancá-la de suas mãos. O general Osorio pôs nessa bandeira um papel no qual explicava as circunstâncias do ocorrido.[78]

Como resultado da batalha de Tuiuti, as perdas de ambos os lados foram:[79]

	MORTOS	FERIDOS	PERDAS TOTAIS
Paraguaios	6000	7000	13 000
Aliados	996	3252	4248
Argentinos	126	480	606
Brasileiros	737	2292	3029
Uruguaios	133	480	613

Esses números não são, porém, consensuais. Para Centurión, os mortos paraguaios foram em torno de 5 mil, talvez um pouco mais, e os feridos, 7 mil, enquanto os aliados teriam tido 8 mil baixas, entre mortos e feridos. Thompson concorda com o número de feridos paraguaios, mas afirma que foram 6 mil os mortos. Outros autores dão números diferentes; os mortos paraguaios seriam 6500 na opinião de Barreto, para quem as baixas aliadas foram de 3647, das quais 3011 brasileiros; para Silva Pimentel foram 7 mil os mortos guaranis. Rawson e Beverina afirmam que os mortos paraguaios foram 7 mil e "outros tantos feridos", enquanto as baixas aliadas, entre mortos e feridos, foram de 4 mil homens. A ordem do dia do general Osorio, por sua vez, afirma que os mortos paraguaios foram "mais" de 3 mil, com duzentos feridos e feitos prisioneiros apenas 21 soldados. Segundo esse documento, do lado brasileiro foram 413 mortos e 2003 feridos.[80]

O certo é que os paraguaios não tinham estrutura médica para atender a milhares de feridos, o que teria causado mais mortos do que o próprio combate.[81] Do lado aliado, até 26 de maio, os hospitais brasileiros em Corrientes e o navio *Isabel*, improvisado para atendimento de primeiros socorros, receberam 1500 feridos que, acrescidos ao número de doentes, totalizavam a lotação de 4500 homens para apenas doze médicos.[82] Esses hospitais estavam em edifícios impróprios e insalubres, contavam com poucos médicos e farmacêuticos e careciam de comida adequada aos pacientes, que morriam em grande quantidade.[83] Nesse momento apareciam as deficiências no apoio médico e religioso às tropas brasileiras em combate. Embora os médicos e boticários do Exército Imperial fossem competentes, havia médicos civis contratados que não estavam preparados para atuar na guerra.[84] Daí que o serviço de saúde do Exército no conflito foi classificado como "escandalosamente deficiente"; a falta de assepsia fazia com que raramente escapasse da morte quem tivesse que amputar um braço ou uma perna.[85] De fato, embora a cirurgia praticada no Brasil, por volta de 1864, fosse "muito satisfatória", no teatro de guerra ela era feita com falta de assepsia, causando infecções pós-operatórias. Também havia a impossibilidade de aplicar clorofórmio — o anestésico mais usado — de forma precisa, improvisando-se esponjas e chumaços de algodão para aplicá-lo, o que resultava em excesso ou insuficiência de anestesia, crise de vômito do paciente durante a cirurgia e, muitas vezes, a morte. Como consequência da falta de segurança na aplicação de anestésico, os cirurgiões brasileiros na guerra tinham que fazer amputações rápidas, contando antes com "a precisão do golpe"[86] do que com a aplicação calculada de técnicas cirúrgicas.

Quanto ao serviço espiritual para a tropa, segundo testemunha, a situação também era precária. O corpo eclesiástico do Exército, por sua vez, "nunca primou pela idoneidade; representava antes uma excrescência". Os capelães deixavam moribundos morrerem sem receber os sacramentos ou, quando compareciam para dá-los, seu comportamento deixava muito a desejar. Os bons sacerdotes eram exceções, "em número bem insignificante".[87]

É consensual que aliados e paraguaios protagonizaram, em Tuiuti, cenas de heroísmo, sacrifício e capacidade de luta, bem como que os atacantes, mesmo derrotados, tiveram essas características reconhecidas e admiradas pelos combatentes da Tríplice Aliança. Também é consensual não haver justificativa para o ataque paraguaio, com tropa sensivelmente inferior em número e armamento em relação ao inimigo. Em tal operação, a situação deve ser inversa, ou seja, caber a superioridade aos atacantes para compensar a vantagem natural da posição defensiva. Em Tuiuti, o Exército paraguaio perdeu seus melhores homens, e não conseguiu substituí-los por outros com igual preparo. O comportamento de Solano López nessa ocasião, e em outras durante o conflito, caracterizou-se pela ousadia, possível pela fé cega que os soldados lhe devotavam, pois eles lutavam "sem a observância de nenhum dos preceitos da guerra". Ninguém ousou lembrar a Solano López que os aliados tinham superioridade esmagadora em homens e em artilharia, que disporiam da vantagem da defesa, e, ademais, que os soldados guaranis portavam armamento inferior.[88] A falta desse alerta não surpreende, pois o Paraguai vivia havia décadas sob ditaduras e, ao contrário dos países aliados, lá inexistia uma sociedade civil minimamente organizada e aquele que divergisse da atitude do governante na certa caía em desgraça.

Ao ocultar o desastre da batalha de Tuiuti da população paraguaia, o jornal *El Semanario* noticiou que as armas guaranis conseguiram uma "esplendorosa vitória". Essa versão de uma derrota aliada alcançou também Entre Ríos, onde a maioria da população desejava o triunfo do Paraguai e comemorou, "vivamente [...] sem nenhum recato", a batalha de 24 de maio, pois a vitória paraguaia era vista como a garantia da autonomia entrerriana.[89]

Batidos em Tuiuti, os paraguaios que se retiraram não foram perseguidos pelos aliados. Afirma-se que nenhuma vitória militar é completa se não se explora o êxito, aproveitando-se do fracasso do inimigo para contra-atacá-lo, mas isso os aliados não fizeram. Há os que afirmam que, se Mitre tivesse ordenado a perseguição, poderia ter aniquilado o restante da força principal do Exército paraguaio e teria liberdade para avançar até Humaitá, em operação combinada com a esquadra imperial, pois as defesas paraguaias eram débeis.[90] Para empreender essa perseguição, eram necessários meios de mobilidade, sobretudo a cavalaria, da qual os aliados não dispunham, carecendo, ainda, de forças de reserva. Visto aproximar-se a noite, perseguir o inimigo, do outro lado do esteiro de Rojas, exigia rápida tomada de decisão, possível apenas se existisse unidade de comando, bem como sincronia das forças terrestres e navais. Essas características, porém, inexistiam do lado aliado, devido à falta de organização, às desconfianças entre o comando brasileiro e o argentino, às rivalidades pessoais entre os chefes militares e, por último, por tratar-se de um conceito militar novo, ainda não incorporado ao pensamento dos Exércitos em luta.

Dias depois da batalha de Tuiuti, Flores solicitou a Mitre a realização de um conselho de guerra. Sugeriu que dele participassem todos os generais aliados, para estudar meios de superar a "crítica situação" em que o Exército se encontrava em decorrência da falta de meios de mobilidade. Mitre concordou com o conselho, desde que restrito somente aos três comandantes de exércitos: ele mesmo, Flores e Osorio, que recebera o título de barão de Herval. Em 30 de maio, esses três generais se reuniram e Mitre expôs que, embora o Tratado da Tríplice Aliança o reconhecesse como comandante em chefe aliado, por ocasião de sua assinatura ficou decidido, *verbalmente,* caber aos três comandantes aliados combinarem entre si as operações transcendentes da guerra que pudessem suscitar dúvidas. Lembrou, também, que esse Tratado não colocara a esquadra imperial sob seu comando imediato, embora pudesse, como comandante em chefe, combinar operações às quais os navios brasileiros estariam subordinados. Portanto, concluiu, seria conveniente que Tamandaré fosse comunicado do resultado do conselho de guerra, para que desse suas sugestões. Mitre adotou uma postura pragmática e leal com o aliado brasileiro e o uruguaio, comportamento, aliás, inalterável durante toda a guerra. Essa postura, porém, nem sempre foi reconhecida pela historiografia brasileira; mesmo Tasso Fragoso, autor de trabalho fundamental para a compreensão da guerra, escreveu, preconceituosamente, que "por estas declarações de Mitre, vê-se que ele abdicou de suas funções supremas que o tratado lhe havia conferido como '*Comandante-chefe e diretor dos exércitos aliados*'".[91] Essa afirmação não corresponde à realidade.

Nesse conselho de guerra, os três generais avaliaram dispor de 30 300 homens em condições de combate — 25 mil em Tuiuti —, sendo 12 600 argen-

Bartolomé Mitre, comandante em chefe aliado, em foto de 1901. Mitre manteve-se fiel à aliança com o Brasil, apesar da forte oposição na Argentina e, ainda, dos preconceitos por parte dos chefes militares brasileiros. Afinal, a oposição federalista argentina tinha vínculos com Solano López, cuja derrota contribuía para a consolidação da República Argentina.

tinos, 17 mil brasileiros (metade do efetivo nominal) e setecentos uruguaios. Constataram que faltavam meios de transporte para a artilharia e equipamentos bélicos que viabilizassem aos aliados iniciar marcha mais para o interior. Concluíram, porém, ser possível realizar, apesar da inferioridade numérica, operações contra o inimigo, utilizando-se da infantaria, mas serem impraticáveis ataques de grande envergadura.[92] Estes somente seriam viáveis quando a cavalaria estivesse novamente montada; os cavalos eram importante instrumento de guerra e, desde o início do conflito, os aliados tinham perdido 100 mil desses animais.[93]

Mitre argumentou que não se devia estranhar que o Exército aliado ficasse paralisado, lembrando que, na Guerra Civil Norte-americana, 500 mil homens permaneceram imobilizados, durante dois meses, diante das fortificações de Richmond, cujos defensores eram 90 mil. Osorio concordou com a exposição, enquanto Flores expôs que o 2º Corpo de Exército imperial, liderado pelo barão de Porto Alegre, que estava em Misiones, território argentino, deveria reforçar os efetivos aliados no Passo da Pátria, principalmente com cavalaria, para avançar sobre Humaitá. Mitre, porém, manifestou-se contrariamente, ao destacar que não faltava superioridade numérica aliada, e que dispunham de 30 mil homens contra 20 mil paraguaios. Na verdade, necessitava-se de maior superioridade do que essa, para se atacar posição tão bem fortificada quanto Humaitá, além de que faltavam meios logísticos para tanto. O comandante em chefe preferia, porém, que as forças de Porto Alegre atuassem longe do teatro principal da guerra, defendendo as fronteiras do Rio Grande e de Corrientes no alto Paraná, de modo a induzir Solano López a diminuir suas forças defensivas no Passo da Pátria e enviar parte delas para Misiones. Os outros dois generais concordaram com essa argumentação.[94]

Ao escrever a Rufino de Elizalde, Mitre manifestou sinceramente seu ponto de vista de que a guerra tinha que entrar "em uma espécie de pausa", e expôs um conjunto de elementos para justificar essa posição. Assim, faltavam meios de mobilidade para as tropas aliadas, os quais praticamente inexistiam para os brasileiros. A cavalaria aliada era insuficiente para dominar uma larga extensão do território paraguaio, havia dificuldade de se efetuar movimentos prolongados no flanco terrestre paraguaio, e também era difícil às tropas aliadas afastarem-se de sua base de operações, pois não tinham como se reabastecer de víveres e munições, visto que a cavalaria não tinha força suficiente para garantir as linhas de abastecimento. Ademais, a esquadra se recusava a adiantar-se ou, mesmo, a acompanhar as operações do Exército aliado e tampouco atacava Curupaiti, quando as operações fluviais "são as que devem abrir o caminho".[95]

Dois meses antes, Mitre instruíra Porto Alegre a atravessar, com seu Exército "de observação", o rio Paraná uns quatrocentos quilômetros acima do Passo da Pátria. A missão das forças de Porto Alegre era a de apoiar o flanco direito do Exército aliado em Tuiuti e, ao mesmo tempo, assegurar a fronteira brasileira e a argentina nos rios Uruguai e Paraná, e, neste, de Encarnación até a ilha de Apipé; abaixo desta, a esquadra imperial cumpriria essa tarefa. Garantidas essas fronteiras, o Exército de Porto Alegre deixaria de ser de observação para tornar-se de operação, penetraria pelo interior paraguaio, até o rio Tebicuary, e buscaria manter comunicação por terra, mediante divisões ligeiras de cavalaria, com o quartel-general aliado em Tuiuti. Atravessando o rio Paraná, acima de Apipé, esse Exército assumiria a função de auxiliar das forças aliadas ao sul, tentando chegar, pelo interior, a Humaitá. Neste caso o epicentro do sistema defensivo paraguaio ficaria isolado e o caminho para um avanço aliado sobre Assunção estaria aberto.[96]

Porto Alegre não se opôs ao plano de Mitre, mas mostrou as dificuldades para executá-lo ao ministro da Guerra brasileiro. Apontou não dispor de meios suficientes para atravessar homens e equipamento militar pelo rio Paraná; outra dificuldade, a maior, era de como obter alimentos no interior do Paraguai, para alimentar um Exército de 10 mil homens, "tendo de atravessar um território inteiramente deserto", por uns trezentos quilômetros, caso se marchasse em direção a Villa Rica e, pouco mais, se a marcha fosse para Assunção.[97]

O resultado das decisões tomadas na reunião entre Mitre, Osorio e Flores foi oficializado em ata. Nela se lê sobre a conveniência de o Exército aliado contar com base segura de operações no rio Paraná ou Paraguai, para conduzir a guerra de modo metódico, e conquistar posições gradualmente. Todo movimento de avanço de tropa deveria ser seguro e contar com os meios para se manter, vantajosamente, a posição conquistada. O artigo 1º da ata afirmava:

> Sendo o objetivo do plano de campanha a posição de Humaitá, sobre a qual só se poderá operar com vantagem de combinação com a esquadra e dominando a navegação do rio Paraguai pelo menos até essa altura, a esse objetivo principal deverão subordinar-se todos os movimentos, tanto do Exército como da Marinha.[98]

Osorio reuniu-se com Tamandaré em 31 de maio para comunicar o que fora decidido e ouvir a opinião dele. O almirante mostrou-se de acordo e afirmou que enviaria quatro vapores, para transportar as forças de uma margem a outra do rio Paraná, e acrescentou que, se os generais aliados achassem necessário, poderia trazer a tropa de Porto Alegre para o Passo da Pátria. Quanto a operações no rio Paraguai, decididas por aqueles generais, Tamandaré afirmou que, para empreendê-las com maior eficácia, era necessário esperar a chegada de dois novos encouraçados, o que deveria ocorrer em oito dias.[99]

Sem qualquer ordem superior nesse sentido, Tamandaré escreveu a Porto

Alegre propondo o translado do 2º Corpo de Exército para Tuiuti. Esse general aceitou a ideia e escreveu a Mitre que, surpreendido, reuniu nova junta de guerra em 25 de junho, a qual aprovou essa operação. Para evitar problemas na aliança, Mitre acabou por concordar,[100] e renunciou ao plano de utilizar o Exército de Porto Alegre em um largo movimento estratégico. Em 10 de julho chegou à região de Itapiru, transportado por navios da esquadra, o primeiro escalão dessa tropa, composto por uma brigada de cavalaria (1750 homens); até meados de agosto, todo o 2º Corpo de Exército — 10160 combatentes — estava no Passo da Pátria.[101]

Aprofundava-se, assim, o fosso que separava Tamandaré de Mitre. Anteriormente, o almirante causara descontentamento no comandante em chefe — e, na verdade, em quase todo o Exército aliado — devido à longa permanência em Buenos Aires, mantendo a esquadra imobilizada em Corrientes. Na batalha de 24 de maio, o descontentamento de Mitre aumentou, e ele escreveu a Marcos Paz que Tamandaré não estava à altura das circunstâncias, nem compreendia o papel que este devia desempenhar com os "poderosos" navios de guerra de que dispunha. Mitre escreveu que o almirante brasileiro Tamandaré não tinha inteligência nem vontade para desempenhar esse papel e, por isso, "nada espero da esquadra, nem conto com ela para nada". Sua opinião não mudou dois meses depois, quando Elizalde lhe escreveu dizendo não entender o que ocorria com Tamandaré, que se comprometera, no conselho de guerra de 31 de junho, a atacar Curupaiti, desde que recebesse encouraçados, que foram incorporados à esquadra em 24 de junho, mas ele não ordenou nenhum ataque. A resposta de Mitre foi uma síntese de suas queixas e opinião sobre Tamandaré:

> Não se empenhe em buscar razões no que não tem razão de ser. Tamandaré não ataca Curupaiti pelo mesmo motivo que não atacou Itapiru, armado com um canhão e defendido por uma chata, que estava disposto a render-se (Itapiru) desde que se aproximasse dele um só navio da Esquadra, o que não se atreveu a fazer, mas que havia prometido várias [vezes], esquecendo-se depois de fazer o que fora decidido em Junta de Generais. Aí [Tamandaré] falta juízo.[102]

Enquanto isso, as operações militares contra o inimigo ficaram paralisadas. As duas partes em guerra aproveitaram para aumentar e consolidar obras de fortificação. O conflito começava a adquirir as características de uma guerra de

Solano López tem na fortaleza de Humaitá a chave que controla a navegação do rio Paraguai.

posições: tropas entrincheiradas e duelos de artilharia e incursões relâmpago de patrulhas de um lado contra outro. Era um tipo de guerra novo, ao qual os chefes militares de ambos os lados tiveram que adaptar-se.

A inércia na frente de batalha permitiu a Solano López reorganizar seu Exército. Para refazer sua cavalaria, em uma circular enviada aos chefes policiais ordenou que se requisitassem todos os cavalos úteis de posse da população. Esta recebeu recibos que não especificavam prazo e valor da indenização[103] e foi duramente afetada, quer quanto ao transporte individual, quer em relação à atividade agrícola. De Assunção e do interior do país afluíram novos recrutas, enquanto os hospitais liberaram apressadamente os feridos das batalhas de maio; velhos e adolescentes, a partir dos doze anos de idade, eram incorporados às fileiras guaranis e escravos foram libertos com a mesma finalidade. Quanto aos escravos, mesmo antes do início da guerra, o Estado paraguaio já se propusera a comprá-los dos seus proprietários por um preço razoável. No início de 1866, ordenou-se a emancipação em massa de escravos para engrossar as fileiras do Exército paraguaio, o que fez com que chegassem de uma só vez 6 mil homens das Estancias de la Patria.[104] No Exército paraguaio possivelmente morreram, de modo proporcional, mais soldados negros do que nos demais, pois há indícios de que Solano López os enviava para as missões mais perigosas.[105]

O recrutamento dos homens de todas as idades comprometeu o cultivo agrícola no interior do país. Solano López não deu atenção para o fato de que, para seu Exército travar as batalhas no teatro de operações, na retaguarda deviam continuar a produzir alimentos, roupas e mantas. Como consequência, houve "espantosa escassez de alimentos [...] [e] de mantas; de noite as tropas encolhiam-se de dez em dez para ter calor".[106] No interior do país, as mulheres tiveram significativo aumento de trabalho e de responsabilidades. Tradicionalmente elas cultivavam alimentos, cuidavam de sua venda, bem como faziam o trabalho doméstico e artesanal. No entanto, a partir do recrutamento de 1866, as mulheres paraguaias tiveram sua carga de trabalho ampliada, para atender às necessidades do exército em comida, roupas e serviço de enfermagem.[107]

Um mês depois da batalha de Tuiuti, em fins de junho, Solano López conseguira reunir um Exército de 20 mil membros; era uma tropa inferior à perdida em Tuiuti, mas com a mesma coragem e determinação de luta.[108] Ainda em junho, ocorreram duelos de artilharia e escaramuças entre soldados paraguaios e aliados que, nos postos avançados, estavam próximos uns dos outros. Ambos se observavam a partir de "mangrulhos", estrutura de observação inventada pelos aliados, de 25 a trinta metros de altura, feita de quatro troncos de árvores, fincados no solo em forma de quadrado, e que tinha no topo um posto de observação.[109]

Nos primeiros dias de julho, Solano López planejou um ataque surpresa contra a vanguarda aliada, no trecho ocupado pelos argentinos, em frente ao esteiro Rojas, em Iataiti-Corá. Protegidos pela vegetação do esteiro, os paraguaios iniciaram, no meio da tarde do dia 11, o ataque, que terminou somente às 21 horas. Durante toda a batalha os argentinos estiveram sob a supervisão direta de Mitre que, inclusive, avançou com dois batalhões, ocupando o campo de batalha à noite. De acordo com Thompson, as perdas foram de quinhentos argentinos e de quatrocentos paraguaios, enquanto para Tasso Fragoso e Juan E. Beverina esses números são, respectivamente, de cerca de 250 e de quatrocentos a seiscentos.[110] De todo modo, ficava claro que, apesar do desastre da batalha de Tuiuti, o lado paraguaio continuava com capacidade e vontade de luta, embora Solano López repetisse o erro de travar pequenos combates que não lhe traziam qualquer vantagem militar.

De imediato, Solano López resolveu instalar a artilharia na extremidade do monte Ñaró, próximo do acampamento aliado, ameaçando o flanco esquerdo brasileiro e a retaguarda uruguaia. Para isso, após reconhecimento do terreno, decidiu abrir uma trincheira na selva entre Sauce e o potreiro Piris, área desocupada e coalhada de cadáveres mumificados daqueles que tombaram na batalha de 24 de maio. Na madrugada do dia 14, ao abrigo da escuridão, dois batalhões paraguaios, com enxadas, pás e picaretas, começaram a abrir a trincheira, sob a supervisão de George Thompson. Trabalhavam com grande cuidado para não alertar os soldados brasileiros, de quem se ouviam os risos e as tosses, de tão perto que estavam suas posições.[111]

Na manhã do dia 15, os brasileiros se deram conta da nova trincheira inimiga, quando ela já estava com uns 2500 metros de extensão e que, embora ainda não estivesse fortificada, fornecia suficiente proteção aos paraguaios. A nova trincheira paraguaia foi bombardeada nesse dia, mas não sofreu nenhum ataque de infantaria, o que possibilitou que fosse devidamente fortificada. Ela se dividia em dois segmentos: o menor controlava o acesso ao potreiro Piris e, o segundo, o caminho que conduzia ao potreiro de Sauce.[112]

Os aliados resolveram tomar essas novas e ameaçadoras fortificações. Em 16 de julho, 3 mil brasileiros atacaram, de madrugada, a trincheira menor; o combate foi violento, a ponto de receber, no final da tarde, o reforço de quatro batalhões argentinos, e terminou somente por volta das 23 horas. Durante os combates, o novo comandante do 1º Corpo de Exército brasileiro, general Polidoro da Quintanilha Jordão, ficou indeciso e até consultou Mitre sobre se devia recuar, e, como resposta, ouviu que isso obrigaria os aliados a atravessarem de volta o rio Paraná, para território argentino.[113] A trincheira foi ocupada, mas não o potreiro Piris, atacado pelo general Menna Barreto, ao custo de 1746 baixas brasileiras e 71 argentinas.[114] Os aliados lutaram destemidamente e os paraguaios, que até então não respeitavam as tropas brasileiras, passaram a delas ter "o mais alto conceito".[115]

Nessa batalha, chamada de Boqueirão, o coronel Aquino foi ferido mortalmente e promovido a general antes de falecer três dias depois, em 19 de julho. Durante o combate, esse coronel, em meio a gritos para entusiasmar a tropa, afirmou que queria matar com suas próprias mãos alguns "negros". Dito isso, Aquino, com ar alegre e sorriso nos lábios, cravou as esporas no seu cavalo e lançou-se sobre os brasileiros que se retiravam, e matou um soldado "africano retinto" que encontrou em seu caminho. Nesse momento, um soldado brasileiro o feriu mortalmente no ventre.[116]

No dia 18, as operações militares foram retomadas. Ao que parece, o general Flores, que estava na vanguarda do acampamento aliado, foi o responsável pelo desencadear do ataque, sem consulta prévia a Mitre e ao general Polidoro da Fonseca Quintanilha Jordão, que, a essa altura, comandava o Exército brasileiro. Iniciadas as operações, recebeu socorro do coronel Vitorino, com duas brigadas brasileiras e uma divisão argentina, que ocupavam a trincheira tomada no dia 16. Nos informes posteriores, Flores afirma que o movimento de ataque foi iniciado por Vitorino, o qual, por sua vez, responsabiliza o general uruguaio. Ocupada a trincheira, os aliados, com os brasileiros à frente, penetraram por um caminho na mata, um desfiladeiro de quarenta metros de largura em seu início e com quatrocentos metros de largura, que alcançava outra trincheira avançada paraguaia, chamada Sauce. O ataque aliado foi difícil, pois os atacantes, ao marcharem pelo desfiladeiro, sofriam pesados ataques de artilharia e infantaria. Centurión descreve a primeira tentativa de ataque:

> [...] Os compactos batalhões brasileiros, que avançavam pelo boqueirão e vinham na vanguarda, ao receberem o horroroso fogo de nossa artilharia, voltavam-se, ficando cara a cara com os que vinham atrás [...] obrigando a trabalhar bastante, nessas circunstâncias, os chefes e oficiais que eram obrigados a recordar, com suas espadas, às tropas o terrível dever de avançar em direção à trincheira que, qual um inferno, vomitava fogo lançando balas e metralhas.[117]

Frustrada a primeira tentativa, Flores ordenou novo ataque, por parte de uma divisão argentina e outra uruguaia. Para evitar as perdas ocasionadas pela artilharia paraguaia anteriormente, dessa vez os atacantes não marcharam ocupando todo o desfiladeiro, mas, sim, deixaram o centro livre e seguiram pelas margens, assim poupando muitas vidas. Os batalhões argentinos atacaram a trin-

Acima, oficial, sargento e soldados da Guarda Nacional de Buenos Aires.
Abaixo, o general Emilio Mitre, irmão do presidente Bartolomé Mitre.

cheira, sofrendo grandes perdas; aqueles que caíam eram substituídos por outros que vinham logo atrás e

> [...] marchavam em meio à confusão, tropeçando uns nos outros sobre os cadáveres mutilados dos mortos e dos [corpos] dos feridos que davam gritos de dor; mas sempre avançavam com denodo e brio até chegar à trincheira.

Logo as armas de fogo calaram-se e a luta foi de corpo a corpo, com baionetas, lutando os paraguaios "como leões". Sem tempo para recarregar seus fuzis, os soldados guaranis lutavam com golpes de baioneta, de sabre, com coronhadas "e até com pedras e terra atirada nos olhos de seus encarniçados e valentes adversários".[118]

Afinal, os aliados conseguiram entrar na trincheira de Sauce e hastear suas bandeiras, matando os defensores restantes. Os soldados argentinos, embriagados pela vitória, se espalharam pelos ranchos em busca de butim, apesar das tentativas dos oficiais de reagrupá-los. Logo os paraguaios fizeram um contra-ataque, recuperando a trincheira. Flores recorreu então às forças de reserva e lançou contra Sauce a 7ª Brigada argentina, comandada por Emilio Mitre, irmão do comandante em chefe aliado, que chegou ao pé da trincheira inimiga, mas teve que recuar devido às pesadas perdas que sofreu. Na batalha de Sauce, os brasileiros sofreram 1712 baixas, das quais 338 mortos; os argentinos tiveram 974 homens fora de combate, dos quais 201 mortos e foram 250 as perdas.[119] Ou seja, em três dias, nas batalhas de Boqueirão e Sauce, os aliados tiveram quase 5 mil homens fora de combate e os paraguaios, cerca de 2500. Um dos mortos uruguaios foi o coronel Palleja, autor do *Diario de la campaña de las fuerzas aliadas contra el Paraguay*, importante fonte de estudo da guerra.

Quando ocorreu a batalha de Boqueirão, o general Osorio já não era o comandante do 1º Corpo de Exército brasileiro. Devido a problemas de saúde, ele solicitara ao governo imperial que fosse nomeado um general que o substituísse em seus eventuais impedimentos. Para isso, foi designado, em 14 de maio, o general Polidoro da Fonseca Quintanilha Jordão, que chegou a Corrientes no dia 28 do mês seguinte. Osorio escreveu-lhe, no dia 3 de julho, solicitando sua ida a Tuiuti, pois estava tão doente que não podia andar a pé nem a cavalo. Polidoro não mostrava, porém, pressa alguma em assumir sua nova função e apenas em 15 de julho Osorio pôde transferir-lhe o comando do 1º Corpo e partir, no dia 18, causando pesar no Exército aliado.[120]

Em contraste com Osorio, Polidoro era inexperiente em combate e visto com antipatia pela tropa, devido à sua intolerância. O rigor "feroz" do novo comandante era tão intenso que muitos oficiais abandonaram o teatro de operações. Com Polidoro no comando, o 1º Corpo descambou para significativo desânimo, aprofundando o abatimento e o desgosto que já lavravam pela tropa.[121]

Em 18 de agosto, um novo conselho de guerra aliado decidiu embarcar o 2º Corpo de Exército brasileiro na esquadra e subir o rio Paraguai, para bombardear as posições paraguaias de Curuzú e Curupaiti. Após o bombardeio, haveria desembarque de tropas para atacar, pela retaguarda, o flanco direito das linhas fortificadas paraguaias. A essa altura, o Exército aliado no Paraguai era composto de 42212 homens, sendo 13142 argentinos, 28150 brasileiros e 920 uruguaios; esses números incluem os soldados doentes nos acampamentos, mas não os que se encontravam em hospitais militares em outros locais.[122]

Em ofício datado de 18 de agosto, Mitre deu instruções a Porto Alegre, recomendando-lhe que agisse sob a direção de Tamandaré. A resposta do general brasileiro abriu uma crise entre os chefes militares da Tríplice Aliança, pois Porto Alegre não aceitou subordinar-se a Tamandaré, argumentando terem ambos a mesma antiguidade como generais. Porto Alegre escreveu a Mitre que, ao desembarcar em Curuzú, somente ele teria a competência e a responsabilidade de tomar decisões e, após "concluída a operação, darei imediatamente conhecimento de seu resultado a V. Exa.". Do exposto ficava, inclusive, a dúvida se esse general se subordinava a Mitre ou se atuaria de forma autônoma.[123]

Para tratar dessa delicada situação, Mitre convocou novo conselho de guerra, realizado em 28 de agosto. O relato de Porto Alegre ao governo imperial foi o de que, nessa ocasião, Mitre quis confirmar sua situação de comandante em chefe, e se deu por satisfeito com a resposta de que o 2º Corpo de Exército atuaria sempre de acordo com os aliados. O general Polidoro, por sua vez, relatou ter Mitre salientado ser ele o comandante aliado da guerra, apesar de Porto Alegre operar a bordo da esquadra. Na descrição de Tamandaré, Mitre afirmou desejar saber se aquele Corpo de Exército imperial poderia agir de forma autônoma. Como resposta, escutou do almirante que, ao estar essa tropa no acampamento aliado, deveria ser equiparada ao 1º Corpo, do general Polidoro, e, ao atuar em conjunto com a esquadra, deveria executar o que fora decidido pelas juntas de guerra. Os relatos coincidem, porém, no fato de que Mitre ameaçou deixar a função de comandante em chefe, mas continuando à frente do Exército argentino em perfeito acordo com os outros comandantes aliados, caso a força de Porto Alegre atuasse de forma autônoma, sem responder a comando superior. Enfim, a questão do comando único, do reconhecimento de Mitre como responsável pela guerra terrestre, estabelecido pelo Tratado da Tríplice Aliança, sofria a visível resistência de Porto Alegre.[124]

Contornado esse contratempo, foi iniciada a operação aliada. Na verdade, os aliados se colocariam na retaguarda paraguaia, do lado do rio Paraguai, se ocupassem Curupaiti. Essa posição estava situada a cerca de 5,5 quilômetros ao sul de Humaitá, tinha seu lado direito sobre o rio Paraguai e, na margem deste, havia vegetação fechada encobrindo o terreno alagado — eram os carriçais —, que inviabilizava o desembarque da infantaria brasileira. A artilharia paraguaia tinha capacidade de causar grande mortandade à tropa amontoada em navios que tentassem navegar acima da fortificação, para desembarcar os atacantes. A alternativa era os aliados desembarcarem ao sul de Curupaiti e marchar para atacar Humaitá, possibilidade antevista por Solano López que ordenou que se construísse uma fortificação em Curuzú, pouco abaixo. Nesta foi aberta uma trincheira, que tinha, à sua direita, o rio e, à esquerda, uma lagoa defendida por 2500 homens, sob o comando do general Díaz, e três canhões. Entre Curuzú e a margem do rio havia um único e estreito caminho, em meio a densa vegetação, da altura de um homem, que terminava em um descampado de uns quatrocentos metros em frente da trincheira. O caminho estava sob a mira dos três canhões.[125]

Em 1º e 2 de setembro, a esquadra imperial bombardeou Curuzú e Curupaiti. Os 8385 homens, que Porto Alegre trouxe a bordo dos navios da esquadra, desembarcaram na tarde do dia 2 a uns quatro quilômetros de Curuzú e avançaram até lá, fixando posições e tiroteando contra os paraguaios. No dia 3, a esquadra bombardeou por longo tempo a trincheira paraguaia e, em seguida, a tropa de Porto Alegre iniciou o ataque, feito frontalmente e, ainda, pela extremidade esquerda. Thompson descreve que os brasileiros, "avançando com bravura sob fogo contínuo da artilharia, e marchando com água quase até o pescoço" da lagoa, flanquearam a extremidade da trincheira e a atacaram pela retaguarda. Fugiram dos atacantes os setecentos soldados do 10º Batalhão de infantaria paraguaio, trazido de Corumbá, e que deveriam defender essa extremidade. Segundo esse autor, as perdas paraguaias foram de setecentos mortos e 1700 feridos, enquanto os brasileiros tiveram umas 2 mil baixas. Tasso Fragoso, porém, fala que os brasileiros tiveram 159 mortos e 629 feridos, enquanto teriam sido de 2632 as baixas paraguaias, das quais oitocentos mortos, 1800 feridos e 32 prisioneiros.[126]

Os números das perdas paraguaias, porém, devem ter sido exagerados, visto que a defesa da trincheira era feita por 2500 homens.

Os paraguaios em retirada foram perseguidos até as baterias de Curupaiti por um punhado de brasileiros, em desordem, conduzidos pelo coronel Astrogildo Pereira, da Guarda Nacional gaúcha e que comandara o ataque à retaguarda da trincheira de Curuzú. Os brasileiros constataram que Curupaiti não tinha trincheiras pelo lado esquerdo, e podia ser facilmente tomada. Se Porto Alegre tivesse avançado sobre essa posição teria, no mínimo, destruído seu parapeito e atirado seus canhões no rio, facilitando um ataque posterior, ou mesmo ocupando-a. O avanço era lógico, pois Porto Alegre e Tamandaré já haviam decidido atacar a posição, tendo solicitado reforço de infantaria para a ação. Ao permanecer em Curuzú, Porto Alegre permitiu aos paraguaios ocuparem as matas, fortificando-se. Este general defendeu-se ao afirmar que renunciara ao plano de atacar o segundo objetivo, Curupaiti, sobretudo por não ter informações das condições de defesa dessa posição e, ainda, devido "à natureza do terreno" e à distância a ser percorrida.[127] Mitre percebeu o equívoco e lamentou que não se tivesse continuado a operação até os brasileiros ocuparem Curupaiti.[128] Os aliados pagaram um alto preço, militar e político, pelo engano de Porto Alegre.

O batalhão paraguaio que fugiu, em lugar de defender Curuzú, foi punido por Solano López. Os soldados foram perfilados, contava-se até dez e o décimo soldado era retirado da formação. Repetiu-se a contagem até o final do batalhão e os soldados assim separados foram imediatamente fuzilados. Seus oficiais sortearam palhas e os que retiraram as mais curtas foram fuzilados em seguida, sendo rebaixados a soldados os que ficaram com as longas.[129]

No momento em que Porto Alegre desembarcou em Curuzú, uma mina submersa, que era carregada pela correnteza do rio, atingiu, debaixo da popa, o encouraçado *Rio de Janeiro*, que não tinha compartimentos estanques e afundou em apenas dez minutos. Engolidos pelo redemoinho, causado pelo naufrágio da belonave, ou vitimados pelo inimigo que metralhava os náufragos, metade da tripulação morreu, inclusive seu comandante, tenente Silvado, e os oficiais; destes sobreviveu apenas o tenente Custódio José de Melo.[130]

Essas minas flutuantes eram chamadas à época de "torpedos". Passaram a ser usadas após a batalha de Riachuelo, mas eram, então, quase imprestáveis. Na realidade tratava-se de garrafões cheios de pólvora, colocados sobre canoas, levadas pela correnteza em direção aos navios brasileiros e com mechas acesas. Estas, porém, costumavam ficar molhadas devido a respingos causados pela força da correnteza e raramente explodiam ou, quando isso ocorria, havia enorme estrondo sem, em geral, causar muitos danos aos navios brasileiros. No entanto, em junho de 1866 esse explosivo foi aperfeiçoado por uma equipe de técnicos chefiados por William Kruger, norte-americano que lutara na Marinha da União, na Guerra Civil dos EUA. Kruger foi apoiado pelo farmacêutico inglês George Frederick Masterman, que tinha conhecimentos de química, e pelo engenheiro polonês Ludwik Mieszkowski. Da equipe fazia parte, ainda, o paraguaio Escolástico Ramos, que havia estudado engenharia em Londres, sob proteção dos Blyth Brothers. Krueger e Ramos morreram em um acidente quando testavam uma mina,[131] mas os sobreviventes da equipe conseguiram aperfeiçoá-la: passaram a ser montadas em três caixas, colocadas uma dentro da outra, sendo que a última, de zinco, era carregada com pólvora. A espoleta era uma cápsula de vidro, contendo ácido sulfúrico com uma mistura de potássio e açúcar branco, coberta com lã e algodão. Essas minas passaram a ser lançadas no rio, abaixo de Humaitá, para atingir os navios da Esquadra brasileira fundeados próximos à foz do rio Paraguai; o *Rio de Janeiro* foi a única embarcação de grande porte a ser atingida e afundada.[132]

Desencontros entre os aliados e a derrota em Curupaiti

Tomada Curuzú, fizeram-se explorações nos flancos esquerdo e direito das forças paraguaias, e concluiu-se pela impossibilidade de um ataque aliado, vindo de Tuiuti, sobre essas posições. No dia 8 de setembro, Mitre, Polidoro e Flores reuniram-se e oficializaram o plano de ataque, que fora comunicado anteriormente a Porto Alegre e Tamandaré, e o aprovaram. Por esse plano, a ocupação de Curupaiti era operação preliminar necessária à realização de outras ações militares. O ataque seria realizado pelas tropas, reforçadas, de Porto Alegre, em cooperação com a esquadra, enquanto a cavalaria aliada, sob o comando do general Flores, avançaria à direita, pela retaguarda do inimigo até onde fosse possível, para cooperar com as forças aliadas que estariam atuando no território próximo ao rio Paraguai. O 1º Corpo de Exército, do general Polidoro, contando com 18 mil a 20 mil homens, permaneceria em posição defensiva em Tuiuti, e poderia, depois de avisado, também lançar-se à luta pela direita ou pela frente das linhas fortificadas paraguaias. Mitre se transferiria para Curuzú, com 9 mil argentinos e doze canhões, reforçando o Exército de Porto Alegre.[133]

A ação ofensiva aliada contra Curupaiti estava programada para o dia 16, porém, como chovia, Tamandaré comunicou que o mau tempo era um inconveniente para o bombardeio dessa posição. Durante dias choveu sem parar, o que transformou o terreno do acampamento aliado em verdadeiro lodaçal e apagou as trilhas por onde a tropa atacante deveria deslocar-se. Para o historiador José María Rosa, expoente de um revisionismo "antimitrista", ao ordenar o ataque da infantaria a Curupaiti, Mitre o fez sem verificar essa posição e causou espanto a Porto Alegre, que deveria empreender o ataque, pois o terreno estava convertido num pântano. Essa negligência, porém, não ocorreu, pois o comandante em chefe fizera, pessoalmente, dois reconhecimentos da linha inimiga e pensava conhecê-la, estando cônscio de que se tratava de uma posição fortemente armada, mas possível de ser tomada, com "alguma" perda, desde que submetida a eficiente bombardeio pela esquadra brasileira.[134]

Na realidade, nenhum dos generais aliados duvidava da conveniência do ataque, e havia apenas divergências, por vaidade pessoal, de parte de Porto Alegre. Este sentiu sua autoridade diminuída com o fato de Mitre, seu superior, participar do ataque junto com o 2º Corpo de Exército brasileiro e protestou contra isso, com o apoio de Tamandaré, mas ressalvou que poderia tomar Curupaiti com o auxílio da esquadra. O mesmo Porto Alegre defendeu uma mudança no plano original do ataque, e propôs que a ação fosse iniciada, não por ele, mas pelo general Polidoro, a partir de Tuiuti, pois poderia atingir o ponto mais fraco da fortaleza. Baseou-se, para fazer essa proposta, em informação de um desertor paraguaio de que o ponto que os aliados planejavam atacar era o mais forte defensivamente. Mitre, contudo, manteve-se firme na defesa do plano ofensivo e Flores afirmou que era hora de pô-lo em prática e não de discuti-lo. Porto Alegre e Tamandaré acabaram por concordar que a operação militar ocorresse conforme o planejado inicialmente.[135]

Mitre estava irritadíssimo com as constantes resistências de Tamandaré e de Porto Alegre a seu comando, irritação que se estendia a Francisco Otaviano, que permanecia no teatro de guerra. Demonstra-o uma carta escrita a Rufino de Elizalde, na qual Mitre afirma que, por diversas vezes, teve que advertir esses dois chefes militares, sobretudo Tamandaré, sobre a quem cabia a responsabilidade de comandar a guerra segundo o Tratado da Tríplice Aliança.

> [...] apesar de minha firmeza tranquila com que vejo essas criancices, pode haver a ocasião em que as coisas não ocorram tão tranquilamente. [...] Porto Alegre é um

tonto [...] Octaviano é outra criança, a quem dei algumas advertências, que atiça a vaidade e, parece, conspira em acordo com Tamandaré para concentrar em Porto Alegre o comando do Exército [brasileiro], eliminando Polidoro. [...] A cada dia é mais necessária a vitória, que é o caminho para a paz entre os povos e os espíritos.[136]

Se o início do ataque a Curupaiti tivesse sido com as tropas de Polidoro, as perdas aliadas talvez fossem maiores. Essa é a análise de Centurión, com a autoridade de quem fez parte do Estado-maior paraguaio. O ataque, se feito pelo 1º Corpo de Exército brasileiro, pelo Paso de Gómez, se desenrolaria em um terreno ainda pior do que aquele em que os atacantes acabaram lutando para tomar a posição guarani. Ademais, em Paso de Gómez as tropas aliadas teriam canhões não só à sua frente, como também em seus flancos.[137]

Antes de os aliados atacarem Curupaiti, Solano López solicitou um encontro ao general Mitre, que se realizou em 12 de setembro, em Iataiti-Corá, área localizada entre os territórios sob controle paraguaio e dos aliados. De madrugada, horas antes do encontro, Solano López destacou para ficarem escondidos, na mata próxima desse local, mil dos seus melhores soldados, bem municiados e prontos para entrar em ação mediante um sinal previamente combinado. Portanto, Mitre esteve à mercê do ditador durante o encontro.[138]

O general Polidoro recusou o convite para participar do encontro, em obediência a uma instrução permanente do governo imperial a suas autoridades militares de não se negociar com o chefe de Estado paraguaio. O general Flores retirou-se logo no início da conferência, após entrar em atrito verbal com o líder paraguaio por este classificá-lo como responsável pela guerra, ao abrir as portas do território uruguaio ao Brasil. Solano López afirmou a Mitre ter ido à guerra contra o Império por supor que este dominaria o Uruguai e, depois, ameaçaria a "todos"; também acrescentou nada ter contra o povo argentino. Durante a entrevista entre os dois chefes de Estado, o general Barrios disse a um ajudante do comandante em chefe aliado que os paraguaios desejavam apenas que os argentinos "nos deixem sós com os brasileiros, mesmo que estes dupliquem seu Exército", pois, acrescentou rindo, seriam facilmente vencidos.[139]

Solano López compareceu ao encontro com esporas de prata, botas altas e uniforme com fios de ouro, enquanto Mitre se trajou singelamente, com seu uniforme normal, exceto por um grande chapéu de feltro. Após cinco horas de reunião, Solano López redigiu um protocolo da conferência, com cópia para Mitre, no qual afirma ter sido seu objetivo encontrar uma solução conciliatória e igualmente honrosa para todas as partes envolvidas no conflito. No documento afirma-se que o presidente argentino limitou-se a ouvir a proposta, e disse caber a seu governo e ao dos outros aliados tomar uma decisão, e que não podia oferecer outras condições de paz a não ser aquelas estabelecidas no Tratado de 1º de Maio. Este se tornara público, ao ser transcrito, na íntegra, pelo governo britânico, que o obteve do chanceler uruguaio, em um relatório sobre a situação no Prata apresentado ao Parlamento em 2 de março de 1866. O documento foi reproduzido pelos jornais ingleses e, logo em seguida, no Paraguai, por *El Semanario*, em 11 de agosto de 1866, e, no Brasil, pelo *Jornal do Commercio*, no Rio de Janeiro.[140]

O protocolo da conferência de Iataiti-Corá não continha tudo que fora discutido no encontro, informou Mitre a Marcos Paz. Não esclareceu, porém, o que faltava por falta de tempo para escrever, mas sintetizou ter ficado bem impressionado com Solano López. Este defendeu suas posições de uma forma "digna e conveniente", mostrando-se arrependido de ter começado a guerra e desejoso da paz, mas, quanto ao futuro, temeroso em relação ao Brasil. O líder paraguaio não demonstrava grande força de vontade de continuar a guerra, mas o faria "até seu extremo" antes de aceitar as condições do Tratado da Tríplice Aliança para se ter a paz. Mitre disse-lhe que a paz era impossível se não fosse nos termos da Tríplice Aliança, e ouviu, como resposta, que não tinha que sê-lo, desde que o presidente argentino desejasse o fim da guerra. Solano López, astutamente, afagou Mitre com uma série de elogios, entre os quais enfatizou ser ele seu interlocutor governante e cidadão argentino. Mitre, porém, não se deixou enganar, e respondeu ser representante dos interesses dos três aliados e não apenas da Argentina.[141]

Segundo o general Resquín, comandante do Exército paraguaio à época, Solano López teria proposto renunciar à chefia do Estado, desde que não fosse aplicado a seu país o Tratado da Tríplice Aliança. O presidente argentino teria respondido que a anulação desse documento era impossível, podendo, talvez, ser modificado em parte, desde que seu colega paraguaio se retirasse do país, termos que López teria recusado. Já o representante espanhol em Buenos Aires deduziu, de conversa com o chanceler Elizalde, que Solano López teria manifestado a Mitre estar disposto a ceder em tudo aos aliados, desde que pudesse permanecer à frente da chefia do Estado paraguaio. Não fez, porém, uma proposta concreta nesse sentido, limitando-se a mostrar seu apreço ao presidente argentino e o desejo de retomar a amizade com a Argentina.[142]

Posteriormente, em 1891, Mitre deu a Estanislao Zeballos novos detalhes sobre o encontro com Solano López. Ratificou que o líder paraguaio o convidara a abandonar a aliança com o Brasil, pois afirmava não ter motivo para guerrear contra os argentinos, no que foi interrompido por seu interlocutor com a observação "permita-me observar-lhe que está falando com o general em chefe dos aliados". Mitre disse a Solano López para não ter ilusões sobre a marcha da guerra, pois as turbulências políticas na Argentina não paralisariam as operações militares aliadas. O líder paraguaio respondeu que, por isso mesmo, propusera o encontro, acrescentando que "o Império se engrandece e a República [argentina] se debilita", e perguntou sobre as condições para se negociar a paz. Seguiu-se o diálogo:

> — Negociaríamos — respondeu o general Mitre — tendo como base a renúncia de Va. Exa., porque não fazemos a guerra ao povo do Paraguai, mas, sim, a seu governo.
>
> — Ah, não! Essas condições me as imporá Va. Exa. depois de matar-me em minhas últimas trincheiras... ["E cumpriu a palavra!", acrescentou Mitre em sua exposição.]
>
> López chamou, em seguida, um ajudante que, ajoelhando-se, escreveu sobre o outro joelho alguma coisa ditada por López. Eram umas condições de acordo tendo como base a ruptura da aliança [da Argentina com o Brasil].
>
> O general Mitre as leu e disse:
>
> — Limito-me a tomar conhecimento delas. Ficam reabertas as operações de guerra.[143]

O fato é que ao rechaçar as condições de Mitre, Solano López "pronunciou a sentença de morte de uma geração de seus compatriotas". Afinal, "a arrogância e os caprichos de López estavam mais do que compensados pela obstinação de d. Pedro" em continuar a guerra até a vitória. Para o monarca brasileiro, que buscava ser erudito em diferentes assuntos, inclusive história diplomática europeia, a guerra preventiva era ilegal e, portanto, pelo direito internacional eram inaceitáveis o ataque paraguaio, com tal característica, a Mato Grosso e o aprisionamento do navio brasileiro *Marquês de Olinda*. A consequência desta lógica de pensamento, e que constava no Tratado da Tríplice Aliança, era que uma paz duradoura entre os Aliados e o Paraguai tinha que incluir o afastamento de Solano López e sua família do poder.[144]

A situação militar paraguaia e o conhecimento do conteúdo do Tratado de Aliança frustraram os objetivos iniciais de Solano López, ao provocar a guerra. Buscou, como alternativa, uma solução política para o conflito, que não o apenasse. Há quem interprete o encontro de Iataiti-Corá como um meio de o líder paraguaio ganhar tempo, enquanto concluía as trincheiras de Curupaiti iniciadas no dia 8 de setembro, pois esperava por um ataque inimigo nesse ponto. Elas, de fato, custaram caro aos aliados e somente puderam ser terminadas com o tempo ganho com a conferência, o que, porém, foi consequência e não causa principal do encontro. Se o objetivo fosse o de ganhar tempo, Solano López teria dissimulado sua resposta, pedindo alguns dias para estudar as condições de paz, em lugar de rechaçá-las.[145]

A notícia do encontro dos dois chefes de Estado repercutiu em Buenos Aires, e a imprensa acreditava que a luta chegava ao fim. Não era, porém, o caso. Mitre ordenou, em 22 de setembro, o ataque a Curupaiti. A trincheira que a defendia tinha dois quilômetros de extensão, com um fosso de quatro metros de largura por dois de profundidade, além de um muro com dois metros de altura. No seu interior havia entre 4 mil a 5 mil soldados e cerca de noventa canhões, parte deles apontada para o rio e parte para a terra.[146]

Em 22 de setembro, o ataque a Curupaiti começou sem alteração no plano original dos aliados. A esquadra bombardeou essa posição, e Tamandaré procurou cumprir sua promessa de "descangalhar em duas horas" a artilharia inimiga. O ataque dos navios foi ineficaz devido à altura da fortificação, superior a nove metros, que obrigava os canhões brasileiros a utilizarem ângulo de tiro que fazia as bombas caírem além das posições inimigas, sem que Tamandaré o soubesse. Acreditando que tinha preparado suficientemente o terreno, a esquadra deu o sinal para as forças terrestres atacarem as posições paraguaias. Como fora planejado, pouco depois das 12 horas, quatro colunas paralelas, duas argentinas, à direita, e duas brasileiras avançaram, sendo que o ataque principal caberia às duas centrais, uma de cada nacionalidade, com comando dos generais Paunero e Albino Carvalho, enquanto as laterais eram lideradas pelo general Emilio Mitre e pelo coronel Augusto Caldas. Eram 20 mil aliados, em que os efetivos de argentinos e brasileiros eram praticamente equivalentes. Avançavam por um estreito espaço delimitado pelo rio Paraguai e o impenetrável bosque de Sauce, o que era uma temeridade, pois não havia terreno para se manobrar pelos flancos com a cavalaria.[147] Segundo testemunho paraguaio, os aliados avançavam com vistosos uniformes e bandas de música, para cadenciar o avanço da infantaria; os oficiais montavam cavalos e, devido a seus "reluzentes uniformes de gala", constituíram alvos fáceis para os atiradores paraguaios. "Era impressionante vê-los avançar com muita galhardia, como se fossem para uma festa ou um desfile militar", causando a impressão de estarem seguros da vitória.[148]

Retardados pelo barro e enfrentando a artilharia paraguaia, que Tamandaré comunicara ter destruído, o Exército do general Porto Alegre começou o ataque à esquerda. Após algum tempo, Mitre enviou dois ajudantes para ver a verdadeira situação da tropa brasileira, que lutava valorosamente, e eles voltaram dizendo que Porto Alegre tomara a trincheira. A informação não era verdadeira, pois esses ajudantes confundiram o primeiro fosso, que fora ultrapassado pelos atacantes, com a trincheira principal. Com base nessa informação equivocada, Mitre ordenou o segundo ataque, de forças argentinas, para auxiliar a suposta vantagem obtida por Porto Alegre, que estaria necessitando de reforço.[149] As colunas atacantes fizeram investidas sucessivas, nas quais soldados e oficiais se portaram com bravura. As tropas de assalto, apesar de surpreendidas pela violência inesperada do fogo inimigo, que dizimava suas fileiras, e pelas inúmeras armadilhas, continuaram a avançar, tropeçando nos corpos dos companheiros caídos, e chegaram a alcançar o fosso da trincheira principal. Após horas de combate, os soldados aliados voltaram as costas a Curupaiti e começaram a fugir, o que obrigou Mitre a recorrer às forças de reserva, que saíram dos montes onde estavam escondidas e retomaram o ataque.[150]

Mitre comandou o ataque sob o alcance das bombas inimigas e teve que trocar de cavalo, devido a ferimento causado no primeiro animal por um estilhaço. Em outro momento, o comandante em chefe ficou respingado de barro, resultante da explosão próxima de uma bomba.[151] Em outros momentos da guerra, os demais chefes máximos aliados na guerra, Flores, Osorio, Porto Alegre, Caxias, Paunero, Emilio Mitre e o conde d'Eu, também se expuseram ao fogo inimigo, em contraste com Solano López que evitava ficar ao alcance dos tiros. Em Curupaiti impressiona — e isso foi destacado por espectadores paraguaios do combate — o sangue-frio dos soldados aliados que, durante horas, marcharam adiante, para preencher claros dos companheiros mortos, cônscios de que muito possivelmente também eles morreriam. Em Curupaiti tombaram expoentes argentinos e brasileiros, como o general Antônio de Sampaio, de cujas perdas se ressentiria o Exército aliado; pereceram jovens da elite portenha, como, entre outros, Do-

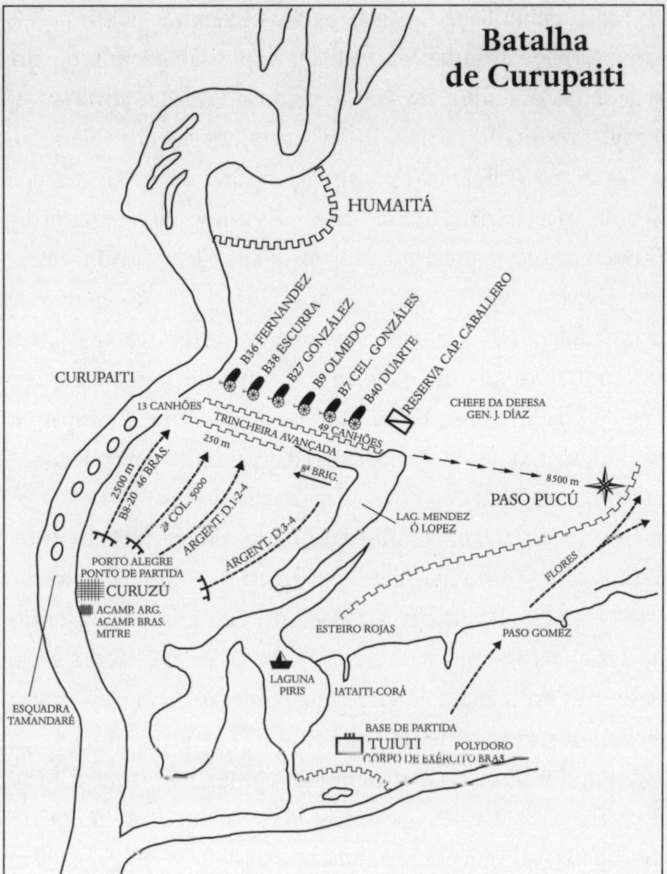

Fonte: Luis Vittone, *Trayectoria militar y política del general de división Bernardino Caballero.*

mingo Fidel Sarmiento e Francisco Paz, filho do vice-presidente Marcos Paz. A dramaticidade do combate é exemplificada no relato de José Ignacio Garmendia que, no final da ação, ao ver, ensanguentado, Martín Viñales, do 1º Batalhão de Santa Fé, perguntou-lhe se estava ferido e a resposta foi: "não é nada, apenas um braço a menos; a pátria merece mais".[152]

O sol já se punha em Curupaiti e quase não havia mais reservas aliadas que pudessem ser utilizadas, quando Mitre ordenou o toque de clarim de retirada. A ordem apenas ratificava a situação de fato, pois havia uma debandada dos atacantes, que Porto Alegre, "transfigurado de raiva", tentava, em pleno campo de batalha, conter com vistas a fazer novo assalto. Ao se retirar, Porto Alegre disse a Arthur Silveira da Motta: "eis aqui o resultado do governo brasileiro não ter confiança em seus generais e entregar os seus Exércitos aos generais estrangeiros", e fez uma série de imputações a Mitre, responsabilizando-o pelo desastre.[153]

Na verdade, se o ataque tivesse ocorrido no dia 17, como fora planejado, provavelmente o resultado teria sido favorável aos aliados. Nesse momento, a construção das novas trincheiras paraguaias estava longe de ser concluída e o terreno por onde marchariam os atacantes não estava tão encharcado; os aliados não teriam encontrado, àquela altura, obstáculos intransponíveis. A esquadra não teria, é verdade, atuado no dia 17 contra Curupaiti, pois para Tamandaré ela encontraria dificuldades de atuar eficientemente sob chuva, mas, de todo modo, mesmo sob tempo bom foi nulo o efeito do bombardeio que fez sobre esse forte. Não eram, na realidade, as condições meteorológicas que comprometiam a ação da esquadra mas, sim, o desconhecimento das posições paraguaias e, sobretudo, a falta de comando à altura dos novos desafios militares.

As estatísticas oficiais, normalmente citadas por historiadores da Argentina e do Brasil, indicam que no ataque a Curupaiti os brasileiros tiveram 2011 homens fora de combate, dos quais 411 mortos, enquanto os argentinos tiveram 1357 baixas, das quais 587 mortos. O coronel brasileiro Claudio Moreira Bento, porém, ao escrever em 1982, fala em 4 mil soldados imperiais mortos, número repetido por um observador neutro, o representante espanhol em Buenos Aires em 1866. Azevedo Pimentel, participante do combate, diz que foram 2 mil mortos brasileiros e outros 2 mil argentinos. Os paraguaios perderam 54 homens segundo Thompson, que afirma terem as perdas aliadas chegado a 9 mil homens, enquanto para Centurión apenas os mortos aliados seriam de 5 mil. José María Rosa e Arturo Bray chegam ao extremo oposto dos números oficiais argentinos e brasileiros, e afirmam que foi de 10 mil o número de atacantes mortos. Os cadáveres aliados foram jogados nas fossas abertas para montar armadilhas contra os atacantes; cheias essas covas, os demais corpos foram jogados no rio Paraguai. Segundo Centurión, apenas um dos batalhões encarregados desse trabalho, o de número 36, enterrou e jogou ao rio mais de 2 mil cadáveres.[154]

Terminada a batalha, um batalhão saiu das trincheiras de Curupaiti para recolher as armas e despojos deixados no terreno pelos aliados, bem como para aprisionar os feridos. Os soldados paraguaios perguntavam aos argentinos e brasileiros feridos se podiam caminhar e matavam aqueles que respondiam negativamente. Poucos podiam andar, do contrário teriam recuado ao encontro de seus companheiros; os prisioneiros foram, assim, apenas "uma meia dúzia".

Os soldados do batalhão paraguaio retornaram à trincheira vestidos com os uniformes argentinos, com relógios dos mortos e libras esterlinas, pois os aliados haviam recebido o soldo há pouco. Essas libras foram "compradas" por Elisa Lynch com papel-moeda paraguaio. Vários batalhões paraguaios foram vestidos com os uniformes dos aliados mortos e armados com os 3 mil fuzis capturados.[155]

Desde o início da guerra os soldados paraguaios andavam seminus e descalços, assim, para eles, os uniformes aliados manchados de sangue eram um verdadeiro prêmio. A falta de vestuário era tão grave que o governo paraguaio baixou, em fevereiro de 1866, um decreto que determinava, sob a justificativa de que o bloqueio naval brasileiro impedia a importação de tecidos, "uma contribuição de vestuários para o serviço do Exército". Tratava-se, de fato, de um confisco e coube aos chefes policiais e juízes determinarem, na região sob sua jurisdição, a cota de uniformes que cada família deveria dar.[156]

Os atacantes de Curupaiti não receberam reforço das forças dos generais Polidoro e Flores. Este tinha ordens de fazer um movimento de flanco, diversionista, com sua cavalaria de cerca de 3 mil homens, mas se afastou tanto das trincheiras paraguaias que não chegou a ter contato com o inimigo.[157] O argentino Lucio Mansilla, que lutou em Curupaiti, criticou duramente Flores, afirmando que ele começou a marchar às oito horas da manhã, parou às dez horas para fazer um churrasco e mais tarde para acampar novamente, enviando apenas uma pequena tropa até San Solano. Mansilla escreveu, sob pseudônimo, que "a história precisa saber que Flores foi sempre o general impaciente da Aliança, o general que fazia projetos audazes, petulantes, ousados, desde que outro ficasse responsável por eles".[158] Flores era militar corajoso, mas como chefe era ignorante em técnicas e táticas militares; o que sabia era da prática da guerra gaúcha,[159] quando a Guerra do Paraguai tinha características muito diferentes.

Polidoro recebera ordens de Mitre para fazer, simultaneamente à operação principal contra a fortaleza, um reconhecimento "o mais vigoroso possível", não só para distrair o inimigo, mas para, oportunamente, transformá-lo em ataque formal.[160] Esse general brasileiro, porém, permaneceu inerte e, mais tarde, justificou sua inação afirmando que a esquadra, mais precisamente a embarcação *Iguaçu*, não içara, conforme o combinado, o sinal de ataque, uma bandeira vermelha com a cruz branca ao centro. Arthur Silveira da Motta, contudo, afirmou que o sinal foi dado por ordem de Tamandaré e "transmitido por mim: eu o vi desfraldado no Patacho *Iguaçu*". A inação de Polidoro foi "inexplicável", tendo sido esse general responsabilizado de forma ostensiva pela derrota, em ordem do dia de Tamandaré. Já o ministro da Marinha à época, Afonso Celso, escreveu que não foi dado o sinal combinado para que Polidoro iniciasse a ofensiva.[161]

Acusado pelo malogro do ataque a Curupaiti, inclusive pela imprensa, Polidoro solicitou declaração de Mitre sobre quais eram os deveres que ele, como comandante do 1º Corpo de Exército, deveria ter cumprido naquela ação e que fosse emitido um juízo sobre o seu procedimento. A resposta foi ambígua, pois, se não o responsabilizou pela derrota, apontou erros consideráveis em sua atuação. Mitre afirmou que o resultado do ataque não resultara "do que V. E. fez ou deixou de fazer nessa ocasião, ainda quando isso pudesse haver influenciado no quadro geral". Segundo o comandante em chefe, sua resposta era a mesma que dera na Junta de Generais e em conversa amistosa com Polidoro, ou seja, de que o reconhecimento que este comandou sobre o flanco inimigo não fora tão "vigoroso" como poderia ter sido, e que viabilizasse, oportunamente, um movimento decisivo de ataque. Declarou, porém, compreender que o comandante do 1º Corpo de Exército estava querendo reservar seus esforços para um ataque à posição paraguaia, pois "um reconhecimento mais profundo que o praticado não poderia dar-lhe um resultado melhor para tal efeito".[162]

O desastre aliado em Curupaiti teve grandes repercussões. No plano militar tornou ostensiva a divisão do comando aliado: de um lado, Tamandaré e Porto Alegre, ambos pertencentes ao Partido Liberal no Brasil, hostilizando Mitre e, de outro, Polidoro, membro do Partido Conservador, e Flores, solidários com o comandante em chefe. Mitre escreveu a Rufino de Elizalde que não contava mais com a esquadra imperial para nada e que ela viria a reboque dos acontecimentos. O relacionamento entre Tamandaré e o comandante em chefe argentino ficara irremediavelmente abalado, e pôs em risco a própria condução da guerra. Mitre afirmava que "não posso, não quero, nem devo entender-me com o almirante Tamandaré, o qual considero inadequado em todos os aspectos para o posto que ocupa e inimigo da aliança por motivos pessoais, para cujo sentimento arrasta a seu primo Porto Alegre".[163] Para Mitre,

> O marechal Polidoro é velho (64 anos), está doente e me parece fatigado, sobretudo da hostilidade que lhe dirigem Porto Alegre e Tamandaré, que são primos, e primos até na falta de juízo e fizeram um pacto de família para monopolizar, de fato, o comando da guerra, tomando o primeiro o mando de todo o Exército de terra para

subordiná-lo às operações da Esquadra. Tenho razões para crer que se Polidoro pede demissão ou fica doente, tem instruções para passar o comando dos dois Exércitos a Porto Alegre. É impossível imaginar uma nulidade militar maior do que este general, ao que se acrescenta a má influência, dominante, sobre ele de Tamandaré e o espírito negativo de ambos em relação aos aliados, devido a paixões e interesses mesquinhos. Com o conhecimento profundo que tenho dessa situação, posso assegurar que tal comando [único de Porto Alegre] será funesto não só para as armas do Brasil, como para a continuação, prática e eficaz, dos objetivos da aliança [...].[164]

Alarmado pela repercussão do desastre militar, o ministério argentino autorizou Mitre a negociar com o Paraguai uma trégua ou a paz definitiva, entendendo-se previamente com o Brasil e o Uruguai. Também foi autorizado a não cumprir o Tratado de 1º de maio de 1865, nos pontos que não fossem de importância fundamental à Argentina. No Rio de Janeiro, o representante argentino, Juan E. Torrent, defendeu a negociação com Solano López, não com a finalidade de fazer a paz e permitir que continuasse no poder, mas, sim, por crer que o ditador, "salvando sua fortuna particular", não teria dúvida em renunciar à presidência. Com essa finalidade, o governo argentino acreditava que se poderia conceder a paz a Solano López, para facilitar sua retirada do Paraguai. O governo imperial recusou a proposta argentina e, mais, não atendeu ao pedido de Torrent para os aliados fazerem modificações no Tratado da Tríplice Aliança. O representante argentino citou, a título de exemplo de modificação que se poderia fazer, a exigência do pagamento de indenização, pelo Paraguai, dos prejuízos de guerra.[165]

Ante a possibilidade de semelhante tentativa de paz do governo argentino, Francisco Otaviano de Almeida Rosa ameaçou, conforme relato de Elizalde a Mitre, retirar-se do país. O encontro de Iataiti-Corá criara, no Rio de Janeiro, suspeitas quanto ao real conteúdo da conversa entre o presidente argentino e Solano López. Essas suspeitas ampliaram-se devido à autorização dada pelo gabinete argentino para que se negociasse a paz. A insegurança brasileira levou dom Pedro II a escrever que "tenho muito medo da diplomacia de Mitre"[166] e que este pretendia arrastar o Império para fazer, com Solano López, "uma paz que nossa honra não nos permite".[167]

Não havia, realmente, fundamento nas suspeitas do Rio de Janeiro, pois o presidente argentino continuava fiel ao Tratado de 1865. Prova-o a resposta que Mitre deu à carta em que José Mármol afirmava não existir unidade de comando das forças navais e terrestres aliadas, e argumentava que, com a retirada de Flores, a aliança deixara de existir. Afinal, escreveu Mármol, pois "cada um [dos aliados] associou-se a dois, não a um" e, a partir dessa premissa, defendeu a retirada da Argentina da guerra. Mitre recusou essa ideia, ao afirmar que havia dois motivos para isso. De um lado, por uma questão de princípios, pois não cumprir um acordo internacional seria a desonra argentina e, de outro, por um aspecto pragmático, porque essa retirada iria contra os interesses da República. Mitre argumentava que, se a Argentina rompesse a aliança, teria como alternativa ou manter-se neutra, esperando que o Império levasse a guerra adiante para tirar vantagens "mesquinhamente", ou, então, aliar-se a Solano López. Qualquer dessas possibilidades comprometeria o futuro argentino, pois "se o Paraguai triunfasse sobre o Brasil, nos tornaria sós e debilitados e, se o Brasil triunfasse sobre o Paraguai, ficaria com as vantagens e nos faria pagar, com justiça, as consequências de nossa fraqueza".[168]

Diante da situação interna argentina, favorável à paz, e rumores quanto a alguma iniciativa de outras Repúblicas sul-americanas em favor do Paraguai, Almeida Rosa procurou tranquilizar Mitre. O diplomata escreveu ao presidente argentino reconhecendo a gravidade da situação em que este se encontrava, mas tranquilizou-o. Afirmou Almeida Rosa a Mitre que eram "tão grandes os interesses confiados a V. Exa." que ele não precisava ter dúvidas quanto ao governo imperial "que é seu amigo leal e sincero". Informou que o Peru já se convencera da "boa-fé" aliada e que, ao contrário dos rumores, a Argentina não devia temer uma invasão boliviana ao norte.[169]

A manutenção da Argentina na aliança, em fins de 1866, resultou da convicção de ser essa a melhor alternativa para o país de Mitre e do pequeno círculo de políticos que o apoiava, bem como de comerciantes que enriqueciam com o conflito. A guerra era impopular entre os argentinos e o cansaço com ela adquiriu tons de sublevação na Argentina. Em fins de 1866, surgiram as *montoneras*, rebeliões nas províncias contra o governo central que se prolongaram por todo o ano seguinte. As tropas argentinas tiveram que ser retiradas do Paraguai para lutar nas províncias de seu país. O Exército argentino passou a ter participação mais modesta, em comparação com as forças brasileiras, na luta contra Solano López.[170]

Do lado uruguaio, após a derrota de Curupaiti o general Flores retirou-se para Montevidéu. Ele deveria ter partido no dia 5, antes do ataque a essa posição, mas retardou a viagem para dele participar. Não procede, pois, considerar a retirada de Flores do teatro da guerra como consequência da derrota, embora tenha, sim, abalado sua convicção quanto à possibilidade de vitória aliada. Demonstra-o a correspondência enviada ao general Polidoro, na qual comunicava que recebera cópia da nota do governo argentino autorizando Mitre a negociar a paz. Flores informou que a diminuta força uruguaia no teatro de guerra persistiria em atuar com os soldados brasileiros e reafirmou, em tom ambíguo, sua lealdade pessoal. Escreveu que "sempre estarei ao lado do governo imperial, sem significar isso que não considere as vantagens que se podem obter com uma paz digna para os Aliados".[171]

No Paraguai, a vitória em Curupaiti foi vista como prenúncio de paz e fortaleceu Solano López perante a tropa. Ele, porém, tomou medidas adicionais para garantir a disciplina de sua tropa e conter as deserções. Estas tinham ocorrido desde a invasão de Mato Grosso e sua persistência, nas operações bélicas paraguaias seguintes, levou López a adotar duras medidas contra os desertores. Foi publicada uma ordem que determinava que seriam fuzilados pais, esposa, filhos

Após a derrota na batalha de Curupaiti, em setembro de 1866, o Exército aliado permaneceu imóvel, até meados de 1867, em frente à fortaleza de Humaitá. Caxias, o novo comandante brasileiro, precisava treinar os soldados. Durante toda a guerra, porém, as disputas políticas internas brasileiras influenciaram, às vezes retardando, as ações militares.

e irmãos de cada soldado desertor. Ademais, tornou todo soldado passível de pena de morte, ao declará-lo responsável pela deserção de seu companheiro de trincheira ou de alojamento. Desse modo, "todos os soldados se transformaram em espiões e delatores" e a medida explica, parcialmente, a baixa deserção entre a tropa paraguaia.[172]

Em outubro de 1866, o cônsul francês em Assunção, Laurent-Cochelet, enviou a seu governo informe sobre deserções do lado paraguaio. Informou que "muitas novas deserções provocaram uma profunda sensação", havendo entre elas a de dois sobrinhos do ministro da Fazenda e de outro sobrinho, do tesoureiro-geral. Esses desertores foram presos e não tinham mais do que "11 ou 12 anos", ocupando a função de ajudantes de um "oficial polaco", que cuidava da colocação de minas no rio e tentaram escapar em uma canoa carregada com essas armas. Os meninos teriam buscado desertar devido "ao medo procedente" que tinham de serem punidos pela deserção dos irmãos mais velhos de dois deles.[173] O uso de crianças na guerra, por parte de Solano López, era, como se vê, anterior a dezembro de 1868, quando mobilizou os últimos recursos humanos do país, em uma resistência impossível do ponto de vista militar e indefensável quanto à sobrevivência da população paraguaia. O informe do cônsul francês também corrobora as informações de outros testemunhos utilizados neste livro, como George Thompson e Juan Crisóstomo Centurión, sobre o uso de mercenários europeus nas fileiras do Exército paraguaio.

As mães e irmãs daquelas crianças desertoras foram deportadas para lugares longínquos do interior paraguaio e tiveram seus bens confiscados. O oficial "polaco", apesar de provada sua inocência, permaneceu portando grilhões por longo tempo e, depois, foi rebaixado a soldado e enviado às trincheiras, sendo morto por uma bomba em Curupaiti. As punições podiam atingir formas impressionantes de crueldade, como no caso do "mulato" Bernardo Pelaes que, pego tentando desertar, foi "moído gradualmente" em uma prensa de tabaco. O "espírito humano", escreveu Laurent-Cochelet, se recusaria a crer em tais atrocidades "se esse fato não fosse, aqui, de conhecimento público".[174]

Ao escrever na folha oficial paraguaia, *El Semanario*, Natalicio Talavera comentou que, depois da derrota, os governos aliados mudaram radicalmente de ideia quanto a um tratado conciliatório para estabelecer a paz. Esse correspondente analisou o resultado da batalha sob o prisma da falta de unidade de comando do lado aliado; "ocorre que aqui há um Exército sem cabeça, ou melhor, com muitas, fazendo impossível qualquer operação". Interpretou os desentendimentos entre os generais aliados e o contexto em que se davam como indícios de que a Tríplice Aliança buscaria a paz. Solano López acreditava nessa possibilidade e, em encontro no mês de novembro com Charles Washburn, representante norte-americano de retorno a Assunção, afirmou esperar o rompimento da Aliança e crer que o Império se exauriria em seus recursos materiais antes de conseguir conquistar o Paraguai.[175] Washburn entregou à Chancelaria paraguaia informações escritas sobre os números das forças aliadas, dizendo que provinham de "fonte muito segura".[176]

A derrota aliada em Curupaiti também produziu péssimo efeito no Brasil e, em círculos políticos no Rio de Janeiro, chegou-se a levantar a ideia de estabelecer a paz com Solano López. A iniciativa não prosperou devido à oposição de dom Pedro II, que, segundo o representante britânico e o português no Rio de Janeiro, se mostrou disposto a abdicar do trono, se os deputados não atendessem a seu desejo de continuar a guerra.[177] O imperador estava disposto a levar a guerra até o último conflito e, a partir de fins de 1866, coube sobretudo ao Brasil continuar a luta do lado aliado, com participação menor de efetivos argentinos e simbólica presença de tropas uruguaias.

Em curta carta particular a Zacarias de Góes e Vasconcellos, presidente do Conselho de Ministros, o chanceler Rufino de Elizalde foi direto e preciso ao apontar a responsabilidade pela derrota aliada em Curupaiti: "temos o inimigo em casa. Não é López, é o desacordo entre os generais brasileiros entre si e entre o almirante [Tamandaré], o visconde de Porto Alegre e o general em chefe [Mitre]". Lembrou os "incidentes" que ocorreram entre esses chefes militares, quanto a operações no rio Paraguai, que adquiriram caráter mais grave, originando notas e protestos entre eles, e que ficaram sem solução, pois acreditava-se que tudo seria esquecido com o tempo. No entanto, ocorreu o contrário, pois a essas divergências se atribuem as causas principais da derrota em Curupaiti. Portanto, concluiu Elizalde, "é necessário tomar medidas para remover esse mal". Góes e Vasconcellos concordou que "infelizmente o inimigo está em casa"; daí ter o governo imperial tomado "providências enérgicas" para "pôr termo a esse gravíssimo mal", nomeando o marquês de Caxias para o comando brasileiro na guerra "em chefe".[178]

Essa nomeação foi feita pelo decreto imperial de 10 de outubro de 1866, pelo qual o marquês de Caxias tornou-se comandante em chefe do Exército brasileiro no Paraguai. Pedro II forçou o Gabinete a nomear Caxias e, como consequência, pediu demissão o ministro da Guerra, Ângelo Moniz da Silva Ferraz, um inimigo político desse general. Com a unificação do comando das forças imperiais, buscava-se terminar com as intrigas e discórdias existentes entre os generais brasileiros em chefe.[179] A ninguém se podia confiar tanta autoridade que não a Caxias, por ser o militar brasileiro mais importante, "tanto com respeito à patente, como pelo prestígio de que goza".[180] A grave situação que o esperava no Paraguai foi resumida por José Maria da Silva Paranhos, para quem com a derrota em Curupaiti "apareceu a verdade de nossa situação militar no Rio da Prata", na qual perderam-se tempo, dinheiro, e que causou resultados morais e políticos negativos, como consequência "de tanta anarquia e de tantos erros". Refletindo a sensação de angústia e de urgência no Rio de Janeiro com os rumos da guerra, Paranhos escreveu: "Deus queira que o marquês de Caxias ainda chegue a tempo".[181]

Senador pelo Partido Conservador, filho e neto de militares e políticos, Caxias teve carreira meteórica, atingindo o generalato com 30 anos de idade. Essa celeridade foi consequência, de um lado, de sua ativa atuação para pôr fim às rebeliões contra o poder central e, ainda, contra Rosas, em 1852. O generalato precoce também se explica pela ausência, antes da década de 1850, de critério de antiguidade, de tempo de permanência nas diferentes patentes antes de ser promovido, e, ainda, por Caxias ser integrante do núcleo da elite burocrática que assumiu como tarefa a construção do Estado centralizado.[182]

Durante o cerco de Uruguaiana, Caxias recusou o convite, feito pelo então presidente do Gabinete, conselheiro Furtado, para comandar as tropas brasileiras na guerra. Caxias recusou o convite, conforme narrou ao futuro barão de Jaceguai, porque Ângelo Muniz da Silva Ferraz, barão de Uruguaiana, ministro da Guerra, era o único inimigo que tinha no Exército. Em decorrência dessa recusa e influenciado pela opinião de políticos amigos, Furtado acabou por optar pelo general Osorio para exercer o comando da força terrestre.[183]

O reconhecimento da necessidade de unificar o comando das forças brasileiras no Paraguai, bem como a escolha de Caxias para comandá-las só foram possíveis devido à postura de Zacarias. Este, um liberal "progressista", substituíra o marquês de Olinda, um liberal "histórico", na presidência do Gabinete e colocou as necessidades da guerra acima da questão partidária. Assim, Zacarias convidou Caxias para comandar as forças brasileiras no conflito e, para que o convite fosse aceito, afastou Silva Ferraz do Ministério da Guerra, substituindo-o por João Lustosa da Cunha, marquês de Paranaguá. Também foi demitido o presidente do Rio

Grande do Sul, Pereira da Cunha, que era adversário não só de Caxias, como também de Osorio. Este, embora liberal, gozava da simpatia pessoal e respeito militar do futuro comandante em chefe, que o encarregou de constituir o 3º Corpo de Exército, para ser enviado ao Paraguai. Porém, a demissão mais significativa foi a de Silva Ferraz, com a qual ficou caracterizado, conforme Joaquim Nabuco, que o Gabinete estava à mercê de Caxias.[184]

Caxias chegou a Itapiru na noite de 17 de novembro de 1866. Tamandaré fora a seu encontro, no dia anterior, em Corrientes, por pensar, conforme seu secretário Arthur Silveira da Motta, que seria mantido à frente da esquadra. Nessa ocasião, Tamandaré colocou-se sob o comando de Caxias e ouviu, como resposta, que o novo comandante da força naval brasileira já estava escolhido e seria o vice-almirante Joaquim José Ignacio, visconde de Inhaúma.[185] Tamandaré resistiu a retirar-se do Paraguai, e foi necessário o governo imperial enviar-lhe instruções enérgicas para que se demitisse.[186] Retirou-se a pretexto de cuidar da sua saúde, explicação repetida posteriormente por biógrafos generosos. Poucos meses depois, em maio de 1867, foi a vez de o general Polidoro retirar-se para o Rio de Janeiro, também sob a justificativa de estar enfermo.

O desempenho de Tamandaré desde 1864, quando atuou nas costas uruguaias, até sua retirada do Paraguai foi militarmente opaco.[187] No Uruguai pouco pôde demonstrar, pois aquele país sequer possuía força naval para contrapor-se à ação da esquadra imperial. Solucionada a questão oriental com a ascensão de Flores ao poder, Tamandaré permaneceu em Buenos Aires, chegando ao teatro de operações navais apenas em fevereiro de 1866. A essa altura, o Paraguai não tinha mais força naval em decorrência da batalha do Riachuelo, na qual os navios brasileiros estiveram sob o comando de Barroso. Até sua retirada da guerra, Tamandaré não participou, com exceção de Curupaiti, de ação militar de maior envergadura. A passagem dessa posição, bem como da temível fortaleza de Humaitá e da fortificação de Angostura, importantes ações da esquadra brasileira no conflito, deram-se sob o comando de Joaquim José Ignacio.

Na análise de Arthur Silveira da Motta, a débil atuação de Tamandaré deveu-se ao ressentimento e desconfiança que tinha em relação aos argentinos, os quais enfrentara durante a Guerra da Cisplatina (1825-8), e, ainda, à sua idade avançada. Apresentava Tamandaré "visíveis sintomas de velhice precoce", com ataques de reumatismo, seguidos de imobilidade de raciocínio, que o impediam de considerar qualquer assunto, mesmo os de maior urgência. Mesmo quando

Foto de Barroso, vencedor da batalha do Riachuelo.

Retrato de Inhaúma, sucessor de Tamandaré no comando da Esquadra.

Retrato de Tamandaré, comandante da Esquadra no Paraguai (1865-1866).

A resistência de Tamandaré e de Inhaúma em ordenar que a Esquadra brasileira ultrapassasse Humaitá foi motivo de críticas na época e de desentendimentos com Mitre.

não estava sob o efeito dessas frequentes crises, seu temperamento, "nervoso-sanguíneo", o levava a se debater na indecisão, antes de tomar qualquer iniciativa, descrição corroborada também por Mitre. Silveira da Motta escreve que o testemunho que deseja dar à história sobre Tamandaré é o de que este foi, até o fim de sua carreira, oficial de bravura, mas que, devido à sua idade e à "deficiência de sua instrução profissional", o governo imperial não deveria ter-lhe concedido "autoridade ilimitada" na direção das operações navais no Paraguai.[188]

O superdimensionamento da ação de Tamandaré no Prata, naqueles anos, encontra explicação na necessidade de reforçar-se o ânimo popular para a guerra e o próprio quadro político interno. O almirante era membro do Partido Liberal e, até pouco antes de Curupaiti, os *históricos* estavam no poder e lhes interessava, por certo, fortalecer as figuras militares que com eles se identificavam. O gabinete liberal sacrificou seu correligionário para unificar o comando brasileiro na guerra sob Caxias, membro do Partido Conservador com o objetivo principal de ter uma liderança militar experiente no Paraguai, mas, também, com a consequência não desprezível de tornar os conservadores corresponsáveis na política de guerra, reduzindo a oposição política ao conflito.

O REPÚDIO À GUERRA

A longa duração do conflito entre a Tríplice Aliança e o Paraguai fez com que países neutros procurassem uma solução negociada para a luta. No Brasil houve desânimo com a continuidade da guerra, tornando-se crescente a dificuldade para o alistamento de novos soldados. As propostas de paz não foram aceitas e a dificuldade de alistar cidadãos brasileiros para o conflito foi parcialmente contornada pela libertação de escravos para irem combater no país guarani. Apesar dos muitos obstáculos, o governo imperial deu continuidade à guerra.

Os países neutros

Iniciada a guerra no Prata, as duas grandes potências europeias, Grã-Bretanha e França, mantiveram posição de neutralidade. O interesse oficial e privado britânico consistiu, de início, em evitar a guerra ou, pelo menos, impedir que ela afetasse de forma considerável o comércio na região platina. Durante o conflito, o governo de Londres manteve-se neutro, embora seus diplomatas no Prata — Thornton, Gould e Mathew — algumas vezes tenham praticado atos que prejudicaram o Paraguai. No geral, porém, esses representantes seguiram as ordens do seu governo.[189]

Também o governo francês manteve-se neutro no conflito. Laurent-Cochelet, seu cônsul em Assunção, e Solano López se antipatizavam mutuamente, o que levou à transferência desse agente consular em outubro de 1867, substituído por M. de Cuverville. É fato que em seus informes Laurent-Cochelet era crítico ao ditador paraguaio, mas também não demonstrou simpatias pelo lado aliado. Já seu sucessor no Consulado nutriu simpatias por Solano López, as quais eram recíprocas, e essas relações amistosas permitiram ao governo paraguaio utilizar-se da mala diplomática francesa para remeter, em novembro de 1868, caixas com 20 mil "pesos fortes" para o seu encarregado de Negócios em Paris, Gregorio Benítez, bem como enviar correspondência oficial ao exterior. Como consequência, Cuverville sofreu severa reprimenda da Chancelaria francesa, pois o governo de Paris era neutro no conflito, tanto que dificultou o recebimento pelo Império do encouraçado *Brasil*, encomendado a estaleiros franceses antes do início da guerra. Em junho de 1868, Cuverville escreveu, em informe para a sua Chancelaria, que a França e a Itália eram os dois países mais interessados no fim da guerra e que tinham as posições "mais simpáticas ao Paraguai".[190]

Cuverville não era caso único, pois, embora o Reino da Itália fosse neutro na guerra, seu cônsul em Assunção, Lorenzo Chapperon, que chegou ao Paraguai no início de 1868, também simpatizava com Solano López. Suas descrições da realidade paraguaia iam contra aquelas feitas por inúmeros personagens, de diferentes nacionalidades e atividades, que a vivenciaram. Essas descrições eram parcialmente contrabalançadas pelos informes menos apaixonados do representante diplomático italiano em Buenos Aires, conde Joannini.[191]

Com a Grã-Bretanha, o governo brasileiro estava rompido desde 1863; assim, buscou-se, no ano seguinte, 1864, estabelecer negociações com o fim de normalizar as relações entre os dois países. Em maio de 1864, o conde de Lavradio, representante do governo português em Londres, entregou uma nota com as reivindicações brasileiras à Chancelaria britânica. Preocupado com a guerra e considerando-se satisfeito pelas desculpas britânicas, apresentadas por Edward Thornton a dom Pedro II, em Uruguaiana, o governo brasileiro restabeleceu as relações diplomáticas com a Grã-Bretanha.[192]

Durante a guerra, a organização diplomática do Império brasileiro mostrou-se valiosa. Ela garantiu a obtenção de armas na Europa, anulou a hostilidade de governos à causa aliada e isolou politicamente o Paraguai quase por completo, mas não conseguiu obter a adesão da opinião pública internacional à causa aliada. Nas Repúblicas sul-americanas da costa do Pacífico, as simpatias da população voltavam-se para Solano López, e o mesmo ocorria nos Estados Unidos onde, inclusive, o próprio governo compartilhava esse sentimento.[193] Tratava-se de uma simpatia compreensível, normal, em favor do lado mais fraco; o Paraguai era visto como uma espécie de Davi a enfrentar Golias, representado pela Tríplice Aliança.

Embora reivindicasse a livre navegação na bacia do Rio da Prata, o Império mantivera fechado o rio Amazonas e seus afluentes à navegação internacional. Em decorrência, o Brasil enfrentou sérias pressões de outras potências, em especial dos Estados Unidos, que tinham ambições em relação à região amazônica e procuraram mobilizar o Peru e a Bolívia, países ribeirinhos daquele rio, em favor de sua abertura à navegação. Em guerra com o Paraguai, o governo imperial, para evitar que qualquer motivo de atrito envolvesse direta ou indiretamente os Estados Unidos e a Grã-Bretanha, bem como para neutralizar as Repúblicas americanas do Pacífico, abriu a bacia amazônica à navegação internacional em dezembro de 1866.[194]

No segundo ano de guerra, em dezembro de 1866, o Congresso norte-americano aprovou uma resolução na qual recomendava ao Departamento de Estado oferecer sua mediação para pôr fim ao conflito. A justificativa da resolução era a de que a continuidade da guerra prejudicava tanto o comércio quanto as instituições republicanas na região platina. O secretário de Estado remeteu aos países em guerra a proposta de um armistício pelo qual enviariam representantes a Washington, cada parte com direito a um voto, embora os aliados pudessem enviar três ministros plenipotenciários. Se os representantes não chegassem a um acordo, o presidente norte-americano designaria um árbitro para dirimir a questão. Com essa iniciativa, os Estados Unidos buscavam colocar-se aos olhos latino-americanos na condição de protetores e conselheiros, posição essa que fora, anteriormente, defendida pelo ministro norte-americano no Rio de Janeiro, o general Webb. Este suspeitava de uma intervenção da Grã-Bretanha e da França na guerra que, afirmava, deveria ser desencorajada. Os conflitos latino-americanos faziam-se acompanhar da disputa entre países que procuravam assegurar o domínio da América Latina, a Grã-Bretanha interessada em limitar a expansão norte-americana no Caribe, e os Estados Unidos interessados em ampliar sua área de influência.[195]

A proposta do governo estadunidense foi apresentada, por seus representantes diplomáticos, aos países envolvidos no conflito de janeiro a março de 1867. De Buenos Aires, o general Ashboth, ministro norte-americano, informou que os argentinos, à exceção dos que se enriqueciam com a guerra, eram favoráveis à proposta, como forma de conter a dominação brasileira nos negócios no Prata. O diplomata acrescentou que, mesmo o governo argentino tendo suprimido jornais e prendido cidadãos por toda parte, aqueles que defendiam a mediação não se intimidaram. Washburn, em Assunção, não teve dificuldades em obter a aprovação de Solano López para a proposta e, então, o diplomata dirigiu-se a Caxias e dele obteve a resposta de que os únicos termos que os aliados considerariam para o fim das hostilidades seriam a renúncia daquele chefe de Estado e sua retirada do Paraguai. De modo curioso, para alguém que supostamente buscava criar condições para uma negociação de paz, o representante estadunidense, segundo Caxias, deu "bem a perceber, ou disse-me, mesmo, que López não podia continuar a guerra nem por dois meses" e que não estava longe da ideia de retirar-se para a Europa. Washburn acrescentou que López, porém, receava fazer essa retirada pela Bolívia por causa da dificuldade da distância a ser percorrida para, em seguida, perguntar ao marquês de Caxias se tinha muita vontade de prender o líder paraguaio. "Respondi-lhe que não tinha vindo cá para lhe dar escapula; que, portanto, se tratasse de fugir, o fizesse de maneira que eu não pudesse agarrá-lo".[196]

O comportamento de Washburn no Paraguai foi contraditório, quer como resultado de sua mediocridade e despreparo para sua função, ao transformar pequenos problemas em grandes questões,[197] quer, provavelmente, por buscar vantagens pessoais. Desde 1862 esse diplomata incentivou Solano López à guerra[198] e, durante a luta, passou ao lado paraguaio informes sobre a situação militar dos aliados. Em novembro de 1866, de retorno ao Paraguai após quase um ano de ausência, Washburn, em conversa com o chanceler José Berges, deu informações sobre a quantidade de navios de guerra brasileiros e efetivos aliados. O diplomata disse a Berges que em "todas" as províncias argentinas se desejava a paz; que as Repúblicas sul-americanas simpatizavam com o Paraguai, embora não acreditasse que Peru e Chile rompessem com o Brasil, e acrescentou ter ouvido dizer que tropas bolivianas invadiriam o Norte argentino. Washburn também informou que os aliados pretendiam abrir um caminho no Chaco, de modo a trazer a artilharia para a margem oposta da fortaleza de Humaitá e bombardeá-la. Ademais, entregou a Berges ofício do representante paraguaio em Paris, correspondência particular e exemplares do *Jornal do Commercio*, do Rio de Janeiro, e da *Tribuna*, de Montevidéu.[199] Meses depois, em julho de 1867, Washburn se convencera de que os aliados, devido à sua superioridade numérica, ganhariam a guerra e, em seguida, haveria conflito armado entre eles, com o Brasil procurando destruir a República argentina e a uruguaia, de modo a consolidar o poder da Casa Real dos Bourbon-Bragança na região.[200]

Com a recusa do Império à proposta norte-americana, em nota de 26 de abril de 1867, os outros aliados, por sua vez, adotaram idêntica postura. Eram tensas as relações brasileiro-norte-americanas, em virtude de os representantes diplomáticos dos Estados Unidos no Prata serem simpáticos à causa paraguaia.[201] Em 1868, Washburn caiu em desgraça junto a Solano López e foi substituído pelo general M. T. McMahon, que seguiu para o Paraguai transportado por flotilha naval, cujo objetivo também era de obter a libertação, pelas autoridades paraguaias, de Masterman e Bliss. O primeiro, britânico, era médico da Legação norte-americana e o segundo, funcionário burocrático dessa missão. A flotilha era chefiada pelo almirante Davis, comandante da esquadra norte-americana no Rio da Prata, e tentou forçar, em novembro de 1868, o bloqueio imposto pela esquadra brasileira. Não houve incidente armado entre as embarcações dos dois países, por causa da autorização dada por Caxias para que os navios norte-americanos subissem os rios Paraná e Paraguai.[202]

Obtida a libertação dos dois funcionários pelo almirante Davis, em 12 de dezembro de 1868, o general M. T. McMahon se apresentou no quartel-general de Solano López. Estabeleceram-se, de imediato, relações de simpatia recíproca entre esse representante e o líder paraguaio, a ponto de ele ser o único agente diplomático a segui-lo pelo interior do país, em sua fuga das tropas aliadas. Tanto McMahon quanto Davis apoiavam Solano López segundo opinião do representante dos Estados Unidos no Rio de Janeiro. McMahon escreveu no *New York Times*, em 1870, que o líder paraguaio era um "verdadeiro cavalheiro, um acadêmico" e um "bravo".[203] Pendores intelectuais, Solano López não tinha, o cavalheirismo talvez fosse despendido somente com o representante dos Estados Unidos, único país a simpatizar com a causa paraguaia, e da bravura do ditador apenas há vestígios na sua decisão de morrer em lugar de render-se, pois evitou envolver-se em combates.

O barão de Cotegipe, ao comentar o fato de McMahon seguir Solano López em sua fuga, afirmou que o diplomata contribuiu para animar a resistência guarani e prolongar o conflito. O presidente Grant, por sua vez, em encontro com o enviado paraguaio, Gregorio Benítez, pediu-lhe que transmitisse a Solano López a amizade e a simpatia do governo norte-americano pelo Paraguai, enquanto Fish, novo secretário de Estado, mostrou-se convencido das tendências do Império em dominar os Estados platinos.[204]

Ainda em 1867, ocorreu outra tentativa de pôr fim à guerra, protagonizada pelo secretário da Legação britânica em Buenos Aires, G. F. Gould. Ele fora enviado ao Paraguai para tratar da situação de súditos britânicos no país, aos quais devia retirar se eles o desejassem. A missão fracassou, pois praticamente não conseguiu falar com seus compatriotas, e logrou que o governo paraguaio liberasse apenas quatro senhoras inglesas, quando viviam no Paraguai outras oitenta pessoas da mesma nacionalidade. No entanto, a viagem desse diplomata acabou por fornecer uma proposta de paz aos aliados.[205]

Ao se apresentar, Gould escutou de Solano López a queixa da acolhida pouco cortês de sua tentativa de paz feita há um ano. O diplomata britânico respondeu que o Paraguai, ao ter demonstrado seu valor enfrentando um inimigo "três vezes mais forte", conquistara o respeito mundial e a satisfação da honra nacional. Acrescentou que a "razão aconselhava" o fim da guerra, pois sua continuação poderia ser considerada pouco humanitária, ao levar à destruição material de uma parte em luta e à bancarrota de outra. Solano López nada respondeu e, dois dias depois, em entrevista com Luis Camiños, chanceler paraguaio, esse diplomata reiterou a necessidade de paz e apresentou, por sua iniciativa, um projeto nesse sentido, que servisse de ponto de partida para as negociações. Camiños afirmou que as bases eram aceitáveis e as apresentou a Solano López, que as ratificou.[206]

Gould retornou às linhas aliadas e apresentou a proposta de paz, na qual se explicitavam as bases aceitas por Solano López e sobre as quais seriam estabelecidas as negociações diretas e formais para a assinatura do tratado de paz. Essas bases eram: o governo paraguaio aceitaria, em acordo preliminar e secreto, as condições que os aliados estivessem dispostos a oferecer; a independência e a integridade territorial guarani seriam reconhecidas formalmente; as questões de limites seriam resolvidas em acordo posterior ou seriam submetidas à arbitragem de governo neutro; as tropas paraguaias e aliadas se retirariam dos territórios inimigos que ocupavam; não seriam exigidas indenizações de guerra. Além disso, as tropas paraguaias seriam licenciadas, exceto as necessárias à manutenção da ordem interna da República, e Solano López, após a conclusão da paz ou de suas preliminares, se retiraria para a Europa, e, em seu lugar, o vice-presidente assumiria o poder.[207]

As propostas tiveram melhor acolhida por parte de Mitre do que de Caxias, parecendo a Gould que elas eram aceitáveis para o primeiro e rechaçadas pelo segundo. De todo modo, ambos disseram não poder acolher as propostas por estarem proibidos de negociar com Solano López, mas que as enviariam a seus governos; enquanto isso, continuariam a guerra. Ao retornar ao acampamento paraguaio, porém, Gould encontrou Solano López com outra opinião, o qual afirmou que não tivera qualquer responsabilidade na proposta de paz.[208] Camiños, por sua vez, em carta dirigida a Gould, desautorizou o plano proposto, que afirmou ser de autoria dos aliados, tanto que esse diplomata, antes de propô-lo, se teria reunido com Mitre e Caxias. A proposta original, afirmou o chanceler, era no sentido de Solano López deixar a chefia de Estado com o vice-presidente e se retirar para a Europa apenas para descansar. Por esse plano, o governo paraguaio declararia ter-se equivocado ao interpretar que o Império possuía projetos ambiciosos para o Prata e afirmaria lamentar as medidas hostis que tomara contra o Brasil e a Argentina sob essa falsa impressão. Ao mesmo tempo, o governo imperial responderia garantindo não possuir ambições sobre as Repúblicas platinas. Os outros itens apresentados por Gould como de iniciativa paraguaia seriam, conforme Camiños, apenas pontos para uma discussão. O diplomata britânico, em nota a Fortunato de Britto, ministro brasileiro em Buenos Aires, desmentiu o chanceler paraguaio, declarando que a iniciativa da paz não fora das potências aliadas. O próprio Mitre, em correspondência enviada a Elizalde, garantiu ter sido de Solano López essa iniciativa, e o médico Guilhermo Stewart, interlocutor do líder paraguaio, confirma essa informação.[209]

Após esses acontecimentos, Gould retornou a Buenos Aires "totalmente" simpático ao Brasil e com a convicção de que a guerra terminaria logo, por ser desfavorável ao Paraguai, que carecia de recursos.[210] Ainda no acampamento paraguaio, em Paso Pucú, Gould escreveu um informe confidencial no qual afirmava que Solano López exercia o poder da forma mais despótica e a população se mantinha em passiva obediência, pois estava acostumada a ser tratada antes como escrava do que como gente livre. Havia no Paraguai, escreveu esse diplomata, o "mais abominável" sistema de espionagem, em que crianças delatavam seus pais, e famílias importantes eram eliminadas. O país estava arruinado; escasseavam os uniformes a ponto de vários soldados estarem praticamente nus e havia falta de comida e de sal.[211]

Gould foi o autor da proposta com as bases preliminares para a paz, mas não há dúvida de que Solano López a aceitou para, depois, mudar de ideia. O motivo dessa mudança, segundo Juan Crisóstomo Centurión, foi que, enquanto o diplomata inglês se dirigia ao acampamento aliado, Solano López recebeu várias comunicações do exterior, uma das quais de um amigo de confiança de Buenos Aires, membro da oposição. Esta carta dava notícias de uma nova revolução contra Mitre e aconselhava o líder paraguaio a não entrar em negociações para pôr fim ao conflito, pois as condições seriam melhores posteriormente. Com efeito, dois dias depois, a nota de Camiños recusou a retirada de Solano López do Paraguai. Thompson e Stewart dão o mesmo motivo para explicar o fracasso da tentativa de intermediação de Gould. Este último trouxe na bagagem, conforme Stewart, cartas com falsos destinatários, ingleses ou o vice-cônsul português Vasconcellos, mas que eram dirigidas a López por amigos argentinos e uruguaios. Nessas cartas dizia-se ao líder paraguaio para não negociar a paz, pois o governo argentino carecia de condições financeiras para continuar a guerra e estava prestes a iniciar-se uma "tremenda" revolta contra Mitre, que seria obrigado a retirar suas tropas do Paraguai para enfrentar os sublevados. Neste caso, escreviam, ao enfrentar apenas os brasileiros, os paraguaios venceriam facilmente a guerra.[212]

Pouco depois, alcançavam Assunção, vindos de Corumbá aonde chegaram provenientes da Bolívia, o coronel Ulisses Martínez e dois outros oficiais argentinos. Traziam carta do caudilho Juan Saá, da província de San Luis, destinada a Solano López, informando que se preparava uma rebelião contra Mitre. Em fins de dezembro, Martínez ainda esperava a resposta solicitada de quais eram os planos de guerra de Solano López, aos quais Saá queria somar sua rebelião. O líder paraguaio acreditava que, com essa nova circunstância, "a guerra vai se aproximando de seu término".[213]

Também as Repúblicas sul-americanas da costa do Pacífico ofereceram-se como mediadoras em negociações que visavam pôr fim à guerra. Em agosto de 1866, o representante peruano no Rio da Prata, Benigno G. Vigil, escreveu ao chanceler Elizalde estimulando a Argentina a romper a aliança com o Brasil e buscar a paz, para o que teria o apoio daquelas repúblicas. Elizalde classificou como desleal a proposta e não deu uma resposta,[214] enquanto a oferta de mediação foi recusada pelo Império, que recebeu enérgicos protestos desses países contra o conteúdo do Tratado da Tríplice Aliança, tornado público pelo governo britânico. O Rio de Janeiro chegou a retirar Francisco Adolfo de Varnhagen, seu representante em Lima, rompendo relações com o Peru em 1867, devido à mensagem favorável ao Paraguai, lida no Congresso peruano pelo coronel Prado, presidente da República. Em mensagem ao Congresso Constituinte peruano, em 15 de fevereiro de 1867, Prado afirmou que:

> [o] Paraguai sustenta contra o Império do Brasil e seus aliados uma luta em que a justiça da causa rivaliza com o heroísmo da defesa. A bem dos beligerantes e por honra e conveniência da América, protestamos contra tal escândalo, oferecendo ao mesmo tempo nossa amigável interposição.[215]

Contudo, com a derrubada de Prado e sua substituição pelo vice-presidente, general Canseco, que declarou nulos todos os atos de seu antecessor, as relações brasileiro-peruanas foram restabelecidas.[216]

Em julho de 1866, o governo da Bolívia protestou contra as estipulações do artigo XI do Tratado da Tríplice Aliança, que comprometeria os direitos do país a territórios sobre o rio Paraguai e a Bahía Negra. No mês seguinte, em agosto, o chefe de Estado boliviano, general Melgarejo, em carta a Solano López, fez uma oferta de 12 mil soldados — em 1868 prometeria 100 mil — para auxiliarem os paraguaios contra as forças aliadas. Apesar de ter-se abstido de declarar se o tratado publicado em 1866 era verdadeiro ou não, para manter reserva sobre seu conteúdo, a Chancelaria imperial procurou satisfazer às autoridades de La Paz com explicações dadas ao referido protesto. Em setembro de 1866, o Rio de Janeiro nomeou o conselheiro e deputado Lópes Neto para uma difícil missão especial junto ao governo da Bolívia. A despeito das tentativas dos representantes chileno e peruano, que procuraram criar-lhe dificuldades, o enviado imperial foi bem-sucedido e assinou com o governo boliviano o Tratado de Limites, Comércio e Navegação. Melgarejo não concretizou seu apoio a Solano López. Houve, porém, comércio entre os dois países por meio de Corumbá e, em maio de 1867, o governo boliviano criou um consulado em Assunção. Nesse mesmo mês, o chanceler peruano, Felipe Osoriol, comunicou a Berges que os envelopes recebidos do governo paraguaio com destino às suas legações em Paris e Berlim seriam enviados à Legação peruana na capital francesa que os encaminharia a seus destinatários.[217] Em maio de 1867 o ministro argentino no Rio de Janeiro informava que um cônsul chileno na Bolívia ocupava-se em remeter armas e outros artigos para Solano López. As autoridades bolivianas permitiram que passasse por seu território, em 1870, armas e munições destinadas ao Paraguai.[218]

A opinião pública na América, continente republicano, era favorável à República paraguaia que enfrentava uma monarquia "e é em vão lutar contra a corrente".[219] Essa simpatia, porém, não se traduziu em atos significativos de apoio ao Paraguai. A ausência de apoio efetivo por parte dos países vizinhos foi interpretada pelo *Cabichuí*, jornal paraguaio impresso na frente de batalha, como uma "glacial indiferença" à sorte do Paraguai, quando este cumpria o papel de "reduto avançado" da América contra o expansionismo da Coroa dos Bragança. Porém, como apontou a Legação imperial em Santiago, apesar de tanto a opinião pública quanto os governos das Repúblicas do Pacífico serem refratários à causa aliada, faltavam meios a esses Estados para ajudar Solano López. A Bolívia e o Chile não tinham Marinha e somente a primeira tinha um Exército, mas diminuto, além do que seu presidente, Melgarejo, se mostrava disposto a manter boas relações com o Rio de Janeiro, em decorrência da assinatura do Tratado de Limites, Comércio e Navegação. Já o Peru, "mais hostil ao Brasil", não podia opor-se ao Império, pois se encontrava em lutas internas.[220]

No Brasil: "Deus é grande, mas o mato é ainda maior"[221]

A guerra contra o Paraguai despertou, de início, o entusiasmo da população brasileira, desejosa de derrotar um ataque tido como traiçoeiro e injustificável. Esperava-se uma guerra curta e rápida, como foram, desde a década de 1850, as intervenções brasileiras no Prata. Quando o conflito se tornou uma luta de posições, em 1866, ouviram-se importantes vozes a criticar sua duração. A guerra era, segundo o senador Pompeu, consumidora de recursos e causadora de uma possível ruína do país. Opinião com a qual concordava o barão de Cotegipe, para quem a "maldita guerra atrasa-nos meio século!". No ano seguinte, em 1867, o senador Silveira da Motta chegou a solicitar uma Comissão de Inquérito, por fim não instalada, para tratar dos motivos da duração do conflito.[222]

Aprisionado o *Marquês de Olinda* e iniciado o estado de hostilidades do Paraguai em relação ao Brasil, o governo brasileiro, diante da necessidade de complementar o modesto efetivo do Exército, considerou, em primeiro lugar, a possibilidade de mobilizar a Guarda Nacional. Como se analisou no capítulo 2, os

Inspector de Quarteirão.—Se não quer ir para S. Paulo assentar praça, hade casar com minha tia.
Recruta.—Só se Vmc. me der um mez para pensar.

Subdelegado.—Meu caro, nós estamos precisando de gente. Se os solteiros fogem para o matto, não ha remedio se não vir á cama dos casados. As ordens que temos são apertadas!

No Brasil, os homens solteiros e que não fossem arrimo de família eram os primeiros a ser convocados para a guerra. Para evitar esse destino, alguns se escondiam na mata, outros se casavam com mulheres mais velhas.

guardas nacionais resistiram a cumprir a tarefa que se lhes pedia e, para atender às exigências bélicas do Império, foram criados os Voluntários da Pátria.

Após o fim da ocupação paraguaia de territórios brasileiros ao sul, praticamente deixaram de se apresentar novos voluntários para a guerra. Como consequência, o Gabinete Zacarias viu-se obrigado, para compor as tropas, a estabelecer o recrutamento, e para isso recomendava a libertação de escravos. Repetiram-se, então, resistências ao recrutamento por todas as províncias, e a impopularidade da guerra obrigou o governo, nas palavras de Cotegipe, a "uma espécie de caçada", visando alistar cidadãos que fossem para a frente de luta. Para fugir ao recrutamento, muitos homens declararam-se adeptos do Partido Liberal, passando a ser protegidos pelos chefes políticos locais, ou, ainda, refugiaram-se nos bosques e florestas, despovoando os campos, principalmente ao norte do país. Mais tarde, Junqueira, o ministro da Guerra, afirmou que muitos jovens, para não serem enviados ao Paraguai, casaram-se com mulheres que tinham o dobro de sua idade. Tal quadro, admitiu em 1870 o titular da Pasta da Guerra, fez com que muitos membros dos Voluntários da Pátria tivessem sido, na verdade, obrigados a se alistar. Não era essa, porém, uma característica só brasileira, pois à época era comum o recrutamento violento, inclusive nos países europeus.[223]

Em novembro de 1866, Osorio comunicou a João Lustosa Paranaguá, presidente do gabinete liberal que governava o Brasil, a dificuldade em se obter novos soldados no Rio Grande do Sul, província tradicionalmente supridora de recursos humanos e materiais para as ações militares no Prata. Havia demora na organização de novas tropas, escreveu Osorio, porque muitos se esconderam nas matas, enquanto outros se refugiaram no Uruguai.[224] Poucos meses depois de iniciada a guerra, São José do Rio Preto, minúscula vila paulista, foi abandonada por todos os habitantes, que fugiram para as matas, de modo a evitar o recrutamento; na localidade ficou apenas o subdelegado, que desempenhava a função de recrutador.[225]

Em São Paulo, 168 dos 1615 convocados, em 1865, para irem à guerra pagaram 600$000 réis por pessoa para escaparem do serviço militar.[226] No ano seguinte, o presidente dessa província enviou ofícios a juízes em que propunha sugerirem, aos fazendeiros e a outros cidadãos ricos, a libertação de escravos para serem enviados, como soldados, ao Paraguai. A necessidade de tropa era tal que o governo paulista se preocupou em cobrar do subdelegado de polícia de Caraguatatuba o alistamento, "sem perda de tempo", de dois homens, Mateus e Antônio Pedro,

—Entao, estás com medo de marchar para a guerra? Deixa-te de sustos! Lá nem todos morrem... não estás vendo que estou eu de volta?...

—Tem paciencia, mulher; em tempo de guerra é preciso fazer-se sacrificios, deixar a familia... e andar fugido pelo matto...
—Vamos! vamos! que a escolta não tarda!...

Anda em commissão de arranjar voluntarios para a guerra! ...

A indignação com a invasão paraguaia de Mato Grosso fez com que, no início de 1865, houvesse um grande número de voluntários dispostos a ir para a guerra. Mas a longa duração do conflito e as condições penosas em que os aliados lutavam fizeram rarear esses voluntários. As autoridades do interior do Brasil agarravam homens à força para serem enviados ao Paraguai e muitos se refugiavam nos matos para não terem esse destino.

"ideais" para irem à guerra, pois não tinham família. Em São Sebastião se esconderam "muitos recrutados e guardas nacionais" convocados para a guerra. Outros guardas nacionais, para escaparem a esse destino, se alistaram nas guardas municipais, o que não era permitido, sendo a proibição legal ratificada pela circular do governo paulista de 3 de janeiro de 1867. Três meses depois, outra circular ordenava que, nas comarcas, cada inspetor de quarteirão apresentasse, "no prazo improrrogável de quinze dias", um recruta idôneo para ir ao Paraguai. Delegados de polícia relataram dificuldades em cumprir essa ordem, que foi reiterada. Em 1867, cumprindo repetidas ordens do governo imperial, o presidente paulista, J. T. Bastos, instruiu para que se atuasse "com energia", tanto no recrutamento para o Exército e a Marinha, quanto no envio de guardas nacionais sorteados para a guerra. Continuaram, porém, as dificuldades para se obter novos combatentes e, em janeiro de 1868, o governo provincial ordenou às autoridades locais que "atuem com todo o rigor no recrutamento, [na] prisão de designado e [na] aquisição de voluntários".[227] Entre novembro de 1866 e maio de 1867, dos 1331 paulistas enviados para o teatro da guerra, apenas 87 eram voluntários.[228]

A guerra também foi utilizada como pretexto para perseguir, pelo alistamento, adeptos do partido político contrário àquele que compunha o gabinete de governo. Para Pedro II, se não fosse o uso partidário do alistamento, seria mais fácil enviar gente para a guerra.[229] Um exemplo foi o que ocorreu em São Paulo onde, devido à ascensão dos conservadores ao governo imperial em 1868, foi nomeado para presidir a província Candido Borges Monteiro, barão de Itaúna. O novo presidente tratou de apoiar, nos municípios, seus companheiros nas eleições locais de 7 de setembro, que preencheriam cargos nas Câmaras e de juízes de paz. Em Capivari, o líder conservador, Francisco Fernando de Barros, foi nomeado chefe de polícia e tomou posse em 31 de agosto. Para anular o prestígio eleitoral do padre Fabiano José Pereira de Camargo, líder liberal, Barros saía de madrugada, acompanhado do destacamento policial, e "corria atropeladamente a cidade, varejando domicílios e prendendo os liberais que encontrava para remetê-los como 'VOLUNTÁRIOS DA PÁTRIA' à capital da Província". O eleitorado liberal, ameaçado, refugiou-se no mato, para evitar esse destino. Tantas foram as arbitrariedades em relação ao recrutamento, por parte do barão de Itaúna, que a oposição se absteve de participar da eleição provincial de janeiro de 1869.[230]

No Brasil, os adversários do governo eram alistados à força, enquanto no teatro da guerra eram destituídos de postos de comando. Severino Ribeiro de

Lúnes 22 de Junio de 1868. SAN FERNANDO. Año 2 N. 91.

SOL EN CÁNCER.

ALMANAQUE.

Dia 22 L. Ss. Paulino ob. y Acasio mrs.
" 23 M. S. Juan presbitero. *Vijilia.*
" 24 M. †† NATIVIDAD DE S. J. BAUTISTA.
" 25 J. Ss. Guillermo abad y Eloy ob.
" 26 V. Ss. Juan y Pablo mrs.
" 27 S. Zoilo mr. *Vij. y abstinencia.*
(C. C. á las 3 y 54 m. de la mañana.)
" 28 D. S. Leon papa y mr.

¡Atras el imperio macacuno!

¡Atras los negros y anegrados!

DEBEMOS repetir ahora mas alto que nunca, con toda la fuerza de nuestra resolucion y entusiasmo.

Por que por todos lados y en todas partes, vemos que los negros y anegrados están sufriendo la expiacion de sus horrendos crìmenes de lesa-libertad; están ardiendo en el inestinguible fuego de la

á que han amenazado amarrar con la ignominiosa y detestable cadena de la esclovitud.

Ya aquellos que al principio se han manifestado tan ciegos al respecto de los infernales propósitos del Monarca esclavizador, comienzan hoy á abrir los ojos y de lleno reconocen la justicia de nuestra causa, merced al heroismo sin ejemplo con que le hemos rechazado, y anonadado esa infcua triple-*des*alianza que en medio de la oscuridad ha decretado la muerte del Paraguay y consiguientemente la de todos sus hermanos del Plata.

Ya aquellos mismos que ayer, con escándalo del honor y de la razon, se han dejado arrastrar por las fantasmagóricas ideas de ese vil, infame y escandaloso *Pacto*, y que han creido posible hasta el fanatismo el triunfo de la esclavitud contra la libertad, de la iniquidad contra la justicia; se han desengañado, y se ponen á trabajar no solo con la pluma, para hacer aparecer la monstruosidad y barbarie de las pretensiones de la destriplicada Alianza; sino recurren á los armas, y con la voz de ¡atras los macacos imperiales! rechazan de sus territorios, á tan depravados y perversos visitantes que con engaños, astucia y ardides luciferinos, han conseguido embaucar á todos y anidarse en medio mismo de ellos.

Ahì teneis, lectores, la correspondencia del Ejército publicada en el veterane cólega « El Semanario », que revela la

y anegrados! ha repercutido en todos los ámbitos de las regiones del Plata.

Los Correntinos dicen ¡atras los negros del Monarca esclavizador! y hacen correr en justa venganza la sangre de los traidores satélites del Rabicorto, de aquellos que les ayudaban á sostener sus cadenas sobre el pueblo correntino, para sacrificar al son de la trompeta de Satanas la sangre de sus hijos en la inicuá guerra que nos ha traido.

Los pueblos argentinos todos dicen ¡atras el imperio esclavizador y sus negros! y hacen comparecer al traidor Mitre, al Galgui Manchego argentino, al apóstata de la democracia ante el jurado de la Patria, para responderle por los caros intereses que ha sacrificado sin rubor en favor de las miras del Brasil.

Los orientales alcen ¡atras la dominacion esclavócrata del infame Macacon del Brasil! y hacen rodar por las calles de Montevideo la ensangrentada cabeza del mas estúpido malvado y zonzo traidor el General Flores.

Y hasta los mismos pernambucanos encabezados por el dicho poderoso Pedro das Leyes, con la voz de ¡abajo el tirano Pedro 2.° y viva el Presidente Lopez! recorren las calles que llenan de las caricaturas de Sus Magestades masculina y femenina, proclamando la República y la libertad.

¡Bravo!

El «Cabichuí» hace una media vuelta y saluda á todos ellos, complaciéndose des-

Cabichuí, *jornal satírico paraguaio, publicado na frente de batalha entre maio de 1867 e julho de 1868.*

Almeida queixou-se, em carta de 31 de dezembro de 1866, a Paranaguá, de estar prestes a perder seu comando por motivação política e que "longe de se preparar um novo Exército, só se trata da mesquinha política pessoal, de preparar o terreno para vitórias eleitorais, inutilizando os supostos adversários". O governo imperial estava cônscio da necessidade militar de se pôr fim a essa situação, mas não obteve grande sucesso nessa tarefa.[231]

Canções folclóricas, que surgiram no Brasil à época, mostram a imagem que a população tinha da guerra. Nelas predominavam os sentimentos de perda causados pelo conflito, em lugar da exaltação da luta. Assim, na cantiga de ninar *Morreu no Paraguai* os versos diziam:

Na, na, na, na, na,
Que é feito do papai?
Na, na, na, na, na,
Morreu no Paraguai,
Na, na, na, na, na,
Na tropa se alistou,
Na, na, na, na, na,
E nunca mais voltou...

Em Atibaia, província de São Paulo, as mulheres criaram, em 1867, a *Marcha dos Voluntários da Pátria*, na qual cantavam:

Aos vinte e cinco de agosto
às cinco prás seis da tarde
Embarcavam os voluntários
Ai meu Deus, que crueldade.
As mães choram prôs seus filhos,
As mulheres prôs seus maridos,
As irmãs prôs seus irmãos,
As jovens prôs seus queridos.[232]

As tentativas de forçar a Guarda Nacional a cumprir sua missão e suprir a necessidade de tropas na frente de batalha provocaram reações. Em 1866 apareceu no *Correio Mercantil*, um jornal liberal, uma série de artigos que criticavam semelhante iniciativa. Em um deles afirmava-se que os guardas nacionais "que escaparem do açougue do Paraguai irão voltar mutilados a fim de dar o edificante espetáculo de mendigar da caridade pública o pão cotidiano e irão alcançar da generosidade do governo brasileiro a pensão de 400 rs". Em novembro desse ano, a Legação portuguesa no Rio de Janeiro relatava que o recrutamento para o Exército produzia poucos resultados, apesar das exortações das autoridades e, mesmo, do clero, o qual vinha fazendo apelo ao patriotismo dos cidadãos.[233] Fugia-se do recrutamento.

Para atender à demanda de reforço por Caxias, o governo imperial, por decreto de 13 de março de 1867, resolveu convocar, por sorteio, 8 mil guardas nacionais para irem à guerra. A medida sofreu "alguma oposição por parte dos mobilizados", embora os jornais cariocas tenham tentado demonstrar o contrário.[234] Essa milícia, segundo o representante argentino na Corte, tinha pouco entusiasmo para marchar para a guerra e a medida causou "vivas" reações contrárias no Brasil. Em 6 de junho, houve um motim de guardas nacionais no Rio de Janeiro, logo controlado, sem causar maiores consequências. O

Sátira do Cabichuí *em que o comandante das tropas brasileiras, marquês de Caxias, à frente de uma banda composta de macacos, recepciona Bartolomé Mitre, comandante em chefe aliado. Devido à presença de negros no Exército imperial, Solano López se referia aos soldados brasileiros como "negros" ou "macacos".*

Sátira paraguaia à esquadra brasileira em operações no rio Paraguai. Os vigias brasileiros são apresentados como macacos.

representante espanhol na Corte, Diego de la Quadra, relatou uma conversa que Pedro II teve com o comandante da esquadra francesa fundeada na baía da Guanabara. Na conversa, contada pelo almirante a De la Quadra, o monarca brasileiro afirmou ser grave a situação do Império, sendo enorme o déficit financeiro, e que esperava haver ainda em julho uma batalha importante no Paraguai. Se os aliados fossem derrotados, teria dito Pedro II, as consequências seriam graves e poderia, mesmo, haver uma revolução no Brasil que o levaria a abdicar para evitar males maiores.[235]

A situação não chegou a esse extremo, mas, porque não houve nenhuma derrota aliada nem vitória militar decisiva, manteve-se a tensão no Brasil. O *Diário do Povo*, jornal liberal e oposicionista, noticiou a continuidade das violências cometidas no recrutamento e nas designações para a guerra. Essa prática era motivo de amargas queixas e protestos, o que alertou o periódico no sentido de que essas reações "propagam geral desgosto e podem tomar em breve proporções assustado-

Solano López, Venancio Flores, Juan Andrés Gelly y Obes e Bartolomé Mitre.

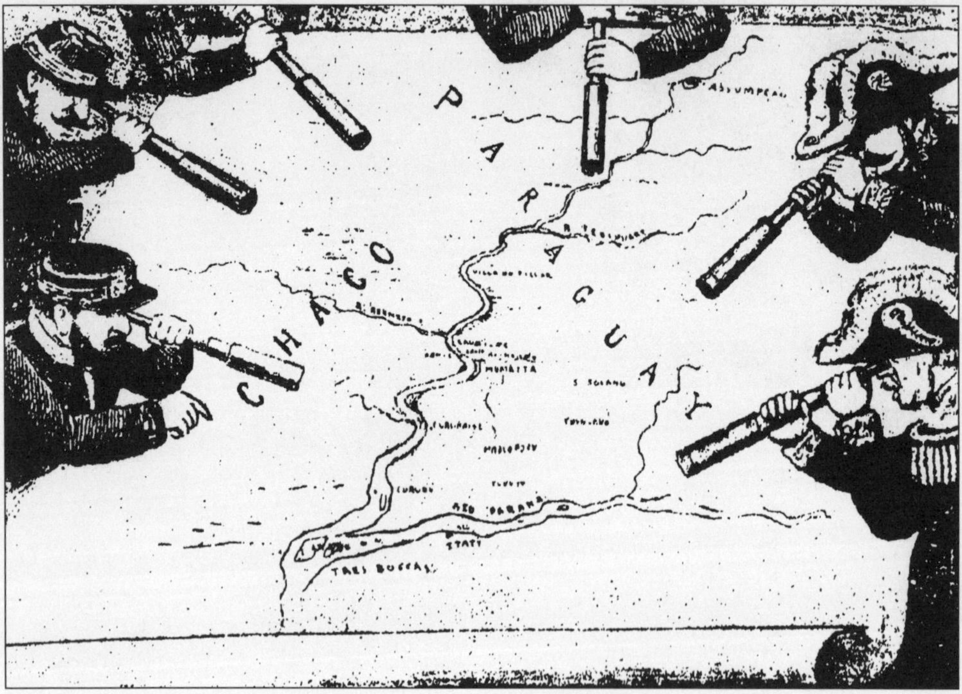

"Onde estará López?! Onde estará López?! Onde estará López?!"
A partir de 1868 os aliados começaram a perseguir Solano López, que se retirou para o interior do país.

A invasão paraguaia do Rio Grande do Sul levou d. Pedro II a vestir o uniforme militar.

Caxias e Tamandaré tornaram-se patronos do Exército e da Marinha no século xx. Antes, tinham prestígio semelhante ao de outros chefes militares brasileiros que lutaram no Paraguai.

Bateria brasileira comandada pelo coronel Mallet, 1866.

Soldados paraguaios feridos, prisioneiros da batalha de Iataí, de Cándido López, óleo sobre tela, 1892.

Rendição da cidade brasileira de Uruguaiana, que estava em poder dos paraguaios, por meio do Exército da Tríplice Aliança (detalhe), de Cándido López, óleo sobre tela, 1868-76.

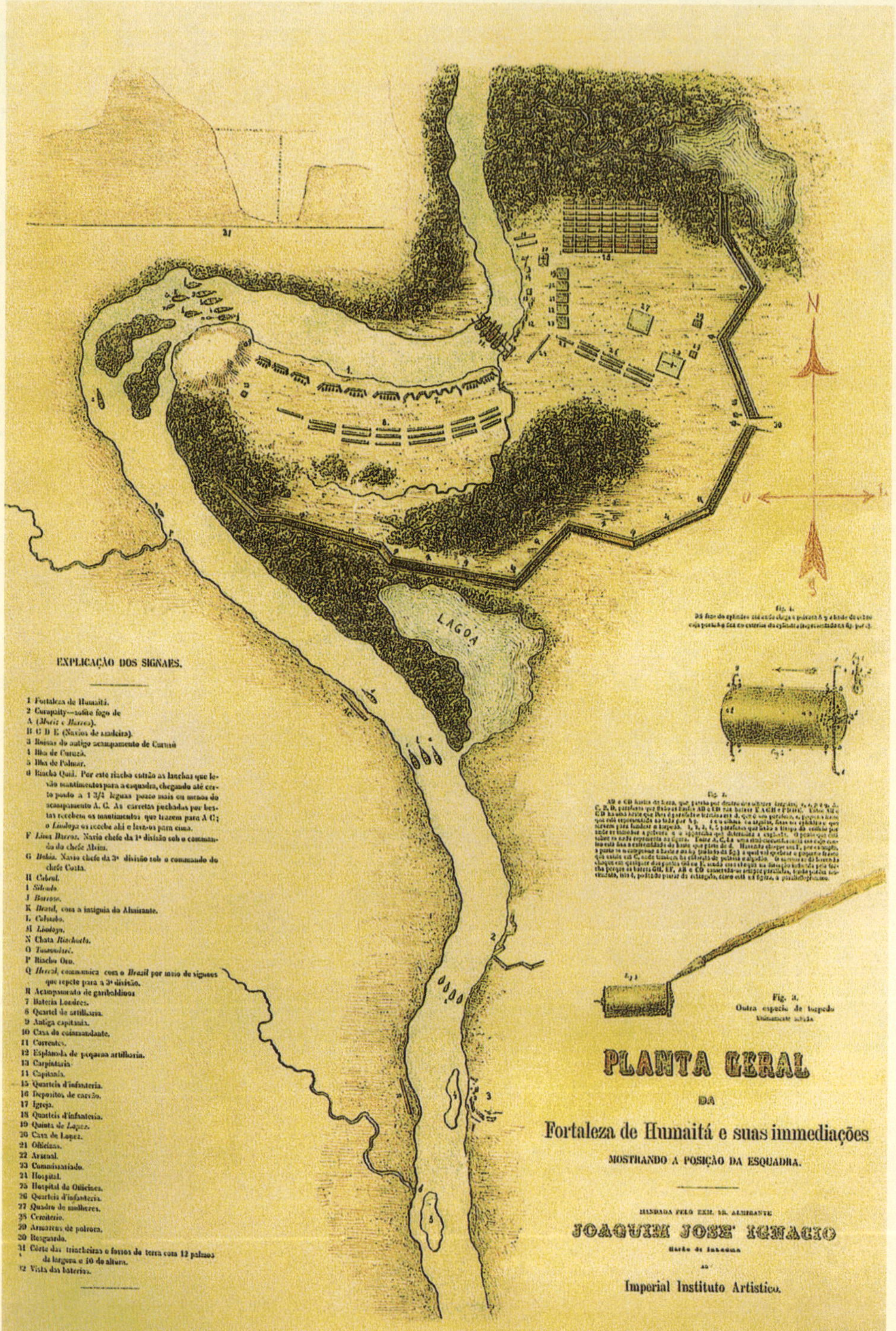
LAGOA
N
S
EXPLICAÇÃO DOS SIGNAES.
1 Fortaleza de Humaitá.
4 Ilha de Curuzú.
5 Ilha de Palmar.
H Cabral.
N Chata
P Riacho Oro.
R Acampamento de garibaldinos
7 Bateria Londres.
8 Quartel de artilharia.
9 Antiga capitania.
10 Casa do commandante.
11 Correntes.
12 Esplanada de pequena artilharia.
13 Carpintaria.
14 Capitania.
15 Quarteis d'infanteria.
16 Depositos de carvão.
17 Igreja.
18 Quarteis d'infanteria.
19 Quinta de Lopez.
20 Casa de Lopez.
21 Officinas.
22 Arsenal.
23 Commissariado.
24 Hospital.
25 Hospital de Officinas.
26 Quarteis d'infanteria.
27 Quadro de mulheres.
28 Cemiterio.
29 Armazens de polvora.
30 Resguardo.
31 Côrte das trincheiras e fossos de terra com 12 palmos da largura e 10 de altura.
32 Vista das baterias.
Fig. 3.
Outra especie de torpedo
PLANTA GERAL
DA
Fortaleza de Humaitá e suas immediações
MOSTRANDO A POSIÇÃO DA ESQUADRA.
JOAQUIM JOSE' IGNACIO
Imperial Instituto Artistico.

Itapiru e Paso de la Patria vistos de Corrales. Abril de 1866. Província de Corrientes (detalhe), de Cándido López, 1876-85.

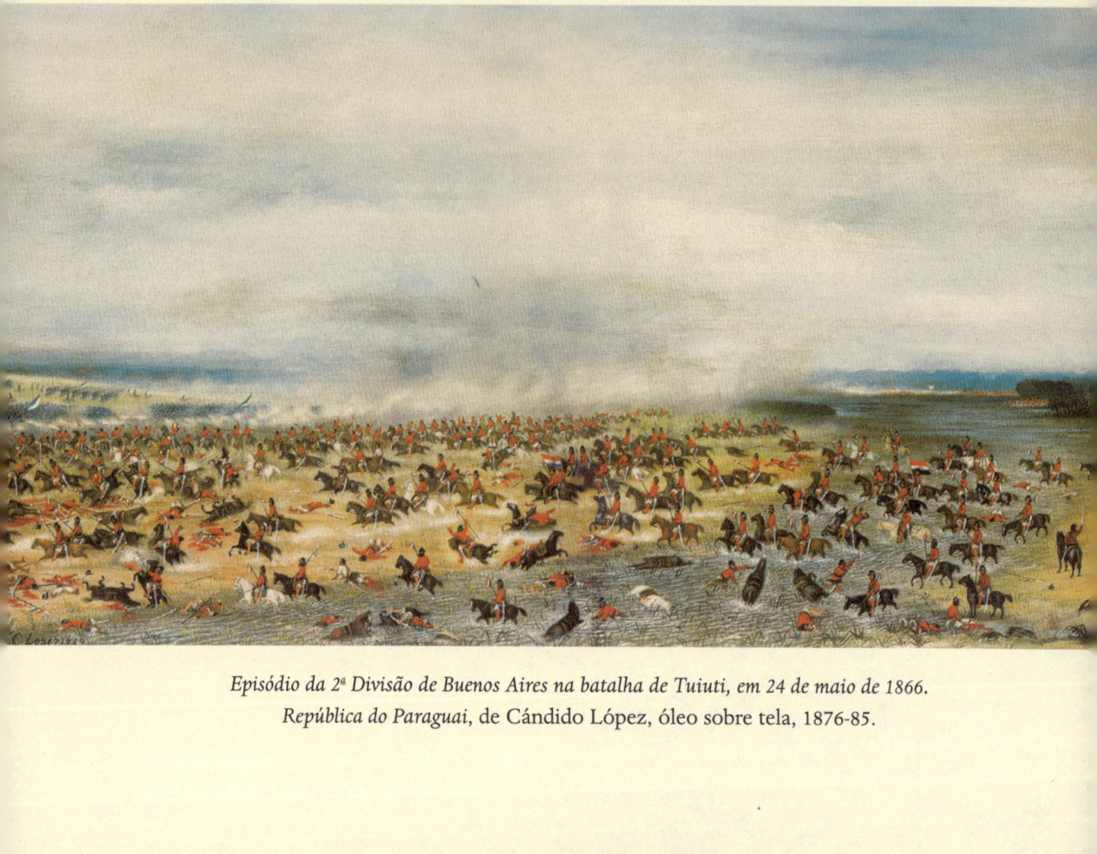

Episódio da 2ª Divisão de Buenos Aires na batalha de Tuiuti, em 24 de maio de 1866. República do Paraguai, de Cándido López, óleo sobre tela, 1876-85.

Trincheiras de Tuiuti, batalha de 24 de abril de 1866.

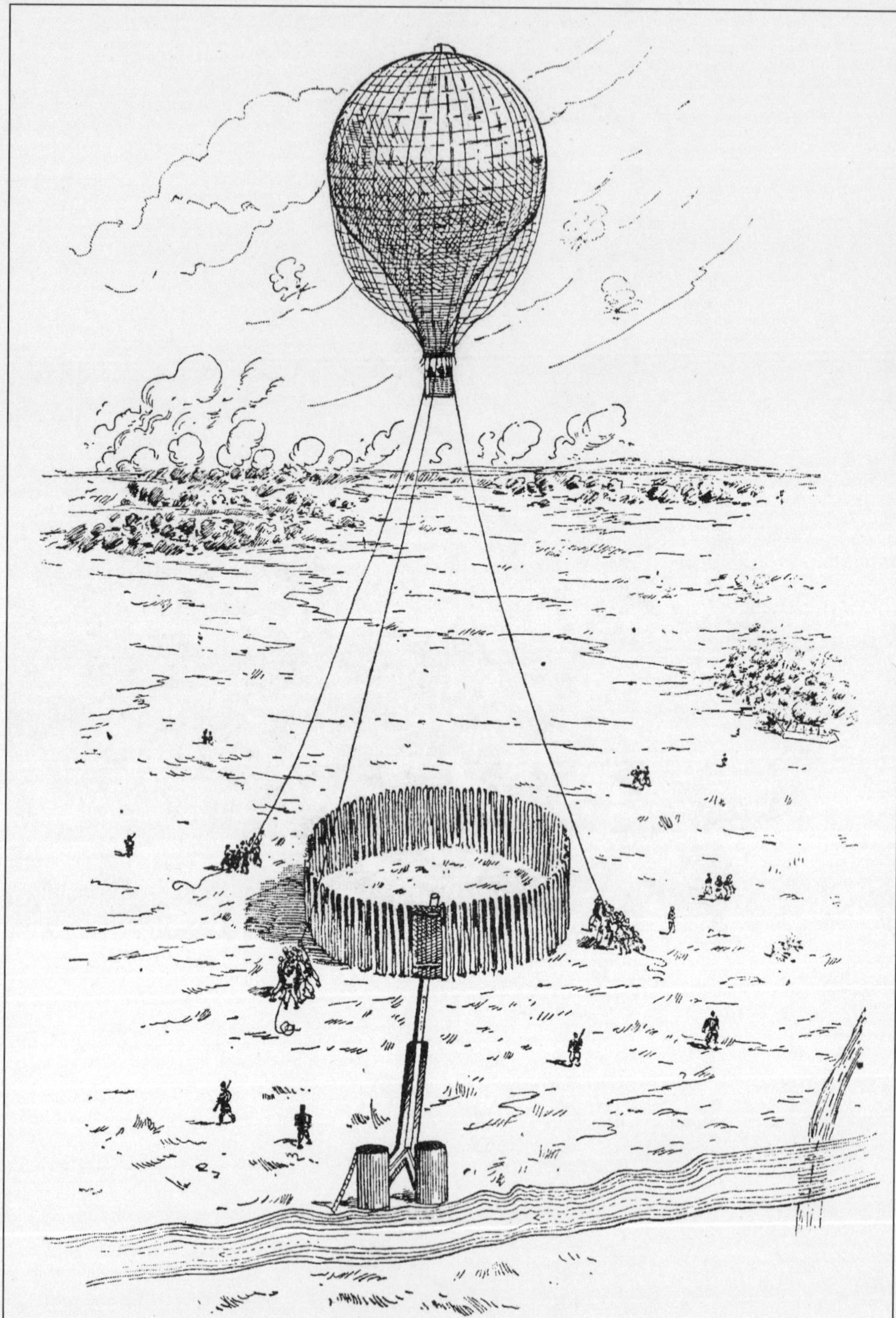

Na Guerra do Paraguai utilizou-se a observação aérea, por meio de balões.

Hospital de sangue brasileiro e de enfermos argentinos no campo fortificado de Paso de la Patria, 17 de julho de 1866. República do Paraguai, de Cándido López, óleo sobre tela, 1876-85.

Ataque da esquadra brasileira às baterias de Curupaiti, em 22 de setembro de 1866,
de Cándido López, óleo sobre tela, 1901.

Assalto da 3ª coluna argentina a Curupaiti (detalhe), de Cándido López, óleo sobre tela, 1893.

Soldados paraguaios despojam os cadáveres aliados.
Depois da batalha de Curupaiti (detalhe), de Cándido López, óleo sobre tela, 1893.

ras". Essa previsão esteve prestes a se concretizar, pois, meses após, durante o carnaval de 1868, o governo aquartelou a Guarda Nacional, temeroso que ocorressem distúrbios e desordens em virtude do descontentamento com a guerra.[236]

A dificuldade no alistamento: o recurso a escravos

A dificuldade em preencher os vazios na tropa levou o Império a libertar escravos para lutarem no Paraguai. Por decreto baixado em 6 de novembro de 1866, os "escravos da nação", do Estado, que servissem no Exército em guerra ganhavam a liberdade, enquanto os donos que libertassem os seus, para esse mesmo fim, eram recompensados com títulos de nobreza. O governo imperial também desapropriou escravos para enviá-los para o Paraguai, pagando indenizações generosas, as quais não deixavam de causar inconvenientes aos fazendeiros, pois era difícil a substituição desse trabalho nas lavouras.[237] O aumento da demanda por escravos elevou seu preço, e cada indivíduo era vendido por dois contos de réis no início de 1868, quando poucos meses antes o valor de venda não era superior a 900 mil réis.[238] No relatório de 1868, apresentado à Assembleia Provincial, o presidente de São Paulo afirmou que a continuação da guerra traria consequências desastrosas à economia, e já se sentia a falta de mão de obra na agricultura e na "indústria", além de a moeda nacional desvalorizar-se e tender a, progressivamente, diminuir ainda mais de valor.[239]

O uso de escravos no Exército brasileiro foi tema dos redatores dos jornais paraguaios e do próprio Solano López. O jornal *Cabichuí* sempre se referiu às forças imperiais como *os macacos*, associando os soldados negros com a pretensa covardia dos brasileiros. Para o *Cabichuí*, dom Pedro II era "o grande macaco que ostenta sua autoridade de Rei" e, em charge publicada, três dias depois, via-se um soldado paraguaio que chicoteava "os covardes escravos", ou seja, negros desenhados com traços de macacos.[240]

A propaganda lopizta classificava o Exército imperial de *macacuno*, o qual tinha como objetivo reduzir o povo paraguaio à escravidão. Na verdade, como destaca André Amaral de Toral, soldados negros, ex-escravos ou não, lutaram em pelo menos três dos quatro Exércitos envolvidos nos combates: o brasileiro, o paraguaio e o uruguaio. Os escravos propriamente ditos lutaram no Exército paraguaio e no brasileiro.[241]

No caso paraguaio, o recrutamento de escravos começou em setembro de 1865, enquanto no Brasil, superada a fase da euforia patriótica em que se apresentaram muitos e verdadeiros voluntários, os convocados para a guerra buscaram enviar substitutos em seu lugar. O envio de substitutos para cumprir o serviço militar era, à época, prática comum em outros países e não constituía uma característica exclusivamente brasileira. No Brasil, particulares foram contratados para substituir convocados e escravos foram enviados para lutar em nome de seus proprietários. As sociedades patrióticas, os conventos e o próprio governo nacional também se encarregaram de comprar escravos com a finalidade de enviá-los para o Paraguai. As autoridades imperiais prometiam alforria para os escravos que se apresentassem para a guerra, "fazendo vista grossa" para aqueles que fugiram das fazendas.[242]

Crê Ricardo Salles que o número de escravos combatentes, os *libertos*, não tenha ultrapassado 10% do conjunto das tropas. As afirmações de que o Exército imperial era um Exército de escravos resulta de se confundir branco com livre e todo negro com escravo. Afinal, destaca esse autor, o fato de a população ser majoritariamente negra ou mestiça não significa que ela fosse escrava, pois esta já se tornara minoritária em 1864. Em 1872, data do primeiro censo oficial, no Brasil havia 8 milhões de homens livres, sendo 3,8 milhões de brancos e 4,2 milhões de negros ou pardos, e o número de escravos era de 1,5 milhão.[243]

André do Amaral Toral fez a seguinte reflexão sobre a participação do negro na Guerra do Paraguai:

> A sorte dos escravos que lutaram na guerra do Paraguai se liga mais à questionável cidadania no Brasil e no Paraguai do que à questão de discriminação racial. O alistamento compulsório atingia igualmente o escravo, a população paraguaia e os pobres brasileiros. Os direitos individuais não existiam nem na *monarquia constitucional* escravocrata brasileira, nem na pretensa *República* paraguaia. Buscar algo de específico à condição negra como característica principal na formação de exércitos e, portanto, das vítimas da guerra corresponde a uma demanda contemporânea sobre um contexto histórico que não responde a essas indagações.[244]

A presença de escravos combatentes no Exército resultou na incorporação de alguns de seus interesses, como a alforria, ao projeto hegemônico da Coroa

O comandante argentino Manuel J. Olascoaga e seu assistente. Em todos os exércitos envolvidos na guerra, houve a presença de soldados negros, sendo em maior número do lado brasileiro.

e da classe dominante. Alforria que, por sua vez, buscava encobrir o fato de o Estado monárquico brasileiro fundar parte de sua força nos campos de batalha "num segmento da população não reconhecido como portador de seus padrões culturais e morais". A participação de negros livres e de escravos na guerra também contribuiu para que a instituição da escravidão fosse questionada após 1870, tornando-se tema de debate nacional. Afinal, a presença de libertos no Exército, quando este se tornou importante ator político, "teve consequências profundas sobre o processo de crise e derrubada do Império".[245]

Durante a guerra, os chefes militares brasileiros viram com restrição a presença de escravos libertos no Exército, acusando-os de mau desempenho militar. Para Caxias, o comportamento dos libertos causava, pelo exemplo, indisciplina na tropa, por serem "homens que não compreendem o que é pátria, sociedade e família, que se consideram ainda escravos, que apenas mudaram de senhor".[246] E nem podia ser diferente, afinal, o negro, ao ser escravizado, fora tratado como mercadoria e privado de cidadania e de vida familiar.

À chefia militar brasileira na guerra não se colocavam, porém, essas reflexões, e havia, sim, o descontentamento ao desempenho militar dos escravos libertos. Um exemplo é o do coronel José Antonio Corrêa da Câmara, responsável pela perseguição final a Solano López. Esse militar, em carta que escreveu à esposa em dezembro de 1868, responsabilizou a presença desses libertos pelo fato de não terem sido tomadas as posições defensivas paraguaias, mesmo reconhecendo que elas eram fortes. Para Corrêa da Câmara, as posições teriam sido ocupadas,

> se os nossos soldados de infantaria não fossem os negros mais infames deste mundo, que chegam a ter medo até do inimigo que foge, como observei na batalha de 11 de dezembro [de 1868].[247]

A utilização de escravos e a própria continuidade do conflito foi questionada pelo jornal *Opinião Liberal*, que clamava "Paz, Paz! É o brado íntimo de um povo oprimido". Argumentava o jornal que a guerra era resultado do capricho de Pedro II, pois a população abandonara totalmente a causa da luta. O periódico contestava o discurso do governo imperial quanto à necessidade de lavar a honra nacional, atingida pelo ataque de Solano López, ao afirmar que "a honra que se entrega aos cuidados de galés e pretos minas não é honra, é uma mentira!". A situação, no início de 1868, era tão grave que o *Jornal do Commercio*, ao apontar para a piora das finanças do Império com a continuidade da guerra, concluía que o fim da luta era urgente e, para tanto, sugeria a contratação de mercenários.[248]

O clima de descontentamento popular no início de 1868 foi registrado por diplomatas estrangeiros no Rio de Janeiro. A Legação argentina informou sobre o cansaço quanto à continuidade da guerra, e o mesmo fez a Legação da Espanha. O chefe desta última, Diego R. de la Quadra, escreveu, em fevereiro daquele ano, que o Brasil estava angustiado com os novos sacrifícios para continuar a luta, cuja falta de popularidade era cada vez maior, fato esse que era de conhecimento do governo brasileiro e que aumentara consideravelmente o número de partidários da paz na Corte. O alistamento forçado de recrutas, escreveu o representante português no Brasil, provocava, no início de 1868, desordens mais ou menos graves, pois "ninguém quer ser soldado!". A resistência ao alistamento era, então, maior em Alagoas e no Piauí, e neste último, em mais de uma ocasião, das "escoltas" vem "arrancar os recrutas bandos de homens armados [...] nos próprios depósitos [alojamentos] têm ido soltá-los, espancando os guardas e matando, se tanto é necessário!". As revoltas, porém, não chegavam a constituir uma ameaça, pois as autoridades dispunham de forças para sufocá-las; mas, de todo modo, tornava "mais espinhosa" a posição do governo brasileiro.[249]

O barão de Cotegipe, do Partido Conservador, ao discursar, em junho de 1868, na tribuna do Senado afirmou que estava arrefecido o ânimo popular com a guerra, o que obrigou o governo ao emprego de "meios ainda mais vigorosos" para levantar as forças que, antes, eram obtidas por "meios muito mais brandos e suaves". O recrutamento, apontou Cotegipe, despovoava os campos, principalmente nas províncias do Norte, e os que não eram levados para o Exército se achavam ou sob a proteção dos políticos governistas locais, ou, então, "embrenhados pelos matos, fugindo à perseguição, a uma espécie de caçada que é, hoje, o recurso do governo para obter tropas". Zacarias, o presidente do Conselho de Ministros, reconheceu a procedência dessas afirmações, mas ressalvou que essa realidade antecedia à guerra, ou seja, também fora praticada pelos conservadores, e, com ela, "o mal crônico naturalmente devia agravar-se".[250]

CAXIAS NA GUERRA

Caxias assumiu o posto de comandante em chefe das forças brasileiras em 19 de novembro de 1866. O momento era difícil, pois o Exército aliado se encontrava desarticulado, sem ânimo, e o comandante brasileiro deveria substituir o clima de mal-estar, que Porto Alegre e Tamandaré criaram, pelo de cordialidade com Mitre. Ademais, Caxias tinha que reorganizar o Exército brasileiro e pôr fim às disputas políticas entre seus chefes, de modo a criar condições para vencer o conflito. Para isso, tornou mais eficientes as tropas brasileiras na guerra, fortaleceu a posição do Exército e ampliou sua autonomia em relação ao governo imperial, de modo a ter agilidade de ação. Foi essa autonomia que permitiu ao Exército construir uma identidade própria, dissociando-a paulatinamente, após a Guerra do Paraguai, do Estado monárquico para associá-la à Nação.[251]

A guerra continuará em quanto este GRANDE AMOLADOR não tiver afiado, como pretende, todas as espadas e baionetas do Exercito Brasileiro.
(Temos muitissimo tempo a esperar!!!)

Ao assumir o comando no Paraguai, em outubro de 1866, Caxias encontrou as tropas brasileiras desorganizadas, carentes de soldados e com moral baixo, devido à derrota no ataque a Curupaiti. Caxias levou meses reorganizando as tropas e treinando os reforços recebidos, mas no Brasil havia impaciência com tantos preparativos.

Três dias após o fracasso do ataque a Curupaiti, em 25 de setembro, os chefes militares aliados reuniram-se, em conselho de guerra, a bordo do vapor *Apa* e decidiram manter a posição de Curuzú, com a tropa de Porto Alegre, para não promover recuo diante do inimigo, que agravaria o moral aliado. Em 2 de outubro, Mitre retornou com seu Exército ao acampamento aliado em Tuiuti e retomou seu plano original, recusado até então pelos chefes militares brasileiros, de contornar o lado esquerdo do inimigo, por algum ponto fraco em sua linha defensiva.[252]

Caxias chegou ao Paraguai em atitude cautelosa quanto ao aliado argentino. Antes de partir do Rio de Janeiro, solicitou ao novo ministro da Guerra, marquês de Paranaguá, instruções sobre como deveria comportar-se caso Mitre persistisse em "temporizar" o conflito. Temia-se que este suspendesse as operações em decorrência de uma eventual paz com o Paraguai, ou então viesse a retirar-se com o Exército argentino, em virtude de alguma revolta contra Buenos Aires, pois continuavam as dificuldades internas na República aliada. A resposta do marquês de Paranaguá foi a de que Caxias deveria "prosseguir por si só" se fosse viável, ou então "manter-se em posição que mais convier". Para dom Pedro II, caso fosse possível prosseguir as operações militares sem Mitre, Caxias deveria fazê-lo "para conseguirmos o que nossa honra exige, ou a derrota de López numa batalha ou seu rendimento sem condições".[253] O decreto do governo imperial, que nomeou Caxias para o comando das forças terrestres, não fazia menção de que ele também teria a esquadra sob suas ordens, embora isso viesse a ocorrer de fato. Ao se omitir nesse aspecto, o governo imperial procurou evitar que a força naval brasileira ficasse sob o controle de Mitre, ao qual Caxias estaria subordinado.[254] O novo chefe da esquadra, Joaquim José Ignacio, assumiu essa função em 22 de dezembro de 1866.

Mitre, por sua vez, não tinha nenhuma ressalva a Caxias. O comandante em chefe argentino ficou satisfeito com a retirada de Tamandaré e, provisoriamente, de Porto Alegre, ao escrever que:

> [...] Caxias era o meu candidato para o comando e o era no modo e forma em que foi nomeado: assim disse ao marechal Polidoro, que é grande amigo de Caxias, e talvez tenha escrito isso ao Rio de Janeiro.[255]

Na Argentina, o ano de 1867 foi o mais crítico, devido à oposição interna ao governo central, potencializada pela continuidade da guerra. Após a derrota de Curupaiti, a tropa argentina no Paraguai estava desmoralizada[256] e, em novembro de 1866, se sublevaram 280 "voluntários" aquartelados em Mendoza, à espera de irem para a guerra. A tropa enviada para controlar a situação acabou por aderir aos sublevados e, ainda, libertou da prisão líderes da oposição federalista. O governador Melitón Arroyo fugiu da capital, devido ao clima de rebelião que nela se instalou, a ponto de tornar-se polo de atração para exilados federalistas que se encontravam no Chile. A rebelião se espalhou rapidamente pelas províncias de Cuyo e do Nordeste argentino. Os federalistas bateram tropas do governo central, entraram em outras duas capitais provinciais, San Luis e San Juan, e controlaram grande parte da província de Catamarca. Em sua proclamação, datada de 10 de dezembro de 1866, o caudilho catamarquenho Felipe Varela escreveu: "nosso programa é a restrita aplicação da Constituição jurada, da ordem comum, da paz e amizade com o Paraguai e a união com as demais Repúblicas americanas".[257] Para os federalistas, o Império do Brasil, que colaborara em sua vitória sobre Rosas, se tornara um inimigo.

A situação era tão dramática que o representante argentino no Rio de Janeiro indagou ao governo imperial que elementos, em homens e recursos, o Brasil poderia enviar imediatamente ao Prata para aumentar o efetivo do Exército aliado e, se fosse necessário, auxiliar Mitre a reprimir as rebeliões em seu país. O gabinete brasileiro se reuniu para tratar do pedido e, ao reconhecer a gravidade da situação, respondeu que empregaria todos os meios, inclusive libertando escravos, para colocar, em um mês, 10 mil homens adicionais no teatro de luta. Contudo, continuava a resposta, o Império não poderia oferecer dinheiro, por não dispor de recursos financeiros. A postura da população argentina em relação à guerra foi sintetizada, no final de 1868, pelo comandante das forças argentinas no Paraguai, general Gelly y Obes, em carta ao ministro da Guerra de seu país: "com um povo como o nosso que, durante pelo menos dois anos, procurou tudo desmoralizar e enervar os espíritos, é mais que milagre ter, ainda, uma representação de tropa [na luta]". Gelly y Obes responsabilizava a "maldita política" por tal quadro.[258]

Não se fez necessário o envio de tropas imperiais para combater as rebeliões internas na Argentina, mesmo porque seria contraproducente e talvez reforçasse o apoio popular em favor dos revoltosos. O próprio Mitre teve que encarregar-se de resolver a situação, voltando a Buenos Aires, ante a confissão de Marcos Paz, na carta que lhe escreveu em 16 de janeiro de 1867, "eu não governo; é preciso que venha o senhor para fazê-lo", e aos apelos de Elizalde e Rawson nesse sentido.[259] Mitre retirou-se do Paraguai em fevereiro de 1867, acompanhado de 4 mil de seus soldados, e Caxias assumiu, provisoriamente, o comando em chefe aliado. Restaram no Paraguai cerca de 6 mil argentinos de modo que o poderio militar aliado dependia, fundamentalmente, das forças brasileiras. Inviabilizou-se, assim, um "ataque decisivo" que Mitre e Caxias planejaram para executar durante o mês de março.[260]

A força brasileira que Caxias encontrou estava desfalcada pelos combates e doenças em um terço do efetivo que contava ao transpor o rio Paraná, apesar dos reforços de recrutas que recebera nesse período. Para cuidar de tantos soldados doentes, havia onze hospitais brasileiros na região: dois no Uruguai, dois em Buenos Aires (esses quatro foram unificados por Caxias em um só, em Montevidéu), três em Corrientes, um em Cerrito, um em Itapiru, outro no Passo da Pátria e um em Tuiuti.[261] Caxias ficou impressionado com o número de militares enfermos e nomeou, para inspecionar aqueles internados nos hospitais no teatro de guerra e em Corrientes, uma comissão de saúde chefiada pelo dr. Francisco Pinheiro Guimarães, médico e coronel dos Voluntários da Pátria. O objetivo era o de retirar dos hospitais oficiais e soldados já curados e que neles permaneciam com a cumplicidade dos médicos. Em quinze dias, 2 mil falsos doentes, aptos para o serviço militar, foram despachados para o acampamento em Tuiuti.[262] Em janeiro de 1867, a força brasileira no Paraguai era de 51 107 homens.[263]

Eram precárias as condições das tropas brasileiras em território paraguaio. A maior parte da cavalaria estava a pé, pois na época do comando de Osorio os animais tinham que comer vegetação imprópria, arrancada dos campos alagados, que os enfraqueceu e os levou à morte. Apenas sob o comando de Caxias é que se começaram a repor os animais perdidos e a lhes dar alfafa e milho, a alto custo. Os dois corpos de Exército eram totalmente diferentes um do outro e pareciam pertencer a dois países, pois tinham contabilidade, critérios de promoção e de pagamentos próprios. Foi necessário reorganizar tudo, de modo a economizar dinheiro, organizar e disciplinar a tropa, tornando-a combativa, e nisso, conforme Caxias, se passaram catorze meses.[264]

Não foi fácil a tarefa de reforçar o ânimo de combate da tropa brasileira. Este está sintetizado na carta em que o Voluntário da Pátria João Manoel da Silva, do Paraná, escreveu a seu irmão afirmando ser difícil acabar a guerra, pois o inimigo estava bem fortificado. Para se tomar as posições paraguaias, afirmava esse Voluntário, eram necessários bons generais e bons planos: "Sendo assim, quem é que tem esperanças de voltar para casa?". João Manoel não voltou, morrendo no combate de Surubí-i.[265]

Após o desastre de Curupaiti a disciplina ficou comprometida e, para evitar o agravamento do problema, o governo imperial buscou viabilizar a rápida punição de crimes militares, transferindo a Junta de Justiça Militar, instalada no Rio Grande do Sul, para o teatro de operações.[266] Ela decidia, em segunda e última instância, as sentenças dos conselhos de guerra, exceto nos casos de pena de morte. Qualquer sentença que impusesse a morte do condenado, fosse crime militar ou não, tinha que ser confirmada pelo imperador, que gozava do direito constitucional de perdoar a pena.

No Império, devido a uma decisão de governo de 1843, a pena de morte era pronunciada contra os militares segundo as determinações dos Regulamentos de Infantaria e Artilharia, de 1763, e de Cavalaria, de 1764. Diferentes transgressões de oficiais e praças eram punidas com a pena capital, por enforcamento ou fuzilamento, entre elas a deserção em tempo de guerra, a covardia diante do inimigo, atacar sentinelas, dormir ou se embebedar quando estivesse de guarda em tempo de guerra, encabeçar motim ou traição, furtar ou deixar furtar material bélico (inclusive cavalos), desobedecer a ordens superiores usando arma ou ameaçar e ferir à traição ou matar camaradas. Em 1851, o imperador sancionou a lei nº 631 que reforçava a pena de morte em caso de "guerra externa", e que passava a ser aplicada a espiões e ao militar que incentivasse colega a desertar ou a se levantar contra o governo.

Além de disciplinar a tropa brasileira no Paraguai, também era necessário oferecer-lhe melhores condições de higiene, reduzindo a mortandade decorrente de doenças. Somente com a chegada de Caxias cuidou-se seriamente da hospitalização, de ambulâncias, do vestuário apropriado, da higiene na alimentação e no asseio no acampamento. Neste, a água para beber era obtida em buracos rasos cavados no areal, e era poluída e amarela, em decorrência de cadáveres sepultados nas proximidades; comentava-se que Caxias "bebia água da [bica] Carioca que lhe mandavam do Rio em pipas". A água que os soldados conseguiam no areal saía quente e, para refrescá-la, os garrafões com o líquido eram enterrados nas barracas ou sob arbustos. Dionísio Cerqueira assim relata sobre o buraco que mandou abrir em sua barraca:

Mal tinha o camarada chegado a um palmo de fundo, sentimos o cheiro característico da morte. Mais uma enxadada e apareceu um crânio carcomido. Entupiu o buraco e cavou outro adiante.[267]

Em meio a essa promiscuidade, houve quem buscasse criar um ambiente menos rude. O coronel Oliveira Neri cavou um poço em meio a um jardim de flores silvestres que ele cultivava. O general Jacinto Machado, por sua vez, criava galinhas e usufruía de ovos frescos na alimentação. No geral, porém, o estado de espírito da tropa brasileira era de apatia e se tornava vítima do fogo inimigo nos

No Theatro da guerra.

—Meus amigos, como vocês não querem pegar-se ás devéras, e estão ha tanto tempo amolando meio mundo, venho disposto a ensinar-vos como se acaba com semelhante historia em um instante!... Se não se decidem, ponho mãos á obra!... E' sim ou não!... Vejam em que ficam...

O cólera-morbo dá uma reprimenda em Caxias e em Solano López, por estarem "há tanto tempo amolando meio mundo", e ameaça terminar com a guerra a seu jeito. Em 1867, o cólera atingiu os exércitos aliado e paraguaio; somente entre os brasileiros a epidemia matou 4 mil soldados. Não foram os combates, mas sim as doenças que causaram o maior número de mortos nos dois lados em guerra.

postos avançados ou dizimada pelo cólera no acampamento. Não se tinha "mais a dourada quimera de rever a terra abençoada da pátria".[268]

Essa situação, porém, não implicou o desprestígio de Caxias no meio da tropa. Ao contrário,

> Tal prestígio envolvia-o que ninguém podia vê-lo senão através de uma auréola de glória. Quem ali não acreditava na sua onipotência? Quando passava no seu uniforme de marechal de exército, ereto e elegante, apesar da idade, todos nós perfilávamos reverentes e cheios de fé. Não era somente o respeito devido à sua alta posição hierárquica; havia mais a veneração religiosa e admiração sem limites.[269]

Em março de 1867 o cólera começou a fazer estragos em Itapiru e em Corrientes, espalhando-se por todo o Exército aliado. O vapor *Teixeira de Freitas*, que zarpara do Rio de Janeiro em fins de fevereiro, com duzentos novos soldados para o Exército imperial, levou a doença para Corrientes, onde se propagou pelos hospitais aliados e, em seguida, para a tropa na frente de batalha. A epidemia chegou a Buenos Aires e a população, abatida e doente, deixava alguns cadáveres sem enterrar, o que agravava a propagação da doença que acabou por matar o próprio vice-presidente Marcos Paz, em janeiro de 1868.[270]

Na frente de batalha, a epidemia de cólera ceifou vidas "aos montões" em Curuzú, onde se encontrava o 2º Corpo de Exército, comandado pelo conde de Porto Alegre. Em Tuiuti, galpões de madeira, mandados construir às pressas, se enchiam e diariamente se esvaziavam; os cemitérios lotaram. Descreve Dionísio Cerqueira que,

> Um dia entrei numa enfermaria próxima do batalhão. Havia um montão deles [de cadáveres] arrumados em andaina nas tarimbas. Tinham a pele enrugada e os olhos fundos. Estavam azulados, escaveirados como se tivessem morrido de fome. Uns mexiam-se, outros não tinham a algidez da morte; eram cadáveres quentes. Os músculos do peito e dos braços contraíam-se como se aqueles mortos ainda vivessem. Vi um braço encolhido distender-se e a mão bater em cheio na face do camarada ao lado [...][271]

A epidemia de cólera matou, até fins de maio de 1867, 4 mil soldados brasileiros, dos quais cerca de 130 oficiais, para logo em seguida desaparecer. Desse modo, o Exército imperial sofreu perdas equivalentes a uma batalha decisiva, sem sair do lugar.[272] A doença espalhou-se para Corrientes, com famílias abandonando a cidade e deixando seus doentes para trás. De acordo com testemunho de Benjamin Constant, essa crise sanitária na cidade agravou a hostilidade que sua população tinha em relação aos brasileiros, comentando-se que haveria planos de correntinos de "lançar fogo a todos os nossos hospitais e diversas repartições", o que levou as autoridades locais a tomar medidas de precaução.[273]

Do lado paraguaio, o cólera apareceu em maio de 1867, no Paso Gómez, espalhou-se por todo o acampamento e atingiu o próprio Solano López que, ao sentir-se completamente impotente, "quase enlouqueceu de susto, acusando seus médicos de terem a intenção de envenená-lo". A mortandade diária causada pela epidemia era sempre superior a cinquenta soldados e os médicos foram proibidos de dizer o nome da doença que acabou se espalhando pelo país e causou "milhares de mortes".[274] O alastramento do cólera foi facilitado pela miséria em que se encontravam as famílias paraguaias, que tiveram de abandonar suas casas, migrar de um ponto a outro do país e formar grandes caravanas ambulantes, nas quais era impossível atender às exigências básicas de higiene.[275]

Além do cólera, também a varíola fez estragos na tropa paraguaia e alcançou Assunção. As doenças agravavam as duríssimas condições de vida da população paraguaia, devido à falta de alimentos, ao encarecimento de mercadorias, ao clima de terror político que atingia qualquer um que tivesse dito ou feito algo que pudesse ser interpretado como falta de apoio à guerra, e à convocação de crianças e velhos. A partida destes desfalcava ainda mais as famílias que já tinham perdido adolescentes e homens adultos para a frente de combate. O cônsul francês em Assunção, Laurent-Cochelet, escreveu a seus superiores que:

> Pode-se ver partir para Humaitá companhias de crianças que mal suportam o peso de seus fuzis e cujos oficiais são mais altos que elas por uma cabeça. Isso faz sangrar o coração. O interior está totalmente vazio de homens: são as mulheres que dedicam-se à agricultura, aos transportes, ao fornecimento de carne, à fiação e a fazer tecidos. O Paraguai não é mais do que um vasto local de produção do Estado.[276]

Um Estado que era, na prática, instrumento do poder pessoal e do enriquecimento da família López. Relatou Laurent-Cochelet que "somente a família presidencial vende o gado para atender ao consumo da capital" e esse monopólio repercutia no preço da carne em Assunção. Assim, escreveu ele, "a família López fica cada vez mais rica, de uma maneira escandalosa", enquanto as outras famílias estavam "arruinadas" pelas requisições de gado e alimentos para o Exército e "pelas subscrições [doações para o Estado] chamadas de voluntárias". Assim, por "sugestões oriundas de altas esferas" do governo paraguaio, os negociantes estrangeiros no Paraguai doaram a soma em dinheiro necessária para encomendar, em Paris, um bastão de marechal, "da maior riqueza [luxo]", a ser oferecido a Solano López. Os "raros cidadãos" que permaneceram em Assunção, para não ficarem atrás, ofereceram-lhe, em 24 de maio de 1867, uma espada de honra, adornada com brilhantes. Foi no interior do país que surgiu esta iniciativa, previamente estimulada por autoridades da capital, "e com o medo como ajudante, as subscrições não deixaram de ser significativas".[277] A recusa de algum cidadão em participar poderia ser interpretada como falta de apoio à guerra, implicando em graves punições.

De outubro de 1866 a julho de 1867 não se tomaram, quer pelos aliados, quer pelos paraguaios, iniciativas capazes de decidir a sorte da guerra; ocorreram apenas escaramuças e emboscadas entre as vanguardas das duas partes. Estas ocorriam principalmente na chamada *linha negra*, onde, ao contrário da designação, havia muita claridade, de dia e de noite. Ela era uma picada, de uns oito metros de largura e não muito superior a seiscentos metros de extensão, aberta na mata do potreiro Piris, diante da trincheira paraguaia de Sauce. Ali, brasileiros, em grupos de três soldados, se metiam em covas de 1,5 metro de fundo, a espreitar o inimigo que, por sua vez, também estava fortificado no meio da mata e com franco-atiradores camuflados nos galhos das árvores. A proximidade entre ambos era tão grande que os soldados brasileiros escutavam os paraguaios conversarem, em voz baixa, em guarani. À noite, um paraguaio mais audaz, arrastando-se em silêncio absoluto pelo solo, podia surpreender o soldado brasileiro em sentinela avançada, meio adormecido, e matá-lo com golpe de espada ou baioneta. Às vezes, o paraguaio era surpreendido quando a sentinela era um sertanejo, habituado a tocaiar a caça, e então o atacante se tornava vítima: "ouvia-se a detonação, um grito, um ai de agonia e o estrebuchar de um corpo".[278]

A proximidade das forças brasileiras e paraguaias na *linha negra* permitia aos soldados dos dois lados conversarem aos gritos. Dionísio Cerqueira foi mais longe e, hasteando uma bandeira branca, perguntou aos paraguaios escondidos na mata se poderia ir até eles. O comandante inimigo, um homem já de idade, o autorizou e Dionísio Cerqueira lá foi:

> Entrei no terrapleno por uma abertura à direita.
>
> O velho passou-me a mão pelo ombro e, mirando-me com olhar compassivo, perguntou:
>
> — *Que veniste a hacer aqui?...*
>
> — *Nada* — respondi — *veni a visitarte...*
>
> — *Sientate, pues.*
>
> Sentei-me num tronco de *urundaí*, o nosso pau-de-ferro, e vi-me logo rodeado por muitos homens, que me olhavam com curiosidade hostil. Além desses, havia outros ocultos atrás das árvores.
>
> A trincheira parecia-se com a nossa, mas não tinha sacos de areia. O parapeito era feito de troncos e terra.
>
> O velho abraçou-me e convidou-me a ficar com ele.
>
> — *Que esperança!* — disse sorrindo. — Tu é que deves ir comigo. Nós tratamos muito bem os *pasados*. Dizem que vocês aqui são muito maltratados, que o López é terrível... Vem comigo; traz a tua gente e serás bem recebido...
>
> O velho soldado fitou-me com um olhar, que nunca mais esqueci, de surpresa e bondade. Talvez tivesse um filho da minha idade, que eu, naquele momento, lhe recordava. Retirou do meu ombro a mão grande e calosa, e disse em voz grave, cheia de melancolia:
>
> — *Nosotros somos soldados, como tu, y nuestro honor nos manda morir por la patria. Eres muy joven, retirate...*
>
> — *Tienes razón amigo* — respondi-lhe.
>
> Deixei-lhe, como lembrança, um grande lenço de seda amarelo e um cachimbo [...]
>
> Era o que eu possuía de mais valor. Ele deu-me um *porquinho* de couro cru cheio de erva-mate e a faca de bainha de couro e cabo de osso guarnecido de prata, que tinha na cintura. Apertei-lhe a mão e voltei pensativo para o meu piquete.[279]

A imobilidade militar do lado paraguaio resultava do fato de Solano López ter recursos para sustentar posições defensivas, mas não para promover operações ofensivas. A inércia bélica foi utilizada para construir novas trincheiras, que quase uniram Curupaiti a Sauce, e inviabilizavam qualquer tentativa da tropa brasileira em Curuzú de buscar um caminho firme, por entre os pântanos, para penetrar nas posições paraguaias. Nesse período também foram fabricados muitos canhões na fundição de Ibicuí, alguns de grosso calibre, todos sob a supervisão de engenheiros ingleses. A fundição de Ibicuí fora criada em 1850, com o objetivo de produzir ferro fundido, matéria-prima para as obras estatais. Utilizou, desde então, o trabalho de presos comuns, e seu primeiro diretor foi o inglês Godwin, e, posteriormente, passou a produzir material bélico. Em fins de 1866, vinte prisioneiros de guerra foram obrigados a trabalhar na fundição.[280]

Dos canhões produzidos em Ibicuí nessa época, os três maiores foram o Cristiano, o General Díaz e o Acá-berá. O primeiro pesava doze toneladas e seu nome decorria do fato de ter sido feito com o metal dos sinos recolhidos em todas as igrejas do Paraguai. O General Díaz, pesando dez toneladas, foi construído com metal de sinos e de panelas e reutilizava como munição as balas atiradas

—Vá enchendo, vá enchendo, sr. Caxias. Olhe que minha espada é pesada, bem sabe disso, e eu não a vendo senão á peso de ouro.
—Lá vae, lá vae, sr. Lopes; o que quero é que me deixe os louros da victoria, e ao meu paiz os commodos da paz.
—Então, amigo Mitre, o que me diz d'esta pipineira do Lopez?
—Homem, compadre Flores eu digo—que muito bem! O que nos vale é que, ainda desta vez, não somos nós os que pagamos o pato.

Na charge, Caxias tenta comprar a paz de Solano López, enquanto Mitre e Flores comentam a sorte de não terem que dar contribuição financeira. No Brasil, era corrente a opinião de que o Império suportava praticamente só os gastos de guerra.

pelos canhões brasileiros Whitworth e que tinham permanecido intactas no solo. Por falta de metal, esse tipo de projétil não podia ser fabricado no arsenal de Assunção, e dava-se um jarro de milho para cada granada intacta dos Whitworth que os soldados paraguaios recolhessem e entregassem no quartel-general. Um terceiro canhão, de bronze, designado Acá-berá, de sete toneladas, foi fabricado com a finalidade de reutilizar a enorme quantidade de balas de canhão de 32 polegadas, atiradas pelos aliados, que cobriam os campos.[281]

Do lado aliado, explicam a imobilidade naquele período a retirada dos soldados argentinos, a epidemia de cólera, o fato de Caxias ter que receber e treinar grande número de novos soldados, parte deles escravos libertos, recém-incorporados à tropa e, ainda, recompor o quadro de oficiais. No começo da guerra havia expressivo número de oficiais, a ponto de ter quarenta deles em batalhões com cem homens. Com o decorrer do conflito, porém, esse número se reduziu pouco a pouco, quer devido às mortes em combate, quer por alguns terem caído doentes e retornado ao Brasil, mas "muitos, muitíssimos", simplesmente deram um jeito de se retirar da guerra, "quando perceberam 'in loco' o perigo desta guerra". Contribuiu para reduzir, ainda mais, o número de oficiais o fato de Caxias, ao assumir seu comando, ter dispensado "todos aqueles que julgava incapazes de prestar um serviço eficiente".[282]

Para a imobilidade aliada também contribuía a dificuldade em se penetrar no Paraguai. Esse problema decorria não só da valente resistência dos soldados inimigos, mas também porque o território paraguaio era pouco conhecido, inexistindo mapas sobre ele, a ponto de a guerra, "desde o começo", ter sido feita "às apalpadelas", conforme Caxias afirmou mais tarde.[283] O comandante brasileiro não tinha condições de iniciar operações ofensivas nesse contexto, caracterizado pela falta de tropas treinadas, pelo grande número de doentes e pelo desconhecimento do terreno. Por isso, Caxias aguardou a chegada de reforço do 3º Corpo de Exército, que estava sendo organizado por Osorio, no Rio Grande do Sul, o que só veio a ocorrer em julho de 1867.

Osorio enfrentou dificuldades em arregimentar os 6 mil soldados pedidos por Caxias. Em maio de 1867, Osorio queixava-se ao general Vitorino Monteiro, seu amigo que ajudava na organização do 3º Corpo, que a deserção se tornara comum, aceita como algo lícito, enquanto "aqueles que têm vertido seu sangue pela Pátria veem-se abandonados aos seus esforços e reduzidos a lutarem sem recursos". Nas palavras de J. B. Magalhães algo estranho ocorria, pois "na terra heroica do Rio Grande não havia pejo em ostentar-se a covardia", com deserções para o estrangeiro, com proteção dos chefes políticos locais e da Guarda Nacional para os que fugiam, do recrutamento, para os matos, e os próprios oficiais dessa milícia dificultavam as reuniões e favoreciam deserções para não terem, eles mesmos, que marchar para a guerra. Osorio queixou-se ao Ministério da Guerra da situação, e ressaltou a falta de colaboração, por motivos políticos, das autoridades gaúchas, sobretudo na Guarda Nacional, cujo comandante superior era o general da reserva Luís Manuel de Lima e Silva, tio de Caxias. O governo brasileiro acabou por tomar providências; suspendeu o general Lima e Silva "por não ter cumprido as ordens" e nomeou, em fevereiro de 1867, Inácio Marcondes Homem de Melo como novo presidente gaúcho. Somente assim Osorio conseguiu montar o 3º Corpo com 5451 homens — e não os 6 mil planejados de início —, cuja primeira cavalaria chegou em frente ao Passo da Pátria em 13 de julho de 1867. Nos dias seguintes, entre 17 e 19, toda a força de Osorio chegara e fora transferida para o território paraguaio.[284] De maio de 1866 a maio de 1867, foram enviados, do Rio de Janeiro para o teatro da guerra, outros 14139 homens que, somados ao 3º Corpo, significaram um reforço para Caxias de cerca de 20 mil soldados,[285] boa parte civis engajados, sem experiência militar.

Enquanto o Exército permanecia inativo, o acampamento de Passo da Pátria, rebatizado com o nome de Itapiru, transformou-se numa cidade, onde pululavam comerciantes e aventureiros. Para suprir as necessidades da tropa havia comércio de todo tipo, bem como barbeiros, dentistas, casas de banho, bordéis, bilhares, um teatro, uma igreja e até uma agência do Banco Mauá. Itapiru era uma escala obrigatória para os militares que iam ou retornavam da frente de batalha, daí a concentração dessas atividades nesse ponto. Cada barraca de comércio "era um bazar", em que se podia comprar de tudo: esporas, perfumarias, vestidos, bombachas, rendas, ponches, espelhos, calças, punhais, anáguas, queijos, salames, vinhos, sardinhas, charutos etc. Os comerciantes eram bascos, alemães, italianos, franceses, espanhóis e portugueses; havia pouquíssimos brasileiros, argentinos e uruguaios. Os bailes não eram raros e, neles, não se primava pela etiqueta e compostura, "muito menos pela excelência das damas". O ambiente era de camaradagem entre os oficiais aliados.[286]

A referência à falta de excelência das "damas" era um eufemismo. O frei capuchinho Salvador Maria de Nápoles, que acompanhava o Exército brasileiro, classificou-as de "perdidas". Estas "não eram poucas" e frei Salvador travava uma "luta" para elas mudarem de vida, quer convencendo-as a voltar para a terra de origem, quer buscando que casassem ou, então, que ganhassem "o pão cotidiano com as próprias forças e com o trabalho". O frei fazia "uma guerra contínua" às "perdidas", impedindo-as de pisar nos hospitais e obtendo do comando brasileiro que não as deixassem armar suas barracas nos limites do acampamento. Segundo o religioso, os soldados faltavam com seus deveres, roubavam e matavam por essas mulheres, e ele buscava "arrancar delas o bem que se pode", na "esperança de conversão desta gente miserável". Frei Salvador, na sua correspondência com o internúncio apostólico no Rio de Janeiro — representante da Igreja —, demonstrava travar duas lutas particulares, paralelas à guerra: salvar as mulheres

A opinião pública brasileira se impacientava com a demora de Caxias em tomar iniciativas que pusessem fim à guerra.

JUEVES — Asuncion, Mayo 30 de 1867. — AÑO 1. N. 6.

EL CENTINELA.

PERIODICO SERIO-JOCOSO.

EL CENTINELA.

Valor, obediencia y union.

Hé aquí las virtudes que distinguen á los hijos del Paraguay, estas son las poderosas prendas que caracterizan à los ciudadanos todos, y las fuerzas salvadoras que han constreñido y humillado las criminosas pretensiones de un sobervio y orgulloso Monarca.

Oh! cuantos prodijios ha causado el valor paraguayo en los campos de batalla. En la magna campaña de dos años, el brazo paraguayo ha hecho temblar y ha aniquilado al invasor —La historia de la guerra ofrece los mas heròicos episodios, y la bravura, el coraje, la pujanza y el valor del soldado, no tienen rival en el mundo. Hombres que con paso firme marchan al combate, y que jamas; tambalean en los encuentros, ni palidecen en medio de las baterias del enemigo, merecen por cierto el primer renombre de valientes.

Si es admirable la indómita bravura del paraguayo, no menos dignas de recomendacion son su obediencia y union. Aquí todos ejecutan y obedecen la marcial voz de su Gefe: la Patria los electriza, y el dulce nombre de su magnánimo Mariscal los inspira y los conduce hasta el heroismo.

La República del Paraguay es un cuerpo compacto—Un solo pecho y un solo brazo forman los impertérritos Ejércitos —Una sola cabeza y una voluntad dirijen sus destinos venturosos.

Gloria á la gran República!

¡Loor al conspicuo y esforzado Mariscal Lopez, que ha sabido encarnar en un pueblo virtuoso EL VALOR, LA OBEDIENCIA Y LA UNION!!!

—o—

Mateo en su mangrullo.

El Centinela tiene ratos muy alegres con los negros—Desde la distancia le bailan, le muestran los dientes y le hacen mil fayangas. Don Mateo se pasea en su mangrullo con mucha gravedad—De vez en cuando saca el chicote, lo sobajea y de súbito lo muestra á los macacos, quienes se tienden sobre el suelo, como si una bomba los derribase.

En esta diversion pasaba un dia el Centinela, cuando se le acerca un Cabichuì trayéndole de obsequio un poco de miel, y le dice: ¿cómo vá, mi buen Mateo?—¿Los negros andan por acá?—El Centinela le contesta y le dice: cerca de un mes que no parece uno solo, y ya estraño su presencia, pues sin esa diversion me rinde el sueño, y la otra noche casi me quedo dormido.

Pero eso es malo, le replica el Cabichuì; por que el Centinela en campaña, y en no campaña, debe estar en vela, pues el refran dice: el que tiene enemigos no duerme. Y para que veas cuanto te estimo, quiero enseñarte la cantinela que te he dedicado como á mi mejor amigo. Héla aquí:

Pasa las noches en vela,
Valeroso y buen vigía;
No te duermas, centinela,
Que el enemigo te espia.

—o—

Si te rindes, un puñal
Habrá tu pecho rasgado;
Firme en tu puesto marcial,
Alerta! alerta! soldado.

Atrás! al negro trompeta,
Atràs! dirás al betun;
Ceba bien tu cazoleta,
Y al negro bozal un ¡prun!!

—o—

Si no responde al ¿quien vive?
El alevoso enemigo,
Que tu bala lo derribe
Traspasandole el ombligo,

Estoy exorcizando negros desde este púlpito paraguayo, y el asperges tiene á los mulequas con el rabo gateando....

El Centinela, *semanário satírico paraguaio de quatro páginas, publicado em 1867. Na sátira, um sentinela paraguaio amedronta soldados inimigos.*

"perdidas" e converter ao catolicismo os protestantes, os alemães imigrantes e seus descendentes vindos do Rio Grande do Sul alistados no Exército brasileiro, e outros estrangeiros presentes nas fileiras aliadas.[287]

Os aliados tinham abundante oferta de mercadorias, mas do lado paraguaio a escassez era "espantosa"; faltava de tudo: víveres, remédios, algodão para fazer uniformes, papel e tinta para escrever, sal etc. Essas necessidades foram parcialmente atendidas por soluções engenhosas, como a reciclagem de tecidos e de restos de papel, a feitura de pergaminhos de pele de carneiro, a substituição dos remédios por plantas medicinais ou encontrando um substituto para o sal em uma substância meio amarga retirada de flora do Chaco.[288]

Apesar dessa situação, quase não havia deserção nas fileiras paraguaias, devido ao clima de terror imposto por Solano López, que estendia a punição a familiares e companheiros do desertor. Ademais, proibiu-se aos soldados ou oficiais paraguaios ficarem sós na vanguarda, por temor que desertassem. Pelo mesmo motivo, os escolhidos para missões de espionagem e reconhecimento das posições inimigas nunca iam sós, mas em grupos de dois ou três, além de receberem tratamento especial, como dupla ração de comida e de bebida. Esses espiões, porém, não prestaram grandes serviços, pois, ao perceberem que Solano López se irritava quando traziam notícias desagradáveis, passaram a relatar apenas fatos que lhe agradassem.[289]

Aguardando o fim da epidemia de cólera e o reforço que significaria a chegada do 3º Corpo de Exército, Caxias fazia planos. Em abril de 1867, escreveu a Osorio expondo os próximos passos que pensava dar para tirar o Exército aliado do impasse em que caíra em Tuiuti, diante das linhas paraguaias de Rojas. Caxias projetava deixar em Tuiuti forças suficientes para defender a posição e, com o grosso do Exército, fazer uma marcha de flanco, contornar Humaitá e isolá-la, em lugar de tentar tomá-la de frente; esta ideia fora originariamente concebida por Mitre. Caxias analisou as quatro possíveis respostas paraguaias ao movimento de flanco aliado. A primeira seria a de Solano López decidir-se por uma batalha campal com o Exército aliado em movimento, o que permitiria às forças que permaneceram em Tuiuti tomar as trincheiras paraguaias, pois "seria depois facílimo acabar com ele". A segunda possibilidade seria um ataque paraguaio a Tuiuti, o que permitiria aos aliados avançarem pelo flanco esquerdo do inimigo e ocupar sua retaguarda, antes que ele pudesse retirar-se. A terceira possibilidade seria a de Solano López encerrar-se em Humaitá, mas Caxias não

Sátira ao emprego de balões de observação por Caxias: "Cara feia ao inimigo".

acreditava que "seja ele tão asno" para tomar tal decisão, pois, nesse caso, a esquadra teria ordens de subir o rio, apesar das minas e ainda que ao custo da perda de dois ou três navios, para sitiar a fortificação pelo lado de cima. Por último, o líder paraguaio, ao reconhecer sua fraqueza, poderia retirar-se e construir nova linha de defesa no rio Tebicuary, de onde poderia assegurar suas comunicações com Assunção.[290] Solano López optou por permanecer em Humaitá e Caxias não conseguiu que a esquadra ousasse perder navios para tentar ganhar a guerra; as belonaves brasileiras não subiram, até inícios de 1868, o rio para isolar a fortaleza inimiga.

De todo modo, para a opinião pública brasileira, a guerra se apresentava como interminável, e para Joaquim Nabuco "Caxias parecia querer vencer pela paciência, pela velhice". O jornal satírico paulista *O Cabrião*, por exemplo, publicava à época uma caricatura na qual o marquês aparecia numa barraca, sentado, absorto, a estudar obras militares. A seu lado dialogavam duas figuras que representavam, respectivamente, a guerra e seu fim vitorioso, *Marte* e *Victoria*, com esta última afirmando: "se a causa vai assim, seu Marte, estou vendo que quando deixarmos a campanha estaremos de cabelos brancos".[291]

As críticas na imprensa e a impaciência da opinião pública brasileira quanto à falta de operações militares decisivas por parte dos aliados atingiam Caxias. Ao escrever à sua irmã, em março de 1867, o marquês desenhou o quadro de dificuldades que o impedira de avançar. Dizia-se "cercado de dificuldades", tendo pela frente os paraguaios, "pela retaguarda os traidores correntinos, capitaneados por Urquiza" e, "no centro", a epidemia de cólera, que matou 3400 homens — 120 oficiais —, em grande parte os melhores soldados do Exército brasileiro. Ademais, escrevia carecer de cavalos, "porque Urquiza não os deixa vir" e antevia a possibilidade de faltar gado, que deixaria a tropa sem comida, exceto a carne-seca. Em meio a essa situação, "essa gente aí ainda me censura por não ter acabado a guerra".[292]

Apesar dessa situação, a correspondência de diplomatas estrangeiros no Rio de Janeiro demonstra que, no primeiro semestre de 1867, o governo imperial esperava o fim da guerra. Em fevereiro desse ano, o representante português informou à sua Chancelaria que o governo imperial acreditava que haveria uma batalha decisiva na guerra. No início de maio, esse mesmo diplomata ouviu Pedro II e o ministro dos Negócios Estrangeiros brasileiro, Sá de Albuquerque, afirmarem ter "firme esperança" de que em poucos dias se receberia a notícia de uma grande vitória aliada no teatro de guerra.[293] A "esperança" do governo imperial era tanta que foram enviadas a Caxias instruções para um tratado preliminar de paz, em que se afirmava estarem mantidas aquelas dadas a Almeida Rosa em novembro de 1865. Caxias deveria assinar a paz na qualidade de comandante em chefe dos Exércitos aliados — Mitre estava em Buenos Aires — e como representante brasileiro. Solano López deveria sair do Paraguai e o tratado de paz seria assinado com o governo provisório que viesse a se instalar em Assunção, cujos membros "sejam homens das mais vivas simpatias pelo Império". Esses homens não deveriam opor "resistências calculadas e hostis" aos "legítimos interesses do Brasil". Os limites do Paraguai com a Argentina e o Brasil deveriam ser aqueles estabelecidos no Tratado da Tríplice Aliança, incluída a ressalva dos eventuais direitos da Bolívia sobre o Chaco.[294]

Caxias, porém, estava longe de poder travar uma batalha decisiva contra Solano López. E não a travava pelo fato de o Exército brasileiro não estar pronto, devido a diferentes circunstâncias. Pior do que a inatividade seria, para atender à opinião pública naturalmente desejosa do fim da guerra, Caxias desencadear ação militar de envergadura, sem os meios adequados, o que poderia resultar em um novo revés aos aliados. Explica-se tal cautela porque a duração, as perdas humanas e os gastos com a guerra, bem como a impaciência no Brasil em terminá-la, não aceitariam uma nova ofensiva fracassada. Nas palavras do representante argentino no Rio de Janeiro, Juan Eusebio Torrent, "se Caxias ataca e não triunfa, a situação ficará insustentável e virá o dilúvio".[295]

O marquês desejava desencadear as operações que pusessem fim à guerra, ao escrever a Osorio:

> E vamos, meu amigo, ver se concluímos com esta maldita guerra, que tem arruinado nosso país, e que já nos causa vergonha pela sua duração.[296]

No final de maio de 1867, no dia 29, o marquês foi ao acampamento de Curuzú examinar a situação. Os 6 mil brasileiros que sustentavam essa posição viviam sob o constante fogo dos canhões de Curupaiti e seu acampamento era insalubre, pois quase todo o terreno estava alagado. Com vistas a reorganizar a tropa brasileira, concentrando-a em Tuiuti, e, talvez, ao considerar a mortandade causada pela epidemia de cólera entre os defensores da posição, Caxias ordenou a retirada do 2º Corpo de Exército de Curuzú. Nesse ponto permaneceu apenas uma pequena guarnição de segurança, cerca de 1500 homens e treze canhões, que também foi retirada em 4 de julho de 1867.[297]

A atividade de Caxias, para reorganizar o Exército, era intensa: comprava cavalos e mulas, vitais para as operações militares, e melhorava a alimentação desses animais. Realizaram-se obras adicionais de defesa, que transformaram o acampamento de Tuiuti em verdadeira posição defensiva.[298] Caxias tentava organizar melhor suas tropas, ao treiná-las, e, enquanto aguardava a chegada do reforço do 3º Corpo de Exército, buscou mapear a região em volta de Tuiuti e identificar as posições inimigas. Com essa finalidade, tomou a iniciativa pioneira, antes só promovida durante a Guerra Civil Norte-americana, de utilizar-se de balões de observação.

Em março de 1867, o governo brasileiro comprou, nos Estados Unidos, em Nova York, dois balões, um grande e outro menor, e contratou os irmãos aeronautas James e E. S. Allen para operá-los. Os gastos na compra dos balões e dos equipamentos para enchê-los com hidrogênio foram de 10 mil dólares. Os aeronautas e balões chegaram a Tuiuti em 31 de maio de 1867[299] e a primeira ascensão se deu em 24 de junho, quando um dos balões subiu a 330 metros, preso a duas cordas, seguradas por soldados em terra. Efetuaram-se várias ascensões até fins de julho de 1867, mas as observações foram prejudicadas por nevoeiros e, ainda, pelas inúmeras fogueiras que os paraguaios faziam para dificultar a visão de suas posições.[300]

O balão ficava amarrado por três cordas, para evitar oscilações com o vento, e levava dois observadores em sua cesta. Em terra, de três a cinco dezenas de homens puxavam as cordas para as manobras de subida e descida do balão. O hidrogênio era produzido lentamente, pela reação de ácido sulfúrico e sucata de ferro, e o enchimento do balão era dificultado pela permeabilidade do seu invólucro, que perdia gás. A dificuldade para a obtenção de hidrogênio, devido à falta de limalha, substituído por ferro-velho, para o enchimento do balão, limitou sua operação. O balão grande tinha diâmetro de pouco mais de doze metros e exigia 37 mil pés cúbicos de hidrogênio e jamais se conseguiu enchê-lo totalmente. Utilizou-se somente o pequeno, de 8,5 metros de diâmetro e que usava 17 mil pés cúbicos de gás, sendo feitas vinte ascensões, doze delas em junho de 1867, para preparar a marcha aliada de contorno de Humaitá. A décima quinta ascensão se deu em Tuiu-Cuê, próxima de Humaitá, e a vigésima a cinco quilômetros daquele ponto e perto dessa fortaleza. Em dezembro de 1867, os irmãos Allen receberam ordem do governo brasileiro de embarcarem de volta para o Rio de Janeiro e daí seguirem para os Estados Unidos.[301]

Ao contar com o reforço do 3º Corpo de Exército de Osorio e com o fim da epidemia de cólera, Caxias iniciou, em 22 de julho de 1867, pela madrugada, o movimento de flanco, contornando Humaitá. Escreveu ele a José Maria da Silva Paranhos Júnior, três meses antes, que seria "um louco" se atacasse de frente as posições inimigas, onde estavam 20 mil homens "magistralmente colocados e fortificados", e sobre as quais os bombardeios da esquadra tinham pouco efeito.[302] O marquês tinha razão duplamente, pois, de um lado, um ataque frontal às fortificações inimigas custaria 20 mil mortos e a tropa restante não seria suficiente para perseguir e derrotar Solano López de forma definitiva.[303] De outro, os dez encouraçados fundeados entre Curupaiti e Humaitá dispunham de cinquenta canhões que, a cada quarto de hora, bombardeavam as posições inimigas com 960 tiros por dia.[304] Os bombardeios raramente causavam danos às posições inimigas e, ao serem iniciados, eram ridicularizados pelos paraguaios, que tocavam uma "música infernal", por toda a extensão das posições defensivas, com cornetas rústicas, feitas de chifre de boi, para irritar os chefes aliados.[305]

As divergências com Mitre

Após colocar o Exército brasileiro em condições razoáveis de luta, Caxias movimentou as tropas aliadas, visando alcançar a retaguarda inimiga e aí achar uma brecha que permitisse atacar Humaitá. Deixou em Tuiuti, para garantir a base de operações, 11 031 homens — 10 331 brasileiros e setecentos argentinos —, sob o comando de Porto Alegre. Marcharam pelo flanco paraguaio, com 69 canhões, 28 mil soldados aliados, dos quais 21 521 brasileiros, divididos em dois corpos de Exército comandados por Osorio e Argolo; 6016 argentinos, chefiados pelo general Gelly y Obes, e seiscentos uruguaios do general Castro. A cavalaria era composta de 7 mil homens, dos quais setecentos argentinos e os demais brasileiros. Nesse momento, o efetivo do Exército brasileiro no Paraguai era de 50 526 homens, com 35 831 prontos para o combate e, destes, 21 521 faziam a marcha de flanco, 1098 acampavam no Chaco, 2500 estavam em Aguapeí e 381 em Corrientes. Havia 4118 soldados empregados em funções de apoio e oficiais e outros 10 557 estavam doentes, recolhidos em hospitais.[306]

Ao contrário do que Caxias planejara, a marcha aliada não levou à retaguarda do inimigo, e descobriu-se que os paraguaios, na extrema esquerda das trincheiras de Rojas e Humaitá, estavam defendidos por uma linha contínua de fortificações. Estas formavam um grande campo entrincheirado que, em referência à sua forma geométrica, veio a ser chamado de quadrilátero e cujos pontos salientes eram Curupaiti, Sauce, Ângulo e Humaitá. No dia 29 de julho, a vanguarda aliada ocupou a pequena povoação de Tuiu-Cuê, abandonada pelos paraguaios, à vista de Humaitá. Para isso, houve uma marcha de sessenta quilômetros, devido a obstáculos de terreno que tiveram que ser contornados, quando, em linha reta, Tuiu-Cuê estava a apenas treze quilômetros do acampamento aliado de Tuiuti.[307]

Desde o início da marcha de flanco, os aliados não sofreram ataque ou resistência dos paraguaios. Na tarde do dia 29 de julho, porém, a vanguarda aliada, comandada pelo general Castro, foi bombardeada e, em 31, Osorio avançou sobre as posições inimigas de onde vinham os tiros e levou os paraguaios a recuarem para dentro de seu campo fortificado. Na realidade, Solano López percebeu o movimento de flanco e optou por fortalecer sua posição defensiva, em lugar de atacar os aliados. Assim, ele ordenou a construção de uma nova trincheira de Humaitá até aquela de *El Ângulo*, enquanto as tropas paraguaias foram dispersadas pela longa linha de entrincheiramento, havendo maior concentração dela em Tuiu-Cuê.[308]

Em 31 de julho, Caxias chegou com o grosso da tropa a Tuiu-Cuê e, no mesmo dia, o general Mitre retornou à frente de batalha, acompanhado de seu estado-maior e duzentos soldados de artilharia, reassumindo o comando aliado em 1º de agosto. No início do mês anterior, Caxias fora comunicado desse retorno pelo general Gelly y Obes. Ao receber o comunicado, Caxias escreveu ao marquês de Paranaguá, ministro da Guerra brasileiro, que sempre acreditara que o presidente argentino reassumiria o comando em chefe, quer em caso de derrota aliada, quer em caso de vitória do general brasileiro e, neste caso, para assistir às negociações do tratado preliminar de paz.[309] Ao escrever essas linhas, Caxias comandava uma bem-sucedida operação ofensiva, portanto se deduz que considerava estar próximo de criar uma situação militar tão favorável à causa aliada que imporia a paz a Solano López. O general-comandante brasileiro lamentava não poder travar uma batalha decisiva que pusesse fim à guerra, porque o ditador paraguaio evitava travar grandes combates ao permanecer atrás das trincheiras, onde não interessava envolver em luta as tropas imperiais porque:

> nossos soldados são pela maior parte recrutas vindos para cá há três ou quatro meses, e tirados dos escravos de má conduta dos quais os senhores se queriam ver

livres, como porque seu número não é suficiente para bater os soldados de López, disciplinados enquanto bem fortificados. [...] Aí [Rio de Janeiro] pensam uma coisa muito diferente do que aqui é, as dificuldades são muitas; não há cavalos, não há bois, e o terreno é todo cheio de brejos, lagoas, e matos que ajudam muito a quem o defende...[310]

Além de disciplinado e contando com sólidas posições defensivas, o soldado paraguaio demonstrou qualidades de resistência e bravura em tal extremo que o levaram a "destruir-se a si próprio". Em sua grande maioria, os estrangeiros que estiveram no teatro de operações, "são de opinião que dois paraguaios valem mais que três brasileiros".[311] Do teatro de guerra Benjamin Constant escreveu que os combatentes paraguaios "morrem mas não se rendem". Foi o que ocorreu no dia seguinte à batalha de Tuiu-Cuê, quando um piquete de cerca de dez paraguaios foi cercado, em um pequeno círculo, por uma força de cavalaria do general Osorio, sendo intimados à rendição, para não serem mortos. O círculo se apertou cada vez mais, porém o comandante paraguaio, "agitando a lança e dando reviravoltas com ela", gritava a seus subordinados que não se rendessem e fossem paraguaios "até o fim". Aconteceu, então, uma "cena de horrores, com cabeças arrancadas do tronco com um só golpe de espada; outras rachadas à espada; outros atravessados por lanças".[312] Os paraguaios acreditavam que defendiam sua pátria, sua liberdade, "não vacilavam, em meio à tempestade de sangue" e eram fiéis a Solano López. Eles "não eram os responsáveis pela guerra e não podemos pensar neles senão com pena, mas admirando sua estoica resignação".[313]

Nas guerras, escreve Luc Capdevila comentando a coragem dos soldados paraguaios, a maioria dos indivíduos não tem a possibilidade de escolha, devido a constrangimentos físicos e morais. No caso paraguaio, evadir-se do teatro de operações era difícil, pois o território estava coberto por selvas e pântanos e era habitado por população em princípio hostil. Para Capdevila, os soldados paraguaios combatiam não tanto motivados pelo terror ou pelo patriotismo, mas, sim, porque estavam encurralados pelo horror provocado por estar cara a cara com o inimigo, principalmente brasileiro. Essa era uma realidade recíproca, aplicando-se o mesmo raciocínio aos soldados brasileiros, embrenhados em terra estranha e inóspita. A consequência, afirma esse autor, foi que os soldados paraguaios não tiveram escapatória entre "vencer ou morrer".[314] Ademais, cabe também a observação do oficial argentino Ignacio H. Fotheringham, que lutou na Guerra do Paraguai, de que talvez houvesse "algum exagero" sobre o desempenho paraguaio feito por chefes militares aliados como forma de projetarem a si mesmos e esconderem eventuais falhas e falta de iniciativas. Afinal, escreve Fotheringham, quanto mais brilhante, mais heroico, mais valoroso o comportamento dos paraguaios, necessariamente os chefes aliados que os derrotaram teriam essas mesmas características, e de forma superior a eles, para vencê-los.[315] Este é um raciocínio que deve ser levado em conta, sem comprometer, no entanto, o reconhecimento da bravura com que lutaram os paraguaios na guerra.

Em Tuiu-Cuê, Mitre teve a impressão de que Caxias estava debilitado e que, após chegar a essa posição, não dispunha de plano de ação, nem de propósito claro.[316] Pelos reconhecimentos que mandou proceder, o comandante em chefe confirmou que a extensa trincheira inimiga que partia de Tuiuti se unia com a de Humaitá e se deu conta de que as tropas aliadas tinham realizado uma imprevista manobra de cerco, ao tentarem achar uma brecha nas posições inimigas que permitisse um ataque à retaguarda dessa fortaleza. Ao perceber a importância desse fato, Mitre ordenou à cavalaria aliada agir à direita de Tuiu-Cuê, em direção à margem do rio Paraguai. Em 3 de agosto, 3 mil cavalarianos — 2600 brasileiros e quatrocentos argentinos —, sob o comando do general uruguaio Enrique Castro, bateram o inimigo em San Solano, estância pertencente ao governo paraguaio, causaram pouco mais de 150 mortos e capturaram seiscentas cabeças de gado, 360 cavalos, além de duas carretas de munição e quatrocentas armas, entre lanças e carabinas. Na volta, Castro cortou, em uma dezena de lugares, a linha telegráfica que ligava Humaitá a Assunção, ao que emudeceu o contato entre a capital e o quartel-general de Solano López, e bateu tropas paraguaias que se arriscaram fora das trincheiras do quadrilátero. Com a tomada, pelos brasileiros, em 2 de novembro, da posição paraguaia de Tahí, às margens daquele rio, Humaitá foi isolada, por terra, do restante do país.[317]

A autoria da manobra de flanco é creditada ora a Caxias, ora a Mitre. Ambos reivindicaram a paternidade da ideia: Mitre no documento *Sobre o plano de operações*, datado de 9 de setembro de 1867, e Caxias em ofício confidencial ao ministro da Guerra, escrito no dia 11 desse mês. No centenário do natalício de Caxias, em 1903, o *Jornal do Commercio* publicou uma série de artigos em que sua personalidade era elogiada, enquanto criticava o desempenho de Mitre na guerra. O ex-presidente argentino, ainda vivo, respondeu às críticas em seu jornal, *La Nación*, em que afirmou ser obrigado a trazer à luz documentos de guerra que mantivera secretos "em homenagem a meus companheiros de armas do Brasil e do Uruguai, com quem compartilhei perigos e fadigas". Mitre revelou, então, que o plano de circundar Humaitá fora de sua autoria, tendo-o discutido com os generais aliados antes de o marquês assumir o comando das forças brasileiras. Como se viu, já em 1865 Pimenta Bueno propusera que as tropas brasileiras contornassem Humaitá, mas para se marchar direto rumo a Assunção. Em 1867, porém, Caxias, ao assumir provisoriamente o comando aliado, recebeu orientação de Mitre para realizar a operação, em carta enviada de Buenos Aires, datada de 17 de abril desse ano e respondida pelo general brasileiro no dia 30 do mesmo mês. Parte da historiografia militar brasileira ainda resiste a reconhecer que o "movimento napoleônico" de Caxias não foi de inspiração própria. O general Rinaldo Pereira da Câmara dá exclusivamente a Caxias o crédito da manobra de circundar Humaitá, enquanto J. B. Magalhães reconhece que a ideia já fora concebida por Mitre, e Tasso Fragoso afirma "não caber a Caxias a prioridade da ideia inspiradora da manobra que ele vai executar". Em 1868, Francisco Otaviano decidiu fazer um discurso em que demonstrava que o verdadeiro elaborador da estratégia aliada na guerra não era Caxias, mas, sim, Mitre. Para isso, solicitou ao antigo comandante em chefe, por intermédio do representante diplomático argentino no Rio de Janeiro, o envio dos planos de campanha, para comprovar o fato. Essa iniciativa era a forma de um liberal, Otaviano, atingir um adversário político conservador, Caxias, mas a acusação era verdadeira.[318]

Em 5 de agosto, Mitre enviou a Caxias um estudo da situação militar, no qual expunha as opções que se apresentavam aos aliados. Entre estas, o comandante em chefe optava por um movimento combinado entre o Exército e a Marinha, em que a infantaria e a cavalaria apertariam o cerco terrestre sobre Humaitá, enquanto a esquadra isolava a fortaleza pelo rio. As belonaves deveriam subir o rio, forçar a passagem de Humaitá, enquanto em terra os soldados aliados avançariam até a margem do rio Paraguai, e se estabeleceria contato entre os dois, o que isolaria a fortaleza e imporia, também, o domínio fluvial brasileiro. "Donos do rio", escreveu Mitre, os aliados ficariam em condições de realizar operações militares de maior vulto no interior do Paraguai, quer em terra, quer em rios. A passagem da esquadra por Humaitá deveria "ser breve e sem perda de tempo".[319]

Ao responder a Mitre no dia seguinte, 6 de agosto, Caxias defendeu um ponto de vista oposto: a passagem da esquadra por Humaitá deveria ser antecedida pelo movimento das forças terrestres. Ambos se encontraram para discutir o assunto e as decisões a que chegaram foram resumidas em um documento enviado por Mitre a Caxias. Neste se decidiu que os encouraçados da esquadra deveriam forçar a passagem por Humaitá, enquanto as belonaves de madeira ficariam abaixo da fortaleza. Os encouraçados levariam víveres suficientes para atender às necessidades das tripulações por dois meses, munições para as forças terrestres e os meios suficientes para se prover de lenha quando lhe faltasse carvão. Enquan-

MERCURIO.—Venho pedir a v. ex. que volte para o theatro da guerra; os brasileiros não teem razão para dezejarem seu prolongamento. e são capazes de ajustar a paz, mais dia menos dia...

MITRE.—Mas quem vos disse que dezejo prolongar a guerra?

MERCURIO.—Ora! Aqui entre nós, v. ex. quer guardar rezervas!? Pois não sabe que eu tambem sou mitrado?! Nada! nada! é precizo voltar para a campanha: empenho-me com o Deos do commercio, dos especuladores etc. etc., em favor das vossas e das algibeiras de vossos governados... é necessario que continue a pepineira!

O prolongamento da guerra fez com que, no Brasil, se suspeitasse que Mitre tivesse interesse em estender o conflito. Desse modo, haveria a continuidade dos lucros de comerciantes argentinos, fornecedores de mantimentos e animais para o Exército imperial no Paraguai. Também havia a suspeita de Mitre querer desgastar o poder militar brasileiro, criando condições para o domínio argentino do Prata no pós-guerra. Eram suspeitas infundadas, mas a cúpula militar brasileira no Paraguai, às vezes, quase temia mais Mitre do que Solano López.

to a esquadra não realizasse a ultrapassagem de Humaitá, o Exército manteria suas posições e cuidaria de se aprovisionar para, ao entrar em ação, poder atuar por oito dias sem receber abastecimento da base de operações. Após destacar a harmonia de ideias entre ambos sobre o plano de isolamento de Humaitá, Mitre escreveu a Caxias no final do documento: "reitero a V. Exa. a ordem para que a esquadra encouraçada force a passagem de Humaitá".[320]

O vice-almirante José Ignacio, futuro visconde de Inhaúma, pensava de modo diverso. Julgava arriscado e sacrifício inútil a tentativa de passagem da esquadra por Humaitá, enquanto o Exército não estivesse em condições de apoiá-la e de assegurar o seu reabastecimento. Temia que ficasse bloqueada acima de Humaitá.[321] José Ignacio escreveu ao ministro da Marinha, Afonso Celso, manifestando desconfiança na insistência de Mitre para que os navios forçassem essa passagem. Para o vice-almirante, essa ação poderia resultar no aniquilamento da esquadra ao mesmo tempo que Buenos Aires armava a ilha de Martín Gar-

ACTUALITÉ.

Le Brésil.—Mais que faites-vous donc là?
Mitre.—Moi!.... rien.
Ignacio.—Et moi, je lui aide.

O semanário satírico carioca Ba-ta-clan, *publicado em francês, ironiza em outubro de 1867 a inação aliada na guerra. No diálogo, o Brasil, representado pela figura indígena, pergunta: "Mas o que vocês fazem aqui?". Ao que Mitre responde: "Eu!... nada", e o almirante José Ignacio, comandante da esquadra brasileira, acrescenta: "E eu o ajudo". Na realidade, Mitre cobrava que a esquadra atacasse as posições paraguaias, e José Ignacio julgava o ataque por demais arriscado.*

cía, no estuário do Prata, chave para o acesso aos rios interiores platinos. Portador dessa desconfiança, em 15 de agosto, José Ignacio ultrapassou a posição paraguaia de Curupaiti com dez encouraçados, que sofreram avarias ligeiras. O encouraçado *Barroso* foi enviado para fazer o reconhecimento de Humaitá, e se constatou que três correntes se estendiam de uma margem a outra do rio. Em lugar de prosseguir e forçar a passagem dessa fortaleza, José Ignacio fez com que as belonaves ancorassem numa enseada na margem esquerda do rio, que ficou conhecida como Porto Elisário, fora do alcance dos canhões dessa posição inimiga. Conforme o militar prussiano Von Versen, um aventureiro que foi prisioneiro de Solano López durante o conflito, os canhões de Humaitá foram transferidos para Curupaiti, de modo que a esquadra poderia, naquele momento, ter ultrapassado Humaitá sem problemas. Logo, porém, os canhões foram trazidos de volta a essa fortaleza.[322]

Durante seis meses, os encouraçados brasileiros permaneceram entre Curupaiti e Humaitá e as bombardearam sem maiores consequências. Para abastecê-los, os transportes fluviais tinham que enfrentar os canhões dessa primeira fortaleza. Como solução, foi construída no Chaco, utilizando-se do trabalho dos fuzileiros e de prisioneiros paraguaios, uma estrada de ferro, que partia de Palmar e chegava em Porto Elisário. Os dormentes praticamente flutuavam sobre o terreno alagadiço e os vagões eram puxados por tração animal, posteriormente substituída por uma locomotiva improvisada, construída com a caldeira de um barco a vapor inutilizado. Essa ferrovia, com cerca de 25 quilômetros de extensão, foi fundamental para abastecer os navios acima de Curupaiti, transportando para eles cerca de 65 toneladas diárias de munição, comida para os 1500 tripulantes e combustível.[323]

Mitre insistiu com Caxias para que a esquadra tentasse passar por Humaitá, argumentando ser este o principal objetivo militar a ser alcançado, para viabilizar a ocupação da capital inimiga. A esquadra, escreveu, se deteve e recuou justamente quando mais se necessitava dela. Caxias respondeu que o Tratado da Tríplice Aliança não dava ao general argentino o comando da força naval e que a ultrapassagem de Humaitá teria sido feita, se fosse humanamente possível. A afirmação quanto ao comando da esquadra deu margem a uma troca de notas entre o governo argentino e o brasileiro para esclarecer a questão. Em dezembro de 1867, o representante imperial em Buenos Aires comunicou formalmente à Chancelaria argentina que os navios brasileiros no teatro de operações não esta-

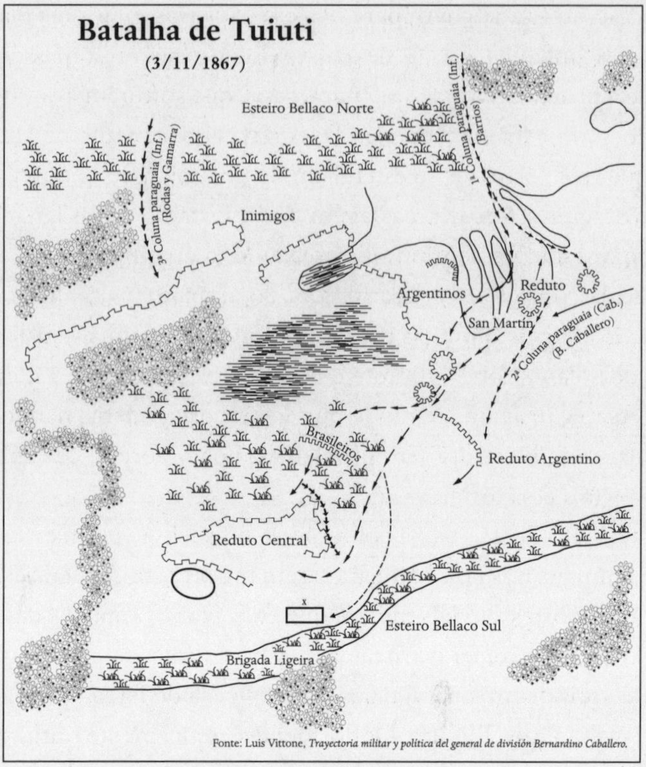

vam sob o comando de Mitre.[324] Este foi tomado de surpresa, pois, pelo Tratado da Tríplice Aliança, era o responsável pela direção da guerra em território inimigo e pensava que a esquadra estava sob seu comando quanto às operações a se fazer para pôr fim à guerra.[325]

Também Caxias desconfiava da insistência do presidente argentino para que a esquadra forçasse a passagem de Humaitá. Estava convencido de que Mitre "tem pensamento oculto e maléfico contra o Império". Acreditava o marquês que a Argentina encarava a força naval brasileira como poderoso elemento da preponderância do Império no Prata e sua destruição, durante a guerra ou ao seu final, seria motivo de alegria em Buenos Aires. Pensava, de forma errônea, que Mitre desejava adiar o fim da guerra, o que seria "uma pungente calamidade" para o Brasil, enquanto para os países aliados seria "um poderoso elemento de sua grandeza e prosperidade". Ao ressaltar que não interessava ao Império do Brasil o fim do Tratado de 1º de Maio, Caxias afirmava haver indícios de que o chefe de Estado argentino buscava um pretexto para justificar sua retirada da Tríplice Aliança.[326] Era uma avaliação equivocada, reforçada, porém, pela insistência, nem sempre política, de Mitre, como na ocasião em que escreveu para Caxias que:

> [...] se a esquadra me pertencesse exclusivamente, não vacilaria um momento em reiterar-lhe a ordem imperativa de forçar a passagem a todo custo, até perder pelo menos dois terços dos encouraçados, que se a perdesse toda, bem perdida estaria [...] considerando-se, por outro lado, que se a esquadra encouraçada não serve para forçar a posição de Humaitá, motivo pelo qual foi criada, não tem sentido algum nesta guerra.[327]

Era uma argumentação lógica no plano militar, mas que se tornava contraproducente e que reforçava os temores manifestados por Inhaúma e Caxias. Esses receios explicam-se pelo fato de que a defesa dos interesses do Império no Prata estava umbilicalmente ligada a uma Marinha de Guerra forte. Era esta que viabilizava as intervenções na área, ao transportar e desembarcar tropas, e promover bloqueios. Um eventual enfraquecimento naval brasileiro comprometeria, portanto, a política do governo imperial para a região no pós-guerra. Caberia à Marinha, afirmou o presidente do Conselho de Ministros em 1865, garantir que o Império não seria "ludibriado" na paz.[328]

Desde o começo da guerra fora mal aceito no Brasil o comando de Mitre. Os documentos oficiais brasileiros, comentou o representante português no Rio de Janeiro, exaltavam a aliança com a Argentina, mas "em todos os grupos políticos" sempre se percebeu a falta de confiança na lealdade desse aliado. Em fins de 1867, porém, "o véu rasgou-se", com "a imprensa e todos" pedindo o fim da Aliança, por ser ela contrária à política, aos interesses e às tradições do Brasil e da Argentina.[329] Fim que, do lado argentino, Rufino de Elizalde procurava evitar, contrariando a opinião pública de seu país, ao propor, em carta datada de 11 de agosto de 1867, dirigida a Sinimbu, que "se eternizasse a Aliança".[330] Caxias, porém, declarou ao diplomata britânico G. F. Gould que considerava Mitre seu pior inimigo, por este desejar prolongar a guerra que enriquecia a Argentina. Essa antipatia era "recíproca por parte dos argentinos".[331] No entanto, não era essa a opinião de Mitre, que classificava como cordiais suas relações com Caxias e interpretava como normal ambos terem opiniões diferentes quanto à condução das operações militares.[332]

O governo imperial parecia partilhar apenas parcialmente a opinião de seus chefes militares no Paraguai. Mantinha-se a esquadra fora do comando do presidente argentino, mas, ao mesmo tempo, o jovem e dinâmico ministro da Marinha, Afonso Celso, estimulava Inhaúma a passar por Humaitá, mesmo que para isso fosse necessário sacrificar alguns encouraçados julgados inúteis. Pedro II, por sua vez, também acreditava que convinha tentar, primeiro, a subida da esquadra até acima da fortaleza, pois, ao atacá-la por terra, seria "quase impossível" isolá-la totalmente, ainda mais porque a maior parte da tropa brasileira era inexperiente em combate.[333] A opinião pública no Rio de Janeiro também cobrava tal operação. Alguém com o pseudônimo de *Nestor* escreveu, no periódico carioca *Diário do Povo*, não compreender como o Império, possuindo "um poderoso exército" e "uma brilhante armada", não tomava a iniciativa da luta.[334] O próprio imperador se impacientava com a situação, embora ressalvasse confiar "plenamente" nos seus generais "e, se penso na demora lembro-me também de que não temos reservas". Não perdia, porém, o otimismo, ao escrever, em outubro de 1867, a partir de informações recebidas do Paraguai, que até o final do ano a guerra estaria terminada.[335] O próprio marquês de Porto Alegre, escrevendo da frente de batalha em novembro de 1867, afirmava que "a guerra parece aproximar-se do seu tão desejado termo".[336]

As preocupações políticas explicam, em parte, a resistência de Inhaúma a expor os navios brasileiros aos canhões de Humaitá. Outra motivação era a de crer, de fato, não serem os navios disponíveis adequados para a ultrapassagem. Era crença generalizada, conforme publicou meses depois o jornal argentino *La República*, que o primeiro encouraçado a tentar passar por Humaitá seria afundado pela artilharia da fortaleza, cujos projéteis teriam capacidade de perfurar couraças de 4,5 polegadas.[337] Quando Mitre insistiu na passagem, ainda estavam no rio os flutuadores e os aparelhos que mantinham as grossas correntes à superfície do rio, para impedir a passagem de navios. Acreditava-se que elas faziam parte de uma estrutura defensiva ligada a minas. Ademais, os canhões da fortaleza poderiam convergir tiros sobre um só navio e este era um fator que, somado às correntes e à estreiteza do canal navegável, aumentava a dúvida sobre se seria praticável a tentativa de cortar as correntes.[338]

Na percepção dos oficiais da esquadra, os paraguaios superestimavam o grau de resistência dos encouraçados aos tiros inimigos e o poderio das embarcações desse tipo com que a Marinha brasileira contava em 1867. Essa percepção decorria do fato de os encouraçados não terem sofrido grandes danos nos combates de Curuzú e Curupaiti, fato que decorreu, segundo o barão de Jaceguai, de os artilheiros paraguaios terem errado ao atirar nas casamatas e torres, pontos mais blindados dos navios. Os oficiais da esquadra sabiam, porém, dos pontos fracos nos flancos e, sobretudo, nos conveses, que poderiam ser atingidos por tiros "mergulhantes", de cima para baixo, das baterias dos barrancos; eram superfícies penetráveis mesmo por projéteis de calibre médio. Totalmente encouraçados, com chapas de espessura decrescente do centro para as extremidades, só o eram o *Brasil*, o *Lima Barros*, o *Silvado* e o *Bahia*. Os dois primeiros, porém, por suas grandes dimensões, comprimento e calado, corriam o risco de desgovernar e de encalhar, sobretudo nas curvas bruscas do canal de navegação do rio Paraguai. Os práticos afirmavam que preferiam passar com navios de madeira pelo rio do que com esses dois encouraçados, que, assim, estavam descartados desse tipo de operação. O *Silvado* também era excessivamente comprido e seu maior defeito consistia na fragilidade e no mau funcionamento de sua máquina a vapor. O *Bahia*, um monitor de uma só torre, era o mais apropriado da esquadra para operações no rio Paraguai, mas achava-se "muito maltratado" pelo grande número de impactos de bala que recebera no Passo da Pátria, em Curuzú e em Curupaiti. O *Colombo* e o *Cabral* também tinham dimensão avultada e, ademais, grande parte das caldeiras estava acima do nível de flutuação, vulnerável à artilharia inimiga, além de ser de difícil controle. O *Herval* e o *Maris e Barros* só eram suficientemente encouraçados em suas casamatas centrais, pois a "cinta de couraça", destinada a proteger-lhe a linha d'água, ficara exposta por erro de cálculo dos construtores. Eles poderiam ser utilizados como baterias flutuantes para o canhoneio a grandes distâncias, mas "nunca" para fazerem parte de uma linha de combate em movimento.[339]

Restavam o *Barroso* e o *Tamandaré*, inferiores aos demais encouraçados por serem construídos em madeira e terem recebido a proteção de chapas de ferro de espessura adequada apenas em sua parte central, na linha d'água e na estreita faixa emersa do costado, decrescendo a couraça de quatro polegadas para duas nas extremidades. A popa de ambos era de madeira maciça, sem revestimento metálico, e o leme ficava exposto. Ambos tinham pouca velocidade, devido à baixa potência das máquinas, que foram reaproveitadas de navios tirados de serviço. Não dispunham de compartimentos estanques, podiam naufragar rapidamente e já possuíam algumas chapas da couraça perfuradas, outras fendidas, que provocavam o abalo de suas ligações com as muralhas de madeira, que assim ficavam vulneráveis. A grande vantagem do *Barroso* e do *Tamandaré* era de serem de fácil manejo.[340]

Devido às qualidades demonstradas pelo *Bahia*, as esperanças dos oficiais da esquadra, para passar por Humaitá, depositavam-se nos seis monitores que estavam sendo construídos no Rio de Janeiro. No segundo semestre de 1866, portanto, tudo aconselhava que, salvo alguma emergência, a esquadra evitasse forçar Humaitá com navios impróprios para semelhante operação. No raciocínio dos oficiais da esquadra, nesse momento o papel estratégico da esquadra era o de cortar as comunicações fluviais do inimigo e manter o bloqueio dos rios. Se ela possuía força suficiente para manter os paraguaios dentro das trincheiras, então a força terrestre aliada poderia colocar um forte destacamento em qualquer ponto acima de Humaitá, isolando-a, e pouparia à esquadra a aventura da passagem. Em contrapartida, aqueles oficiais pensavam que se o Exército aliado não pudesse isolá-la, menos ainda poderia fazê-lo a esquadra, caso conseguisse passar por Humaitá, pois estaria isolada, sem receber víveres, munições e carvão para funcionar suas caldeiras. Diante desse quadro, toda a oficialidade da esquadra apoiou José Ignacio quanto à inconveniência e aos riscos de comprometer os navios brasileiros na passagem de Humaitá.[341]

4. 1868: O ano decisivo

O ano de 1868 foi decisivo para a evolução da guerra. Bartolomé Mitre retornou definitivamente a Buenos Aires e Caxias assumiu o comando em chefe aliado que, poucos meses depois, deixaria de existir. Com recursos bélicos suficientes, livre de qualquer outra hierarquia superior a não ser o governo brasileiro e sofrendo a cobrança da opinião pública brasileira por ações bélicas que terminassem a guerra, Caxias comandou o isolamento total de Humaitá, inclusive fluvial, o que causou sua evacuação e permitiu aos aliados ocupar a fortaleza. Em seguida, Caxias marchou em perseguição a Solano López, e elaborou eficiente estratégia para economizar vidas aliadas, ao atacar o inimigo, entrincheirado em Lomas Valentinas, pela retaguarda. Ao terminar 1868, o Exército aliado destruíra o poder militar paraguaio e se preparava para entrar na capital inimiga. Não capturara, porém, Solano López, que, fugindo pelo interior do país, prolongou a guerra em mais de um ano.

A QUEDA DE HUMAITÁ

No início de 1868, Humaitá estava sitiada por terra. Faltava, porém, entre essa fortaleza e Assunção, a imposição da superioridade naval brasileira sobre o rio Paraguai, que criasse condições para o Exército aliado fazer operações utilizando-se dessa via fluvial para se deslocar e obter apoio logístico. Pressionado pelo governo imperial, o comando da esquadra brasileira deu, a contragosto, ordem para uma divisão naval ultrapassar a fortaleza, o que foi feito em fevereiro desse ano. Humaitá foi evacuada pelo grosso de seus defensores e ali permaneceu uma pequena guarnição, que, totalmente isolada, também se viu obrigada a evacuá-la em julho de 1868, quando os aliados ocuparam a posição.

Os aliados apertam o cerco

Desde a chegada de Mitre até seu retorno definitivo para Buenos Aires, no início de 1868, apesar da imobilidade dos navios brasileiros, as forças aliadas continuaram o avanço rumo ao norte, de modo a isolar completamente a posição de Humaitá. Apoderaram-se de Villa del Pilar, em 29 de outubro de 1867, e empurraram o inimigo para o chamado potreiro Obella, grande charco com 24 quilômetros de extensão ao lado do rio Paraguai e encoberto por espessa vegetação. Nessa área, os paraguaios ocultavam algum gado e utilizavam duas picadas para abastecer o sistema defensivo de Humaitá; por esses caminhos, conseguiam servir-se do pequeno porto de Tahí e manter contato com Assunção. Ao tomar conhecimento desses caminhos e da existência das cabeças de gado, os aliados resolveram apoderar-se de Tahí, para cortar o abastecimento de Humaitá. Uma tropa de 4400 homens e quatro canhões, comandada pelo general João Manuel Menna Barreto, marchou em direção a San Solano para atacar, de frente, os paraguaios na picada sul do potreiro. Houve um duro combate, com vitória brasileira, ao custo de 395 baixas — 85 mortos — causadas por serem os atacantes alvos fáceis, sem possibilidade de se abrigar do fogo inimigo, pois tinham que avançar por uma picada estreita, em meio ao mato espesso, a qual tinha, em ambos os lados, charcos intransitáveis.[1]

Em seguida, uma força brasileira avançou até Tahí, que fora abandonada pelos paraguaios. Localizada à margem esquerda do rio Paraguai, Tahí era uma chapada sobre barrancos elevados que dominavam uma "volta rápida" do rio. Solano López enviou dois batalhões de Humaitá que, transportados por barcos, ocuparam Tahí em 1º de novembro, após a retirada da força brasileira que estava no local em observação. Às 2 horas da madrugada do dia 2, forças comandadas pelo general João Manuel Menna Barreto desalojaram os paraguaios dessa posição, em combate de corpo a corpo no qual os brasileiros tiveram mais baixas, 46 entre mortos e feridos, do que o inimigo. Ocupada definitivamente essa posição, foi completado o cerco aliado do quadrilátero, e Humaitá ficou isolada por terra.[2] Essa conquista aliada tinha importante significado militar e encurralava Solano López, deixando-lhe poucas alternativas de ação.

Solano López procurou uma saída para a perigosa situação em que se encontrava e ordenou um novo ataque a Tuiuti, onde havia 3 mil brasileiros comandados por Porto Alegre, dos quais não mais de 2 mil estavam preparados para o combate imediato, e 712 homens de um contingente argentino, ao qual estava incorporada a Legión Paraguaya.[3] O objetivo do ataque não era o de ocupar essa base de operações, mas, sim, o de tomar seus canhões e obrigar as forças aliadas a recuar para socorrê-la, e evitar, assim, que se consolidasse o cerco a Humaitá. Quando estavam à frente de combates mais ao norte, no acampamento aliado, os soldados não patrulhavam as redondezas e os sentinelas mantinham-se próximos uns dos outros. A maior parte das fortificações de Tuiuti era visível dos postos de observação paraguaios, de onde o engenheiro britânico George Thompson fez um levantamento das posições brasileiras. Em 3 de novembro de 1867, pouco antes do amanhecer, entre 8 e 9 mil paraguaios atacaram o acampamento aliado, no ponto de junção da linha brasileira com a argentina, surpreendendo civis e militares, que, ainda com roupas de dormir, foram mortos com armas brancas. A coluna maior dos atacantes se dirigiu à força argentina, à vanguarda da qual estava a Legión Paraguaya, que fugiu, seguida dos argentinos, guiando, assim, os atacantes até o centro do acampamento brasileiro. Grande parte das tropas brasileiras e argentinas em Tuiuti, bem como comerciantes, debandou em busca de refúgio seguro em Itapiru. Fugitivos apavorados queriam passar, a todo custo, para o território argentino e o preço da passagem dos barcos civis que faziam a travessia do rio Paraná saltou para cem libras esterlinas. Houve quem pagasse dez libras apenas para ocupar canoas que ficaram algumas dezenas de metros distantes da margem paraguaia.[4]

Divididos em duas colunas, os atacantes comandados pelo general Vicente Barrios atravessaram a parte do acampamento onde estavam os comerciantes. Os soldados da infantaria paraguaia dedicaram-se, então, ao frenesi do saque, sobretudo de comida, que buscavam consumir naquele mesmo momento; colocavam na boca punhados de açúcar, que "era um manjar para eles", e se embebedavam. A cavalaria atacante teve um desempenho melhor e, comandada pelo coronel Caballero — futuro general e presidente (1880-6) —, entrou em um dos redutos aliados, onde os defensores resistiram a render-se, apenas o fazendo após começarem a ser mortos por armas brancas. Uns 250 aliados foram aprisionados, inclusive todo o 4º Batalhão de Artilharia brasileiro — 203 soldados e onze oficiais —, comandado pelo major Augusto Ernesto da Cunha Mattos; além do major Aranda, argentino, e seis mulheres.[5]

Um dos comerciantes, o brasileiro Otto Stieher, relatou o ocorrido em correspondência publicada pelo *Deutsche Zeitung*, jornal dirigido aos imigrantes alemães e seus descendentes no Rio Grande do Sul:

> [...] pelas 5 horas da manhã, os paraguaios fizeram uma investida contra o flanco direito do nosso exército, acima do acampamento do comércio, com uma força de 8 a 9 mil homens e tão inesperadamente que os argentinos logo abandonaram suas baterias, fugindo antes que nosso pequeno exército pudesse reunir-se [...] A galope dirigi-me para casa, mas já era tarde; nossas forças, dada a situação aflitiva, haviam se retirado para o grande reduto fortificado. Os paraguaios já haviam alcançado o acampamento do comércio, matando, e queimando e roubando tudo que encontravam no caminho.[6]

Foi o general Porto Alegre que comandou o recuo para o reduto central, onde resistiu até que, às 10h30, após várias tentativas de penetrar nessa fortificação, os paraguaios fraquejaram. Porto Alegre passou, então, ao contra-ataque a baioneta, juntando-se a ele forças de cavalaria enviadas por Caxias de Tuiu-Cuê. Os paraguaios, na área de comércio, "iam-se deixando imolar aos centos", ao lado de barricas de açúcar e de barris de bebidas.[7] Porto Alegre participou diretamente da luta, teve dois cavalos mortos e dois bonés foram arrancados de sua cabeça por tiros de fuzil. Os paraguaios foram repelidos, não sem antes praticamente destruírem o acampamento, ao pôr fogo em quartéis e paióis de pólvora e, ainda, voltar para suas posições com fuzis, munições, pólvora, doze canhões — incluindo um Krupp novo, calibre.12, e um moderno Whitworth, calibre.32 —, víveres e grande quantidade de bens supérfluos que haviam saqueado.[8] Tiveram, porém, grandes perdas, chegando uma testemunha ocular a afirmar, com algum exagero, que morreram 3400 paraguaios e que os brasileiros recolheram, nos cerca de três quilômetros quadrados em que se desenrolou a batalha, 5480 fuzis.[9] Os paraguaios mortos foram 2734 e 155 caíram prisioneiros, enquanto os aliados tiveram 294 mortos —

35 argentinos, incluindo a Legión Paraguaya.[10] A desproporção de mortos entre as duas partes mostra a extensão da derrota paraguaia.

Os prisioneiros aliados feitos nessa batalha foram colocados em uma "prisão" especialmente construída para eles: um curral, com algumas choças. Ao contrário do costume de se dar tratamento melhor a oficiais, todos os prisioneiros ficaram juntos, sofrendo com a fome, com o lodo do local em que estavam instalados e com o clima, pois as choças não proporcionavam proteção.[11] Conforme o dr. Stewart, "López incitava sempre os paraguaios a não ter clemência com o inimigo", sendo que os prisioneiros de guerra e desertores aliados, "invariavelmente, açoitados, às vezes até a morte", se negavam a dizer o que lhes era exigido.[12] Poucos dias depois da batalha de Tuiuti, prisioneiros do Batalhão de Cunha Mattos integraram o grupo de 37 brasileiros fuzilados, quer por tentarem fugir da prisão em Paso Pucú, ou então por saberem do plano de fuga e não denunciá-lo a seus captores. Maria França da Conceição e Silvéria Maria Ramíres, brasileiras aprisionadas no ataque, que viviam em casas no acampamento e apoiaram a tentativa de fuga, foram condenadas, pelo general Resquín, a cinquenta açoites e à transferência para o interior do Paraguai "entregues a pessoas que as façam compreender os deveres para com a Pátria em que residem e seu governo". Solano López amenizou a pena, ordenou que fossem enviadas para Assunção, onde o chefe de polícia decidiria seu destino, e cancelou os cinquenta açoites. Em outra ocasião, um capitão brasileiro tentou fugir e, descoberto, foi fuzilado; segundo boatos, outros cinquenta prisioneiros, que não tentaram escapar, foram fuzilados para desestimular novas tentativas de fuga. A maior parte dos prisioneiros restantes morreu de fome e dos maus-tratos; poucos sobreviveram, e um deles foi o major Cunha Mattos.[13]

A derrota em Tuiuti pôs fim à possibilidade de Solano López romper o cerco aliado. Contudo, como sempre, movidos pelo temor e pela adulação ao líder paraguaio, seus chefes militares não lhe transmitiram fielmente a extensão da derrota. José Bargas, tenente do 13º Regimento de Cavalaria, fez comentário nesse sentido, motivo pelo qual foi denunciado e contra ele aberto processo militar sumário. Bargas declarou, por exemplo, que a infantaria aliada "tinha acovardado nossa gente e isso foi muito ruim" e que do fato não se comunicou Solano López. No mesmo dia em que deu seu depoimento, 13 de novembro, Bargas foi fuzilado.[14]

À população paraguaia foi dito que o resultado da ação militar fora a vitória de seus soldados. O jornal *El Centinela* afirmou que a Tríplice Aliança estava der-

El Galgui-Mancnego argentino, ensayando la vida pastoril.

Cabichuí *satiriza Mitre, classificando-o de "camaleão", pois: "Ontem foi argentino, hoje é brasileiro, / Ontem foi branco, hoje é negro, / Ontem parecia ser grande, hoje se perde em meio ao pequeno".*

rotada e que "o fim de nossos sacrifícios já aparece no horizonte". Como sempre, a "vitória" foi atribuída ao "heroico" e "invicto" marechal Solano López, cujos "invencíveis exércitos [...] despedaçaram os negros imbecis", fazendo com que o restante das tropas aliadas se refugiasse "no espesso matagal, para esconder sua vergonha". Nesse mesmo número, *El Centinela* publicava uma ode em que Solano López era classificado de "grande gênio", "grande guerreiro", e tinha como versos finais:

Salve, oh vós conspícuo Cidadão
Portento de valor e heroísmo
Que tua figura altiva
Pelos séculos para sempre eterna viva.[15]

Na edição seguinte, *El Centinela* deu continuidade ao culto a Solano López. Este, escreveu o jornal, percebeu que a ocasião era "brilhante" para um ataque ao acampamento aliado de Tuiuti

> e o olhar atento e estratégico de nosso grande Marechal, concentrou sua ardente pupila sobre essas trincheiras e como raio planejou um golpe [nos aliados] por assalto. O cálculo de seu gênio previsor não foi desmentido em nenhum momento.[16]

O olhar de Solano López foi motivo de novo artigo, em 21 de novembro. Nele afirmava-se que era impossível retratar o líder paraguaio, quer em pintura, quer em fotografia, porque ele tinha um olhar diferente para cada um dos seus pensamentos, "penetrante e magnético", o que fazia com que a arte fosse impotente para reproduzi-lo. Em conclusão, o artigo afirmava que "o olhar de López é um poema cujos cânticos são infinitos!".[17] Era esse o único tipo de informação escrita a que a população paraguaia tinha acesso, enquanto nos países aliados se discutia, com razoável franqueza, a guerra na imprensa e no Parlamento.

Quanto mais precária se tornava a posição militar paraguaia, mais intenso se tornou o culto à personalidade de Solano López e, de outro lado, aumentou a repressão para prevenir o surgimento de um movimento de oposição. Solano López sempre procurou identificar sua pessoa com o Estado, e sua figura era apresentada com aspectos sobre-humanos. Em um país onde o que se escrevia nos jornais era apenas o que seu chefe de Estado desejava, o *Cabichuí*, em 1867, comparou o líder paraguaio a Moisés pois, assim como este tivera por missão libertar o povo hebreu do jugo egípcio, o marechal era "o caudilho destinado por Deus a libertar o Povo Paraguaio da prepotência de seus inimigos". No ano seguinte, o mesmo jornal afirmou que Solano López era a maior e mais portentosa "centelha de Divindade representada no homem" e que "sua notável personalidade" era o maior astro já visto a emitir luz sobre a terra. E concluía:

> Não é possível, pois, encontrar palavras que expressem sequer medianamente seu significado, já que sua grandeza não tem graus de comparação, porque na vida da humanidade não há um ponto sobre o qual estabelecê-la.[18]

Desde 1866, quando a guerra se tornou adversa ao lado paraguaio, o governo paraguaio promoveu assembleias populares, reuniões em que mulheres eram induzidas a doar suas joias para o esforço bélico. Não eram iniciativas espontâneas, embora fossem apresentadas como tal, à época, pelas autoridades paraguaias, versão que simpatizantes de Solano López propagaram décadas mais tarde e que acabou por ser reproduzida por alguns historiadores.[19] O culto ao ditador era imposto não só nessas assembleias e reuniões, mas também nas missas, como demonstra a justificativa de um processo aberto contra Carolina Valenzuela por esta ter censurado duas empregadas que foram à igreja, sem sua permissão. Interpeladas pela patroa, ambas se justificaram afirmando que foram ver os retratos de Solano López trazidos para o interior do templo ao som de música. Carolina Valenzuela respondeu que esses retratos não eram de santos ou da Virgem para suas empregadas quererem vê-los, comentário que lhe custou um inquérito policial.[20]

Durante a guerra, os jornais criados do lado paraguaio para propaganda, *Cabichuí* e *El Centinela*, apresentavam o Paraguai como um país rico e com recursos em contínua expansão, devido à eficiente administração de Solano López. Em 16 de maio de 1867, *El Centinela* afirmou que os aliados jamais conseguiriam vencer os paraguaios, "porque nada nos falta e sabemos trabalhar com o que escasseia". Essa imprensa de guerra apresentava-se como testemunha da capacidade e resistência do povo paraguaio ao inimigo.[21]

O uso da propaganda e da polícia era eficiente para submeter a população paraguaia, mas o cerco imposto a Solano López no quadrilátero era uma realidade que não podia ser alterada. Sem poder romper o cerco, ele criou uma nova linha de comunicação com o restante do Paraguai e que também poderia ser usada para escapar, caso aumentasse a pressão aliada. Ao lado de Humaitá, a mata cobria uma posição fortificada denominada Estabelecimento, na margem da lagoa Cierva, localizada pouco acima dessa fortaleza. O controle dessa mata facilitava aos paraguaios suas comunicações com o Chaco, no lado oposto de Humaitá, que era feito principalmente pelos vapores de guerra *Tacuarí e Igurei*. Na margem do Chaco, o primeiro barranco elevado que se encontrava desde a foz do rio Paraguai era chamado de Timbó e foi o ponto inicial da estrada de cinquenta quilômetros de extensão que Solano López mandou abrir pelo Chaco, atravessando bosques, pântanos e numerosos cursos d'água, até alcançar a confluência do rio Paraguai e de seu afluente, o Tebicuary. A estrada permitia o trânsito de cavalos, canhões e carruagens, enquanto em Timbó construiu-se nova fortificação, com 4 mil homens e seis canhões, que somente veio a ser conhecida pelos aliados quando as belonaves brasileiras conseguiram ultrapassar Humaitá. Simultaneamente, Solano López reduziu a extensão de sua linha defensiva e concentrou o grosso de suas tropas mais à retaguarda, para onde também recolheu quase todos os canhões das fortificações avançadas.[22]

Enquanto isso, do lado aliado, em novembro e dezembro de 1867, fez-se o reconhecimento do território inimigo até o rio Tebicuary, um dos principais afluentes da margem esquerda do rio Paraguai. Essas expedições arrebanharam cerca de 4 mil cabeças de gado, que se constituíram nos primeiros recursos que até então os aliados tiraram do país invadido.[23] A carência de recursos e a escassez de homens limitavam a penetração aliada no interior do país. Os navios brasileiros bombardeavam continuamente o pontão de sustentação e o túnel no barranco por onde passavam as três correntes estendidas sobre o rio Paraguai diante de Humaitá. Em 22 de novembro, um tiro do *Silvado* pôs a pique um dos pontões e, no dia 19 do mês seguinte, outro pontão se desligou das correntes, provavelmente atingido por um estilhaço. As correntes afundaram e, apesar dos esforços, os paraguaios não mais conseguiram esticá-las na superfície do rio.[24]

Segundo Mitre, em novembro de 1867, o efetivo de todo o Exército aliado no Paraguai, incluindo os doentes, era de 29 292 homens, dos quais 8616 argentinos. Tasso Fragoso, porém, afirma com base documental que, no final desse ano, apenas as forças brasileiras no Paraguai somavam 41 013 homens e outros 4778 estavam em Corrientes. O Exército argentino na guerra era de uns 6 mil homens e o uruguaio contava com não mais de seiscentos soldados.[25] Eram números muito superiores aos dos paraguaios, que a essa altura contavam com cerca de 24 mil homens, mas dispostos em vantajosas posições defensivas. Na verdade, as forças aliadas eram em número insuficiente para um ataque frontal, que implicaria enormes perdas militares, e não lhes restava alternativa, por terra, senão a de manter o cerco do quadrilátero defensivo inimigo.

A passagem de Humaitá; os navios brasileiros em Assunção

Esperançoso de uma revolta na Argentina, em fins de 1867, Solano López acreditava que, com essa nova circunstância, "a guerra vai se aproximando de seu término".[26] Como consequência, sua postura foi a de manter as posições defensivas paraguaias, "esperando sua salvação de conflitos ou dificuldades que surgissem para seus inimigos".[27] Tal convicção foi robustecida quando, em 11 de janeiro de 1868, o acampamento aliado amanheceu de luto pela morte do vice-presidente argentino Marcos Paz, com as bandeiras hasteadas a meio pau e com salvas de artilharia a cada meia hora. Nessa manhã, todas as tropas argentinas se perfilaram com trajes de desfile, aparentemente para assistirem a uma missa; Solano López suspeitou que Mitre morrera. Para confirmar sua suspeita, enviou, nessa mesma noite, uma patrulha capturar alguns soldados argentinos que montavam guarda em posições avançadas. A tarefa foi cumprida e os prisioneiros interrogados disseram não saber da morte de Mitre e, como consequência, foram açoitados até confirmarem o que Solano López queria ouvir — que, de fato, o comandante em chefe aliado estava morto. Essa crença foi corroborada pelo representante norte-americano, Charles Washburn, que enviou comunicado nesse sentido ao Departamento de Estado, entregando uma cópia ao governo paraguaio.[28]

Ainda em março de 1868 persistiam os contatos entre a oposição argentina antimitrista e o governo paraguaio. Em meados desse mês chegou a Assunção, pelo caminho da Bolívia e de Corumbá, o argentino Juan Padille, com mensagens do caudilho Felipe Varela, da província de Catamarca, e do presidente boliviano Melgarejo. Ambos queriam o apoio financeiro de Solano López para financiar a revolução na Argentina. Foi nessa ocasião que Melgarejo, após comentar que o representante brasileiro em La Paz gastava muito ouro para reverter as simpatias bolivianas em favor do Paraguai, prometeu enviar até 100 mil soldados, "com bom armamento", para apoiar Solano López na guerra contra os aliados.[29] Essa promessa e a esperança na derrubada de Mitre na Argentina explicam, parcialmente, a continuidade da guerra por Solano López, apesar de sua posição militar ser cada vez mais precária. Outra hipótese, apresentada pelo representante português no Rio de Janeiro, que provavelmente refletia o pensamento da elite política brasileira, era a de que Solano López resistia para fazer crer que a guerra não teria fim, exceto com a intervenção de um terceiro país. Este seria, "talvez", os Estados Unidos, embora não fosse impossível tratar-se da Inglaterra, "pelos interesses e necessidades do comércio".[30]

Morto Marcos Paz, coube a Bartolomé Mitre reassumir a presidência argentina. Ele se retirou do Paraguai em 14 de janeiro de 1868 e transferiu o comando em chefe das forças aliadas para o marquês de Caxias. Nos meses seguintes, foi possível realizar totalmente o plano que Mitre defendera desde o início da campanha para sitiar Humaitá e viabilizar a marcha sobre a capital inimiga. O movimento terrestre, que contornava essa fortaleza, já fora realizado e, em breve, também o seria a passagem de Humaitá pela esquadra brasileira. Porém, mais tarde, autores brasileiros procuraram associar a partida de Mitre e a ascensão de Caxias ao cargo de comando em chefe aliado com a dinamização das ações militares aliadas, o que induzia a ver o presidente argentino como o responsável pela falta dessas operações. Veja-se o seguinte parágrafo de Tasso Fragoso:

> A ascensão de Caxias ao posto de generalíssimo foi um dos acontecimentos mais felizes da guerra contra López, pois ocasionou benefícios extraordinários às operações; suprimiu rivalidades e permitiu que a atividade infatigável e o tino militar desse general ilustre se desenvolvessem com absoluta independência em proveito da causa comum.
>
> O seu primeiro cuidado será ativar as operações da esquadra.[31]

O texto não é de todo inexato, mas também não é de todo verdadeiro. Sob o comando de Caxias, os aliados destruíram o poder militar paraguaio em 1868 e o marquês, de fato, controlou as rivalidades entre os chefes militares brasileiros. A verdade fica, porém, obscurecida, ao não se definirem as responsabilidades pelas "rivalidades" e por não se "ativar", antes de 1868, as operações da esquadra. Nas páginas anteriores demonstrou-se que as rivalidades entre os chefes militares brasileiros e Mitre tiveram como origem sobretudo a postura dos primeiros. Tamandaré e José Ignacio se pautaram pelo imobilismo, ao interpretarem nas ordens de Mitre o objetivo de colocar a esquadra em posição vulnerável, para ser destruída; o general Porto Alegre sempre resistiu às diretivas do comandante em chefe.

Simultaneamente à partida de Mitre chegou ao Paraguai o reforço adequado à Marinha brasileira; em 21 de dezembro de 1867, a esquadra recebeu o monitor *Pará* e outros dois, *Alagoas* e *Rio Grande do Norte*. Eram navios construídos no Rio de Janeiro para a ação fluvial, adequados para a ultrapassagem de Humaitá, e se constituíam em alvos difíceis para os canhões da fortaleza, visto que seu casco, de pequeno calado, emergia apenas um pé da linha d'água, o que, aliás, permitiu-lhes navegar pelo oceano até o teatro de operações. Esse tipo de embarcação dispunha de excelente manobrabilidade, devido ao motor com dupla hélice, movido por máquina a vapor; parte de sua estrutura era de ferro e o casco de madeira tinha a proteção de placas de ferro, enquanto o canhão estava instalado em uma torre rotativa couraçada, no centro do convés. O canhão estava montado de forma a reduzir ao mínimo o orifício aberto na bateria, a fim de evitar que, em batalha, projéteis penetrassem pela fresta.[32]

Nos primeiros dias de fevereiro de 1868, o *Alagoas* e o *Rio Grande do Norte* foram incorporados à esquadra em Curuzú, o que coincidia com uma extraordinária enchente do Paraguai, que encobria as correntes que atravessavam o rio em frente de Humaitá. As condições para a esquadra imperial passar por Humaitá estavam praticamente dadas: os monitores chegaram e, desde a tomada de Tahí, os navios brasileiros tinham apoio estratégico acima dessa fortaleza, apoio esse reivindicado antes pelo almirante José Ignacio para justificar sua inércia em Porto Elisário. Ao mesmo tempo, raro era o dia em que não se apresentavam desertores paraguaios nas linhas aliadas, informando ser insustentável a posição de Humaitá, quase sem víveres, e que Solano López se retirara da fortaleza. Caxias, porém, embora necessitasse do domínio do rio, não pressionou José Ignacio para fazer essa ultrapassagem, cuja necessidade, porém, era motivo de constantes exortações por parte do ministro da Marinha, Afonso Celso, em correspondência enviada a esse almirante.[33]

Em fevereiro de 1868, portanto, o almirante José Ignacio não mais dispunha de argumentos para justificar sua inércia diante de Humaitá. Nem sequer podia argumentar que havia interesse argentino em levar a esquadra à destruição, pois não era mais Mitre o comandante em chefe. Cerca de 40 mil soldados aliados aguardavam, parados em frente das trincheiras paraguaias, sabidamente mal defendidas, que José Ignacio movesse sua esquadra, ultrapassasse Humaitá, isolando-a também por via fluvial, e viabilizasse novas operações ofensivas aliadas na parte do rio acima dessa fortaleza. A maioria dos oficiais da esquadra pensava ser viável a ultrapassagem, mesmo que os paraguaios tentassem esticar as correntes, devido à conjunção do elevado nível das águas do rio com o calado mínimo dos monitores.[34]

Para retardar ou impedir a retirada do grosso do Exército paraguaio de Humaitá, Caxias resolveu tomar de assalto a posição do Estabelecimento, obra exterior de defesa dessa fortaleza. Supunha o marquês que Estabelecimento estava sobre os barrancos da margem do rio e que estes serviam de ponto de apoio para a comunicação entre Timbó e Humaitá. Caxias planejava a passagem dos navios imperiais por esta fortaleza, de modo a alcançarem o Estabelecimento de onde transportariam, rapidamente, as forças brasileiras para o Chaco. Inhaúma não deveria se recusar a cumprir essa tarefa, pois era uma missão auxiliar ao Exército, conforme ele sempre defendera caber à esquadra na guerra.[35]

Contudo, segundo Arthur Silveira da Motta, José Ignacio, após um ano de permanência no inóspito Paraguai, não tinha disposição para a ação, por ter "esgotado toda a energia que lhe restava" e ainda estar com a saúde comprometida por antigas doenças crônicas. José Ignacio, aos 61 anos de idade, não era senão o fantasma de um almirante, o que explica por que, cada dia mais, ele se aferrava à teoria de ser a missão da esquadra apenas a de auxiliar os movimentos do Exército aliado que se efetuassem em sua proximidade. Por esse raciocínio, como as

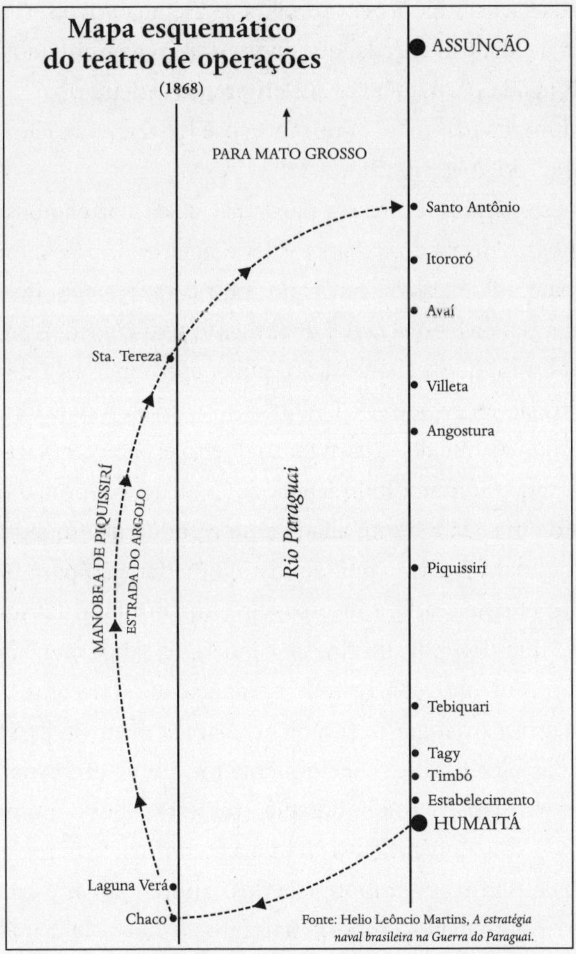

Mapa esquemático do teatro de operações
(1868)

Fonte: Helio Leôncio Martins, *A estratégia naval brasileira na Guerra do Paraguai.*

duas armas estavam separadas geograficamente, era dever de José Ignacio poupar de forma sistemática a esquadra de tarefas arriscadas.[36]

A nova realidade de fevereiro de 1868, porém, impôs à esquadra ultrapassar Humaitá. Ela se encontrava no apogeu de seu poder de fogo e foi constituída uma divisão de seis monitores para passar Humaitá a fim de cumprir essa missão. Inhaúma e outro oficial general, que servia na esquadra, declinaram de comandar essa divisão, o mesmo fazendo o capitão de mar e guerra Costa, comandante de uma das divisões de encouraçados, pois estavam convencidos de que a passagem era impossível. Para o comando da divisão acabou escolhido o capitão de mar e guerra Delfim Carlos de Carvalho, genro de Inhaúma.[37] Aquela recusa fortalece a afirmação de Arthur Silveira da Motta de que, durante a guerra, a maior parte dos oficiais navais superiores "revelara-se inepta para o serviço da guerra", quer por serem de idade avançada, quer por estarem desabituados a servir a bordo, "após prolongada permanência em empregos sedentários".[38] A iniciativa da passagem de Humaitá não foi do almirante José Ignacio, mas, sim, "resultado de muita insistência" do governo imperial.[39]

Poucos meses depois, em carta particular a seu correligionário José Maria da Silva Paranhos, ministro dos Negócios Estrangeiros, Caxias informou que José Ignacio, ou devido a doenças ou quaisquer outras razões, não tinha mais a energia que se esperava dele e estava com abatimento psicológico. Esse almirante não exercia "a força moral que a alta posição que ocupa imperativamente demanda". Se não fossem o zelo e a rapidez de Delfim de Carvalho, a esquadra brasileira não teria correspondido ao que dela "com tanto direito esperava a Nação".[40]

A passagem de Humaitá foi iniciada de madrugada, pouco depois das três horas, enquanto em toda a frente aliada e no restante da esquadra se fazia fogo sobre as posições paraguaias, como se fosse a preparação para um grande ataque. O primeiro encouraçado a ultrapassar Humaitá foi o *Barroso*, seguido do *Bahia* que teve rompidos, por um tiro de canhão, os cabos que o ligavam ao *Alagoas*, o qual, sem controle, foi arrastado rio abaixo até o restante da esquadra. O comandante Mauriti, em lugar de fundear o *Alagoas*, avançou a toda força contra a correnteza e passou a fortaleza, a cinquenta metros de distância, e trocou tiros com os canhões inimigos, já ao raiar do dia, três horas após o último navio ter feito a passagem.[41] Esse acontecimento chama a atenção pelo heroísmo de Mauriti, bem como por demonstrar a impotência dos canhões de Humaitá, que não puseram a pique nenhum navio, embora mais tarde o *Tamandaré*, o *Pará* e o *Alagoas* fossem encalhados para não naufragar, em virtude de avarias recebidas. Afinal, apesar disso, foi fácil à divisão de Delfim de Carvalho passar pela fortaleza, pois teve apenas um ferido grave e nove feridos leves.[42] Provavelmente, a passagem poderia ter sido realizada antes, mesmo quando a esquadra brasileira ainda não tinha monitores, com os encouraçados, talvez com alguma perda maior. Essa possibilidade é confirmada pela ultrapassagem da fortaleza, dias depois de Delfim de Carvalho fazê-la, também pelos navios *Beberibe* e *Majé*, de madeira. A essa altura, é verdade, fora retirada de Humaitá parte da artilharia, mas, como esses dois navios não tinham couraça, nada sofreram.

Ao navegar rio acima, os navios brasileiros se depararam com Timbó, posição fortificada que desconheciam. Com a subida das águas e a bateria baixa de Timbó, esta ficou quase ao nível da água, o que causou estragos mais sérios nos navios do que os canhões de Humaitá. Às 7 horas da manhã, quase quatro horas após a passagem de Humaitá, os navios chegaram a Tahí; devido às graves avarias sofridas, o *Tamandaré* e o *Alagoas* tiveram que ser encalhados para evitar que naufragassem.[43]

Enquanto isso, em 19 de fevereiro, Caxias ordenou o ataque a Estabelecimento, por acreditar tratar-se da posição fortificada que os paraguaios chamavam de Cierva e que se supunha estar localizada às margens do rio. O plano era o de, tomado esse ponto, a esquadra aí aportar para embarcar a tropa aliada e transportá-la para a outra margem, no Chaco. Ocupadas as duas margens pelos aliados, Humaitá ficaria totalmente sitiada. Durante a tomada de Estabelecimento, porém, descobriu-se que a posição não ficava às margens do Paraguai. Os aliados haviam pensado o contrário devido a um equívoco cometido no reconhecimento feito pelos engenheiros brasileiros ao avistarem, ao longe, o lençol de água que era, na verdade, a lagoa Cierva, distante dois quilômetros do rio e outros seis de Humaitá. Tomado Estabelecimento, Caxias dirigiu-se a essa posição para felicitar suas tropas. Dionísio Cerqueira, que participou desse combate, do assalto a essa fortificação, relata ter ouvido que o oficial responsável pela tarefa de enterrar os mortos teria dito ao marquês que ainda se ouviam gemidos dos montes de cadáveres. Caxias teria replicado: "Se o senhor der ouvidos às lamúrias desses defuntos não enterra nenhum". Em seguida, esse general percorreu, a galope, a distância que o separava do rio para cumprimentar os marinheiros dos encouraçados pela bem-sucedida ultrapassagem de Humaitá.[44]

À tomada de Estabelecimento seguiu-se, no dia 27 de fevereiro, a ocupação de

Laureles, após bombardeio feito pelos três encouraçados de Delfim de Carvalho. Ao não poder, como planejara, passar com as tropas de uma margem à outra do rio Paraguai, Caxias procurou obter um efeito psicológico sobre o inimigo, por meio de uma demonstração naval diante de Assunção. Para fazer essa demonstração, desistiu de qualquer outra tentativa imediata de impedir a retirada do inimigo pelo Chaco, talvez por crer que Solano López, ao ver sua capital ameaçada, capitulasse. Delfim de Carvalho subiu o rio até Assunção com os três navios restantes em bom estado para mostrar-se aos povoados paraguaios à margem dos rios, de modo que o governo paraguaio não pudesse manter desinformada sua população, ao negar que Humaitá não fora transposta. Gastou-se, assim, o pouco carvão dos navios para uma ação de impacto moral e não de finalidade bélica.[45]

De Tahí a Assunção, os navios fundeavam diante dos povoados e buscavam, em vão, estabelecer contato com seus habitantes, que invariavelmente abandonavam seus lares e ocultavam-se na mata. Esses moradores receberam ordens de se retirar das margens do rio e, por ordem telegráfica enviada de Humaitá por Solano López, também Assunção foi evacuada.[46] Ao se aproximar da capital, às oito horas da manhã, o *Barroso* e o *Rio Grande* ficaram ao alcance do canhão denominado El Criollo que sobre eles deu dois tiros, que caíram na água. O *Barroso* respondeu com vinte tiros, o primeiro deles atingiu um dos pavilhões do palácio de López e os demais visaram vários pontos da cidade, principalmente o arsenal. O plano original de Delfim de Carvalho, combinado com os outros dois comandantes, era o de os navios se colocarem diante do arsenal, bombardeando-o com alguns disparos para intimidar as autoridades e os habitantes da cidade. Esperava-se que, em seguida, subiriam a bordo diplomatas estrangeiros para pedir garantias para as famílias de seus países, ocasião em que lhes seria apresentada intimação dirigida à autoridade local máxima, no sentido de entregar a capital à força naval brasileira. Contudo, durante a ação, Delfim mudou de ideia, não executou o plano e ordenou, após dar os tiros, a retirada rio abaixo.[47] Segundo Masterman, testemunha ocular, ao se lerem as partes oficiais brasileiras sobre a ação dos navios, pensa-se que houve encarniçado combate, quando isso não se deu. Para Efraím Cardozo, nesse dia a capital paraguaia poderia ter sido tomada, pois estava desguarnecida.[48]

A retirada dos navios brasileiros deixou a imagem de que fora El Criollo que os obrigara a recuar e que era verdadeiro o conteúdo do telegrama que Solano López enviara à capital, em que afirma que, na passagem de Humaitá, os navios ficaram seriamente avariados e morreram muitos brasileiros. Delfim perdeu a oportunidade de submeter, ainda que temporariamente, a capital inimiga, e "não causou dano maior que o de deslocarem [os tiros] alguns tijolos do seu palácio [de López]". Os navios retornaram quase sem carvão a Tahí, e não podiam agir para impedir a passagem de material bélico de Humaitá para Timbó. Para voltarem a navegar, tiveram que esperar a chegada de pequenas quantidades de carvão, transportadas por carroças desde o Passo da Pátria, a mais de setenta quilômetros de distância.[49]

A notícia da passagem da esquadra por Humaitá causou verdadeiro delírio no Brasil, com comemorações que, no Rio de Janeiro, envolveram "toda a população" de 1º a 3 de março.[50] Foram três dias de festas, com bandas a percorrer as ruas, seguidas de milhares de pessoas, dando vivas ao imperador, a Caxias, a José Ignacio e aos oficiais superiores da esquadra. Em São Paulo, por ordem da Câmara Municipal, houve um te-déum na catedral, em 3 de março, em ação de graças pela passagem de Humaitá. Várias casas tiveram suas frentes iluminadas por lanternas durante três dias.[51] O próprio imperador, influenciado pelos últimos acontecimentos no Paraguai, acreditava que a guerra se aproximava de seu final.[52] Pedro II não esperava, para tanto, ações terrestres ousadas que custassem pesadas perdas humanas; ao contrário, ele elogiava as atitudes tomadas por Caxias de vencer o inimigo "sacrificando o menos possível a nossa gente".[53]

No front diplomático, Gregorio Benítez, representante paraguaio junto a governos europeus e residente em Paris, escreveu a Lord Stanley, secretário britânico dos Negócios Estrangeiros, solicitando a intervenção de Londres para obrigar Brasil e Argentina a negociarem a paz com Solano López. Benítez lembrou que em 1828, quando Brasil e Argentina reconheceram a independência uruguaia, a Grã-Bretanha também assinou como garantidor dela. Responsabilizou, então, as intervenções argentina e brasileira nos assuntos internos uruguaios pelo início da guerra contra o Paraguai, causadas por este haver atuado na defesa do governo uruguaio. Portanto, concluía engenhosamente, havia embasamento político para o governo britânico intervir para pôr fim à guerra. Esta, escreveu Benítez, era feita sob o pretexto de servir a interesses liberais, quando na realidade Brasil e Argentina queriam monopolizar a navegação dos rios na região do Prata. A guerra, em verdade, era feita "para servir interesses monopolistas antibritânicos, por assim dizer, em que Buenos Aires e

Rio de Janeiro pretendem suceder Madri e Lisboa, da época colonial, contra o progressismo do novo regime da América".[54]

Apesar dessa argumentação, o governo britânico manteve a neutralidade e não interveio na guerra em favor do Paraguai. Lord Stanley respondeu a Benítez que o governo britânico poderia fazer gestões junto aos aliados, se cada uma das partes em luta apresentasse condições que fossem razoáveis e com "probabilidade de ser aceita pela outra". No entanto, os aliados estavam em ofensiva militar e não necessitavam fazer concessões, enquanto Solano López, por sua vez, não aceitava retirar-se do poder, o que era pré-requisito da Tríplice Aliança para negociar a paz. Ademais, Stanley acrescentou um segundo "passo preliminar" para seu governo ser mediador: "a liberdade dos súditos britânicos, hoje detidos no Paraguai".[55] No ano anterior, quando da missão Gould em 1867, Solano López recusara autorizar a saída deles do país e até o final da guerra manteve essa recusa.

A situação de Benítez também era precária financeiramente, pois a Legação paraguaia em Paris, que era cumulativa com a representação junto ao governo britânico, encontrava-se, nos primeiros meses de 1868, sem recursos financeiros. A *Blyth and Company*, além de vender armas e equipamentos ao governo paraguaio, também atuava como seu agente financeiro na Europa. Essa companhia, para saldar gastos dela própria com o Paraguai e para obter recursos financeiros para Benítez, revendeu armas de mão — 700 rifles e 260 carabinas — originariamente compradas pelo governo paraguaio. Em junho, o diplomata buscava vender três baterias de canhões raiados que o Paraguai havia comprado do fabricante Jean Simon Voruz, de Nantes. Com os recursos assim obtidos, Benítez esperava pagar os gastos rotineiros da Legação e saldar com os credores do seu país uma dívida de 247162 francos. O maior destes era o próprio Voruz, que tinha a receber 87507 francos.[56]

A ocupação aliada

Para tentar reverter sua precária situação militar, Solano López elaborou um plano mirabolante para apoderar-se de parte da esquadra brasileira. Acreditava que com um ou dois encouraçados brasileiros em seu poder poderia mudar a situação a seu favor. Aproveitando-se da escuridão e da tempestade da noite de 2 de março, oito canoas com cerca de duzentos homens, armados de sabres e punhais, aproximaram-se da esquadra brasileira, o que só foi possível porque elas foram confundidas com os grandes blocos de terra com vegetação arrancados das barrancas e que desciam o rio como se fossem pequenas ilhas errantes. Avistados os paraguaios, foi dado o alerta nos navios brasileiros, mas ainda assim os atacantes chegaram a subir no *Lima Barros* e no *Cabral*, dominando a coberta das embarcações, enquanto os tripulantes, com as escotilhas fechadas, dominavam o restante dos navios e disparavam sobre os atacantes. Ao amanhecer, outras unidades da esquadra aproximaram-se e varreram com tiros a coberta das duas embarcações abordadas. Os paraguaios foram rechaçados e tiveram uns cem mortos, enquanto o comandante do *Lima Barros* também foi morto. Na madrugada do dia 3, Solano López abandonou Humaitá de barco, desembarcou em Timbó e retirou-se pela estrada que mandara construir no Chaco para ir instalar seu novo quartel-general em San Fernando, a uns dez quilômetros ao norte da foz do rio Tebicuary.[57]

Somente em 23 de março os navios puderam descer de Tahí, forçaram Timbó e foram água abaixo para cortar as comunicações do inimigo entre esse ponto e Humaitá e destruir, nesse mesmo dia, os vapores *Igurei* e *Tacuarí*. Era tarde, pois Solano López já se fortificava em San Fernando, utilizando-se de artilharia retirada do quadrilátero. Os canhões de calibre.68 chegavam a pesar 3900 quilogramas e eram transportados, passando por arroios e terreno firme, por homens, barcos e carroças. Em 22 desse mês, cerca de 10 mil paraguaios, comandados pelo general Resquín, abandonaram todas as trincheiras exteriores do quadrilátero e, no dia seguinte, os defensores de Curupaiti retiraram-se para Humaitá. A fuga de Solano López e a consciência de que o cerco à fortaleza não provocaria, afinal, o fim da guerra, "produziram penosa impressão no Rio da Prata e no Brasil". A Marinha deveria ter subido o rio e impedido a fuga, mas Inhaúma continuava inativo, sendo submetido a "dolorosa" cirurgia em 29 de março. Somente quatro meses depois, às vésperas de Humaitá ser abandonada por sua guarnição, foi que, por deliberação de Caxias, mais três encouraçados passaram essa posição para reforçar a divisão naval avançada.[58]

Do lado aliado, apertou-se o cerco a Humaitá. O 2º Corpo de Exército, sob o comando do general Argolo, rompeu a linha de Rojas, constituindo-se na primeira força aliada a penetrar no quadrilátero. Enquanto isso, durante a noite de 23 de março, grande parte dos defensores de Humaitá passaram para o Chaco, e seguiram para San Fernando. Ficaram na fortaleza cerca de 3 mil homens, que dispunham de duzentas peças de artilharia de diferentes calibres e de grandes depósitos com alimentos. De Timbó eram enviados, com grande dificuldade, cabeças de gado para abastecer Humaitá, desembarcadas em Andaí, na margem do rio pouco acima dessa posição.[59] Do lado aliado, o general Argolo, que, desde 27 de janeiro, assumira o comando do 2º Corpo, uma vez que Porto Alegre se retirara por motivo de doença, posicionou seu Exército entre Curupaiti e Hermosa; a tropa argentina, comandada pelo general Gelly y Obes, encarregou-se de Paso Pucú, e Osorio deslocou-se com o 3º Corpo até Pare-Cuê, a oeste de San Solano. Humaitá estava, assim, submetida a um rigoroso cerco. A última comunicação terrestre com o exterior deixou de existir quando, no início de maio, tropas argentinas e brasileiras tomaram Andaí.[60] Mesmo com as forças argentinas participando dessas operações, a correspondência entre Gelly y Obes e Mitre demonstra que Caxias mantinha o comandante argentino marginalizado quanto a informações sobre a guerra e elaboração de plano de campanha.[61]

Solano López não dava a guerra como perdida, mesmo depois do cerco aliado a Humaitá por terra e água. Acreditava no cansaço do inimigo com o conflito para reverter o quadro de derrota paraguaio e, possivelmente, negociar uma paz que não implicasse uma rendição incondicional e sua saída do poder. Ele sabia, em maio de 1868, pelos jornais do Rio de Janeiro, do clima no Brasil contra a continuidade da guerra e acreditava que o povo brasileiro pedia a paz, no que não era atendido, "apesar do completo esgotamento dos recursos do Império". Tal estado de espírito no Brasil e no Uruguai, após o assassinato de Flores, em fevereiro de 1868, em uma rua de Montevidéu, fazia, segundo o marechal-presidente, com que "tudo seja simpático a nós". Já na Argentina, "Mitre está perdido", temeroso de ser morto, como o fora Flores, o líder uruguaio.[62]

Em 9 de julho, Solano López repetiu a tentativa de tomar encouraçados usando canoas. Foram atacados o *Barroso* e o *Rio Grande* fundeados acima de Tahí. Os paraguaios chegaram a abordar o *Rio Grande* e, em combate travado no convés, seu capitão e vários marinheiros morreram, enquanto os demais se protegeram, entrando no monitor. Nesse momento o *Barroso* aproximou-se e metralhou a coberta do *Rio Grande*, matando os atacantes e colocando a pique as canoas por eles utilizadas.[63]

Ao comentar o fato, o presidente Mitre sintetizou o ânimo da opinião pública argentina em relação à guerra, ao mesmo tempo que apontava o absurdo desse ataque:

> Se nós, argentinos, tivéssemos realizado tal absurdo, se teria dito que sacrificávamos o sangue de nossos soldados ou que éramos uns jumentos, e que nossos soldados eram como bois que se deixavam levar para o matadouro. Mas como o fizeram os paraguaios, por ordem de López, os argentinos não têm palavras para demonstrar a admiração pelo heroísmo dos paraguaios e pela energia de López; nosso grande povo chegou a esse estado de covardia moral.[64]

Avisado na madrugada de 16 de julho, pelo general Rivas, de que os paraguaios passavam de Humaitá para o Chaco, Caxias acreditou que os defensores da posição a abandonavam completamente. Contra a opinião de seus principais colaboradores, Caxias resolveu dar um golpe decisivo, mediante um assalto frontal a Humaitá, em lugar de apertar o cerco sobre ela. Colocou em prontidão as tropas que mantinham o cerco e ordenou aos generais Osorio, Argolo, Gelly y Obes e Enrique Castro que colocassem em prontidão as forças sob seu comando e que, ao mesmo tempo, as respectivas artilharias abrissem fogo contra a fortaleza. A falta de reação paraguaia a duas horas de bombardeio aliado levou o comandante em chefe aliado a fortalecer sua convicção de que o inimigo estava em retirada. Ao raiar do dia, Osorio recebeu a ordem de avançar com o 3º Corpo, até o mais próximo possível das trincheiras inimigas, reconhecê-las e, caso julgasse possível, iniciar o ataque para tomar Humaitá.[65]

Osorio avançou com cerca de 6 mil soldados sobre as trincheiras da face norte da fortaleza. Contudo, apenas 1700 homens a cavalo entraram em ação, divididos em colunas, tendo à frente esse general. Avançaram a passo de trote e ao chegarem à primeira trincheira foram detidos pelas bocas de lobo, armadilhas que engoliam os cavalos, momento em que 46 canhões paraguaios abriram fogo. Apesar da mortandade, Osorio não desistiu, manteve a frieza de um militar acostumado aos combates e reorganizou suas forças. Esse general persistiu no ataque e participou, como sempre, ativamente da luta, a ponto de ter seu cavalo morto e o poncho que vestia ser perfurado por várias balas. Após uma hora de combate, Osorio comunicou ter sofrido pesadas perdas, sem ter ultrapassado "os primeiros obstáculos" e, de acordo com sua versão, recebeu ordens de Caxias para agir como achasse melhor, quanto a continuar ou não o ataque, mas, em seguida, recebeu instruções de se retirar. A ordem do dia nº 237, de 28 de julho de 1868, afirma, porém, que o marquês deixou a critério do comandante do ataque resolver se recuava ou se avançava.[66]

Os atacantes tiveram 1019 baixas, entre mortos e feridos, inclusive muitos oficiais, enquanto os defensores de Humaitá perderam 194 homens.[67] A duração do combate e o número de perdas demonstram que a ação de Osorio adquiriu o caráter de ataque e foi uma operação inexplicável, pois não recebeu reforços, e inútil, pois dela nada resultou, exceto o alto número de baixas. O general Gelly y Obes criticou essa operação, visto que Caxias ordenou um vigoroso reconhecimento de Humaitá, ao simular um ataque, em uma ação diversionista que viabilizasse a ele próprio atacar Curupaiti, mas, no final, nada fez nesse sentido.[68]

Portanto, à época, Caxias foi responsabilizado por um ataque sem sentido. Posteriormente, ele recusou essa responsabilidade, ao descrever, da tribuna do Senado, os acontecimentos. Caxias relatou que estava sobre um mangrulho, a observar o ataque a Humaitá, quando um ajudante de ordens de Osorio chegou e comunicou, gritando, que esse general "mandava dizer que tinha grandes perdas, que o inimigo fazia resistência tenaz" e que esperava ordem para avançar ou recuar. Do alto do mangrulho, Caxias gritara de volta:

> Diga a S. Excia. que deixo-lhe arbítrio para avançar ou retirar-se; mas que reflita que, depois de ter-se chegado à escarpa de uma bateria, tendo de retirar, naturalmente perderá mais gente do que avançando.[69]

Esse acontecimento deu-se diante de duas centenas de testemunhas, muitas das quais, ressaltou Caxias em seu discurso, ainda vivas. Ao que tudo indica, nem Osorio nem Caxias decidiram pela retirada, sendo esta resultado de um equívoco. Ela pode ter ocorrido por Osorio não ter escutado direito as instruções do comandante em chefe, em decorrência do barulho da batalha em que participava diretamente. Também pode ter ocorrido porque o ajudante de ordens não ouviu direito a resposta de Caxias, pelo mesmo motivo do barulho e, ainda, pela afoiteza devido à urgência de tempo, ou então não a retransmitiu fielmente.

Em julho escasseavam os recursos em Humaitá, fato que, somado ao cerco estrito dos aliados, tornava cada vez mais difícil a seus defensores manter a posição. Estes receberam ordens de Solano López para evacuá-la, o que começou a ser feito na noite de 24 desse mesmo mês em direção ao único lugar possível, uma pequena península do Chaco, na margem do rio oposta à fortaleza. Era uma área em que havia uma lagoa, chamada Berá, que se estendia quase até a posição de Timbó. O ponto de desembarque dos evacuados de Humaitá, 3 mil homens e trezentas mulheres transportados unicamente por dezessete canoas, seria um trecho pequeno de terra, com muitas árvores, que penetrava na lagoa chamada de Isla Poí. A passagem começou por volta da meia-noite de 24 de julho e somente foi concluída durante a tarde desse dia, sem que a esquadra ou as tropas aliadas em terra se dessem conta.[70] Somente no dia seguinte, 25 de julho, os sentinelas aliados perceberam algo anormal em Humaitá, ao avistarem apenas um ou outro soldado inimigo na posição. Osorio, seguido do coronel Corrêa da Câmara, fez um novo reconhecimento e dessa vez entrou na fortaleza, levando os últimos paraguaios que ali estavam à fuga, em canoas, rumo ao Chaco. Quase simultaneamente entraram em Humaitá as tropas dos generais Argolo e Gelly y Obes, que arriaram as bandeiras paraguaias e hastearam as dos aliados.[71]

Azevedo Pimentel, oficial do 2º Corpo de Exército brasileiro, assim descreveu sua entrada em Humaitá:

> Nunca se viu formatura mais rápida, nem avançar com maior ligeireza e garbo.
> Vamos contra as ameias da cidadela.
> Nem um tiro de parte a parte!
> De surpresa em surpresa achamo-nos dentro do vasto recinto!
> Corremos às baterias ao lado do rio.
> Ninguém![72]

A retirada dos paraguaios de Humaitá resultou de excelente planejamento e execução, constituindo uma operação brilhante. Ela se realizou com meios escassos — canoas —, enquanto a esquadra, que dispunha de encouraçados, tinha o domínio absoluto do rio.

Ao escrever a seu pai, o conde d'Eu, genro de Pedro II, comentou ser opinião generalizada no Brasil que Humaitá teria sido tomada há tempos, se houvessem tentado. Durante quinze meses, ressaltou o conde d'Eu, a única "tática aliada" foi uma inércia inexplicável.[73] Na verdade, a "tática" e a inércia foram de responsabilidade exclusivamente brasileira e não aliada. Verificou-se, escreveu Dionísio Cerqueira, terem sido exagerados os informes sobre a capacidade defensiva de Humaitá. Seu melhor elemento de defesa era, na verdade, a posição topográfica, em extensa curva do rio em forma de ferradura.[74] O comandante do navio de guerra português *Zarco*, que, nos meses de agosto e setembro de 1868, fez uma viagem de reconhecimento pelos rios Paraná e Paraguai, também fala em "exageração" de tudo que se falara de Humaitá:

> custa a conceber como meras barreiras guarnecidas de artilharia em grande parte imprópria e de calibre insuficiente para bater navios encouraçados pôde deter por tão largo espaço de tempo a Esquadra Brasileira, composta de abundantes, ótimos e apropriados navios para tal fim; até mesmo hoje alguns brasileiros com quem tenho conversado se mostram reservados, e como [que] envergonhados do seu triunfo.[75]

Richard Francis Burton, visitando Humaitá em agosto de 1868, mostrou sua decepção com o que viu, por estar muito aquém das descrições de ser um baluarte, uma Sebastopol americana, uma fortaleza única. Chegou à conclusão de que, junto com o restante da opinião pública, fora vítima de "um monstruoso engodo", tendo sido induzido a acreditar que o ponto mais fraco da campanha paraguaia era o mais forte.[76]

Pouco depois de entrar em Humaitá, Caxias ordenou, em obediência ao que determinava o Tratado da Tríplice Aliança, que fossem destruídas as fortificações da praça ocupada, o que custou quinze dias de trabalho de um batalhão de Voluntários da Pátria.[77] Humaitá tornou-se, então, a nova base de operações na retaguarda aliada, para onde Caxias transferiu depósitos, repartições e tribunais do Exército brasileiro, até então mantidos na cidade de Corrientes. Essa decisão, segundo palavras desse general, "além de estratégica, é indubitavelmente econômica e política".[78]

Após a evacuação dos defensores de Humaitá, os aliados colocaram na margem oposta, no Chaco, tropas e vários botes, quatro deles armados com canhões, para cortar a retirada dos antigos defensores da fortaleza, que eram comandados pelo coronel Martínez. Os encouraçados bombardeavam Isla Poí, também alvo dos tiros da infantaria aliada que estava às margens da lagoa. Ainda assim, durante uma semana, as canoas paraguaias evacuavam gente pela lagoa à noite, travando luta quase em contato direto com as embarcações aliadas — 24 brasileiras e cinco argentinas —, dispostas em linha dupla para impedir essa retirada. Das canoas dos dois lados se trocavam tiros e, quando se aproximavam, a luta se dava com espadas e baionetas. Na noite de 30 de julho, deu-se a última evacuação, de mulheres e crianças, chocando-se as canoas paraguaias com as dos aliados em um duro combate. A maior parte dos barcos paraguaios foi destruída ou aprisionada; os que se salvaram voltaram ao ponto de partida e comunicaram ao comandante, coronel Martínez, o ocorrido.[79]

Dos 3 mil homens que evacuaram Humaitá, 1800 ficaram sitiados em Isla Poí; outros mil conseguiram escapar e chegar à margem oposta da lagoa, muitos deles feridos. Os sitiados em Isla Poí, comandados pelo coronel Martínez, sem comida, tiveram que matar os poucos cavalos de que dispunham para se alimentarem de sua carne; os soldados começaram a morrer de fome. Ainda assim resistiram a dois ataques aliados e o general argentino Rivas, que comandava o cerco aos paraguaios, intimou-os, por duas vezes, à rendição e recebeu tiros como resposta. A terceira intimação, apresentada pelo padre Esmerat a serviço na esquadra brasileira, foi aceita, após uma conferência entre o comandante argentino e o paraguaio. Martínez pediu a Rivas e dele obteve a promessa de que os soldados que se rendessem não seriam obrigados a servir no Exército aliado. Renderam-se 1324 homens, que foram levados de volta a Humaitá, permitindo-se aos oficiais prisioneiros manterem suas espadas, em sinal de reconhecimento por sua bravura.[80] Do lado brasileiro, nos combates entre 26 de julho e 5 de agosto de 1868, houve 157 mortos.[81]

Dionísio Cerqueira viu os paraguaios de Martínez em Humaitá. Ele assim os descreve:

> Tratamo-los o melhor possível. Conversávamos com eles como camaradas. [...] Comovia-nos a desgraça daqueles centenares de bravos. Para que negá-lo? Olhava--os com simpatia, porque lhes conhecia a bravura. Cumpriam o mais sagrado dos deveres, defendendo a sua pátria invadida [...]
>
> Homens e mulheres, velhos e crianças em pedaços, com olhos vazados, lábios arrancados, pernas e braços dilacerados, crânios furados com os miolos de fora, os ferimentos mais horríveis e a gangrena enegrecendo os bordos estiomenados e purulentos. Uns, deitados no chão úmido sem uma rama sequer; outros, os menos mutilados, encostados a troncos de árvores. O valente coronel Martínez, que resistira duas semanas e capitulara com honra, estava exausto.[82]

Um dos oficiais que conseguira escapar de Isla Poí disse a Solano López que Martínez e os demais oficiais tiveram oportunidade para escapar, mas não o quiseram fazer. Ignorando a heroica resistência de Martínez e seus homens, Solano López passou a responsabilizá-los pela perda de Humaitá, pois esta teria alimentos para resistir até outubro, e acusá-los de traição, ao se renderem em Isla Poí. A esposa de Martínez, Juliana Insfrán, foi presa por suposta participação na chamada conspiração que Solano López pensou ter descoberto em San Fernando; ela se recusou a abjurar seu marido, mesmo após ter sido chicoteada e sofrido outras torturas, e acabou fuzilada.[83]

Do lado aliado, no período entre 23 de setembro de 1866, após a derrota aliada em Curupaiti, e 5 de agosto de 1868, segundo Rio Branco, os brasileiros tiveram 1479 mortos, 5498 feridos e 672 extraviados; os números argentinos seriam, pela ordem, 163, 243 e 106, enquanto os uruguaios teriam tido um morto e três feridos. No total, a tropa aliada teve 1643 mortos, 5744 feridos e 778 extraviados. Para obter o cerco de Humaitá foram construídos mais de 51 375 metros de trincheira.[84] Para citar números de perdas tão baixos, provavelmente Rio Branco deve ter considerado apenas os mortos em combate, não incluindo os que morreram nos hospitais, destino final de centenas de coléricos.

A NOVA SITUAÇÃO

A queda de Humaitá abriu uma nova fase na guerra e Solano López, mesmo mal informado e subestimando o inimigo, não poderia ter outra percepção senão a da impossibilidade de conseguir uma paz honrosa para si. Ainda assim, persistiu em sua resistência, e com isso vitimou não só os aliados, mas os próprios paraguaios. Ao aliado, por sua vez, ocupar Humaitá não significava o fim da guerra e, pragmático, Caxias acreditava ser o momento de se fazer a paz, para poupar vidas aliadas e recursos financeiros do Brasil. Dom Pedro II, porém, persistiu na posição de que só a derrota de Solano López, com sua prisão e expulsão do Paraguai, garantiria, verdadeiramente, a paz futura. Por isso a guerra continuou, iniciou-se uma nova, e pôs fim a praticamente dois anos dedicados a romper o sistema defensivo inimigo, que teve Humaitá como epicentro.

A situação aliada; Caxias quer a paz

Ao visitar Humaitá em agosto de 1868, Richard Francis Burton avaliou cada um dos Exércitos aliados. Na força brasileira, dirigiu sua atenção para a cavalaria, e escreveu que, até então, ela não tivera muito o que fazer, pois era uma guerra de fortificações. O principal uso dado à cavalaria fora em incursões, reconhecimentos e ataques a postos avançados e, com poucas exceções, ela se comportou bem, "tendo sido correta e bravamente comandada por seus oficiais".

Manuel Vieira Tosta, barão de Muritiba (1807-96).

Luís Alves de Lima e Silva, duque de Caxias (1803-80).

Em agosto de 1868, Caxias defendeu, em carta enviada ao barão de Muritiba, ministro da Guerra, que se fizesse a paz com Solano López. O imperador, porém, ordenou que a guerra continuasse até afastar López do poder.

O acampamento brasileiro era "extremamente limpo", devido às ordens rigorosas de Caxias nesse sentido, por saber que o cólera era evitado pela drenagem da água poluída com esgotos. Esse cuidado estava "na mentalidade dos brasileiros já há algum tempo, mas os argentinos nunca a tentaram". Os homens estavam em "excelentes condições", bem-vestidos, bem alimentados e também bem armados. Estavam "confortavelmente" instalados em barracas e como cada qual abrigava só um oficial ou dois soldados, elas ocupavam um grande terreno. Essa dispersão era benéfica para evitar a propagação de doenças contagiosas.[85]

No acampamento brasileiro a alimentação era boa e havia carne à vontade, a ponto de mesmo os cachorros serem roliços como os cavalos. Tudo era da melhor qualidade e, além da carne, normalmente faziam parte da alimentação semanal mandioca, mate, sal, charque, bacalhau, toucinho, feijão-preto, arroz e legumes. Também recebiam café preto, de manhã e à noite, tabaco e uma garrafa de cachaça para cada grupo de seis pessoas; nisso, escreveu Burton, os brasileiros eram como os irlandeses, "para quem se o pão é a base da vida, o uísque [ou a cachaça] é a própria vida".[86]

Do lado argentino, o quadro não era tão favorável. Sua cavalaria estava, geralmente, mal montada, pois era composta, em sua maioria, por medíocres cavaleiros estrangeiros. O Exército, que começara a guerra com 15 mil homens, não passava de 5 mil homens, mas "todos estão de acordo" que, em caso de guerra com o Brasil, a Argentina poderia mobilizar facilmente 50 mil homens. O contingente era heterogêneo, com soldados de diferentes nacionalidades e portando diversos uniformes; o melhor Corpo era o Santa Fé. A tropa deslocava-se com facilidade, pois era pequeno seu serviço de intendência. O acampamento mudava sempre de lugar, fugindo da sujeira, uma vez que não havia a preocupação de mantê-lo limpo e, nele, utilizavam-se peles rústicas para proteger a tropa, ao contrário das "belas barracas brasileiras". Os soldados eram acompanhados por mulheres, a cavalo ou a pé, e por carroças, onde transportavam "montões de 'pilhagem' doméstica". Eram mal pagos, às vezes nem sequer recebiam soldo, o que os obrigava a pilhar para sobreviver. Como consequência dessa situação, faltava espírito de Corpo, e a disciplina era mantida pela ameaça de corte marcial e pelo pelotão de fuzilamento, sempre pronto a entrar em ação. Posteriormente, em abril de 1869, quando Burton visitou de novo o acampamento argentino, já nos arredores de Assunção, havia visível melhora no aspecto das coisas: "os homens estavam mais limpos; os uniformes pareciam mais uniformes; ninguém se mostrava descontente e até as feias barracas de couro tinham sido substituídas por lona". Quanto ao Exército uruguaio,

Burton afirmou que "simplesmente não consegui encontrá-lo" pois começara com 5600 homens e, em agosto de 1868, restavam trezentos ou quatrocentos deles, a maioria de oficiais, e cujo comandante, general Enrique Castro, era caracterizado como um "gaúcho ordinário".[87]

Para Burton, a aliança entre argentinos e brasileiros era a mesma daquela entre cão e gato. As altas autoridades dos dois países evitavam divergir, pois o vínculo de união entre eles era político e não de simpatia. No Paraguai, os brasileiros mantinham "um excessivo senso de nacionalidade", devido à sua superioridade numérica em relação aos argentinos, os quais estavam magoados por desempenhar um papel secundário. Como consequência, "a guerra não é popular em parte alguma do Prata e espera-se que seu término seja acompanhado de dificuldades"[88] entre os antigos aliados. E foi!

As novidades da primeira metade do ano de 1868 não se restringiram ao campo de batalha. Ao sentir-se criticado em jornais liberais do Rio de Janeiro e ter a impressão, pela correspondência particular que recebia, de que o gabinete brasileiro perdera a confiança nele, Caxias pediu exoneração do comando no Paraguai. Esses motivos foram expostos pelo marquês em carta anexa ao pedido oficial, no qual pretextava problemas de saúde para a solicitação.[89]

Um exemplo foi o jornal *Anglo-Brazilian Times*, publicado em inglês no Rio de Janeiro e ligado à corrente dos liberais progressistas que governava o Brasil. O jornal publicou um violento editorial contra Caxias, de autoria de William Scully, que criticou com duras palavras a condução da guerra:

> Doze meses já se passaram desde que o marquês de Caxias assumiu o comando das forças brasileiras no Paraguai. Àquele tempo dissera ele: "Deem-me mais 10 mil homens e até maio acabarei com a guerra. A nação respondeu generosamente ao apelo. Deu-lhe 17 mil homens com ajuda pecuniária e mantimentos ilimitados, e preparou-se para entoar peãs pelas prometidas vitórias [...] Por fim a impaciência do país rasgou o véu da lisonja e o Exército acabou mexendo-se em Tuiu-Cuê. O movimento não encontrou oposição. O inimigo fora tomado ali de surpresa. O flanco estava mal fortificado e a tropa brasileira esperava ansiosa por uma ordem de ataque. A ordem não apareceu [...][90]

Para o *Anglo-Brazilian Times* faltavam a Caxias energia e decisão para retirar o Exército brasileiro da imobilidade, a qual já custara o aniquilamento de divisões inteiras de homens e de cavalos, "até transformar o campo de batalha em uma vasta sepultura". Havia, porém, segundo o jornal, outros generais que, no comando em chefe, seriam capazes de reverter essa situação. Assim, "Osorio atrairia logo para seu lado centenas de voluntários, enquanto a ação dilatória de Caxias não lhe permite arranjar um só recruta".[91] Esse periódico foi fundado em 1865 pelo irlandês William Scully e era parcialmente patrocinado pelo governo britânico, que o utilizava para veicular seus objetivos em relação ao Brasil.[92]

As dificuldades na guerra eram exacerbadas pela oposição liberal no Rio de Janeiro, como forma de atacar o comando de Caxias, um expoente conservador. Ele era duramente criticado pela imprensa liberal, "que ia aos extremos do desvario, negando-lhe até mesmo a capacidade profissional e pondo-lhe apelidos degradantes".[93] Essa crítica também era um modo de os liberais-progressistas do Gabinete Zacarias dividirem, perante a opinião pública, o desgaste da longa duração da guerra.

Como resposta ao pedido de demissão do comandante em chefe no Paraguai, o gabinete liberal propôs-se a renunciar ao governo, se tal fosse necessário para manter Caxias em seu posto. Consultado pelo imperador se a demissão deveria ser dada ao general ou ao gabinete, o Conselho de Estado se manifestou contra qualquer uma das alternativas. Dom Pedro não se contentou com a resposta e perguntou qual das duas demissões seria o mal menor e o Conselho acabou por apontar a saída do gabinete.[94]

Assim, o ministro da Guerra, em ofício de 21 de fevereiro, comunicou a Caxias não ser possível aceitar sua demissão, pois continuava a merecer a confiança do governo. Em carta escrita por Paranhos e assinada por proeminentes líderes conservadores, pedia-se ao marquês que não se demitisse. Tal pedido explica-se, em parte, pelo estrago que, à imagem do Partido Conservador, poderia causar a volta de Caxias, senador por essa agremiação partidária, sem uma grande vitória militar contra o inimigo, pois a notícia da ultrapassagem de Humaitá ainda não era conhecida. Ademais, escreveu Paranhos ao barão de Cotegipe, não interessava aos conservadores substituírem os liberais no governo naquele momento. Se tal ocorresse como consequência de uma crise causada "pelo general nosso amigo", a animosidade popular se levantaria contra o Partido Conservador. Acrescentava Paranhos, maquiavelicamente, que não convinha ao seu partido ter sobre si "o desfecho incerto de uma guerra ruinosa". Ao promover a convivência entre liberais e Caxias, "guardamos toda a força que hoje nos dá a opinião pública para o novo período de paz, ou para concluir a guerra, se o Ministério cair por sua própria fraqueza".[95]

Cinco meses depois, em 16 de julho, caía o Gabinete Zacarias, sob o qual ocorreu o período mais difícil da guerra e que assistiu, como maior feito militar, à ultrapassagem de Humaitá pela esquadra. Esse acontecimento não causou impacto positivo na opinião pública, que aguardava, sim, a tomada da fortaleza, o que viria a ocorrer dias depois da queda do gabinete liberal. O ministério chefiado por Zacarias encontrava-se fraco, sofrendo forte oposição na Câmara e no Senado, tanto dos conservadores como da facção "histórica" do Partido Liberal, os quais, junto com a imprensa, exploraram o incidente com Caxias para desprestigiar o Gabinete.[96]

De acordo com Joaquim Nabuco, o imperador achava-se "ansiosamente identificado com a situação militar de Caxias" e tudo faria para mantê-lo no Paraguai. Dom Pedro ficara apreensivo quanto a complicações externas que poderiam advir da polêmica levantada pela oposição no Legislativo em torno da relação entre o marquês e o Gabinete. A polêmica sobre Caxias poderia extravasar para o questionamento da própria guerra. O presidente do Conselho de Ministros, por sua vez, vendo-se em crescentes dificuldades políticas, classificou de "desacertada" a escolha, pelo imperador, na lista tríplice de candidatos a ocupar a vaga de senador pelo Rio Grande do Norte, de Salles Torres Homem. Conforme a Constituição, cabia ao imperador fazer essa escolha a partir de uma lista tríplice, resultante dos três candidatos mais votados em eleição para o cargo. Torres Homem liderara, em 1862, a derrubada do efêmero gabinete presidido pelo próprio Zacarias. Essa nomeação serviu de pretexto mútuo, de um lado a dom Pedro, para forçar a queda do gabinete, e, de outro, a Zacarias, para retirar-se altivamente.[97] Assim, os conservadores acabaram voltando ao poder, chamados para formar um novo ministério, presidido pelo visconde de Itaboraí.

A mudança de gabinete repercutiu intensamente na vida política brasileira. Entre os anos de 1862 e 1868, a ideia da Liga ou Partido Progressista, que unisse os liberais e os conservadores moderados, revelara-se inviável. Nesse período, as duas partes viveram lutas frequentes, as quais, nas palavras de Iglésias, "desgastam o país e indispõem a facção aos olhos imperiais". A queda do gabinete, em 1868, cingiu as duas facções liberais, o que permitiu a revitalização do Partido Liberal, com a ala mais radical assumindo a postura republicana. Aqueles que saíram do ministério fundaram o Centro Liberal, de onde surgiu o Clube da Reforma que adotou o lema "Ou a reforma ou a revolução". Esse Clube defendia os seguintes pontos: que o rei reinava, mas não governava; que os ministros fossem responsáveis pelos atos do Poder Moderador (cujo fim era defendido pelos radicais); que houvesse a descentralização; que o ensino fosse livre; que o Senado fosse eletivo e temporário; que houvesse sufrágio direto na escolha dos governantes das capitais de províncias e cidades maiores; que se substituísse o trabalho escravo pelo livre; que os parlamentares fossem proibidos de nomear os ocupantes de cargos públicos e, ainda, que se estabelecesse a magistratura independente.[98]

Os conservadores, apesar de, no geral, se terem oposto à continuidade da guerra quando estavam na oposição, mudaram de postura ao ascender ao poder, seguindo com o conflito até a morte de Solano López. Caxias, mergulhado na terrível realidade da guerra, teve comportamento diferente e, como o governo era composto por seus companheiros de partido e amigos pessoais, passou a externar francamente suas opiniões nos ofícios dirigidos ao novo ministro da Guerra, o barão de Muritiba. Assim, em agosto de 1868, o marquês escreveu que ao inimigo não restava outro recurso a não ser a "pequena guerra", a qual não seria tão mortífera quanto fora até então. Essa nova etapa do conflito obrigaria, segundo ele, o Exército imperial a penetrar em um "país devastado e privado do mínimo recurso" para manter uma força invasora, o que obrigava o Brasil a ter mais gastos com fornecedores. Isso posto, Caxias declarava que "como Brasileiro e Senador do Império, e com a consciência de general, tenho para mim que as injúrias irrogadas pelo tirano do Paraguai às Potências aliadas estão mais que suficientemente vingadas", e apontava as grandes perdas paraguaias como prova de sua asserção. Afirmava o marquês que apenas "essa irritante cláusula que exigia a retirada de López do país contida com a mais imperdoável imprevidência no Tratado" fazia com que o chefe de Estado paraguaio, em "seu orgulho descomunal", não pedisse a paz.[99] Para Caxias, "já tiramos uma boa desforra do López, pois o Paraguai fica arrasado para 50 anos, pelo menos".[100]

A proposta de Caxias de término da luta ia ao encontro do sentimento militar no Brasil, onde a guerra era crescentemente impopular. Os brasileiros aspiravam à paz, e "novamente" se falava nela como algo que teria como requisito apenas a garantia paraguaia de livre navegação do rio Paraguai e da evacuação de Mato Grosso.[101] Havia crescente ansiedade e desânimo da opinião pública em relação à guerra e "no próprio Parlamento se clama e declama contra a duração da guerra".[102]

No ofício em que propunha a paz, Caxias concluía afirmando, de modo disciplinado, que o governo imperial poderia contar com ele, fosse para continuar, fosse para acabar com a luta. A ideia de paz proposta pelo marquês coincidia com a da opinião pública brasileira e, quando ele a fez, tinha motivos para crer que o novo gabinete buscaria uma solução diplomática e não militar para a guerra. Afinal, o novo presidente do Conselho de Ministros, visconde de Itaboraí, lamentara, antes de ascender ao poder, que o Império não tivesse aproveitado as ofertas de mediação por "nações amigas e poderosas". Contudo, dom Pedro II mandou comunicar a Caxias que a guerra devia seguir e o ministro da Guerra o informou de que a luta deveria terminar apenas com a expulsão de Solano López do Paraguai.[103] Fiel à monarquia, sendo antes seu representante no Exército e não deste no sistema político, Caxias acatou a ordem recebida, ainda que com a ressalva de que "vou seguindo até onde me permitirem minhas forças e o governo imperial julgar conveniente".[104]

O imperador manteve até o fim do conflito a convicção de que era preciso destruir de vez toda a influência "lopizta" no Paraguai, daí recusar a paz que não atendesse a esse objetivo. Constava no Tratado de Aliança, e os aliados não cansavam de repetir, que a guerra não era contra a nação paraguaia, mas, sim, contra Solano López. Fora este que atingira, segundo o discurso imperial mobilizador da população para o conflito, a honra brasileira, a qual estaria totalmente resgatada apenas com a derrota pessoal do chefe de Estado paraguaio. A guerra, distante e difícil, fez com que dom Pedro se mantivesse, nesse quinquênio, pensativo e preocupado, a ponto de, com apenas quarenta anos de idade, seus cabelos branquearem.[105] O pacífico monarca amigo das artes, imagem que Pedro II possuía até a invasão paraguaia do território brasileiro, transformou-se no senhor da guerra, no governante inflexível.[106]

A situação paraguaia: a paranoia de Solano López

Após o término dos trabalhos de fortificação no rio Tebicuary, Solano López cruzou o rio e instalou seu quartel-general a um quilômetro de distância, em San Fernando, uma estância da pátria onde havia gado para alimentar a tropa. San Fernando situava-se em um terreno seco e lá foram construídos ranchos, galpões, bem como uma pequena oficina para o conserto do armamento. Foi instalada uma rede telegráfica que ligava esse quartel-general a posições defensivas na proximidade, e não havia ligação direta com Assunção.[107]

Em fevereiro de 1868, por ocasião da passagem das embarcações brasileiras por Humaitá, Saturnino Bedoya, tesoureiro-geral do Estado paraguaio e cunhado de Solano López, estava no quartel-general deste, no acampamento de Ceibo, ainda no Chaco, e fez um comentário, em tom de brincadeira. Estavam presentes os generais Barrios e Bruguez, bem como o bispo Palacios, e Bedoya disse que as pessoas importantes de Assunção, ao pensarem que o inimigo tomara Humaitá, não veriam com contrariedade ter que instalar um novo governo, "que teremos de ir tirá-lo, puxando-o pela orelha". Bedoya estava no quartel-general desde 25 de dezembro de 1867, quando, como presidente de uma comissão popular, presenteou Solano López, por ser seu aniversário, com uma espada de ouro incrustada de brilhantes e outros objetos de valor, em nome dos habitantes de Assunção.[108] Um dos ouvintes daquele comentário jocoso, provavelmente o bispo Palacios, procurou Solano López, comunicando-lhe essa conversa. Enquanto isso, em Assunção, tal passagem levou o vice-presidente, Francisco Sánchez, a pedido do comandante das armas, coronel Venancio López, a reunir um Conselho Consultivo, do qual faziam parte Benigno López, irmão do chefe de Estado paraguaio; Francisco Fernández, comandante militar da capital; o juiz Bernardo Ortellado e quatro outros expoentes locais para decidir o que fazer diante da aparição de navios inimigos na baía.[109] Discutiu-se se deveria ou não hostilizar os navios inimigos, caso aparecessem na baía da cidade, pois, segundo o comandante Francisco Fernández, o pouco armamento disponível permitiria enfrentá-los a tiros por pouco tempo. Decidiu-se, afinal, que se faria fogo contra as belonaves brasileiras e que a capital seria transferida para Luque, cidade próxima de Assunção e a salvo dos canhões desses navios.[110]

Não satisfeito com essa decisão, Venancio López incentivou o vice-presidente a convocar uma nova reunião do Conselho Consultivo, em que se voltou a discutir a questão da resistência ou não aos navios brasileiros, e se decidiu, novamente, por atacá-los com tiros de canhão. Essas duas reuniões e outras realizadas na época, uma delas dos chefes policiais em Paraguarí, levantaram a suspeita em Solano López de que tramavam para tirá-lo do poder, e substituí-lo por seu irmão Benigno. Em 16 de março de 1868, o chefe de Estado paraguaio enviou enérgica nota ao vice-presidente, na qual lhe pedia explicações sobre seu comportamento e o acusava de estar sob a influência de Benigno e Venancio López. A resposta de Sánchez, por sua originalidade e simplicidade, foi capaz de convencer o líder paraguaio de que não estava envolvido em nenhuma atividade conspirativa.[111]

Com a ultrapassagem da fortaleza de Humaitá pela esquadra brasileira, Solano López se retirou dessa posição para o interior. No Brasil havia a esperança de que o ditador paraguaio fugisse do país. Na sátira, Solano López como ave de rapina, refugiado na Bolívia.

A essa altura, após três anos de guerra, Solano López era, conforme José María Rosa, "um jaguar na selva acossado sem trégua por seus perseguidores". Com a ultrapassagem de Humaitá e a navegação dos navios brasileiros rio acima, o marechal-presidente passou a viver, na definição de Williams, um "carnaval de paranoia", tornou-se mais taciturno e desconfiado, e só acreditava em quem lhe falasse de traição. Conforme avançava a guerra e, no plano concreto, existiam menos possibilidades de o Paraguai evitar uma derrota, Solano López era apontado crescentemente pela propaganda oficial, sobretudo pelo jornal *Cabichuí*, quase como um super-homem, quando não uma semidivindade, capaz de superar sozinho a situação objetiva. Essa passagem do mundo real para o imaginário contribuiu para que do lado guarani não se parasse a guerra, ao mesmo tempo que aqueles à volta do marechal-presidente mistificado passassem a ser suspeitos de potencial traição, única maneira de explicar que a semidivindade estava sendo derrotada pelos aliados.

Solano López ordenou a vinda, a seu acampamento, de José Berges, ministro das Relações Exteriores, do coronel Venancio López, do major Francisco Fernández e de outras figuras públicas. Também Benigno López foi chamado, mas, como estava em sua fazenda em Concepción, demorou mais a chegar ao quartel-general de Solano López. Este já ouvira Saturnino Bedoya que, "aterrado com sua situação", fez declarações contraditórias. Aos recém-chegados foram feitas perguntas com duplo sentido e eles, à medida que se davam conta do que ocorria, "se contradiziam, em especial aqueles espíritos medrosos".[112]

Quando Benigno López chegou, o ambiente lhe era totalmente desfavorável. Segundo Fidel Maíz, profundamente envolvido nesses acontecimentos, os dois irmãos, Benigno e Francisco, não se davam bem, assim como todos os membros da família López, que tinham um caráter "tétrico", sendo distantes uns dos outros; "não se visitavam jamais" e existia entre eles "um antagonismo irreconciliável".[113] A correspondência entre Solano López e seu irmão Venancio, no entanto, mostra o contrário, um carinho constante com sua mãe e a preocupação com os irmãos.[114] O fato, porém, é que, ao apresentar-se a Solano López, Benigno foi interpelado com a pergunta "o que vocês pensavam fazer na capital?". Este último respondeu, calmo, que, ao não se receberem em Assunção notícias desde que Humaitá fora sitiada, "acreditamos ser chegado o momento de pensar e tomar alguma resolução tendente a salvar nossas pessoas e nossos interesses". O líder paraguaio afirmou, então, ao coronel Bernardino Caballero, testemunha da cena, que os participantes da reunião na capital "são mais *negros* do que os próprios *negros*", inimigos maiores do que os próprios brasileiros. Ao chegar a San Fernando, Solano López ordenou a prisão de Benigno, sob a acusação de conspiração, e este ficou proibido de receber visitas ou conversar com qualquer pessoa, à exceção de um ajudante de ordens.[115]

Da suposta conspiração, que envolveria os nomes mais importantes do governo paraguaio, só se soube por meio de Solano López. Ninguém conheceu, registrou ou comentou a conspiração antes. Cecilio Báez defende que a conspiração foi inventada por Solano López para justificar seu fracasso. Báez escreve, com ironia, que essa conspiração permitia justificar a retirada do Exército paraguaio do quadrilátero e apresentar a lógica de que, se os traidores não tivessem revelado os planos de batalha aos aliados, estes estariam aterrados, prostrados aos pés de Solano López.

> Justificava o marechal seus grandes e funestos fracassos, com o suposto conhecimento de seus transcendentais planos pelos inimigos, por terem sido prevenidos por desleais filhos da pátria.[116]

Uma noite, um dos ajudantes de Solano López foi visto ao ir visitar Benigno. Submetido a "rigoroso" interrogatório, esse ajudante afirmou que Benigno planejava o assassinato do irmão, com a ajuda do major Fernandes, ajudante de campo do marechal. Também deu uma série de nomes de altas personalidades, como o irmão Venancio, o cunhado e tesoureiro-geral Saturnino Bedoya e José Berges, entre outros, como envolvidos na suposta conspiração. Benigno afirmou que o objetivo do movimento era matar Solano López e disse que o representante dos Estados Unidos, Charles Washburn, era o intermediário entre Caxias e os conspiradores. Ao mesmo tempo, uma das pessoas presas em Assunção confessou a existência da conspiração, da qual participariam umas duzentas pessoas. Diante de tantos envolvidos, Solano López mandou instalar seis tribunais para julgar os supostos conspiradores, sendo os réus mais importantes José Berges, Benigno López, os uruguaios Antonio de las Carreras (ex-representante diplomático que estimulara o envolvimento paraguaio na situação platina em 1864) e Rodriguez Larreta, o general Bruguez e muitos outros.[117] Era impossível que sob a violenta ditadura lopizta, que controlava toda a população, em que até os padres confessores funcionavam como espiões, duzentas pessoas tivessem conseguido articular uma conspiração. Esta seria descoberta logo no início, antes de adquirir tais dimensões.

O funcionamento dos tribunais foi acompanhado pelos majores Aveiro e Serrano. Eles levavam a Solano López o conteúdo das declarações dos réus, e o líder paraguaio, por meio dos dois majores, mandava fazer-lhes perguntas ou repetir aquelas cujas respostas não o satisfizeram. Desse modo, a realidade era que "aquele que verdadeiramente processava era o próprio marechal". Segundo Fidel Maíz, antes dos julgamentos, López marcava com um "x", a lápis, os nomes dos acusados que deveriam ser mortos.[118] Os tribunais eram uma farsa, tanto que os acusados nunca tiveram advogados nem puderam defender-se. Todas as confissões foram obtidas mediante tortura, e nem elas nem os próprios processos mereciam qualquer fé.[119] Os acusados, para "confessar", tinham as mãos esmagadas com marteladas; eram amarrados no cepo, chicoteados ou espancados; muitos morreram nas sessões de tortura. Aqueles que supostamente morreram na cadeia, na verdade, faleceram vítimas de torturas.[120] Como se vê, as ditaduras nesta parte do continente, no trato com supostos opositores, têm características comuns transcendentes no tempo.

O antigo gerente do Consulado português, Leite Pereira, foi torturado e, sofrendo de "atrozes dores", confessou a conspiração. Interrogado, acusou Dolores Recalde de servir de correio entre os principais chefes da conspiração. Ao ver, porém, que se aproximava o momento em que seria morto, Pereira pediu, em público, perdão a essa senhora pelo mal que lhe fizera e suplicou que não se considerasse o que ele dissera.[121]

A "cadeia" em San Fernando era, na verdade, um grande terreno, com uma cerca de estacas e sem nenhum tipo de construção para abrigar os presos. Os sentinelas davam pontapés e batiam nos prisioneiros, que, sob qualquer pretexto, eram expostos ao sol ardente, à chuva e às tempestades e ao ataque de enxames de insetos. Essa situação quase os levava à loucura e seu infortúnio era agravado por receberem, como alimentação, apenas as entranhas dos animais mortos. Certo dia um dos prisioneiros, argentino, foi retirado do cercado e, ao voltar, com o corpo em estado lastimável, escreveu "100" na areia, para indicar o número de açoites a que fora submetido. No dia seguinte, ele foi novamente retirado e submetido a duzentos açoites e, por fim, foi fuzilado no terceiro dia.[122]

Quando, em setembro de 1868, Solano López se transferiu de San Fernando para a nova linha defensiva de Piquissirí, esses prisioneiros tiveram que marchar, em sete dias, quase duzentos quilômetros, com grilhões presos aos pés. Foram obrigados, inclusive, a atravessar, durante cinco horas, um pântano, com água na cintura, e os que, exauridos, não conseguiam mais caminhar foram mortos por baionetas. A esposa do coronel Martínez, que se rendeu em Isla Poí, foi, como se viu, fuzilada, mas antes participara dessa marcha; estava desfigurada, com a cara enegrecida, e, por ter sido colocada seis vezes no cepo, tinha o corpo coberto de feridas e as costas em carne viva.[123] Julián N. Godoy, ajudante de ordens de Solano López, afirmou, em depoimento prestado em 1888, que muitas mulheres não resistiam ao rigor da marcha e, nesse caso, "tínhamos ordem superior de matar as que não podiam continuar, sendo lanceadas ou degoladas", para impedir que, ao ficarem para trás, dessem informações ao inimigo.[124]

Em 21 de dezembro de 1868, em Lomas Valentinas, foi lida e executada a sentença de fuzilamento do tribunal contra o bispo Palacios e outros "réus de Estado". Palacios fora, até poucas semanas antes, um dos aduladores de Solano López e acabou por ser acusado de traição. Antes de ficar de costas para o pelotão de fuzilamento, o bispo fez uma oração em que ratificava sua inocência, e responsabilizou o padre Fidel Maíz, um dos juízes, de tê-lo perseguido. Em seguida foi fuzilado pelas costas, junto com outros, como o general Barrios, o ex-chanceler José Berges e Benigno López. Este foi, antes, açoitado por Fidel Maíz para revelar onde guardava seu tesouro, ao que respondia não ter nada, pois gastava tudo. Maíz caiu prisioneiro das tropas brasileiras em março de 1870 e, em carta dirigida ao conde d'Eu, datada de 21 de abril desse ano, afirmou que Benigno López e José Berges eram vistos, por sua melhor formação intelectual, como rivais por Solano López, o que explicaria a acusação de traidores, apesar de, revistados os bens pessoais de ambos, não se achar nenhum documento incriminatório.[125] Mesmo tendo esse sacerdote escrito a carta já como prisioneiro, no mínimo sob a coação moral dos seus captores, ainda assim o fato é que não existiu sequer uma prova sobre a suposta conspiração, exceto as confissões obtidas sob tortura.

No final do século XIX, o padre Fidel Maíz afirmou sobre a conspiração: "Eu acredito que não existiu". Segundo Maíz, quando Solano López ficou cercado pelo inimigo, acreditou-se em Assunção que ele estava perdido e não se pensava que viesse a escapar pelo Chaco. Poucos anos depois, no início do século XX e já envolvido pela campanha revisionista lopizta, Maíz mudou de posição, ao escrever em seu livro de memórias ter havido a conspiração. Julián N. Godoy, ajudante de ordens de Solano López, acreditava na veracidade da conspiração e que o objetivo dela era pôr fim à guerra; como, porém, esse militar comandou batalhões de execução, teria interesse, consciente ou não, em fazer crer nessa versão. Vários sacerdotes, que acompanharam o Exército paraguaio e sobreviveram à guerra, afirmam que a conspiração não existiu.[126]

Com as acusações do governo paraguaio contra sua pessoa, o representante norte-americano, Washburn, retirou-se do país. Antes, porém, fez sua defesa em um documento de 28 páginas enviado ao ministro paraguaio interino das Relações Exteriores. Washburn argumenta solidamente, e mostra as incongruências das acusações contidas nas declarações em que José Berges confessou ligações conspiratórias entre ambos.[127]

A retirada de Washburn do Paraguai obrigou os refugiados abrigados na Legação dos Estados Unidos a se entregarem à polícia, e lá ficaram presos. Entre eles estavam o inglês Jorge Federico Masterman e o norte-americano Porter

Cornelio Bliss, contratado para escrever um livro sobre a história paraguaia. O primeiro fora farmacêutico-chefe do Hospital de Assunção e escreveu, na prisão, *Historia secreta de la misión del ciudadano norte-americano Charles A. Washburn*, em que confirmava a conspiração e a atuação desse diplomata como elemento de contato entre os dissidentes paraguaios e Caxias. Masterman foi então libertado, junto com Bliss, e, em *Siete años de aventuras en el Paraguay*, deu testemunho do que viu e viveu no país guarani. Nesse relato desmente a existência da citada conspiração, descreve as torturas pelas quais passou na prisão e afirma terem ele e Bliss recebido autorização de Washburn para dizer qualquer coisa contra esse diplomata que pudesse servir para salvar suas vidas. Segundo Thompson, a acusação contra Masterman e Bliss foi "uma horrível farsa".[128]

Caxias negou envolvimento na suposta conspiração e classificou de calúnia a acusação. O uso de tortura por Solano López, para arrancar dos prisioneiros a confirmação das suspeitas de conspiração, invalidam seu valor. Williams classifica a acusação de fantasiosa; Thompson e Von Versen, militar prussiano prisioneiro dos paraguaios, desmentem que o comandante brasileiro tivesse recebido informações de alguém próximo de Solano López, pois este possuía uma eficiente espionagem que impediria esse fato. Luis Vittone afirma que houve a conspiração, baseando-se em documentos, escritos no início do século XX, por sobreviventes da guerra e atores desses acontecimentos.[129] Estes escreveram sem a ameaça de tortura, ao contrário daqueles que foram obrigados a confessar em 1868, mas já partícipes do movimento lopizta de mistificar a figura de Solano López, de reescrever a história, criar versões, apagar fatos e reinterpretar outros. Na adulteração da história, o lopizmo foi mais eficiente do que o stalinismo, pois este não encontra defensores há anos, enquanto a tirania de Solano López tem, ainda, incautos intelectuais a defendê-la.

A documentação disponível e a lógica dos fatos levam à conclusão de que não existiu a articulação anti-López. Se a conspiração fosse verdadeira, os três navios da esquadra brasileira que se apresentaram diante de Assunção deveriam ter desembarcado tropas. Também foge à lógica o fato de os supostos conspiradores, ao verem os navios em frente da capital e por serem as forças imperiais, como afirma Maíz, o respaldo de que necessitariam para agir, não levarem, naquele momento, o plano adiante.

De todo modo, de 31 de maio a 14 de dezembro de 1868, das pessoas que morreram nas prisões paraguaias — o número delas varia entre quatrocentos e 2 mil, conforme o autor que se consulte —, três quartos eram acusadas de traidoras. Um terço dos fuzilados foi de prisioneiros de guerra, acusados de traição, quando não deviam lealdade ao ditador paraguaio, posto que eram militares dos exércitos aliados. Foram mortos quase todos os homens de relevância de Assunção e do interior e, em seguida, os generais. Um destes, o general Barrios, era cunhado de Solano López e, colocado em prisão domiciliar, tentou suicidar-se cortando o pescoço na frente da esposa; foi medicado e salvo para, mais tarde, ser fuzilado. Os presos, após confessarem sob tortura serem conspiradores, eram condenados à morte e levados, em grupos de trinta a quarenta pessoas, para as margens do Tebicuary, onde eram executados. Solano López indultou seus irmãos Venancio, Inocencia e Rafaela, que também tinham sido condenados à morte, mas não Benigno, executado após ser chicoteado. O ditador "o tratava com muito rigor", pois não se esquecera de que esse seu irmão tentara suceder a Carlos Antonio López na presidência do Paraguai.[130] As execuções não tiveram fim aí, pois nos últimos meses da guerra novos massacres ocorreram por ordem de Solano López, especialmente em Horqueta e Concepción, onde dezenas de pessoas, acusadas de conspiração, foram mortas com lanças.[131]

Os condenados eram lanceados com uma arma com ponta de aço. O verdugo mirava e golpeava a lança no coração da vítima, atravessando o tórax; no esforço para retirá-la, pedaços do corpo vinham na ponta da arma. Às vezes o verdugo errava o golpe, decepava um pedaço do rosto, fendia o crânio ou, se atingia o ventre, colocava os intestinos da vítima para fora.[132]

Para George Thompson, eram dois os objetivos de Solano López com esses fuzilamentos. Um era o de eliminar todas as pessoas a quem ele "não queria bem", expressão que pode ser interpretada como aqueles que poderiam fazer parte de uma nova estrutura de poder. Outro objetivo era o de apoderar-se de todo o dinheiro, público e de particulares, que existia no país. Quase todo esse dinheiro teria sido retirado do país por navios de países neutros, que estiveram na fortificação paraguaia de Angostura em fins de 1868. Em Buenos Aires, o jornal *The Standard* ratificou que a acusação de conspiração foi utilizada para prender e matar comerciantes estrangeiros e confiscar seus bens.[133]

A apropriação de dinheiro do Tesouro paraguaio por parte de Solano López foi relatada aos aliados, em fins de 1869, pelo alferes da Marinha paraguaia Ángel Benítez, após desertar juntamente com o capitão Ramón Vera e Elias Luján, ajudante de ordens do ditador. Benítez relatou ter Solano López ordenado, quando fugia pelas Cordilheiras, um balanço de todas as carretas que transportavam dinheiro. O resultado foi que ainda havia 10 mil patacões de prata e algumas centenas de onças de ouro que foram embarcadas em cargueiros, enquanto a grande soma de papel-moeda, que nada valia, foi abandonada. Benítez afirmou ter assistido, em Ascurra, à entrega de 28 mil patacões em prata e seiscentas onças de ouro, feita pelo chanceler Camiños ao ministro norte-americano McMahon, às vésperas de este retirar-se do Paraguai. Anteriormente, Solano López enviara mais de 20 mil patacões a Gregorio Benítez, representante paraguaio em Paris.[134] McMahon teria se retirado do Paraguai com o ouro e a prata pertencentes ao Tesouro nacional,[135] distribuídos em "trinta e tantos caixões pesadíssimos", para os quais pediu e obteve guarda da força brasileira que ocupava Assunção.[136] Esses baús não poderiam ser revistados pois, afinal, faziam parte da bagagem de um representante diplomático.

O militar paraguaio Arturo Bray apresenta, porém, uma interessante explicação para o ocorrido em San Fernando. Segundo esse autor, uma conspiração contra Francisco Solano López não poderia se originar quer no Exército, quer entre a população. A força militar era inteiramente submissa ao líder paraguaio e ambos, povo e Exército, estavam submetidos à espionagem constante, com delações sendo estimuladas "a preço de ouro" e "intrigas infames [eram] elaboradas à custa da vida do próximo". Em tal ambiente, não era possível, mesmo que se desejasse, elaborar e implementar uma conspiração, exceto se fosse palaciana, surgida entre os membros da família López.[137] Para Bray, com a chegada dos navios brasileiros a Assunção, a família López acreditou que a guerra estava perdida e, o que era pior, acreditou que seus interesses estavam em perigo. A citada reunião das autoridades presentes na cidade teria sido, de fato, convocada por Juana Carrillo, mãe de Solano López. Nessa reunião, ela revelou que, na verdade, Solano López não era filho de Carlos Antonio López, para argumentar que Francisco não tinha o direito de usurpar a presidência do país. Com essa sensacional revelação, ela esperava obter o apoio dos presentes para chegar a uma paz com os aliados, que salvasse o Paraguai do aniquilamento e, principalmente, colocasse a salvo "as vastas riquezas dos López". Na verdade, Solano López ocupava a presidência legalmente, por decisão do Congresso, ainda que este tenha sido constrangido a elegê-lo. O fato de ser filho de Carlos Antonio López era, porém, a verdadeira base de legitimidade para Solano López ter assumido a presidência paraguaia. A confissão de Juana Carrillo retirava-lhe essa base.[138]

Ao visitar Assunção em 1888, o político e intelectual argentino Estanislao Zeballos também ouviu, de fontes diferentes, a informação de que Solano López não era filho da Carlos Antonio López. Todas as pessoas com quem Zeballos conversou, na capital paraguaia, sobre o falecido ditador, destacaram a diferença de fisionomia entre Solano López e Carlos Antonio López. Essas pessoas

> concordam que [Solano López] não é filho deste [Carlos Antonio López], mas, sim, de um senhor Rojas. Desse modo, López seria meio-irmão do atual coronel Mesa, que é filho de Rojas, sendo parecidos. Isso é voz pública em Assunção...[139]

Rojas foi, à sua época, um dos homens mais ricos do Paraguai e, ao mesmo tempo, chefe da polícia política de Carlos Antonio López. Segundo versão corrente entre estudiosos paraguaios, não necessariamente aceita por eles mas que o autor deste livro crê ter grande probabilidade de ser verdadeira, Rojas era padrasto de Juana Carrillo e a engravidou. Para contornar a situação, procurou alguém que se dispusesse a casar-se com ela e assumir a paternidade do bebê, em troca de recompensa financeira. Carlos Antonio López, jovem advogado, aceitou esse papel e, afinal, não discriminou o filho de Rojas, Francisco Solano López, ao dar-lhe tratamento idêntico ao dispensado a seus verdadeiros filhos. Além da semelhança física a ligá-los, Francisco Solano López recebeu uma herança de Rojas, com a qual construiu um palácio para ele que, hoje, é a sede do governo paraguaio.

Solano López retirou-se de San Fernando, e as tropas brasileiras, ao chegarem ao local, encontraram uma cena impressionante. Os corpos das vítimas executadas tinham sido jogados em valas, sem serem cobertos com terra, e eram sobrevoados por urubus que disputavam pedaços dos cadáveres. Em cada vala havia um letreiro, colocado em uma vara "fincada numa garganta ou numa boca", com os dizeres *Traidores da Pátria*. Os cadáveres, todos "imensamente inchados" tinham ferimentos de lança, de bala ou de faca, "as gargantas cortadas, cobertas de varejeiras, os peitos largamente fendidos e restos dos intestinos, que os urubus já tinham arrancado".[140]

Caxias relatou ao ministro da Guerra o que viu ao ocupar San Fernando. Mostrou-se impressionado ao ver, em uma vala, cadáveres semissepultados, com cabeças, braços e partes de tronco fora da terra. Em outra, os cadáveres foram apenas jogados, permanecendo insepultos, e podia-se ver que alguns haviam sido mortos por degolamento e por decapitação. Reagindo ao tétrico espetáculo, Caxias escreveu um parágrafo que sintetiza a visão que os governantes brasileiros tinham da guerra e do papel civilizador do Império do Brasil em relação ao Paraguai.

> Os que tivessem comigo observado o que acabo de descrever, no solo de uma República que se diz regida por livres instituições, e em um país que se proclama católico, haviam [de] convencer-se de que o mais irremediável inimigo que o povo paraguaio tem tido e tem é o seu atual ditador, Francisco Solano López. Eles seriam os primeiros a declarar que as potências aliadas, independentemente da vingança das injúrias feitas às suas bandeiras, cumprem, tratando de livrar o Paraguai de López, a mais santa e justa causa que o catolicismo, a humanidade e a civilização lhes podiam confiar.[141]

AVANÇO E VITÓRIAS ALIADAS

Com a queda de Humaitá, agora nas mãos dos aliados, Solano López ordenou a evacuação de San Fernando e recuou para Piquissirí, onde se instalou em meados de setembro de 1868. Mandou erguer, na barranca da desembocadura desse rio no Paraguai, a fortaleza de Angostura, cercada por terreno úmido e bosques. Essas fortificações poderiam tornar-se um instrumento imobilizador dos aliados, tal qual o fora o quadrilátero defensivo de Humaitá, mas Caxias implementou uma estratégia para contorná-las e atacar Solano López pela retaguarda.

De Humaitá a Lomas Valentinas

Enquanto aguardava a resposta do novo governo brasileiro à sua sugestão de que se negociasse a paz, Caxias manteve-se ativo no plano militar, preparando, ainda em agosto, o ataque ao inimigo em Tebicuary. No dia 13 desse mês reuniu em seu quartel-general, em Pare-Cuê, os chefes militares aliados e apresentou-lhes um plano de operações, ao qual todos foram favoráveis.[142] Acreditava

Enquanto seu cavalo pisoteia as bandeiras dos países aliados, Solano López aterroriza, com sua espada, Pedro II, que cai de joelhos. Ao contrário do que mostra a gravura, a essa altura da guerra era precária a situação militar paraguaia, e Solano López recuava.

o marquês poder terminar a guerra em dois meses, "para daqui safar [-me] logo, enquanto Deus me conserva a saúde". Acreditava, também, "que já tiramos uma boa desforra do López, pois o Paraguai fica arrasado para 50 anos, pelo menos".[143]

O general Gelly y Obes comunicou, pouco depois, no dia 15, que os 6 mil soldados argentinos não marchariam com as forças brasileiras, pois recebera ordens nesse sentido de seu governo, por "estar a situação impregnada de ideias de paz". No mesmo ofício em que informava tal fato ao Rio de Janeiro, o marquês afirmava que Gelly y Obes se desfizera em gentilezas com a parcela de oficiais paraguaios prisioneiros que, na partilha entre as forças aliadas, permanecera sob os cuidados dos militares argentinos. Esses oficiais foram libertados, e procurou-se-lhes incutir que deviam isso à generosidade argentina, sendo imediatamente encaminhados a Buenos Aires.[144]

A postura de Gelly y Obes reforçou a crença de Caxias, exposta no dia anterior, 14 de agosto, de que a Argentina tinha interesse na continuação do conflito. O motivo seria o lucro com as libras que o Brasil "despejava nos cofres de Buenos Aires", uma referência ao dinheiro que o Império gastava no Prata na compra

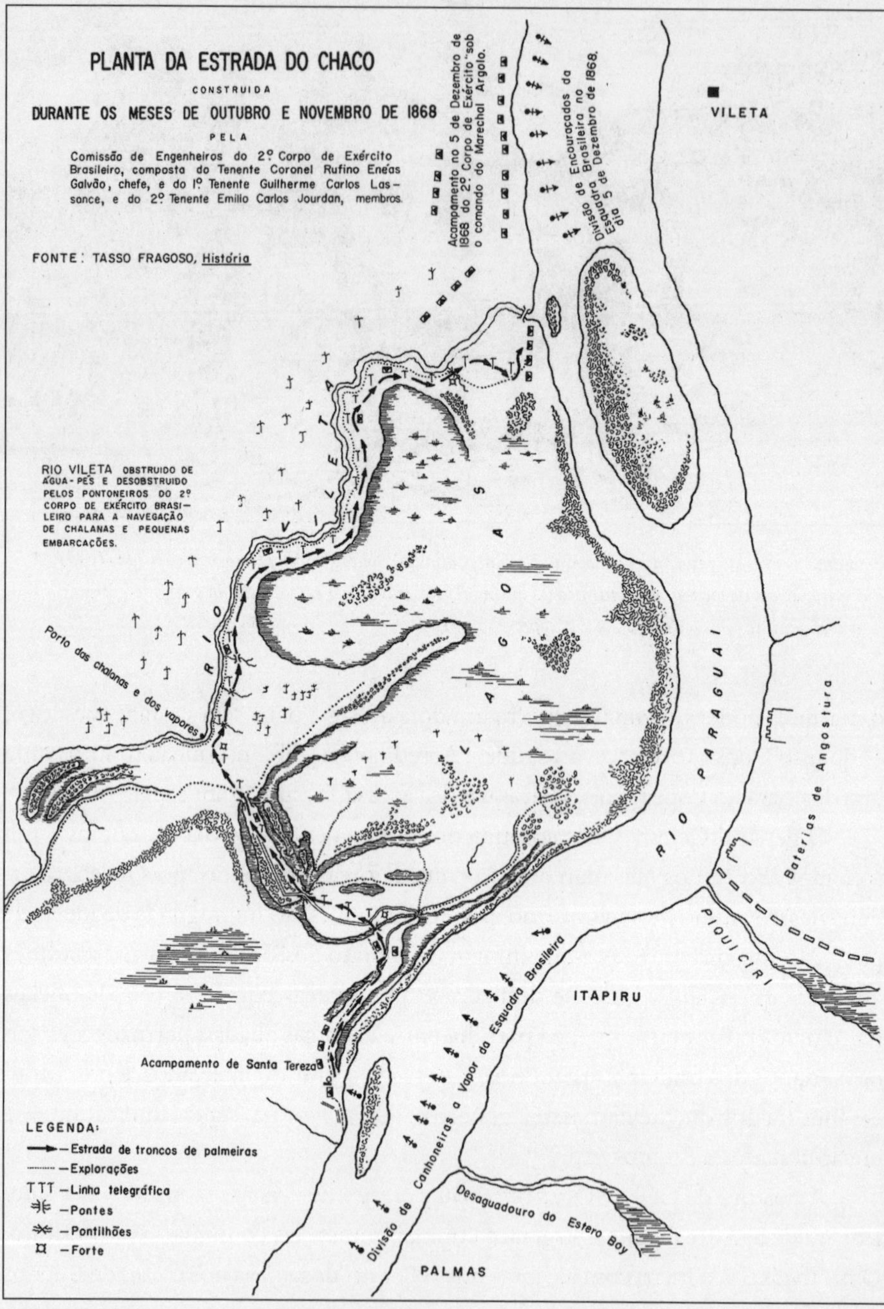
PLANTA DA ESTRADA DO CHACO
CONSTRUIDA
DURANTE OS MESES DE OUTUBRO E NOVEMBRO DE 1868
PELA
Comissão de Engenheiros do 2º Corpo de Exército Brasileiro, composta do Tenente Coronel Rufino Enéas Galvão, chefe, e do 1º Tenente Guilherme Carlos Lassance, e do 2º Tenente Emilio Carlos Jourdan, membros.
FONTE: TASSO FRAGOSO, História
Acampamento no 5 de Dezembro de 1868 do 2º Corpo de Exército "sob o comando do Marechal Argolo.
Divisão de Encouraçados da Esquadra Brasileira no dia 5 de Dezembro de 1868.
VILETA
RIO VILETA OBSTRUIDO DE AGUA-PÉS E DESOBSTRUIDO PELOS PONTONEIROS DO 2º CORPO DE EXÉRCITO BRASILEIRO PARA A NAVEGAÇÃO DE CHALANAS E PEQUENAS EMBARCAÇÕES.
RIO VILETA
LAGOAS
Porto das chalanas e dos vapores
RIO PARAGUAI
Baterias de Angostura
PIQUICIRI
ITAPIRU
Divisão de Canhoneiras a Vapor da Esquadra Brasileira
Acampamento de Santa Tereza
Desaguadouro do Estero Boy
PALMAS
LEGENDA:
—Estrada de troncos de palmeiras
—Explorações
TTT —Linha telegráfica
—Pontes
—Pontilhões
—Forte

de suprimentos para as forças terrestre e naval em operação no Paraguai.[145] De fato, em todas as praças comerciais do Prata, construíram-se fortunas, graças "à reconhecida tolerância da administração brasileira", ou seja, das intendências militares, com o alto preço que se lhes vendiam os mantimentos.[146] Somente os gastos com alfafa, comprada em Buenos Aires, ascenderiam à enormidade de dois milhões de libras esterlinas por ano. Parece um número excessivo e o próprio autor da informação, o representante espanhol na capital argentina, a relata no condicional. Escreve, porém, de modo taxativo, que havia "abusos" com os gastos de guerra brasileiros, ao indicar a existência de corrupção nos fornecimentos às tropas brasileiras, mas sem apontar os responsáveis.[147]

Certamente aos comerciantes e especuladores, argentinos e de outras nacionalidades, não interessava o fim da guerra. Caxias, porém, equivocava-se quanto a um suposto interesse oficial argentino na continuação da guerra. De todo modo, diante da recusa de Gelly y Obes em marchar com suas tropas, o governo imperial aprovou que o marquês seguisse com o planejado ataque sem contar com a força argentina e considerou rompida a aliança com Buenos Aires. O presidente Mitre pediu ao enviado brasileiro em missão especial no Prata, conselheiro Joaquim Thomaz do Amaral — futuro visconde do Cabo Frio —, que o Império suspendesse o rompimento, no que foi atendido.[148]

Caxias não era, porém, contra a Tríplice Aliança. No plano militar ele acreditava que "não precisamos das forças argentinas e orientais", mesmo que não fossem, como naquele momento, numericamente "tão insignificantes". Mas estava consciente da necessidade de sustentar a aliança por motivos políticos, pois seu rompimento, com a retirada das tropas argentinas e uruguaias do Paraguai, causaria "terrível efeito moral", do qual Solano López poderia se aproveitar.[149]

As circunstâncias políticas e militares desaconselhavam o fim da Tríplice Aliança, de modo que aquela declaração de rompimento, por parte do governo imperial, resultou de uma forma de pressão calculada para obter o recuo argentino. E, de fato, em 6 de setembro, Gelly y Obes comunicou a Caxias haver recebido ordem do governo argentino para voltar a participar, com o Exército brasileiro, das operações de guerra.[150] Erroneamente, o marquês viu esse acontecimento como resultante, também, da influência positiva do presidente eleito da Argentina, Domingo Faustino Sarmiento, que tomaria posse em outubro de 1868 e com o qual, acreditava Caxias, lucrariam os interesses do Império. O governo brasileiro, de forma acertada, não pensava desse modo, e o Rio de Janeiro desejava que a guerra chegasse a seu fim antes da posse desse novo chefe de Estado. Afinal, com a mudança de presidente, criava-se uma margem de incerteza quanto a se haveria continuidade da política de Buenos Aires em relação ao conflito, ou, como pensava o ex-representante da Confederação Argentina em Paris, Juan Bautista Alberdi, se o fim do governo Mitre era também a morte da Tríplice Aliança.[151] Ao mesmo tempo, o gabinete conservador era pressionado pela opinião pública brasileira, desfavorável à continuidade da luta, e terminá-la era, portanto, uma premência.

Caxias pensava terminar a guerra logo. O ex-representante dos Estados Unidos, Charles Washburn, ao partir do Paraguai rompido com Solano López, deu informações sobre a situação deste aos aliados. Ao almirante José Ignacio afirmou que o ditador paraguaio declarara que, se fosse vencido em Villeta, se retiraria para as Cordilheiras, região de montes no interior do país, onde poderia resistir durante um ano e obrigaria os aliados aos maiores sacrifícios. Esta informação foi repassada por José Ignacio a Caxias e este, em boletim de 13 de setembro, utilizando-se das informações de Washburn, relatou os últimos acontecimentos e, no último parágrafo, sintetizou sua análise dos fatos:

> O que fará López? Esperar-nos-á em Villeta, para onde marchamos, ou a esta hora terá também fugido como praticou no seu legendário Tebicuary? Em todo caso, os Exércitos aliados ocuparão dentro de poucos dias a capital do Paraguai [...][152]

No dia 14 de setembro, o Exército aliado retomou a marcha em direção a Palmas, próxima do fortim de Angostura, cujos canhões dominavam um trecho estreito do rio Paraguai e dificultavam a ação da esquadra brasileira. Angostura era a primeira fortificação do novo complexo defensivo de Solano López. No dia 23 desse mês, a vanguarda brasileira foi encarregada de tomar a única ponte que existia sobre o arroio Surubí-i, de modo a garantir a passagem do Exército aliado. Tendo atravessado a ponte, a vanguarda foi surpreendida por uma tropa paraguaia maior do que se esperava, pois uma parte estava escondida no mato em torno da cabeceira. Travou-se renhida luta, em que muitos brasileiros tombaram mortos e o restante da tropa foi obrigado a recuar. Foi realizado um novo ataque e, após dura luta, a ponte foi tomada e os paraguaios bateram em retirada. Nesse combate, o 5º Batalhão de Infantaria, da 2ª Divisão comandada pelo coronel Pedra, voltou as costas ao inimigo e fugiu, em desordem. Caxias ordenou a dissolução desse batalhão e espalhou seus membros entre outras unidades do 3º Corpo de Exército. Um inquérito militar não considerou culpado de covardia o comandante do extinto batalhão, o major Joaquim José de Magalhães, o qual foi agregado a outra unidade de infantaria, "até que pelo seu procedimento futuro possa dar provas inequívocas da necessária energia que lhe faltou na ocasião em que seus comandados recuavam sobre a ponte".[153]

Em 24 de setembro, a vanguarda aliada chegou ao porto de Palmas, às margens do esteiro Poí. Em 36 dias, Caxias comandara uma marcha de cerca de duzentos quilômetros por terreno pantanoso e desconhecido, sob chuvas abundantes, desde Pare-Cuê, próximo de Humaitá, de onde partiu em 19 de agosto, até Palmas. Deste ponto, Caxias observou a posição de Villeta, distante cerca de doze quilômetros e chamou o general Gelly para que trouxesse suas tropas para esse porto, que seria utilizado como base de operações. Entre Palmas e a região para onde Solano López se retirara havia um terreno, como sempre desconhecido, com rios transversais, que representavam obstáculos para o avanço da tropa aliada e inviabilizavam um reconhecimento rápido pela cavalaria, de modo a poder localizar, com a antecedência necessária a um ataque, onde se achava o grosso da tropa inimiga e identificar suas fortificações. Nos dias 28 e 29 chegou o grosso das tropas argentinas a Palmas e o remanescente em 30 de setembro, quando Gelly y Obes apresentou-se a Caxias.

Em 28 de setembro, a cavalaria brasileira fez um reconhecimento superficial das posições inimigas e, no dia seguinte, Caxias subiu o rio com o almirante José Ignacio até Angostura. Observaram, então, uma represa construída pelos paraguaios para inundar o terreno próximo dessa fortificação, para dificultar um ataque do Exército aliado. Em um novo reconhecimento, no dia 1º de outubro, Osorio constatou que o arroio Piquissirí não permitia a travessia de seu leito devido à represa que fora erguida e, ainda, às barrancas íngremes. Sua travessia somente seria possível utilizando-se uma ponte, que teria que ser construída sob o fogo do inimigo.[154]

Caxias convenceu-se de que tinha diante de si uma forte posição defensiva, difícil de ser tomada em ataque frontal, pois dispunha de cerca de nove quilômetros de trincheiras, protegidas atrás de águas provenientes da lagoa Ypoá, não havendo caminho por onde os aliados pudessem marchar. Colocavam-se três opções: sustentar as posições, como se fizera em Humaitá, e arrastar a guerra sem previsão de término; contornar Angostura pela direita, onde, porém, havia uma barreira insuperável de um terreno inundado ou, por último, utilizar o lado esquerdo, o território do Chaco, para o qual navios da Marinha transportariam os soldados brasileiros, que marchariam acima de Angostura, pela margem oposta do rio Paraguai, e seriam transportados de volta, por essas belonaves, para um ponto atrás dessa posição.[155] Os navios da Marinha imperial eram de guerra e não de transporte, e, assim, incapazes de transportar milhares de homens direta e rapidamente acima de Angostura, sem dar tempo ao inimigo de descobrir e armar uma emboscada para matar os que desembarcassem.

Para surpreender o inimigo pela retaguarda, o comandante brasileiro optou pela medida ousada, mas que tivera precedente do próprio Solano López, de utilizar o Chaco. Ordenou a construção de uma estrada pelo terreno chaquenho, encharcado, pela qual o grosso do Exército brasileiro pudesse passar. Após um árduo trabalho de 23 dias, realizado por 3554 homens, o caminho de onze quilômetros ficou pronto, sendo três quilômetros cobertos com troncos de 6 mil palmeiras abatidas para esse fim, e com cinco pontes. A essa altura, os aliados eram 31 mil soldados — 25 mil brasileiros, 5 mil argentinos e mil uruguaios — contra não mais do que 18 mil paraguaios.[156]

Gelly y Obes queria a participação das tropas argentinas na marcha pelo Chaco, mas Caxias não aceitou a oferta argumentando que Chaco carecia de importância estratégica.[157] A essa altura, Caxias estava saturado do comandante argentino, sobretudo porque, após o incidente da recusa das tropas argentinas marcharem com as forças brasileiras, houvera uma redefinição do comando aliado. Em 3 de outubro, Thomaz do Amaral, representante brasileiro em Buenos Aires, assinou com o chanceler Rufino de Elizalde, na capital argentina, um protocolo sobre a condução da guerra. Por esse documento, enquanto o conflito se desse em território paraguaio, deixaria de existir um comando em chefe aliado. Assim, os chefes militares argentino, brasileiro e uruguaio realizariam operações militares em conjunto "tanto quanto as circunstâncias o permitirem", até seus governos chegarem a um acordo sobre o comando aliado.[158] Essa função não voltou a ser preenchida até o final da luta, o que não comprometeu a ação contra Solano López, pois esta foi levada à frente basicamente pelas forças brasileiras, que, ao contrário do início da guerra, continuaram com um comando unificado.

Caxias não imaginava que perderia o comando em chefe aliado e prevenira o governo brasileiro de que "não estou disposto a sujeitar-me mais uma vez nem a Mitre, nem a qualquer outro". Afinal, lembrava que a guerra era feita à custa do Brasil e que, antes de entregar a direção dela, preferia pedir demissão pretextando doença.[159] A perda do comando de todas as forças aliadas foi recebida por Caxias com reservas. Para ele a guerra aproximava-se de seu fim e a "nomeação" de um governo provisório paraguaio, com o qual o comandante brasileiro deveria tratar a questão, "tão vital", dos limites, poderia encontrar embaraços em "nossos antagonistas platinos". Apesar de estar certo de que o general uruguaio Enrique Castro votaria sempre com ele em reuniões do comando aliado, o marquês temia que, no futuro, pudesse ser vencido por dois votos a um. Escrevia o general brasileiro a Paranhos que, graças à harmonia com seu colega uruguaio, conseguia conter Gelly y Obes, que "vai pondo as mangas de fora".[160]

O comandante das forças imperiais tinha um péssimo conceito de seu colega argentino e afirmou que Gelly y Obes não era reconhecido como militar sequer por seus próprios soldados, aos quais vendia mercadorias e comestíveis, e deles descontava o pagamento do soldo "com usura notável e reprovada". Caxias relatou que, por ter instalado uma capitania em Palmas, sob a responsabilidade de um oficial brasileiro, esse general argentino entrou em atrito com o militar brasileiro. Gelly y Obes praticava o comércio numa barraca armada para esse fim, "desprezando suas funções", o que fazia com que os próprios militares argentinos não o reconhecessem como um militar.[161]

Em correspondência ao barão de Muritiba, ministro da Guerra, Caxias afirmou que Gelly y Obes era "zero como militar e general". Essa aversão de Caxias levou à marginalização de Gelly y Obes nas decisões sobre operações militares até pelo menos meados de 1868.[162] A postura de Caxias talvez decorresse de sua queixa de que, após assumir o comando em chefe, todo movimento de forças de que os argentinos fizeram parte "não se deu no mesmo dia e hora marcados por mim", havendo uma série de escusas de Gelly y Obes para contrariar as ordens recebidas.[163]

No lado paraguaio, é razoável supor que Solano López mantivesse a esperança de que a continuação da guerra fosse inviabilizada, para os aliados, como resultado da situação interna nos seus países. Essa esperança, porém, já não era a mesma, tanto que o ditador paraguaio se precaveu, ao enviar dinheiro e joias para o exterior. Entre os meses de outubro e novembro de 1868, vapores francês e italiano iam e vinham diariamente entre Palmas, ocupada pelos aliados, e Angostura, fortificação paraguaia, e seus comandantes visitavam Solano López em seu quartel-general. Esses navios buscavam retirar cidadãos de seus países que ainda permaneciam no Paraguai. Conforme Thompson, esses vapores foram usados por Solano López para enviar várias caixas pesadas que exigiam, cada uma, de 6 a 8 homens para serem levantadas. "Provavelmente" nelas havia uma parte das joias que foram "roubadas" das senhoras de Assunção em 1868, bem como "um número imenso de patacões".[164]

No começo de dezembro, no dia 3, chegou a Angostura o novo representante norte-americano no Paraguai, general McMahon. Ele substituía Charles Washburn que fora obrigado a retirar-se do país, acusado de conspiração, e que fora motivo, por parte do governo paraguaio, de desrespeito, como o de obrigar a entrega de Masterman e Bliss, refugiados na Legação. Para exigir a libertação desses dois prisioneiros, a canhoneira norte-americana *Wasp*, com o almirante Davis, acompanhou McMahon. Este foi recebido com tal amabilidade por Solano López que acabou convencido de que os dois prisioneiros eram, verdadeiramente, participantes de uma conspiração. De todo modo, Davis tinha ordens de retirar esses prisioneiros, e o líder paraguaio, que tentou tergiversar ao argumentar que queria entregá-los, mas que os tribunais paraguaios não o deixavam fazê-lo, se viu obrigado, pela ameaça representada pelos canhões da *Wasp*, a deixar Masterman e Bliss partirem.[165]

Enquanto isso Solano López mantinha a esperança de que o novo presidente da Argentina, Domingo Faustino Sarmiento — eleito em agosto de 1868 e empossado dois meses depois, em 12 de outubro —, retirasse o país da guerra. Se isso ocorresse, poder-se-iam criar condições para uma paz negociada, em especial se houvesse interferência nesse sentido por parte de uma potência extrarregional, como os Estados Unidos, cujos objetivos no Prata eram motivo de desconfiança por parte dos governantes brasileiros. E havia motivos concretos para esse sentimento, pois, no início de 1868, os agentes diplomáticos desse país nessa parte do continente, bem como os oficiais superiores da esquadra norte-americana na região platina, tendiam, crescentemente, a tomar atitudes em prejuízo do Brasil e de seus aliados na guerra.[166]

Os acontecimentos, porém, se precipitaram e não atenderam às expectativas de Solano López. As tropas brasileiras cruzaram, nos encouraçados, de Palmas até o Chaco, desembarcando, em 3 de dezembro, em meio ao lodo, charcos e matagais. Marcharam durante 48 horas, dia e noite praticamente sem descansar, sob chuva, até que, bem cedo, foram de novo reembarcadas, cruzaram o rio Paraguai e desembarcaram em San Antonio, pouco acima de Villeta,[167] lugar escolhido após a exploração dos encouraçados mostrar que, nesse ponto, não havia fortificações inimigas. O plano era marchar em direção ao reduto de Solano López e completar o cerco implementado pela esquadra brasileira no rio Paraguai e pelas forças argentinas e brasileiras, que deixara em Palmas, ao sul de Piquissirí. Neste ponto ficaram 10 130 soldados, sendo 6500 argentinos, 800 uruguaios e 2830 brasileiros.[168]

Na madrugada de 5 de dezembro, a Marinha imperial fez a passagem do Exército brasileiro do Chaco para San Antonio; ao pôr do sol desse dia foram transportados 17 mil soldados, dos quais uns mil de cavalaria. De 6 a 9 de dezembro os navios transportaram mais tropas do território chaquenho para San Antonio; permaneceram no Chaco quatro divisões de cavalaria brasileira.[169] Caxias podia, então, executar sua inteligente estratégia de atacar a retaguarda de Solano López.

A "dezembrada": Itororó, Avaí e Lomas Valentinas

No dia 6 de dezembro, o grosso do Exército brasileiro, com 18 600 homens, pôs-se em marcha rumo ao sul para atacar pela retaguarda a linha inimiga de Piquissirí. Após seis quilômetros de marcha, por caminho estreito, os brasileiros chegaram ao alto da colina da qual, descendo por estreito caminho, com vegetação em ambos os lados, alcançava-se a ponte estreita sobre o arroio Itororó, ponto de passagem obrigatório para se marchar em direção à retaguarda de Solano López em Lomas Valentinas. Itororó estava em meio a mata espessa e media entre três e quatro metros de largura por 4,5 metros de profundidade, com pouquíssima água, e os 12 mil brasileiros que deveriam ultrapassá-lo encontraram-no ocupado pelos paraguaios, com a tosca e estreita ponte que permitia sua travessia defendida por cinco mil homens sob o comando do general Caballero. Solano López, ao desconfiar que o desembarque brasileiro seria em Villeta e não em San Antonio, mandou cavar trincheiras em torno dessa primeira cidade e deixou em alerta uma forte coluna móvel, comandada por esse general, seu melhor chefe militar. A coluna de Caballero deveria enfrentar os brasileiros onde eles desembarcassem e foi ela que combateu em Itororó e em Avaí. Os combates em Itororó começaram às 8 horas e cessaram às 13 horas, com perdas de 1200 paraguaios — seiscentos mortos —, enquanto os brasileiros, vitoriosos, perderam 1806 combatentes, entre mortos e feridos; morreram, inclusive, dois generais, Argolo e Gurjão.[170] O terreno era favorável à defesa, não havia espaço para os atacantes manobrarem a ponto de, em determinado momento, a cavalaria brasileira, ao recuar de um ataque, atropelar a infantaria que estava logo atrás.[171]

O combate de Itororó, segundo Maracaju, precipitou-se por iniciativa de Caxias, que não esperou Osorio concluir o contorno do arroio com o 3º Corpo de Exército para atacar as posições inimigas pela retaguarda. A ordem do dia de Caxias sobre esse acontecimento, segundo discurso do senador Silveira da Motta, em 9 de setembro de 1870, insinua a culpa do general Osorio, que teria chegado a tempo para atacar a retaguarda inimiga, não tivesse "tempo ocupado" em vencer "pequena partida inimiga". O senador leu, então, uma carta de Osorio, datada de 1º de agosto desse ano, na qual explicava que recebera a ordem de marchar para a retaguarda inimiga depois de iniciado o primeiro ataque a Itororó. Escreveu Osorio:

> Já vê V. Ex. [senador Silveira da Motta] que quando me desmembrei do Exército, tinha começado o fogo na ponte, e que teria eu andado metade do caminho quando o combate tinha terminado.[172]

Caxias reconheceu que Osorio se separou do Exército depois de o combate pela ponte de Itororó ter começado. O marquês, porém, afirmou que o major Céspedes, paraguaio que guiou Osorio na marcha para alcançar a retaguarda paraguaia, dissera que o caminho a ser percorrido era de dez quilômetros, quando era, na verdade, o dobro. Pelo relato da citada carta, Caxias teria lançado contra os paraguaios, na ponte de Itororó, a vanguarda da força brasileira no início da marcha de Osorio. A vanguarda foi, porém, rechaçada três vezes e o comandante em chefe, como confessou posteriormente a esse general gaúcho, começou o ataque com a força principal, sem esperá-lo chegar à retaguarda inimiga, por temer ser derrotado diante do desânimo mostrado pela tropa brasileira. Também esse aspecto foi confirmado por Caxias no debate do Senado, e acrescentou ter esperado "tempo suficiente" para que Osorio marchasse os quase dez quilômetros previstos e que "se eu não atacasse logo, desmoralizava-se a tropa". Nessas circunstâncias, defendeu-se Caxias, "o que fazer? Fui para a frente e carreguei sobre a posição inimiga, que foi tomada". Meia hora depois a tropa de Osorio alcançou a ponte.[173]

Vê-se, portanto, que, na ordem do dia sobre o combate de Itororó, Caxias evitou assumir a responsabilidade de ter ordenado o sangrento ataque frontal à ponte. Ao fazer um registro ambíguo da batalha, deixou, talvez sem o querer, dúvidas sobre o comportamento militar de Osorio na ocasião, o que levou este militar a defender-se, revelando a verdade.[174] Sabe-se, assim, que Caxias subestimou a dificuldade de um ataque frontal, iniciando-o quando não havia motivo que o obrigasse a fazê-lo, em lugar de explorar o flanco inimigo e alcançar eventualmente sua retaguarda. Esse movimento de cerco, se realizado, teria poupado muitas vidas da tropa brasileira. Durante quase toda a guerra, porém, os ataques eram organizados, de ambos os lados em luta, a partir da tradição militar de grandes batalhas frontais. Os movimentos de flanco, a preocupação em poupar vidas, eram uma realidade recente.

Caxias não foi, de fato, responsável por precipitar a batalha mas, para preservar a memória de um companheiro morto, preferiu calar-se. Conforme o artigo "Breve resumo das operações militares dirigidas pelo metódico general marquês de Caxias na campanha do Paraguai", publicado no *Diário do Rio de Janeiro*, de 23 de fevereiro de 1870, Caxias ordenou, em 4 de dezembro, ao general Argolo que enviasse soldados para um reconhecimento à ponte de Itororó, por ser esta ponto de passagem obrigatório para se chegar à retaguarda inimiga. A ordem de Caxias era que, se o reconhecimento não constatasse forças inimigas consideráveis na ponte, ela fosse ocupada pelos soldados brasileiros. Argolo enviou o coronel Niederauer para fazer o reconhecimento, mas não lhe deu ordem, nem forças de infantaria, para ocupar a ponte, esquecendo-se das instruções do general em chefe. Niederauer fez o reconhecimento na tarde de 5 de dezembro, quando a ponte estava sob a guarda de uma pequena força paraguaia, o que possibilitava, portanto, ocupá-la, mas, como não tinha ordens nesse sentido, retornou para o acampamento brasileiro. Por ocasião da marcha brasileira desde San Antonio, o general Argolo ia na vanguarda e, no alto da colina de onde se avistava a ponte, ao ver soldados paraguaios, ordenou o ataque, feito pelo coronel Machado. Posteriormente, Osorio, em carta ao senador Silveira da Motta, liberal interessado em desprestigiar Caxias por questões partidárias, escreveu que este, ao retirar-se da guerra, em 1870, em encontro que tiveram em Montevidéu afirmou-lhe:

> Devo-lhe uma explicação: continuei o ataque de Itororó, começado pelo general Argolo, sem esperar por V., temendo ser derrotado à vista do desânimo que notei na tropa...[175]

Tem razão Francisco Félix Pereira Costa, participante da guerra, ao afirmar que os críticos de Caxias, quanto ao ataque a Itororó, tentaram responsabilizá-lo "pelas faltas e erros de alguns de seus lugares-tenentes!". Também no diário do capitão Pedro Werlang, que participou dessa ação militar, constam essas informações, esclarecendo, porém, que Niederauer, em sua ação de reconhecimento, chegou a cruzar a ponte e alcançar um "lindo campo", quando forças inimigas o atacaram, o que levou à retirada brasileira. Ao nascer do sol do dia seguinte, em 6, o general Osorio partiu com a cavalaria, seguindo à esquerda e acima da ponte de Itororó para um reconhecimento, enquanto a 3ª Brigada de Cavalaria, uma Divisão de Infantaria e uma Bateria marcharam diretamente para a ponte, indo na vanguarda a cavalaria e que, mal entrou na picada descendente que alcançava Itororó, foi atacada por canhões que os paraguaios colocaram durante a noite. Argolo deu, então, a ordem de ataque para tomar a bateria, sem notar que havia muito mais paraguaios camuflados em volta dos canhões e que se lançaram à luta.[176]

O fato, porém, é que em Itororó se "perdeu inutilmente muita gente"[177] e as repercussões da batalha extrapolaram o aspecto militar. Esse combate passou a fazer parte do folclore brasileiro, por meio da conhecida canção *Tororó* ou *Itororó*. Em Santa Catarina, a versão da cantiga é:

Eu fui lá no Tororó
Beber água e não achei,
Ver Moreno e Caballero,
Já fui, já vi, já cheguei.

O verso "Beber água e não achei" seria alusivo às águas do riacho cheias de sangue, pois o leito do rio ficou coalhado de mortos e feridos, a ponto de deixar vermelha sua água. Moreno e Caballero foram os dois comandantes paraguaios na batalha e, por último, "Já fui, já vi, já cheguei" seria reminiscência da frase, dita por Júlio César, *veni, vidi, vinci*.[178]

Derrotado em Itororó, Caballero e suas forças remanescentes se retiraram para Villeta, que fica mais ou menos a uns seis quilômetros de distância. Caxias, exausto física e psicologicamente, não ordenou à tropa de Osorio, mais de 5 mil homens descansados, que perseguissem o inimigo. Na manhã seguinte, 7 de dezembro, Caxias marchou com dois Corpos de Exército, sob um sol causticante que matou, por insolação, dezenove soldados, até a capela de Ipané; em Itororó permaneceu o 2º Corpo, sob o comando do general José Luiz Menna Barreto, substituto do falecido general Argolo. Nesse vilarejo, não se forneceu comida aos milhares de soldados e ao próprio Caxias e seu estado-maior; a tropa estava sem receber mantimento desde o dia 4 e foi salva da fome ao comer as espigas de um vasto milharal próximo. Mais tarde, chegaram os empregados da empresa argentina fornecedora de víveres, "Lezica e Lanús", que restabeleceram o fornecimento da *boia*.[179]

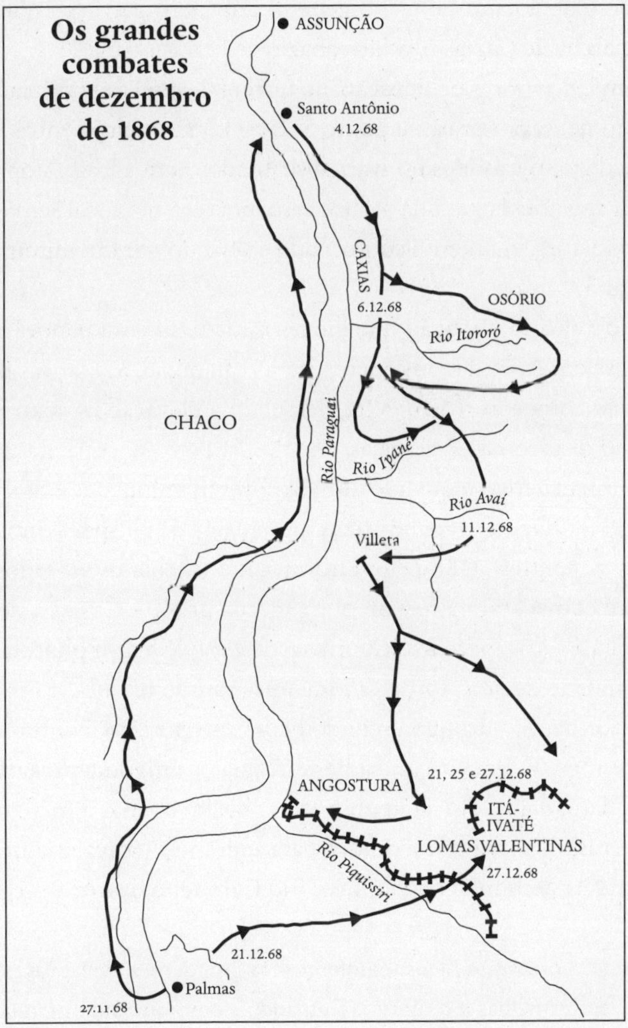

A tropa brasileira partira de San Antonio com provisões para apenas três dias, e fardamento e capote leves, pois Caxias supunha que Villeta logo seria alcançada. Esta localidade era o objetivo da marcha da tropa brasileira, o de ocupá-la pela retaguarda, evitar as fronteiras defensivas e viabilizar o desembarque, nesse ponto, das forças brasileiras que ainda se encontravam no Chaco, as divisões de cavalaria dos generais João Manuel Menna Barreto e Andrade Neves. O plano era que, após se concentrarem em Villeta e ser feito o reconhecimento do terreno, as forças brasileiras atacariam, em seguida, as fortificações paraguaias em Lomas Valentinas, Piquissirí e Angostura.[180]

Por ordem de Solano López, o general Caballero partiu de Villeta para interceptar a marcha de Caxias e, pouco abaixo de Ipané, no dia 11, travou-se outro combate, com cinco horas de duração, no terreno levemente ondulado pelo qual cruza o arroio de Avaí. Para esse ponto Solano López enviou entre 5 mil e 5600 paraguaios e dezoito canhões estavam distribuídos para a luta. A opção de Solano López por travar essa batalha foi um erro, pois era um local sem importância militar que podia ser facilmente contornado e cercado por um inimigo com força numérica maior.[181]

Caxias, do alto da elevação que lhe permitia uma vista panorâmica das posições inimigas em Avaí, deu instruções para o ataque e, às 8 horas da manhã, o general Osorio começou sua marcha, descendo a elevação para atravessar o arroio e alcançar as baterias paraguaias. Osorio, à frente da tropa atacante, cruzou o arroio sob intenso fogo e quando atingiu a frente inimiga desabou uma chuva torrencial que inutilizou os velhos fuzis paraguaios de chispa. A luta foi feroz e, devido à chuva, confusa; tal qual em Itororó, novamente os soldados brasileiros fraquejaram e começaram a recuar, obrigando o próprio Caxias a descer ao terreno do combate para contê-los. Osorio se deslocava de um ponto a outro para evitar a debandada de suas forças, momento em que uma bala arrancou-lhe o maxilar inferior, ferimento que escondeu com um poncho, continuando a estimular seus homens à luta, até que a hemorragia o obrigou a parar. De repente, os batalhões paraguaios, que até então enfrentavam apenas a infantaria e a artilharia brasileiras, formaram quadrados para enfrentar a cavalaria brasileira que se aproximava. Testemunha ocular, Dionísio Cerqueira descreve a cena:

> surgiram [...] os nossos belos regimentos rio-grandenses, de lanças perfiladas e as bandeirolas vermelhas e brancas tremulando, como que indicando o caminho da

General Wenceslao Robles. Comandante das tropas paraguaias que invadiram Corrientes, foi fuzilado em 1866 sob acusação de traição.

Morte do coronel Palleja, 1866. Palleja escreveu importantes memórias sobre a marcha das forças aliadas para invadir o Paraguai.

Cadáveres paraguaios, 1866.

Refeição no acampamento, 1866.

Hospital brasileiro e torre de vigilância argentina, 1866.

Militar com crianças, 1868. Havia a participação de crianças na guerra, pois as famílias dos soldados argentinos os acompanhavam. Do lado paraguaio ocorria o mesmo, e Solano López permitiu o engajamento de crianças para cobrir suas perdas nas diferentes batalhas.

Bateria Londres (Fortaleza de Humaitá), 1868.

Igreja de Humaitá destruída por bombas, 1868.

Palácio de Solano López após bombardeio, *c.* 1870.

Tropas argentinas, Luque, 1869.

> vitória. Ouvimos o som *vermelho* dos clarins e todas aquelas lâminas rutilantes se abaixaram e as bandeirolas se sumiram. Era a carga. As imensas colunas [da cavalaria brasileira] aproximavam-se, cerradas e rápidas. Dir-se-ia que uma carregava sobre a outra. Encontraram-se, enovelaram-se, confundiram-se e quando cessou a épica refrega e os esquadrões se reformaram não havia um quadrado [paraguaio] de pé. Todos tinham sido esmagados pela avalanche fatídica.[182]

Essa talvez tenha sido, de acordo com Castro, a última grande carga de cavalaria no mundo contra quadrados inimigos, organizados na forma napoleônica, usando apenas sabres e lanças, "ignorando totalmente as possibilidades abertas pelo fogo concentrado de longo alcance, de infantaria e, principalmente, de artilharia". Segundo esse autor, as dificuldades técnicas no uso do armamento moderno, comprado pelo governo imperial fizeram a tropa brasileira perder confiança nessas armas e Caxias deixou de usá-las. Na dezembrada, ele empregou técnicas primitivas de combate, como o choque direto das forças, em lugar de aproveitar-se do poder de fogo desse armamento.[183]

Caballero salvou menos de duzentos dos 5 mil homens que comandava, tendo os brasileiros sepultado 3 mil cadáveres paraguaios, enquanto as perdas das forças imperiais, entre mortos e feridos, foi de dois mil soldados. Foram feitos 1200 prisioneiros paraguaios[184] e, também, trezentas mulheres que os acompanhavam. Elas foram, segundo Garmendia, vítimas sexuais da soldadesca e "sofreram os ultrajes da luxúria na noite mais negra de suas penas", enquanto os adolescentes que compunham a tropa paraguaia não tiveram suas vidas poupadas. Garmendia debita esses atos ao fato de que "as atrocidades do tirano paraguaio [contra prisioneiros aliados] tinham endurecido o coração de seus inimigos"; era a vingança.[185]

Sobre os combates de dezembro, Centurión critica a "mania" de Solano López de dividir seu Exército em batalhas secundárias, o que o enfraquecia. Afirma que, com as tropas disponíveis e outras vindas de Assunção e do interior, o Exército paraguaio poderia alcançar 18 mil soldados e, embora inferior em número à força brasileira, contaria com a vantagem defensiva e, ainda, de escolher o terreno de uma batalha campal decisiva, o que seria suficiente para vencer o inimigo. Outra alternativa teria sido a de recuar o Exército paraguaio mais para o interior, para a região da Cordilheira, assim constituindo uma forte posição defensiva.[186] A vitória paraguaia, em uma batalha campal na região de Lomas Valentinas, era, de fato, uma possibilidade, a se considerarem as vantagens defensivas desse plano e a grande capacidade de combate demonstrada pelo soldado paraguaio.

Caxias relatou ao ministro da Guerra que, em Itororó e em Avaí, assistiu a "muitos atos vergonhosos", e foi necessário "que eu abandonasse minha posição de general em chefe para conduzir ao fogo e à carga batalhões inteiros, e corpos de cavalaria, que ainda assim nem todos chegaram às fileiras inimigas". Escreveu Caxias que muitos oficiais brasileiros perderam a vida em decorrência da "indisciplina, tibieza dos Corpos que comandavam".[187] O general Hilário Maximiano Antunes Gurjão, por exemplo, ante a resistência da divisão por ele comandada a avançar sobre o inimigo, lançou-se em direção à ponte sobre o Itororó afirmando "camaradas, vejam como vai morrer vosso general". Dias depois ele faleceu em virtude dos ferimentos recebidos nessa ação. Caxias, ao passar pela tropa que resistia a combater, deu voz "de firme" e se arrojou sobre aquela posição, e exclamou, de espada desembainhada, "sigam-me os que forem brasileiros".[188]

Centurión descreve em pormenor a batalha de Itororó, inclusive o recuo das tropas brasileiras e o esforço para levá-las à luta por parte dos oficiais, os quais pagavam com a própria vida tal tentativa. As forças imperiais avançaram e retrocederam três vezes e os paraguaios fizeram o mesmo outras tantas vezes, mas sempre mantendo o controle da ponte sobre aquele arroio. Após quatro horas de combate, em um novo ataque comandado pelo general Bittencourt, os batalhões brasileiros começaram a retroceder em desordem. Nesse momento, Caxias desceu a colina de onde comandava a luta, desembainhou a espada e, "gritando 'vivas' ao Imperador e ao Brasil", lançou-se sobre a ponte, e nesse ato seu cavalo foi morto pelas balas, assim como vários homens que o acompanhavam. A tropa, "entusiasmada por esse ato de heroica intrepidez", passou a ponte e bateu os defensores paraguaios,[189] que praticamente estavam sem munição e combatiam com baionetas.[190] Se Caxias tivesse sido atingido ao cruzar a ponte, tal qual ocorreu com outros oficiais, quase certamente a tropa teria debandado, fugido em desordem, o que teria consequências imprevisíveis no desenrolar da guerra.

Dionísio Cerqueira, participante brasileiro da batalha, descreve a cena:

> Passou [Caxias] pela nossa frente animado, ereto no cavalo, o boné de capa branca com tapa-nuca, de pala levantada e preso ao queixo, pela jugular, a espada curva desembainhada, empunhada com vigor, e presa pelo fiador de ouro, o velho general-chefe, que parecia ter recuperado a energia e o fogo dos vinte anos.[191]

O comandante em chefe levantou três hipóteses explicativas para a baixa combatividade das tropas. A primeira era a presença de escravos nas fileiras imperiais, os quais, segundo Caxias, pelo exemplo que davam causavam indisciplina, por serem "homens que não compreendem o que é pátria, sociedade e família, que se consideram ainda escravos, que apenas mudaram de senhor". O segundo fator apontado era a longa duração da guerra, "que começa desde agora a arrefecer o ardor de nossos soldados fazendo-os olvidar seus deveres os mais sagrados". Por fim, o marquês dava como terceira hipótese explicativa o fato de que "a maioria dos oficiais de quaisquer patentes" não exercia sobre seus subordinados "aquela influência moral, germe de excelentes resultados".[192] Todos esses elementos estavam, na realidade, combinados, pois os escravos libertos não tinham motivo para se identificar com o Império que os privara da condição de homens livres, ao mesmo tempo que a longa duração do conflito, num ambiente físico hostil, causava o desânimo entre a tropa, em todos os níveis da hierarquia.

No dia 21 de dezembro, os soldados aliados partiram de Villeta, localidade em que estavam acampados e onde permaneceram os serviços de saúde e de reabastecimento, rumo a Lomas Valentinas, à colina de Itá-Ivaté, a nove quilômetros de distância, onde se encontrava o quartel-general de Solano López. Caxias resolveu travar a luta só com as tropas brasileiras sob seu comando, sem recorrer às forças aliadas em Palmas. A função destas, a pedido de Caxias, foi executar uma ação diversionista nas trincheiras de Piquissirí, que foram atacadas pelo general Gelly y Obes, de modo a evitar que os paraguaios que as guarneciam fossem reforçar Solano López em Itá-Ivaté.[193]

A superioridade brasileira era esmagadora, contando os atacantes com cerca de 19 415 soldados, enquanto Solano López possuía entre 9300 e 9800 homens em Itá-Ivaté, parte dos quais anciões, inválidos e crianças, setecentos em Angostura e de 2500 a 3 mil na linha defensiva do Piquissirí. Caxias, embora tivesse feito reconhecimento de Itá-Ivaté, não conseguiu descobrir que a posição era acessível por diversos pontos e que, se a contornasse, poderia atacá-la em lugares sem nenhuma fortificação; contudo, ele escolheu atacar justamente pelos dois desfiladeiros de frente para a posição inimiga e mais bem fortificados.[194] No combate, os paraguaios perderam 8 mil homens[195] e, no auge da luta, caiu um violento temporal que obrigou os brasileiros a suspenderem o ataque quando estavam apenas a alguns metros das posições defensivas inimigas; a vitória, nesse dia, coube a Solano López. Entre 23 e 25 de dezembro, os dois lados receberam reforços; as forças paraguaias foram engrossadas por homens vindos de Cerro León e de Caacupé e "houve churrasco à vontade e pinga".[196]

A atuação da tropa brasileira nesse combate do dia 21 provocou forte desilusão em Caxias. Esse general, já no combate pela posse da ponte de Itororó, vira a infantaria brasileira fugir à luta, obrigando-o a liderá-la no assalto, em um gesto suicida do qual, surpreendentemente, escapou vivo. No dia 26 ele escreveu um ofício amargurado, desiludido e de uma dura sinceridade ao ministro da Guerra. Começava o marquês por dizer que "era para deplorar" que, "forçado pelas conveniências", escrevesse ofícios ostensivos, para conhecimento público, falando "em feitos heroicos" e "que obrigado pela lealdade e franqueza, que devo a V. Exa. e ao governo imperial, tenha de comorar [relatar] vergonhas e misérias". Não foi possível prosseguir o ataque que iniciara contra a posição paraguaia no dia 21, escreveu o comandante brasileiro, devido "[à] tibieza, e covardia com que vi indignado avançarem muitos Corpos de infantaria nossa resistindo mesmo algum [sic] deles às vozes de seus comandantes, e procurando antes retroceder do que avançar". A ação pelo flanco direito falhou também por essas razões, "devendo acrescentar a nenhuma força moral que aquele general exerce nas tropas, que comanda, pela consciência que o acompanha de sua mediocridade e incapacidade", escreveu Caxias ao se referir a José Luiz Menna Barreto. Este oficial, contudo, recebeu vários elogios de seus contemporâneos e de José Maria da Silva Paranhos, que chegou posteriormente, em fevereiro de 1869, a Assunção, ocupada pelas tropas imperiais. Escrevia o diplomata que "o procedimento do brigadeiro José Luiz Menna Barreto não merece de seus camaradas, generais e não generais, o juízo que em carta particular manifestou o sr. marquês".[197]

Para manter o espírito de luta da tropa, Caxias teve que se arriscar em demasia. Relatou ele que na noite de 21 de dezembro foi obrigado a se conservar a cavalo, "suportando continuados aguaceiros", percorrendo as linhas para que as tropas o vissem e sustentassem suas posições. O segundo em comando, general Osorio (visconde de Herval), o general Argolo e muitos dos "excelentes chefes em quem deposito ampla confiança", escrevia o marquês, estavam feridos e, por sua atuação, "posso de um instante para outro estar morto ou gravemente ferido". Em decorrência dessa situação, reiterava ele o pedido de que fosse enviado ao Paraguai o general Guilherme Xavier de Souza, que se encontrava no Rio

Grande do Sul, para ficar como segundo em comando, e acrescentou não desejar receber nenhum oficial do Rio de Janeiro sem experiência para o posto.[198]

A queixa de Caxias quanto à necessidade de sua presença física para manter a tropa disciplinada, evitando que desertasse, tinha um ressentimento especial. Nos meses anteriores, ele fora impedido de usar todo o rigor da lei para manter a disciplina. O marquês chegou a reclamar, com o ministro da Guerra, das sucessivas comutações da pena de morte, concedidas por Pedro II, a militares que receberam essa condenação por parte do Conselho de Guerra e da Junta Militar de Justiça. "Deploro", escreveu Caxias, a comutação da pena de morte para "o maior dos crimes", a deserção, e a extensão desse perdão "a réus convictos de haverem covarde e traiçoeiramente assassinado oficiais seus superiores e algumas vezes seus benfeitores".[199]

Entre outubro de 1867 e julho de 1870, o imperador comutou trinta das 35 condenações à morte pronunciadas no teatro de guerra. Pedro II era contra a pena de morte, e comutou grande parte não só das emitidas contra militares mas, também, contra escravos. Essa postura do imperador ficou registrada nos *Conselhos à regente*, de 3 de maio de 1871, quando se preparava para sua primeira viagem ao exterior, e, na Europa, em conversa com Adolphe Franck.[200]

As seguidas comutações das penas de morte impostas pela Justiça Militar no Paraguai reduziram a eficácia de um instrumento com que Caxias esperava contar para impor a disciplina à tropa em situações de combate. A imediata execução da pena teria função disciplinadora para os soldados e os intimidaria a não ter comportamento idêntico ao do condenado. Para contornar a proibição de executar condenados à morte sem a sanção do imperador, os comandantes, pelo menos em três ocasiões, recorreram às "pranchadas" — punições com golpes de "espadas de prancha", sem ponta nem gume, para os quais não havia regulamento que estabelecesse um limite máximo. Dionísio Cerqueira afirma que os generais comandantes de Corpos de Exército, impedidos de aplicar a pena de morte, contornavam a proibição ao executarem condenados por meio do excessivo número de "pranchadas". Afirma terem sido aplicadas com essa finalidade em apenas três ocasiões, mas é possível que elas tenham excedido esse número.[201]

Ainda na marcha do Exército brasileiro por território argentino, com destino ao Paraguai, Cerqueira assistiu à aplicação das "pranchadas" com a finalidade de causar a morte aos condenados. Em Cuencas, dois soldados brasileiros sofreram esse castigo, até sua morte aparente, por terem atacado um oficial estrangeiro, crime para o qual estava prevista a pena capital. Toda a tropa foi formada em um quadrado e, no centro, os dois acusados receberam centenas de golpes, um após o outro, dados com as espadas sem fio. O condenado ficava de pé, com a cabeça pendida para o chão, os braços caídos, enquanto de cada lado se revezavam soldados a golpeá-lo com as espadas.

> As duas espadas reluziram ao mesmo tempo e caíram sobre os ombros largos daquele mancebo atlético. Em poucos instantes, aos golpes que se sucediam num ritmo fatal, a camisa voou em tiras avermelhadas e as costas brancas tingiram-se de sangue rubro, que esguichava. Cruzou as mãos e estrinchou de dor.
>
> Os corneteiros iam se substituindo aos pares e as espadas continuavam a cair surdas e pesadas, sobre a massa sanguinolenta das carnes maceradas. Contamos cinquenta pranchadas.
>
> O castigo não parou! [...] Cada um daqueles milheiros de homens que presenciavam o lutuoso espetáculo sabia que ninguém podia castigar com mais de cinquenta pancadas de espada de prancha e que a lei estava sendo violada, mas não ousava dizê-lo ao camarada, que lhe sentia o toque do cotovelo.
>
> O infeliz persistia sem um ai, sem um gemido. Cruzava os braços apertando o largo ombro e constringindo o coração, cujas ânsias só ele sabia se eram pela dor ou pela desonra. O médico conservava-se triste, cabisbaixo e mudo. Era estudante ainda e oferecera-se para a guerra, sem imaginar que a disciplina lhe reservasse aquele amargurado transe.
>
> Mais de cem eram os golpes, quando irrompeu dos lábios ressequidos do condenado um gemido de aflição. A esse, outros sucederam compassados, ritmados ao bater das espadas no corpo flagelado. Depois... não pôde mais... caiu de borco. Avançaram três homens. Dois colocaram sobre os ombros direitos uma carabina em posição horizontal e mantiveram-na segurando-a com a mão direita, um voltado para o outro. Dois corneteiros ergueram o corpo torturado, passaram-lhe os braços por cima da arma; e o terceiro homem, na frente, segurou-o pelos pulsos. Chamava-se a isso *castigar nas armas*.
>
> Continuou o suplício. Os gemidos iam pouco a pouco esmorecendo, até se extinguirem de todo. Ouvia-se somente, de vez em quando, um estertor do agonizante, cujas pernas bambaleavam. E as espadas continuavam a bater, vibradas por braços sem vontade, mas com muita força. O pobre desfalecia; a cabeça caía como desarticulada e o corpo era apenas sustentado pelos braços presos à carabina.

Aproximou-se o médico, tomou o pulso e fez um sinal. Ainda vivia. As pranchadas já tinham excedido de um milheiro... O pulso batia ainda e o coração do desgraçado ainda latejava. O castigo devia prosseguir! As espadas continuaram a bater, implacáveis e pesadas.

O mísero desmaiou e rolou na relva, rubra de tanto sangue. Não o pôde aguentar o camarada que lhe segurava os pulsos. Era, entretanto, um hércules. A compaixão relaxou-lhe os músculos de aço e deixou cair o companheiro quase exânime. Devia ser grande a mágoa desse homem, a avaliá-la pela minha, que era indescritível. Levantaram-no novamente, puseram-no semimorto nas armas e as pancadas continuaram surdas e pesadas.

Depois de passadas mil e quinhentas, o médico tomou-lhe o pulso outra vez e não o sentiu; auscultou o coração e nada ouviu. Está morto? Levaram-no numa padiola.

O médico declarou-os mortos mas, dois meses mais tarde, Dionísio Cerqueira encontrou-os de volta à tropa, "magros e macilentos".[202] Terá o médico se enganado ou, por compaixão, mentiu propositalmente ao declará-los mortos?

As "pranchadas" eram instrumento de domínio sobre a tropa e o desrespeito ao limite de cinquenta golpes deve ter ocorrido em outras circunstâncias. Tratava-se de um castigo temido, pela dor que impunha mas, também, pela humilhação do punido perante seus companheiros. A "infâmia" da possibilidade de receber essa punição levou o soldado Manuel Luís Pereira, do 41º Corpo de Voluntários da Pátria, preso por apresentar-se à formação da tropa com dois bonés, a atirar com sua carabina em um tenente, que veio a falecer. Targino José de Lima, do 34º Corpo de Voluntários, levou cinco "pranchadas" por ter empurrado um camarada e, "alucinado com a afronta", matou um capitão.[203]

Diante da difícil situação de suas forças, na noite de 21 de dezembro de 1868, Caxias enviou um ofício a Gelly y Obes em que solicitava o reforço das forças de Palmas para atacar Itá-Ivaté. Os soldados brasileiros estavam abatidos e desorganizados e não sem razão, pois:

a qualquer outro exército, em iguais condições, teria ocorrido o mesmo. Essa campanha de quinze dias, em meio ao barro e à chuva, suportando algumas vezes os rigores de um sol ardente e o calor sufocante nas marchas e contramarchas, mal alimentados, pior assistidos [por socorro médico] e combatendo valorosamente, como testemunham os 8 mil homens [brasileiros] fora de combate, caídos em seus postos de honra, era para acovardar até um soldado de ferro.[204]

No dia 24 de dezembro, contando com 24 mil soldados e convencidos, ante a desproporção de forças, da vitória, Caxias e Gelly y Obes, para evitar uma carnificina, intimaram Solano López à rendição em doze horas, a contar do recebimento da nota. Nesta afirmava-se que era de responsabilidade do ditador paraguaio o sangue derramado na guerra, bem como o que viesse a cair, "se V. Exa. julgar que o seu capricho deve ser superior à salvação do que resta de povo à República do Paraguai". A resposta de Solano López foi altiva, ao lembrar que havia dois anos ele tentara a paz, em Iataiti-Corá, com os aliados e nada conseguira; continuara a lutar e assim persistiria, mas estava disposto a tratar do fim da guerra, desde que sobre bases honrosas para todos os beligerantes, ressaltando não aceitar depor as armas.[205] A rendição não se apresentava como opção para sua personalidade egocêntrica, pois, se deixasse de exercer o poder no Paraguai e fosse para o exílio, perderia qualquer relevância.

Em 26 de dezembro, os comandantes aliados se reuniram para traçar o plano de ataque. Gelly y Obes propôs a Caxias que se trouxesse o regimento San Martín, que participava do cerco de Angostura, para fortalecer a força do coronel Vasco Alves, que se encontrava no potreiro de Mármol, ponto tido como única alternativa de retirada de Solano López. Esse local tinha grande importância estratégica, por ele passando caminhos que conduziam a Cerro Léon, Itá, Itaquá e Pirajú. Ocupado o potreiro de Mármol, os paraguaios estariam totalmente sitiados e, no dia 21, Caxias ordenou à força de cavalaria do barão de Triunfo ocupá-lo, o que foi feito, após enfrentar uma força paraguaia. Triunfo apreendeu 3 mil cabeças de gado, 500 ovelhas e 400 cavalos no potreiro e, cumprindo ordens de Caxias, retirou sua divisão, deixando, porém, uma brigada de cavalaria, comandada por Vasco Alves, para manter esse ponto sob ocupação. No dia 25, Alves venceu um piquete paraguaio, matando 200 inimigos e aprisionando 35, sendo que os prisioneiros declararam que sua missão tinha por fim explorar e liberar a estrada por onde Solano López pretendia fugir, acrescentando que para isso já estava organizada a tropa que o iria escoltar.[206]

No mesmo dia 26, porém, Caxias respondeu, a essa proposta de fortalecer a vigilância sobre o potreiro de Mármol com tropas argentinas, que nesse ponto já havia força suficiente e que o regimento San Martín era necessário no bloqueio de Angostura. Para José Ignacio Garmendia, combatente argentino e historiador da guerra, Caxias sobrecarregara o Exército brasileiro com combates seguidos, fatigando-o, mas não queria incorporar argentinos e uruguaios no combate principal para tentar monopolizar a glória da esperada vitória final.[207]

No dia 27, às seis horas da manhã, iniciou-se o assalto ao quartel-general de Solano López. Dele participaram, além dos brasileiros, e, vindos de Palmas, após conquistarem as trincheiras inimigas de Piquissirí, argentinos e a pequena força uruguaia, que atacaram a retaguarda de Itá-Ivaté. Atacados pela frente, pelos flancos e pela retaguarda, os paraguaios resistiram com grande bravura, o que não os impediu de serem aniquilados. Três dias depois, em 30 de dezembro, renderam-se os 1300 soldados de Angostura, comandados por George Thompson, o último reduto do complexo defensivo de Piquissirí; as mulheres aprisionadas foram violadas. Desde o dia 6 de dezembro o Exército paraguaio havia perdido quase 20 mil combatentes, ou seja, fora destruído. Do lado aliado quase metade do efetivo brasileiro foi posto fora de combate, num total de 10 079 homens, dos quais 2099 mortos e 7980 feridos. Os argentinos tiveram 99 mortos e 464 feridos. Os mortos ficaram espalhados em uma área de quatro quilômetros quadrados e grande parte dos cadáveres paraguaios era de crianças e velhos; alguns meninos tinham barbas postiças.[208] O militar brasileiro Antonio Américo Pereira da Silva participou dos combates de dezembro de 1868 e, referindo-se àqueles travados entre 21 e 26 de dezembro, afirmou, anos depois, que aliados e paraguaios estiveram "empenhados na defesa de suas causas, sendo muito difícil, com imparcialidade, julgar de que lado estava o maior denodo, a maior coragem, a maior abnegação".[209]

A fuga de Solano López: um acidente?

Durante o combate, Caxias chamou como reforço a tropa de cavalaria do coronel Vasco, que estava no potreiro de Mármol, deixando esse ponto desguarnecido. Nos últimos momentos da batalha, o general Rivas comunicou a Gelly y Obes que esse potreiro fora abandonado pela cavalaria brasileira pouco antes do início do ataque ao reduto de Solano López. Gelly y Obes reagiu incrédulo e respondeu que isso não podia ocorrer, pois todos sabiam que o potreiro de Mármol era o único ponto por onde Solano López poderia escapar. Algum tempo depois, o comandante argentino encontrou Caxias e comunicou a informação de Rivas, e ouviu como resposta que, de fato, a cavalaria de Vasco Alves fora retirada porque ela era necessária no ataque àquele reduto. Gelly y Obes perguntou como Caxias pudera cometer tal erro, e enviaram-se, então, o 1º Corpo de Exército argentino e a cavalaria do coronel Vasco em perseguição ao inimigo, até o arroio Juquerí, os quais trocaram tiros com a retaguarda dos que se retiravam. Mas era tarde, pois Solano López se retirara às 9 horas da manhã de Itá-Ivaté[210] e conseguira fugir, deixando para trás bens pessoais, que "se compunham das mais finas roupas, de ouro e prataria e de dinheiro". O terreno da batalha estava coberto de cadáveres de homens, cavalos, bois, cachorros e outros animais.[211]

O coronel Centurión descreve que a infantaria aliada avançava em Itá-Ivaté, destruindo os poucos batalhões de recrutas inimigos, e só quando ela chegou a "uma quadra" do quartel-general paraguaio é que Solano López se retirou. A retirada ocorreu lentamente, pelo potreiro de Mármol, "à vista de todo o inimigo [aliados], sem enviar este ou seu chefe nenhuma força para sua perseguição". Pedro Werlang, capitão do Exército brasileiro, que participou desse combate, deixou registrado em seu diário:

> [...] pudemos ver Lópes [sic!], sua mulher, seus generais e seu estado-maior empreendendo a retirada à Cordilheira, sem que lhe barrássemos o caminho. Isso teria sido fácil; certamente ao marquês de Caxias não convinha prendê-lo.[212]

E essa interpretação era, à época, aceita como verdade pela tropa aliada: Caxias permitiu que Solano López fugisse. Os motivos e as circunstâncias variam segundo a fonte. Assim, o capitão Jacob Franzen, do Exército brasileiro, escreveu que "a 26 de dezembro houve uma conferência entre Caxias e López" em que o general brasileiro solicitou a libertação do major Cunha Mattos, aprisionado no ataque paraguaio a Tuiuti em 3 de novembro, e o ditador paraguaio, para atender ao pedido, impôs que o deixassem sair de Itá-Ivaté. No dia seguinte, segundo Franzen, López enviou Cunha Mattos e teve, assim, permitida sua saída. Quando, três meses depois, o conde d'Eu assumiu o comando do Exército brasileiro no Paraguai, "enviou um parlamentar a López, solicitando o cumprimento da promessa que fizera a Caxias para finalizar a guerra". Franzen não esclarece qual seria essa suposta promessa, mas diz que a resposta do ditador foi "que bem sabia o que estava fazendo". O soldado brasileiro Forriel Jakob, por sua vez, registrou em seu diário o comentário que corria pela tropa de que Caxias teria permitido a fuga, ao ordenar que a cavalaria se retirasse do potreiro de Mármol, como resultado de uma conversa com Solano López em que este teria prometido não continuar a luta, se o deixassem escapar. Nesse caso, Caxias poderia proclamar o fim da guerra e "essa interpretação, então, era voz corrente em todo o Exército".[213]

A fuga de Solano López causou grande polêmica à época, com Caxias chegando a ser apontado como conivente. Lemos Britto, em um livro publicado em 1907, baseado exclusivamente no depoimento do último sobrevivente dos prisioneiros do vapor *Marquês de Olinda*, apreendido pelos paraguaios no início da guerra, fez um interessante relato sobre esse acontecimento. O sobrevivente era Clião de Arouca, que, no início do século XX, tinha o posto de vice-almirante, e o texto resultante de seu depoimento foi classificado pelo general Mário Barreto como "um belo trabalho". Segundo o referido depoimento, na noite de 26 de dezembro, Solano López recebeu de volta um emissário que enviara a Caxias e "estava assentado o plano de fuga do ditador!". Tal versão "falou-se à boca cheia na fileira do Exército".[214]

No livro de Lemos Britto relata-se que, atrás das fortificações de Lomas Valentinas, havia um extenso banhado, como se fosse uma lagoa. Solano López, que estava encurralado nas trincheiras, somente poderia escapar atravessando essa área alagada, em cujas extremidades Caxias ordenara que se posicionassem dois batalhões. Ao entardecer do dia 26, o general João Manuel Menna Barreto, num reconhecimento em torno da lagoa, ordenou a um soldado que tomasse, com uma lança, a sua profundidade. Na exploração feita encontrou-se um ponto em que apenas a lâmina da lança ficava debaixo d'água. Assim, segundo o relato, teria sido descoberta uma passagem artificial construída pelos paraguaios, a um palmo debaixo da superfície, que se estendia em tangente até as contraescarpas dos fossos da retaguarda. Feita essa descoberta, o referido general — morto mais tarde por uma granada, ao salvar a vida do conde d'Eu — teria informado Caxias do fato. O marquês, ainda segundo o relato de Arouca, ordenou que se guarnecessem as margens suspeitas com alguns batalhões, estendidos em linha, sitiando completamente, portanto, o quartel-general paraguaio. Solano López estava encurralado no dia 27 pelas tropas brasileiras, quando estas estancaram. Caxias requisitou os dois batalhões que guarneciam a lagoa para a frente de batalha, "no entanto [...] poderia dispor, antes daqueles dois batalhões, de dez outros que aguardavam ordens!".[215]

Contudo, na segunda edição do livro citado, em 1927, Lemos Britto mudou de ideia. Justificou-se afirmando que, por ocasião da primeira edição, tinha apenas 18 anos de idade e que, posteriormente, ao estudar a fundo a vida de Caxias e tomar conhecimento do seu grande patriotismo, "não posso hoje admitir houvesse da sua parte qualquer pensamento desonesto após a renhida luta". Ao concluir seu raciocínio, porém, Britto realimenta a dúvida sobre o acontecimento, ao afirmar que "se [Caxias], de fato, permitiu a López a fuga foi por julgá-lo absolutamente aniquilado e incapaz de qualquer nova resistência".[216] Apesar de não querer admitir que Caxias tivesse deixado Solano López fugir, Britto não desmente o depoimento de Clião de Arouca.

Batalha de Lomas Valentinas

(27/12/1868)

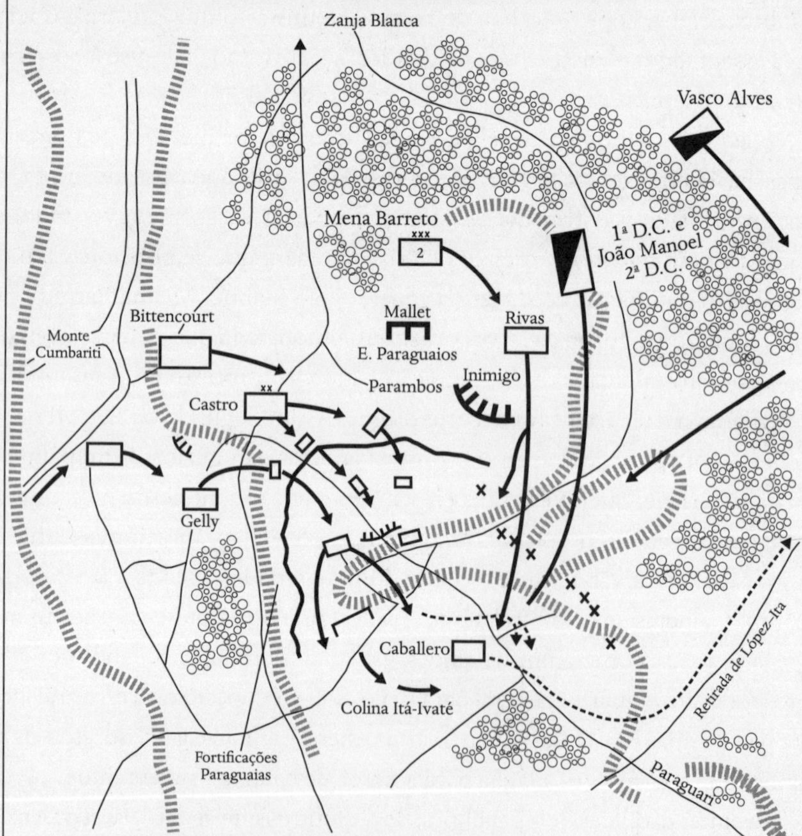

Fonte: Luis Vittone, *Trayectoria militar y política del general de división Bernardino Caballero.*

Cecilio Báez, um sério e bem informado autor paraguaio, contemporâneo de veteranos da guerra, corrobora a explicação da fuga consentida de Solano López. Este teria utilizado McMahon, o representante diplomático norte-americano, para tentar negociar sua salvação. McMahon teria enviado uma carta de súplica a Caxias, em que lhe rogava que deixasse Solano López escapar, e se comprometia a embarcá-lo e tirá-lo do Paraguai. Caxias, por uma "excessiva cortesia" com o diplomata norte-americano, teria concordado, e Solano López saiu pelo potreiro de Mármol sem ser incomodado pela cavalaria brasileira, que o viu escapar à distância de meio tiro de fuzil. McMahon, porém, não cumpriu sua palavra.[217]

Para Tasso Fragoso, um exame "meditado e sereno" da situação, do terreno e da forma como Solano López se evadiu demonstraria "não serem justas" as críticas feitas a Caxias. Afirma esse autor que à época não se possuíam mapas da região de forma a orientar tropas com segurança, daí não ter havido perseguição. Há, também, a versão de que McMahon, representante norte-americano no Paraguai, aproveitou-se do fato de Caxias ser maçom, como ele, para solicitar ao marquês que permitisse a Solano López retirar-se de Lomas Valentinas. McMahon teria garantido, sob palavra oficial dos Estados Unidos, que o ditador paraguaio abandonaria o seu país e iria para a Europa. Contudo, mesmo aqueles que apresentam tal versão o fazem como especulação, sem ratificá-la.[218]

O próprio diplomata norte-americano em questão, por sua vez, fez um relato dos acontecimentos que não confirma a concordância de Caxias com a fuga de Solano López. McMahon informou ao Departamento de Estado apenas que o líder paraguaio evitara a captura, galopando quase sozinho. Somente no dia 29 de dezembro, em Cerro León, esse diplomata, após dizer a Solano López que chegaria o momento em que a resistência seria impossível, sugeriu que poderia ser o mediador para obter, dos comandantes aliados, autorização para sua saída do país e que poderia fixar residência nos Estados Unidos. O chefe de Estado paraguaio respondeu estar disposto a qualquer sacrifício pessoal e insinuou que seria aceitável um acordo, mas acrescentou que isso não seria oportuno naquele momento, pois os comandantes aliados estariam orgulhosos e confiantes em decorrência da vitória do dia 27, sem disposição para negociar.[219] Como em outros momentos da guerra, o ditador paraguaio adotava uma postura irrealista, ao julgar que um golpe de sorte diante do inimigo poderia proporcionar-lhe melhores condições para negociar a paz.

O visconde de Maracaju, testemunha da fuga de Solano López, afirma que causou "admiração e má impressão" a notícia do ocorrido. Por não ter sido Solano López perseguido por uma força de cavalaria, correram "os mais disparatados juízos". Caxias, ao não ordenar a perseguição, "fez crer, como correu, que houve uma promessa do ministro americano, general McMahon, de que o ditador sairia imediatamente do Paraguai".[220] E mais não esclarece Maracaju, evitando emitir opinião sobre o boato. Mas, ao não desmentir essa versão, parece com ela concordar.

Uma hipótese explicativa para esse nebuloso evento seria a de considerar o estado psicológico de Caxias. Ele estava, havia muito, saturado da guerra, cuja continuidade considerava dispensável por crer vingada a honra brasileira. Os combates de dezembro aumentaram sua amargura, pois ficara desiludido com os atos da tropa e perdera a confiança em oficiais superiores de seu Exército. Além disso, provavelmente sofrera forte impacto com a carnificina que as perdas representavam até 21 de dezembro.[221] A esse estado psicológico acrescente-se que Caxias era quase um septuagenário, que, em lugar de gozar o conforto da vida na Corte e ocupar sua prestigiosa posição de senador, enfrentava, além da guerra, os rigores do clima e a hostilidade do ambiente físico paraguaio. Nesse contexto pode-se levantar a hipótese de que, ao não acreditar na necessidade da continuidade da guerra, cujo resultado talvez temesse em decorrência da perda de combatividade das forças brasileiras, Caxias tivesse deixado Solano López fugir, como forma de alcançar a paz. Com a suposta promessa da retirada de Solano López do Paraguai, também estaria atendida a exigência do Tratado da Tríplice Aliança, mantida por exigência de Pedro II, de somente terminar a guerra com essa retirada.

Essa hipótese, contudo, parece frágil. No dia 27 de dezembro, Solano López estava encurralado pelas forças aliadas. Nessa situação seria ou aprisionado, sendo certo seu exílio, ou morto, caso não se rendesse. Daí, não havia por que Caxias temer pela sorte da guerra e, mais ainda, granjearia grandes méritos ao encerrá-la vitoriosamente, com a prisão ou a morte do líder inimigo. A lógica leva à conclusão de que não havia motivo, portanto, para o marquês permitir a fuga de Solano López, como forma de pôr término à guerra. Exceto se considerada a possibilidade de o general brasileiro acreditar que a fuga do chefe de Estado paraguaio evitaria que este fosse visto como um mártir, imagem que adquiriria, caso se tornasse prisioneiro ou morresse. Tal imagem poderia transformar-se em fator de exacerbação da opinião pública das Repúblicas vizinhas contra o Império. Essa hipótese, contudo, esbarra no fato de que a opinião pública nesses países já era, de todo modo, desfavorável ao Império e, ainda, na improbabilidade de preocupações tão elaboradas de política internacional, por parte de Caxias, cuja atenção estava voltada inteiramente para o desgastante conflito.

Poucos dias depois da fuga do ditador paraguaio, Caxias escreveu a seu amigo Paranhos afirmando que submetera Solano López a "um círculo de ferro" e que "nunca pensei que ele pudesse escapar, e já tinha até aposento para ele no meu acampamento".[222] Palavras que, na verdade, nada explicam; já seu discurso no Senado, em 15 de julho de 1870, é um pouco mais esclarecedor. Nessa ocasião, Caxias afirmou que não perseguiu Solano López "por muitas razões"; eis alguns trechos de sua justificativa:

> [...] eu não podia saber por onde López fugira. O Exército inimigo desfez-se na frente do nosso [...] López se escapara pela picada do potreiro Marmoré com sessenta cavaleiros. Como o havia de perseguir em uma circunferência de três léguas [vinte quilômetros] que compreendia a área das operações?
>
> Eu estava em um ponto; López fugiu pelo outro, metendo-se pelo mato. Como persegui-lo? Todavia, nesses lugares eu tinha mandado colocar cavalaria; mas ele podia passar pelo mato sem que a cavalaria pressentisse. Um grupo de sessenta homens em um grande combate passa despercebido. Além disto este grupo internou-se em um mato que ninguém sabia que dava trânsito.
>
> Tinha mais à retaguarda Angostura [...] como havia de entranhar-me com o Exército por esses caminhos desconhecidos? Não era possível, sobretudo estando em nossa retaguarda Angostura ocupada pelo inimigo. Entretanto uma partida teve ordem de explorar a mata e trouxeram [sic] dela muitos fugitivos. Naquela ocasião ninguém sabia por onde se tinha escapado López [...].
>
> Hoje nada é ainda mais fácil do que discorrer sobre a maneira de se ter agarrado López [gritos de] (*apoiados*); mas lá quem é que sabia onde ele estava, em tão considerável extensão de terreno, ocupado pelas forças combatentes?[223]

Ao se partir da premissa de que Caxias foi sincero nessa exposição, sua incapacidade de ordenar, por exclusão, uma perseguição a Solano López mostra quão abalado psicologicamente estava o marquês, faltando-lhe agilidade mental para organizar suas forças com a rapidez necessária para aprisionar o chefe inimigo. Afinal, Solano López não poderia marchar em direção a Assunção, pois o caminho estava ocupado por tropas brasileiras; não podia dirigir-se a Angostura, devido à presença de tropas aliadas entre esta e Itá-Ivaté; logo, teria que retirar-se rumo ao interior, à cordilheira de Ascurra. E a direção em que ele fugiu foi vista por centenas de soldados aliados.

Caxias tem a seu favor o silêncio do comandante das forças argentinas, general Gelly y Obes. Este era seu desafeto e não perderia a oportunidade de informar a Buenos Aires, caso a fuga de Solano López tivesse sido facilitada, mas nada registrou nesse sentido. Apenas relatou que o ditador paraguaio e Elisa Lynch fugiram a cavalo, enquanto seus filhos os acompanharam de carruagem. Outro militar argentino que assistiu aos acontecimentos, Manoel Carazar, relatou o ocorrido como algo fortuito.[224] Também o barão Homem de Mello, crítico do comando de Caxias no Paraguai, limita-se a descrever tal fuga sem explicá-la como resultado de alguma combinação, mas, sim, da insegurança desse general ao tomar decisões em Lomas Valentinas.[225]

No plano lógico não haveria motivo para Caxias deixar Solano López, mesmo que fosse sob a promessa de retirar-se do Paraguai, pondo fim à guerra. A única lógica que se pode considerar é o fato de tanto Caxias quanto McMahon serem maçons, e de que o diplomata, recorrendo ao fato de ambos serem "irmãos" maçônicos, teria obtido do general brasileiro a concordância para que Solano López se retirasse de Lomas Valentinas. McMahon teria prometido a Caxias que Solano López partiria para a Europa, acordo que não cumpriu. Não há, porém, nenhuma evidência documental que sustente essa versão, embora ela seja comentada em livros e seja objeto de comentário entre alguns círculos maçons. Tasso Fragoso classifica de "balela" a versão de que McMahon teria escrito uma carta a Caxias dizendo que Solano López embarcaria imediatamente para a Europa, caso fosse derrotado em Itá-Ivaté e não o perseguissem.[226]

Em contrapartida, a ordem do dia número 272, de 14 de janeiro, assinada por Caxias, pode ser usada para fortalecer a explicação de que se permitiu a fuga de Solano López. Nesse documento, após historiar sinteticamente os acontecimentos do mês de dezembro de 1868, Caxias concluiu: "A guerra chegou a seu termo, e o Exército e a esquadra brasileira podem ufanar-se de haver combatido pela mais justa e santa de todas as causas".[227] Contudo, a guerra prosseguiu por mais de um ano e essa declaração de Caxias serviu apenas para contribuir para a desmobilização da tropa brasileira e foi motivo de fortes críticas no Brasil. Essas palavras do comandante em chefe, porém, contribuem para manter a dúvida quanto à fuga de Solano López. Teria Caxias declarado terminada a guerra por ter destruído o Exército do inimigo e tomado sua capital, em 1º de janeiro de 1870, ou, então, por considerar que Solano López cumpriria a promessa no suposto acordo para sair do Paraguai?

Mais tarde, Caxias defendeu-se no Senado:

> Senhores, nunca dei a guerra por acabada. Apenas manifestei a minha opinião. Depois do que vi, depois do que se passou, eu não podia supor que López pudesse ainda continuá-la do modo como a tinha sustentado até então.[228]

De fato, com a capital paraguaia ocupada e o Exército paraguaio destruído, havia motivos para crer que a guerra terminara. Tanto que o próprio Osorio pensava assim, ao escrever à esposa, em 1º de janeiro de 1869, que "nossas perdas são sensíveis, porém considero que a guerra acabou".[229] E poderia ter acabado mesmo, comentou, posteriormente, Paranhos "se nosso amigo Sr. Duque de Caxias" tivesse explorado todo o território vizinho da estrada de ferro e, nessa região, perseguido Solano López.[230]

A tentativa de explicar a fuga de Solano López de Lomas Valentinas, valendo-se da eventual anuência do comandante em chefe brasileiro, é exercício especulativo, sem razoável base documental. As negativas dessa versão, por sua vez, pouco esclarecem sobre o acontecimento. À consideração de Senna Madureira de que a cavalaria brasileira estava esgotada após meses de luta, sem condições de empreender a perseguição do ditador,[231] contrapõe-se o fato de que também o inimigo participara dessas lutas e estaria mais exausto ainda, pois vinha de uma sequência de derrotas. De mais a mais, é pouco crível que, entre milhares de cavalarianos, não houvesse nas fileiras imperiais algumas poucas dezenas deles em condições de dar perseguição ao fugitivo. Inexistem, porém, documentos com razoável confiabilidade que permitam afirmar, com seriedade, que possivelmente Caxias deixou Solano López fugir; todos os relatos nesse sentido dão como fonte um boato que corria por entre a tropa. Em compensação, a existência de vários relatos nesse sentido, um deles feito por um chefe militar, como o visconde de Maracaju, não permite ao historiador rejeitar a hipótese da fuga facilitada. O certo é que a fuga de Solano López fez a guerra estender-se por mais quinze meses, ao preço de alguns milhares de mortos adicionais.

De Itá-Ivaté, Solano López fugiu para Cerro León e, depois, para a cordilheira de Ascurra. Parecia difícil que ele conseguisse se recuperar militarmente e reorganizasse uma tropa que permitisse algum tipo de resistência aos aliados. Nos primeiros dias de janeiro foram vagas as notícias sobre o ditador, mas aos poucos, graças ao interrogatório de prisioneiros paraguaios, delineou-se o quadro de que os aliados teriam que retomar as operações militares.

5. A caça a Solano López

Em 1º de janeiro de 1869, Assunção, deserta, foi ocupada pelas tropas brasileiras. Nesse mesmo mês, Caxias retirou-se do Paraguai, sem esperar ordens superiores, atitude que foi imitada, em fevereiro, pelas cúpulas do Exército e da Marinha. Essa retirada, acrescida do cansaço da guerra por parte das forças brasileiras, sentimento aprofundado após os duros combates de dezembro do ano anterior, levaram à imobilização militar até meados de 1869. A partir de então, já com as forças imperiais sob o comando do conde d'Eu, foram retomadas as ações bélicas contra Solano López. Este manteve uma resistência suicida, pois não possuía recursos, quer humanos, quer materiais, para impor uma derrota ao inimigo e, assim, continuou a sacrificar inutilmente aqueles que o seguiam, até ser alcançado e morto em março de 1870.

A GUERRA CONTINUA?

As batalhas de dezembro deixaram o caminho livre para que os aliados marchassem sobre Assunção. A cidade fora evacuada por Solano López e ocupada por tropas brasileiras, que a saquearam em 1º de janeiro. Dias depois Caxias entrou em Assunção e, ao sofrer um desmaio em 17 de janeiro, resolveu retirar-se do Paraguai, pondo fim a seu comando na guerra. Sua retirada e a de outros altos oficiais levaram o Exército brasileiro a cair em desânimo, até a chegada do novo comandante em chefe, o conde d'Eu, que foi para a guerra contra a vontade.

As tropas brasileiras saqueiam Assunção

O Exército paraguaio fora destruído em Lomas Valentinas, e Angostura, sua última posição fortificada à retaguarda aliada, se rendeu em 30 de dezembro de 1868. Para confirmar simbolicamente a vitória aliada e permitir o descanso de tropas exaustas, que há anos lutavam em terrenos insalubres e clima inóspito, Caxias ordenou a ocupação da capital inimiga. Para fazê-lo, 1700 homens, sob o comando do coronel Hermes da Fonseca, transportados em navios de guerra, desembarcaram em Assunção na noite de 1º de janeiro de 1869, fazendo com que cem a duzentos soldados paraguaios ali existentes se retirassem. Informou o *Jornal do Commercio* que, como sempre, as tropas imperiais foram seguidas por grande número de comerciantes. No dia 3 de janeiro, o Exército aliado marchou de Villeta e, no dia 5, o grosso das tropas brasileiras entrou em Assunção; a infantaria instalou-se em prédios públicos e a cavalaria ficou nos arredores da cidade, onde havia bons pastos.[1]

Embora a ocupação da capital fosse defensável no plano simbólico, esse não era, afinal de contas, o objetivo da guerra. O Tratado da Tríplice Aliança estabelecera que o objetivo principal era tirar do poder Solano López e expulsá-lo do Paraguai. Por certo, também ao Exército aliado foi alto o preço das batalhas vitoriosas de dezembro de 1868, com a perda de homens, exaustão de outros e a perda de armamento, necessidade de repô-lo, juntamente com a munição. Explica-se, assim, a concentração aliada em Assunção, para reorganizar suas forças; mas, ao fazê-lo sem enviar uma forte vanguarda atrás de Solano López, deu tempo a este de retomar o fôlego. O ditador pôde refugiar-se nos montes do interior, na cordilheira, região de difícil acesso às tropas aliadas, por estar distante das vias fluviais usadas para seu suprimento de alimentos, cavalos e armamento.

Diplomatas estrangeiros residentes em Assunção queixaram-se de que, ao ocuparem a cidade, os soldados brasileiros a saquearam. O cônsul da França escreveu a Caxias que "vi saquear o Consulado de Portugal e a Legação norte-americana, meu próprio Consulado foi por duas vezes roubado". Também o cônsul italiano, Chapperon, queixou-se de que os consulados do seu país em Assunção e Luque, localidade próxima da capital ocupada pela cavalaria do coronel Vasco Alves, foram saqueados. Houve, ainda, uma reclamação de saque da Legação dos Estados Unidos, apresentada pelo comandante do vapor *Wasp*, da Marinha norte-americana, fundeado no porto da cidade, em missão de busca do general McMahon. As autoridades militares brasileiras negaram os saques, atribuindo-os quer aos soldados paraguaios que se retiravam, quer a bandidos ou, ainda, a civis que acompanhavam as forças aliadas. Para o jornal *Nación Argentina*, Assunção teria sido saqueada por ordens de Solano López, explicação essa também exposta pelo visconde de Taunay.[2]

Segundo *La República*, outro jornal argentino, do saque de Assunção teriam participado comerciantes estrangeiros anteriormente domiciliados na cidade e, ainda, alguns paraguaios. Possivelmente aventureiros civis participaram do saque, mas ele foi realizado sobretudo pela tropa brasileira, fora do controle de seus superiores, como o comprova o fuzilamento, noticiado por esse periódico, de cinco soldados surpreendidos quando praticavam o saque. Julián Molino Torres, comerciante que depois se tornou cônsul argentino em Assunção, foi um dos primeiros civis a entrar na cidade e presenciou o saque feito pelas tropas brasileiras. O conselheiro Paranhos, ministro dos Negócios Estrangeiros em missão no Paraguai, escreveu, em fevereiro de 1869, ao ministro da Guerra: "devo dizer a V. Exa. que nossa gente também teve parte no saque desta cidade. As fadigas, perigos e perdas do mês de dezembro explicam a brandura e descuido que deram margem a esses abusos". O senador Ignacio Francisco Silveira da Motta, que visitou Assunção em fevereiro de 1865, foi mais preciso: o saque de Assunção ocorreu e era atribuído às tropas do coronel Hermes da Fonseca, que desembarcaram na cidade no dia 1º de janeiro. A indisciplina militar da tropa brasileira, que Paranhos eufemisticamente aponta, repercutiu no comandante das forças argentinas, general Emilio Mitre. Esse general ficou duplamente chocado, quer pela falta de disciplina dos saqueadores, quer pelo saque ter-se dado contra uma cidade desprovida de coisas de valor a serem tomadas. Opinião equivocada de quem não entrou em Assunção, ao manter, sabiamente, suas tropas fora da capital, enquanto via os aliados brasileiros saquearem-na. Segundo as recordações de Rodrigues da Silva, a capital paraguaia tinha "prédios abertos, mobiliados com luxo e apuro, armários cheios de roupas finas de homem, mulher e criança, louças, cristais e talheres de valor, instrumentos e objetos de arte". Em abril de 1869, segundo o jornal *La República*, os móveis do palácio de Solano López encontravam-se na casa do governo argentino. E, de fato, eles foram vistos pelo conde d'Eu, ao ser recebido pelo presidente Sarmiento no início de abril de 1869.[3]

Os soldados brasileiros foram além de saquear Assunção. Também cobraram dinheiro para devolver às suas famílias crianças extraviadas. Uma delas foi Manuel Domecq García, sobrinho de Concepción Domecq Decoud, que se perdeu da família quando seu pai morreu em Humaitá. O menino foi devolvido por soldados mediante o pagamento de oito libras[4] esterlinas e, adolescente, ingressou na Marinha de Guerra argentina, chegando a almirante. Durante o governo do presidente Marcelo T. Alvear (1922-8), Manuel Domecq García ocupou o cargo de ministro da Marinha. Mais tarde, em Peribebuí, essa situação se agravou, com os soldados argentinos roubando crianças, tomando-as como cativos ou troféus de guerra. O roubo de crianças se tornou um negócio, pois as famílias paraguaias conseguiam recuperá-las mediante o pagamento de resgate.[5]

Em 6 de janeiro, Caxias fez alterações na organização militar brasileira no Paraguai, reduzindo os três Corpos de Exército para dois, o 1º, sob o comando de Osorio, e o 2º, sob o comando do general Argolo. Estando, porém, estes dois chefes enfermos, ficaram no comando interino, respectivamente, os generais José Luiz Menna Barreto e Jacinto Machado Bittencourt; dias depois, em 14, o general Guilherme Xavier de Souza chegou a Assunção e assumiu o comando do 1º Corpo. Na ordem do dia nº 272, de 14 de janeiro, Caxias declarou a guerra terminada.[6] Que se chegara a seu fim era um sentimento generalizado, a partir de uma análise da situação em uma perspectiva militar sobre os recursos que restavam a Solano López. Em Buenos Aires, Rufino de Elizalde cumprimentou o representante brasileiro pelo "término da guerra" e escreveu a Francisco Otaviano de Almeida Rosa, negociador brasileiro do Tratado da Tríplice Aliança, que "o poder de López não existe". Nesta carta, Elizalde lamentava a destruição ocorrida "para tirar López do Paraguai" e responsabilizava a este por ter "aumentado desnecessária e barbaramente os estragos da guerra". Este grau de destruição, escreveu, não fora previsto quando assinaram o Tratado da Tríplice Aliança, e tais estragos traziam dificuldades inesperadas, mas esse documento tinha os princípios que permitiriam à Argentina e ao Brasil superá-las.[7]

Caxias se retira

Na manhã do dia 17 de janeiro, Caxias, segundo relato que enviou ao ministro da Guerra, desmaiou enquanto assistia à missa na catedral, e permaneceu por meia hora sem sentidos. Atendendo ao conselho do seu médico, o dr. Bonifácio de Abreu, para se retirar, devido ao clima paraguaio, o comandante brasileiro partiu para Montevidéu, no dia 19, para esperar a resposta do governo imperial "a respeito da demissão que pedi", passando, pela ordem do dia nº 273, o comando para o general Guilherme Xavier de Souza. O imperador custou a crer nessas notícias e afirmou, em carta a Cotegipe, que ele escrevera a Paranhos e ao barão de Muritiba, ministro da Guerra, "sobre a licença pedida por Caxias, cuja presença ainda é indispensável no teatro da guerra. Não creio que ele, em ordem do dia, declarasse a guerra terminada".[8]

O desmaio e a retirada de Caxias do Paraguai eram consequência de um longo processo de desgaste físico e psicológico. O marquês estava cansado da guerra em cuja continuidade não via motivo. Além disso, passava pelos sofrimentos físicos de um quase septuagenário que, estoicamente, enfrentava os rigores do clima paraguaio. Encontrava-se abalado psicologicamente com a carnificina dos combates de dezembro, e a má atuação das tropas brasileiras o impressionara de forma profunda. Paranhos afirmou que Caxias ficou prostrado "moral e materialmente" — quer dizer, psicológica e fisicamente — depois dos combates do final de 1868 e "desde então estava resolvido no seu ânimo o seu regresso". O desejo de retirar-se do Paraguai remontava, no mínimo, a agosto de 1867, quando em carta à sua esposa Caxias demonstrou aguardar apenas a passagem, ou a definição de sua impossibilidade, da esquadra por Humaitá, para pedir demissão do comando, "pois já estou e sou doente". Permaneceu, porém, no comando das forças imperiais porque o ministro da Guerra, o marquês de Paranaguá, após lamentar a saúde abalada do general, apelou ao seu patriotismo. Argumentou o ministro que a tropa teria sua situação agravada com a saída do comandante em chefe, cuja retirada apenas deveria ocorrer em último caso, quando suas forças físicas não permitissem outra solução, e comunicando o fato com antecedência, para o governo imperial se preparar de modo conveniente.[9]

Caxias permaneceu no Paraguai por dever militar, escrevendo que "estou disposto a tudo sofrer, desde que caí na asneira de sair de minha casa, depois de velho, com a missão de desmanchar as asneiras que se fizeram por cá".[10] Sua correspondência, a partir de 1868, demonstra que ele não acreditava na necessidade de continuar a guerra, nem se entusiasmara com os resultados das batalhas de dezembro daquele ano. Em uma carta a Paranhos, de janeiro de 1869, afirmava o marquês que "não se iludam com as esplêndidas vitórias que alcançamos", sugerindo que, a não ser que o governo imperial tivesse muito dinheiro para gastar, aproveitasse a ocasião e concluísse a guerra, ou então a teriam "por mais seis ou oito meses". Pedia ao ministro dos Negócios Estrangeiros "para tomar conta deste negócio, que eu estou cansado e o que depender de minha ferrugenta espada está feito". Terminava a carta com um alerta ao governo brasileiro: "vejam também que aqui tem um velho de 65 anos já muito cansado e que tem a consciência de que já fez mais do que se poderia esperar dele".[11]

No início de 1869, Caxias estava decidido a se retirar do Paraguai. O general argentino Emilio Mitre escrevia que "o marquês crê, ou finge crer, que a guerra está de fato terminada" e que Solano López não teria mais do que dois mil homens. Em correspondência do teatro da guerra, um anônimo escrevia no *Diário do Povo* que Caxias garantia "a todo mundo que chegando a Assunção estabelecerá um governo provisório, dando assim por finda sua missão; pois que não é capitão-do-mato para andar à cata de López". Era questão de tempo e oportunidade a retirada daquele chefe militar que, dias antes de seu desmaio, escrevia ao ministro da Guerra afirmando que Solano López não dispunha de forças para batalhas, "entretanto suponho que ainda assim nos obrigará a ter muitos meses aqui um dispendioso Exército". Reclamava o comandante brasileiro, em carta de 13 de janeiro, que "se não tivesse consciência" de que o general José Luiz Menna Barreto, que o substituiria na chefia das forças imperiais, "era incapaz de comandar o Exército, de certo já teria dado parte de doente e retirado-me daqui a fim de me tratar". Em virtude de suas ressalvas a José Luiz Menna Barreto, a quem julgava inapto "para comandar soldados em campanha", o marquês nomeou-o para a Junta de Justiça Militar, sediada em Humaitá, e entregou o comando interino das forças imperiais ao general Guilherme Xavier de Souza.[12]

José Luiz Menna Barreto incorporou-se às forças brasileiras no Paraguai em 22 de maio de 1866, e assumiu o comando da 2ª Divisão de Cavalaria e, mais tarde, o 2º Corpo de Exército. Nesta posição de comando participou da batalha de Avaí, formando o centro das forças atacantes, e participou também do ataque a Itá-Ivaté. Caxias, na ordem do dia nº 272, de 14 de janeiro de 1869, manteve silêncio sobre a atuação de José Luiz; neste caso, a falta de elogio à sua participação nos combates significava uma censura. Ao ver-se sob suspeita, esse general solicitou, por escrito, em 20 de janeiro de 1869, a diferentes chefes militares brasileiros, um testemunho sobre seu desempenho. A resposta, coletiva, foi elogiosa, embora não taxativa quanto aos combates de dezembro de 1868, afirmando que "nós, vossos companheiros e comandados, vos consideramos e respeitamos, desejando-vos à nossa frente nos momentos arriscados".[13] Taunay, por sua vez, testemunha ocular da ação em combate desse general, em 1869, elogiou sua atuação, classificando-o como "bom general tático, digno de confiança, atendendo a tempo [...] a todas as peripécias da ação", ao referir-se à batalha de Campo Grande.[14]

No dia 24 de janeiro, Caxias chegou a Montevidéu tão abatido que, do curto espaço do desembarque até o hotel mais próximo, se deslocou nos braços do senador Silveira da Motta, que lá se encontrava, e do barão de Mauá, conforme relatou Paranhos ao barão de Cotegipe, seu substituto interino no Ministério dos Negócios Estrangeiros. Ao perceber a má impressão que sua retirada do Exército causara, continua o relato, Caxias afirmou que se sua morte assegurasse a captura e a expulsão de Solano López, retornaria a Assunção para morrer. Paranhos considerou tardio demais esse retorno, pois a retirada já era de conhecimento público, com a consequente repercussão negativa. Da capital uruguaia o marquês ainda emitiu duas ordens do dia, de números 274 e 275, como comandante em chefe no Paraguai, embora tivesse nomeado um comandante interino para essa função. Apenas na ordem do dia nº 275, após comunicar que, por estar gravemente enfermo, obtivera licença para tratar-se no Brasil, Caxias entregou o comando das forças imperiais ao general Xavier de Souza. Essa ordem do dia finalizava com a promessa do marquês de que, caso tivesse sua saúde restabelecida, voltaria "para continuar a ajudá-los [seus companheiros de armas no Paraguai] na árdua campanha em que estamos empenhados".[15]

Em 8 de fevereiro de 1869, Caxias deixou Montevidéu a bordo do transporte de guerra *São José*, rumo ao Rio de Janeiro, onde desembarcou seis dias depois às 20h30. Não havia ninguém para recepcioná-lo no porto, pois desembarcou de surpresa, sem avisar sequer a família, conforme registrou o *Jornal do Commércio*, que lhe deu boas-vindas.[16] Caxias ficou alguns dias em sua casa na Tijuca, sem sair. Segundo o príncipe consorte, conde d'Eu, o marquês recebeu correligionários do Partido Conservador, mas o público não estava caloroso com ele e, mais, não parecia estar tão doente quanto se anunciou; a imperatriz disse que ele tinha apenas um problema no fígado. Caxias continuou a dizer-se doente para não visitar Pedro II e, este, por sua vez, não desejava encontrar-se com o ex-comandante. Cinco dias depois da chegada de Caxias ao Rio de Janeiro, foi publicado um decreto que lhe concedia a medalha do mérito militar. Escreveu o conde d'Eu ao general francês Dumas que, no Brasil, era sentimento geral de que a guerra estava longe de terminar e que Caxias abandonou, "vergonhosamente", sua tarefa, no momento em que a luta se tornava mais difícil, deixando a seu sucessor uma posição embaraçosa, da mais grave responsabilidade.[17]

A volta de Caxias para o Rio de Janeiro, nas circunstâncias em que ocorreu, causou grande decepção, particularmente a Pedro II, e quase gerou uma crise ministerial. O imperador ficou tão "desgostoso" que, inclusive, pensou em não aprovar os nomes de oficiais protegidos de Caxias escolhidos para serem promovidos a oficiais generais, sobre cuja definição o próprio monarca não tivera influência. A perspectiva de uma crise com o Ministério conservador e o risco de que os liberais se recusassem a retornar ao governo levaram Pedro II a ratificar esses nomes e, afinal, aceitar o retorno de Caxias.[18] Este, na realidade, tinha a expectativa de que o imperador fosse visitá-lo em sua casa, o que não ocorreu. A opinião pública acompanhou, com grande interesse, esse acontecimento "no qual o imperador procedia com teimosia e inabalável coerência", pois costumava receber de mau humor os militares que retornavam do Paraguai, antes de concluída a guerra. Tanto era assim, que recusou-se a visitar o comandante da esquadra, visconde de Inhaúma, que retornara moribundo à Corte e morreu pouco depois.[19]

No final das contas, Caxias e sua esposa foram visitar Pedro II e a imperatriz Teresa Cristina na noite de 21 de fevereiro. Após conversar longamente com o imperador, este entregou-lhe a medalha da Campanha do Paraguai e pediu a d. Teresa Cristina que a prendesse no peito do até então marquês.[20] Pedro II concedeu a Caxias honrarias que nenhum outro brasileiro recebera desde a fundação do Império do Brasil: o título de duque e o "Grão-colar da Ordem de D. Pedro I". Além de uma homenagem pessoal àquele militar — era, afinal, o "homem que mais pelejara pela integridade do Brasil" e que gozava de "imensa moral" no Exército[21] —, tais honrarias eram uma forma de valorizar perante o país a luta no Paraguai, por meio do ex-comandante brasileiro na guerra e, ademais, contribuíam para o bom funcionamento do Ministério conservador. Como era, além de militar, um político, senador do Partido Conservador, o duque viu-se alvo de críticas por parte da oposição liberal, em face das circunstâncias da retirada do teatro da guerra, numa forma, inclusive, de os opositores atingirem o situacionismo. Na Assembleia de São Paulo, os liberais criticaram duramente aquela retirada e apontaram o tratamento privilegiado que Caxias recebera do governo imperial, que não dispensou honrarias equivalentes ao general Osorio, do Partido Liberal. As críticas mais virulentas foram feitas, no Senado, por Teófilo Ottoni e por Zacarias. Criticava-se a declaração de Caxias de que o conflito terminara, e Zacarias afirmou que o duque "abandonou o posto", ao apontar como prova seu ofício de Montevidéu, datado de 24 de janeiro, em que afirmava "esperar a resolução do governo imperial a respeito da demissão que pedi do comando em chefe do Exército". Teófilo Ottoni, derrotado por Caxias na Revolução Liberal de 1842, questionou, inclusive, sua atuação militar pregressa.[22] Mesmo o barão de Cotegipe, amigo e companheiro político do duque, tecia-lhe críticas em particular, ao escrever ao barão de Penedo, representante brasileiro em Londres, que:

> Caxias está aqui de volta, e não tão doente como se dizia. Não volta [à guerra], porque não tem mais glória a ganhar, e teme gastar a adquirida. A sua volta foi prejudicial. Que ninguém nos ouça — o homem está muito cheio de si.

Pouco depois, em uma nova carta, Cotegipe acrescentou:

> Caxias [...] deu a guerra por concluída, deixando o pior a esfolar, porque é a parte inglória. O Exército ia-se desiludindo e ficávamos sem paz nem guerra, depois de tantos sacrifícios e lutas heroicas.[23]

Na defensiva, Caxias afirmou, como se viu no capítulo anterior, que não dera a guerra por acabada, mas apenas expressara uma opinião. Ao responder à acusação de ter abandonado o posto sem autorização, utilizou-se de um sofisma e lembrou que Montevidéu era distrito do Exército em operações no Paraguai.[24]

Em 20 de março de 1869 chegou uma carta de José Maria da Silva Paranhos na qual ele afirmava a necessidade de o conde d'Eu ir para o Paraguai. Só então, em 22 de março, foi publicado o ato oficial que concedia a Caxias a demissão do comando no Paraguai e, em 24, foi publicada a nomeação do conde d'Eu como novo comandante em chefe das forças brasileiras na guerra.[25]

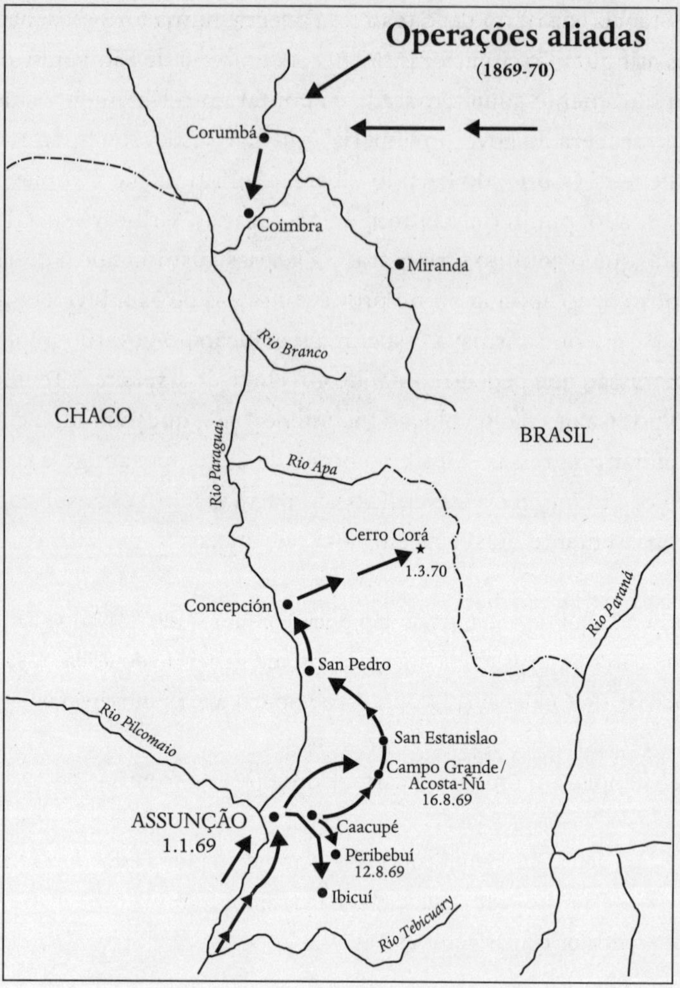

Apesar das honrarias recebidas de Pedro II, persistiram as críticas a Caxias que, em agosto de 1869, ao se sentir injustiçado, escreveu ao general Osorio, com amargura:

> Quando era moço, meu amigo, não sabia explicar a razão por que todos os velhos eram egoístas, mas, agora que sou velho, é que vejo que eles são assim pelas decepções e ingratidões que sofrem, no decurso de sua longa vida. Ao menos a mim isso acontece [...].[26]

As críticas ao comando de Caxias no Paraguai também se inseriam antes no contexto da luta política entre liberais e conservadores do que em uma apreciação ponderada de sua atuação militar. Não faltaram, inclusive, mesquinharias. Caxias teve, por exemplo, que defender-se no Senado da acusação de ter trazido, em seu retorno ao Brasil, seus animais de montaria. Explicou que os oficiais montados, quando estavam em missão, recebiam, da pagadoria do Exército, adiantamento em dinheiro para comprar cavalos e bestas de carga. Pelo regulamento, ele tinha o direito de trazer seis cavalos e doze bestas de carregar a bagagem, mas trouxera três cavalos e quatro bestas, o valor dos quais, inclusive, estava sendo descontado de seu soldo. E concluía Caxias:

> E isto que pratiquei, praticaram todos os meus antecessores e o meu sucessor, e ninguém fez a respeito deles o mesmo reparo; todos os julgaram em seu perfeito direito. O que para eles era lícito, permitido expressamente pela lei, praticado por mim foi reputado um crime![27]

Os ataques a Caxias foram exagerados. No Paraguai ele foi um comandante competente, bem-sucedido, que cometeu erros, é verdade, mas que jamais perdeu uma campanha. Seus críticos creditaram esse sucesso ao fato de ele dispor de mais recursos financeiros do que os outros generais. Porém, somente essa vantagem financeira é incapaz de explicar todas as vitórias obtidas por Caxias, inclusive, ao colocar em risco sua própria vida, como em Itororó. Se algumas das críticas tinham origem em aspectos estritamente militares da atuação desse general, a maior parte tinha motivação política, feita pelos liberais, ou, então, era causada por inveja pessoal.[28]

Caxias cometeu vários erros na condução da guerra, que foram apontados neste livro. Contudo, é procedente a reflexão de um participante da guerra, Dionísio Cerqueira:

> A crítica, porém, aos grandes mestres é sempre fácil. A arte da guerra é aquela em que mais erros se comete. Os maiores capitães cochilaram, como o divino Homero. A guerra, na frase de um ilustre oficial francês, é uma série de erros e vence o que menos erra.[29]

Dionísio Cerqueira escreveu as linhas acima ao descrever a batalha de Itororó, mas ela se aplica a todo o período do comando de Caxias. Ele jamais perdeu uma campanha e seus erros foram menores do que os de Solano López, além de mostrar-se mais digno do posto de comandante brasileiro do que seu sucessor, o conde d'Eu. A historiografia militar oficial evitou fazer referências críticas ao comando de Caxias no Paraguai ou, ainda, em relação a outros momentos de sua carreira. Ela buscou construir um ícone histórico puro, sem falhas, muitas vezes amesquinhando seus contemporâneos (Mitre e Osorio, por exemplo), como se fosse necessário apequenar outros chefes militares para engrandecer a figura do duque, até transformá-lo no Patrono do Exército. A artificialidade da criação resulta na pouca identificação com o ícone por parte do cidadão comum. Caxias no Paraguai teve dúvidas, orgulhos, ressentimentos, e cometeu erros; enfim, foi um personagem real, tal qual o autor ou o leitor deste livro. Caxias, porém, conseguiu transcender suas limitações, impôs-se grandes sacrifícios pessoais e incorporou em si a responsabilidade de cumprir o objetivo do Estado monárquico de destruir Solano López, de eliminar definitivamente o agressor, para que ele não se recuperasse e, no futuro, voltasse a ser ameaça. Essa eliminação também era um alerta a inimigos externos do Império, a mostrar qual seria o preço de uma agressão a território brasileiro. Nesse contexto, Caxias foi, sim, um herói; trazia em si, é verdade, preconceitos sociais e políticos de sua época, mas não se pode cobrar do passado a observância dos valores do presente.

Desânimo no Exército brasileiro

Ao retirar-se do Paraguai, Caxias foi acompanhado por seu estado-maior, pelo cirurgião-mor do Exército e pelo responsável pela Pagadoria. Os acompanhantes, destacou o *Diário do Povo*, gozavam de boa saúde. Com autorização do marquês que partia, retirou-se, por motivo de doença, o comandante da esquadra, José Ignacio, que transferiu a chefia da esquadra para Delfim de Carvalho, já portador do título de barão da Passagem. Inhaúma encontrava-se na capital uruguaia quando, no dia 5 de fevereiro, se apresentou Elisário Antonio dos Santos, com um ofício do ministro da Marinha. O ofício respondia positivamente ao pedido de José Ignacio de exoneração do comando que exercia, e nomeava o próprio Elisário para substituí-lo. O chefe naval demissionário chegou ao Rio de Janeiro em 18 de março e faleceu logo a seguir, fato que levou Caxias a escrever "e a mim aconteceria o mesmo, se não tomo a resolução de me retirar daquele inferno".[30]

Simultaneamente à retirada da cúpula militar brasileira do Paraguai, partia para tal destino, em missão especial, o ministro dos Negócios Estrangeiros, conselheiro José Maria da Silva Paranhos, para negociar os tratados de paz. Supunha o governo imperial que no país guarani estaria criado, ou o seria em poucos dias, um governo provisório. Como Caxias tinha instruções para o estabelecimento de um acordo de paz com as autoridades que substituíssem Solano López, o governo brasileiro acreditava que, quando Paranhos chegasse a Assunção, seria possível que os tratados de paz "estejam consumados, e neste caso não lhe caberá senão os trabalhos ulteriores, isto é, os ditos ajustes definitivos".[31] As instruções foram passadas antes de se ter conhecimento da notícia da retirada de Caxias do Paraguai; este acontecimento obrigou o governo imperial a substituí-las por outras, datadas de 1º de fevereiro de 1869.

Diante da nova situação, Paranhos teria que desempenhar no Paraguai funções diplomáticas e, ainda, de chefe militar. Em Montevidéu, ele ficou impressionado com o estado de abatimento em que encontrou Caxias e com "a retirada de tantos oficiais, pelo efeito que pode ter no ânimo dos que lá ficaram". De fato, o impacto da retirada da cúpula do Exército e da Marinha foi enorme no meio da tropa que se encontrava no Paraguai. De Assunção, aonde chegara no dia 20 de fevereiro, Paranhos escreveu que a ordem do dia de Caxias gerara a crença de terem as forças brasileiras completado sua missão, sentimento aprofundado com a retirada de seus respectivos chefes e estados-maiores, de modo que "eu era esperado para celebrar a paz!". Viu-se o diplomata "cercado de pedidos de licença" de militares desejosos de retornar ao Brasil, ainda que nenhum pedido feito por general. Com a retirada de seus chefes, o Exército "caiu em debandada, todos julgavam-se autorizados a retirar-se".[32]

No Exército imperial, em fevereiro de 1869, segundo o visconde de Taunay, havia "não pequena desmoralização", com "não poucos oficiais" defendendo a suspensão das hostilidades e a negociação de paz com Solano López. No banquete de homenagem que lhe foi oferecido à sua chegada, Paranhos saudou o Exército e expressou a conveniência de levar a guerra adiante. Ao término da fala, levantou-se o major Anfrísio Fialho e contestou os argumentos que foram expostos pelo diplomata, e pôs-se "a pregar, abertamente, as vantagens da pronta paz", e certos trechos de seu discurso mereceram sinais de aprovação dos presentes. O conselheiro refutou-o e recebeu, no final, "entusiástica e calorosa ovação". O próprio comandante interino, general Guilherme Xavier de Souza, mostrava-se "aterrado com o peso da responsabilidade que lhe coube" e, inicialmente, expressara a opinião de que as armas nada mais tinham a fazer no Paraguai. Era Xavier de Souza, segundo Quintino Bocaiuva, um homem gravemente doente, cujos padecimentos físicos o impossibilitavam de fazer qualquer exercício, e o obrigavam, conforme Paranhos, a locomover-se em uma espécie de carrinho, um equivalente à cadeira de rodas, tendo, porém, o general "excelente caráter".[33]

Em fevereiro de 1869, Xavier de Souza descreveu a situação das forças sob seu comando. Em decorrência da "ideia de estar concluída a guerra", diariamente oficiais dos Voluntários da Pátria faziam requerimentos em que solicitavam exoneração. Temia o comandante interino que esses oficiais não aceitassem de pronto ordens no sentido de movimentar as tropas para novas operações, "mas estou disposto a proceder neste caso com todo o rigor da lei". O motivo dessa situação, segundo explicitou Xavier de Souza em novo ofício ao Ministério da Guerra, no mês de março, era que, por ter Caxias declarado a guerra terminada e o Exército assistido à partida de seus principais chefes e oficiais, "todos se julgam com o mesmo direito" e, embora não se tivesse manifestado ato de insubordinação, "nota-se nenhum entusiasmo, frieza e certo grau de descontentamento". Por isso, acrescentava, "pouca confiança tenho na nossa gente" e, para reforçar essa afirmação, lembrava que Caxias, muitas vezes ao ter que combater "por assim dizer na fileira", poderia "informar cabalmente a V. Exa. o que são nossos soldados, não obstante haverem sempre combatido em número muito superior ao inimigo".[34]

Quintino Bocaiuva apontou a mesma causa indicada pelo general Xavier de Souza para explicar o desânimo da tropa imperial. Para Bocaiuva, a ordem do dia de Caxias de 14 de janeiro, em que declarava a guerra terminada, fez com que as armas e os ânimos para a luta dos soldados se ensarilhassem e "os laços de coesão patriótica e disciplina militar" se afrouxassem. Já Paranhos analisou o clima de descontentamento no Exército como provocado pelo cansaço do conflito e insuflado politicamente, do Rio de Janeiro, pela oposição, cujos jornais chegavam ao Paraguai.[35] De fato, a retirada da cúpula militar do Paraguai, depois de se declarar, em ordem do dia, a guerra acabada, praticamente anulou a já pequena disposição para a luta que existia nas forças brasileiras. Tal situação foi, contudo, agravada pela disputa política no Rio de Janeiro e pelo fato de que no Brasil a guerra era impopular, situação refletida pela imprensa de oposição.

A desordem administrativa do Exército completava e simultaneamente explicava seu quadro crítico. A tropa estava mal alimentada, devido ao precário serviço de fornecimento de víveres, monopólio da firma argentina Lezica & Lánus, que cobrava altos preços por seus fornecimentos. O mau estado de saúde das forças imperiais "era clamoroso" e a falta de ambulâncias fazia com que os soldados ficassem nos campos de batalhas até oito dias sem curativos.[36] Faltavam fuzis, e mil soldados estavam desarmados, apesar de Caxias ter informado ao Ministério da Guerra não haver necessidade de nenhum armamento.[37] A desorganização das tropas brasileiras "era grande", enquanto Solano López, no interior, organizava seus meios de defesa e enviava patrulhas até Luque, localidade próxima de Assunção.[38] Seus espiões penetravam na capital, roubavam cavalos e assassinavam pessoas que incomodavam o ditador, como ocorreu com o irmão do ministro da Fazenda de Solano López, "conhecedor de seus segredos", que foi degolado em sua chácara, próxima da cidade.[39]

Enfim, a situação no Paraguai era dificílima para o Império, não porque o inimigo ainda fosse uma ameaça séria, pois, com poucas armas e homens, o máximo que Solano López poderia fazer era continuar em posição defensiva, sem perspectiva de vitória. Os maiores desafios para o governo imperial eram a desorganização do seu Exército e o estado de ânimo da tropa brasileira que beirava a desobediência, que poderiam impedir qualquer ação de envergadura contra o inimigo, que poderia, assim, consolidar posições no interior do país. Se isso ocorresse e no Brasil se agravasse, ainda mais, o descontentamento popular com a guerra — o pior dos quadros para o Rio de Janeiro —, a saída seria uma paz negociada para o fim do conflito. O Império seria como o náufrago que, após muito nadar para se salvar, morre afogado quase ao chegar à praia, pois esse seria o significado de, após quatro anos de guerra, tendo destruído militarmente o inimigo, acabar negociando com este em lugar de impor-lhe o amargo preço da derrota. Em tal emergência, o conselheiro Paranhos desempenhou um papel vital, enquanto não se indicava e assumia a função o substituto de Caxias, o conde d'Eu. Paranhos, com sua presença e sua ação decidida, fez sentir a autoridade do governo imperial às tropas brasileiras, ao mobilizá-las para retomarem as operações militares. O general Xavier de Souza, por sua vez, se mantivera inativo, até então, não só pelo desânimo dos seus soldados, mas também porque não recebera instruções de como agir.[40]

Após a ocupação de Assunção, nela se instalou a maior parte dos soldados brasileiros, os uruguaios e alguns argentinos. Os demais argentinos acamparam em Campo Grande, entre a capital e a vila de Luque, na qual, por sua vez, ficou a vanguarda brasileira, composta pela Divisão de Cavalaria do coronel Vasco Alves. Era uma situação provisória, pois o Exército aliado teria que ingressar no interior do país, em uma situação nova, na qual se afastaria do rio Paraguai, pelo qual, durante três anos, recebera apoio logístico e por onde se deslocava livremente, graças ao domínio dessa via fluvial pela Marinha brasileira. Desconhecia-se o interior do Paraguai, devido à crônica falta de mapas daquele país, enquanto Solano López contava com a vantagem da familiaridade com o terreno, o que lhe permitia esconder-se e tornar sua perseguição pelas tropas aliadas quase o equivalente a buscar uma agulha no palheiro. Ademais, faltava um comandante em chefe que restabelecesse o ânimo de luta ao Exército brasileiro.

A escolha pelo Rio de Janeiro desse comandante em chefe sofreu influências das lutas políticas. O militar indicado para ocupar essa difícil função necessitava

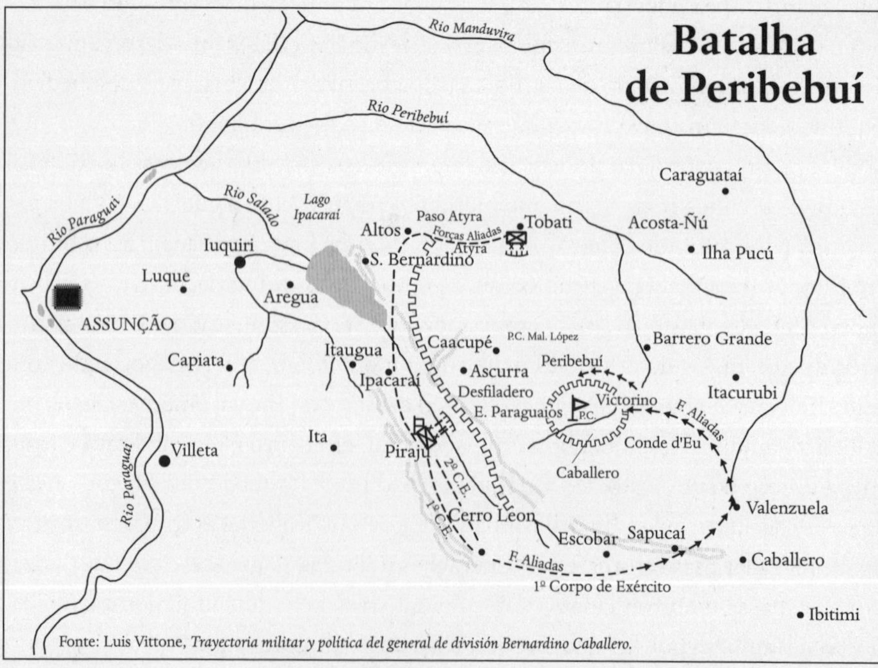

Batalha de Peribebuí

Fonte: Luis Vittone, *Trayectoria militar y política del general de división Bernardino Caballero.*

do respaldo não só do Partido Conservador, que estava no poder, como também de certa aceitação de parte dos oposicionistas do Partido Liberal. Segundo o representante argentino no Rio de Janeiro, Wenceslao Paunero, o general verdadeiramente popular no meio das facções políticas brasileiras era Osorio, cujos ferimentos sofridos na guerra o impediriam, por cerca de um ano, de retornar à atividade militar. Os outros candidatos naturais, devido à experiência que tinham em combate, eram o marquês de Porto Alegre, "o chefe mais indicado" no conceito de Paunero, ou o general Polidoro. Contudo, ambos eram ligados aos liberais, sofrendo o veto do gabinete conservador.[41]

O governo imperial acabou por nomear, em 22 de março de 1869, o conde d'Eu para o comando no Paraguai. Luís Filipe Fernando Gastão de Orléans, o conde d'Eu, era neto do rei Luís Filipe (1830-46), da França, e lutara no Exército espanhol na Guerra do Marrocos; obteve a patente de capitão na Escola Militar de Segóvia, Espanha. Chegou ao Brasil em 1864 e tinha, em 1869, 27 anos de idade, sendo bem aceito por todas as facções políticas brasileiras, tanto que sua indicação registrou poucas críticas.[42] Além disso, a nomeação de um membro da Família Real era, também, uma forma de reerguer o moral da tropa na República paraguaia e demonstrar que o Rio de Janeiro continuava disposto a pôr fim à guerra por meio de uma vitória militar.

Por duas vezes, anteriormente, o conde d'Eu solicitara para ser enviado a combater no Paraguai e, em ambas, seu pedido fora recusado pelo governo brasileiro.[43] Segundo Zacarias, por ocasião da primeira solicitação, temia-se que a ida de um príncipe ao teatro da guerra fosse interpretada por outros países como indício de aspiração de conquista ou de plano para estender ao país guarani a forma monárquica de governo. Na segunda solicitação, acrescentava-se a essa motivação o fato de que Caxias já fora nomeado para ser comandante em chefe, não sendo aceitável que o marido da herdeira do Trono ficasse subordinado àquele general. Contudo, em 1869, o príncipe consorte mudara de ideia, talvez por perceber que o conflito não permitia glórias fáceis e exigia, sim, grandes sacrifícios. Relatou Wenceslao Paunero que o conde d'Eu fez todo o possível para não ir para a guerra. Para isso, argumentou que não considerava honroso liderar o Exército quando a luta já estava por concluir-se, mas, instado repetidamente por Pedro II, "o coitado viu-se forçado a aceitar" a chefia das forças brasileiras no Paraguai.[44] Essa resistência do conde d'Eu a ir para o Paraguai está registrada, inclusive, em carta para seu pai. A própria princesa Isabel tentou evitar, com dom Pedro, que o marido partisse para o Paraguai, e ameaçou ir junto.[45]

Equivoca-se Pedro Calmon ao afirmar que "os ardores militares do conde d'Eu esfriaram-se no clima inóspito de Assunção".[46] Os ardores militares do conde d'Eu eram voltados para as glórias que, antes, ele imaginara fáceis nessa guerra e não para o comando da difícil reorganização do Exército e levá-lo, novamente, à luta. D'Eu já saiu do Rio de Janeiro com os ardores militares esfriados; no Paraguai eles congelaram.

Enquanto se decidia o problema do comando, as forças brasileiras no Paraguai não iniciaram ação de envergadura. Solano López encontrava-se a leste, e proclamara Peribebuí, no coração da Cordilheira, a terceira sede de seu governo, pois a segunda, Luque, também fora ocupada pelas forças imperiais. Foi "absurda" a decisão de instalar a capital em Peribebuí, pois era um lugar vulnerável, encontrando-se em um dos extremos da linha de defesa, isolado e facilmente contornável pelo leste.[47] Na nova capital instalou-se Martin McMahon, único representante diplomático que seguia o ditador e que partiu do Paraguai antes do ataque aliado a essa localidade. Esse diplomata descreveu Peribebuí como rústica, composta por quatro ruas que se entrecruzavam, com população normal de 3 mil a 4 mil pessoas, mas que havia triplicado de número com a chegada de mulheres e crianças vindas do interior do distrito das Cordilheiras e que de noite dormiam ao relento.[48]

Solano López aproveitou-se da paralisação das operações militares brasileiras, para improvisar um Exército composto de soldados sobreviventes das guarnições do Norte do país, bem como de garotos e de velhos das numerosas aldeias dessa região. Esse Exército paraguaio improvisado tinha, no início da campanha da Cordilheira, em Ascurra, de 12 mil a 14 mil pessoas, sem contar forças mais ao norte.[49] A maquinaria do arsenal de Assunção, que os paraguaios evacuaram antes de abandonar a cidade, foi remontada em Caacupé, onde se inaugurou uma rudimentar fundição. Fabricaram-se, assim, centenas de fuzis, sabres, lanças e, durante o mês de fevereiro de 1869, novos canhões foram incorporados à modesta artilharia guarani. Ao mesmo tempo continuava em mãos paraguaias o maior trecho da única estrada de ferro que ligava Assunção a Paraguarí, e nela viajavam, diariamente, várias composições, enquanto o trecho daquela capital a Luque estava em poder dos aliados, que dispunham de apenas uma locomotiva e dois vagões.[50]

Do lado aliado, a primeira operação nessa nova fase da guerra se deu em fins de janeiro. Nessa ocasião, o regimento argentino San Martín e a Legión Paraguaya marcharam para o interior, a fim de bater unidades de reconhecimento inimigas que viessem a encontrar e a recolher à capital famílias dispersas. Após passar por seis localidades, essas tropas aliadas não encontraram forças paraguaias, mas trouxeram a Assunção mais de mil pessoas, a maior parte famílias em estado de absoluta miséria.[51]

A nomeação do conde d'Eu para o comando no Paraguai reanimou a opinião pública brasileira, que julgou próximo o fim da guerra "que trazia o Brasil já tão cansado".[52] Em 14 de abril, chegaram a Assunção o príncipe consorte e sua comitiva, entre eles o futuro visconde de Taunay, como secretário particular do conde, e, de volta à guerra, o general Polidoro da Fonseca Quintanilha Jordão. Taunay relatou que, vista de longe, a cidade era "bonitinha" e, após desembarcar, lhe agradou devido aos "verdejantes outeiros" e alguns edifícios públicos de construção recente. A comitiva permaneceu dois dias na cidade, ocasião em que houve "enorme afluência de mulheres e gente" que foi pedir esmola, ou de famílias de brasileiros, aprisionadas em Mato Grosso, que solicitavam transporte gratuito para voltarem a essa província. Tão grande era a desorganização administrativa das forças brasileiras que nem sequer se prestara auxílio aos antigos prisioneiros brasileiros, que perambulavam pelas ruas de Assunção. Coube a Taunay, nesses dois dias, registrar essas pessoas, que receberam transporte gratuito até Corumbá ou Cuiabá.[53]

Com o conde d'Eu retornou ao Paraguai, por sua insistência, o general Osorio, já portador do título de visconde de Herval. Esse chefe militar não se recuperara do ferimento da batalha de Avaí e sua saúde recomendava que não retornasse aos campos de batalha. Disciplinado, Osorio atende ao pedido do conde d'Eu, que era, também, desejo do governo imperial e do próprio Pedro II. O general, em carta ao ministro da Guerra, barão de Muritiba, condiciona seu retorno ao Paraguai ao acompanhamento por um médico e justifica o pedido referindo-se ao ferimento causado pela bala que o atingiu na boca:

> Tenho a mandíbula inferior sem movimento, não uso os dentes, a mastigação me é impossível, continuando uma supuração abundante pela boca, pelas fístulas abaixo da mandíbula, de ambos os lados.[54]

Essa descrição que Osorio faz de sua saúde nos leva a perguntar o motivo de o governo imperial impor-lhe um sacrifício adicional, o de retornar ao Paraguai. A resposta está em uma carta confidencial que Muritiba escreveu para Antônio da Costa Pinto: Osorio levantaria o moral da tropa e seria a garantia de que as operações militares seriam retomadas. Escreveu o ministro da Guerra:

> V. Exa. compreende o empenho que pode haver na presença do sr. visconde no Exército; há de influir e muito no rigor das operações empreendidas e no ânimo dos oficiais e soldados.[55]

O conde d'Eu assumiu em Luque, em 16 de abril de 1869, o comando das forças brasileiras. O general Corrêa da Câmara escreveu que o príncipe consorte era um "pobre rapaz [que] tem tanto de soldado quanto eu de frade" e que "vem qual barbeiro novo aprender a fazer a barba na cara dos tolos [...] trouxe uma bagagem tão extraordinária que ocupará, quando tivermos de marchar, umas trinta carroças ou mais".[56] Essa é uma das várias críticas ao comando do conde d'Eu, mas este, destaca Castro, modificou a forma de pensar do exército imperial no Paraguai quanto ao uso tático do armamento moderno. Assim, ele ordenou nova tentativa de uso pela cavalaria das clavinas de retrocarga e repetição, do sistema Spencer, que se mostraram muito eficientes, enquanto a artilharia passou a ser usada de forma mais intensa e produtiva, "através da simples solução de se usar cavalos para tracionar as peças ou mulas, no caso das bocas de fogo de dorso (antes eram puxadas por homens)".[57]

Ao assumir o comando em Luque, o conde d'Eu escreveu no seu diário que estava satisfeito com a aparência geral do Exército imperial, pois "estão todos armados, vestidos e calçados de maneira completa". Em diferentes registros desse diário, o conde exprime opiniões de superioridade europeia e racistas, desqualificando os brasileiros e os vizinhos hispânicos. Assim, após constatar que o Exército brasileiro sofrera "total transformação" desde sua atuação no cerco aos invasores paraguaios em Uruguaiana, acrescenta que sua aparência não é igual à dos Exércitos europeus devido ao "detestável corte de nossos uniformes" e pela "preponderância numérica (na infantaria) de mulatos, que, de forma geral, não oferecem bons espécimes para a humanidade, embora haja tambores-negros que são magníficos".[58]

Nesse momento, o Exército brasileiro no Paraguai contava com 26620 soldados, dos quais 14793 compunham os dois Corpos de Exército, o 1º comandado pe-

O conde d'Eu, c. 1870.

lo general Osorio, e o 2º chefiado pelo general Quintanilha Jordão. Outros 2748 soldados brasileiros permaneciam em Assunção, 1558 em Humaitá, 2044 em Rosario, 1300 em Aguapú, e os demais estavam distribuídos na fronteira do Mato Grosso, na ilha de Cerrito e em alguns outros pontos. Os argentinos eram em número de 4 mil, liderados pelo general Emilio Mitre, irmão do ex-presidente, e os uruguaios perfaziam seiscentos homens, sob as ordens do general Enrique Castro.[59]

A CAMPANHA DA CORDILHEIRA

A campanha da Cordilheira durou um ano. Após as derrotas de 1868, Solano López refugiou-se na Cordilheira de Altos, instalando-se na cidadezinha de Peribebuí, declarando-a nova capital paraguaia. Fora da Cordilheira, os paraguaios tinham destacamentos, de variável capacidade militar, com a finalidade de conseguir recursos, principalmente gado.

Os aliados buscaram privar o inimigo de pontos de apoio e recursos, como gado, elemento fundamental para tração e na alimentação da tropa paraguaia. Destacamentos aliados foram enviados às vilas de Rosario, San Pedro e Villa Rica; gado foi arrebanhado por toda parte; a fundição de Ibicuí foi ocupada; a única ferrovia paraguaia, que ia de Assunção a Paraguarí, foi recolocada em funcionamento, inicialmente até Luque, e o interior do país foi explorado para determinar o contorno da cordilheira e seus caminhos de acesso.

Até agosto de 1869 ainda ocorreram batalhas significativas, que necessitaram de decisões táticas por parte do comando aliado. A partir desse mês, porém, a guerra tornou-se irregular, uma verdadeira caçada a Solano López, prejudicada pelo absoluto desconhecimento aliado da geografia da região, que também era de difícil acesso. Nesse mês a retaguarda do ditador em fuga foi destroçada em Caraguataí e vencer a guerra passou a depender antes da paciência, coragem e resistência das forças brasileiras do que do gênio militar de seus comandantes. Desde esse mês não houve mais o emprego de grandes forças militares, e os combates se deram entre pequenas frações de tropa.[60]

As últimas grandes batalhas

A ordem do dia nº 1 do conde d'Eu não pode ter sido motivo de entusiasmo da tropa brasileira. Nela, longe de ser ufanista, o príncipe declarava que "assumo neste dia tão espinhoso cargo" e acrescentou que, "obrigado quando menos esperava" a vir para a guerra, contava com a colaboração de todos. Após fazer referências ao heroísmo e ao espírito de sacrifício dos soldados brasileiros na guerra, D'Eu afirmava, com ausência de entusiasmo, que "o Deus dos Exércitos não há de permitir que seja perdido o fruto de tantos sacrifícios e de tanta perseverança".[61]

Desde a retirada de Caxias, as forças aliadas não possuíam um plano geral de ação contra o inimigo e se contentaram em controlar o vale do rio Paraguai, de Corrientes a Mato Grosso. Após a chegada do novo comandante brasileiro decidiu-se por atacar as posições paraguaias partindo do sul, de modo a dominar toda a ferrovia, que passaria a ser utilizada como linha de reabastecimento. Em 1º de maio, o Exército aliado iniciou a marcha rumo à Cordilheira, a sudeste, e, no dia 5, a fundição de Ibicuí, de onde saíam os canhões para as forças paraguaias, foi destruída. Dias após, a estrada de ferro estava nas mãos dos brasileiros. Para acelerar as operações, o conde d'Eu transferiu seu quartel-general de Luque para a localidade de Piraju. Desta, a uns treze quilômetros, em Taquaral, estavam acampadas as forças do general Polidoro, enquanto o contingente argentino de "novecentos homens perfeitamente disciplinados", sob as ordens do coronel Luis María Campos, ficou a uns sete quilômetros da posição do conde d'Eu.[62] O coronel Campos era "um dos mais bravos oficiais do Exército aliado".[63]

Enquanto isso, o comandante da Marinha brasileira, Elisário, não se conformava em comandar uma esquadra dita de operações sem fazer nenhuma ação militar. Resolveu então determinar a uma flotilha de monitores "a mais estrambótica expedição", a de penetrar até as origens de um pequeno rio para destruir os últimos vapores paraguaios ali internados desde o mês de janeiro. Em 18 de abril, três monitores penetraram no rio estreito e tortuoso, o que foi possível graças às chuvas que fizeram seu leito transbordar, e avançaram até encontrar os barcos paraguaios encalhados no seco. Os monitores tiveram, então, que fazer verdadeiras peripécias para se retirarem, em um episódio dramático que poderia ter resultado em um desastre para a Marinha brasileira.[64]

Em fins de maio, as tropas brasileiras, ao avançar em direção às cordilheiras, executaram uma série de ações, entre elas a ocupação de Cerro León e Paraguarí e o envio do general Câmara para o interior. Assim, San Pedro foi atacada e ocupada em 25 de maio e, em 30 de maio, Câmara travou combate na várzea do Tupi-hú com as forças do major Galeano. A batalha irrompeu sob chuva e durou quase duas horas. Foram aprisionados oitocentos paraguaios, os demais morreram e poucos conseguiram fugir. Dezoito canhões, ouro e prataria, e milhares de reses constituíram presa de guerra e Câmara mandou degolar a maior parte dos prisioneiros. Houve saque, realizado pela cavalaria rio-grandense, que chegou depois da ocupação de San Pedro pela infantaria brasileira.[65] Os "milhares" de mulheres que se encontravam na região, após terem sido vítimas de abusos sexuais segundo Centurión, e as crianças foram imediatamente embarcadas para Assunção. Antes de as tropas brasileiras embarcarem, sacrificaram reses e grande quantidade de cavalos, cabras e ovelhas, pois não havia meios de transporte para levá-los; também foram incendiadas carretas e pequenas carroças. Em seguida, Câmara embarcou de regresso a Assunção com um mínimo de baixas.[66]

Em Piraju, "milhares e milhares" de mulheres e crianças, esfomeadas, se apresentaram aos aliados e ficaram "amontadas" na igreja do povoado; "que espetáculo d'aqueles cadáveres ambulantes!". Elas foram mandadas, "sem demora", para Assunção de trem.[67] Desde o início da guerra, Solano López implementou uma tática de evacuar territórios ameaçados pelos aliados para que estes não tivessem a possibilidade de obter alimentos ou outros recursos. O objetivo foi alcançado, pois os aliados tiveram, durante as operações militares, problemas, às vezes sérios, logísticos, mas provavelmente a população civil paraguaia foi a que mais sofreu, privada de recursos e sem receber ajuda do governo. Para atender às novas necessidades, as mulheres paraguaias substituíram os homens, que estavam na guerra, no plantio, na colheita, no trato de animais e, ainda, se dedicaram a fiar tecidos e fazer vestimentas para os soldados.

As famílias de pessoas acusadas de traição foram *destinadas*, em 1869, para Yhú, enquanto as demais famílias, as *residentas,* que tinham sido obrigadas por Solano López a se retirar das áreas sobre as quais os aliados avançavam, foram forçadas a marchar com as tropas paraguaias. As famílias *destinadas* e *residentas* eram compostas quase exclusivamente de mulheres e crianças. As *destinadas*, ao ter residência fixa, puderam cultivar o solo, enquanto as *residentas* não recebiam comida do Exército e estavam condenadas a viver das sobras dos soldados, a comprar comida no mercado negro ou a buscá-la nos bosques. De Yhú, as *destinadas* foram transferidas, em condições desumanas, seguidamente para Curuguatí, Igatimí e Espadín. Em Espadín algumas *destinadas* foram libertadas pelos brasileiros.[68]

As forças aliadas encontravam-se em frente de Ascurra, caminho estreito para penetrar na serra da Cordilheira e seguir para o interior do país. O conde d'Eu agiu para convencer Solano López de que as forças aliadas atacariam frontalmente. Para isso, os aliados fizeram repetidas incursões de reconhecimento até a base da serra. Nessas ocasiões, segundo Taunay, o príncipe consorte mostrou "grande habilidade estratégica, paciência de experimentado capitão, indiscutível coragem e sangue-frio".[69]

O general Osorio chegou ao quartel-general aliado em Piraju no dia 6 de junho, vindo de navio do Rio Grande do Sul, com escalas em Montevidéu e Buenos Aires. Na Argentina foi recebido festivamente e homenageado com banquetes, a um dos quais estava presente o presidente Sarmiento, que na ocasião lhe ofereceu a cidadania do país. O general viajou de trem de Assunção a Piraju, onde, na estação, o aguardavam o conde d'Eu e, formado para parada, o 1º Corpo de Exército, cujo comando assumiria e cujos soldados desobedeceram ao regulamento, saíram da formação e correram em sua direção para cumprimentá-lo.[70]

Em seu diário, porém, o conde d'Eu foi comedido ao relatar a chegada de Osorio. Escreveu que o general estava com o maxilar amarrado, mas pareceu-lhe com melhor saúde do que esperava. Comentou que Osorio não era um homem erudito, mas tinha grande perspicácia bem como sentido de justiça e retidão em relação "a pequeno número de assuntos que lhe são familiares", sendo extremamente cuidadoso. Em reunião com o conde d'Eu, o general demonstrou "completa ausência" de noção de geografia, dizendo que não queria ver o mapa porque não via utilidade nele.[71]

No dia 7 de julho houve um Conselho de Guerra dos chefes aliados para discutir os planos para a continuidade das operações militares. Participaram do encontro Emilio Mitre, os generais Osorio e Polidoro, bem como o chefe da esquadra, Elisário Antonio dos Santos, e o conselheiro Paranhos. A proposta do general argentino era que o ataque principal contra Peribebuí fosse frontal, mas predominou o plano do conde, apoiado por Paranhos, de, ao guardar a linha férrea e os depósitos criados à sua margem, levar o grosso das forças aliadas pelo sul da posição de Solano López, de forma a atingir sua retaguarda e cortar-lhe a retirada para o norte, em direção à fronteira do Brasil. Solano López estava no alto da cordilheira e a ação aliada visava cercá-lo nesse lugar, cortando-lhe as alternativas de fuga, ao norte, a leste e ao sul. Nesse momento, o efetivo aliado no Paraguai era de 33 507 homens, sendo 28 507 brasileiros, 4 mil argentinos e mil uruguaios. Contra Solano López, na cordilheira, marcham 21 090 homens, sendo 19 190 brasileiros, novecentos argentinos e mil uruguaios.[72]

O mês de julho foi gasto pelos aliados nos preparativos dessa operação e na pressão sobre os fornecedores, que falhavam na entrega de víveres e forragens, dificuldade agravada pela falta de transporte ferroviário. Prontas as forças aliadas para a ação, coube às tropas argentinas e brasileiras manter a ferrovia em funcionamento, a salvo de ataques de guerrilha paraguaios. Enquanto isso, as colunas do Exército imperial e a força argentina do coronel Campos convergiram sobre Paraguarí, ocupando o acampamento de Cerro León, onde, em 1864, Solano López treinara o Exército que invadiria a Argentina e o Brasil. A essa altura, o general Polidoro Guimarães, adoentado, retirou-se definitivamente do Paraguai.[73]

Marchando de Piraju, em 1º de agosto, o 1º Corpo de Exército, sob o comando de Osorio, marchou até Paraguarí, onde recebeu o reforço da tropa uruguaia. O 2º Corpo, comandado por João Manuel Menna Barreto, movimentou-se no dia 2, avançando de Taquaral até Piraju, onde foi reforçado com os novecentos homens da Divisão argentina do coronel Luis María Campos. De Piraju, a tropa chefiada por Menna Barreto marchou para Paraguarí, enquanto o 1º Corpo daí partira em direção a Valenzuela, na cordilheira, e se deparou com uma trincheira inimiga em uma picada, cercada de mato alto, chamada Sapucaí.[74] O general Osorio queria fazer um ataque frontal à posição inimiga, afirmando que ela seria facilmente tomada, enquanto o conde d'Eu, mais cuidadoso, dizia não haver motivo para perder soldados inutilmente. Taunay assistiu ao seguinte diálogo entre ambos:

> — É um instante [...] Vossa Alteza verá.
>
> — "Mas [...] é que se chama atacar o touro pelas aspas [chifres]!", replicou o conde.
>
> — "Qual touro [...], isto não passa de uma vaca velha", contestou Osorio.

Predominou a decisão do príncipe, que ordenou a abertura de picadas que atingiram as extremidades da trincheira, evitando o ataque frontal. Na luta, em 4 de agosto, os brasileiros tiveram cinco feridos, enquanto os paraguaios se retiraram, passando por Valenzuela e seguindo para Peribebuí.[75]

No dia 6 de agosto, o 1º Corpo de Exército retomou sua marcha, sempre seguido pelo 2º Corpo, pela estrada que subia a serra, rumo a Valenzuela. O caminho não estava guardado por forças paraguaias, pois Solano López se convencera, graças às ações diversionistas do conde d'Eu, de que o ataque viria por Ascurra. A maior parte da tropa argentina, liderada pelo general Emilio Mitre, juntamente com as unidades brasileiras do general José Auto Guimarães ficaram no vale do Piraju, para guardar a linha férrea e a base de operações. Em 9 de agosto, Mitre transpôs com suas tropas e batalhões brasileiros o rio Piraju e acampou à frente das posições inimigas de Pedrosa e Ascurra, como parte da operação diversionista do conde d'Eu. Na noite do dia 11, Mitre partiu para a Cordilheira, seguindo o rumo para a localidade de Altos. Esta foi conquistada no dia 12, havendo frustrada tentativa paraguaia de retomá-la. Os aliados tiveram 62 perdas: dezessete argentinos e 45 brasileiros. De Altos, foram trazidos para o vale do Piraju mais de 2 mil civis, entre mulheres, crianças e aleijados, inclusive 38 prisioneiros brasileiros de Mato Grosso, dos quais dezessete eram escravos. No dia 15, a cavalaria de Auto Guimarães sobe mais a cordilheira e ocupa Tobatí.[76]

Enganado por essa ação diversionista, Solano López perdeu a oportunidade de utilizar-se do terreno da subida para Valenzuela, favorável a uma defesa bem preparada, pois os aliados, em sua marcha para cima, estavam vulneráveis. Valenzuela foi ocupada no dia 7 e de novo se apresentaram aos aliados mulheres e crianças paraguaias "reduzidas ao último grau de miséria". Também se apresentaram muitos brasileiros, aprisionados quando ocorreu a invasão do Mato Grosso.[77]

De Valenzuela, as tropas aliadas marcharam serra abaixo, rumo a Peribebuí, sem encontrar resistência devido ao bem-sucedido plano diversionista implementado pelo conde d'Eu. Em decisão equivocada, Solano López preferira concentrar nessa localidade, vulnerável a ataque, sua tropa, em lugar de dispô-la na subida da serra, onde poderia emboscar, com melhores resultados, os aliados. Peribebuí encontrava-se cercada de uma linha de trincheiras de 2422 metros de extensão e dispunha de dezoito canhões de vários calibres e um morteiro. A guarnição que defendia a vila era composta por cerca de 1800 homens de infantaria e artilharia, enquanto os atacantes eram quase 21 mil soldados, quase todos brasileiros, do 1º e do 2º Corpo brasileiro, com 19 mil homens, além de novecentos argentinos e mil uruguaios.[78] Por sua situação geográfica, sem relevo que facilitasse a defesa, a tomada de Peribebuí não seria, em princípio, uma operação militar difícil. Durante o dia 11 de agosto, o conde d'Eu cuidou dos preparativos do ataque à vila e intimou o comandante paraguaio, coronel Pablo Caballero, a se render, e a resposta recebida foi a de que "estou aqui para lutar e se necessário morrer, mas não para me render". Ao amanhecer do dia 12, enviou-se uma nova intimação a Caballero, desta vez para que ele evacuasse as mulheres e as crianças, que se encontravam no centro fortificado da vila, de modo a poupá-las de morrer. A resposta de Caballero foi, novamente, enérgica, ao afirmar que as mulheres e as crianças estavam seguras e que o conde d'Eu mandaria em território paraguaio quando não houvesse mais ninguém para defendê-lo.[79]

Às 6h30 da manhã de 12 de agosto começou o bombardeio da artilharia brasileira, que durou duas horas, quando, então, as colunas atacantes avançaram sobre a vila e entraram nas trincheiras paraguaias em quinze minutos, embora o combate se estendesse por cerca de duas horas mais. Iniciou o ataque o general Osorio que, montando um cavalo branco no início da operação, desceu, na maior calma, o declive do terreno, em meio à névoa causada pelos disparos dos canhões, rumo às trincheiras.[80] Os paraguaios "bateram-se com sua coragem habitual",[81] tanto que, apesar da superioridade aliada de 18 por 1, o combate se estendeu todo esse tempo. Em suas trincheiras, eles se defenderam de todo modo e o coronel Campos, que comandava o ataque da força argentina, escreveu que "terra, pedras, ossos, talas, lanças, espadas, tudo chovia sobre nossas cabeças".[82] De fato, carecendo de armamento, os defensores de Peribebuí atiraram "projéteis de todo gênero" sobre os atacantes: tijolos, pedaços de vidro, pedras etc.[83]

O general Manuel Menna Barreto comandou, sobre um cavalo, à frente de suas tropas, dois ataques, que foram rechaçados pelos defensores da vila. No terceiro ataque, realizado "com muito brio", Menna Barreto caiu ferido por tiro de fuzil, vindo a morrer poucos minutos depois, acomodado em uma casa de palha, sem dizer nenhuma palavra e espumando pela boca.[84] A tropa argentina, do coronel Campos, sofreu 21 mortos e 97 feridos, "proporção muito pesada e significativa", se comparada aos 312 homens do 2º Corpo de Exército brasileiro, que era muitíssimo mais numeroso. Por esse motivo, no final do dia, o coronel Campos recebeu a Medalha de Bravura do conde d'Eu.[85] Os paraguaios tiveram, nas duas horas de dura luta, setecentos mortos e 1100 homens aprisionados; as forças brasileiras apreenderam também o arquivo público do Paraguai, correspondente a toda a documentação até o ano de 1868, inclusive a correspondência secreta do Ministério das Relações Exteriores da República.[86]

Na batalha de Peribebuí e em outras durante a guerra, participaram crianças paraguaias. Sobre elas escreveu o visconde de Taunay:

> Oh! a guerra, sobretudo a guerra do Paraguai! Quanta criança de dez anos, e menos ainda, morta quer de bala, quer lanceada junto à trincheira que percorri a cavalo, contendo a custo as lágrimas!

Não havia, então, nenhuma justificativa militar para Solano López colocar crianças a lutar contra soldados profissionais. Nos combates até a batalha de Itá-Ivaté o ditador paraguaio ainda podia reivindicar a necessidade de impedir o avanço aliado, como forma de obter algum final de guerra favorável ao Paraguai ou, ainda, na esperança de um acontecimento imponderável que, eventualmente, mudasse o curso do conflito. Contudo, desde 27 de dezembro de 1868, a guerra estava, evidentemente, perdida para Solano López que, apesar de seu voluntarismo arrogante, não podia deixar de ter essa percepção. Nessa circunstância, a persistência em jogar contra os aliados tropas improvisadas, composta em grande parte de velhos e crianças, somente pode ser classificada de indefensável.

Alguns trabalhos populistas, cultuadores, implícita ou explicitamente, da tirania, se limitam a destacar a coragem de crianças e velhos e a buscar levantar no leitor a indignação de, afinal, os aliados terem lutado e matado um inimigo mais fraco. Esses trabalhos induzem o leitor a admirar Solano López, em lugar de responsabilizar o ditador pela morte de crianças e velhos, ao levá-los a lutar em uma guerra já perdida. Por essa lógica míope, dever-se-ia admirar Hitler por resistir ao avanço aliado, sem render-se, ao preço da destruição final da Alemanha e, mais, em outra identidade entre os dois ditadores, também utilizar-se de adolescentes e velhos para enfrentar o avanço soviético sobre Berlim.

Na batalha de Peribebuí, Taunay participou do combate integrando a tropa argentina e cavalgou pelas trincheiras quando ainda se faziam prisioneiros. Ele testemunhou soldados paraguaios serem mortos friamente, mesmo sem terem condições de combater ou de resistir; eram mortos "inutilmente". Taunay salvou um dos adolescentes que ia ser degolado; o menino o acompanhou nos dias seguintes.[87]

A descrição de Dionísio Cerqueira, participante do combate, corrobora Taunay:

> Em poucos instantes, as nossas forças galgavam as trincheiras, invadiam o terrapleno e investiam, aos bandos, contra os paraguaios que se retiravam em debandada, mas ainda pelejando. Fez-me frente, com uma lança, um rapazinho que parecia forte; aparei o golpe, respondi e passei adiante. Logo depois, um soldadinho paraguaio, que não podia ter mais de doze anos, corria, todo ensanguentado, para o meu lado, acossado por um soldado nosso que o perseguia e já o ia alcançar, quando ele se abraçou comigo, implorando que o salvasse. Mal tive tempo de conter o seu perseguidor. Nesse momento, passava por mim, a trote largo, o distinto camarada capitão Pedra, que gritou:
>
> — Mata.
>
> — Não — disse eu. — É um prisioneiro, uma pobre criança e hei de defendê-lo.
>
> — Queres brigar por um paraguaio?
>
> — Por que não? É meu dever e farias o mesmo.
>
> [...]
>
> Conduzi o pobrezinho até a guarda dos prisioneiros. Na praça principal, junto à porta da igreja, estava uma mulher moça e formosa, apesar da palidez cadavérica, com um filhinho morto ao lado. Ambos tinham sido varados pela mesma bala.[88]

A degola iniciou-se próximo do final do combate, quando as tropas brasileiras já tinham entrado pelo lado sul de Peribebuí, aprisionando, entre outros, o coronel Caballero e o chefe político da vila, Patricio Marecos. Nessa ocasião, o conde d'Eu perguntou a um ajudante de ordens, que voltava do noroeste da vila, se os aliados haviam perdido muita gente e a resposta foi que não, mas que morreram poucos que valiam por muitos. A continuação da cena, na descrição de Juan Crisóstomo Centurión, teria se dado da seguinte forma:

> — Quem? — voltou a perguntar o conde.
>
> — O general Menna Barreto, senhor — respondeu o oficial.
>
> — O general Menna Barreto!! — repetiu o conde com grande surpresa, com sua fisionomia mudando rapidamente para uma expressão colérica.
>
> Apontando para Caballero e Marecos, [o conde d'Eu] disse sem vacilar:
>
> — Degolem-nos, que eles são os culpados.
>
> A ordem foi cumprida em um abrir e fechar de olhos.
>
> Com esse ato bárbaro e cruel, o conde manchou seu nome e desonrou as armas brasileiras que tinham alcançado tanto brilho, sob o hábil comando de ilustres e valentes generais como Caxias, Osorio, Porto Alegre e o barão do Triunfo.[89]

Há, porém, outra versão, mais cruel, para a morte do coronel Caballero. Este fora, por ordem do conde d'Eu, atado de pés e mãos às rodas de dois canhões, em frente à igreja e diante de sua esposa, também prisioneira, e esticado até ficar no ar. Nessa postura, foi intimado a declarar-se rendido e, ao não aceitar, foi açoitado e logo degolado.[90] O certo é que foi degolado, após ter sido feito prisioneiro.

O secretário particular do conde d'Eu, o visconde de Taunay, confirma a responsabilidade do chefe nos degolamentos.[91] Estes teriam terminado graças à exortação nesse sentido do general Mallet junto a D'Eu. Parece não ser verídica, porém, a informação, feita por diferentes autores, de que o príncipe mandara incendiar o hospital, no qual morreram carbonizados mais de cem feridos.[92] Provavelmente o incêndio foi consequência do bombardeio da vila pelos canhões brasileiros, no início do ataque.[93]

Posteriormente, em 1916, o conde d'Eu escreveu a uma amiga comentando um artigo crítico de Barquero Leal, que fora publicado, no ano anterior, na *Revista Parlamentar*, editada no Rio de Janeiro. Afirmou que, ao contrário do que escreveu o dr. Leal, o objetivo de Pedro II com a guerra não era libertar o Paraguai, mas, sim, "vingar a afronta feita ao Pavilhão Brasileiro pelo aprisionamento, em plena paz, do vapor 'Marquês de Olinda'", bem como "impedir, pela supressão do poderio militar de López a repetição de tal atentado e da invasão do território brasileiro". O conde também refutou as acusações de procedimento desumano do Exército imperial e "protestou sobretudo" contra a afirmação de que houve incêndios de hospitais e outras violências na Campanha das Cordilheiras. A memória reconstruída de D'Eu dos eventos era de que:

> Tão raros eram os abusos porventura praticados por nossos soldados mesmo incultos, para com os inimigos inermes, que estando em Caraguataí em fins de agosto de 1869, mandei castigar rigorosamente um soldado que ferira a uma velha paraguaia para roubar-lhe um carneiro. [...] Quais as cidades que se diz terem sido destruídas? Não se pode apontar uma só nem saque, salvo talvez o que não se pôde impedir nos momentos imediatos ao cruento assalto de Peribebuí. Nem tenho ideia qual seja o lugar de "Sete Cerros" onde se alega sem verdade terem sido degolados prisioneiros. Se o território do Paraguai ficou em grande parte talado ou inculto foi isso devido a ter o ditador López obrigado a população a abandonar seus lares para seguir seu exército em retirada e assim pereceram de fome as famílias que não conseguiram em tempo subtrair-se a essa tirania, e apresentar-se, como inúmeras vi, ao nosso exército e assim voltar a suas posses.

O conde d'Eu responsabilizou Solano López pela mortandade paraguaia durante a guerra. Escreveu que se, de fato, no Paraguai no pós-guerra havia 14 mil cidadãos do sexo masculino, "a culpa não foi dos aliados, e sim do Ditador que, para prolongar no seu único interesse pessoal, resistência obstinada e cega, chegou a alistar pela força e levar à morte até menores de 14 anos".[94]

À memória do conde d'Eu se contrapõe à do Visconde de Taunay, o qual registrou que, além da degola, na tomada de Peribebuí "houve seu saquezinho, apesar dos esforços para reprimi-lo". Os soldados entravam nas residências e tomavam, à força, os objetos que encontravam. Nas casas que foram ocupadas por Solano López e Elisa Lynch, os soldados saquearam "não pequena quantidade de prata amoedada", moedas da época colonial, ainda com as armas do reino de Castela e de Aragão, no valor de 2$000. Taunay e um colega encontraram, em uma das casas ocupadas pelo casal, um depósito com grande quantidade de vinho "sobretudo caixas de champagne [...] e das melhores marcas"; havia, também, vários livros pertencentes a Solano López.[95] Durante toda a guerra, enquanto suas tropas e a população civil careciam de alimentos, Solano López cultivou seu gosto por bebidas finas, particularmente conhaque e vinho.

As joias de ouro e prata existentes na vila foram entregues, por determinação do conselheiro José Maria da Silva Paranhos, ao governo provisório paraguaio, instalado em 15 de agosto de 1869 em Assunção, sob os auspícios da diplomacia imperial e com a concordância renitente do governo argentino, presidido por Domingo Faustino Sarmiento. Com isso, Paranhos procurava garantir uma fonte de financiamento a esse governo, composto de três membros, criado para desvincular a população paraguaia de Solano López e, ainda, reafirmar a independência do Paraguai em relação a uma eventual iniciativa de anexação por parte da Argentina.[96] Um dos membros do governo provisório, José Díaz de Bedoya, foi enviado a Buenos Aires para vender essas joias, mas, após vendê-las na capital argentina, não voltou a Assunção. Bedoya renunciou a seu cargo, sob o argumento de não querer continuar fazendo parte de um governo subordinado aos interesses da Tríplice Aliança, mas ficou com o dinheiro dessa venda.

A tomada de Peribebuí não resultou, para os aliados, no encontro de Solano López, que não participou do combate, e foi bem-sucedido em evadir-se, nem na destruição do grosso das tropas que o acompanhavam. Como não se sabia onde se encontrava verdadeiramente o líder paraguaio, os aliados não podiam fazer planos seguros para impedir sua fuga. Com base em informações frágeis, o conde d'Eu decidiu-se pela marcha, ligeiramente envolvente, com o grosso das tropas em direção a Caacupé, e o envio de uma divisão de cavalaria a Campo Grande, para de lá vigiar uma tentativa de fuga, para Caraguataí, de Solano López. Este procurou esquivar-se do movimento aliado em direção a Caacupé e se retirou dessa localidade, dirigindo-se a Caraguataí, escolha pela qual pagaria caro.[97]

Em 15 de agosto, as tropas aliadas ocuparam Caacupé, onde havia precária fundição, funcionando com equipamento trazido de Ibicuí e operada por vinte técnicos ingleses, além de soldados, mulheres e prisioneiros,[98] e um hospital "imundo", em que se amontoavam doentes e feridos "na máxima miséria".[99] Ao se aproximar da vila, a tropa que acompanhava o conde d'Eu se deparou com a cena de mulheres esquálidas, que, vestindo restos de tecidos que mal cobriam sua nudez, se esforçavam por matar uma vaca magra, quase sem pelo, que berrava com a língua arroxeada pendida para fora. O sangue que saía dos ferimentos do animal era pego em cuias pelas mulheres, que o bebiam e davam aos filhos esqueléticos, os quais também o sugavam diretamente nas feridas.[100]

Em Caacupé foram encontrados e libertados muitos brasileiros, feitos prisioneiros por ocasião da invasão de Mato Grosso. Estavam "esqueléticos, macilentos e edemaciados parecendo ter perdido a lembrança do sorriso e com o corpo retalhado de cicatrizes". Os próprios caacupeanos mostravam sua miséria, portando "bócios de formas e dimensões diversas", à exceção da elite local, com mulheres corretamente vestidas, "penteadas, maneirosas, [e] educadas".[101] O conde d'Eu registrou em seu diário que o vilarejo era ocupado por hospitais que eram, na verdade, hangares onde estava estendida uma multidão de indivíduos — entre 600 e 1500 —, a maioria crianças, nus e "alguns já quase cadáveres, outros verdadeiros esqueletos vivos". Havia, ainda, uns cinquenta ingleses em situação de miséria e muitas mulheres inglesas com crianças.[102]

Em Caacupé o general Osorio viu agravar-se a ferida na mandíbula inferior, que não cicatrizava, e solicitou dispensa do comando. O conde d'Eu argumentou não poder privar-se dele, quer para conselhos, quer para a ação. Escreveu Osorio para sua esposa, em 16 de agosto: "Já não fazia [in]tenção de continuar na campanha, mas o Príncipe veio pedir-me para o acompanhar e hoje voltou aqui a fazer-me segundo pedido. Não tenho remédio senão continuar um pouco mais".[103]

As condições de saúde de Osorio já eram precárias no mês anterior, pois em 2 de julho foram extraídas duas esquírolas da ferida do seu rosto. No dia seguinte ele desmaiou e chegou a ficar sem pulsação, o que o levou a dizer que ficou "morto por alguns minutos".[104] Essas condições estavam piores no início de agosto, pois, segundo o conde d'Eu, o general "estava em tal estado de cansaço, com o rosto tão inchado, que, realmente, não poderia continuar".[105] Mas o manteve à frente do 2º Corpo de Exército e Osorio teve de, com seu habitual bom humor, pressionar o príncipe para obter sua dispensa:

> A respeito da questão [dispensa] dos Voluntários [da Pátria], disse-me em tom alegre: "E a mim, quando me solta? Eu também sou Voluntário." Deixei escapar exclamações de surpresa. [...] Como eu não estava preparado para essa manifestação, somente respondi com generalidades. Ao levantar-me, agradeci os ovos de galinha

com os quais me havia presenteado ontem, e ele disse: "É mais uma razão para me deixar ir depressa, pois assim ficará com as galinhas", ao que respondi: "Ora! Que troca!". Então, montei a cavalo. [106]

Osorio desligou-se do Exército no Paraguai somente em 30 de novembro de 1869. Certamente foi o chefe militar mais popular entre a tropa brasileira e os aliados, distinguiu-se por sua coragem, bom humor e lealdade, mas careceu de visão estratégica.[107] Também não se preocupou em poupar vidas nas ações ofensivas, inclusive a sua própria; sua sobrevivência é surpreendente. Foi substituído, no comando do 1º Corpo de Exército, pelo general José Luiz Menna Barreto, o mesmo que Caxias desqualificara anteriormente.

Osorio partiu do Paraguai em 1º de dezembro, no vapor *Alice*, com destino ao porto de Rio Grande, em sua província natal. De passagem por Montevidéu recebeu a notícia de que sua esposa falecera. O biógrafo de Osorio, J. B. Magalhães, atribui-lhe a seguinte poesia, feita ao tomar conhecimento da morte da esposa:

COMO VIVEREI SEM TI?
Desde esse fatal momento,
Que a tua vista perdi
Abismado na tristeza
Como viverei sem ti?

Cuidados consumidores,
Só no meu peito senti
Se só com o ver-te me alegro
Como viverei sem ti?

Quanta ausência custaria
Certamente não previ
Hoje por ti suspirando
Como viverei sem ti?

Como esposa amante e terna
Sempre teus passos segui!

Hoje a longa distância
Como viverei sem ti?[108]

Ao tomar conhecimento de que Solano López partira de Caacupé, o conde d'Eu reforçou a Divisão de cavalaria enviada a Campo Grande com o 2º Corpo de Exército, com o qual marcharam os argentinos comandados pelo coronel Luis María Campos.[109] Esta força aliada, ao marchar em direção a Caraguataí, deparou-se com a retaguarda inimiga, que buscava defender o caminho para essa posição. Travou-se, então, no dia 16 de agosto, a batalha de Campo Grande, conhecida como Acosta Ñú no Paraguai, e dela participou um grande número de jovens paraguaios, que contavam entre 14 e 15 anos de idade. A batalha iniciou-se de manhã, às 8h30, e nela se enfrentaram 20 mil aliados e uns 6 mil paraguaios, comandados por Bernardino Caballero.[110]

O local da batalha, como indica o nome Campo Grande, era uma planície vasta, com uns doze quilômetros quadrados, própria para a ação da cavalaria brasileira que, se utilizada inicialmente, poderia ter envolvido e destroçado o flanco das posições paraguaias. Essa cavalaria estava, porém, na retaguarda de toda a força brasileira e não tinha condições de avançar pela estreita picada, pois à sua frente havia milhares de soldados da infantaria, da artilharia, além de carroças com munição e equipamentos militares. Como consequência, o ataque brasileiro iniciou-se com o uso da infantaria, na qual o então coronel Manoel Deodoro da Fonseca, primeiro chefe de Estado do Brasil republicano, comandava um batalhão.[111]

Nessa batalha, afirma Castro, pela primeira vez o Exército imperial fez uso racional das armas de longo alcance. Em vez de partir para o combate corpo a corpo, que dá vantagem às tropas que se encontram em posição defensiva, o conde d'Eu determinou que os batalhões se dividissem em duas metades no terreno, reduzindo o alvo para os disparos paraguaios. O Exército imperial abriu fogo contra a posição paraguaia a uma distância maior e com mais precisão, graças ao uso de armas de cano raiado usando o projétil Minié, cujos tiros alcançavam com precisão trezentos metros, enquanto o lado paraguaio utilizava armas obsoletas, de cano liso. Conforme Castro,

> Num teste de pontaria com as antigas armas lisas sobre um alvo de 1,8 × 3,0 metros, os atiradores — em condições ideais — só conseguiram uma

média de 4,5% de acertos a 360 metros. Somente em uma distância menor, 90 metros, é que os disparos passaram a ter um efeito mais razoável: 75% de acertos. Por outro lado as novas armas Minié tinham uma precisão incontestavelmente superior: 95% de acertos a 90 metros e 53% a 360 metros, ou seja, cerca de 12 vezes mais acertos nesta última distância do que as armas de cano liso.

Assim, enquanto os tiros da infantaria brasileira causavam perdas na retaguarda do inimigo, os soldados brasileiros que estavam na linha de frente pouco sofriam com os disparos feitos pelos paraguaios. Ademais, a cavalaria brasileira passou por uma mudança revolucionária no comando do conde d'Eu, ao separar os esquadrões de lanceiros daqueles dos dragões, os quais foram armados com clavina Spencer. Esta era muito superior às armas que a precederam, pois tinha cadência de fogo maior e, ao ser carregada pela culatra, podia ser usada por um atirador deitado, protegendo-se do inimigo, o que não era possível anteriormente, quando se tinha de ficar de pé para carregá-la pela boca, tornando o soldado alvo de disparos do inimigo.[112]

Presente na batalha de Campo Grande/Acosta Ñú, o visconde de Taunay confirma a bravura do general Caballero, que dava a seus soldados "exemplos de intrepidez, mas entendia pouco da arte da guerra". O despreparo militar de Caballero levou-o a não executar qualquer ação que impedisse as forças brasileiras de saírem da picada, pela qual elas marchavam em meio à mata, e tomarem, tranquilamente, posições de ataque. Os paraguaios se limitaram a atirar à distância, de forma pouco intensa, com rifles e, espaçadamente, com a artilharia, o que não causou maiores problemas aos brasileiros.[113]

Do lado paraguaio, misturadas aos soldados, encontravam-se crianças com barbas postiças para parecerem adultas. A capacidade de resistência paraguaia ficou demonstrada, mais uma vez, pelas oito horas de duração do combate, apesar da desproporção de forças, amplamente favorável aos brasileiros. Durante esse tempo, Caballero fez suas forças recuarem de forma ordenada, "deixando bem patente" que sua tropa permanecia disciplinada. Nesse movimento, os paraguaios atravessaram o arroio Juquerí e se instalaram na outra margem, contando com oito canhões e protegidos por montes de terra. A infantaria brasileira tentou atravessar o arroio e travou intenso combate; no terreno misturavam-se cadáveres, carretas, "mulheres e crianças a soltarem gritos lancinantes que se

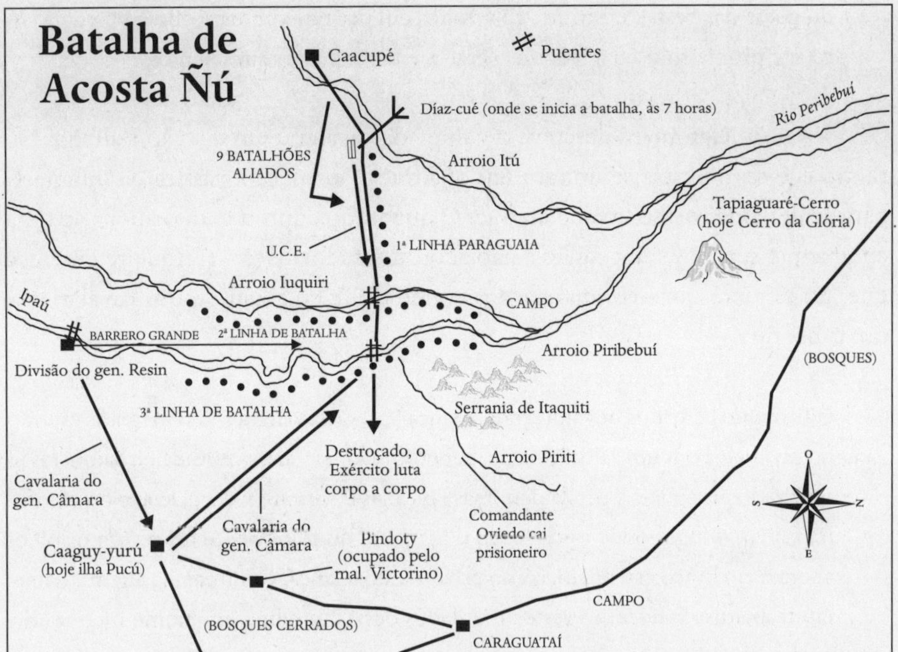

Fonte: Luis Vittone, *Trayectoria militar y política del general de división Bernardino Caballero.*

faziam ouvir no meio do mais violento fogo de fuzilaria e troar de artilharia". Ao fracassar a primeira tentativa brasileira de transpor o arroio, o conde d'Eu ordenou que se trouxesse a artilharia que, colocada em frente dos canhões inimigos, abriu fogo e causou grande mortandade do lado paraguaio.[114]

Às 13h45, a infantaria brasileira atacou a retaguarda inimiga, ao mesmo tempo que a cavalaria imperial conseguiu sair da picada e chegar ao campo de batalha. Imediatamente, essa cavalaria atravessou o arroio e fez um violento ataque aos batalhões paraguaios, assistido pelo visconde de Taunay, que o descreveu da seguinte forma:

> Parece-me ainda estar vendo como as lanças se abaixavam fulgurantes, vertiginosas, atirando alto no ar, como que simples novelos de algodão, os corpos que iam ferindo e que, no geral, caíam agachados, acocorados e mais que isto, enrolados sobre si mesmos. Não poucos infantes [paraguaios] buscavam defender-se com a espingarda, mas era resistência momentânea; alguns atiravam fora a arma e ocultando o rosto entre os braços abaixavam a cabeça e esticavam o pescoço à espera

do golpe das pesadas espadas, apressados em dar tudo por acabado e buscando na morte pronta solução a tantas desgraças e tão seguidos sofrimentos.[115]

Dionísio Cerqueira descreve o galope da cavalaria em direção às linhas paraguaias e como estas se uniram em quadrado, formação clássica da infantaria para se defender desse tipo de ataque. O quadrado contou com o apoio de uma coluna que surgiu de um capão e não adotou essa formação. Cerqueira descreve que, do piquete que acompanhava o conde d'Eu, se adiantou um cavalariano, um cabo, que

> ia firme nos estribos, revoluteando a lança [...] Que valente! Vi-o meter as esporas no cavalo e, com um salto enorme, penetrar naquela massa eriçada de baionetas [o quadrado paraguaio]. Ainda deu duas lançadas e sumiu-se. [...] Depois do combate, fui ver o lugar onde caiu o cabo do piquete do príncipe. Achei-o com os olhos abertos e o braço estendido, como procurando a lança. Contemplei, algum tempo, em respeitosa mudez, os restos mutilados desse homem, cujo nome me era desconhecido e cujas proezas talvez somente eu tivesse testemunhado na tremenda refrega. Era mais um dos heróis anônimos que lá caíram aos milheiros em defesa da honra nacional, deixando os esqueletos branqueando os campos ou enterrados em covas mal cobertas [...][116]

À carga de cavalaria sucedeu-se o ataque da infantaria brasileira, que tomou à baioneta os oito canhões inimigos. Pedro Américo pintou o quadro *Batalha de Campo Grande*, "inverossímil sem dúvida", ao representar posições impossíveis por parte da cavalaria. Ao contrário do que aparece no quadro, o conde d'Eu não empinou o cavalo, nem havia frade algum no local da batalha. Contudo, é verídico que, ao se manter no terreno do combate, o conde d'Eu correu um risco "muito grande", assim como todos os que o acompanhavam, pois esteve no próprio campo de batalha, exposto às balas inimigas.[117]

A derrota paraguaia foi completa:

> O campo ficou cheio de mortos e feridos do inimigo, entre os quais causavam-nos grande pena, pelo avultado número, os soldadinhos, cobertos de sangue, com as perninhas quebradas, não tendo alguns ainda atingido a puberdade.
>
> [...] Como eram valentes para o fogo os pobres meninos!

> Que luta terrível aquela entre a piedade cristã e o dever militar!
>
> Os nossos soldados diziam que *não dava gosto a gente brigar com tanta criança.*[118]

Essa foi a última grande batalha da guerra. Os paraguaios tiveram 1200 prisioneiros — a maior parte, que se refugiou na mata, entregou-se posteriormente — e 2 mil mortos, o que atesta sua tenacidade, apesar da inferioridade numérica e de armamento, que era "quase rudimentar". Foram apreendidas muitas espingardas de pederneira, de um tipo tão antigo que era desconhecido dos aliados. Havia todo tipo de armas obsoletas do lado paraguaio, "de mecha, trabuco e outros espécimes que só se veem em museus". A péssima qualidade desse armamento e a má pontaria da tropa paraguaia, composta "quase toda" de gente inexperiente, explicam a desproporção de perdas: os aliados tiveram 26 mortos e 259 feridos.[119] A mortandade paraguaia poderia ter sido menor, mas os vencedores não tiveram piedade:

> O inimigo [paraguaio] perdeu milhares de soldados, pois não se concedia perdão; os feridos foram mortos logo que encontrados. Ainda três dias após a luta foram achados gravemente feridos no capim alto, lamentando seus ferimentos e clamando por perdão. Mas isso de nada lhes valeu.[120]

A diferença entre o número de mortos paraguaios e aliados demonstra que Campo Grande / Acosta Ñú foi um banho de sangue. Este foi iniciado por Solano López, ao enviar ao combate adolescentes, disfarçados de adultos, despreparados e com armas obsoletas, e continuado pelos soldados brasileiros embrutecidos por anos de guerra, cansados de um inimigo que não se rendia, não recuava, se mantinha em combate mesmo quando a morte era certa.

Durante o recuo até o arroio Juquerí, os paraguaios atearam fogo ao capinzal alto e seco para ocultar seus movimentos com a fumaça. O coronel Conrado Bittencourt ordenou ao batalhão comandado por Dionísio Cerqueira que apagasse o campo em chamas, ordem que este retransmitiu a um sargento, designado para fazer um grande aceiro que limitasse o fogo. Atraído para o combate, Dionísio Cerqueira não ficou no local para supervisionar a realização da tarefa; "julgo hoje que não procedi bem, mas, naquele tempo, não me podia sacrificar àquele serviço, quando a fuzilada me chamava, cada vez mais ardente".[121] O incêndio não foi controlado e, no final dos combates, o fogo no capim começou a explodir caixas de munição que foram deixadas no terreno durante os movimentos de tropas. O incêndio se alastrou e vitimou os feridos caídos, já martirizados pela sede, sufocando-os ou queimando-os até a morte.

> Quantas dores inenarráveis [...] Vi — ninguém me contou — um paraguaiozinho gritar para um companheiro ferido mas de pé: "Amigo, mata-me por favor!". E o outro, acudindo à cruel imploração, desfechou-lhe um tiro à queima-roupa.[122]

O general Caballero conseguiu fugir. Esse general poderia ter admitido a derrota em qualquer momento da batalha e "salvado assim as vidas desses meninos, mas sua atuação, por errada que tenha sido, não gerou questionamentos depois da guerra".[123] Por seus atos de bravura em diferentes batalhas, Caballero chegara a essa hierarquia e era o oficial predileto de Solano López. Com a morte deste, em março de 1870, Caballero, que não participou da batalha final em Cerro Corá, por estar procurando gado no Sul de Mato Grosso, foi levado prisioneiro para o Rio de Janeiro. Na viagem para a Corte, foi em um navio que transportava a tropa brasileira que retornava à casa, entre eles o tenente Dionísio Cerqueira. Este descreve que, na mesma embarcação, seguiram o coronel Centurión, "bem-educado, instruído e falando inglês", o coronel Aguero, "acaboclado e com fama de crueldade", e o padre Maíz; os quatro prisioneiros eram grandes amantes do jogo de cartas e passavam as noites jogando com oficiais brasileiros, "ao som estridente de gargalhadas, provocadas pelas pilhérias, às vezes demasiado pesadas".[124]

No Rio de Janeiro, Caballero, tal qual os demais oficiais paraguaios nessa condição, recebia soldo do governo imperial, mas relativo ao posto de coronel. Caballero vivia em residência particular, possivelmente em quarto alugado em casa de família, e tornou-se amigo de José Maria da Silva Paranhos, futuro barão do Rio Branco, frequentando, ambos, a noite carioca. De volta a Assunção, Caballero dedicou-se à política e ocupou a presidência da República (1880-6), fundou o Partido Colorado e, durante sua vida pública, teve relações cordiais com o Brasil e manteve-se afastado da Argentina; morreu em 1912.[125]

Em 10 de janeiro de 1866, foi publicada ordem do dia do Ministério da Guerra do Império, com as regras a serem aplicadas aos prisioneiros de guerra. A maioria dos oficiais paraguaios trazidos para o Brasil ficou em Santa Catarina e uma parte deles foi para o Rio de Janeiro. Como resquício do tratamento cortês e cavalheiresco nos exércitos europeus dos séculos anteriores, os oficiais paraguaios eram prisioneiros sob palavra, pois não ficavam em prisões. Recebiam o mesmo soldo do seu equivalente hierárquico brasileiro e, com esses recursos, podiam buscar a moradia que desejassem na cidade para onde eram destinados; gozavam da liberdade de ir e vir, de frequentar lugares de diversão; tinham como obrigação apresentar-se uma vez por semana no QG do Exército Imperial. Oficiais e soldados não podiam ser obrigados a trabalhar, mas alguns destes últimos buscavam trabalho em instituições públicas e, assim, tinham uma remuneração extra. Esta, somada ao soldo que recebiam do Exército Imperial, resultava em vencimentos superiores ao do soldado brasileiro. Também foi montada, no Rio de Janeiro, uma escola primária para os paraguaios que não sabiam ler e que desejassem estudar. Ela teve 180 alunos, cuja idade média era de catorze anos.[126]

José Falcón, que foi ministro do governo de Solano López e que esteve a seu lado em Cerro Corá, relatou sua permanência como prisioneiro no Rio de Janeiro. Ela caracterizou-se por intensas atividades públicas, com visitas culturais — igrejas, conventos, museus, jardins etc. — e a órgãos governamentais, como ao Senado; à Assembleia e à Escola Militar. Em 1º de julho de 1870, ele anotou que havia recebido "setenta e dois mil réis, correspondentes ao vencimento de 13 a 30 de junho para manutenção como prisioneiro de guerra". No dia seguinte, foi chamado à Pagadoria do Exército e comunicado que o valor estava errado, pois deveria ser de 60 mil réis, mas que a diferença seria descontada no pagamento do mês de julho.[127]

Em fins de agosto, a ordem do dia do conde d'Eu era antes uma justificativa do que um relato dos acontecimentos na guerra. Escreveu que "nossos esforços não conseguiram tudo quanto de nós esperava a Nação", pois Solano López conseguira escapar. Se houve algum erro, a responsabilidade era sua, escreveu o príncipe, ao elogiar o desempenho dos seus subordinados. Relatou, com justiça, que suas decisões no ataque a Peribebuí pouparam seus comandados, enquanto os paraguaios perderam, no mês de agosto, não menos do que 8 mil homens, entre mortos, feridos e prisioneiros. De todo modo, frustrava-se a esperança do conde d'Eu de pôr fim à guerra. Em fins de setembro, o conde d'Eu e seus ajudantes foram a Assunção "de passeio" e, em seguida, percorreram os locais das batalhas travadas em 1869; foi essa, de fato, a última iniciativa do príncipe na guerra,[128] que caiu, logo depois, em depressão.

O governo provisório paraguaio

Com seu retorno ao poder no Brasil, em julho de 1868, o Partido Conservador buscou pôr em prática sua tradicional política no Prata, de fortalecimento das independências do Uruguai e do Paraguai, e de contenção da influência argentina sobre esses dois países. Os governantes conservadores desejavam o fim da aliança com a Argentina, mas de forma natural, com o desaparecimento dos motivos que levaram à sua constituição. A derrota de Solano López e a instalação de um novo governo no Paraguai eram uma forma de ratificar a independência do país, e a assinatura pelas novas autoridades paraguaias de tratados de paz com os aliados significaria a realização dos objetivos e o fim da Tríplice Aliança.[129]

Na Argentina, em outubro de 1868, terminou o mandato de Mitre, que foi substituído por Domingo Faustino Sarmiento. O novo presidente resistia à aliança com o Brasil e desconfiava de eventuais planos do Império para tornar-se potência continental no pós-guerra à custa de seus vizinhos. Sarmiento esperava contar com o apoio dos Estados Unidos para evitar a expansão da influência brasileira.[130] Com a ascensão de Sarmiento à presidência, a facção política antimitrista chegou ao governo, o que implicou uma profunda alteração da política argentina em relação à guerra. O novo ministro das Relações Exteriores, Mariano Varela, e o próprio vice-presidente, Adolfo Alsina, consideravam a guerra um erro histórico.[131]

Em fevereiro de 1869, o chanceler brasileiro José Maria da Silva Paranhos partiu para o Paraguai com a missão de estabelecer no país um governo provisório, com o qual se pudesse assinar a paz, pois, ocupada Assunção, acreditava-se que a guerra estava por terminar. O governo provisório, para ser reconhecido pelo Império, deveria comprometer-se em apoiar os aliados na luta contra López, bem como aderir ao Tratado da Tríplice Aliança. Este deveria ser cumprido na íntegra, exceto, segundo as instruções recebidas por Paranhos, "qualquer modificação que, no próprio interesse do Paraguai, se estipule no Tratado de Paz por mútuo assentimento dos aliados e do mesmo governo provisório".[132] Com essa ressalva, o gabinete conservador brasileiro dava os primeiros passos no sentido de reduzir as concessões territoriais paraguaias à Argentina, evitando que esta tivesse fronteira com o Brasil em Mato Grosso e, ainda, que o território argentino ficasse limítrofe com Assunção. Se o enviado imperial não tivesse sucesso nesse sentido, o tratado de paz que fosse assinado com o Paraguai significaria, segundo

Cotegipe, apenas uma trégua, "mais ou menos longa", seguida de eventual eclosão de uma guerra com a Argentina.[133]

O governo imperial estava convencido de que o presidente Sarmiento queria anexar o Paraguai à Argentina.[134] A instalação do governo provisório paraguaio, mesmo com Solano López continuando a combater, era uma forma de reafirmar a continuidade da existência do Paraguai como Estado independente. Estimulados por Paranhos, cidadãos paraguaios de Assunção solicitaram aos aliados a constituição desse governo. Foi com dificuldade que o enviado brasileiro conseguiu a concordância, para isso, do chanceler argentino Mariano Varela.[135] A postura de Mariano Varela indicava que o governo de Sarmiento temia que o Império, valendo-se do Tratado de 1865 e das autoridades provisórias, estabelecesse um protetorado sobre o país guarani.

O Tratado da Tríplice Aliança não estabelecera nenhuma norma sobre a instalação de um governo provisório no Paraguai. Essa omissão pode ser explicada pela expectativa de que, iniciada a guerra, surgisse no país um movimento de oposição que depusesse Solano López, fato que não ocorreu. Desde os primeiros dias da guerra o Império mostrou-se preocupado em instalar, findo vitoriosamente o conflito, um governo no Paraguai que substituísse o de Solano López e, ao mesmo tempo, fosse infenso à influência de Buenos Aires. Em 1865, um despacho do Ministério dos Negócios Estrangeiros a Francisco Otaviano de Almeida Rosa alertava para que na organização de um novo governo paraguaio não houvesse a preponderância argentina. A possibilidade de instalar um governo provisório em Assunção, mesmo com Solano López continuando a combater, foi levantada pela primeira vez em 1867, pelo Conselho de Estado brasileiro.[136]

Paranhos, ao dirigir-se ao Paraguai, passou antes por Buenos Aires com o fim de convencer o aliado argentino da necessidade de se estabelecer um governo provisório no país guarani. O presidente Sarmiento não concordou e argumentou que em Assunção havia apenas os paraguaios que estavam a serviço dos aliados, os quais nem sequer ocupavam todo o país, e, ainda, que Solano López não estava deposto.[137]

Ao chegar a Assunção, em 20 de fevereiro de 1869, Paranhos encontrou antes um acampamento militar do que uma cidade propriamente dita. Suas ruas eram todas de terra, de aparência desagradável, e ficavam cobertas de lama com as águas da chuva, por não serem niveladas. Havia muitos terrenos por edificar na área urbana e as construções, desalinhadas umas em relação às outras, eram, em parte, precárias, e mesmo construídas de palha. Não havia nenhuma canalização de água na cidade e a iluminação resumia-se a um ou outro lampião de azeite. Com a presença dos soldados aliados, Assunção passou a ter um grande comércio, com cerca de 2 mil casas de negócios, e ainda 4 mil mulheres, que acompanhavam o Exército.[138]

A partir de fevereiro de 1869, Assunção recebeu crescente número de refugiados do interior do país, famintos e doentes, que fugiam dos combates. Não havia, porém, um mínimo de infraestrutura para recebê-los, o que tornava o quadro caótico. As funções administrativas na cidade, tais como o funcionamento do porto, a segurança pública e outras tarefas, eram exercidas por integrantes do Exército brasileiro. As demandas dos civis, quer de paraguaios, quer de aventureiros estrangeiros, levaram os chefes militares aliados a criarem, em março, um Tribunal Militar Misto, composto por três brasileiros, três argentinos e um uruguaio, para cumprir a função judiciária. As decisões eram sumárias e sem apelação, exceto em casos muito especiais, quando se podia recorrer.[139]

A administração militar da cidade tinha caráter provisório, por motivos políticos e funcionais. Neste último aspecto, havia dificuldade aliada em atender às necessidades dos refugiados, cujo número crescia constantemente, chegando, no mês de maio, a 4 mil pessoas.[140] Administrar Assunção era desgastante ao Exército brasileiro, quer por não conseguir atender a essas necessidades, quer por ter que dirigir seus esforços na perseguição a Solano López. Assim, interessava ao Império que a responsabilidade administrativa sobre a capital guarani passasse às mãos de cidadãos paraguaios antilopiztas. Contudo, mais do que meras autoridades municipais, interessava ao Brasil que esses paraguaios constituíssem um governo provisório, de modo a reafirmar a independência paraguaia.

A reconstrução do Estado paraguaio, mesmo com Solano López vivo e combatendo, era prioridade da diplomacia do gabinete conservador. Para realizar esse objetivo, o governo brasileiro teve que enfrentar dois obstáculos: a Legión Paraguaya e Buenos Aires. Os exilados paraguaios, que faziam parte da Legión, ao regressarem a Assunção, buscaram ocupar o vazio de poder decorrente da precária situação militar de Solano López. Fernando Iturburu, comandante da Legión, solicitou, ainda em janeiro, que o comandante das forças argentinas, general Gelly y Obes, filho do paraguaio Andrés Gelly y Obes, fosse nomeado presidente do país, com o que o comandante das tropas brasileiras, general Xavier de Souza, não concordou. A iniciativa do comandante da Legión não teria sido um ato sincero, mas apenas uma forma de conseguir uma definição pelos aliados sobre o estabelecimento de um governo de paraguaios para substituir o de López.[141] De todo modo, houve motivos para Paranhos suspeitar de que os legionários estavam sob influência argentina e, portanto, iam contra os interesses do Império.

Nos dias 24 e 25 de janeiro de 1869, por iniciativa de Serapio Machaín, reuniram-se 32 cidadãos paraguaios e encaminharam, no dia 30 do mesmo mês, uma petição aos governos aliados em que solicitavam a instalação de um governo provisório.[142] Na disputa pelo domínio do futuro governo provisório formaram-se dois grupos políticos. Um liderado por Juan Francisco Decoud e outro por Cándido Bareiro. Este último, primo de Solano López, cujo governo representara na Europa, voltara a Assunção no mês de fevereiro, e aglutinou as tendências conservadoras do passado, às quais se somaram, também, o coronel Iturburu e alguns legionários, adversários de Decoud. Bareiro e Iturburu tornaram-se um polo de concentração de elementos sobreviventes do regime de Solano López, como ex-oficiais, antigos funcionários graduados, estudantes que foram enviados ao exterior, e de legionários descontentes com a hegemonia do outro grupo. O segundo círculo, liderado por Juan Francisco Decoud, tinha caráter inovador e reformista, com ideais liberais, e dele também faziam parte legionários que compartilhavam tais ideais. Os dois grupos políticos eram conhecidos, respectivamente, como *bareiristas* e *decouistas*.[143]

Em Assunção, Paranhos procurou conversar com todos os cidadãos paraguaios que lá se encontravam e que assinaram a petição aos governos aliados. O diplomata os reuniu e fez saber que era desejo do Rio de Janeiro que se instalasse o governo provisório, desde que aceitassem os termos do Tratado de 1º de maio de 1865. Na reunião cristalizou-se a existência da visão distinta da problemática paraguaia por parte dos dois círculos políticos. Enquanto os *bareiristas* concordaram com a proposta feita pelo diplomata brasileiro, a ela mostraram-se resistentes os *decouistas*. Juan Francisco Decoud solicitou mais tempo para consultar seus seguidores e argumentou ser necessário um "maduro" exame sobre a questão da perda de territórios por parte do Estado paraguaio.[144]

Não houve acordo entre esses dois grupos políticos paraguaios em torno da constituição do governo provisório. Paranhos comunicou-lhes que era necessário formar-se uma comissão de quatro cidadãos paraguaios, dois de cada facção, para encaminharem a constituição de um governo de coalizão, para negociar com os governos aliados, sob pena de instalar-se um governo militar em Assunção.[145] Tratava-se, na verdade, de uma pseudo-ameaça para acelerar a constituição de um governo paraguaio, pois o enviado imperial não tinha a intenção de facilitar à Argentina o aumento de sua influência no Paraguai, de vez que seria impossível constituir um governo militar exclusivamente brasileiro. Paranhos indicou para a comissão os *bareiristas* Félix Egusquiza, ex-representante de Solano López em Buenos Aires, e Bernardo Valiente, e os *decouistas* Carlos Loizaga e o próprio coronel Juan Francisco Decoud. Este último declinou de participar da comissão, ao mesmo tempo que indicou José Díaz Bedoya, homem com trânsito nos dois grupos, fato que agradou ao Império. Já Loizaga recusou-se a participar, por ser inimigo de Egusquiza, o que reduziu a comissão a três membros.[146]

Conforme instruções dadas por Paranhos, os membros da referida comissão procuraram, em Buenos Aires, o ministro das Relações Exteriores argentino, Mariano Varela, afirmando que tinham a mais completa confiança em seu governo. Depois foi enviado um documento aos representantes aliados que se reuniam naquela capital, Mariano Varela, José Maria da Silva Paranhos e o uruguaio Adolfo Rodrígues, no qual se solicitava a constituição de um governo provisório paraguaio. O pedido era assinado por 335 cidadãos guaranis, sendo, porém, acompanhado de uma nota, datada de 29 de abril, na qual se colocava a necessidade de estabelecer o referido governo e de "preparar depois a organização política da República, criando os poderes permanentes que irão assinar os tratados necessários ou preparatórios ao restabelecimento das boas relações com as nações aliadas". Esse adendo ia contra a posição do gabinete brasileiro de assinar logo os tratados definitivos de paz. Após receber Egusquiza em sua casa, na noite do dia 1º de abril, Paranhos chegou à conclusão de que "a nota foi improvisada, segundo se presume, pelo dr. Quintana", deputado argentino, crítico da política brasileira. Para o diplomata não existia ânimo hostil na atitude da comissão paraguaia; havia, sim, o objetivo de conseguir apoio e, ao mesmo tempo, tentar obter condições mais favoráveis de paz que as estabelecidas pelo Tratado da Tríplice Aliança.[147]

Paranhos tinha conhecimento da posição contrária de Varela quanto à instalação de um governo provisório no Paraguai, antes de começar a reunião com seus colegas aliados. O governo argentino chegara, inclusive, a propor a nomeação, pelos generais aliados, de autoridades provisórias para governarem unicamente a cidade de Assunção. Contudo, em um *memorandum* apresentado em 30 de abril, o enviado imperial não só defendeu a criação do governo provisório, como ainda sustentou que o mesmo estaria revestido de plenos poderes para assinar os tratados de paz. Defendeu, também, que os aliados deveriam manter tropas em território paraguaio, não com fins de conquista, mas, sim, para atender a uma "necessidade inevitável e [seria] um apoio benéfico para o novo governo".[148]

Para Mariano Varela, o governo provisório seria apenas um elemento auxiliar dos aliados, "embora mais importante que a Legião Paraguaia", com a função de preparar a organização definitiva do país. Não via ele necessidade de conseguir nenhuma garantia das autoridades provisórias, pois, acreditava, não haveria resistências futuras nem à livre navegação, nem à celebração dos tratados de limites. Essa posição foi acompanhada por Adolfo Rodrígues, cujo argumento era o de que, como estava a maioria da população guarani em território sob o controle de Solano López, e existiam apenas 4 mil paraguaios em áreas ocupadas pelos aliados, não podia o governo provisório ser resultado de um ato de soberania do povo do país. Paranhos defendia ser correto o governo provisório assinar com os aliados os tratados de paz, pois se tratava de aplicar pura e simplesmente os termos do Tratado de 1º de maio ao Paraguai, exceto no referente à região entre o rio Pilcomayo e a Bahía Negra, área que poderia ser pleiteada pela Bolívia.[149]

Foi com "grande dificuldade" que o enviado brasileiro conseguiu a concordância de Varela quanto à instalação do governo provisório. A pressão dos liberais mitristas também colaborou para que o presidente Sarmiento admitisse a tese brasileira e aceitasse que se constituísse tal governo. Os liberais mitristas criticaram duramente a política do governo argentino e pediram sua mudança, de modo a permitir a constituição do governo provisório, e também desaprovaram a prevenção demonstrada por Sarmiento em relação ao Tratado de Aliança, a qual consideravam causa das desinteligências argentino-brasileiras. A oposição mitrista defendia ser indispensável firmar rapidamente um tratado de paz com o Paraguai, devido ao despreparo de Buenos Aires para fazer outra guerra naquele momento e de modo a evitar que o Brasil tivesse um pretexto para tratar separadamente com o país vencido, beneficiando-se mais do que a Argentina com a vitória aliada.[150]

A política original de Varela pretendia ser franca com o vencido, e discutir com o Paraguai, em pé de igualdade, a questão de limites. Desprezava a aliança com o Império, por temer que este, utilizando-se do Tratado de 1865, estabelecesse um protetorado sobre o país guarani. O governo brasileiro, por sua vez, aparentemente esperava uma atitude desprendida por parte de Buenos Aires em relação ao Chaco. Elizalde declarara, em 1868, a Thomaz do Amaral, que o território argentino não chegava à Bahía Negra, afirmação reforçada em abril de 1869. Nesse mês, o ex-ministro das Relações Exteriores argentino e seu sucessor, Varela, em conversa com Paranhos, afirmaram que o governo de Sarmiento não pretendia ficar com toda a margem direita do Chaco e que não duvidaria em "ceder à Bolívia do Pilcomayo para cima". Essas manifestações talvez tenham criado no governo imperial a esperança de que a questão da posse do Chaco estaria resolvida no curto prazo. Contudo, isso não impedia que o gabinete brasileiro continuasse convencido das ambições mais amplas da Argentina. O presidente Sarmiento, acreditava o barão de Cotegipe, tinha como plano reconstruir o vice-reino do Rio da Prata anexando todo o Paraguai e não apenas a parcela chaquenha do seu território. A dúvida do ministro interino dos Negócios Estrangeiros, manifestada em fevereiro de 1869, era apenas de como e quando se daria a tentativa de anexação. Dois meses depois, ele afirmava que o Brasil tinha, então, meios para dificultar a realização do projeto do chefe de Estado argentino, mas o mesmo não se poderia dizer quanto ao futuro. Tal convicção era também a de Paranhos, que via num suposto projeto expansionista de Sarmiento a explicação para a resistência de Buenos Aires a aplicar as garantias de manutenção, no pós-guerra, da independência do Paraguai e para a oposição à adesão do governo provisório ao Tratado da Tríplice Aliança.[151]

A instalação do governo provisório, para a qual Paranhos conseguira a aquiescência de seus colegas aliados, era um objetivo prioritário para a diplomacia imperial. A continuidade da resistência de Solano López comprometia o próprio crédito externo do Brasil, e já produzira "mal efeito na Europa, descendo nossos fundos públicos". No Velho Continente, continuava Cotegipe, esperava-se a constituição das autoridades provisórias em Assunção, sem as quais os próprios aliados estariam a dar o testemunho de que a nação paraguaia estava com Solano López.[152]

A assinatura dos tratados definitivos de paz, a definição das fronteiras, a fixação da dívida de guerra paraguaia e os compromissos para garantir a independência guarani a longo prazo eram objetivos do governo brasileiro que teriam que esperar circunstâncias mais favoráveis para serem alcançados. Como escrevera Paranhos em abril de 1869, "vamos levantando as dificuldades pouco a pouco". Nessa tarefa foi decisiva sua atuação, o maior especialista brasileiro da época em assuntos platinos, pois teve que enfrentar não só a resistência argentina, como ainda as críticas da oposição brasileira, que procurava "por todos os modos debilitar nossa ação no exterior". Segundo Paranhos, os liberais sabiam que somente podiam atingir os conservadores no poder ao criticarem sua atuação no Paraguai. A oposição, de fato, criticou duramente a diplomacia do gabinete conservador, desde o início da missão desse enviado ao Prata. A imprensa liberal condenou a ideia do governo provisório e o senador Silveira Lobo perguntou "com que povo" este seria organizado, argumentando existirem poucos paraguaios em Assunção. Indo mais longe, Silveira da Motta afirmou na tribuna do Senado, em agosto de 1869, que Paranhos, ao não poder negociar com Solano López, tratava "de organizar uma fantasmagoria de governo que se prestaria a propor a paz e [a] aceitar quaisquer condições".[153]

Em 2 de junho, os representantes aliados chegaram a um denominador comum e assinaram dois protocolos. O primeiro estabelecia a criação do governo provisório paraguaio e, a partir do projeto brasileiro, definiu-se que ele seria composto por três membros, livremente escolhidos pelos cidadãos guaranis de territórios sob o controle dos aliados. Ao tentar reduzir o poder nominal das novas autoridades, Varela ainda tentou estabelecer um texto em que afirmava "que o governo provisório que agora se estabeleça [...] se obrigará a proceder de total acordo com os aliados até o fim da guerra". Paranhos frustrou essa iniciativa, ao acrescentar ao texto a ressalva "sem deixar de ter plena liberdade no exercício de sua soberania nacional" e, ainda, que o governo provisório agiria em comum acordo com os aliados "no referente à guerra". Isso significava que as novas autoridades deveriam organizar-se de forma a operar em harmonia com os aliados, dando às tropas destes liberdade de movimentação, de recebimento de petrechos de guerra e víveres. No segundo protocolo estabeleciam-se os termos em que se daria o reconhecimento do governo provisório, ficando determinado que as novas autoridades não poderiam tratar com Solano López, com seu representante, ou ainda pessoa sob sua influência. Os três paraguaios, que compunham a comissão que chegara a Buenos Aires no mês de abril, aceitaram todas as condições fixadas para a criação do governo provisório.[154]

Acertado o estabelecimento de um governo provisório em Assunção, iniciou-se a reorganização do Estado paraguaio, que pôs fim à Primeira República, caracterizada pelo sistema político autocrático. Nos anos de 1869 e 1870, o Paraguai assistiu à precária reorganização da máquina do Estado, feita pelo governo provisório, enquanto a Assembleia Constituinte elaborava a primeira Constituição do país. Estabeleciam-se, assim, as bases da Segunda República, liberal.

Autorizada a instalação do governo provisório pelos aliados, os grupos políticos paraguaios organizaram-se para disputá-lo. Paranhos chegou a Assunção nos primeiros dias de julho de 1869, acompanhado do ministro plenipotenciário argentino, José Roque Pérez. No trabalho de preparar a instalação do governo provisório, nos moldes desejados pela diplomacia brasileira, Paranhos teve que anular os legionários, por serem estreitamente vinculados à Argentina, e militares e políticos brasileiros que se encontravam no Paraguai, onde faziam negócios e política. Esses brasileiros manobravam contra a instalação das novas autoridades paraguaias, pois lhes interessava a continuação do caos administrativo de Assunção, que contribuía para manter as grandes despesas de guerra, que favoreciam o comércio.[155] Acrescentava o diplomata que "os nossos militares querem dispor das coisas e das pessoas do Paraguai à sua vontade", temendo perder essa liberdade e as casas que ocupavam na capital paraguaia. A atuação desses brasileiros acabava por fortalecer a posição argentina no país guarani.[156]

O general Emilio Mitre, comandante das forças argentinas, protegia a Legión Paraguaya, para assegurá-la como aliada na ampliação da influência de Buenos Aires no Paraguai.[157] Com essa intenção, Mariano Varela solicitou e obteve a concordância dos outros aliados para a entrega, em 29 de março, em cerimônia realizada em Assunção, da bandeira paraguaia aos legionários. Nessa oportunidade, os generais aliados fizeram uma proclamação na qual buscavam associar os interesses de seus países com os do povo guarani, reafirmando que a luta era contra a tirania e não contra a nação paraguaia. O ato foi assistido, segundo Quintino Bocaiuva, por quatrocentos paraguaios com ar indiferente ao que ocorria.[158]

Para Paranhos, o fato de que Roque Pérez tinha a vantagem de contar com a Legión poderia possibilitar a constituição de um governo provisório favorável à Argentina. O enviado imperial propôs, então, ao conde d'Eu que também o Império procurasse ter paraguaios "amigos", mas desaprovou e conseguiu que fosse anulada por esse comandante em chefe a ordem de que se recrutassem cidadãos guaranis para o Exército brasileiro. Esse recrutamento, julgava Paranhos, teria um efeito moral negativo, e defendeu que se procurassem verdadeiros voluntários para constituírem nas fileiras imperiais "uma força paraguaia armada, que se torne favorável às boas relações com o Brasil e possa servir de contrapeso à que tem consigo os argentinos".[159] Essa força não chegou, contudo, a formar-se.

A diplomacia imperial errara no cálculo de que poderia contar com uma hipotética oposição interna a Solano López, que o substituiria no governo do Paraguai. Desse modo, o Império não tratou de cooptar os emigrados paraguaios na Argentina quando a oportunidade se apresentou em 1865 e, quatro anos depois, via-se numa posição delicada. Tanto os liberais de Decoud quanto os legionários não se apresentavam como uma facção política com a qual o governo imperial pudesse contar para impedir a ascendência argentina sobre o governo provisório a constituir-se. Restavam os antigos seguidores de Solano López, que debandaram da causa deste e que eram, simultaneamente, inimigos dos *legionários* e dos *decouistas*. Assim, em julho, Paranhos e o conde d'Eu concordavam "que os homens que o círculo argentino chama de lopiztas são os que nos oferecem mais garantias para o futuro".[160] O Império não transigia com Solano López, mas estava pronto para se compor com seus subordinados, antes vítimas da obediência e subordinação cegas que ele lhes impunha do que inimigos do Brasil; esses lopiztas estavam para se tornar órfãos e a diplomacia imperial necessitava adotar um grupo político paraguaio que pudesse manobrar.

Para impedir que os legionários controlassem a situação, Paranhos proibiu novas reuniões políticas em Assunção. Ameaçou aqueles que pensavam em se impor pela força, ou seja, os legionários, de trazer os prisioneiros do Exército de Solano López que se encontravam no Rio de Janeiro para participarem das articulações políticas paraguaias. Não era uma ameaça vã, mas, sim, o início da aproximação brasileira com os lopiztas.[161]

No dia 21 de julho, Paranhos reuniu em sua casa, na presença de seu colega argentino Roque Pérez, sessenta paraguaios que considerava "mais importantes", que concordaram em convocar para o dia seguinte uma reunião popular. A finalidade desta era nomear uma comissão entre os presentes, a qual se entenderia com os aliados e promoveria a eleição do governo provisório. A reunião se deu no teatro da cidade no dia seguinte, 22, com a presença de 129 cidadãos, e o diplomata brasileiro retirou-se logo após ser constituída a mesa dirigente dos trabalhos, mas o enviado argentino permaneceu. A retirada de Paranhos deveu-se à desordem reinante e ainda teve a finalidade de demonstrar a Roque Pérez o desagrado com a presença dos membros da Legión Paraguaya, responsabilizando o general Emilio Mitre por este fato.[162]

Em meio a acaloradas discussões entre os integrantes dos dois grupos políticos, *bareiristas* e *decouistas*, a assembleia indicou uma comissão de 21 membros para encaminhar o processo de escolha do futuro triunvirato que governaria o país. A comissão deveria escolher um *Comitê Eleitor* de cinco membros, os quais, por sua vez, definiriam os nomes dos triúnviros que comporiam o governo provisório. Apesar de contarem com o apoio de Paranhos e de Pérez, os *bareiristas* ficaram em minoria no Comitê. O jornal portenho *El Nacional* noticiou que Roque Pérez, ao ver que seus afilhados não tinham sido escolhidos para compor a Comissão dos 21, dirigiu-se à assembleia dos paraguaios e afirmou: "Vocês são muito desgraçados! Mas vocês ignoram até onde são desgraçados". O apoio argentino aos *bareiristas* explica-se, em parte, pelas boas relações que Paranhos possuía com o enviado de Buenos Aires, o qual foi envolvido pela habilidade do negociador brasileiro.[163] Considere-se, ainda, como fator explicativo, que os dois grupos políticos paraguaios não estavam consolidados, e, como eles não tinham posições suficientemente claras, não era possível deduzir à época, com segurança, qual a postura de cada um em relação aos aliados. Tanto foi assim que o ano de 1869 assistiu à passagem de elementos de um grupo para o outro, quer por motivos pessoais, quer por uma melhor definição ideológica. Por último, considere-se ainda que a correlação do poderio militar era esmagadoramente favorável ao Império. O general Emilio Mitre comandava escassas forças, circunstância que inibia qualquer oposição argentina à diplomacia imperial.

Um estudioso paraguaio afirma que os *decouistas*, em sua orientação, "respondiam aos argentinos", enquanto os *bareiristas* se "apoiaram nos brasileiros".[164] A realidade, porém, é que nenhum dos dois grupos tinha, de fato, como projeto estabelecer uma relação de subordinação, quer ao Rio de Janeiro, quer a Buenos Aires. *Bareiristas* e *decouistas* possuíam, portanto, objetivos próprios, mas, para atingi-los, aproximaram-se da Argentina e do Brasil em busca de respaldo e proteção. Essa aproximação, perante a fragilidade de cada uma dessas facções e do próprio Paraguai, acabou por remetê-las a uma posição de relativa subordinação a um dos aliados. Impregnados de mútua desconfiança, o governo argentino e o brasileiro buscaram, por sua vez, atrair um dos grupos à sua esfera de influência, de modo a conter a presença do outro aliado no Paraguai do pós-guerra.

O Comitê dos cinco cidadãos paraguaios indicou um triunvirato para governar o país, composto por Carlos Loizaga, José Díaz Bedoya e Juan Francisco Decoud. Este último foi vetado por Paranhos porque seu filho, Juan José, escrevia artigos considerados antibrasileiros na imprensa de Corrientes, na Argentina. Desde então e pelos anos seguintes os diplomatas do Império viram com desconfiança a família Decoud a ponto de, em 1894, o governo Floriano Peixoto estimular um golpe de Estado no Paraguai para evitar a ascensão de José Segundo Decoud à presidência.[165] O triúnviro vetado foi substituído, por indicação do mesmo Comitê, em 5 de agosto, por Cirilo Antonio Rivarola.[166] Carlos Loizaga foi o candidato de Roque Pérez, e tornou-se um dos triúnviros como resultado da exigência argentina.[167] Loizaga, tal qual Bedoya, também vivera como emigrado em Buenos Aires, de modo que o único membro do governo provisório que realmente residia no Paraguai era Cirilo Rivarola.

Já na condição de governante, Rivarola, protegido de Paranhos, tinha como secretário particular o coronel brasileiro Felipe Nery, que desempenhara essa mesma função junto àquele diplomata, que o cedera ao triúnviro. Nery era poderoso, pois mantinha contatos com os paraguaios e decidia quem era amigo ou inimigo do Império.[168]

Os triúnviros não eram tidos em alta conta por autoridades militares do Império no Paraguai. Para o capitão de fragata A. J. de Mello, "os tais governadores improvisados ou provisórios têm mesmo cara de juízes de paz da roça [...] que são movidos aos desejos de Paranhos". A opinião do conde d'Eu não era menos severa, ao afirmar que Loizaga "é um velho estúpido que se emborracha [embebeda] diariamente", enquanto sobre Rivarola lembrava que fora um sargento do Exército de Solano López, até cair prisioneiro, e que mandara fazer uma farda de general para passar em "uma revista ridícula à Legião Paraguaia". O príncipe ressalvava apenas a figura de Bedoya, a quem classificava erroneamente de "o mais decente".[169]

O governo provisório paraguaio instalou-se em 15 de agosto e aceitou, em documento dirigido a Paranhos, as condições estabelecidas pelos aliados para seu reconhecimento. O primeiro decreto do governo provisório proibiu os paraguaios de continuarem a servir o "verdugo" Francisco Solano López e, ainda, declarou ser dever de todo bom cidadão contribuir para a vitória da República e dos governos aliados. O segundo decreto punha fora da lei o líder paraguaio, "como assassino de sua pátria e inimigo do gênero humano", banindo-o para sempre do país. Nos decretos, acrescentava-se à data: "ano 1º da liberdade da República do Paraguai".[170]

No dia 19 de agosto, Paranhos comunicou a devolução da jurisdição civil ao governo provisório. Deixou de existir a capitania brasileira no porto de Assunção; cessou a função dos juízes incumbidos da justiça civil e criminal, e teve fim o

Tribunal Administrativo, criado três meses antes pelos comandantes aliados para julgar as reclamações de cidadãos paraguaios quanto à posse de propriedades, e também para cuidar do aluguel de imóveis.[171]

Em 29 de agosto, o triunvirato organizou um ministério nitidamente favorável a Rivarola. Este assumiu as pastas do Interior, da Guerra e da Marinha, enquanto Loizaga tornou-se responsável pelas Relações Exteriores, e Bedoya passou a responder pelas Finanças. O recém-criado Superior Tribunal de Justiça passou a ter como presidente Facundo Machaín, enquanto como chefe de polícia da capital foi nomeado Héctor Francisco Decoud.

Faltava às novas autoridades infraestrutura para exercer suas funções. Assim, para atender às necessidades dos refugiados de guerra, elas instalaram um precário hospital, diante de outro, das forças brasileiras. A casa de saúde paraguaia estava instalada em um edifício que servira para o aquartelamento de tropas, com as paredes que permaneceram sem caiar, sem leitos e que nem sequer possuíam latrinas. As condições de higiene eram péssimas, a ponto de o hospital paraguaio tornar-se foco de infecção, inclusive para o hospital das tropas imperiais.[172]

Nos meses seguintes, o governo provisório assistiu, impotente, ao agravamento da situação. O *Jornal do Commercio*, do Rio de Janeiro, registrou as carências do país em correspondências não assinadas, remetidas de Assunção. Era noticiado pelo periódico que fugitivos da guerra, sem opção para onde ir, dirigiam-se esfomeados para essa capital. Como consequência do acúmulo de pessoas na cidade, em más condições de higiene, houve a ameaça de epidemias e, ainda, os produtos alimentícios alcançaram "preço extraordinário". Em junho do ano seguinte, o periódico afirmava que, devido à miséria, o povo "nas ruas de Assunção [se] morre de fome", fato confirmado por Paranhos. A causa da mortandade, segundo o diplomata, decorria não só da carência alimentar, como também da falta de abrigo para a população,[173] em um país de inverno rigoroso.

Sob a fiscalização aliada, as novas autoridades paraguaias declararam livre a exploração da erva-mate, abriram todos os portos ao comércio exterior e criaram, para gerar receita, licença de funcionamento para os comerciantes, bem como selos para documentos e publicações. Os comerciantes estrangeiros em Assunção, relatou o jornal argentino *El Nacional*, movimentaram-se contra essas medidas, mas o triunvirato pôde mantê-las com o apoio de Paranhos, seu verdadeiro autor, segundo o correspondente do periódico. Essas medidas, porém, não carrearam os recursos mínimos necessários ao funcionamento do governo provisório. Este, em consequência, solicitou em setembro ao conde d'Eu, como forma de gerar receita e a título de empréstimo, que lhe fossem entregues os produtos — erva-mate, couro e tabaco — tomados pelos aliados a Solano López e depositados em Assunção. A resposta do comandante brasileiro foi que não podia falar em nome dos aliados, mas que cedia a parte dos produtos apreendidos que coubera ao Brasil.[174]

Por ocasião da tomada de Assunção, todos os produtos existentes em seus depósitos, e que pertenciam ao governo de Solano López e àqueles que tomavam parte na luta contra os aliados, foram declarados, por estes, presa de guerra.[175] O pedido do governo provisório de entrega desses produtos foi inspirado por Paranhos, tanto que, no mesmo dia da nota dos triúnviros, esse diplomata já afirmava que os generais Mitre e Castro cederiam a erva-mate apreendida que coubera à Argentina e ao Uruguai. Essa cessão somente ocorreu, segundo Paranhos, devido à postura do Brasil, o que levou os comandantes argentino e uruguaio a fazer o mesmo, para não passarem vergonha, pois eles não se preocupavam em abreviar a guerra nem "que os paraguaios não morram de fome". De fato, Emilio Mitre fora contra a entrega da erva-mate, pois esperava obter 80 mil patacões com sua venda.[176]

Em outubro, como forma de evitar que apenas o Brasil parecesse generoso ao governo provisório, Emilio Mitre dirigiu a Paranhos uma nota, na qual propunha que os aluguéis de casas na cidade fossem postos à disposição do triunvirato, mesmo porque elas eram ocupadas, em grande parte, por oficiais brasileiros. Antes de fazer a proposta, o comandante argentino obtivera a concordância do conde d'Eu para a iniciativa. O valor dos aluguéis recebidos era de 22 mil patacões e estava depositado na pagadoria do Exército brasileiro. Na verdade, o enviado imperial já ordenara ao cônsul brasileiro em Assunção tal entrega em 19 de agosto, no que aparentemente não foi atendido. Por insistência de Paranhos foram entregues, às autoridades paraguaias, objetos de ouro e prata pertencentes a igrejas guaranis e que estavam de posse de Solano López em Ascurra, onde foram apreendidos. Emilio Mitre propusera que esses objetos fossem divididos entre os aliados e, depois, vendidos.[177]

Em 10 de outubro, o governo provisório distribuiu exemplares de um manifesto à população, de dez páginas, e impresso na tipografia do Exército brasileiro. O documento justificava a intervenção dos aliados no país, reafirmava que a guerra era contra Solano López e não contra o povo paraguaio, e procurava demonstrar a legitimidade do triunvirato. O manifesto descrevia os sofrimentos do povo guarani, caracterizava os regimes tirânicos como violentos e corruptos e fazia uma profissão de fé nas instituições e práticas liberais como instrumentos de regeneração do país. Eram defendidas a livre iniciativa econômica, em lugar do monopólio estatal, bem como as liberdades de propriedade, de pensamento, de locomoção e de imprensa.[178]

As autoridades provisórias paraguaias logo tiveram que enfrentar um problema externo com a Argentina. Instalara-se no Chaco, do outro lado do rio Paraguai, próximo a Assunção, para explorar madeira, o aventureiro norte-americano Eduardo Hopkins, que se recusara a pagar impostos às novas autoridades paraguaias, e que, ao recorrer ao general Emilio Mitre, alegou que aquele território era argentino pelo Tratado da Tríplice Aliança. Esse general dirigiu, em 17 de novembro, uma curta e dura nota a Carlos Loizaga afirmando que o Chaco "é exclusivamente argentino e que nele nada têm que fazer as autoridades paraguaias". A pretexto de necessidade de uma autoridade que concedesse licenças aos diversos estabelecimentos que cortavam madeira no Chaco, Emilio Mitre comunicou a Paranhos que mandara instalar uma guarnição militar argentina em Villa Occidental, localizada na margem oposta a Assunção, no rio Paraguai.[179]

Esse acontecimento provocou, pela primeira vez, a manifestação oficial do governo imperial contrária à posse pela Argentina de todo o Chaco e foi o marco de uma luta diplomática que se estendeu pelos anos seguintes. Paranhos, em sua resposta, ao se referir a Villa Occidental, caracterizou-a como "antiga colônia paraguaia denominada Nova Bordéos", em referência à sua fundação no governo Carlos Antonio López, não deixando dúvida de qual era a posição brasileira em relação à posse desse ponto. O diplomata brasileiro afirmou que se abstinha de apoiar o Paraguai como o governo provisório solicitara, mas alertou Emilio Mitre de que seu comunicado não implicava a responsabilidade de o Brasil apoiá-lo naquilo que o Tratado da Tríplice Aliança estabelecera em relação aos ajustes de paz. Essa declaração ia claramente contra o texto desse Tratado, o qual, em tese, era determinante quanto às fronteiras do pós-guerra, não dando margem a uma ausência de apoio brasileiro. Na resposta, Paranhos ressaltou ainda os direitos que a Bolívia "alega ter sobre parte do Chaco". Em conversa com o representante argentino na Corte, dom Pedro II classificou a ocupação ordenada por Mitre como um ato "impolítico", embora afirmasse não discutir o mérito da medida e acrescentasse, diplomaticamente, querer estreitar as relações entre os aliados.[180]

O governo provisório contestou a atitude de Emilio Mitre, ao lembrar que o Tratado da Tríplice Aliança não estabelecera senão condições que, para serem válidas, dependiam dos tratados definitivos de paz. A estes, lembrava o documento, o governo argentino se opusera que fossem negociados com as autoridades provisórias, adiando-os para serem negociados com o governo paraguaio permanente. Afirmava-se também que, se Hopkins obtivera autorização argentina para instalar-se no Chaco, do mesmo modo ele o conseguira do governo guarani, e afirmava que Assunção resolvera instalar um agente provisório em Villa Occidental na defesa de direito público urgente e não para assegurar a posse sobre o território, embora a nota paraguaia a reafirmasse.[181]

O governo provisório dependia em tudo dos aliados e as autoridades paraguaias não tinham, por si próprias, como protestar contra a ocupação argentina de Villa Occidental se não se sentissem respaldadas pelo Brasil. A nota paraguaia a Emilio Mitre seguia, inclusive, o padrão dos documentos diplomáticos redigidos por Paranhos, a saber, uma síntese pormenorizada do documento recebido e, depois, a contra-argumentação, sutil, evitando um enfrentamento direto, mas nem por isso menos incisiva. Assim, é provável que o diplomata imperial tenha colaborado na redação da resposta do governo provisório a Mitre, se é que não a escreveu em sua totalidade. Esse fato não seria de estranhar, pois, segundo Paranhos, fora ele o autor do decreto de organização política que criou três ministérios do governo provisório. De acordo com o senador Silveira da Motta, da oposição liberal, o enviado imperial intervinha em todos os negócios "quer paraguaios, quer [em assuntos] militares brasileiros" e nenhum assunto do governo provisório era resolvido sem que Paranhos fosse ouvido.[182]

Mariano Varela enviou a Paranhos e ao governo provisório notas sobre os acontecimentos do Chaco. Ao diplomata imperial, Varela afirmou que Buenos Aires aprovava a conduta de Emilio Mitre, mas ressalvou não se recusar a tratar a questão do direito sobre o Chaco com o governo paraguaio, nem em negar à Bolívia o direito de discutir a posse desse território. Às autoridades provisórias de Assunção o chanceler argentino afirmou que a vitória militar não dava direitos às nações aliadas quanto aos limites em relação ao Paraguai, o assunto devendo ser discutido com o governo definitivo. Ao ocupar o Chaco, continuava Varela, a Argentina "não resolve a questão de limites: toma pelo direito da vitória o que crê ser seu, disposta a devolvê-lo, se o Paraguai apresentar provas que vençam as nossas quando se trate da questão de direito". Décadas após, em 1902, Carlos Pellegrini, presidente da Argentina entre 1890 e 1892, escreveu que "aquilo de que a vitória não dá direitos, foi uma frase que lançamos para contrariar o Brasil". Na realidade, com a frase de Varela, a diplomacia argentina abandonou vantagens materiais conseguidas com a guerra e cometeu um erro. Mais tarde, quando Buenos Aires quis fazer valer sua pretensão sobre o Chaco era tarde, e o Império aparecia como aliado do vencido e defensor de eventuais direitos bolivianos sobre esse território.[183]

A nota de Varela recebeu uma resposta cortês de Paranhos, na qual afirmava que não reconhecera o Chaco como de soberania argentina porque os aliados ressalvaram o direito da Bolívia de discutir sua posse sobre parte daquele território. Na resposta lembrava-se que o Brasil não afirmara que a vitória militar assegurasse "por si só" os direitos que os aliados estabeleceram no Tratado de 1º de maio de 1865. Apontava para uma alteração, na nota de Varela, da posição do governo argentino quanto a limites e discordava da "doutrina" de ocupação de territórios litigiosos pelos aliados antes da assinatura dos tratados de paz. Paranhos escreveu a Cotegipe que Sarmiento pouco conhecia dos assuntos referentes à Tríplice Aliança e que atuava no sentido de impedir supostas intenções do Império de absorver o Paraguai, ao mesmo tempo que procurava criar uma situação de modo a favorecer a anexação desse país pela Argentina.[184]

O governo provisório nada podia fazer quanto à ocupação argentina do Chaco, mesmo porque, ao constituir-se, aceitara os termos do Tratado de Aliança e, por este, aquele território pertencia a Buenos Aires. Em nota assinada por Carlos Loizaga, em resposta a Varela, as autoridades paraguaias reconheciam não poder nem dever lutar contra os aliados. Em consequência, o governo provisório abstinha-se de qualquer discussão, porém reivindicava a conservação dos limites na situação anterior à guerra.[185]

Segundo o jornal oposicionista carioca *A Reforma*, Paranhos estava "há mais de ano [...] fazendo o papel de vice-rei de Assunção". Opinião coincidente com a de *La República*, de Buenos Aires, para o qual "o sr. Paranhos é no Paraguai o verdadeiro vice-rei de um país conquistado".[186] De fato, o diplomata manobrava de modo a criar condições propícias aos objetivos do governo imperial. Convenceu Rivarola e Loizaga a serem favoráveis à assinatura dos acordos de paz, embora afirmasse, ao escrever a Cotegipe, sentir "grande dificuldade em procurar primeiro o acordo dos que devem sujeitar-se à dura lei do vencido". O enviado brasileiro procedia, conforme seu próprio relato, com o fim de chegar rapidamente a um acordo com a Argentina quanto à instalação de um governo paraguaio definitivo, de modo a retirar do território guarani o mais breve possível as tropas brasileiras, o que pouparia ao Tesouro imperial os gastos com a ocupação. Paranhos acreditava que os próprios soldados paraguaios poderiam dar continuidade à perseguição a Solano López. A permanência das tropas brasileiras no Paraguai seria mais curta, se os tratados de paz fossem assinados com o próprio governo provisório e em Assunção, pois, afirmava o diplomata, o Paraguai não tinha pessoa idônea para enviar a Buenos Aires.[187]

Para combinar com o governo provisório as preliminares dos acordos de paz e, ainda, devido à hesitação do conde d'Eu em continuar a perseguir Solano López, Paranhos estendeu sua permanência em Assunção. Tão longa estada num país jogado à destruição e à miséria mereceu a ironia bem-humorada em carta de Mariano Varela ao diplomata brasileiro de que, "se em Roma se conhecesse o que é o Paraguai, não tenha dúvida de que [Paranhos] seria canonizado! Até quando pensa em ficar aí?". Após essa informalidade, o ministro argentino reafirmava que o governo provisório era criação dos aliados, e, ao ser um auxiliar na luta contra Solano López, não podia, pois, assinar tratados de paz.[188]

Não era apenas o governo argentino que mudara de política ao considerar as estipulações quanto a territórios, contidas no Tratado da Tríplice Aliança, como passíveis de discussão pelo Paraguai. Morto Solano López em 1º de março de 1870, Paranhos pôde iniciar o afastamento de Buenos Aires, antes da assinatura dos acordos de paz. Em longa resposta à carta do mês de fevereiro de Varela, o diplomata imperial argumentou ser a favor de assinar o acordo de paz. Numa velada ameaça, perguntou ao chanceler argentino se este acreditava estar em conformidade com o artigo 6º do Tratado de 1865 — um aliado negociar separadamente com o Paraguai —, desde que respeitadas as estipulações desse documento. A carta se encerrava com a afirmação de que esperava que, como em seu começo, a aliança tivesse fim com a união de seus integrantes.[189]

Caçada e morte de Solano López

O que restou das forças paraguaias, após as batalhas de Peribebuí e Campo Grande, reuniu-se a Solano López no arroio Hondo e dali marchou para a vila de Caraguataí, composta por algumas cabanas, que foi proclamada a quarta capital da República. A esmagadora superioridade permitiu aos aliados marcharem com três colunas, pelos três caminhos diferentes de acesso a Caraguataí, de modo a envolver o inimigo pelos flancos e pela retaguarda, caso ele se demorasse em sua retirada. O general Vitorino, com o 2º Corpo, vindo de Campo Grande, marchou pelo caminho central, pela picada de Caaguijurú, onde se concentravam os paraguaios; à sua direita, avançou a força argentino-brasileira de Mitre e Auto Guimarães e, à sua esquerda, o 1º Corpo de Exército com o conde d'Eu.[190]

Na descrição de Centurión, à frente da vanguarda da coluna de Vitorino iam, despreocupados, dois soldados, ordenanças do conde d'Eu, com mulas carregadas com bagagem. Esses homens não sabiam haver uma trincheira paraguaia, com uns 1200 soldados, na entrada do monte que levava a essa vila, e, assim, foram mortos a tiros, de surpresa. Centurión escreve não ter certeza de ser verdadeira a descrição dos brasileiros de que os cadáveres dos seus companheiros foram colocados, nus, em árvores, pendurados por cordas amarradas nos pescoços. Dionísio Cerqueira, por sua vez, testemunha ocular, afirma que as vítimas eram mais do que dois soldados e descreve a cena:

> Antes de nossas forças chegarem à picada, encontraram-se com um quadro horroroso, que encheu de indignação a soldadesca. Algumas praças, que, na véspera, se tinham transviado, entre elas o bagageiro da Corte Real, [...] jaziam com as mais horrendas mutilações, enforcadas, na orla da mata, em galhos de árvores sobre fogueiras, que lhes tinham carbonizado os pés.[191]

Vitorino atacou a trincheira inimiga, e, após violenta refrega, quase todos os paraguaios que não morreram caíram prisioneiros, pois poucos conseguiram fugir para a mata. O general brasileiro, motivado pela vingança em virtude da morte daqueles soldados e pelas perdas que sofreu pela resistência inesperada dos defensores da trincheira, mandou degolar os chefes inimigos e dezesseis outros oficiais prisioneiros.[192] Ao entardecer de 18 de agosto, o 2º Corpo de Exército e as forças argentinas do regimento San Martín acamparam em Caraguataí e, em 19, o conde d'Eu entrou no povoado, onde a população foi vítima do "selvagerismo" das tropas brasileiras.[193]

Em Caraguataí foram recebidas muitas mulheres paraguaias, *destinadas*, que haviam escapado de Solano López e vagueavam pelas matas. Vindas de uma espécie de campo de concentração denominado Espadín,[194] próximo ao rio Iguatemí, chegaram famintas ao povoado cerca de oitenta mulheres e crianças, entre elas mulheres de famílias tradicionais do Paraguai. Somente sobreviveram porque, com os poucos recursos que não lhes foram arrancados por Solano López, compraram, a preços exorbitantes, dos índios *caiuás*, sapos, rãs, cães e burros magros para se alimentarem. Devido à informação de que em Espadín havia centenas de outras *destinadas*, o conde d'Eu enviou para esse lugar o coronel Moura, com uma força de cavalaria que, no caminho da picada pela mata densa, encontrou numerosos cadáveres degolados, de mulheres e crianças, talvez vítimas dos espiões de Solano López, talvez de soldados brasileiros.[195]

No Espadín, o coronel Moura encontrou cerca de 1200 mulheres e crianças em absoluta indigência. Dividiu-as em três grupos que deveriam caminhar a certa distância um dos outros, mas, na precipitação em fugir do lugar onde foram martirizadas, a pinguela sobre o rio Espadín cedeu ao peso de muitas *destinadas* que queriam passar ao mesmo tempo, e muitas caíram, afogando-se. Divididas em diversos grupos marcharam então para Caraguataí, mas, exaustas, mais de metade delas ficou pelo caminho — mulheres, crianças e velhos foram encontrados degolados por tropas brasileiras —, e apenas 350 chegaram a esse povoado. Entre as que alcançaram Caraguataí estavam a mãe do falecido bispo Palacios, a esposa de José Maria Leite Pereira, falecido gerente do Consulado português em Assunção, e Dorothéa Duprat Lasserre, francesa de 25 anos de idade, que escreveu impressionante relato de seus dias de cativeiro. O coronel Moura tinha no Espadín uma irmã que se casara com um português, morador na localidade paraguaia de Villa Rica, e, com a morte do marido, lá permaneceu, até que, durante a guerra, foi aprisionada, juntamente com as duas filhas pré-adolescentes. Contudo, ao chegar a esse campo de prisioneiros, descobriu que a irmã morrera havia quatro dias, mas salvou suas duas sobrinhas.[196]

Na perseguição a Solano López, as tropas deparavam-se, constantemente, com mulheres magras e macilentas, vestindo trapos, às vezes portando brincos e anéis de ouro, o que demonstrava pertencerem às famílias da elite. Elas estendiam as mãos, a esmolar aos soldados farinha ou carne para matar a fome, enquanto, mais além, encontravam

> criancinhas esqueléticas sugando os seios murchos e secos das mães agonizantes. Adiante meninos nus, amarelos, barrigudos, com as costelinhas à mostra, olhando-nos espantados. Transidos de terror ou sorrindo-nos medrosos a nós, que perseguíamos nessas marchas de tormentos, seus pais, seus avós, e seus irmãos.[197]

Logo após a ocupação de Caraguataí, na tarde do próprio dia 18, Emilio Mitre, atendendo à necessidade de manter Solano López sob pressão, sem dar-lhe tempo para ganhar fôlego e reorganizar forças, marchou em seu encalço. Enviou uma vanguarda, composta de uma Divisão de Cavalaria brasileira sob seu comando, e, no dia seguinte, seguiu com o restante das tropas sob suas ordens. Essa divisão foi até o Manduvirá, deparando-se com os restos dos últimos vapores paraguaios que Solano López mandara incendiar para não cair nas mãos dos aliados.[198] No dia 19, essa divisão continuou sua marcha e, ao aproximar-se do rio Saladillo, encontrou-se com o regimento San Martín, a essa altura contando com cerca de 150 homens, que estava em contato com a retaguarda inimiga. A cavalaria brasileira, ao transpor o arroio, não mais encontrou o inimigo, que se retirara.[199]

O grosso das tropas de Mitre acampou, no dia 20, a pouco mais de trinta quilômetros de Caraguataí e sua vanguarda, composta da tropa brasileira do coronel Carlos Neri, deparou-se com a retaguarda do inimigo, no arroio Hondo, onde se soube estava Solano López. Na manhã do dia 21, a cavalaria de Neri, reforçada por infantaria argentina, avançou, aproximando-se da picada no arroio onde se encontrava uma tropa paraguaia. Antes, porém, de iniciar o ataque enviou uma intimação ao comandante paraguaio para que se rendesse "nos termos da nota que S. Exa. o sr. general Mitre se dignou dirigir-me". A nota garantia aos que se rendessem a vida e o direito de voltarem às suas casas, mas também ameaçava, de forma inédita em documento, que, caso não houvesse rendição, os eventuais prisioneiros do combate não seriam poupados. Foi dada meia hora para a resposta e, findo o tempo, Neri avançou, descobrindo que o inimigo se aproveitara do tempo concedido para fugir.[200]

O conteúdo da nota de intimação causou surpresa no conde d'Eu, que afirmou ter sido alheio ao incidente e discordar de se enviar parlamentário ao inimigo, com nota de rendição, em lugar de atacá-lo. Centurión relata que a nota causou indignação em Solano López, pelas "afirmações injuriosas", e não alterou sua disposição de lutar.[201]

No dia 27 de agosto, foram presos pelas tropas do ditador três espiões, dois homens e uma mulher, espiões aliados de nacionalidade paraguaia, que teriam confessado ser seu contato o alferes Aquino, da escolta presidencial, e que tinham como projeto assassinar Solano López. O alferes foi preso e colocado diante de Solano López, que lhe indagou sobre o plano de matá-lo, fato que teria sido confirmado por Aquino. Então se travou o seguinte diálogo:

— Sim senhor, planejava matá-lo por vários motivos. Perdemos nossa pátria e, se continuamos até aqui, foi somente para acompanhá-lo. E, apesar disso, a cada dia, V. Exa. torna-se mais tirano.

— Ah!... então é assim? Mas não teve sorte...

— É verdade, senhor; V. Exa. levou a melhor, mas não há de faltar outro que tenha melhor sorte e consiga matá-lo.[202]

Solano López chamou o coronel Hilario Marcó Mongelós, comandante da escolta presidencial, dezesseis outros oficiais e 86 militares de hierarquia inferior. Mesmo reconhecido como inocente da imaginária conspiração, Mongelós foi condenado à morte por Solano López, que lhe disse:

— Sei, Mongelós, que você é pessoalmente inocente da conspiração, mas tão pouco sabia qualquer coisa sobre ela, e, por isso, vou mandar fuzilá-lo; delito muito grave é ignorar o que ocorre em seu próprio lar, e o regimento é uma grande família.[203]

Mongelós e o vice-comandante do batalhão de escolta presidencial, major Riveros, foram fuzilados de frente. Os demais acusados foram fuzilados pelas costas. Em 7 de setembro de 1869, Solano López acampou na margem direita do arroio Capivarí e mandou matar, a lançadas, alguns outros soldados do batalhão de escolta presidencial que estariam envolvidos na conspiração.[204] Mais tarde, quando os brasileiros chegaram a San Estanislao, ainda encontraram vestígios do massacre, como o *Diário do Exército* descreve:

Em diversos lugares veem-se as ossadas dos soldados que López, na sua passagem, mandou fuzilar e lancear. Mais de cem crânios foram contados pela soldadesca, que, depois de atirar sobre os restos de rama seca, deitou a ela fogo para consumir alguns cadáveres, que ainda exalavam mau cheiro.[205]

No dia 18 desse mês, o ditador estava a uns seis quilômetros do povoado de San Isidro (Curuguatí) e, na manhã seguinte, houve um confronto entre tropas brasileiras e paraguaias e outra no dia 22, num local chamado Hucuratí, na cordilheira de San Joaquín; em ambas, os paraguaios foram derrotados e fugiram, pois já não tinham mais condições de luta. Assim, os brasileiros entraram na vila de San Joaquín. O capitão Pedro Werlang relata que, na perseguição às tropas paraguaias que se retiravam,

> pelo caminho que ia tomando o adversário fugitivo encontramos centenas de mortos estendidos na estrada, pois assassinava todos os exaustos e doentes, fossem eles homens ou mulheres; nem mesmo crianças escapavam dessa prática. Faziam isso a fim de evitar que caíssem em nosso poder.[206]

Solano López era perseguido pelos soldados brasileiros e também por nova suposta conspiração. Seu irmão, Venancio López, que desde San Fernando era prisioneiro, confessou, sob tortura, o movimento conspiratório, apontando o major Hilario Marcó, sua esposa e as irmãs, Inocencia e Rafaela, como envolvidos numa tentativa para assassinar Solano López, com um doce envenenado; também sua mãe, Juana Carrillo López foi acusada de cúmplice. As vítimas de tortura, no momento de dor máxima, se declaravam culpadas "para apressar a morte ou receber perdão". Solano López aproveitava esse momento para exigir o nome dos cúmplices. Nessas circunstâncias, "moribundos, doloridos, levados pelo delírio, murmuravam qualquer nome. Afinal de contas, o que lhes importava?".[207] E, desse modo, mais pessoas foram acusadas de conspiradoras.

Fez-se, novamente, o espetáculo de um pretenso processo e julgamento. Após dias sob pressão, Rafaela López se declarou culpada, mas se negou a acusar a mãe. Ameaçada de ser torturada para confessar a participação de Juana Carrillo na conspiração, Rafaela pegou uma brasa ardente da fogueira e colocou na boca, para queimar a própria língua e nada falar. Desde então, infligiram-se castigos a ela, enquanto a mãe foi presa e pressionada, durante nove dias, a confessar, sendo agredida pelo coronel Aveiro com pancadas de sabre, por duas vezes, e por outros castigos. Foi nessas condições que Juana Carrillo López e suas filhas Inocencia e Rafaela foram encontradas, em 1º de março de 1870, quando a cavalaria brasileira entrou no acampamento de Solano López em Cerro Corá e o matou.[208]

Em janeiro de 1870, houve uma nova execução em grande escala de supostos traidores, entre eles, por lança, a "belíssima" Francisca Garmendia da qual, no final dos anos de 1850, o jovem Solano López tentara se aproximar e fora repelido. Em Igatimí e Panadero ocorreram novas execuções, com as vítimas sendo executadas com lanças para economizar balas e pólvora. Os soldados que portavam as lanças estavam tão enfraquecidos pela fome que não conseguiam fazer as execuções na primeira estocada da lança. Eram necessários "seis ou sete golpes para acabar com o sentenciado, que se retorce e geme de dor, rolando pelo solo ao tentar se esquivar de cada estocada".[209]

Dos acusados de traição, Venancio López teve a pior sorte. Foi açoitado diariamente, durante toda a prolongada marcha, que fez nu, com o corpo coberto de feridas, pois era arrastado pelo chão com uma corda amarrada na cintura. Nas palavras de Bray, "as horríveis torturas e desumanas crueldades" impostas a Venancio "não se justificarão jamais", mesmo que ele fosse culpado; uma bala ou um golpe de lança teria sido o suficiente. Venancio morreu, de exaustão, "como uma besta", na picada de Chiriguelo, próximo de Cerro Corá, onde morreria Solano López. Este não podia ignorar essas cenas ou, então, se deixava enganar por seus seguidores; o certo é que, por essa época, ele estava "em permanente desequilíbrio, saindo da órbita de qualquer serenidade".[210]

Em outubro, o 1º Corpo de Exército brasileiro permanecia em Caraguataí, enquanto o 2º Corpo acampava em San Joaquín. Em ambos havia forças argentinas e também um pequeno contingente de paraguaios antilopiztas. As tropas argentinas, porém, retiraram-se durante esse mês, indo acampar em Patiño-Cué, próximo de Assunção, deixando oitocentos soldados dessa nacionalidade com o conde d'Eu. Os soldados uruguaios que permaneciam no Paraguai estavam acampados em Cerro León, sob o comando do general Castro. A partir daí coube exclusivamente ao Exército brasileiro o trabalho de descobrir onde, no interior desconhecido do Paraguai, se escondia Solano López.[211]

A partir de outubro, as tropas aliadas em Caraguataí e em San Joaquín começaram a sentir a falta de víveres. Foi interrompido o fornecimento de alimentos para os soldados e de forragem para os animais, e a fome foi se agravando, até chegar ao seu pior momento ao se atingir o potreiro de Capivarí.[212] "No dia 19 de outubro de 1869, o desalento, a fome, eram atrozes" e a tropa abateu cavalos e muares emagrecidos, bem como cães, para se alimentar. Não havia esperança de receber alimentos porque os caminhos estavam inundados e os navios, vindos de Buenos Aires e do Brasil com alimentos para Humaitá, ficavam encalhados com a baixa dos rios Paraná e Paraguai. Para iludir a fome do Exército, recorreram às latas de *extratum carnis*, existentes nos hospitais, e dava-se aos soldados uma colherada desse extrato de carne para ser tomado dissolvido na água. Três oitavas partes do Exército adoeceram, e a fome, nesse dia, alcançou seu pior momento.[213]

A fome desencadeou roubos de comida nas barracas, feitos muitas vezes por soldados argentinos que costumavam, à noite, matar os cavalos da tropa brasileira, cortando a cabeça dos animais para comê-los. O fato não passava impune e no acampamento argentino "não escasseavam castigos exemplares todos os dias", inclusive com fuzilamentos. Por exemplo, um tenente da Guarda Nacional do Rio Grande do Sul, de nome Tito, apesar de vigiar seu cavalo, dele cuidando como "verdadeiro amigo", viu-o morto em uma madrugada, com a cabeça cortada. O comandante argentino imediatamente mandou formar um dos seus batalhões e sorteou cinco soldados para serem fuzilados, caso não denunciassem o autor da morte do cavalo. Um dos sorteados denunciou o nome de dois companheiros como autores, e estes foram fuzilados imediatamente, sem julgamento ou nenhuma outra formalidade. Na mesma noite, o tenente Tito, inconsolado com o destino do seu cavalo, suicidou-se com um tiro na cabeça.[214] O coronel argentino Agustín Ángel Olmedo, descreveu em seu diário, em 11 de outubro, que no acampamento em San Antonio havia poucos cavalos e cachorros pois, sem ter o que comer, esses animais eram mortos pelos próprios donos e esquartejados para servirem de alimento.[215]

A cada oito ou dez dias as tropas brasileiras recebiam de cem a duzentas cabeças de gado, que chegavam aos acampamentos por péssimos caminhos, perdendo peso. Essa quantidade não supria nem a metade das necessidades e os soldados tinham que alimentar-se, durante dias, quase exclusivamente de palmitos, de caça e o que mais encontrassem no mato; como resultado, "centenas de praças e oficiais desertavam". Os oficiais apresentavam-se a outras unidades, que dispunham de algum mantimento, mas entre os soldados desertores "pouquíssimos assim agiam". A maior parte desses praças embrenhava-se nas matas ou vivia em casas de sitiantes, e mais tarde eram capturados em pequenos grupos por companheiros enviados para persegui-los. Aqueles que ofereciam resistência em se entregar eram "imediatamente mortos", enquanto os capturados recebiam, como castigo, "trezentas a quatrocentas lambadas de espada", e eram reconduzidos às suas respectivas unidades.[216] As punições pareciam ser ineficientes, pois, em meados de outubro de 1869, metade do 23º Batalhão de Voluntários da Pátria desertou, "de capitães para baixo", e no final desse mês havia "uma deserção espantosa" nas fileiras brasileiras.[217]

Somente em fins de novembro de 1869 foi regularizado o fornecimento de víveres à tropa brasileira. O conde d'Eu ordenou, então, a retomada da perseguição a Solano López e, no dia 2 de dezembro, ele e suas forças levantaram o acampamento no potreiro de Capivarí.[218] Marchando por picadas na mata, homens e animais eram vítimas de insetos sugadores de sangue, que atacavam, em enxames, os burros, e os deixavam exangues, provocando sua morte. Havia uma bonita borboleta, de aparência inocente, que, em busca de umidade, se amontoava nos olhos e narinas dos animais, causando-lhes violenta infecção. Atacados a todo momento pelos insetos, os animais não conseguiam pastar, emagreciam rapidamente e ficavam cegos, com os olhos tornando-se "medonha e nojenta fonte de purulentos rios". Para evitar a perda total dos animais de montaria e de carga, improvisou-se para eles uma "testeira" de palha de milho, cortada em fios finos, que lhes servia de anteparo para os olhos.[219]

Era muito pior a situação do lado da força paraguaia, que se retirava. Faltava alimentos para os soldados esgotados e, ademais, o rigor paranoico de Solano López fazia lancear seus subordinados à menor falta que cometessem. "Muitos" preferiram desertar, colocando a vida em risco, pois na retaguarda havia espiões do ditador paraguaio que "lanceavam de forma irresponsável".[220]

Em 23 de dezembro, o conde d'Eu enviou dois batalhões e um corpo de cavalaria para dar reforço a San Pedro e, ao mesmo tempo, proteger "centenas de famílias que se locomoviam de Panadeiro em busca de seu torrão". Essas famílias eram atacadas por soldados paraguaios dispersos, que viviam em bandos, pilhando as pobres famílias em migração, das quais muitas morriam de fome pelo caminho. "Prendemos muitos desses grupos que em maioria se compunham de oficiais paraguaios. Todos que não encontravam morte imediata nas refregas foram por nós executados sem mais delongas. Em seus bolsos encontramos o produto de suas pilhagens: joias de ouro, prata e dinheiro que haviam tomado aos deslocados." Entre os pilhadores, se achavam "alguns poucos dos nossos, dos que haviam fugido à fome em São Joaquim", que também eram executados.[221]

Com a fome e o passar do tempo, o desânimo se espraiou nas forças brasileiras e ameaçou perigosamente a própria disciplina. O general Vitorino J. C. Monteiro relatou que os oficiais "de modo algum queriam seguir para seus corpos", e era necessário empregar "muita energia" para fazê-los cumprir seus deveres, enquanto muitos soldados desertavam. Os Voluntários da Pátria eram os que mais reclamavam, mais falavam, "anarquizando assim o Exército"; "ninguém quer hoje fazer sacrifícios". O mesmo quadro se repetia na esquadra, que, nas palavras do tenente Veiga, "vai indo de mal a pior", onde "os nossos Marinheiros já se sentem de mau humor, e à mão armada pretendem fazer exigências e imposições a respeito de soldos e rações". Essa situação levou Paranhos, que acreditava estar a guerra no fim, a defender a retirada de parte das forças imperiais do Paraguai, como forma de contenção de despesas e como cautela, em decorrência de já não serem raros os atos de indisciplina.[222]

O próprio conde d'Eu, talvez impressionado com a morte de tantos adolescentes, tornou-se mais pessimista depois da batalha de Campo Grande. Deixou de ser ativo e tornou-se "displicente e caprichoso, falando de contínuo na necessidade de regressar ao Rio de Janeiro", afirmando a cada instante: "não tenho mais nada que fazer aqui!". Mais uma vez Paranhos sustentou a situação, serviu de centro a todos os movimentos de procura a Solano López, e houve momentos em que suas relações com o príncipe se tornaram, segundo escreveu o visconde de Taunay, "bastante difíceis, tensas e espinhosas".[223] Em seu diário, o conde d'Eu não registra desânimo nem entusiasmo por sua função, limitando-se a observações quase burocráticas sobre as operações militares. No entanto, deixa clara a tensão nas relações com Paranhos, ao falar "na demência que por vezes o acomete" ou em ser "sempre inclinado a ilusões ingênuas".[224]

Em novembro, o enviado imperial relatava, apreensivo, que D'Eu estava pessimista "perdeu sua energia e resolução" e, em dezembro, falava "em pedir três meses de licença para ir ao Rio conservando o comando em chefe". E o rumor da possível retirada do conde chegou a ser noticiado pela imprensa em Buenos Aires.[225]

De fato, D'Eu escreveu para Paranhos que pretendia solicitar três meses de licença. Argumentava o conde que era "ridículo" para o Brasil fazer, perante o mundo, "esforços colossais e *impotentes* [grifado no original] para agarrar um fantasma". Porém, D'Eu era a favor da continuidade da ocupação militar brasileira no Paraguai, pois acreditava que Solano López ("o monstro") cairia prisioneiro em algum momento, "mas não será, a meu ver, nestes poucos anos". Dias depois, o príncipe escrevia para Paranhos que, se não lhe fosse permitido voltar ao Rio de Janeiro com os primeiros Voluntários da Pátria, consideraria a recusa "como uma ofensa gratuita". D'Eu se tornou uma figura patética, e em janeiro de 1870 escrevia que não partia do Paraguai porque o governo imperial não permitia, portanto, "não tenho pois senão resignar-me a mais alguns meses desta vida".[226] A figura de chefe militar do conde não convencia a tropa aliada; o coronel argentino Olmedo classificava D'Eu como inexperiente: "general em chefe há poucos dias [...] que se fez conhecer como general de desfile".[227]

Não restava a Paranhos outra alternativa senão estimular o ânimo do conde d'Eu.[228] Afinal, a presença do príncipe no Paraguai, embora inútil militarmente, continuava a ser um símbolo. É justo concluir que o príncipe consorte não queria enfrentar as durezas da guerra, para a qual não tinha competência. A memória dos milhares de mortos brasileiros na guerra, bem como o sacrifício dos combatentes, quase todos pessoas comuns e ex-escravos uma parte, que há anos permaneciam no inferno paraguaio, lutando como podiam, mereciam um comandante em chefe mais digno.

No início de 1870, em janeiro, o conde d'Eu escreveu a Paranhos e afirmou crer, cada vez mais, que "a tarefa em que me deixei meter" não tinha solução favorável e "à medida que os fatos confirmam, e que se insiste em fazer durar essa tarefa, isso me atormenta dia e noite". Antecipando-se a uma retirada de seu genro do Paraguai, Pedro II instruiu o ministro da Guerra no sentido de ordenar àquele comandante energia para concluir o conflito. Não era "conveniente" para a disciplina e o êxito da campanha a retirada do príncipe até a conclusão das operações, pois tal saída "causaria grandíssimos males", maiores do que os

O conde d'Eu e alguns oficiais do Estado-Maior, em Vila do Rosário, 13/1/1870.

produzidos com a retirada de Caxias. Além dos instrumentos institucionais, o imperador escreveu diretamente ao conde d'Eu, instando-o a permanecer no Paraguai e a cumprir seu dever.

> Se eu não confiasse no seu patriotismo, muito desanimado estaria; mas estou certo de que você não me abandonará nesta empresa de honra e, agora, de sossego, *verdadeiro* [destaque de Pedro II] para o Brasil principalmente.[229]

A correspondência desmentia seu conteúdo. Somente o fato de ela existir nesses termos confirma que Pedro II não confiava no conde d'Eu.

Apesar da ênfase da ordem do imperador, o conde d'Eu foi ambíguo em sua resposta de janeiro de 1870, ao afirmar que permaneceria no teatro de operações, "não obstante eu estar convicto que minha direção já não é útil ao prosseguimento das operações, nem ao êxito delas", e acrescentar, ameaçadoramente, "enquanto a minha saúde não me o vedar absolutamente". O conde, ao demonstrar a falência de seu comando, escreveu ao general Câmara que "não me julgo mais capaz de dar quaisquer ordens nem formar juízo sobre coisa alguma relativa às operações" e "por isso preferi [...] confiar tudo à perícia e tino de V. Exa.". Paranhos informou ao Rio de Janeiro que o príncipe "não pensa em operações", as quais são um resultado da conjunção de esforços dele, diplomata, com Câmara.[230]

O conde d'Eu acrescentou, à ameaça de retirar-se do Paraguai, outro motivo de preocupação para o Rio de Janeiro. O governo imperial ordenara, em 18 de novembro de 1869, a retirada de batalhões dos Voluntários da Pátria que não fossem mais necessários e dias depois, em 24 do mesmo mês, Paranhos e Mariano Varela, ministro das Relações Exteriores da Argentina, assinaram um protocolo para a redução das forças aliadas. Desejava o príncipe, nesse processo de retirada de parte do Exército brasileiro, enviar grande número de soldados ao Rio de Janeiro para, segundo ele, despertar o regozijo público. A resposta já fora dada antecipadamente, pois o ministro da Guerra afirmara não haver navios suficientes para o transporte de grande número de homens nem sequer quartéis naquela capital para receber grande quantidade de tropas. Na verdade, os governantes do Império temiam desordens e agitações na capital com o retorno maciço dos ex-combatentes, manifestações essas que possivelmente seriam capitalizadas pela oposição. Os conservadores também não queriam prestigiar os generais brasileiros que fossem ligados aos liberais. Assim, Paranhos alertara, em agosto de 1869, para que, quando a guerra acabasse, não se permitisse às tropas irem de uma vez para a Corte, "sob a influência de Herval [general Osorio] e Portinho", oficiais ligados ao partido oposicionista. Em outubro, o conselheiro reafirmou a necessidade de cautela na retirada do Exército, que estava "contaminado de indisciplina e ideias perigosas", e sugeriu que os Voluntários da Pátria voltassem diretamente para suas províncias em frações.[231] Ao Rio de Janeiro não deviam chegar mais do que 1600 Voluntários de cada vez e, ainda assim, não podiam constituir batalhões inteiros, mas, sim, misturados metade a metade. Em 3 de fevereiro de 1870, retiraram-se do Paraguai os primeiros três batalhões dos Voluntários da Pátria.[232]

A retirada de algumas tropas imperiais do Paraguai, no início de 1870, ocorreu porque, de um lado, diminuía o descontentamento no Exército que permanecia nessa República, devido à perspectiva de retorno ao Brasil, e, de outro, porque a guerra, de fato, não mais existia. Afinal, Solano López dispunha de poucos homens, exaustos, que se alimentavam havia meses do que achavam durante a fuga, como laranjas silvestres, ervas e certas raízes, e quase sem carne, e obrigava que um boi magro fosse dividido entre quinhentos homens por dia. Não havia mais combates e sim escaramuças entre patrulhas brasileiras e os poucos soldados do ditador, cuja situação era tão precária que contava com seu filho de apenas 15 anos de idade, coronel Juan Francisco — *Panchito* —, como chefe do Estado-Maior.[233]

A essa altura, faltava comida na tropa que ainda acompanhava Solano López, e houve deserções. Vários oficiais fugiram, não sem antes roubarem prata, joias ou dinheiro, transportados em carretas que seguiam a retirada. Os coronéis Delvalle e Sosa, por exemplo, saquearam cerca de trinta carretas, delas levando 40 mil pesos fortes; depois, escreveram uma carta a Solano López na qual afirmavam que a guerra estava perdida e que, em lugar de prosseguir em luta inútil, sacrificando vidas, se retirariam para o interior do país.[234]

Para não deixar Solano López perder-se pelo interior, o conde d'Eu, na impossibilidade de avançar com todo o Exército, devido aos problemas de abastecimento, enviou, em 26 de outubro, uma vanguarda em direção a Curuguatí, sob o comando do coronel Fidélis Paes da Silva. Dois dias depois, em 28 de outubro, Curuguatí foi tomada pelo coronel Fidélis. Desde 31 de agosto, essa localidade fora declarada capital provisória do Paraguai por Solano López. Dias depois de sua tomada, o conde d'Eu chegou a esse povoado, e seu secretário, o visconde de Taunay, escreveu que o coronel Fidélis, ao tomar a localidade, "matou, sem encontrar quase resistência, não pouca gente".[235]

Enquanto isso, o general Câmara, com 2600 homens, atuava na região de Concepción, vigiando a fronteira mato-grossense e buscando impedir a passagem de Solano López para a margem direita do rio Paraguai.[236] Em 28 de dezembro, Solano López marchou não mais para o norte, mas rumo a leste, a fim de galgar a serra de Maracaju. Nos primeiros meses de 1870, os aliados souberam que Solano López estava nos contrafortes da serra de Maracaju-Amambaí. Ele fora para o Sul de Mato Grosso, em direção a Ponta Porã, e, desviando-se para oeste, marchou pela picada conhecida por Chiriguelo e instalou-se em Cerro Corá. Este local lembrava um anfiteatro, com apenas duas entradas, uma a sudeste, pelo passo de Chiriguelo, e outra a noroeste, pelo passo de Aquidabán, nome do rio que atravessava a esplanada. Em 4 de fevereiro de 1870, quatro paraguaias, Concepción Céspedes, Perto Cácere, María Torres e Gregoria Varrerro chegaram a Concepción e declararam ao general Câmara que elas e outras *destinadas* tinham fugido, quando estavam a quatro dias de marcha da picada de Chiriguelo, seu destino, levadas pelo major Urbieta. Este enviara um grupo de soldados a perseguir as fugitivas, e algumas foram alcançadas e lanceadas; elas declararam que Solano López seguia para Dourados. Câmara, em correspondência ao general Vitorino, afirmou acreditar nessas declarações, "porque estão de acordo com todas as que têm vindo ao meu conhecimento". Executa, então, seu plano para alcançar Solano López: o grosso das tropas, sob seu comando, marchará pela estrada Concepción-Bella Vista-Dourados, a fim de atacar o inimigo pela frente, enquanto a força restante, sob o comando do coronel Paranhos, avançará por outro caminho, de modo a chegar à picada de Chiriguelo para sair na retaguarda inimiga. Posteriormente, em 18 de fevereiro, ao obter a confirmação de que Solano López está em Cerro Corá, Câmara inverte o plano: o grosso da tropa atacará pela retaguarda, e Paranhos pela frente, de modo a evitar que este, com menos soldados, ficasse exposto primeiro ao inimigo.[237]

Em 1º de março de 1870, a cavalaria e a infantaria brasileiras entraram em Cerro Corá e houve luta contra duas ou três centenas de soldados paraguaios. Segundo José Falcón, que integrava a coluna retirante, esses homens, desnutridos e exaustos, "eram umas múmias que não podiam levantar um fuzil, porque caíam com ele no chão".[238] No entanto, o alferes brasileiro Baldovino Octaviano Gonçalves Salgado testemunhou que com Solano López encontraram-se sessenta arrobas — pouco mais de oitocentos quilos — de açúcar, "vinho ainda em abundância", uma carreta com medicamentos e "um piano de [pertencente a Elisia] Lynch, que

Foto de Solano López poucas semanas antes de sua morte.

a acompanhava sempre".[239] Tendo em vista a descrição feita por Falcón da condição dos soldados paraguaios, esses produtos não eram por eles consumidos.[240]

Com a chegada dos soldados brasileiros, Solano López tentou fugir a galope, mas era facilmente identificável — segundo Manuel Galvez, Solano era o único homem gordo em um Exército de esqueletos[241] —, e na fuga foi alcançado e ferido mortalmente por um golpe de lança dado pelo cabo Francisco Lacerda, conhecido por Chico Diabo. O ditador acabou por cair nas margens do arroio de Aquidabán, recostado sobre o braço esquerdo, com a espada na mão direita, os pés dentro d'água e o corpo sobre o terreno pouco elevado da margem esquerda do arroio. Nessa posição ele foi encontrado pelo general brasileiro, que o intimou a render-se, mas que obteve como resposta a frase "não lhe entrego a minha espada; morro com a minha espada e pela minha pátria". O comandante brasileiro ordenou então que a espada fosse tomada por um soldado e o esforço que este fez para tomá-la, no que foi bem-sucedido, trouxe Solano López para a água, quase tendo ele se afogado. Na descrição de Câmara, em carta para sua esposa, "ia ordenar que o agarrassem [ao líder paraguaio] para terra, quando um soldado dispara, por detrás de mim, um tiro que o mata".[242]

Essa descrição da morte de Solano López não foi a mesma que Câmara forneceu oficialmente e que, desde então, foi repetida pela historiografia brasileira. Um primeiro informe desse general sobre a morte do ditador induzia a crer que este fora morto não devido à lançada dada por Chico Diabo mas, sim, após o ferimento. Pouco tempo depois, em 30 de abril de 1870, em ofício destinado ao ministro da Guerra, Câmara fez um suposto esclarecimento, que se tornou versão oficial, em que afirmava que o ditador paraguaio, em fuga, foi ferido, sem esclarecer como, e que o encontrou recostado dentro do Aquidabán. Diante da intimação de Câmara para que se rendesse, Solano López respondeu, "com voz ainda clara e em tom arrogante", que não se rendia, não entregava a espada e que morria com ela por sua pátria.

> Foi então que mandei tomar-lhe a espada, e na resistência que opôs caiu ele sobre o arroio e mergulhou a cabeça. Este incidente o fez abandonar a sua arma, quando debatia-se para escapar à imersão. Era tal, porém, o seu estado, que apenas pôde erguer a cabeça e logo depois exalou o seu último alento.
>
> [...]
>
> As diferentes versões que correm não admiram, porque os últimos momentos do ex-ditador foram presenciados por poucos e há muita gente que, por hábito ou leviandade, não apura a verdade em tais casos, ou empresta as cores de sua imaginação aos sucessos que despertam curiosidade pública.
>
> Eu mesmo acreditei a princípio que López recebera um golpe mortal de lança durante a perseguição, e hoje estou convencido de que não houve tal ocorrência, e que ele sucumbiu aos ferimentos de arma de tiro.[243]

Em 1880, o coronel Silva Tavares, comandante da cavalaria em Cerro Corá, diante de um artigo de Câmara sobre a morte de Solano López publicado por jornal de Porto Alegre, reafirmou que o ditador recebeu de Francisco Lacerda o ferimento de lança no baixo-ventre. Tavares anexou, inclusive, o atestado dos médicos Costa Lobo e Barbosa Lisboa, que examinaram o cadáver de Solano López.[244] A verdade, porém, é que houve o tiro de fuzil, o qual acelerou a morte do ditador paraguaio e também é certo que foi disparado à distância e à revelia de Câmara. Este viu-se, porém, forçado a sacrificar a verdade à razão de Estado.

A decisão do governo imperial foi evitar que, nos Estados Unidos e na Europa, se acreditasse ter sido Solano López morto quando poderia ter sido feito prisioneiro, o que criaria dificuldades internacionais para o Império.[245]

Em um primeiro momento, dom Pedro II não soube do tiro que acelerou o fim da vida de Solano López. O imperador não gostou que Solano López tivesse sido morto em vez de aprisionado. Ordenou, inclusive, que se fizesse, se possível, novo laudo médico que especificasse, de modo claro, as condições da morte do ditador paraguaio, para não pairar suspeitas, e evitou que se dessem honras militares a Chico Diabo.[246] Este, porém, logo se tornou objeto, nos batalhões do Exército brasileiro, de versos que se utilizavam da coincidência de serem "Chico" os dois personagens desse acontecimento que marcou o fim da guerra:

> O Diabo Chico Diabo,
> ao Diabo Chico deu cabo.[247]

Em 22 de fevereiro de 1871, o barão Homem de Mello encontrou-se com Francisco de Lacerda no Rio de Janeiro. A essa altura, Chico Diabo "tinha as honras de alferes, mas não a efetividade desse posto", além da aparência jovem de, no máximo, trinta anos. Lacerda era do Rio Grande do Sul onde, antes da guerra, trabalhara como peão. Homem de Mello assim o descreveu:

> É um homem do povo, sem cultura alguma, mostrando-se afeito a trabalhos rudes; fala muito incorretamente [...] Referiu muito singelamente o encontro com López e a pedido meu reproduziu os principais modos com que se pode manejar a lança para ferir o inimigo. Parece muito destro no jogo dessa arma terrível. No meio da conversação disse: "A primeira arma do soldado é o cavalo, depois é a lança. Com a lança se toma artilharia e artilharia não toma a lança!".[248]

Em Cerro Corá, além de Solano López, também foi morto seu filho adolescente Juan Francisco, que, de espada em punho, tentou infrutiferamente atacar os soldados que o cercavam; o coronel Francisco Martins, da cavalaria atacante, intimou-o a render-se — "entrega-te menino" —, o mesmo fazendo Elisa Lynch — *rendete Panchito!* Juan Francisco não os atendeu, deu um pontaço com lança que a espada de Martins desviou, logo depois atirou com o revólver e errou e, por último, tentou dar nova cutilada; Martins, então, matou-o. Lynch carregou o corpo até uma carruagem, estendeu-o em almofadas, e, chorando, abriu duas ou três vezes os olhos do morto, a clamar *Panchito! Panchito!* O outro filho gritou "Não me matem! Sou estrangeiro, filho de inglesa", enquanto os demais, pequenos, soluçavam.[249] Ambos os López, pai e filho, foram enterrados em uma sepultura que, por ser rasa, foi reaberta a pedido de Elisa Lynch, e, após ser mais escavada, os dois corpos foram colocados juntos, um ao lado do outro.

Segundo Jorge Maia, logo após a morte de Solano López, o soldado do 9º Batalhão de Infantaria imperial, Genésio Gonçalvez Fraga, cortou a orelha esquerda do cadáver e, ao ser censurado, justificou-se afirmando que fizera essa promessa antes de partir para a guerra. Outro soldado quebrou os dentes incisivos do cadáver com a coronha da carabina, enquanto outros dois cortaram um dedo e um pedaço do couro cabeludo.[250]

Depois do combate de Cerro Corá, ainda ocorreram várias mortes. Após anos de guerra, de sofrimento embrutecedor, a tropa brasileira estava eufórica com a morte de Solano López e perdera o autocontrole. Assim, esses soldados mataram pessoas indefesas e colocaram fogo no acampamento, morrendo carbonizados doentes e feridos que se encontravam nos ranchos. O capitão Azambuja deu ordem de rendição ao vice-presidente Francisco Sánchez, um ancião, que, de espada na mão, se recusou a atendê-lo. Ao dizer a negativa "com esta espada jamais...", Sánchez foi atravessado por uma lança. O coronel Aguiar, ajudante de ordens de Solano López, foi degolado duas horas após o término da luta, quando foi descoberto ao tentar esconder-se em um monte próximo.[251]

Após sepultar seu companheiro, Elisa Lynch e seus filhos foram levados para Assunção sob a proteção do general Câmara. Nessa capital, as mulheres de antigos exilados paraguaios publicaram uma carta no jornal *La Regeneración*, na qual exigiam que se tomassem medidas enérgicas contra a companheira do falecido ditador. Lynch foi acolhida, para sua segurança, a bordo de navio de guerra brasileiro[252] e, pouco depois, partiu para a Europa. A evolução dos acontecimentos foi irônica quanto às irmãs de Francisco Solano López. Inocencia López teve uma filha do general Câmara; o coronel Pedra casou-se com Rafaela López, com quem teve um filho, e o capitão Teodoro Maurício Wanderley contraiu matrimônio com uma filha de Venancio López.[253]

Um dos mais importantes intelectuais paraguaios contemporâneos, Guido Rodríguez Alcalá, faz uma instigante avaliação da figura de Solano López e o compara com Hitler, guardadas as diferenças entre o ditador de uma sociedade

O monumento que Solano López constrói para si é uma pilha de mortos.

rural em relação ao de uma industrializada, como a alemã. Guido Rodríguez Alcalá aponta as coincidências entre ambos:

> A semelhança [entre López e Hitler] está na *mobilização total* para a guerra, na *guerra total* que ambos travaram, cada qual dentro de suas possibilidades. Creio não ser fora de propósito considerar López um precursor do totalitarismo moderno, encarnado exemplarmente em Hitler. Romantismo, voluntarismo e paranoia definem as personalidades dos tiranos e não é casualidade que o fascismo, ao popularizar-se no Paraguai (na versão *criolla*), tenha reivindicado a figura de López, o qual foi censurado por suas vítimas e cúmplices [...][254]

A notícia da morte de Solano López alcançou o conde d'Eu três dias depois, 4 de março, quando ele chegou a Concepción. Para comemorar, D'Eu organizou um baile que contou com a presença das "melhores famílias" da vila e da população, que parecia "sinceramente" contente com a morte do ditador. O chefe político de Concepción — espécie de governador —, capitão Carísimo, ofereceu outro baile, pois era inimigo de Solano López após ter tido sua família degolada.[255]

A morte de Solano López provocou uma enorme alegria no Rio de Janeiro. Pedro II recuperou a popularidade, abalada com a longa guerra. Na noite da chegada da notícia, o imperador, a imperatriz e a princesa Isabel percorreram a pé as principais ruas da cidade, que estavam iluminadas e embandeiradas, e apinhadas de gente.[256] Pedro II não aceitou, mais tarde, a espada de Solano López, e a enviou para o Museu Militar. Também não aceitou a iniciativa de uma comissão representando os comerciantes do Rio de Janeiro, que levantara fundos para erguer uma estátua equestre do imperador, de uniforme militar, durante o cerco a Uruguaiana. Pedro II, que não cultivava pendores militares e cuja única foto de uniforme é dessa ocasião, recusou a homenagem e sugeriu à comissão empregar o dinheiro arrecadado na construção de escolas.[257]

Com a morte de Solano López, o conde d'Eu pôde, finalmente, voltar para o Brasil. Partiu de Assunção em 19 de abril e chegou ao Rio de Janeiro em 29 do mesmo mês, sob o prestígio da vitória militar na qual ele não tivera maiores méritos. O príncipe consorte voltou à Corte sem os regimentos, sem desfile, sem música, sem as bandeiras que ele desejara. Mas, de todo modo, foi recebido com grande manifestação popular, promovida pelos liberais com vistas a ferir Caxias, que apresentaram Osorio e D'Eu como os vencedores da guerra.[258] Fazia-se, ao mesmo tempo, justiça a Osorio e cometia-se uma injustiça com Caxias.

Em 6 de agosto, na presença do corpo diplomático e da Família Real, realizou-se na Capela imperial um ato religioso em homenagem a oficiais e soldados mortos na Guerra do Paraguai. Houve música de Mozart e o canto de coros do Rio de Janeiro, mas a oração fúnebre foi extremamente longa e monótona, "sem elevação de ideias" ou elegância na linguagem.[259]

BALANÇO DA GUERRA

Transcorridos 150 anos do final da Guerra do Paraguai, ainda se polemiza sobre seu custo humano e suas consequências. A versão mais conhecida para as perdas humanas, revisionista, é a de que o Paraguai contava, antes do conflito, com população entre 800 mil e 1 337 439 pessoas, sendo este o número oficial do censo realizado em 1857. Em 1886, porém, um novo censo registrou 236 751 habitantes. Comparando esses números, autores revisionistas apontam que as perdas paraguaias na guerra alcançaram mais de 70% da população e, nesta, a mortandade masculina teria atingido cerca de 99%.[260]

Em 1869, ao visitar o Paraguai, Richard Francis Burton discutiu os diferentes números de habitantes dados para o país no pré-guerra. Concluiu que a população paraguaia, ao iniciar-se o conflito, era de, no máximo, 400 mil a 450 mil pessoas. Destas, 110 mil seriam combatentes com idade entre quinze e cinquenta anos e, possivelmente, 150 mil entre doze e sessenta anos. Em 1869, escreveu, a população masculina estava "quase destruída ou deportada", restando, portanto, uma população de 200 mil mulheres e crianças.[261] Burton não diferenciou, porém, os mortos em combate, uma minoria, daqueles que constituíram a maioria, falecidos por outras causas. Conforme o dr. Stewart, durante a guerra "foi maior o número de falecidos devido à fome, às epidemias — cólera, disenteria, varíola etc. — e às execuções, que em batalhas".[262] Até o final do século XIX, apenas vinte por cento das mortes em guerras ocorriam em campo de batalha; a maioria da mortalidade era consequência das circunstâncias — doenças, fome, acidentes etc. — e "nesse aspecto, o Paraguai não constituía uma exceção".[263] Burton também não considerou, talvez por desconhecimento, que já antes da guerra havia número consideravelmente maior de mulheres do que de homens nas cidades. De todo modo, a guerra causou maior mortandade entre os homens, aumentando o desequilíbrio demográfico do Paraguai.

Em 1988, a historiadora norte-americana Vera Blinn Reber publicou um estudo em que considerava inaceitáveis tais números, pois, para a população paraguaia alcançar 1,3 milhão de pessoas, seria necessário um crescimento demográfico anual de 17%, visto ter o censo de 1846 registrado 250 mil habitantes. Com o uso de metodologia da história demográfica, baseada nas taxas históricas de crescimento populacional paraguaio — e por estas o período entre 1846 e 1864 deve ter números anuais entre 1,8% e 2,2% —, e, ao compará-lo com o restante da América Latina, essa estudiosa conclui que o Paraguai tinha, por ocasião do início da guerra, entre 285 715 e 318 144 habitantes. Para ela as perdas totais do país em decorrência do conflito contra a Tríplice Aliança foram provavelmente de 8,7%, porcentagem assim composta: 5% em combate; 2,5% de civis mortos devido a fatores relacionados à luta (doenças, migrações etc.) e 1,2% de cidadãos paraguaios que migraram para países vizinhos ou que viviam em territórios reconhecidos, na década de 1870, como pertencentes à Argentina e ao Império. Reber afirma que, ao se exagerar ao máximo possível os números de cada um desses itens, as perdas paraguaias alcançariam o número de 18,5% da população.[264] Pelas pesquisas de Reber, o número de mortos paraguaios na guerra estaria entre o mínimo de 24 286 e o máximo de 58 857 pessoas.

Um novo estudo sobre o assunto, publicado em 1999 pelos historiadores Thomas L. Whigham e Barbara Potthast, questiona as conclusões de Vera Blinn Reber. Os dois autores discordam do cálculo feito por Reber da taxa anual de crescimento para o período de 1846-64, inferior ao de 1792-1846, quando não haveria motivo para essa queda. Por esse novo estudo, o Paraguai tinha entre o mínimo de 388 511 e o máximo de 456 979 habitantes antes da guerra. Baseiam-se, para essa afirmação, no resultado de um desconhecido censo realizado em 1870 — descoberto na década de 1990 e cujos originais novamente desapareceram — por ordem do governo provisório paraguaio. Juízes de paz e chefes políticos de todas as localidades do país tiveram que enviar para os novos governantes paraguaios o número de pessoas que viviam em cidades e distritos sob sua jurisdição. O resultado registrado é de 116 351 pessoas (2/3 de mulheres), mas, projetando cálculos para localidades que deixaram de enviar informações para Assunção, esses dois autores acreditam que a população paraguaia em 1870 variaria entre 141 351 e 166 351 habitantes. Portanto, teria havido uma redução de 60% a 69% da população com a guerra.[265]

O censo de 1870 deve, porém, ser visto com cautela. O governo provisório paraguaio carecia de estrutura administrativa para organizá-lo e os juízes de paz e chefes políticos provavelmente não dispunham de condições para executá-lo. Nessa época, o Paraguai carecia de estradas e tinha uma densa vegetação, habitada por animais selvagens, e havia onças a poucos quilômetros do centro de Assunção. Nessas condições, é bastante provável que haja razoável margem de erro dos dados estatísticos levantados em 1870. Ademais, também carecem de exatidão os números sobre a grande migração para a Argentina e, em menor grau, para Mato Grosso, de paraguaios fugindo da miséria. Esses migrantes eram homens adultos, o que veio a contribuir para a escassez da população masculina após o fim do conflito, embora o principal fator seja a mortandade decorrente do contexto da guerra (batalhas, doenças, fome e os condenados à morte). Portanto, é possível que o número real da população paraguaia fosse maior do que o estimado pelo censo de 1870, embora permaneça alto o percentual da redução do número de habitantes do Paraguai.

A essas ressalvas, feitas na edição anterior deste livro, acrescente-se as apresentadas por Jan M. G. Kleinpenning em artigo publicado em 2002. Esse historiador argumenta que, no geral, nos censos paraguaios nos séculos XVIII e XIX os números eram subestimados; que o objetivo daquele de 1870 era o de obter informações sobre as áreas cultivadas e que nesse ano o país encontrava-se em situação mais caótica do que na contagem seguinte, de 1873. O autor utiliza os números dos censos de 1886 e 1899 para projetar taxas demográficas, conclui serem baixos os números apresentados por Whigham e Potthast e que, sendo "realista", no começo de 1873 o Paraguai tinha entre 221 079 e 230 000 habitantes. Comparando-se esses números com os de 1864 citados no artigo desses dois autores, conclui-se que os mortos paraguaios durante a guerra — mas não somente em operações bélicas — variaram entre 43,1% e 51,6% do total da população.[266] São perdas menores do que as citadas por Whigham e Potthast, mas que não alteram a conclusão de que entre 1865 e 1870 o Paraguai sofreu uma catástrofe demográfica.

O Brasil levou à guerra em torno de 139 mil homens,[267] de um total de pouco mais de 9 milhões de habitantes, ou seja, cerca de 1,5% da população. A origem conhecida dos efetivos, sem incluir o Exército profissional e os efetivos da Marinha, por região, foram:[268]

REGIÃO	VOLUNTÁRIOS DA PÁTRIA	GUARDA NACIONAL	RECRUTAMENTO E ESCRAVOS LIBERTOS	TOTAL	%
Norte	2451	1725	356	4532	3,68
Nordeste	15 512	8855	2179	26 546	21,57
Leste	25 147	12 255	4417	41 819	33,97
Sul	9740	32 652	1474	43 866	35,63
Centro-Oeste	1692	4182	63	5937	4,82
Montevidéu	450	—	—	450	0,35
TOTAIS	54 992	59 669	8489	123 150	100

El centenario de la epopeya

Hoy, amable lector, se cumplen 100 años del paso a la inmortalidad y a la gloria del mariscal Francisco Solano López. Su muerte marcó el fin de la sangrienta guerra que dejó regados por todo el territorio patrio los cadáveres de un millón de compatriotas.

Y hoy, a las 11:30, como homenaje de reconocimiento a aquellos que ofrendaron sus vidas por darnos una patria libre, el Paraguay detendrá su marcha y todos guardaremos un minuto de silencio elevando a Dios una oración por el eterno descanso de las almas de esos valientes. (Domingo 1 de marzo de 1970)

FALSIFICANDO A HISTÓRIA

Na edição de 1º de março de 1970, no centenário da morte de Solano López, o jornal paraguaio Notícias *afirma que o Paraguai teve 1 milhão de mortos na guerra. No entanto, o país contava, em 1864, no máximo com 450 mil habitantes.*

A contribuição de cada província do Império, em Voluntários e Guardas Nacionais, foi, por ordem absoluta:[269]

PROVÍNCIA	VOLUNTÁRIOS E GUARDAS NACIONAIS
1. Rio Grande do Sul	33 803
2. Bahia	15 197
3. Município Neutro (Corte)	11 461
4. Rio de Janeiro	7851
5. Pernambuco	7136
6. São Paulo	6504
7. Ceará	5648
8. Mato Grosso	5511 (tropa permaneceu na defesa da província)
9. Maranhão	4536
10. Minas Gerais	4090
11. Pará	3827
12. Piauí	2805
13. Alagoas	2656
14. Paraíba	2454
15. Sergipe	2254
16. Paraná	2020
17. Santa Catarina	1537
18. Rio Grande do Norte	1311
19. Espírito Santo	966
20. Amazonas	705
21. Goiás	426
SUBTOTAL	122 698
Montevidéu	450
TOTAL	123 148

No período entre o início da guerra e até 18 de agosto de 1869 o número oficial de perdas, dado pelo governo imperial em 1870, foi de 23917 soldados, dos quais 4332 mortos, 18597 feridos e 988 desaparecidos. Para o general Tasso Fragoso, esses números são inaceitavelmente baixos, enquanto a *História do Exército brasileiro*, publicada um século depois, em 1972, pelo Estado-Maior do Exército, afirma que 33 mil brasileiros morreram no Paraguai. Dionísio Cerqueira vai mais longe e afirma, em evidente exagero, que morreram no Paraguai 100 mil brasileiros. Vera Blinn Reber, após ressalvar não ter estudado detalhadamente a questão, acredita ser exagerado o número de 100 mil brasileiros enviados à guerra e questiona o fato de que a mortandade tenha sido alta.[270] As memórias e cartas dos combatentes de diferentes nacionalidades e as notícias em jornais da época, bem como a duração e as condições da guerra e o número de soldados que o Império enviou para nela lutarem, são elementos que nos permitiram concluir, em edição anterior deste livro, ser mais provável o número de 50 mil mortos brasileiros, citado pelo visconde de Ouro Preto, e de mil inválidos,[271] número este que parece artificialmente baixo. No entanto, Ricardo Salles publicou números diferentes quanto aos brasileiros que foram para a guerra — teriam sido 136 996 — e aqueles que nela morreram. Esse autor recuperou documento de 1920, do Exército brasileiro, em que as perdas brasileiras foram avaliadas com base nos trabalhos de Emilio Carlos Jourdan e do barão do Rio Branco, chegando-se ao número de 101 642 mortos. Portanto, como afirma o próprio Salles, essa resposta depende de futuras investigações.[272]

Embora traumática, a guerra foi o ápice da "obra de unificação" do Brasil, ao conjugar energias de todo o país para vencê-la.[273] No início do conflito, voluntários se apresentaram em todas as regiões do país; o imperador teve sua imagem fortalecida e o hino nacional e a bandeira foram incorporados ao cotidiano dos grandes centros urbanos, por meio de festejos cívicos, nas comemorações de vitórias ou nas cerimônias da partida das tropas. Enfim, tornou-se fator de fortalecimento da identidade nacional brasileira a existência do inimigo que, segundo o discurso da época, era apenas Solano López, pois também o povo paraguaio era sua vítima.

No entanto, as necessidades da guerra também criaram intensos conflitos de interesses entre a burocracia imperial, que recrutou grandes contingentes entre a população livre e pressionou pela libertação de escravos para serem incorporados ao Exército, e os chefes políticos locais, que defendiam sua clientela política e resistiam a abrir mão dos seus escravos. A longa duração da guerra e o aumento da resistência popular ao serviço militar criaram "grande tensão entre a monarquia e os barões da terra em todas as regiões do país". O esgotamento da força de trabalho, decorrente das convocações para a guerra, passou a comprometer os interesses dos setores econômicos cuja prosperidade estava ligada à existência de farta mão de obra. A Guerra do Paraguai não contribuiu para a modernização econômica e social do Brasil, gerando, sim, "dívidas, ressentimentos e poucos benefícios práticos ou ideológicos".[274]

Por outro lado, no Sul do Brasil o Rio Grande, província vista como problemática pelo governo imperial devido a seu antecedente separatista e sua dinâmica política, incorporou-se ao esforço nacional com a participação de sua cavalaria no conflito. À elite rio-grandense que obtinha ganhos com a atividade pecuária não interessava o fortalecimento de seus concorrentes — *blancos* uruguaios, entrerrianos e correntinos, todos criadores de gado —, o que ocorreria caso se compusessem com Solano López e este saísse vitorioso. Provavelmente foi essa elite a mais beneficiada financeiramente no Brasil pela guerra, graças ao fornecimento de suprimentos para as forças imperiais. Outra repercussão regional direta da guerra foi para o Mato Grosso, pois o Paraguai deixou de representar-lhe uma ameaça. Derrotado, o país teve de aceitar os limites que o Império pleiteava e, portanto, permaneceram em território mato-grossense os ervais, importantes para a economia dessa província. Ademais, foi garantida a livre navegação do rio Paraguai pelas embarcações brasileiras que mantinham o contato marítimo-fluvial entre o Mato Grosso e o resto do Brasil.

No aspecto financeiro, há duas estimativas diferentes acerca do custo do conflito para o Brasil. A primeira, elaborada pela comissão do Ministério da Fazenda encarregada de estipular as compensações de guerra a serem pagas pelo Paraguai, indicou a quantia de 460 718 contos de réis. Esse montante foi estabelecido por motivos diplomáticos, para não sobrecarregar as finanças do país vencido, ainda que nominalmente, pois não havia a intenção do governo imperial de cobrar a dívida. O Tesouro Real indicou um gasto de 614 contos de réis, provindos das seguintes fontes:

	MILHARES DE CONTOS DE RÉIS
Empréstimo estrangeiro	49
Empréstimo interno	27
Emissão de dinheiro	102
Emissão de títulos	171
Imposto	265
TOTAL	614

Para se ter uma ideia da magnitude desses gastos, basta comparar com o orçamento do Império para 1864, que era de 57 mil contos de réis.[275] Os gastos com o Ministério da Guerra, no orçamento do Império, saltaram de 21,94%, em 1864, para o auge de 49,56% em 1865 e, nos demais anos, mantiveram-se porcentagens acima de 41%.[276] O conflito custou, pois, ao Brasil, quase onze anos do orçamento público anual, em valores de pré-guerra, o que permite compreender melhor o persistente "déficit" público nas décadas de 1870 e 1880. Também chama a atenção, nos números sobre as fontes dos recursos gastos na luta, a participação proporcionalmente pequena de empréstimos externos.

Quanto aos aliados, da força uruguaia de 5583 homens — parte composta de estrangeiros — que iniciaram a guerra, morreram 3120 no decorrer do conflito.[277] No Uruguai, como no interior argentino, a guerra não foi popular e os *blancos* simpatizavam com a causa paraguaia. O envolvimento no conflito não pôs fim à tensão política interna no Uruguai, tanto que, em fevereiro de 1868, Venancio Flores foi assassinado em uma rua de Montevidéu.

A Argentina perdeu, entre mortos e feridos, cerca de 18 mil homens;[278] dos pouco menos de 30 mil soldados que enviou para a guerra. Na política interna, à medida que a guerra contra Solano López se prolongava, aumentou o número de opositores à política de Bartolomé Mitre quanto à questão. Mitre, tal qual Pedro II, manteve-se firme na decisão de levar a guerra até o fim, ao afirmar, em sua mensagem ao Senado, em 1º de maio de 1868:

> Essa guerra que não buscamos, que não desejávamos [...] era inevitável devido à natureza do poder despótico e irresponsável do governo do Paraguai, que constituía uma ameaça perpétua de seus vizinhos devido à concentração de elementos militares em seu território, militarizando, em massa, sua população para perturbar nossa paz, fomentando nossas divisões [políticas]; devido às questões econômicas referentes à liberdade de navegação dos rios e do comércio, originadas de sua política restritiva e exclusivista; e, finalmente, pela reivindicação de nossos limites legítimos e naturais [...][279]

A guerra realimentou a oposição federalista interna e contribuiu para o surgimento de diferentes rebeliões contra o governo nacional, o qual, ao conseguir reprimi-las, se fortaleceu e se legitimou. De modo paradoxal, porém, o presidente Mitre, que se manteve intransigente em continuar a guerra e sufocar as rebeliões, embora vitorioso com as armas, saiu derrotado politicamente, ao assistir à vitória de um opositor, Domingo Faustino Sarmiento, na eleição presidencial de 1868.

No plano econômico, a Guerra do Paraguai não incrementou o desenvolvimento brasileiro, pois a maior parte do dinheiro gasto com ela foi para o exterior, no pagamento de salários da tropa, no teatro de operações, no afretamento de navios e no fornecimento de víveres. O número de indústrias não cresceu, embora os ministérios da Guerra e da Marinha investissem na produção de pólvora, armas e navios, mas "todo o ferro vinha das siderúrgicas inglesas".[280] Já a Argentina viu sua economia incrementada, pois a guerra beneficiou sua atividade pecuária, enriquecendo alguns criadores, que se tornaram fornecedores de carne, couros e cavalos para as tropas aliadas. O preço dos couros, por exemplo, subiu de 12,7 pesos em 1865 para mais de dezessete pesos em 1870. Entre os maiores beneficiados estava Urquiza, que acumulou uma riqueza composta de 600 mil cabeças de gado, 500 mil ovelhas, 20 mil cavalos e mais de dois milhões de acres de terra. A guerra deu impulso à produção de trigo e milho nas novas colônias agrícolas de Santa Fé e Entre Ríos. Comerciantes de Buenos Aires enriqueceram com o ouro brasileiro que chegou à cidade como pagamento de fornecimentos ao Exército imperial, e o governo argentino aproveitou para cobrar impostos de mercadorias em trânsito do Brasil para o Paraguai. Os ganhos financeiros dos aliados políticos de Mitre com a guerra levaram o mitrismo a ser apelidado de "Partido dos Fornecedores".[281]

No plano regional, terminada a guerra, a política externa do governo imperial, exercido pelo Partido Conservador, atuou de forma a evitar que a Argentina se apossasse de todo o Chaco, como estava determinado no Tratado da Tríplice Aliança. Os governantes conservadores buscavam, com isso, evitar a ampliação da fronteira argentino-brasileira, pois consideravam que, em algum momento, haveria uma guerra entre os dois países. O governo do presidente Sarmiento, por sua vez, temia pretensões expansionistas do Império em relação ao país guarani. Por esse motivo, o chanceler argentino Mariano Varela declarou, em dezembro de 1869, que a vitória militar não dava direitos às nações vencedoras de imporem ao Paraguai a definição de fronteiras.[282]

A diplomacia imperial orientou, na prática, entre 1870 e 1876, a política externa dos débeis governos paraguaios para resistir à pretensão argentina sobre o Chaco. Para os governantes brasileiros nesse período, todos conservadores, a situação política interna do Paraguai era elemento definidor do futuro do país como Estado independente. Sua existência estaria tanto mais ameaçada quanto maior fosse a instabilidade política interna, bem como mais se fizesse presente a influência de cidadãos argentinos residentes em Assunção, comerciantes e militares, sobre o governo paraguaio. Por essa perspectiva, um ou outro fator, ou a conjunção dos dois, poderia criar as condições para a anexação do país, desejada por Buenos Aires. A melhor forma de combater essa ameaça era a estabilidade política interna guarani, por meio do fortalecimento das instituições e do poder central, bem como do impedimento da ascensão à presidência de um político paraguaio que tivesse ligações com interesses argentinos. O Império agiu em relação ao Paraguai tendo em vista tais objetivos, e para isso utilizou-se da diplomacia, e respaldou-a com a demonstração de estar disposto a recorrer à ação militar em caso de fracasso daquela. Entre 1869 e 1876, o Paraguai foi praticamente um protetorado do Império.

Na Argentina, a declaração de Varela, ministro das Relações Exteriores, de que a vitória militar não dava direitos ao vencedor sobre o vencido sofreu oposição e protestos dos liberais mitristas. Diante da repercussão negativa de sua política externa, Sarmiento convidou Bartolomé Mitre para expor suas opiniões a todo o Ministério argentino. Nessa ocasião, o ex-presidente afirmou que o governo argentino não podia manter o princípio de que a vitória não dava direitos, quando para reafirmar esses direitos comprometera o país em uma guerra. Após ouvir a exposição, Sarmiento anunciou a Mitre que se dispunha a retificar sua política em relação ao Paraguai, o que levou à renúncia de Varela em 15 de agosto de 1870. Para substituí-lo foi nomeado Carlos Tejedor, que passou a pleitear a posse de todos os territórios que foram destinados à Argentina pelo Tratado da Tríplice Aliança, independentemente de títulos de posse. Ao ater-se ao que determinava o documento de aliança, o de que a paz fosse assinada em conjunto pelos países aliados, Tejedor dificultou ao Brasil a assinatura da paz com o Paraguai.[283]

Rompendo com a determinação do Tratado da Tríplice Aliança, o Império, representado pelo barão de Cotegipe, assinou a paz com o Paraguai, em Assunção, em janeiro de 1872. Estabeleceu-se a fronteira entre os dois países no rio Apa e o governo imperial desconsiderou o rio Igurei marco fronteiriço, como constava no Tratado. Assim, decidiu-se que toda a margem direita do rio Paraná, de Sete Quedas para baixo, pertencesse ao Paraguai e desse ponto para cima fosse do Brasil. A fronteira brasileiro-paraguaia, definida em 1872, era a que Paranhos propusera a Carlos López na década de 1850 e que Portugal disputara com a Espanha no século XVIII.

O Tratado da Tríplice Aliança também determinava que, finda a guerra, o Paraguai, por ter sido o país agressor, pagaria todos os gastos com o conflito que os aliados tivessem tido. De fato, na paz assinada pelo barão de Cotegipe o governo paraguaio reconhecia ter uma dívida de guerra para com o Estado brasileiro, pelos gastos deste, e com os cidadãos brasileiros, pelos danos causados às suas propriedades por ocasião da invasão do Mato Grosso e do Rio Grande do Sul. Em reunião com o presidente paraguaio Salvador Jovellanos, na presença de ministros e de membros do Congresso, Cotegipe teria garantido que o pagamento dos gastos de guerra e indenizações a particulares pelo Paraguai, cujo montante ainda seria calculado, era uma estipulação apenas formal e não seria cobrada.[284]

O governo imperial reduziu, intencionalmente, a indenização de guerra a ser cobrada do Paraguai. Uma comissão do Ministério da Fazenda, estabelecida para esse fim, estipulou o custo monetário total do conflito, para o Estado brasileiro, a ser pago pelo Paraguai, em 460 718 contos de réis, enquanto a estimativa do Tesouro, correta, indicava despesas de pouco mais de 614 mil contos de réis.[285] Essa dívida não foi cobrada mas também não foi cancelada nas décadas seguintes, pois, como explicou o barão do Rio Branco muitos anos depois, ela era uma garantia da independência do Paraguai, já que intimidava a Argentina de tentar anexá-lo. Em caso de anexação, Buenos Aires teria que responsabilizar-se por esse débito de guerra.[286] A dívida foi perdoada somente por Getúlio Vargas, no início dos anos de 1940, como resposta à idêntica iniciativa da Argentina.

Na Argentina, generalizaram-se críticas à paz assinada separadamente por brasileiros e paraguaios. Os tratados firmados em Assunção, mais que um protetorado brasileiro sobre o país guarani, significaram "uma aliança dos vencedores com o vencido", afirmou o tradicional defensor da amizade argentina para com o Império, o jornal *La Nación*, pertencente a Bartolomé Mitre. Outros dois jornais, *El Nacional* e *La Tribuna*, coincidiram em classificar a política brasileira de "pérfida e desleal".[287] O próprio presidente Sarmiento escreveu ao representante argentino em Washington expressando que a paz assinada por Cotegipe "nos levará inevitavelmente à guerra ou a deixar o Paraguai província brasileira" e, se essa última possibilidade se concretizasse, depois não tardariam a ter tal destino também "a Banda Oriental [sic!], Entre Ríos e Corrientes". Segundo noticiou o jornal carioca *A Reforma*, de oposição, também o visconde do Rio Branco, a essa altura chefe do governo brasileiro, acreditava ser iminente um conflito com a Argentina, conforme opinião que externara em reunião no Ministério da Agricultura.[288]

Sarmiento não tinha, porém, condições militares de fazer o Império recuar nos tratados assinados com Assunção, pois a inferioridade argentina era flagrante nesse aspecto. Isso era verdade em particular no aspecto naval, pois praticamente inexistia uma Marinha de Guerra argentina. A essa inferioridade acrescentava-se o fato de que o Exército argentino estava ocupado, desde abril do ano anterior, em enfrentar um levante, em Entre Ríos, comandado por Ricardo López Jordán — cujos seguidores haviam assassinado Justo José Urquiza, em 1870 —, e a Argentina encontrava-se, ainda, isolada em relação a seus vizinhos. Os bolivianos, inquietos com as pretensões argentinas sobre o Chaco, concentravam tropas na fronteira, ao mesmo tempo que reivindicavam a área daquele território até o rio Bermejo; por sua vez, o Chile também reclamava a posse da Patagônia e ameaçava ocupá-la.[289]

A partir desse momento, o governo de Sarmiento procurou superar sua inferioridade naval e encomendou nos estaleiros ingleses a construção de oito belonaves de maior porte e uma flotilha de pequenas torpedeiras; essas embarcações, ao serem entregues, permitiram a criação de uma moderna Marinha de Guerra. No plano diplomático, Buenos Aires tratou de pôr fim a seu isolamento, reaproximando-se de seus vizinhos e, mesmo, buscando estabelecer alianças com o Peru e a Bolívia. O Império, por sua vez, também buscou fortalecer sua Marinha de Guerra com novos navios, lançando ao mar, em 1873, uma canhoneira e uma corveta, e, no ano seguinte, um encouraçado, além do que, na segunda metade da década de 1870, foram incorporados ao serviço mais dois cruzadores, embora de casco de madeira. No plano diplomático, as relações do Brasil com o Chile estreitaram-se com uma intensidade sem precedentes.[290]

Ao considerar a sua fragilidade militar, restou ao governo argentino buscar uma saída diplomática para a situação. O presidente Sarmiento enviou seu antecessor, Bartolomé Mitre, que era admirado no Brasil, em missão especial ao Rio de Janeiro. Dessa forma, foi assinado, em junho de 1872, um acordo que restabelecia a aliança, pelo qual o Brasil se comprometia a apoiar as posições argentinas nas negociações com o Paraguai.

Como consequência desse acordo, o governo imperial enviou ao Paraguai o barão de Araguaia para colaborar com o representante argentino, novamente Bartolomé Mitre, em suas negociações de paz com o país guarani. Araguaia apenas acompanhou as negociações, que se estenderam de abril a novembro de 1873, e se absteve de exercer qualquer pressão para que o governo paraguaio atendesse às pretensões argentinas quanto à posse de todo o Chaco. Deste, os governantes paraguaios aceitavam ceder até o rio Pilcomayo, ficando sob sua soberania o restante do território, o que coincidia com a posição da diplomacia brasileira. As autoridades paraguaias eram respaldadas pelo Império nessa postura, pois o Estado guarani estava de tal forma arrasado pela guerra que não teria condições, sem esse respaldo, de resistir à demanda territorial argentina. Como resultado, Mitre não conseguiu chegar a um acordo com o governo paraguaio e retirou-se para a Argentina.[291]

Em maio de 1875, o ministro das Relações Exteriores argentino, Carlos Tejedor, o enviado do governo paraguaio, Jaime Sosa, e os representantes brasileiros, viscondes de Caravelas e do Rio Branco, se reuniram no Rio de Janeiro, em nova negociação para se chegar a um tratado de paz definitivo entre a Argentina e o Paraguai. Tejedor e Sosa chegaram a um acordo, à revelia dos representantes brasileiros, pelo qual o Chaco, acima do rio Pilcomayo, seria dividido entre o Paraguai e a Argentina; esta última ficaria também com Villa Occidental, estratégica localidade em frente de Assunção, na outra margem do rio, em troca da dívida de guerra paraguaia para com Buenos Aires. Contudo, intimidados pela presença de forças brasileiras de ocupação aquarteladas perto de Assunção, o Congresso e o presidente paraguaio, Juan Bautista Gill, não ratificaram o acordo do Rio de Janeiro, sob o argumento de que Sosa fizera concessões para as quais não recebera autorização de seu governo.[292]

Durante o ano de 1875, Gill, que chegara à presidência com o apoio do governo imperial, mostrou-se cada vez mais resistente à influência brasileira e aproximou-se da Argentina. Em fins desse ano, Felipe José Pereira Leal, que chefiava a Legação brasileira em Assunção, estimulou e apoiou uma fracassada tentativa de golpe de Estado contra aquele presidente. Foi essa uma iniciativa pessoal do diplomata, convencido de que Gill se passara para o lado argentino, e, mais, como resultado da influência de comerciantes brasileiros e de outras nacionalidades, instalados na capital paraguaia e atingidos por cobrança de um imposto criado por Gill. O governo imperial condenou o ato de Pereira Leal e o substituiu no posto por Antônio de Araújo Gondim, que o antecedera na chefia da representação diplomática brasileira no Paraguai e ajudara a eleger o próprio Gill.[293] A influência do Império sobre o presidente paraguaio, porém, não foi restabelecida nos níveis de antes.

O presidente Gill executou, então, o movimento de sair da órbita de influência do Império e de buscar o respaldo da Argentina, graças à postura do governo do presidente Nicolás Avellaneda de reconhecer os desacertos de seu país nas negociações de paz com o Paraguai. A Chancelaria argentina deu garantias de apoio a Gill para que não temesse afastar-se da influência do Império.[294] Avellaneda buscou, ao mesmo tempo, distender as relações com o Brasil.[295]

Em meados de 1875, Bernardo de Irigoyen assumiu a Chancelaria argentina, convencido de que seu país deveria agir para retirar o Paraguai da órbita da influência brasileira. Para isso, devia-se obter a retirada das tropas imperiais de Assunção; solucionar a questão de limites argentino-paraguaia e "vincular" o Paraguai à Argentina.[296]

Em 3 de fevereiro de 1876, Irigoyen e o representante paraguaio, Facundo Machaín, assinaram em Buenos Aires os Tratados de Paz, Limites, Amizade e de Comércio e Navegação. Determinou-se o rio Paraguai como limite entre as duas Repúblicas, sendo que os territórios das Misiones e do Chaco Central foram declarados argentinos. O restante do território chaquenho foi dividido em duas porções, com a Argentina renunciando a qualquer pretensão entre Bahía Negra e o rio Verde. Já a área entre este rio e o braço principal do rio Pilcomayo, incluindo Villa Occidental, seria submetida à arbitragem do presidente dos Estados Unidos. As ilhas de Atajo e Apipé permaneceram com a Argentina e Yaceretá, com o Paraguai. Decidiu-se que as forças de ocupação se retirariam do Paraguai até 3 de junho do mesmo ano. No referente à dívida de guerra, foram reconhecidos como tal os gastos do governo argentino no conflito, bem como os prejuízos causados a propriedades públicas e privadas, por ocasião da invasão de Corrientes em 1865.[297]

O início das negociações de paz ocorreu à revelia do governo brasileiro, que, no entanto, foi convidado e aceitou enviar um representante. Ainda assim, os tratados assinados entre a Argentina e o Paraguai, nas palavras de Ernesto Quesada, "consagravam as soluções defendidas pela diplomacia imperial". Isso porque esses documentos estabeleceram a desocupação simultânea de tropas brasileiras e argentinas, respectivamente de Assunção e de Villa Occidental, reconheceram a dívida de guerra e ainda encontraram solução equilibrada para a questão de limites. O próprio representante brasileiro nas negociações desses tratados, barão Aguiar de Andrada, analisou-os como a realização dos objetivos do governo imperial, embora a posse pelo Paraguai de Villa Occidental e território adjacente não se desse de imediato, sendo submetida a arbitragem.[298] Em 1878, o laudo arbitral do presidente norte-americano Rutherford Hayes declarou paraguaia essa área litigiosa.

Em 13 de maio de 1876, deu-se início à retirada das tropas brasileiras de ocupação do Paraguai. A diplomacia imperial pressionou para que Gill escrevesse uma nota e agradecesse o serviço prestado a seu país por essa força brasileira; o chanceler Cotegipe não ficou satisfeito com a "estranha linguagem e conteúdo" do manifesto que Gill lançou quando se iniciou aquela retirada. Para o titular dos Negócios Estrangeiros, tal manifesto não era político, além de ser injusto. Essa nota não apresentava, em nenhum momento, agradecimentos aos países aliados, mas, sim, colocava a ocupação militar do Paraguai como um mal que fora necessário.[299]

As tropas brasileiras retiradas do Paraguai, num total de 1894 homens, foram aquarteladas em posições estratégicas, próximas da região do Rio da Prata, sendo a maioria no Mato Grosso. Para esta província foram enviados o 3º Regimento de Artilharia a Cavalo, o 2º Batalhão de Artilharia a Pé e o 8º Batalhão de Infantaria; para o Rio Grande do Sul seguiu o 2º Batalhão de Cavalaria Ligeira, enquanto o 17º Batalhão de Infantaria foi aquartelado em Santa Catarina. Muitos comerciantes de Assunção fecharam seus negócios e se transferiram para o Mato Grosso, seguindo a maioria das tropas que se retiravam, porque a praça dessa capital caiu no marasmo, ao se ver privada das libras esterlinas que eram gastas pela Brigada de ocupação. A ausência dessa força fora vista ingenuamente por Gill como uma forma de aumentar a arrecadação fiscal, pois os produtos por ela importados eram isentos de taxas, o que dava margem a que seus fornecedores praticassem contrabando que, sob essa óptica, deixaria de existir. Tal ingenuidade foi compartilhada pelo jornal *Los Debates*, que, após a retirada das tropas brasileiras, chegou a afirmar ter a economia paraguaia melhorado.[300] Antes de ser um fato, isso era um desejo, prontamente contestado pela realidade, havendo o aprofundamento da crise financeira em que o país vivia.

Atingidos os seus objetivos principais em relação ao Paraguai, a política do Império para com esse país mudou. A partir de 1876 e até o fim da monarquia em 1889, essa República vizinha deixou de ser prioritária para a diplomacia imperial, embora permanecesse importante. A menor presença brasileira no Paraguai deveu-se não só a essa realização de objetivos, como também ao agravamento da crise do regime monárquico brasileiro, que inviabilizava uma política externa para o Prata nos moldes daquela exercida no passado. Contudo, o Paraguai continuou a merecer a atenção do Rio de Janeiro, que pode ser classificada como preventiva, e visava sobretudo não a objetivos bilaterais, mas, sim, a manter-se alerta quanto a uma possível influência da Argentina que eventualmente ameaçasse a independência guarani. O governo argentino, por sua vez, não tinha nesse período uma política premeditada que visasse a absorver o vizinho paraguaio. Embora as relações com o Paraguai continuassem importantes para Buenos Aires, também nesse caso elas deixaram de ser prioritárias. A Argentina estava com seus recursos e atenções voltados para o apoio ao desenvolvimento da economia agroexportadora e para o estreitamento das relações com os países europeus e, em particular, com a Inglaterra, maior mercado consumidor dos produtos argentinos e potência hegemônica mundial. Assim, a crise do Estado brasileiro e o sucesso da construção do Estado nacional oligárquico argentino explicam a redução da relevância dos assuntos paraguaios para ambos. O primeiro, enfraquecido, não podia manter a mesma presença do passado no país guarani nem tinha motivos para isso. O segundo, para quem o modelo de desenvolvimento dependente levava, necessariamente, a privilegiar as relações com o capitalismo central, deixava de conferir caráter vital ao espaço político e econômico platino.

Conclusões

A política do Império do Brasil em relação ao Paraguai buscou alcançar três objetivos. O primeiro deles foi o de obter a livre navegação do rio Paraguai, de modo a garantir a comunicação marítimo-fluvial da província de Mato Grosso com o restante do Brasil. O segundo objetivo foi o de buscar estabelecer um tratado delimitando as fronteiras com o país guarani, de modo a ratificar pelo direito internacional a expansão territorial brasileira ocorrida desde o período colonial. Por último, um objetivo permanente do Império até seu fim em 1889, foi o de procurar conter a influência argentina sobre o Paraguai, a partir da convicção de que Buenos Aires ambicionava ser o centro de um Estado que abrangesse o território do antigo vice-reino do Rio da Prata, incorporando o Paraguai.

A política brasileira para atingir esses objetivos foi implementada a partir da segunda metade da década de 1840. Nesse momento, alcançada a unidade interna e consolidado o Estado monárquico centralizado, criaram-se as condições para o Império dedicar-se a assuntos externos e, mais especificamente, ao Rio da Prata. Nessa região não interessava ao Império o surgimento de uma República grande e forte, como a ambicionada por Buenos Aires, sob a ditadura de Rosas. Essa República implicaria a nacionalização dos rios platinos, podendo criar obstáculos à sua livre navegação, fundamental para o acesso do Rio de Janeiro à distante província do Mato Grosso, praticamente isolada por terra do restante do Brasil. Ademais, essa hipotética República poderia, aos olhos dos governantes do Império, tornar-se um polo de atração sobre o Rio Grande do Sul e, eventualmente, estimular um movimento republicano brasileiro.

A diplomacia imperial, comandada por Paulino José Soares de Souza (visconde de Uruguai), do Partido Conservador, aplicou, a partir de 1849, uma estratégia para isolar Rosas no Prata. O governo imperial aliou-se a setores antirrosistas: a oposição interna argentina, representada pelo governador Justo José Urquiza, da província de Entre Ríos, bem como os *colorados* uruguaios. Embora o Paraguai não participasse da aliança, suas relações com o Brasil eram boas, pois a diplomacia imperial apoiava política e materialmente, pelo acesso a armas, esse país. Afinal, em março de 1850 a Junta de Representantes da província de Buenos Aires autorizara Rosas a utilizar os recursos financeiros e materiais que fossem necessários para "a reincorporação da província do Paraguai à Confederação Argentina", o que levou Carlos Antonio López, chefe de Estado paraguaio, a ordenar preparativos militares para repelir um ataque das forças rosistas.[1] Em decorrência daquela aliança, o *blanco* Oribe, aliado de Buenos Aires, foi derrotado no Uruguai em 1851, pondo fim à luta que travava contra os *colorados*, e, no ano seguinte, Rosas foi batido em campo de batalha, do qual participaram tropas brasileiras. Surgiram, então, dois Estados argentinos, Buenos Aires e a Confederação Argentina, que somente se unificariam em 1862.

Entre 1844 e 1852, os aspectos de convergência foram privilegiados nas relações entre o Rio de Janeiro e Assunção. Não que inexistissem motivos de disputas entre os dois países, pois o governo paraguaio não reconhecia como território brasileiro a área entre os rios Branco e Apa, como reivindicava o Império. Contudo, as relações bilaterais foram boas, afinal o Brasil foi o primeiro país a reconhecer, em 1844, a independência paraguaia, e ambos tinham Rosas como ameaça comum. As divergências se fizeram presentes quando essa ameaça deixou de existir, com a queda de Rosas em 1852, e Carlos Antonio López criou obstáculos à livre navegação do rio Paraguai por barcos brasileiros, condicionando-a à delimitação dos limites entre os dois países no rio Branco. Ameaçado pelo Império de uma guerra para a qual ainda não estava preparado, o governo paraguaio assinou, em 1856, um tratado que garantia a livre navegação, e postergou por seis anos a discussão das fronteiras.

Em 1862, morreu Carlos Antonio López, e seu filho mais velho, Francisco Solano López, ascendeu à presidência da República. A política isolacionista paraguaia até 1840, sob o governo de José Gaspar de Francia, contribuíra para manter a independência do país em relação a Buenos Aires e permitira ao Estado acumular riquezas na forma de produtos agrícolas e terras. Carlos Antonio López, por sua vez, colocou o aparelho estatal a serviço da nascente burguesia rural e restabeleceu os contatos de seu país com o exterior, importando da Europa, em especial da Inglaterra, maquinaria e técnicos, que promoveriam uma modernização voltada sobretudo para o fortalecimento militar do Paraguai.[2] A continuidade dessa modernização, porém, exigia a integração do país no comércio mundial e resultou na alteração da política externa paraguaia, já sob a presidência de Solano López, no sentido de ter uma maior presença no Prata, de modo a obter um porto marítimo, o de Montevidéu.

Também no ano de 1862 ocorreu um outro acontecimento de capital importância para o quadro platino: o surgimento da República Argentina. A burguesia mercantil de Buenos Aires, representada na figura de Bartolomé Mitre, conseguiu, então, criar um Estado centralizado, embora este fosse motivo de contestação até a década seguinte, por parte de oligarquias regionais, em especial de Entre Ríos e Corrientes. As duas províncias resistiam a se submeter a Buenos Aires e a aceitar que a renda gerada pela alfândega desta, passagem obrigatória do comércio exterior argentino, fosse apropriada apenas pela capital, em lugar de ser nacionalizada.

A vitória de Mitre sobre os federalistas das províncias argentinas causou apreensão nos países vizinhos menores. O Paraguai temia ser vítima do expansionismo do governo da República Argentina, o qual, no Uruguai, passou a apoiar, ainda que não abertamente, a rebelião armada da oposição *colorada* contra os governantes *blancos*. Estes obtiveram a simpatia do governo paraguaio, do qual se aproximaram para obter respaldo para tirar o Uruguai da situação de dependência de seus dois poderosos vizinhos, e de setores internos argentinos que se opunham ao presidente Mitre. Essa situação levou à aproximação de Solano López com o caudilho Urquiza, governador de Entre Ríos e o mais importante questionador das características centralizadoras assumidas pelo governo nacional argentino. Solano López, ao vincular-se aos opositores de Buenos Aires, tornou-se uma ameaça à consolidação do Estado nacional argentino.

No Uruguai, cruzavam-se os interesses dos governos argentino, brasileiro e paraguaio. Perante a tentativa de Montevidéu de estabelecer uma aliança com Assunção, o presidente Mitre reagiu e buscou compor-se com o Brasil. Favoreciam esse projeto a convergência ideológica dos governos argentino e brasileiro, exercidos por liberais, e a existência, pela primeira vez, de interesses concretos comuns, pois ambos não viam com bons olhos os *blancos* e tinham questões de fronteiras a tratar com o Paraguai. Mitre planejava acabar com a bipolarização histórica Buenos Aires-Rio de Janeiro, substituindo-a por um eixo de cooperação.[3] Solano López, por sua vez, ambicionava introduzir seu país como mais um polo regional e constituir, assim, um equilíbrio triangular de forças.

Os liberais brasileiros, por sua vez, ao ascenderem ao poder em 1862, após longo tempo na oposição, não tinham pronta uma política para o Rio da Prata. A ação da diplomacia brasileira na área ocorreu, então, de forma reativa, respondendo a questões de momento. A primeira ação decorreu do fato de os pecuaristas gaúchos com terras no Uruguai passarem a hostilizar o governo desse país, que pretendia submetê-los às leis locais. Eles pressionaram os governantes imperiais a se manifestarem contra as autoridades constituídas da República Oriental. Em compensação, essa ação interessava ao gabinete liberal, que esperava, com uma medida de força no Prata, resgatar a imagem de impotência perante a opinião pública brasileira, por não ter reagido militarmente, ainda que desprovido de condições, à humilhação imposta pelo bloqueio britânico do porto da capital brasileira em dezembro de 1862. Enquanto o Império agia a reboque dos acontecimentos, Bartolomé Mitre e Solano López usavam os acontecimentos para implementar uma calculada política externa.

Para viabilizar a intervenção no Uruguai, a diplomacia imperial obteve o beneplácito do governo argentino. Ao promover a entrada de tropas brasileiras no Estado oriental em setembro de 1864, o governo imperial não esperava que o ato gerasse reação contrária significativa. Contudo, Solano López reagiu invadindo o Mato Grosso, em dezembro de 1864, e Corrientes, na Argentina, em abril de 1865. Essas invasões levaram à constituição, em 1º de maio desse ano, da Tríplice Aliança, composta pela Argentina, Brasil e Uruguai, para enfrentar o Paraguai de Francisco Solano López.

O Tratado da Tríplice Aliança teve seus termos duramente criticados, no Rio de Janeiro, pelo Partido Conservador, que fazia oposição ao Liberal no poder. Os conservadores tinham sido os artífices da política de isolamento de Buenos Aires no Prata e de apoio às independências uruguaia e paraguaia, de modo a evitar a formação de um grande Estado republicano ao sul, que rivalizasse em poder com o Império do Brasil. As críticas conservadoras dirigiram-se especialmente ao reconhecimento — como argentino —, pelo Tratado da Tríplice Aliança, do território do Chaco, até então de soberania paraguaia, até ele fazer fronteira com o Mato Grosso, à altura da Bahía Negra. A oposição conservadora apontou como desaconselhável o aumento da extensão das fronteiras brasileiro-argentinas e indicou, ainda, que a independência paraguaia estaria ameaçada, pois o país guarani ficaria cercado a leste e a oeste por território argentino, numa espécie de abraço apertado. O Partido Conservador retornou ao poder em 1868, ano em que, na Argentina, Domingo Faustino Sarmiento assumiu a presidência, o qual discordava da política mitrista de cooperação com o Brasil. Essa coincidência inviabilizou que o Tratado da Tríplice Aliança levasse os dois países a substituir a rivalidade pela parceria.

Entre dezembro de 1864 e meados de setembro de 1865, o Paraguai esteve na ofensiva militar. Solano López planejou uma guerra-relâmpago, acreditando que seu Exército, ao entrar em Corrientes, seria visto como libertador pela oposição federalista argentina, que a ele se juntaria na marcha para o sul, a fim de derrubar o governo Mitre. A invasão do Rio Grande do Sul, por sua vez, permitiria à coluna paraguaia chegar ao Uruguai, onde, segundo os planos, receberia a adesão dos *blancos* e se uniria às tropas invasoras vindas de Corrientes. Constituir-se-ia, assim, um Exército paraguaio três vezes mais poderoso, no mínimo, do que as forças brasileiras no Uruguai, e que as derrotaria obrigando o Império a assinar a paz. Haveria, nesse caso, novo equilíbrio de poder no Prata: o Paraguai seria colocado no mesmo *status* do Brasil na região, e o território litigioso entre os rios Apa e Branco seria definido como paraguaio; o governo de Bartolomé Mitre seria inviabilizado e os limites entre os dois países seria determinado de acordo com os critérios de Assunção e, por último, estaria garantido um porto marítimo para o comércio exterior paraguaio, Montevidéu, ao se manterem os *blancos* no poder no Uruguai.

Era um plano arriscado, mas, durante toda a guerra, Solano López ordenou operações militares de alto risco, em cuja decisão predominava não o raciocínio militar, mas, sim, o voluntarismo e, mesmo, reações emocionais. Eram características suas o desprezo da capacidade de combate dos aliados e a aposta na ousadia e no fator surpresa para superar as vulnerabilidades dos planos de ataque às forças inimigas. Ele atuava antes como um jogador malsucedido, pois foi derrotado em todas as operações que ordenou, do que como comandante militar. Com tal atitude, ele desperdiçou a vida de milhares de seus valentes soldados. Uma feliz síntese de sua atuação é a de que:

> Todo o talento militar de López consistia em tentar ações ineficazes, estimulando triunfos que não eram decisivos e, em seguida, recuar para trás dos grandes obstáculos naturais e artificiais de seu país.[4]

A incompetência militar de Solano López, porém, foi camuflada pela demora dos aliados em concluírem a guerra.

A "guerra-relâmpago" planejada por Solano López fracassou, pois os federalistas argentinos não se uniram ao Exército invasor, cujo comandante, general Robles, inexperiente no comando de operações militares, vacilou em avançar rapidamente para o sul, ao ter gastado parte de seu tempo em embebedar-se. O chefe da coluna invasora do Rio Grande do Sul, coronel Estigarribia, em desobediência às instruções de não entrar em vilas, ocupou e permaneceu em Uruguaiana, onde foi cercado e obrigado a render-se em 18 de setembro de 1865. Três meses antes dessa derrota, ocorreu outra, na batalha naval de Riachuelo, em 11 de junho, quando a esquadra brasileira dominou um ataque da Marinha inimiga, o que permitiu consolidar o bloqueio naval do Paraguai, isolando-o do restante do mundo. Até essas duas derrotas paraguaias, havia um quadro de possibilidades para o desenrolar da guerra, mas, depois delas, era certa a impossibilidade de Solano López concluir o conflito por meio da vitória militar.

A guerra inverteu seu sentido, e as tropas aliadas, com dificuldades logísticas de toda ordem, marcharam, do Rio Grande do Sul e de Concórdia, em direção a Corrientes. Não foi necessário, porém, expulsar os invasores, pois Solano López ordenou o retorno de seus soldados ao Paraguai, evacuação concluída no início de novembro de 1865. Era um exército que retornava ao ponto de partida, após a perda de 18 a 20 mil homens, entre mortos e prisioneiros, sacrificados inutilmente por seu governante, posto que não houvera ganho militar ou político nas invasões de Corrientes e do Rio Grande do Sul. Ao contrário, o Paraguai encontrava-se bloqueado pela Marinha Imperial e, para efeitos práticos, isolado do resto do mundo. A guerra passava a ser travada no território paraguaio, pois as tropas aliadas invadiram o Paraguai em abril de 1866, pelo Passo da Pátria. O plano era atacar a fortaleza de Humaitá, localizada a vinte quilômetros do ponto de desembarque. Essa fortificação era o centro do sistema defensivo paraguaio e controlava a navegação do rio Paraguai; sua tomada possibilitaria à esquadra brasileira subir por essa via fluvial até Assunção, criando as condições para sua ocupação por tropas aliadas. Pela lógica militar da época, conquistada a capital inimiga, a guerra estaria terminada.

A partir de então e apesar das dificuldades pelas quais passariam, o Exército aliado tinha um plano: ultrapassar o sistema defensivo de Humaitá para, estrategicamente, ocupar Assunção. Consideravam, erroneamente, que essa ocupação significaria depor Solano López do poder. Este, por sua vez, tinha como plano resistir ao avanço aliado, mas com qual objetivo estratégico? Vencer militarmente era uma possibilidade remota, sobretudo a partir da batalha de Tuiuti, de 24 de maio de 1866. Tampouco parece ter sido seu objetivo criar um impasse militar para obrigar os governos aliados a negociarem a paz, posto que essa possibilidade foi recusada quando surgiu em 1867, com a missão Gould. Uma ação bélica, inclusive defensiva, almeja um objetivo, mas a única meta de Solano López era manter-se no poder, custasse o que custasse. Ele resistia para ganhar tempo, na esperança de que a guerra fosse resolvida a seu favor num golpe de sorte: fosse o fim da Tríplice Aliança, fosse uma rebelião no interior da Argentina, fosse a exaustão do Império brasileiro. Enfim, ele manteve a postura do apostador que continua a jogar, mesmo após seguidas perdas.

O Exército aliado não dispunha, porém, de conhecimento do território inimigo, pois inexistiam mapas sobre o Paraguai. As décadas de isolamento do país tornaram-no uma espécie de esfinge: desconheciam-se o seu interior, o número real de seus habitantes e os recursos militares de que dispunha. Ao desembarcar no Passo da Pátria, a força aliada encontrou um terreno pantanoso, cortado por riachos e lagoas, com vegetação densa que dificultava aos invasores descobrir os poucos caminhos secos por onde poderiam avançar. Era um ambiente favorável à ação defensiva e, entre Passo da Pátria, Humaitá e a confluência dos rios Paraná e Paraguai, Solano López construiu uma eficiente linha defensiva que impediu o avanço aliado, levando a uma guerra de posições até 1867. Nesse período, o Exército que esteve na defensiva levou vantagem sobre aquele que desencadeou o ataque: os paraguaios foram derrotados quando atacaram Tuiuti e os aliados tiveram o mesmo destino, ao se lançarem sobre Curupaití. Era uma nova realidade militar para os dois lados, pois, até então, as guerras eram rápidas, de movimento, com uso predominante de cavalaria e artilharia em batalhas campais decisivas. A Guerra Civil Norte-americana (1860-5) iniciou a mudança na forma de guerrear, pois foi longa, exigiu a mobilização de vastos recursos de toda a sociedade, e se tornou, portanto, uma "guerra total". O conflito entre a Tríplice Aliança e o Paraguai foi a segunda "guerra total" e seus chefes militares não tiveram tempo nem condições intelectuais de incorporar lições do conflito norte-americano, o que os obrigou a improvisar novas táticas e soluções no próprio campo de batalha.

No início de 1868, Bartolomé Mitre retirou-se para Buenos Aires para reassumir a presidência argentina, e foi substituído no comando em chefe pelo marquês de Caxias, comandante das forças brasileiras no Paraguai desde fins de 1866. Poucos meses depois, a função de comandante em chefe deixou de existir, em virtude de divergências e desconfianças entre o aliado brasileiro e o argentino. Com recursos bélicos suficientes, mas não os necessários para um ataque frontal decisivo, e sofrendo a cobrança da opinião pública brasileira, que se impacientava por ações que terminassem a guerra, Caxias cercou totalmente Humaitá por terra. O governo imperial fez com que a esquadra, contra a vontade de seus chefes, temerosos de sua destruição, ultrapassasse essa fortaleza. Mesmo cercada por terra e água, Humaitá foi evacuada pelos paraguaios, em uma operação brilhante, pois não foi detectada pelos navios brasileiros. A ocupação dessa posição pelos aliados pôs fim a uma fase da guerra em que, durante quase dois anos, os invasores ficaram imobilizados.

Após a queda de Humaitá, Solano López, mesmo mal-informado e subestimando o inimigo (desprezava os brasileiros, chamando-os de macacos), não poderia ter outra percepção a não ser a da impossibilidade de conseguir uma paz vantajosa para si. Ainda assim, persistiu na guerra, nela vitimou os próprios civis paraguaios, ao estabelecer a prática de terra arrasada, e esvaziou territórios, sob ameaça aliada, de todos os recursos humanos e materiais que poderiam vir a ter utilidade para o inimigo. A população paraguaia sofreu grande mortandade, ao ser obrigada a se deslocar pelo interior do país sem receber transporte, comida e abrigo.

Do lado aliado, por sua vez, ocupar Humaitá não significou o fim da guerra. Caxias, pragmático, acreditou ser o momento de se fazer a paz, para poupar vidas aliadas e recursos financeiros do Brasil, e a propôs ao governo imperial. No Brasil, por essa época, a ideia de uma paz com Solano López era aceita por muitos, inclusive por integrantes do novo governo conservador. Dom Pedro II, porém, rejeitou a proposta e persistiu na posição de que só a derrota de Solano López, com sua prisão e expulsão do Paraguai, garantiria, verdadeiramente, a paz futura. O historiador que, pelo estudo das fontes primárias, chegou a ter alguma familiaridade com a personalidade do ditador paraguaio não pode negar que havia lógica no raciocínio do imperador.

As ofertas de intermediar negociações de paz feitas isoladamente pelos Estados Unidos e pelas Repúblicas sul-americanas da costa do Pacífico foram recusadas pelo governo imperial. Selar a paz com Solano López permanecendo no poder significaria para o Império brasileiro ficar dependente de um governo paraguaio fortalecido, para manter aberta a navegação do rio Paraguai a navios brasileiros que rumassem para o Mato Grosso, aumentando a vulnerabilidade dessa província. Essa paz, ademais, poderia levar outras Repúblicas a verem no uso da força um instrumento viável em caso de desavenças com o Império. Na verdade, após tantos sacrifícios feitos pela população brasileira, que, desde 1866, se mostrava descontente com os rumos do conflito, não vencer o ditador paraguaio seria uma derrota. A paz negociada, sem vitória, teria consequências imprevisíveis na situação política brasileira e talvez comprometesse a própria estabilidade do regime monárquico.

Ao ser afastada por Pedro II a ideia de paz sem a deposição de Solano López, restou a Caxias, cada vez mais desiludido com a guerra e com a baixa combatividade das tropas brasileiras, marchar em perseguição ao ditador paraguaio. Para isso, elaborou uma eficiente estratégia no sentido de economizar vidas: cruzar o rio Paraguai e marchar com o Exército brasileiro sobre um improvisado caminho que mandou abrir no terreno pantanoso do Chaco, construído com troncos de palmeiras, e que não evitava, em alguns trechos, que a tropa tivesse água pela cintura. Desse modo, Caxias pôde, em dezembro de 1868, atacar pela retaguarda o inimigo entrincheirado em Lomas Valentinas.

Nas três grandes batalhas desse mês — Itororó, Avaí e Lomas Valentinas —, o Exército brasileiro sofreu milhares de perdas e Caxias teve que se colocar à frente de suas tropas para evitar que dessem as costas ao inimigo e fugissem. A dificuldade em tomar Lomas Valentinas, reduto de Solano López, levou o comandante brasileiro a incorporar ao ataque a força de reserva, composta pela tropa argentina e uma brigada brasileira, além dos remanescentes uruguaios. Os aliados destruíram o Exército paraguaio e abriram caminho para ocupar Assunção. Solano López, porém, conseguiu escapar, em um dos acontecimentos mais obscuros da guerra, para o qual há a hipótese de ter resultado de um acordo secreto com Caxias, em que o ditador teria se comprometido a se retirar do Paraguai. O fato é que, tendo escapado ao cerco aliado, Solano López reorganizou os soldados sobreviventes, incorporou crianças (os adolescentes já o tinham sido) e velhos, e improvisou um Exército que lhe permitiu prolongar a resistência por mais um ano, ao fugir pelo interior do país, por regiões cobertas de bosques e com escassos caminhos, o que dificultava sua perseguição pelas forças brasileiras.

Em 1º de janeiro de 1869, Assunção, deserta, foi ocupada e saqueada pelas tropas brasileiras. Nesse mesmo mês, Caxias, exaurido física e psicologicamente, declarou a guerra terminada e, sem esperar instruções superiores, retirou-se do Paraguai, atitude que foi imitada, em fevereiro, pelas cúpulas do Exército e da Marinha. Essa retirada, acrescida do cansaço na tropa brasileira após quatro anos de guerra em ambiente físico hostil — calor escaldante no verão; frio intenso no inverno; terrenos alagados, coalhados de animais peçonhentos —, levou à imobilização militar aliada até abril de 1869. Não fossem o desânimo e a desorganização do Exército brasileiro no Paraguai, em grande parte decorrentes da retirada de Caxias, provavelmente a guerra não teria se estendido por muito tempo mais.

Foi difícil ao governo imperial nomear um novo comandante para o Exército no Paraguai. Os generais mais graduados, que poderiam ocupar essa função, pertenciam, quer ao Partido Liberal, quer ao Conservador, o que impossibilitava a nomeação de qualquer um deles, devido à tensa situação no quadro político brasileiro. Era comum a partidarização dos oficiais do Exército imperial, fato que prejudicou o desempenho brasileiro na guerra. Como alternativa a esse impasse, Pedro II nomeou seu genro, o conde d'Eu, para o comando no Paraguai. O príncipe consorte resistiu o quanto pôde, com o apoio da princesa Isabel, a assumir essa função, mas, pressionado pelo imperador, se viu forçado a marchar para a guerra.

Em abril de 1869, o conde d'Eu assumiu o comando no Paraguai. Sua presença infundiu ânimo na tropa brasileira e levou os aliados a retomarem as operações militares. Contava o príncipe com o apoio de José Maria da Silva Paranhos, futuro visconde do Rio Branco, e do general Osorio. Paranhos era ministro dos Negócios Estrangeiros e encontrava-se em missão no Paraguai, enquanto Osorio, que fora gravemente ferido no combate de Avaí e se retirara para o Rio Grande do Sul, cedeu a um insistente pedido do conde para que retornasse à guerra, pois era o general mais popular não apenas entre os soldados brasileiros, mas também entre os argentinos e os uruguaios. A partir de agosto, D'Eu caiu em depressão e somente não abandonou seu posto devido a ordens taxativas de Pedro II para que nele permanecesse e, ainda, à habilidade de Paranhos e ao dinamismo de alguns chefes militares brasileiros. Entre estes destacava-se o general Câmara (mais tarde visconde de Pelotas), que, em 1º de março de 1870, alcançou e matou Solano López.

Apesar da superioridade militar, econômica e demográfica dos países aliados, a guerra estendeu-se de 1865 a 1870. Um conjunto de fatores explica essa duração: os desentendimentos no comando aliado, a pouca iniciativa por parte dos chefes militares brasileiros, a falta de conhecimento geográfico sobre o Paraguai, o clima hostil, a bravura dos soldados paraguaios e a crescente perda de combatividade da tropa aliada. Bravura que Solano López desperdiçou, por serem suas decisões militares subordinadas, no geral, antes a explosões emocionais do que à racionalidade tática ou estratégica, sacrificando a vida de seus heroicos soldados.

Ademais, ao serem atacados pelo Paraguai, tanto a Argentina quanto o Império não dispunham de Exércitos organizados nas dimensões exigidas para reagir rapidamente e vencer o agressor e tampouco armamento adequado para isso. A Marinha imperial, por exemplo, possuía navios preparados para operações marítimas, mas não para as fluviais, como as que deveria desenvolver nos rios Paraná e Paraguai. Contudo, esses problemas estavam minimizados em 1866, quando também Solano López perdeu os melhores homens de seu Exército, em virtude da derrota, em maio, na batalha de Tuiuti. Nesse momento, o Paraguai já não dispunha de Marinha que merecesse esse nome, pois grande parte de seus navios fora perdida no combate de Riachuelo. O Exército aliado poderia, portanto, ter tomado alguma iniciativa militar relevante, mas permaneceu praticamente imobilizado diante de Humaitá. Para essa inércia contribuiu, significativamente, a resistência do comandante da esquadra, Tamandaré, e de seu sucessor, Joaquim José Ignacio, futuro visconde de Inhaúma, a utilizar a superioridade naval brasileira em operações que implicassem risco para seus navios, com a finalidade de apoiar ações terrestres aliadas.

Os chefes navais brasileiros resistiram a executar o plano de Mitre para isolar Humaitá, por terra e água. Pelo plano, a esquadra devia forçar a ultrapassagem da fortaleza, sob inevitável duelo de artilharia, até encontrar-se com as tropas aliadas rio acima. Tamandaré e, em seguida, Inhaúma suspeitavam de que Mitre buscava causar a destruição da esquadra pelos canhões de Humaitá e assim enfraquecer a Marinha imperial, instrumento de poder do Império no Prata, de modo a deixar a Argentina em posição militar vantajosa no pós-guerra. Além dessa desconfiança, também contribuía para não se utilizar todo o potencial da esquadra o fato de seu comando superior ser composto de oficiais veteranos, leais ao Estado monárquico, mas acomodados a tarefas burocráticas, inadaptados à nova tecnologia naval e às condições da guerra contra o Paraguai. Eram incompetentes para chefiar os modernos navios, que haviam incorporado os últimos avanços tecnológicos da época, e para aplicar novas táticas, visando à ação coordenada com o Exército aliado.

Na análise das decisões dos chefes militares, aliados e paraguaios, na guerra é conveniente repetir a seguinte observação de Dionísio Cerqueira:

> A crítica, porém, aos grandes mestres é sempre fácil. A arte da guerra é aquela em que mais erros se comete. Os maiores capitães cochilaram, como o divino Homero. A guerra, na frase de um ilustre oficial francês, é uma série de erros e vence o que menos erra.[5]

O lado aliado errou menos, embora tenha errado muito.

Terminada a guerra, a política do governo imperial, sob o controle do Partido Conservador, foi a de reafirmar a existência do Paraguai como Estado independente e, ao mesmo tempo, evitar que a Argentina se apossasse de todo o Chaco, como lhe fora facultado pelo Tratado da Tríplice Aliança. O presidente Sarmiento, por sua vez, desconfiando de intenções expansionistas por parte do Império sobre o Paraguai, não defendeu que os limites deste com seu país e com o Brasil fossem resultado da aplicação pura e simples dos termos desse Tratado. Ao contrário, o governo argentino surgiu com a política de que a vitória militar não concedia aos vencedores direitos sobre o vencido quanto à definição de fronteiras. A diplomacia imperial fez uso desse argumento e aproveitou-se da ocupação militar brasileira do país vencido para tutelar seus governantes, de modo a impedir que todo o Chaco se tornasse argentino. Ao mesmo tempo, o Império assinou, em 1872, tratado de paz separadamente com o Paraguai, pelo qual definia a fronteira comum, que alcançava o rio Apa, como o Brasil pleiteava antes da guerra. Esse tratado ia contra o Tratado da Tríplice Aliança, que proibia a qualquer aliado assinar isoladamente a paz com o país guarani.

Assistia-se a um vencedor, o Brasil, aliar-se com o vencido para impedir a concessão do Chaco a outro aliado, a Argentina. Esta, porém, estava em posição desfavorável no plano militar e no político para reagir e lhe restava o uso da diplomacia para tentar obter, do Brasil, o reconhecimento de continuar a vigorar o Tratado da Tríplice Aliança, que ratificasse as demandas territoriais argentinas em relação ao Paraguai. Esse foi o sentido da missão de Bartolomé Mitre, representando o governo Sarmiento, à capital brasileira, em 1872, mas que se revelou infrutífera, pois quando ele se dirigiu a Assunção, no ano seguinte, não recebeu o apoio do negociador imperial, barão de Araguaia. A diplomacia argentina buscou, então, obter um acordo de paz e limites com o Paraguai à revelia do Império, e, em 1875, foi assinado o Tratado Sosa-Tejedor, que, devido à pressão brasileira, não foi ratificado pelo governo paraguaio. Apenas em 1876 as duas Repúblicas assinaram aqueles acordos, quando a hegemonia do Brasil no Prata estava enfraquecida, e impedia, como ocorrera anteriormente, uma influência brasileira decisiva sobre as negociações. Mesmo assim, o resultado do Tratado argentino-paraguaio satisfez ao Rio de Janeiro, pois foi ratificada a independência paraguaia e a Argentina não se apossou de todo o Chaco. A definição da fronteira entre os dois países nesse território ficou na dependência de laudo arbitral do presidente norte-americano, o qual, em 1878, decidiu favoravelmente ao Paraguai. Tal qual a diplomacia imperial desejava, o rio Pilcomayo tornou-se o limite fronteiriço entre a Argentina e o Paraguai.

Entre 1869 e 1876, o governo imperial, sob o controle dos conservadores, foi bem-sucedido no desafio que estes lançaram, por meio do Conselho de Estado, em 1865, quando se discutiu o Tratado da Tríplice Aliança, já assinado e ratificado. Apontaram eles, então, que a concessão, a Buenos Aires, do Chaco, até a Bahía Negra, colocava em risco a continuidade do Paraguai como Estado independente e, ainda, ampliava a fronteira entre o Império e seu inimigo em potencial, a Argentina. Apesar da destruição causada pela guerra, da falta de recursos na construção da nova estrutura governamental, moldada nos padrões do liberalismo, e da ascendência econômica argentina, o Paraguai manteve sua existência própria, satisfazendo ao objetivo maior da diplomacia imperial em relação a esse país. O Rio de Janeiro viu, ainda, suas demandas territoriais serem satisfeitas por Assunção, enquanto frustrou as da Argentina, a qual teve que se contentar com o Chaco Central, como indicara o referido Conselho de Estado uma década antes.

Para o Paraguai, a guerra contra a Tríplice Aliança levou à destruição do Estado existente e à perda de territórios disputados com seus vizinhos. A derrota teve o significado de causar "a ruptura definitiva de um modelo de crescimento econômico que significava, à época, as bases para uma formidável expansão capitalista em todo o sistema [produtivo] nacional". A reorganização do país levaria décadas e, em termos comparativos com os Estados vizinhos, o Paraguai não conseguiu alcançar o mesmo nível de desenvolvimento econômico de antes da guerra. A destruição da economia paraguaia foi de tal monta que o país recebeu apenas de forma mediatizada o impacto que teve, na consolidação das economias agroexportadoras da Argentina e do Uruguai, a introdução de fatores produtivos, como a imigração europeia e os capitais estrangeiros.[6]

As estatísticas sobre as perdas paraguaias na guerra variam entre 8,7% e 69% da população. Também são divergentes os cálculos sobre o número de habitantes do Paraguai no pré-guerra, que, segundo estudos recentes, variaria entre 285 715 e 450 mil pessoas. Portanto, seria entre 28 286, no mínimo, e 278 649, no máximo, a redução da população paraguaia durante os cinco anos de guerra. Não há dúvidas, porém, de que a maior parte dos mortos não o foi em combate, mas, sim, devido a doenças, fome e exaustão física. Em contrapartida, uma parcela desses desaparecidos era composta de paraguaios que viviam em territórios que foram reconhecidos como soberania da Argentina e do Brasil ou, ainda, que emigraram para esses dois países no pós-guerra para fugir da situação de miséria em que o Paraguai se encontrava.

O Brasil enviou para a guerra cerca de 139 mil homens, dos quais uns 50 mil morreram. Destes, a maior parte não pereceu em combate, mas, sim, devido a doenças e aos rigores do clima. Entre os aliados, o Uruguai enviou por volta de 5500 soldados, dos quais, no final da guerra, restavam uns quinhentos; os demais morreram em combate, de doenças, ou desertaram. As tropas argentinas sofreram perdas em torno de 18 mil homens, entre mortos e feridos, dos pouco menos de 30 mil soldados que a Argentina enviou ao Paraguai.[7]

Para o Império do Brasil, a Guerra do Paraguai expôs sua fragilidade militar, em grande parte estrutural, devido ao regime escravocrata. O Império foi capaz, porém, de superá-la, de mobilizar todos os seus recursos e de atingir o apogeu de seu poder no Prata. Saiu-se vitorioso militarmente e fortaleceu sua hegemonia na região, iniciada na década de 1850, aprofundada com a ocupação militar do Paraguai até 1876 e exercida de forma defensiva até 1904, quando a Revolução Liberal paraguaia colocou o país na órbita de influência platina.[8] No plano interno, nessa região, sua hegemonia se iniciou na década de 1850 e se prolongou até 1875. No plano interno, o conflito foi o ponto de inflexão que deu início à marcha descendente da monarquia brasileira. Os gastos com cinco anos de guerra exauriram o Tesouro brasileiro e o equilíbrio orçamentário do Império não foi recuperado. O Exército, por sua vez, dela saiu com um sentimento de identidade desconhecido anteriormente, forjado com sangue nos campos de batalha. De 1870 à frente foi crescente a dissociação entre o Exército e a monarquia a ponto de, em 1889, ele ser o instrumento dos republicanos para dar o golpe de Estado que depôs Pedro II e criou a República brasileira.

Para o Uruguai, as repercussões da guerra foram menores, apesar de a situação nesse país ter sido o elemento catalisador das contradições que levaram ao conflito. Na Argentina, o descontentamento do interior com a guerra e a aliança com o Império contribuíram para diferentes rebeliões federalistas contra o governo nacional, o qual as reprimiu e, assim, fortaleceu-se e legitimou-se. No plano econômico, os criadores de gado e cavalos, os que cultivavam cereais e os comerciantes de Buenos Aires se beneficiaram com as compras do Império, para abastecer suas tropas no Paraguai. O Estado argentino endividou-se com a guerra, mas as economias das províncias próximas do teatro de operações foram beneficiadas, ao contrário do Brasil, onde o governo endividou-se sem que isso estimulasse a atividade econômica do setor privado. A guerra contribuiu para a consolidação do Estado nacional centralizado na Argentina e para a dinamização de sua economia, enquanto, em relação ao Brasil, serviu para acelerar as contradições internas do Estado monárquico e constituiu-se em obstáculo para o crescimento econômico.

No plano regional, o conflito significou a possibilidade de alterar o quadro das relações platinas. Os liberais argentinos e brasileiros, no poder em seus respectivos países entre 1862 e 1868, não viam, por ocasião do início da luta, o Tratado da Tríplice Aliança esgotar-se em si mesmo com a vitória sobre o Paraguai. Principalmente os liberais ligados a Mitre pensavam em redirecionar as relações argentino-brasileiras, substituindo a disputa, que trazia atritos e instabilidade no Prata, pela cooperação, instrumento gerador da estabilidade e garantidor da paz na região. Tratava-se de projeto de uma verdadeira aliança estratégica argentino-brasileira, de uma "aliança perpétua" nas palavras do ministro das Relações Exteriores da Argentina, Rufino de Elizalde, que "baseada na justiça e na razão [...] será abençoada por nossos filhos".[9]

Tanto na Argentina quanto no Brasil, essa aliança estratégica foi encampada por setores políticos minoritários, mas se desgastou aceleradamente a partir do desaparecimento de Solano López, inimigo comum. Desde 1868, os críticos dessa aliança ascenderam ao poder, tanto em Buenos Aires como no Rio de Janeiro, e projetaram no outro aliado objetivos contrários à soberania do Paraguai: para a Argentina, o Império queria tê-lo como protetorado; para o Brasil, o governo Sarmiento planejava incorporá-lo, tornando-o uma província argentina. Essa projeção de intenções resultava, em parte, do peso das desconfianças históricas entre as duas partes, que tinham suas raízes no período colonial. Reforçadas no início da vida independente de ambos os países, as desconfianças persistiram devido às divergências entre chefes militares argentinos e brasileiros durante a Guerra do Paraguai. A política externa argentina e a brasileira, em uma dinâmica realimentadora entre a imagem que projetavam sobre as intenções da outra, e a realidade, em boa parte resultante dessa projeção, rivalizaram-se para impor sua influência na reconstrução institucional e na definição territorial do Paraguai no pós-guerra. Historicamente precoce, a cooperação estratégica planejada por Mitre constituiu-se, de todo modo, em um precedente, a esperar um momento histórico mais favorável para sua realização.

Acervos consultados e abreviaturas

AGNA — Archivo General de la Nación Argentina (Buenos Aires)
AGNU — Archivo General de la Nación (Uruguai)
AHI — Arquivo Histórico do Itamaraty (Rio de Janeiro)
AHMI — Arquivo Histórico do Museu Imperial
AIGM — Archivo Inédito del General Mitre
AIHGB — Arquivo do Instituto Histórico e Geográfico Brasileiro (Rio de Janeiro)
AIMHM — Archivo del Instituto y Museo de Historia Militar (Assunção)
AIM — Archivo Íntimo de Mitre
AMAE — Archivo del Ministerio de Asuntos Exteriores (Madri)
AMNE — Arquivo do Ministério dos Negócios Estrangeiros (Lisboa)
AMREC — Archivo del Ministerio de Relaciones Exteriores y Culto (Buenos Aires)
AN — Arquivo Nacional (Rio de Janeiro)
ANA — Archivo Nacional de Asunción (Paraguai)
APCPS — Arquivo Particular de Carlos Pusineri Scala (Assunção)
APMOM — Arquivo Particular de Mario Osorio Magalhães (Pelotas — Rio Grande do Sul)
APESP — Arquivo Público do Estado de São Paulo
AV — Archivio Vaticano (Roma)
MM — Museu Mitre (Buenos Aires)

BIBLIOTECAS

BC — Biblioteca del Congreso (Buenos Aires)
BN — Biblioteca Nacional (Rio de Janeiro)
BSF — Biblioteca do Senado Federal (Brasília)

FONTES IMPRESSAS

AGM — Archivo del General Mitre

ARE — El Doctor Rufino de Elizalde y su época vista a través de su archivo

AS — Anais do Senado do Império do Brasil

RRNE — Relatório da Repartição dos Negócios Estrangeiros apresentado à Assembleia Geral do Império

OUTRAS ABREVIATURAS

Conf. — confidencial

Doc. — documento

Of. — ofício

LBAOE — Legação do Brasil na Argentina / Ofícios Enviados

LBAOR — Legação do Brasil na Argentina / Ofícios Recebidos

LBPOE — Legação do Brasil no Paraguai / Ofícios Enviados

LBPOR — Legação do Brasil no Paraguai / Ofícios Recebidos

Part. — particular

Res. — reservado

S. d. — sem data

S / c — sem classificação

S. n. — sem número

Vol. — volume

S. l. — sine loco

S. ed. — sem editora

Notas

INTRODUÇÃO [PP. 21-5]

1. Gastón Bouthoul e René Carrère, *Le défi de la guerre (1740-1974): deux siècles de guerres et de révolutions*, Paris, Presses Universitaires de France, 1976, p. 53.

2. Machado de Assis, "A semana". *Gazeta de Noticias*, 25 mar. 1894.

3. Umberto Peregrino, "A Guerra do Paraguai na obra de Machado de Assis", em *Anais do Museu Histórico Nacional*, Rio de Janeiro, 1966, pp. 120-1.

4. Os trabalhos dos autores citados encontram-se na bibliografia deste livro.

1. TEMPESTADE NO PRATA [PP. 27-106]

1. Diferentes autores concordam que Francia era filho de português, mas há divergência quanto à sua data de nascimento e sobre quem foi sua mãe. Para Cecilio Báez, Francia nasceu em Assunção, em 6 de janeiro de 1766, "sendo seus pais o capitão de artilharia dom García Rodríguez Francia, natural do Rio de Janeiro, e a *criolla* paraguaia dona Maria Josefa de Velazco" (*Ensayo sobre el dr. Francia y la dictadura en Sudamérica*, 2. ed. rev. e aum., Assunção, Cromos, 1985, p. 105). O escritor, aventureiro e diplomata inglês Richard Francis Burton, cônsul em São Paulo (1865-8), e que fez duas viagens ao Paraguai, em 1868 e 1869, afirma que a família Francia é de origem paulista e que, em 1869, ainda existia em São Paulo o ramo familiar França e Horta. O pai do ditador era García Rodríguez França, que foi contratado pelo governador do Paraguai para ser gerente da plantação de tabaco em Jaguarão, com o qual os espanhóis pretendiam rivalizar com a produção brasileira. França "espanholizou" seu nome e, casado, passou-o para a família. José

Gaspar Rodríguez de Francia jamais teria negado essa sua origem (sir Richard Francis Burton, *Cartas dos campos de batalha do Paraguai*, Rio de Janeiro, Biblioteca do Exército, 1997, p. 62).

2. R. Antonio Ramos, *La política del Brasil en el Paraguay bajo la dictadura del dr. Francia*, 2. ed., Buenos Aires, Ediciones Nizza, 1959, pp. 117, 135 e 145-7.

3. Ricardo Caballero Aquino, *La Segunda República paraguaya: 1869-1906 — política — economía — sociedad*, Assunção, Arte Nuevo Editores, 1985, pp. 28-30.

4. Josefina Plá, *Hermano negro: la esclavitud en el Paraguay*, Madri, Paraninfa, 1972, pp. 163-4.

5. Ricardo Scavone Yegros, "Antecedentes de la declaración de la independencia del Paraguay en 1842", *Revista Jurídica*, Assunção, Universidad Católica, 1994, n. 3, pp. 130-1.

6. Juan Carlos Herken Krauer e María Isabel Giménez de Herken, *Gran Bretaña y la Guerra de la Triple Alianza*, Assunção, Editorial Arte Nuevo, 1982, p. 46.

7. O *status* máximo de uma representação diplomática permanente era, à época, o de legação, chefiada por um ministro residente e plenipotenciário; abaixo deste, na hierarquia diplomática, estava o encarregado de Negócios. A primeira embaixada brasileira foi criada em Washington, em 1905.

8. Luiz A. Moniz Bandeira, *O expansionismo brasileiro: o papel do Brasil na bacia do Prata — da colonização ao Império*, Rio de Janeiro, Philobiblion, 1985, pp. 233-4; Julio César Chaves, *El presidente López: vida y gobierno de don Carlos*, Buenos Aires, Depalma, 1968, pp. 63-4; John Hoyt Williams, *The Rise and Fall of the Paraguayan Republic: 1800-70*, Austin, University of Texas at Austin, 1979, p. 151.

9. Julio César Chaves, op. cit., p. 62.

10. Sobre as relações internacionais no Prata, durante o século XIX, ver: Francisco Fernando Monteoliva Doratioto, "Formação dos Estados nacionais e expansão do capitalismo no século XIX", em Amado Luiz Cervo e Mario Rapoport (Orgs.), *História do Cone Sul*, Brasília / Rio de Janeiro, Editora da UnB / Revan, 1998, pp. 167-238.

11. Juan Carlos Herken Krauer e María Isabel Giménez De Herken, op. cit., p. 46; John Hoyt Williams, op. cit., p. 191.

12. Robert Bontine Cunninghame Graham, *Retrato de un dictador: Francisco Solano López (1865--70)*, Buenos Aires, Interamericana, 1943, p. 103 [1. ed. inglesa 1933]. Inglês, o autor chegou ao Paraguai, adolescente, em 1871, e viajou pelo país durante um ano e meio, sem problema de comunicação, pois falava guarani.

13. Arturo Bray, *Solano López, soldado de la gloria y del infortunio*, 3. ed., Assunção, Carlos Schauman Editor, 1984, p. 116.

14. Luiz A. Moniz Bandeira, op. cit., pp. 161-3; Mario Pastore, "State-led Industrialisation: The Evidence on Paraguay, 1852-1870", *Journal of Latin American Studies*, Cambridge University Press, vol. 26, n. 2, pp. 320-4, maio 1994; Josefina Plá, *The British in Paraguay: 1850-70*, Oxford, The Richmond Publishing, 1976, pp. 227-30.

15. Juan Carlos Herken Krauer e María Isabel Giménez De Herken, op. cit., p. 35. Desconhecendo essas informações, um historiador da estatura de Eric J. Hobsbawm chegou a afirmar que "o Paraguai já tentara uma vez escapar ao mercado mundial e fora massacrado e forçado a voltar a ele" (*A era dos impérios: 1875-1914*, Rio de Janeiro, Paz e Terra, 1988, p. 78). Ver, também, do mesmo autor: *A era do capital: 1848-75*, 2. ed., Rio de Janeiro, Paz e Terra, 1979, pp. 95-6.

16. Juan Carlos Herken Krauer e María Isabel Giménez De Herken, op. cit., p. 47.

17. Andrés Cisneros e Carlos Escudé, *Historia general de las relaciones exteriores de la República argentina*, Buenos Aires, Cari / Grupo Editor Latinoamericano, 1999, t. V, pp. 170-3.

18. Luiz A. Moniz Bandeira, op. cit., p. 192; H. S. Ferns, *Gran Bretaña y Argentina en el siglo XIX*, Buenos Aires, Solar-Hacchetti, 1972, p. 300.

19. Luiz A. Moniz Bandeira, op. cit., pp. 164-5.

20. José Maria da Silva Paranhos para o marquês de Caxias, s.d. [1856], em Wanderley Pinho, *Cotegipe e seu tempo*, São Paulo, Cia. Editora Nacional, 1937, pp. 442-4.

21. Julio César Chaves, op. cit., p. 254.

22. Em Luiz A. Moniz Bandeira, op. cit., pp. 195-6.

23. Idem, ibidem, p. 190; Andrés Cisneros e Carlos Escudé, op. cit., pp. 162-4; Rolando Segundo Silioni, *La diplomacia lusobrasileña en la Cuenca del Plata*, Buenos Aires, Editorial Rioplatense, 1975, p. 159.

24. Luiz A. Moniz Bandeira, op. cit., pp. 198-9.

25. Lídia Besouchet, *Mauá e seu tempo*, Rio de Janeiro, Nova Fronteira, 1978, pp. 112-3. Sobre as relações entre Mauá e Urquiza, ver: Susana I. Ratto de Sambuccetti, *Urquiza y Mauá: el Mercosur del siglo XIX*, Buenos Aires, Ediciones Macchi, 1999.

26. Despacho do cônsul Frank Parish para Londres, Buenos Aires, 30/12/1858, em Luiz A. Moniz Bandeira, op. cit., pp. 191-2.

27. Em Wanderley Pinho, op. cit., p. 254.

28. Discurso de Paranhos, sessão da Câmara dos Deputados de 11/7/1862, em Francisco Félix Pereira Costa, *História da guerra do Brasil contra as Repúblicas do Uruguay e Paraguay*, Rio de Janeiro, Livraria de A. G. Guimarães, 1870, vol. I, p. 259.

29. Discurso de Paranhos, sessão do Senado de 6/9/1870, AS, 1870, vol. IV, p. 73.

30. Luiz A. Moniz Bandeira, op. cit., p. 217; José Manoel Cardoso de Oliveira, *Actos diplomáticos do Brasil*, ed. fac-similar [1. ed. 1912], Brasília, Senado Federal, 1997, t. I, pp. 269-70. O peso forte era uma unidade de conta, cujo valor, em relação à libra esterlina, estava estabelecido por lei na Argentina.

31. Varnhagen para o chanceler José Luís Vieira Cansansão de Sinimbu, of. conf. n. 5, Assunção, 12/9/1859, AHI, LBPOE, 201-1-9.

32. Idem, of. conf. n. 7, Buenos Aires, 14/11/1859, AHI, LBPOE, 201-1-9.

33. Varnhagen para o chanceler José Maria da Silva Paranhos, Montevidéu, 20/7/1859, AHI, LBPOE, 201-1-9.

34. Antonio Pedro de Carvalho Borges para o chanceler Sá e Albuquerque, of. conf. n. 1, Assunção, 10/6/1861, AHI, LBPOE, 201-1-9; idem, of. conf. n. 2, Assunção, 25/8/1861, AHI, LBPOE, 201-1-9.

35. Carvalho Borges para o chanceler Magalhães Taques, Assunção, "particular", 5/1/1862, AHI, LBPOE, 201-1-9.

36. Idem, of. conf. n. 3, 24/2/1862, AHI, LBPOE, 201-1-9.

37. Magalhães Taques para Carvalho Borges, of. conf. n. 5, Rio de Janeiro, 6/4/1862, AHI, LBPOE, 201-1-9.

38. Idem, ibidem.

39. Discurso do deputado Paranhos, sessão de 11/7/1862, em Francisco Félix Pereira Costa, op. cit., vol. I, p. 259.

40. Magalhães Taques para Carvalho Borges, of. conf. s. n., Assunção, 2/4/1862, AHI, LBPOE, 201-1-9.

41. Nota da Legação brasileira para Francisco Sánchez, ministro das Relações Exteriores do Paraguai, Assunção, 7/4/1862, AHI, LBPOE, 201-1-9; nota de Francisco Sánchez para Carvalho Borges, Assunção, 10/4/1862, AHI, LBPOE, 201-1-9.

42. Carvalho Borges para Magalhães Taques, of. res. n. 3 e s. n., Assunção, ambos de 10/4/1862, AHI, LBPOE, 201-1-9.

43. *G[ene]ral Pedro Duarte — Memorias*, AIMHM — *Colección Zeballos*, pasta 121, doc. 2. Estanislao Zeballos (1854-1923), político e intelectual argentino, viajou ao Paraguai, em 1888, em busca de informações para escrever um livro sobre a Guerra do Paraguai, o que nunca chegou a fazer. Deixou, porém, um importante acervo documental com entrevistas de sobreviventes da guerra, adquirido, após sua morte, pelo paraguaio Juan A. Gill Aguinaga e depositado, hoje, no arquivo do Instituto y Museo de Historia Militar, no Ministério de Defesa do Paraguai.

44. Luiz A. Moniz Bandeira, op. cit., pp. 222-5.

45. Mario Pastore. "Comercio, renta, recaudaciones y guerra: análisis de las causas económicas de la Guerra del Paraguay o de la Triple Alianza", *Revista Paraguaya de Sociologia*, Assunção, ano 39, vol. 13, jan./abr. 2002, p. 33.

46. Carta de Fidel Maíz para Juan E. O'Leary, Arroyo y Esteros, 10/6/1906, em Junta Patriótica Paraguaya, *El mariscal Francisco Solano López*, Assunção, Junta Patriótica, 1926 [ed. fac-similar 1996], pp. 179-83; carta de Fidel Maíz para Estanislao Zeballos, Arroyo y Esteros, 7/7/1889, AIMHM — *Colección Gill Aguinaga*, pasta 122.

47. Arturo Rebaudi, *Guerra del Paraguay: la conspiración contra S. E. el presidente de la República, mariscal don Francisco Solano López*, Buenos Aires, Imprenta Constancia, 1917, pp. 152-5; Carlos Machado, *Historia de los Orientales*, 3. ed., Montevidéu, Ediciones de la Banda Oriental, 1973, p. 202.

48. Carta de Fidel Maíz para Juan E. O'Leary, Arroyo y Esteros, 10/6/1906, em Junta Patriótica Paraguaya, op. cit., pp. 179-83; carta de Fidel Maíz para Estanislao Zeballos, Arroyo y Esteros, 7/7/1889, AIMHM — *Colección Gill Aguinaga*, pasta 122.

49. Efraím Cardozo, *El Paraguay independiente*, Assunção, El Lector, 1996, p. 204.

50. Jerry W. Cooney e Thomas L. Whigham (Orgs.), *El Paraguay bajo los López: algunos ensayos de historia social y política*, Assunção, Centro Paraguayo de Estudios Sociológicos, 1994, p. 170.

51. Juan Crisóstomo Centurión, *Memorias o reminiscencias históricas sobre la Guerra del Paraguay*, Assunção, El Lector, 1987, t. I, pp. 170-1; Efraím Cardozo, op. cit., pp. 219-20.

52. Juan Crisóstomo Centurión, op. cit., p. 71; Fidel Maíz, *Etapas de mi vida*, ed. fac-similar [1. ed. 1919], Assunção, El Lector, 1988, p. 24.

53. Efraím Cardozo, op. cit., pp. 219-20. Fidel Maíz permaneceu na prisão durante quatro anos, incomunicável, sob grilhões e recebendo comida a cada dois ou três dias (carta de Fidel Maíz para Estanislao Zeballos, Arroyo y Esteros, 7/7/1889, AIMHM — *Colección Gill Aguinaga*, pasta 122). Maíz foi uma figura polêmica; em setembro de 1866, foi libertado por ordem de Solano López e acabou por se tornar homem de sua confiança; *Manuel Rivarola [presenta ante el] juez su declaración respecto a la mala interpretación de su conversación sobre la elección del presidente*, AGP, *Sección Historia*, vol. 331, pasta 27. Nesse volume há vários documentos, geralmente incompletos, do processo contra Fidel Maíz.

54. Juan Crisóstomo Centurión, op. cit., t. I, p. 252.

55. *Primer informe del teniente coronel Julián N. Godoy para Estanislao Zeballos*, Assunção, 13/4/1888, AIMHM — *Colección Gill Aguinaga*, pasta 144. Godoy lutou em Corrientes e, posteriormente, foi uma espécie de ajudante de ordens de Solano López, tornando-se homem de sua confiança.

56. *Jura del obispo Manuel Antonio Palacios, fidelidad al Supremo Gobierno y las leyes y estatutos de la Nación*, Assunção, 30/8/1863, ANA, *Sección Historia — Agregados*, vol. 444.

57. Margarita Durán Estragó, "Introducción", *Catecismo de San Alberto adaptado para las escuelas del Paraguay: gobierno de Francisco Solano López*. Edição fac-similar, Assunção, Intercontinental, 2005, pp. 10-2.

58. Margarita Durán Estragó, op. cit., pp. 16-9, 46, 57 e 69-70.

59. Barbara Potthast, De súbditos a ciudadanos (y vice-versa). "Ciudadanía y catecismos políticos en Paraguay (1810-1870)" em Juan Manuel Casal, Thomas L. Whigham (Orgs.), *Paraguay: investigaciones de historia social y política (II), estudios en homenaje a Jerry E. Cooney*, Assunção, Tiempo de Historia / Universidad de Montevideo, 2016, p. 157.

60. Mario Pastore, "State-led Industrialisation: The Evidence on Paraguay, 1852-1870", em *Journal of Latin American Studies*, vol. 26, n. 2, p. 322, maio 1994.

61. Carlos Calvo para Mariano Gonzalez, ministro da Fazenda paraguaio, Paris, 24/8/1863, ANA, *Sección Historia — Agregados*, vol. 444, doc. 9.

62. John Hoyt Williams, op. cit., p. 192. Fernando Masi, "Contribuición al estudio de la evolución socio-económica del Paraguay", *Revista Paraguaya de Sociologia*, Assunção, Centro de Estudios Sociológicos, ano 19, n. 53, jan./fev. 1992, p. 34.

63. Luiz A. Moniz Bandeira, op. cit., p. 246.

64. Joaquim Nabuco, *Um estadista no Império: Nabuco de Araújo*, São Paulo, Progresso, s. d., vol. II, pp. 74, 78, 81, 92 e 96.

65. Luiz A. Moniz Bandeira, op. cit., p. 219. A afirmação de Mitre encontra-se, originalmente, em *La Nación*, Buenos Aires, 15/12/1870; transcrita pelo *Jornal do Commercio*, Rio de Janeiro, 8/1/1871, p. 1, BSF, microfilme 0095.

66. Luiz A. Moniz Bandeira, op. cit., p. 220; Juan Bautista Alberdi, *Historia de la Guerra del Brasil*, Buenos Aires, Ediciones de la Patria Grande, 1962, p. 105.

67. José Pedro Barrán, *Apogeo y crisis del Uruguay pastoril y caudillesco: 1839-75*, Montevidéu, Ediciones de la Banda Oriental, 1982, p. 70; Rolando Segundo Silioni, op. cit., p. 194.

68. Apud Miguel Ángel Scenna, *Argentina-Brasil: cuatro siglos de rivalidad*, Buenos Aires, Ediciones La Bastilla, 1975, p. 10.

69. Sir Richard Francis Burton, *Cartas dos campos de batalha do Paraguai*, Rio de Janeiro, Biblioteca do Exército, 1997, p. 157.

70. José Pedro Barrán, op. cit., p. 84; Enrique Arocena Oliveira, *Apogeo y evolución de la diplomacia uruguaya: 1828-1948*, Montevidéu, Imprenta del Palacio Legislativo, 1984, p. 49.

71. Enrique Arocena Oliveira, op. cit., pp. 90-1; Pelham Horton Box, *Los orígenes de la Guerra del Paraguay contra la Triple Alianza*, Buenos Aires, Ediciones Nizza, 1958, p. 186.

72. José Pedro Barrán, op. cit., p. 81; Enrique Arocena Oliveira, op. cit., pp. 90 e 92; Efraím Cardozo, *Vísperas de la Guerra del Paraguay*, Buenos Aires, El Ateneo, 1954, p. 129.

73. Octavio Lapido para Juan José Herrera, ministro de Relações Exteriores do Uruguai, Assunção, 19/7/1863, AGNU, caixa 424, carta n. 1-II.

74. "Nº 2 — Ministerio de Estado de Relaciones Exteriores, Assunção agosto 30 de 1864", anexo a: Viana de Lima para Dias Vieira, of. conf. s. n., Assunção, 1/9/1864, AHI, LBPOE, 201-1-10. A cópia desse documento paraguaio foi obtida pela Legação brasileira em Assunção no mesmo dia de seu envio à Legação uruguaia por meio, segundo Viana de Lima, de "uma pessoa desejosa de fazer-me esse serviço". Trata-se de longo documento — dez páginas — em que o Paraguai recapitula sua posição diante da Guerra Civil Uruguaia.

75. Efraím Cardozo, op. cit., p. 129.

76. "Nº 2 — Ministerio de Estado de Relaciones Exteriores, Assunção agosto 30 de 1864", anexo a: Viana de Lima para Dias Vieira, of. conf. s. n., Assunção, 1/9/1864, AHI, LBPOE, 201-1-10.

77. Nota de José Berges, ministro das Relações Exteriores do Paraguai, para Rufino de Elizalde, Assunção, 6/9/1863, AGM, vol. II, p. 41; Elizalde para Mariano Balcarce, ministro argentino em Londres, Buenos Aires, 9/10/1863, ARE, vol. IV, p. 100.

78. Hélio Lobo, *Antes da guerra (a Missão Saraiva ou os preliminares do conflicto com o Paraguay)*, Rio de Janeiro, Instituto Histórico e Geográfico Brasileiro, 1914. Sob esse título a revista do Instituto Histórico e Geográfico Brasileiro publicou a polêmica, travada nos anos de 1880 na imprensa brasileira entre Antonio Saraiva e Vásquez Sagastume, antigo representante do governo uruguaio junto a Solano López. Na polêmica, cada um dos contendores procurou apontar o outro como o responsável pelo desencadear da guerra entre o Paraguai e a Tríplice Aliança.

79. Nota de Rufino de Elizalde para José Berges, Buenos Aires, 2/10/1863, AGM, t. II, p. 42; carta de Solano López para Mitre, Assunção, 6/2/1864, AGM, t. II, p. 37.

80. Solano López para Mitre, Assunção, 20/12/1863, AGM, t. II, p. 37.

81. Mitre para Solano López, Buenos Aires, 29/2/1864, AGM, t. II, p. 58.

82. Alan K. Manchester, *Preeminência inglesa no Brasil*, São Paulo, Brasiliense, 1973, p. 240.

83. Joaquim Nabuco, op. cit., vol. II, p. 163; José I. Garmendia, oficial da Legação argentina, para Rufino de Elizalde, Rio de Janeiro, 5/5/1864, ARE, vol. IV, p. 372.

84. Sessão da Câmara de 5/4/1864, em Hélio Lobo, op. cit., p. 38; Joaquim Nabuco, em Hélio Lobo, op. cit., p. 163; Luiz A. Moniz Bandeira, op. cit., pp. 232-3.

85. Em Francisco Pinheiro Guimarães Filho, *Um Voluntário da Pátria: fôlha de serviços prestados pelo general dr. Francisco Pinheiro Guimarães às classes armadas*, 2. ed., Rio de Janeiro, José Olympio, 1958, pp. 183-4.

86. Joaquim Nabuco, *Um estadista no Império: Nabuco de Araújo*, t. I, pp. 504-5; Lídia Besouchet, op. cit., p. 117.

87. Blanco Del Valle, ministro residente espanhol, para o secretário de Assuntos Exteriores da Espanha, of. n. 52, Rio de Janeiro, 9/5/1864, Amae, *Política Exterior Brasileira*, maço 1416.

88. Pelham Horton Box, op. cit., p. 112.

89. RRNE, 1864, p. 11.

90. Conselheiro J. M. Pereira da Silva, *Memórias do meu tempo*, Rio de Janeiro, H. Garnier, 1896, t. II, p. 36.

91. *Instruções da Missão confiada em 1864 ao conselheiro Saraiva*, Rio de Janeiro, 20/4/1864, em Hélio Lobo, op. cit., pp. 292-4; Saraiva para o Ministério dos Negócios Estrangeiros, Montevidéu, 14/5/1864, em Luiz A. Moniz Bandeira, op. cit., pp. 305 e 233.

92. Rufino de Elizalde para José Mármol, carta confidencial, Buenos Aires, 9/5/1864, AGNA, *Colección de José Mármol — Correspondencia*, VII-20-4-8, doc. 7657.

93. Discurso de José Maria da Silva Paranhos, sessão do Senado de 4/6/1865, AS, 1864, vol. II, p. 34.

94. Nota do governo uruguaio para Saraiva, Montevidéu, 24/5/1864, RRNE, 1865, p. 11; Rufino de Elizalde para José Mármol, ministro argentino no Rio de Janeiro, conf., Buenos Aires, 9/5/1864, ARE, t. IV, p. 292.

95. Hélio Lobo, op. cit., pp. 299-300.

96. Thornton para Russel, Montevidéu, 11/6/1864, em Pelham Horton Box, op. cit., pp. 118-9.

97. Pelham Horton Box, op. cit., p. 119.

98. Idem, ibidem.

99. Idem, ibidem, p. 120; comentário do barão do Rio Branco, em Louis Schneider, *A Guerra da Tríplice Aliança (anotado pelo barão do Rio Branco)*, São Paulo, Edições Cultura, 2 vols., 1945, p. 72.

100. Pelham Horton Box, op. cit., pp. 126-7.

101. Idem, pp. 128-9.

102. Saraiva para Joaquim Nabuco, 1/12/1894, em Joaquim Nabuco, *La Guerra del Paraguay*, Paris, Garnier Hermanos Libreros, 1901, p. 46. Sobre esse assunto, Luís de Elizalde, filho de Rufino, escreveu em 1922 a Estanislao Zeballos afirmando que seu pai dizia que em Puntas del Rosario ele e Saraiva criaram vinculações e estima recíproca. Luís de Elizalde para Estanislao Zeballos, Buenos Aires, 28/6/1922, em *Documentos del dr. Rufino de Elizalde*. Disponível em Repositorio Digital Institucional Universidad de Buenos Aires: <http://repositoriouba.sisbi.uba.ar/gsdl/cgi-bin/library.cgi?e=d-10000-00---off-0archivos%2fcartasravi--00-2----0-10-0---0---0direct-10--DA--4-------0-1l--10-es-Zz-1---20-about-28%2f06%2f1922--00-3-1-00-00--4--0--0-0-01-00-0utfZz-8-00&a=d&c=archivos/cartasravi&cl=CL5.55.1&d=me439100-me439100_pdf>. Acesso em: 21 set. 2018.

103. Thornton para Russel, Assunção, 5/9/1864, em *British Documents on Foreign Affairs: Reports and Papers from the Foreign Office Confidential Print; Latin-America, 1845-1914*, Part I, Series D, p. 165.

104. Cándido Bareiro, ministro paraguaio junto aos governos britânico e francês, para o chanceler britânico Earl Russel, Paris, 24/10/1864, em *British Documents on Foreign Affairs...*, op. cit., pp. 163-5.

105. María Victoria Baratta, *La Guerra del Paraguay y la construcción de la identidad nacional*, Buenos Aires, SB, 2019.

106. Francisco Félix Pereira Costa, op. cit., vol. I, p. 174.

107. Thornton para Russel, Buenos Aires, 12/7/1864, apud Pelham Horton Box, op. cit., p. 130.

108. Augusto Tasso Fragoso, *História da Guerra entre a Tríplice Aliança e o Paraguai*, Rio de Janeiro, Imprensa do Estado-Maior do Exército, 1934, vol. I, p. 123.

109. Apud Pelham Horton Box, op. cit., p. 186.

110. Atanasio C. de Aguirre para Solano López, Montevidéu, 14/6/1864, ANA, *Colección Rio Branco*, doc. 2774.

111. José dos Santos Barbosa, cônsul-geral brasileiro, para o chanceler Dias Vieira, of. res. n. 6, Assunção, 16/6/1864, AHI, *Repartições Consulares Brasileiras — Assunção*, 238-3-2; Charles Ames Washburn para Seward, Assunção, 1/6/1864, em John Harvey Saunders, *Diplomacy under Difficulties: United States Relations with Paraguay during the War of the Triple Alliance*, (USA), University of Georgia, Ph.D., 1966, p. 30.

112. Émile Laurent-Cochelet, Assunção, informe n. 19, 21/8/1864, em Luc Capdevila, *Una guerra total: Paraguay, 1864-1870. Ensayo de Historia del tiempo presente*, Buenos Aires, ed. SB, 2010, p. 320.

113. Leonardo de Souza Leite Azevedo, encarregado de Negócios português no Rio da Prata, para o ministro dos Negócios Estrangeiros de Portugal, of. n. 24, Montevidéu, 30/7/1864, AMNE — *Consulado Geral e Legação de Portugal no Rio da Prata*, caixa 788.

114. Pelham Horton Box, op. cit., p. 133. Quando foi apresentado o ultimato, o Exército brasileiro tinha 16 824 homens disseminados no país e apenas 2629 no Rio Grande do Sul, que foram usados para compor a divisão do general Menna Barreto que penetrou no Uruguai em 1º de dezembro de 1864 (comentário do major Emílio Fernandes de Sousa Docca em cônego João Pedro Gay, *Invasão paraguaia na fronteira brasileira do Uruguai*, Porto Alegre / Caxias do Sul, Instituto Estadual do Livro / Universidade de Caxias do Sul, 1980, pp. 198-9).

115. Pelham Horton Box, op. cit., pp. 134-5; general Augusto Tasso Fragoso, op. cit., vol. I, p. 128.

116. Mitre para o escritor chileno Gregorio Beéche, Buenos Aires, 18 / 10 / 1864, AGM, t. XIII, p. 328.

117. R. U. Bartolani para Rufino de Elizalde, Montevidéu, particular, s. d., ARE, vol. II, p. 389; nota do governo paraguaio à Legação brasileira em Assunção, 30 / 8 / 1864, RRNE, 1865, pp. 173-4.

118. Juan Crisóstomo Centurión, op. cit., t. I, pp. 206-7.

119. Zacarias, sessão do Senado de 4 / 8 / 1866, AS, 1866, vol. IV, p. 11; Elizalde para Saraiva, Buenos Aires, 11 / 10 / 1864, ARE, t. IV, p. 395.

120. Émile Laurent-Cochelet, Assunção, informe n. 20, 6 / 9 / 1864, em Luc Capdevila, op. cit., p. 325.

121. Comentário de Rio Branco, em Louis Schneider, op. cit., p. 170.

122. "Nº 2 — Ministerio de Estado de Relaciones Exteriores, Assunção agosto 30 de 1864", anexo a: Viana de Lima para Dias Vieira, of. conf. s. n., Assunção, 1 / 9 / 1864, AHI, LBPOE, 201-1-10. A queixa paraguaia da falta de informação, pelo governo uruguaio, de todas as negociações dirigia-se à atuação de Lapido em Assunção, em 1863. Também se queixava de o governo de Montevidéu ter convidado o Paraguai para mediar a crise para, em seguida, aceitar a atuação de Elizalde, Saraiva e Thornton.

123. Viana de Lima para Dias Vieira, of. conf. n. 3, Assunção, 3 / 9 / 1864, AHI, LBPOE, 201-1-10.

124. José dos Santos Barbosa para o chanceler Paes Barreto, AHI, *Repartições Consulares Brasileiras — Assunção*, 238-3-2; Viana de Lima para o chanceler Dias Vieira, of. conf. e res., Assunção, 19 / 9 / 1864; idem, LBPOE, 201-1-10; documento sem título, out. / nov. 1864, com informe detalhado dos movimentos dos membros da Legação brasileira em Assunção, ANA, *Colección Rio Branco*, doc. 2411.

125. Viana de Lima para Dias Vieira, ofício conf. e res. (parcialmente codificado), Assunção, 19 / 9 / 1864, AHI, LBPOE, 201-1-10.

126. José Luís Simón G., "El Paraguay de Francia y el mundo: despotismo y independencia en una isla mediterránea", *Propuestas democráticas*, Assunção, Fundación Hanns Seidel, II:5, jan. / mar. 1995, p. 143.

127. Viana de Lima para Dias Vieira, of. conf. e res. (parcialmente codificado), Assunção, 19 / 9 / 1864, AHI, LBPOE, 201-1-10.

128. Joaquim Nabuco, *Um estadista...*, op. cit., vol. I, p. 48.

129. Viana de Lima para Dias Vieira, of. conf. e res. (parcialmente codificado), Assunção, 19 / 9 / 1864, AHI, LBPOE, 201-1-10.

130. Idem, of. conf. e res., Assunção, 10 / 10 / 1864, AHI, LBPOE, 201-1-10.

131. Idem, of. conf. e res. (parcialmente codificado), Assunção, 19 / 9 / 1864, AHI, LBPOE, 201-1-10.

132. Viana de Lima para Tamandaré, of. conf. e res., Assunção, 13/10/1864, AHI, LBPOE, 201-1-10.

133. Na edição anterior deste livro, com base na historiografia brasileira, constava que no planejamento das trincheiras e na instalação dos canhões de Humaitá participaram os militares brasileiros Willigran Cabrita e Hermenegildo Portocarrero. Estes foram enviados ao Paraguai para instruir oficiais do Exército local que lutariam em eventual guerra contra o ditador argentino Juan Manuel de Rosas. No entanto, o historiador paraguaio Eduardo Nakayama afirma, com base fundamental, que a construção de Humaitá ocorreu sem a participação de oficiais brasileiros, a partir de 1855, conforme exposto no texto referente a esta nota. De fato, em 1846 o capitão de fragata brasileiro Leverger, explorando o rio Paraguai, registra Humaitá como um posto de guarda. Em 1855, comentando criticamente a missão de Ferreira Oliveira ao Paraguai na Assembleia Geral, o deputado barão de Pindaré classificou Humaitá como "fortinho de capim e areia [que tem] 2 peças [de canhão] calibre 6". Eduardo Nakayama, "A Fortaleza de Humaitá: Entre o mito e a realidade", *Navigator: Subsídios para a história marítima do Brasil*, Rio de Janeiro, vol. 14, n. 27, p. 12, 2018; Augusto Leverger, "Diário do reconhecimento do rio Paraguai desde a cidade de Assunção até o rio Paraná — 1846", *Revista do Instituto Histórico e Geográfico Brasileiro*, Rio de Janeiro, t. XXV, p. 182, 1º trim. 1862. Disponível em: <https://www.ihgb.org.br/publicacoes/revista-ihgb/itemlist/filter.html? searchword438-from=1862&searchword438-to=1862&moduleId=219&Itemid=174>. Acesso em: 1º jul. 2021; Senador barão de Pindaré, Sessão de 14/5/1855, *Anais do Senado Imperial*. Disponível em: <https://www.senado.leg.br/publicacoes/anais/pdf/Anais_Imperio/1855/1855%20Livro%201.pdf>. Acesso em: 1º jul. 2021.

134. Santos Barbosa para Paes Barreto, of. res. n. 2 e 3, Assunção, respectivamente 26/2/1864 e 7/4/1864, AHI, *Repartições Consulares Brasileiras — Assunção*, 238-3-2; Santos Barbosa para Dias Vieira, of. res. n. 5, Assunção, 23/5/1864, AHI, *Repartições Consulares Brasileiras — Assunção*, 238-3-2.

135. Francisco Félix Pereira Costa, op. cit., vol. I, p. 204.

136. Solano López para o coronel Resquín, Assunção, 28/10/1864, ANA, *Colección Rio Branco*, doc. 2539, carta 26.

137. Washburn para Seward, Assunção, 20/10/1864, em John Harvey Saunders, op. cit., p. 32.

138. Viana de Lima para Dias Vieira, of. conf. e res., Assunção, 10/10/1864, AHI, LBPOE, 201-1-10.

139. *Relatório do presidente de Mato Grosso apresentado à Assembleia Legislativa Provincial, 1865*, p. 8; comentário do barão do Rio Branco, em Louis Schneider, op. cit., pp. 169-70; Tasso Fragoso, op. cit., vol. I, pp. 259-60; *Relatório com que o general Albino de Carvalho passou a presidência da Província de Matto Grosso ao chefe de esquadra Augusto Leverger, em 30 de agosto de 1865*, p. 4.

140. General Emílio Fernandes de Sousa Docca, *História do Rio Grande do Sul*, Rio de Janeiro, Organização Simões, 1954, pp. 226-7.

141. Antonio Gontijo de Carvalho, *Um ministério visto por dentro: cartas inéditas de João Batista Calógeras, alto funcionário do Império*, Rio de Janeiro, José Olympio, 1959, pp. 122-3.

142. Brígido Tinoco, *As duas paixões de Caxias*, Rio de Janeiro, Biblioteca do Exército, 1955, pp. 178 e 191; discursos do senador Paranhos, sessões de 4/6/1864 e 25/7/1864, AS, vol. II, p. 34, e vol. III, pp. 143-5; Lídia Besouchet, op. cit., p. 132.

143. Viana de Lima para Dias Vieira, of. conf. e res. (parcialmente cifrado), s. n., Assunção, 4/11/1864, AHI, LBPOE, 201-1-10.

144. Virgílio Corrêa Filho, *História de Mato Grosso*, Rio de Janeiro, Instituto Nacional do Livro, 1969, p. 569.

145. Solano López para Resquín, acampamento de Cerro Léon, 15/11/1864, ANA, *Colección Rio Branco*, doc. 2539, carta n. 30.

146. Cándido Bareiro para Russel, *Legation of Paraguay in England*, Paris, 1/2/1865, em *British Documents on Foreign Affairs...*, op. cit., p. 173.

147. Viana de Lima para Dias Vieira, Buenos Aires, 7/12/1865, AHI, LBPOE, 201-1-10.

148. *Relatório do presidente da Província de Mato Grosso*, 1865, p. 4.

149. Solano López para Resquín, acampamento de Cerro León, 21/11/1864, ANA, *Colección Rio Branco*, doc. 2539, carta n. 31.

150. Emílio Fernandes de Sousa Docca, em João Pedro Gay, op. cit., p. 21.

151. Viana de Lima para Dias Vieira, Buenos Aires, 25/1/1865, AHI, LBPOE, 201-1-10.

152. Nota do governo paraguaio à Legação imperial, Assunção, 12/11/1864, RRNE, 1865, p. 180.

153. Protesto de Viana de Lima a José Berges, Assunção, 13/11/1865, AHI, LBPOE, 201-1-10; nota de José Berges para Viana de Lima, Assunção, 12/11/1864, AHI, LBPOE, 201-1-10; Viana de Lima para Dias Vieira, Buenos Aires, 7/12/1864, AHI, LBPOE, 201-1-10.

154. *Capitán de navío Romualdo Núñez — apunte de mi biografía para mis hijos — Guerra 1864/70* (AIMHM, *Colección Zeballos*, pasta 139), trata-se de cópia datilografada; Alejandro Hermosa, comandante de Humaitá, para Solano López, Humaitá, 22/2/1865, ANA, *Colección Rio Branco*, doc. 3637.

155. Viana de Lima para Dias Vieira, Buenos Aires, 12/12/1864, AHI, LBPOE, 201-1-10; Santos Barbosa para Dias Vieira, of. conf., Assunção, 30/12/1864, AHI, LBPOE, 201-1-10, *Repartições Consulares Brasileiras — Assunção*, 238-3-2.

156. Santos Barbosa para Dias Vieira, Assunção, 8/4/1865, AHI, LBPOE, 201-1-10.

157. Émile Laurent-Cochelet, Assunção, informe n. 35, 3/4/1865, em Luc Capdevila, op. cit, p. 359; Juan Crisóstomo Centurión, op. cit., t. I, pp. 242-3.

158. *Sumario instruido por el sñr. juez de paz 1º distrito de San Roque, de resulta ser que fué castigado por dos individuos desconocidos, Juan Barbosa, en la casa y servicio del SS. el cónsul del Brasil, don Amaro José dos Santos Barbosa* (ANA, *Sección Civiles y Judiciales*, vol. 1697).

159. Santos Barbosa para Dias Vieira, carta particular, Assunção, 1/8/1865, AHI, *Repartições Consulares Brasileiras — Assunção*, 238-3-2.

160. Fidel Maíz, op. cit., p. 28.

161. J. G. de Lemos Britto, *Guerra do Paraguay: narrativa dos prisioneiros do vapor "Marquez de Olinda"*, Bahia, Lithographia-Typographia e Encadernação Reis e Cia., 1907, p. 108.

162. André Rebouças, *Diário: a Guerra do Paraguai (1866)*, São Paulo, Instituto de Estudos Brasileiros da Universidade de São Paulo, 1973, pp. 104-5.

163. Solano López para Resquín, acampamento de Cerro Léon, 15/11/1864, ANA, *Colección Rio Branco*, doc. 2539, carta 30. De fato, o governo imperial estava por enviar armamento para Mato Grosso (do qual, aliás, a província não necessitava), mas aparentemente suspendeu o envio ao tomar conhecimento do aprisionamento do *Marquês de Olinda*; Viana de Lima para Dias Vieira, Assunção, 12/12/1864, AHI, LBPOE, 201-1-10.

164. Yolanda C. Stewart Sellitti (Org.), *Memorias del doctor Guillermo Stewart, jefe de la Sanidad Militar durante la Guerra del 70*, Assunção, Intercontinental Editora, 2015, p. 70.

165. Sagastume para Urquiza, Assunção, 22/12/1864, AGNA, *Archivo del general Justo José Urquiza*, VII-269, pp. 534-6.

166. Solano López para Urquiza, Assunção, 23/12/1864, AGNA, *Archivo del general Justo José Urquiza*, VII-269, pp. 525-6.

167. Viana de Lima para Dias Vieira, Assunção, 12/12/1864, AHI, LBPOE, 201-1-10.

168. Carta sem assinatura para José Berges, Uruguaiana, 18/12/1864, ANA, *Colección Rio Branco*, doc. 3330; José Brizuela para José Berges, Montevidéu, 30/12/1864, AGNA, *Paraguay — Vários*, X-1-9-12.

169. Documento de trabalho da Chancelaria paraguaia, sem assinatura ou data, elaborado após a queda de Salto e antes do ataque a Paissandu (ANA — *Colección Rio Branco*, doc. 2413).

170. Solano López para Urquiza, Assunção, 23/12/1864, AGNA, *Archivo del general Justo José Urquiza*, VII-269, pp. 525-6; Ver também: Gregorio Benítez, *Anales diplomático y militar de la Guerra del Paraguay*, Assunção, Establecimiento, 1906, vol. I, pp. 214-5.

171. Juan E. O'Leary, Anotação de 5/1/1907 em *Diario íntimo; 1907-1920; la historia del hombre que escribió la historia*, Assunção, Tiempo de Historia, 2018, p. 54.

172. Luis G. Benítez, *Historia diplomática del Paraguay*, Assunção, s. ed., 1972, p. 204.

173. Yolanda C. Stewart Sellitti, op. cit., pp. 90-1.

174. Paranhos para José Mármol, Rio de Janeiro, 22/9/1864, AGNA, *Archivo José Mármol*, VII--2-4-8, doc. 7670.

175. Senador Paranhos, sessão de 5/6/1865, AS, 1865, vol. II, apêndice, pp. 7-10.

176. José Maria da Silva Paranhos Jr. (barão do Rio Branco), *O visconde do Rio Branco*, Rio de Janeiro, Ministério das Relações Exteriores, 1947, *Obras do barão do Rio Branco*, vol. VII; Paranhos para Mitre, Rio de Janeiro, 22/4/1865, AGM, vol. XIII, p. 289; Paranhos para o barão de Cotegipe, Rio de Janeiro, 6/10/1871, AIHGB, *Arquivo do barão de Cotegipe*, lata 922, pacote 31; comentário do barão do Rio Branco, em Louis Schneider, op. cit., vol. I, p. 149.

177. Carlos Creus, ministro residente espanhol, para o secretário de Estado de Assuntos Exteriores da Espanha, of. n. 30, Buenos Aires, 25/12/1864, Amae, *Política Exterior — Argentina*, maço 2313.

178. Rufino de Elizalde para José Mármol (Instrucciones), Buenos Aires, 8/3/1865, em *Documentos del Dr. Rufino de Elizalde*. Disponível em Repositorio Digital Institucional Universidad de Buenos Aires: <http://repositoriouba.sisbi.uba.ar/gsdl/collect/archivos/cartasravi/index/assoc/me111300/-me11130.dir/me111300.pdf>. Acesso em: 2 jul. 2021.

179. Carta de Mármol para Elizalde, Montevidéu, 3 e 5/4/1865, em *Documentos del Dr. Rufino de Elizalde*. Disponível em Repositorio Digital Institucional Universidad de Buenos Aires: <http://repositoriouba.sisbi.uba.ar/gsdl/collect/archivos/cartasravi/index/assoc/me112400/-me11240.dir/me112400.pdf> e <https://docs.google.com/viewerng/viewer?url=http://repositoriouba.sisbi.uba.ar/gsdl/collect/archivos/cartasravi/index/assoc/me112500/-me11250.dir/me112500.pdf>. Acesso em: 2 jul. 2021.

180. Mitre para Benjamín Vicuña Mackenna, Buenos Aires, 22/2/1865, AGM, vol. XXI, p. 43.

181. Germán O. Tjarks, "Nueva luz sobre el origen de la Triple Alianza", *Revista Histórica*, Buenos Aires, Instituto Histórico de la Organización Nacional, ano I, n. 1, out./dez., 1977, pp. 129-71.

182. Mitre para Urquiza, Buenos Aires, 27/11/1865, AGM, vol. II, p. 123.

183. "Do correspondente em Montevidéo", *O Correio Mercantil*, Rio de Janeiro, 17/9/1864, BN, microfilme PRSPR-1(4); León Pomer, *Os conflitos da bacia do Prata*, São Paulo, Brasiliense, 1979,

p. 121; Paranhos para Mitre, "particular e reservada", s. l., 7/12/1864, ARE, vol. IV, p. 399; Rufino de Elizalde para Manuel Lagraña, Buenos Aires, 30/12/1864, ANA, *Colección Rio Branco*, doc. 3368.

184. Atanasio Aguirre para Domingo Eneno, Montevidéu, 7/12/1864. AGNA, *Archivo del general Justo José Urquiza*, VII-269.

185. Antonio de las Carreras para Urquiza, Montevidéu, 7/12/1864, AGNA, *Archivo del general Justo José Urquiza*, VII-269.

186. Enrique Arocena de Oliveira, op. cit., p. 94.

187. José Pedro Barrán, op. cit., p. 88.

188. *Protocollo de Negociação da Paz celebrada em Villa de União*, 20/2/1865, RRNE, 1865, p. 157.

189. Azevedo, ministro residente português, para o ministro dos Negócios Estrangeiros de Portugal, ofício 9, Montevidéu, 28/2/1865, AMNE, *Consulado Geral e Legação de Portugal no Rio da Prata*, caixa 788.

190. General J. B. Bormann, *A campanha do Uruguay (1864-5)*, p. 294; José Maria da Silva Paranhos (sob o pseudônimo João Carlos de Souza Ferreira), *A Missão Paranhos ou a paz no Uruguay por um ex-ministro de Estado*, Rio de Janeiro, s. ed., 1865, pp. 16-8.

191. Paranhos para Caxias, Montevidéu, 28/2/1865, AN, códice 551, cópia datilografada, p. 8.

192. Conde d'Eu, *Viagem militar ao Rio Grande do Sul (agosto a novembro de 1865)*, São Paulo, Cia. Editora Nacional, 1936, coleção Brasiliana, vol. 61, p. 86.

193. Carlos Machado, op. cit., pp. 211-2; Luiz A. Moniz Bandeira, op. cit., pp. 252-3.

194. Luiz A. Moniz Bandeira, op. cit., p. 253.

195. Lettsom, ministro residente britânico, para Russel, Montevidéu, 20/12/1864, em *British Documents on Foreign Affairs...*, op. cit., p. 176.

196. Em Baptista Pereira, *Figuras do Império e outros ensaios*, São Paulo, Cia. Editora Nacional, 1931, p. 12.

197. Tamandaré para o ministro dos Negócios Estrangeiros brasileiro, s. l. [a bordo da nau capitânia?], 12/10/1864, em Euzébio José Antunes, *Memórias das campanhas contra o Estado Oriental do Uruguai e a República do Paraguai*, Rio de Janeiro, Serviço de Documentação da Marinha, 2007, p. 52.

198. Barão do Rio Branco, *O visconde...*, op. cit., p. 202; Paranhos para Caxias, Montevidéu, 7/3/1865, AN, códice 551, cópia datilografada, p. 12.

199. Barão do Rio Branco, op. cit., pp. 215-6.

200. Vasconcellos e Sousa, ministro residente português, para o ministro dos Negócios Estrangeiros de Portugal, ofício 40, Rio de Janeiro, 7/3/1865, AMNE, *Legação de Portugal no Rio de Janeiro*, caixa 2081.

201. Com a suspensão de pagamentos pela Casa A. J. Alves Souto e Cia., seguiram-se falências de cinco outras instituições bancárias, com perdas conjuntas entre 54.000$00 e 70.000$00; Carlos Manuel Peláez e Wilson Suzigan, *História monetária do Brasil*, 2. ed., Brasília, Editora da UnB, 1981, pp. 104-5; Rui Guilherme Granziera, *A Guerra do Paraguai e o capitalismo no Brasil: moeda e vida urbana na economia brasileira*, São Paulo/Campinas, Hucitec/Unicamp, 1979, pp. 85-7.

202. Karl Deutsch, *Análise das relações internacionais*, Brasília, Editora da UnB, 1982, p. 110.

203. Paranhos para Andrés Lamas, Buenos Aires, 21/3/1865, AGNU, caixa 111, pacote 9.

204. Paranhos para Caxias, Montevidéu, 15/3/1865, "às 6 horas da manhã", AN, códice 551, *Cartas para Caxias* (cópias datilografadas).

205. César de Oliveira Lima Barrio, *A Missão Paranhos ao Prata (1864-1865): Diplomacia e política na eclosão da Guerra do Paraguai*, Brasília, Funag, 2010, pp. 139-42.

206. Voto do visconde de Niterói na Seção de Negócios Estrangeiros do Conselho de Estado, 25/12/1873, AHI, *Atas do Conselho de Estado — Seção dos Negócios Estrangeiros*, cópia datilografada, p. 303; Joaquim Nabuco, op. cit., vol. III, p. 179.

207. Félix Egusquiza para José Berges, Buenos Aires, 31/12/1864, ANA, *Colección Rio Branco*, doc. 3367; anônimo para Solano López, Rio de Janeiro, 7/2/1865, ANA, *Colección Rio Branco*, doc. 3367. O documento permite concluir que seu autor é um diplomata em viagem para a Inglaterra. Nele afirma-se que dom Pedro estava convencido do poder militar do Paraguai e, como consequência, queria evitar qualquer problema com esse país. O documento acrescenta que, se o Brasil resolver fazer a guerra ao Paraguai, vai demorar muito tempo para estar preparado militarmente pois "hoje é demasiadamente fraco para atacá-lo".

208. Thornton para Russel, Buenos Aires, 9/12/1864, em *British Documents on Foreign Affairs...*, op. cit., pp. 171-2.

209. Carta de Elizalde para Paranhos, Buenos Aires, 20/3/1865, em *Documentos del Dr. Rufino de Elizalde*. Disponível em Repositorio Digital Institucional Universidad de Buenos Aires: <http://repositoriouba.sisbi.uba.ar/gsdl/cgi-bin/library.cgi?c=d 10000-00---off-0archivos%2fcartasravi--00-2----0-10-0---0---0direct-10----4-------0-1l--10-es-Zz-1---20-about---00-3-1-00-00--4--0--0-0-0-1-00-0utfZz-8-00&a=d&cl=CL4.22&d=me101800-me101800_pdf>. Acesso em: 2 jul. 2021.

210. Elizalde para Mármol, of. conf., Buenos Aires, 21/3/1865, AGNA, *Colección José Mármol — Correspondencia*, VII-20-4-8, doc. s. n.

211. Em 1933, Cunninghame Graham publicou suas memórias na Inglaterra, argumentando que o fazia devido ao surgimento de uma geração de paraguaios que não vivenciou a guerra e, por isso, seus integrantes "estabeleceram um monstruoso culto do homem que levou seus antepassados a um tal estado de miséria, que aqueles que a testemunharam jamais esquecerão" (op. cit., pp. 7-8).

212. Em Junta Patriótica Paraguaya, *El mariscal Francisco Solano López*, Assunção, Junta Patriótica, 1926 (ed. fac-similar 1996), pp. 432-4.

213. Mario Monteiro de Almeida, *Episódios da formação geográfica do Brasil*, Rio de Janeiro, Pongetti, 1951, p. 379.

214. Carlos Pastore, *La lucha por la tierra en el Paraguay*, Montevidéu, Antequera, 1972, pp. 148-50; Juan Crisóstomo Centurión, *Memorias: reminiscencias históricas sobre la Guerra del Paraguay*, Assunção, El Lector, 1987, vol. 4, p. 145.

215. Richard Francis Burton, op. cit., p. 40.

216. Junta Patriótica Paraguaya, op. cit., p. 410.

217. Junta Patriótica Paraguaya, op. cit., pp. 417-8.

218. Thomas Whigham, *La Guerra de la Triple Alianza*, Assunção, Taurus, 2012, vol. III, p. 357.

219. Robert Bontine Cunninghame Graham, op. cit., p. 265; R. Andrew Nickson, *Historical Dictionary of Paraguay*, 2. ed., Nova York, The Scarecrow Press, 1993, pp. 358-9.

220. Juan Silvano Godoi, *El fusilamiento del obispo Palacios y los tribunales de sangre de San Fernando: documentos históricos*, Assunção, El Lector, 1996, p. 151.

221. "Notes of Evidence in the Case of William Stewart against Antoine or Antony Gelot", em Michael Lillis e Ronan Fanning, *Calúnia: Elisa Lynch e a Guerra do Paraguai*, São Paulo, Terceiro Nome, 2009, pp. 193-4.

222. Idem, ibidem, p. 209-10.

223. Sobre as circunstâncias desse retorno de Elisa Lynch ao Paraguai, ver: Michael Lillis e Ronan Fanning, op. cit., pp. 215-28.

224. Sentença da apelação civil n. 683, do Supremo Tribunal Federal do Brasil, de 17/12/1902. Arquivo do STF. Estanislao Zeballos, porém, faz referência à transferência de posse de terras de Elisa Lynch para Enrique Venancio Solano López em 5/8/1881, em Buenos Aires, e registrada em 5/12/1881 pelo escrivão portenho Victoriano de la Riega. Não foi possível esclarecer que transferência foi essa; na sentença do STF brasileiro, há referência ao ano de 1885 (*Dr. Zeballos Memorandum*, s. d. [1893 ou 1895], AIMHM, *Colección Zeballos*, pasta 121, s. n.).

225. Cecilio Báez, *La tiranía en el Paraguay*, 2. ed., Assunção, Ediciones Ñanduti Vive/Intercontinental Editora, 1993 (1. ed. 1903), p. 145; Junta Patriótica Paraguaya, op. cit., pp. 408-9.

226. Junta Patriótica Paraguaya, op. cit., pp. 391-407.

227. Idem, p. 240. Anteriormente, a informação era de que Elisa Lynch morrera na miséria e tivera seu enterro pago pela prefeitura de Paris. Ver: Robert Bontine Cunninghame Graham, op. cit., p. 265.

228. Michael Lillis e Ronan Fanning, op. cit., pp. 239-40.

229. Carlos Pastore, op. cit., p. 151.

230. Mario Monteiro de Almeida, op. cit., p. 407.

231. Juan Silvano Godoi, *Mi misión a Rio de Janeiro*, Buenos Aires, F. Lajouane Editor, 1897, p. 36.

232. Francisco Fernando Monteoliva Doratioto, "La participación del Brasil en el golpe de Estado de 1894 en Paraguay: la Misión Cavalcanti", em *Historia Paraguaya*, Assunção, Anuario de la Academia Paraguaya de la Historia, vol. XXXVIII, 1998, pp. 193-215.

233. Juan Silvano Godoi, op. cit., pp. 14, 35-42.

234. Idem, ibidem, pp. 43-6.

235. *Sentença da apelação civil n. 683*, do Supremo Tribunal Federal do Brasil, de 17/12/1902, Arquivo do STF-Brasília.

236. Juan Silvano Godoi, op. cit., pp. 45-7.

237. Mario Monteiro de Almeida, op. cit., p. 432; *Sentença da apelação civil n. 683*, do Supremo Tribunal Federal do Brasil, de 17/12/1902, arquivo do STF.

238. *Relatório político sobre o Paraguai (confidencial), por Arthur dos Guimarães Bastos, 2º secretário da Legação em Assunção*, anexo ao ofício 122, Assunção, 5/10/1931, AHI, LBPOE, 201-4-6.

239. Cecilio Báez, "La tiranía de Solano López: su aspecto comercial", em Junta Patriótica Paraguaya, *El mariscal Francisco Solano López*, Assunção, 1926, p. 133.

240. Luc Capdevila, op. cit., p. 224.

241. Lindolfo Collor, *No centenário de Solano López*, São Paulo, Melhoramentos, 1926, p. 69. Segundo esse autor, o positivismo venerava, "com honras excepcionais", a memória do ditador paraguaio José Gaspar Rodríguez de Francia, cujo nome estava inscrito no calendário organizado por Augusto Comte (p. 69).

242. Francisco Alambert, "O Brasil no espelho do Paraguai", em Carlos Guilherme Mota (Org.), *Viagem incompleta: a experiência brasileira (1500-2000). Formação: histórias*, São Paulo, Senac, 2000, p. 313.

243. F. J. McLynn, "The Causes of the War of the Triple Alliance: An Interpretation", *Inter-*

-American Economic Affairs, vol. 33, n. 2, outono, 1979, p. 30; estudo detalhado sobre o cultivo de algodão no Paraguai pode ser visto em Thomas Whigham, "El oro blanco del Paraguay: un episodio de la historia del algodón, 1860-70", em *Historia Paraguaya*, Assunção, Academia Paraguaya de la Historia, vol. XXXIX, 1999, pp. 311-32.

244. Juan Carlos Herken Krauer e María Isabel Giménez De Herken, op. cit., p. 35.

245. O representante britânico em Montevidéu obteve cópia do Tratado da Tríplice Aliança do chanceler uruguaio Carlos de Castro, que assinou o documento. O governo britânico divulgou o documento em relatório da situação no Prata enviado ao Parlamento (Frederico Francisco de Figanière, encarregado de Negócios espanhol, para o ministro dos Negócios Estrangeiros da Espanha, of. n. 68, Rio de Janeiro, 8/5/1866, AMNE, caixa 209).

246. *Memoria del capitán de fragata dn. Pedro V. Gill, dictado ao dr. E. Zeballos — 1864-1868 — De Corrientes a Tymbó — 1888 — Asunción* (AIMHM, *Colección Zeballos*, pasta 137).

247. AGA, *Colección Rio Branco*, doc. 3277. O documento é escrito originalmente em espanhol. O nome do destinatário na carta encontra-se no final da primeira página.

248. Diplomata profissional, Thornton não ofereceria seus serviços para restabelecer as relações normais entre o Brasil e o Paraguai, se o governo britânico tivesse interesse em desencadear a guerra.

249. Carta de Gregorio Benítez para Lord Stanley, Paris, 18/03/1868, em *Documentos del Dr. Rufino de Elizalde*. Disponível em Repositorio Digital Institucional Universidad de Buenos Aires: <http://repositoriouba.sisbi.uba.ar/gsdl/cgi-bin/library.cgi?e=d-10000-00---off-0archivos%2fcartasravi--00-2----0-10-0---0---0direct-10----4-------0-1l--10-es-Zz-1---20-about---00-3-1-00-00--4--0--0-0-0-1-00-0utfZz-8-00&a=d&cl=CL4.19&d=me264100-me264100_pdf>. Acesso em: 2 jul. 2021.

Benítez era o representante paraguaio, cumulativamente, junto aos governos francês e inglês.

250. Eugênio Vargas Garcia, *¿Imperio informal? La política británica hacia América Latina en el siglo XIX*, em Foro Internacional, México, Centro de Estudios Internacionales, Colegio de México, n. 184, 2006, pp. 367 e ss.

251. Sobre população, comércio exterior e arrecadação de impostos, ver: Diego Abente, "La guerra de la Triple Alianza: tres modelos explicativos", em Centro Paraguayo de Estudios Sociológicos, *Pasado y presente de la realidad social paraguaya*, Assunção, Ediciones y Artes, 1995, pp. 1154-5. Sobre efetivos argentino, brasileiro e uruguaio, ver: Miguel Ángel De Marco, *La Guerra del Paraguay*, Buenos Aires, Planeta, 1995, p. 63; Efraím Cardozo, *El Imperio del Brasil y el Río de la Plata*, Buenos Aires, Librería del Plata, 1961, p. 538; José Ignacio Garmendia, *Recuerdos de la Guerra del Paraguay: campaña de Corrientes y de Rio Grande*, Buenos Aires, J. Peuser, 1904; Estado-Maior do Exército, *História do Exército Brasileiro*, Brasília, Estado-Maior do Exército, 1972, vol. 2, p. 582.

252. John Hoyt Williams, op. cit., pp. 203-6; Efraím Cardozo, op. cit., p. 538.

253. André Rebouças, oficial engenheiro negro, que esteve por curto período no Paraguai, relata "a nudez e magreza" dos prisioneiros e feridos paraguaios capturados pelos aliados: "Diz-se que alguns foram mortos comendo carne tirada nos bornais de nossos soldados. Feridos, muitas vezes bem gravemente, comem vorazmente a farinha e a carne que se lhes oferecia" (André Rebouças, *Diário: a Guerra do Paraguai (1866)*, São Paulo, Instituto de Estudos Avançados da Universidade de São Paulo, 1973, p. 85).

254. Venancio López, ministro da Guerra, para Egusquiza, "agente confidencial de la República del Paraguay en Buenos Aires", Assunção, 29/11/1864, ANA, *Sección Historia*, vol. 339, doc. 18.

255. Arthur Silveira da Motta (barão de Jaceguai) e Carlos Vidal de Oliveira, *Quatro séculos de atividade marítima: Portugal e Brasil*, Rio de Janeiro, Imprensa Nacional, 1900, pp. 114-5.

2. O PARAGUAI ATACA: O FRACASSO DA "GUERRA-RELÂMPAGO" [PP. 107-206]

1. O canhão raiado ou arma de mão com essa característica tem, em seu interior, sulcos em forma helicoidal, que dão ao projétil maior impulso, estabilidade e precisão e, mesmo, penetração no alvo inimigo.

2. Discurso de Ferraz, sessões do Senado de 30/6/1862 e 16/8/1864, AS, 1862, vol. II, p. 38, e 1864, vol. IV, p. 99; discurso de Silveira da Motta, sessão do Senado de 5/4/1864, AS, 1864, vol. IV, p. 27; "Estado Oriental", *O Correio Mercantil*, Rio de Janeiro, 6/4/1864, p. 2, BN, micr. PR-SPR-1 (39).

3. *Relatório do Ministério da Guerra, 1862*, pp. 14-5; *1863*, p. 6, e *1864*, p. 15.

4. *Relatório do presidente de Mato Grosso, 1864*, pp. 9-10; ofício de 13/8/1864 ao comandante das armas, citado em comentário do barão do Rio Branco, em Louis Schneider, *A Guerra da Tríplice Aliança contra o Paraguai*, t. I, p. 167.

5. *Relatório do ministro da Guerra, 1863*, p. 13; *Relatório do Ministério da Marinha, 1864*, p. 8.

6. Virgílio Corrêa Filho, *História de Mato Grosso*, Rio de Janeiro, Instituto Nacional do Livro, 1969, p. 549; Estevam Mendonça, *Datas mato-grossenses*, apud general Antonio Souza Júnior, *Fronteiras flutuantes*, Rio de Janeiro, Laemmert, 1954, pp. 84-5.

7. *Declaración del indio brasileño desertor de las fuerzas de Coimbra, José Antonio Acosta*, 10/10/1864, ANA, *Sección Historia*, vol. 340, n. 11. Trata-se de minucioso interrogatório, composto de 39 perguntas.

8. Essas são as datas tradicionalmente citadas. No entanto, o cônsul francês em Assunção, em informe à sua Chancelaria, afirma que o corpo expedicionário paraguaio partiu de Assunção em 15 de dezembro.

Émile Laurent-Cochelet, Assunção, informe n. 29, 22/12/1864, em Luc Capdevila, *Una guerra total: Paraguay, 1864-1870, Ensayo de Historia del tiempo presente*, Buenos Aires, ed. SB, 2010, p. 340.

9. ANA, *Sección Histórica*, vol. 339, docs. 31 e 32. A esquadrilha naval era comandada pelo capitão de fragata Meza que, mais tarde, esteve na batalha de Riachuelo. Ela era composta dos navios *Tacuarí, Paraguarí, Igurey, Rio Branco, Salto del Guairá, Rio Apa* e *Marquês de Olinda*. Havia, ainda, cinco outras embarcações de menor porte, para transporte.

10. Exposição do ministro de Guerra e Marinha, Venancio López, para os *Muy Honorables Señores Representantes de la Nación*, Assunção, 5/3/1865; idem, *Sección Nueva Encuadernación*, vol. 3416.

11. *Instrucciones del ministro de Guerra y Marina, Venancio López, para el coronel comandante de la expedición al Alto Paraguay ciudadano Vicente Barrios* (*Sección Nueva Encuadernación, Colección Rio Branco*, doc. 3293).

12. Virgílio Corrêa Filho, op. cit., p. 550.

13. General Augusto Tasso Fragoso, *História da guerra entre a Tríplice Aliança e o Paraguai*, Rio de Janeiro, Imprensa do Estado-Maior do Exército, 1934-5, vol. I, p. 261.

14. Comentário do barão do Rio Branco, em Louis Schneider, *A Guerra da Tríplice Aliança (anotado pelo barão do Rio Branco)*, São Paulo, Edições Cultura, 1945, t. I, pp. 183-4; interrogatório do sargento Lauvano Sanabaria (um dos oito soldados paraguaios que entraram no forte), em *Sumario*

instruido al teniente De la Cruz Sánchez para averiguar su comportamiento durante el combate de Coimbra (ANA, *Sección Civiles y Judiciales*, vol. 1575); George Thompson, *La Guerra del Paraguay*, Assunção, RP Ediciones, 1992, p. 34.

15. Ofício n. 34 do presidente de Mato Grosso, Albino de Carvalho, para o Ministério da Guerra, Cuiabá, 22/4/1865; *Relatório do presidente da Província de Mato Grosso, 1865*, p. 22.

16. George Thompson, op. cit., pp. 34-5; Juan Crisóstomo Centurión, *Memorias o reminiscencias históricas sobre la Guerra del Paraguay*, Assunção, El Lector, 1987, vol. I, pp. 218-9. Centurión foi um dos jovens enviados por Carlos López à Europa para estudar Direito, tendo retornado ao Paraguai em 1863. Na condição de tenente-coronel, ele participou da guerra desde a invasão de Corrientes até a morte de Solano López em 1870. No pós-guerra, Centurión chegou a ser, em 1888, ministro das Relações Exteriores. Suas memórias estão publicadas em quatro tomos e constituem importante fonte para o estudo não só das operações militares da guerra, mas também da visão que os paraguaios dela possuíam e, ainda, da figura de Solano López.

17. Lista do armamento e munição capturados: dez canhões de bronze; quatro obuses; 1816 metralhas de pinha; 1220 espoletas de madeira; 3 mil espoletas fulminantes; 169 cartuchos de canhão; 83400 cartuchos de fuzil; 23 fuzis calibre.12; sete baionetas; 120 quilogramas de pólvora fina e nove machados. *Razón numérica de los cañones de bronce y municiones capturados del fuerte de Coimbra con el vapor "Salto Guayra" con especificación de sus calibres y largos a los cañones. Cuartel del 1er. batallón — Enero 5 de 1865. / Razón de armamentos y municiones traydos del forte Coimbra por el vapor Ypora, con especificación de sus calibres y largor. Cuartel del 1er. batallón — Enero 15 de 1865* (ANA, *Sección Historia*, vol. 343, doc. 18).

18. Adler Homero Fonseca de Castro, "Notas sobre o armamento na Guerra do Paraguai", Projeto Guerra do Paraguai, Rio de Janeiro, Biblioteca Nacional, Rede da Memória Virtual Brasileira, s. d.

Destaca esse autor que mesmo os cartuchos existentes em Coimbra "não eram apropriados, pois o calibre das armas Miniés era de 14,8 mm, enquanto o das de 'adarme 17' era de 17,5 mm, obrigando ao corte dos projéteis para que pudessem ser usados nos canos das armas, o que foi feito nos 3 mil cartuchos preparados pelas mulheres dos defensores".

"Adarme" era medida para o peso das antigas balas esféricas, de chumbo.

19. Ofícios n. 33 e 34 do presidente de Mato Grosso para o Ministério da Guerra, Cuiabá, 22/4/1865, em *Relatório do presidente da Província de Mato Grosso, 1865*, pp. 22 e 28; Lécio G. de Souza, *História de Corumbá*. s. l., s. ed., 197[?], p. 55.

20. Luiz de Castro Souza, *A medicina na Guerra do Paraguai*, [Rio de Janeiro], s. ed., [1971?], p. 30; *Relatório do presidente da Província de Mato Grosso, 1865*, p. 29.

21. Resolução do presidente do Mato Grosso, 3/3/1865, em *Relatório do presidente da Província de Mato Grosso, 1865*, pp. 22 e 29; coronel Carlos A. de Oliveira, "Evacuação de Corumbá (relatório do cel. Carlos A. de Oliveira)", *Revista do Instituto Histórico de Matto Grosso*, Cuiabá, ano VIII, t. XV, 1926, pp. 197-215. O relatório é datado de Cuiabá, 28/3/1865.

22. George Thompson, op. cit., pp. 35-6; "Operaciones de los paraguayos en Matto Grosso", *La Tribuna*, Buenos Aires, 22/1/1865, p. 2, BC, s/c. Juan Crisóstomo Centurión, porém, classifica esse relato de calúnia, embora reconheça que os soldados paraguaios cometeram "abusos" contrários aos "princípios [...] de civilização" (op. cit., vol. I, pp. 221-2). Aprisionado, o *Anhambaí* foi incorporado à esquadra paraguaia, na qual atuou até ser afundado em 1869, quando era perseguido por navios brasileiros no rio Yhagui. Retirado do fundo do rio na década de 1970, o

Anhambaí encontra-se exposto no Parque Nacional y Museo de Vapor Cué, juntamente com outros navios paraguaios afundados simultaneamente no mesmo local.

23. *Relatório do presidente da Província de Mato Grosso, 1865*, pp. 9-10.

24. A colônia militar de Dourados foi criada por decreto de 26/4/1856 e contava, por ocasião da invasão, com cerca de quatrocentos habitantes. No final da década de 1850, após a assinatura do Tratado de 6/4/1856 com o Paraguai, o governo imperial buscou robustecer as provas do uti possidetis na região litigiosa, fundando colônias militares nas proximidades dos estabelecimentos particulares (Virgílio Corrêa Filho, op. cit., p. 135).

25. Visconde de Taunay, *Memórias*, São Paulo, Melhoramentos, 1946, pp. 187-8; Augusto Tasso Fragoso, op. cit., vol. I, p. 150.

26. Visconde de Taunay, op. cit., pp. 191-2.

27. *Declaración tomada al brasileño Pedro Antonio Silva*, interrogatório feito em Corumbá, em 9/1/1865 (ANA, *Sección Civiles y Judiciales*, vol. 1675, doc. 8). Pedro Antonio Silva tinha 22 anos de idade, era soldado da banda de música de Coimbra e caiu prisioneiro ao tentar fugir da invasão de Corumbá em lanchão com civis.

28. *O Exército na história do Brasil*, pp. 154-5.

29. *Relatório do presidente da Província de Mato Grosso, 1865*, p. 44.

30. Juan Crisóstomo Centurión, op. cit., pp. 215, 226-7; *Memorias del capitán de fragata dn. Pedro v. Gill, dictada al dr. E. Zeballos — 1863-8 — De Corrientes a Tymbó — 1888 — Asunción* (AIMHM, *Colección Gill Aguinaga*, pasta 137); George Thompson, op. cit., p. 37.

31. Na verdade, a fuga foi possível devido à escassez de população de Mato Grosso, particularmente das vilas tomadas pelos paraguaios; em Miranda, Dourados e Albuquerque havia apenas 1820 pessoas, das quais 606 eram escravos. *Memorias del capitán de fragata dn. Pedro v. Gill, dictada al dr. E. Zeballos — 1863-8 — De Corrientes a Tymbó — 1888 — Asunción* (AIMHM, *Colección Gill Aguinaga*, pasta 137); comentários do barão do Rio Branco, em Louis Schneider, op. cit., vol. I, pp. 132 e 134.

32. Martín Urbieta para o Comando Militar de Concepción, *Distrito Militar de Mbotetey en Nioac*, ofícios de 3 e 30/8/1865 (ANA, *Sección Nueva Encuadernación*, vol. 2331).

33. *Relatório do presidente da Província de Mato Grosso, 1865*, pp. 13 e 24.

34. George Thompson, op. cit., p. 35.

35. *Instrucciones para el coronel ciudadano Vicente Barrios, nombrado comandante de la división de operaciones del Alto Paraguay*, assinadas pelo ministro da Guerra Venancio López, Assunção, 13/12/1864 (ANA, *Colección Rio Branco*, doc. 3291); "Operaciones de los paraguayos en Matto Grosso", *La Tribuna*, Buenos Aires, 22/1/1865, p. 2, BC, s/c.

36. Laurent-Cochelet, cônsul francês no Paraguai, para o chanceler Drouyn de Lhuys, Assunção, 26/2/1865, em Milda Rivarola, *La polémica francesa sobre la Guerra Grande*, Assunção, Editorial Histórica, 1988, pp. 141, 110 e 113.

37. "Operaciones de los paraguayos en Matto Grosso", *La Tribuna*, Buenos Aires, 22/1/1865, p. 2, BC, s/c; comentário do barão do Rio Branco, em Louis Schneider, op. cit., t. I, p. 189; George Thompson, op. cit., pp. 35-6.

38. Émile Laurent-Cochelet, Assunção, informe n. 26, 26/2/1865, em Luc Capdevila, op. cit., p. 349.

39. George Thompson, op. cit., p. 36.

40. *Carasa comerciante extranjero establecido en Corumbá escribe sobre los acontecimientos ocurridos durante la guerra* (ana, *Sección Histórica*, vol. 341, doc. 13). Trata-se, na verdade, do boticário português Manuel Careza.

41. Interrogatórios de Antonio Gaudie Ley, Assunção, 4/2/1867, e de Francisco da Costa Leite Falcão, Assunção, 5/2/1867, em *Autos sobre Pereira — 1867 — Proceso a José Maria Leite Pereira gerente de Consulado portugués por no tener confianza al billete paraguayo* (ana, *Sección Civiles y Judiciales*, vol. 1662, doc. 7). Rafael Peña emprestou 4 mil pesos paraguaios contra uma letra promissória de 4 mil patacões, quando a moeda paraguaia valia muito menos. Interrogatório do brasileiro Luís José Botelho, 7/2/1867, em *Autos sobre Pereira — 1867...*, cit.; interrogatório do italiano Manuel Luque, Assunção, 11/2/1867, em *Autos sobre Pereira — 1867...*, cit.; Gaudie Ley morreu em 1866, de varíola.

42. *Lista nominal de los reos existentes en la cárcel pública de la capital especificando nacionalidad y causas*, Assunção, 26/4/1867 (ana, *Sección Civiles y Judiciales*, vol. 1675, doc. 7).

43. Francisco José Corrêa Madruga para o encarregado de Negócios de Portugal no Rio da Prata, *Consulado de Portugal no Paraguai atualmente em Buenos Aires, 20 de setembro de 1868* (amne, caixa 212).

44. Segundo interrogatório do cidadão brasileiro Luís José Botelho, Assunção, 8/2/1867, em *Autos sobre Pereira — 1867 — Proceso a José Maria Leite Pereira gerente de Consulado portugués por no tener confianza al billete paraguayo* (ana, *Sección Civiles y Judiciales*, vol. 1662, doc. 7).

45. *A S. E. el sñr don Carlos A. Washburn, ministro residente de los Estados Unidos de América en la República del Paraguay*, Assunção, [11 ou 12] julho de 1868 (amne, caixa 212). Trata-se de documento de vinte laudas, em que faltam as páginas finais e no qual Pereira Leite expõe suas atividades de auxílio aos estrangeiros em Assunção ao representante diplomático norte-americano, na casa de quem teve que asilar-se devido à hostilidade do governo paraguaio.

46. Idem, ibidem.

47. Interrogatório do cidadão brasileiro Luís José Botelho, Assunção, 8/2/1867, em *Autos sobre Pereira — 1867 — Proceso a José Maria Leite Pereira gerente de Consulado portugués por no tener confianza al billete paraguayo* (ana, *Sección Civiles y Judiciales*, vol. 1662, doc. 7).

48. Leonardo de Sousa Leite Azevedo para José Berges, carta "particular e confidencial", Montevidéu, 14/5/1864 (ana, *Colección Rio Branco*, doc. 2641); idem, "particular", Montevidéu, 17/6/1864 (ana, *Colección Rio Branco*, doc. 2795).

49. José Berges para Solano López, Corrientes, 30/9/1865 (ana, *Colección Rio Branco*, doc. 4065).

50. Azevedo para Berges, "particular", Montevidéu, 26/10/1867 (ana, *Colección Rio Branco*, doc. 4489). Azevedo ordenara, em fins de 1865, ao cônsul Madruga, quando este chegou ao Prata, que transferisse de Leite Pereira para o vice-cônsul Vasconcellos a chefia do Consulado. Essa ordem nunca chegou a Assunção e, posteriormente, Madruga defendeu-se afirmando ter enviado ofício, datado de 25 de janeiro de 1866, para que fosse feita essa transferência, mas que, aparentemente, o documento nunca chegou a seu destino (Madruga para Azevedo, Buenos Aires, 20/9/1868, amne, caixa 212).

51. Decreto de Solano López, San Fernando, 20/7/1868, ana, *Colección Rio Branco*, doc. 4768; comentário de J. Arthur Montenegro, em Dorothéa Duprat de Lasserre, *Guerra do Paraguay: Memórias de Mme. Dorothéa Duprat de Lasserre*, versão e notas de J. Arthur Montenegro, Rio Grande, Livraria Americana, 1893, p. 33; Juan Silvano Godoi afirma, porém, que Leite Pereira foi fuzilado em 21 ou

22 de dezembro de 1868 (*El fusilamiento del obispo Palacios y los tribunales de sangre de San Fernando: documentos históricos*, Assunção, El Lector, 1996, p. 111).

52. RRNE, 1871, p. 50.

53. Klaus Becker, *Alemães e descendentes — do Rio Grande do Sul — na Guerra do Paraguai*, Canoas, Editora Hilgert, 1968, pp. 45-6.

54. Caxias para Paranaguá, of. conf., Tuiu-Cuê, 2/9/1868, AN, *Reservados e confidenciais referentes à campanha do Paraguai*, códice 924, livro 4.

55. Affonso Henrique Stanislawczuk de Moura, *A Guerra da Tríplice Aliança e suas contribuições para a evolução do Exército brasileiro*, Rio de Janeiro, Escola de Comando do Estado-Maior do Exército, 1996, monografia do Curso de Altos Estudos, pp. 14-5.

56. *Relatório do Ministério da Justiça, 1865*, p. 30.

57. *Relatório do presidente da Província de Pernambuco, julho de 1865*, pp. 6-7.

58. Idem, ibidem, p. 6; *Relatório do presidente da Província de Santa Catarina, 1866*, p. 4; *Relatório do presidente da Província da Paraíba do Norte, 1866*, p. 19; *Relatório do presidente da Província do Rio de Janeiro, 1867*, p. 7; *Relatório do presidente da Província de Minas Gerais, 1865*, p. 13; *Relatório do presidente da Província do Rio Grande do Norte, 1866*, p. 7.

59. *Relatório do presidente da Província de São Paulo, 1866*, p. 24; *Relatório do presidente da Província do Ceará, 1866* (*1º de dezembro*), p. 5.

60. *Relatório do Ministério da Justiça, 1865*, p. 29.

61. Emílio Fernandes de Sousa Docca, em cônego João Pedro Gay, *Invasão paraguaia na fronteira brasileira do Uruguai*, Porto Alegre/Caxias do Sul, Instituto Estadual do Livro/Universidade de Caxias do Sul, 1980, pp. 198-9.

62. Em Klaus Becker, op. cit., p. 22.

63. Nelson Werneck Sodré, *A história militar do Brasil*, 3. ed., Rio de Janeiro, Civilização Brasileira, 1979, p. 143.

64. Vasconcellos e Sousa, ministro residente português, para o ministro dos Negócios Estrangeiros, of. n. 5, Rio de Janeiro, 9/1/1865, AMNE, *Legação de Portugal no Rio de Janeiro*, caixa 208.

65. *Relatório do Ministério da Guerra, 1864*, pp. 10-1; José Alves Visconti Coaracy, *Traços biographicos da heroína brasileira Jovita Alves Feitosa, ex-sargento do 2º Corpo de Voluntários do Piauhy*, Rio de Janeiro, Typographia Imparcial, 1868; *Relatório do presidente da Província da Bahia, 1866*, p. 15; *Relatório do presidente da Província de Pernambuco, julho de 1865*, pp. 7-8; *Relatório do presidente da Província da Bahia, 1866*, p. 17; *Relatório do presidente da Província de Goiás, 1866*, p. 9.

66. Umberto Peregrino, "A Guerra do Paraguai na obra de Machado de Assis", em *Anais do Museu Histórico Nacional*, Rio de Janeiro, 1966, p. 26.

67. Francisco Félix Pereira Costa, *História da guerra do Brasil contra as Repúblicas do Uruguay e Paraguay*, Rio de Janeiro, Livraria de A. G. Guimarães, 1870, vol. II, p. 100.

68. Comentário de Emílio Fernandes de Sousa Docca, em cônego João Pedro Gay, op. cit., pp. 176-7; vice-almirante Helio Leoncio Martins, "A estratégia naval brasileira na Guerra do Paraguai (com algumas observações sobre suas ações táticas e o apoio logístico)", *Revista Marítima Brasileira*, Rio de Janeiro, Serviço de Documentação da Marinha, vol. 117, n. 7/9, jul./set. 1997, p. 60.

69. Solano López para o general Resquín, Humaitá, 10/8/1865, "a las 23,30 horas", ANA, vol. 343, n. 43.

70. Helio Leoncio Martins, op. cit., p. 60.

71. Comentário do barão do Rio Branco, em Louis Schneider, op. cit., t. II, p. 109; *O Exército na história do Brasil*, pp. 165-6.

72. Visconde de Taunay, op. cit., p. 120; Acyr Vaz Guimarães, *Mato Grosso do Sul, sua evolução histórica*, Campo Grande, UCDB, 1999, pp. 176-7; ofício n. 58 do presidente de Mato Grosso para o Ministério da Guerra, 8/6/1865, em *Relatório do presidente da Província de Mato Grosso, 1865*, pp. 44-5.

73. Luiz de Castro Souza, op. cit., p. 49. O autor justifica a demora de Drago em Campinas, que não teria recebido recursos financeiros, cavalos, arreios e autorização para engajar tropeiros na marcha, elementos que deveriam ser proporcionados pelo Ministério da Guerra (p. 48).

74. Visconde de Taunay, *Marcha das forças (expedição de Matto Grosso): 1865-6*, São Paulo, Melhoramentos, 1928, p. 65; Idem, *Memórias*, op. cit., pp. 120, 133-4.

75. Idem, *Memórias*, op. cit., pp. 138, 142-5, 172.

76. Idem, ibidem, pp. 171-2.

77. Idem, *A retirada da Laguna*, São Paulo, Melhoramentos, 1975, p. 32.

78. Idem, pp. 37-8; sobre o comando do coronel Carvalho, ver, desse autor, *Memórias*, op. cit., pp. 218-24.

79. Idem, *A retirada...*, op. cit., pp. 37-8.

80. Idem, pp. 41-3.

81. Idem, pp. 59-63.

82. Idem, *Memórias*, op. cit., p. 236.

83. Idem, *A retirada...*, op. cit., pp. 57, 62-3.

84. Taunay afirmou tratar-se de cólera, informação aceita e repetida pelos historiadores. Contudo, Luiz de Castro Souza, médico militar, defende que o quadro epidêmico era motivado por intoxicação alimentar (op. cit., p. 90).

85. Visconde de Taunay, *Memórias*, op. cit., pp. 253-4.

86. Idem, *A retirada...*, op. cit., pp. 84, 113-4.

87. Idem, pp. 135-7.

88. Francisco Isidoro Resquín, *La Guerra del Paraguay contra la Triple Alianza*, Assunção, El Lector, 1996, p. 60; Silvio Gaona, *El clero en la Guerra del 70*, Assunção, El Arte, 1961, p. 13; Os mortos paraguaios não foram sepultados, mas, sim, atirados ao rio Paraguai pelas tropas brasileiras; Efraím Cardozo, *Hace 100 años: crónicas de la guerra del 1864-70*, Assunção, Emasa, 1972, t. VI, pp. 247-52; Acyr Vaz Guimarães, op. cit., p. 189.

89. Acyr Vaz Guimarães, op. cit., p. 192.

90. Luiz de Castro Souza, op. cit., p. 110.

91. *Relatório do presidente da Província de Mato Grosso, 1869*, p. 4; Luiz de Castro Souza, op. cit., p. 129.

92. Solano López para Urquiza, Assunção, 14/1/1865, AGNA, *Archivo del general Justo José Urquiza*, VII-270.

93. George Thompson, op. cit., pp. 42-3.

94. Idem, ibidem, p. 43.

95. Adolfo Soler para Elizalde, Assunção, notas de 9/3/1865 e 15/3/1865, AMREC, *Paraguay — Correspondencia Diplomática y Consular*, caixa 51, pastas 1 e 2.

96. Mármol para Elizalde, Montevidéu, 12/4/1865. Disponível em Repositorio Digital Institucional Universidad de Buenos Aires: <http://repositoriouba.sisbi.uba.ar/gsdl/cgi-bin/library.cgi?e=d-10000-00---off-0archivos%2fcartasravi--00-2----0-10-0---0---0direct-10----4-------0-1l--10-es-Zz-1---20-about---00-3-1-00-00--4--0--0-0-01-00-0utfZz-8-00&a=d&cl=CL4.22&d=me112900-me112900_pdf>. Acesso em: 2 jul. 2021.

97. Coronel Juan Beverina, *La Guerra del Paraguay (1865-70): resumen histórico*, 2. ed., Buenos Aires, Institución Mitre, 1973, pp. 118-20.

98. Testemunho do segundo-tenente Julián Godoy, ajudante de ordens de Solano López, 10/8/1865, em *Causa seguida al brigadier ciudadano Wenceslao Robles acusado de haber desmerecido la confianza del Supremo Gobierno Nacional con varios y continuados hechos criminales en el mando de la División del Sud* (ANA, *Sección Historia*, vol. 447, doc. 7); a informação sobre o consumo de conhaque está no depoimento do barbeiro de Robles, soldado Francisco Villalba, 10/8/1865 (ANA, *Sección Historia*, vol. 447, doc. 7).

99. José Mármol, por exemplo, ficou satisfeito com a guerra, pois pensava que com ela se poderiam alcançar os objetivos do governo argentino. Mármol para Elizalde, Montevidéu, 12/4/1865. Disponível em Repositorio Digital Institucional Universidad de Buenos Aires: <http://repositoriouba.sisbi.uba.ar/gsdl/cgi-bin/library.cgi?e=d-10000-00---off-0archivos%2fcartasravi--00-2----0-10-0---0---0direct-10----4-------0-1l--10-es-Zz-1---20-about---00-3-1-00-00--4--0--0-0-01-00-0utfZz-8-00&a=d&cl=CL4.22&d=me112900-me112900_pdf>. Acesso em: 2 jul. 2021.

100. Arturo Bray, *Solano López, soldado de la gloria y del infortunio*, Assunção, Carlos Schauman, 1984, p. 250.

101. "!Corrientes amenazado!"; "El Paraguay, los blancos y nosotros"; "!Que será?" e "Triple Alianza", respectivamente 29/1; 31/1; 9/4 e 11/4/1865. *El Nacional*, Buenos Aires, BC, s/c. O armamento com destino ao Paraguai era transportado pelo vapor *Esmeralda*, sendo composto de 42 caixões com vinte fuzis e vinte sabres; dois caixões com munição; um caixão com cem sabres e 31 caixões com tecidos e panos para uniformes militares. O decreto de confisco era assinado por Mitre, Elizalde, L. González e pelo general Juan A. Gelly y Obes (Arturo Bray, op. cit., p. 254).

102. *Guerra del Paraguay — Diario sumariamente llevado por el dr. George Stuart* [sic!] *cirujano-mayor del Ejército* [paraguaio] — *Donado por él mismo el 6 de diciembre de 1887, de paso para Londres, a Estanislao Zeballos* (AIMHM, *Colección Zeballos*, pasta 124).

103. Juan Beverina, op. cit., p. 120.

104. Juan Crisóstomo Centurión, op. cit., vol. I, pp. 245-7.

105. *Informes del general Bernardino Caballero, sr. presidente de la República del Paraguay* (AIMHM, *Colección Zeballos*, pasta 131); *primer informe del teniente coronel Julián N. Godoy, Asunción, 13/4/1888* (AIMHM, *Colección Zeballos*, pasta 144).

106. Juan Manuel Casal, "La División Oriental en la Guerra del Paraguay" em Juan Manuel Casal e Thomas L. Whigham, *Paraguay: el nacionalismo y la guerra — Actas de las Primeras Jornadas Internacionales de Historia del Paraguay en la Universidad de Montevideo*, Assunção, Servilibro/Universidad de Montevidéu, 2009, pp. 37-8.

107. Dardo Ramírez Braschi, "Saqueos em la Província de Corrientes durante la Guerra del Paraguay", em *Temas Americanistas*, Sevilha, Departamento de história da Universidade de Sevilha, n. 32, 2014, p. 249. Disponível em: <http://institucional.us.es/revistas/americanistas/32/DEFINITIVO%20articulo%20Ramirez%20Braschi.pdf>. Acesso em: 2 jul. 2021.

108. Juan Crisóstomo Centurión, op. cit., t. I, pp. 248, 254-6; George Thompson, op. cit., pp. 72-3.

109. Solano López para Resquín, Humaitá, 5/8/1865, ANA, *Sección Historia*, vol. 343, doc. 12.

110. Solano López para Camiños, cônsul paraguaio em Corrientes, s. l., 20/6/1865, ANA, *Sección Historia — Agregados*, vol. 345, doc. 15.

111. *Memorias del coronel Juan Crisóstomo Centurión — 1888 — Datos tomados en Buenos Aires el 6 de enero de 1888 de labios del coronel paraguayo Centurión* (AIMHM, *Colección Zeballos*, pasta 118).

112. Documento de trabalho da Chancelaria paraguaia com argumentos para obter uma aliança com Urquiza, escrito entre a queda de Salto e antes do ataque a Paissandu, sem assinatura (ANA, *Colección Rio Branco*, doc. 2413); Solano López para Berges, Humaitá, 9/11/1865, ANA, *Colección Rio Branco*, doc. 4072. O coronel paraguaio Julián N. Godoy afirmou posteriormente, em 1888, que na realidade Solano López assumira com Urquiza e os *blancos* uruguaios o compromisso de comandar as tropas paraguaias em Corrientes, marchando para unir-se a Estigarribia. Não o fez porque seu filho menor, Leopoldo, ficou doente, levando-o a adiar sua partida para Corrientes — a qual perdeu razão de ser devido à nova situação criada em meados de 1865. Depoimento do coronel paraguaio Julián N. Godoy a Estanislao Zeballos, Assunção, 13/4/1888, em Liliana M. Brezzo (Ed.), *La Guerra del Paraguay en primera persona: Testimonios inéditos — Fondo Estanislao Zeballos*, Assunção, Tiempo de Historia, 2015, p. 116.

113. Francisco Isidoro Resquín, op. cit., p. 25.

114. Francisco Félix Pereira Costa, op. cit., vol. II, p. 116.

115. Juan Beverina, op. cit., pp. 121-2 e 129.

116. Urquiza para Mitre, San José, 29/12/1864, AGM, vol. II, p. 44; Charles Ames Washburn, *The History of Paraguay with Notes of Personal Observations, and Reminiscences of Diplomacy under Difficulties*, vol. II, p. 25.

117. Urquiza para Mitre, San José, 29/12/1864, AGM, vol. II, p. 44; Julio Victorica, *Urquiza y Mitre: contribución al estudio histórico de la Organización Nacional*, 2. ed., Buenos Aires, La Cultura Argentina, 1918, p. 277; José Ramírez para Urquiza, Assunção, 26/2/1865, AGNA, *Archivo del general Justo José Urquiza*, VII, t. 271, docs. 403-4.

118. Luiz A. Moniz Bandeira, *O expansionismo brasileiro: o papel do Brasil na Bacia do Prata — da colonização ao Império*, Rio de Janeiro, Philobiblion, 1985, p. 257; Joaquim Luís Osorio e Fernando Luís Osorio Filho, *General Osorio: pela verdade histórica — rebatendo perfídias*, Rio de Janeiro, Casa Bevilacqua, 1914, pp. 86-7; conforme João Batista Calógeras, Urquiza "é um homem capaz de tudo por dinheiro". Carta à esposa e filhos, Rio de Janeiro, 24/7/1865, em Antonio Gontijo de Carvalho, *Um ministério visto por dentro: cartas inéditas de João Batista Calógeras, alto funcionário do Império*, Rio de Janeiro, José Olympio, 1959, p. 217.

119. Augusto Tasso Fragoso, op. cit., vol. II, pp. 33-4; Enrique I. Rottjer, *Mitre militar*, Buenos Aires, Círculo Militar, 1937, pp. 122-3.

120. Miguel Ángel De Marco, *La Guerra del Paraguay*, Buenos Aires, Planeta, 1995, pp. 71-2.

121. Idem, ibidem, pp. 63-6.

122. Jorge M. Mayer, *Alberdi y su tiempo*, Buenos Aires, Editorial Universitária, 1963, p. 698; Elizalde para o chanceler brasileiro José Antonio Saraiva, 11 e 12/15/1865, AMREC, *Guerra de la Triple Alianza*, caixa 1.

123. Andrés Cisneros e Carlos Escudé, *Historia general de las relaciones exteriores de la República argentina*, Buenos Aires, Cari/Grupo Editor Latinoamericano, 1999, t. VI, pp. 105-6.

124. Estanislao Zeballos, "El general Mitre, conferencia dedicada a la memoria del general Mitre", em *Anales del Instituto Popular de Conferencias*, séptimo ciclo, ano 1921, Buenos Aires, 1925, p. 91.

125. Miguel Ángel De Marco, op. cit., p. 58.

126. Enrique I. Rottjer, op. cit., p. 124.

127. Major Daniel Vianna Peres, *Lições e ensinamentos do estudo dos deslocamentos e concentrações estratégicas realizadas pelo Exército brasileiro no período do Império e da República*, Rio de Janeiro, Escola de Comando e Estado-Maior do Exército, 1999, monografia do Curso de Altos Estudos, mimeo.

128. Augusto Tasso Fragoso, op. cit., vol. II, pp. 55-8; Juan Beverina, op. cit., pp. 136-7.

129. Cáceres para Urquiza, 23/5/1865, em Juan Beverina, op. cit., p. 141.

130. Juan Beverina, op. cit., pp. 140-3.

131. Don Juan Vicente Pampín, "La Guerra Olvidada: Memorias y Recuerdos", em Diego Mantilla, *Recuerdos de un soldado correntino*, Corrientes, Moglia Ediciones, 2005, p. 163.

132. Juan Beverina, op. cit., p. 144; José Ignacio Garmendia, *Recuerdos de la Guerra del Paraguay: campaña de Corrientes y de Río Grande*, Buenos Aires, J. Peuser, 1904, p. 103; Juan Crisóstomo Centurión, op. cit., t. I, pp. 261-2; Augusto Tasso Fragoso, op. cit., vol. II, p. 72.

133. Dardo Ramírez Braschi, op. cit., p. 255.

134. Juan Beverina, op. cit., p. 145; instruções de Solano López para Robles, 26/5/1865, em Juan Crisóstomo Centurión, op. cit., t. I, p. 281.

135. Juan Beverina, op. cit., p. 146; Augusto Tasso Fragoso, op. cit., vol. II, p. 75.

136. Juan Crisóstomo Centurión, op. cit., t. I, pp. 262-3.

137. Francisco Félix Pereira Costa, op. cit., vol. II, pp. 123-4.

138. Juan Beverina, op. cit., p. 151.

139. Idem, ibidem, p. 152.

140. Idem, ibidem, pp. 152-4.

141. Enrique I. Rottjer, op. cit., p. 127; León Rebollo Paz, *La Guerra del Paraguay: historia de una epopeya*, 2. ed., Buenos Aires, Talleres Gráficos Lombardi, 1965, p. 80; José María Rosa, *La Guerra del Paraguay y las montoneras argentinas*, Buenos Aires, A. Peña Lillo Editor, s. d., pp. 230-1.

142. Em Andrés Cisneros e Carlos Escudé, op. cit., t. VI, p. 106.

143. Evangelista de Castro Dionísio Cerqueira, *Reminiscências da campanha do Paraguai: 1865--70*, Rio de Janeiro, Biblioteca do Exército, 1980, p. 77.

144. Solano López para Resquín, Humaitá, 10/9/1865, ANA, *Sección Histórica — Agregados*, vol. 343, doc. 15.

145. Miguel Ángel De Marco, op. cit., p. 203.

146. Idem, ibidem, pp. 203-4.

147. Joaquim Luís Osorio e Fernando Luís Osorio Filho, op. cit., pp. 86-7.

148. Sir Richard Francis Burton, *Cartas dos campos de batalha do Paraguai*, Rio de Janeiro, Biblioteca do Exército, 1997, p. 184.

149. Juan Crisóstomo Centurión, op. cit., t. I, pp. 269-71. *Memorias del capitán de fragata dn. Pedro V. Gill, dictada al dr. E. Zeballos — 1864-8 — De Corrientes a Tymbó — 1888 — Asunción* (AIMHM, *Colección Zeballos*, pasta 137).

150. Alvanir Bezerra de Carvalho, "Construção do modelo das chatas-canhoneiras da Guerra

do Paraguai; um esforço de nautimodelismo", *Revista Marítima Brasileira*, Rio de Janeiro, Serviço de Documentação da Marinha, vol. 115, n. 10/12, out./dez. 1995, p. 112.

151. Juan Crisóstomo Centurión, op. cit., t. I, p. 271.

152. *Informes del capitán de fragata Remijio Cabral, 2º jefe de la Escuadrilla Paraguaya en el Riachuelo — 1888 — Asunción* (AIMHM, *Colección Zeballos*, pasta 137).

153. Juan Crisóstomo Centurión, op. cit., t. I, p. 273.

154. As descrições que constam deste parágrafo e dos seguintes, salvo outra indicação, se baseiam em: vice-almirante Armando de Senna Bittencourt, "Visitando Riachuelo e revendo controvérsias, 132 anos depois", *Revista Marítima Brasileira*, Rio de Janeiro, Serviço de Documentação da Marinha, vol. 117, n. 7/9, jul./set. 1997, pp. 41-58.

155. *Guerra del Paraguay — Diario sumariamente llevado por el dr. George Stuart* [sic!] *cirujano del Estado Mayor del Ejército — Donado por él mismo el 6 de diciembre de 1887, de paso para Londres, a Estanislao Zeballos* (AIMHM, *Colección Zeballos*, pasta 124).

156. A canhoneira *Jequitinhonha* foi evacuada por seus tripulantes, que abandonaram tudo a bordo, exceto um canhão *Whitworth*, jogado no rio para não cair nas mãos inimigas. Algum tempo depois da batalha, os paraguaios retiraram de bordo armas, livros e objetos de navegação (AIMHM, *Colección Zeballos*, pasta 276), Juan Crisóstomo Centurión, op. cit., t. I, pp. 274 e 276; José Corrêa da Silva para Barroso, Montevidéu, 11/10/1877, em Francisco Manuel Barroso da Silva (barão do Amazonas), *Combate naval do Riachuelo*, pp. 38-9.

157. Barão do Amazonas, op. cit., p. 10. Em *Combate naval do Riachuelo*, pequeno livro de 41 páginas, Barroso transcreve o resultado do Conselho de Justificação e cartas de vários participantes do combate do Riachuelo.

158. Havia outros mercenários ingleses na Marinha paraguaia. Um deles, Charles Alfred Cutler era maquinista do *Salto del Guairá*, da flotilha paraguaia no Mato Grosso, e viveu uma situação exemplar quanto ao terror a que eram submetidos os militares do lado paraguaio. Bêbado, Cutler reclamou que os marinheiros paraguaios roubavam-lhe erva-mate e acrescentou que Solano López era "bem aparentado mas ladrão como são todos os paraguaios". Cutler foi julgado por "ofensas e calúnias contra a honra do Chefe Supremo da Nação" e condenado à morte por fuzilamento; *Proceso contra el maquinista, el inglés Alfredo* [sic!] *Cutler, por procedimientos criminales* (ANA, *Sección Civiles y Judiciales*, vol. 1465, doc. 8).

159. *The day of action* [depoimento do engenheiro de bordo do *Marquês de Olinda*, o maquinista inglês George Gibson], [junho 1865] (ANA, *Sección Historia*, vol. 448, doc. 1); *Causa seguida al brigadier ciudadano Wenceslao Robles acusado de haber desmerecido la confianza del Supremo Gobierno Nacional con varios y continuados hechos criminales en el mando de la División del Sud* (ANA, *Sección Historia*, vol. 447, doc. 7).

160. Juan Crisóstomo Centurión, op. cit., t. I, pp. 275-6. Os demais sobreviventes permaneceram no *Marquês de Olinda* sem receber nenhum socorro. Não dispunham de lancha para evacuar a embarcação; esta encheu de água a ponto de atingir os joelhos daqueles que nela permaneciam, obrigando-os a improvisar balsas e assim conseguirem, no dia 15, alcançar a margem do rio Paraná em Corrientes. Em 16 de junho, os sobreviventes do *Marquês de Olinda* entraram no acampamento do general Robles (*The day of action*, ANA, *Sección Historia*, vol. 448, doc. 1).

161. Arthur Silveira da Motta (barão de Jaceguai), *Reminiscências da Guerra do Paraguay*, Rio de Janeiro, s. ed., 1935, p. 256.

162. Juan Crisóstomo Centurión, op. cit., t. I, pp. 277-8.

163. *Relatório do Ministério da Marinha, 1865*, p. 13; Armando Amorim Ferreira Vidigal, *A evolução do pensamento estratégico naval brasileiro*, p. 36.

164. *Memorias del coronel Juan Crisóstomo Centurión — 1888 — Datos tomados en Buenos Aires el 6 de enero de 1888 de labios del coronel paraguayo Centurión* (AIMHM, *Colección Zeballos*, pasta 118).

165. *Exposición de Juan Valiente para Solano López*, Humaitá, 26/6/1865, em *Causa seguida al brigadier ciudadano Wenceslao Robles acusado de haber desmerecido la confianza del Supremo Gobierno Nacional con varios y continuados hechos criminales en el mando de la División del Sud* (ANA, *Sección Historia*, vol. 447, doc. 7).

166. Juan Crisóstomo Centurión, op. cit., vol. II, p. 266.

167. *Segundo informe del capitán Julián N. Godoy* [abril de 1888] (ANA, *Sección Historia*, vol. 447, pasta 144).

168. General Barrios, ministro de Guerra e Marinha, para Solano López, Assunção, 13/6/1865, ANA, *Sección Nueva Encuadernación*, vol. 2824.

169. *Primer informe del teniente coronel Julián N. Godoy*, Assunção, 13/4/1888 (AIMHM, *Colección Zeballos*, pasta 144).

170. Laurent-Cochelet a Drouyn de Lhuys, Assunção, 12/7/1865, em Milda Rivarola, *La polémica francesa sobre la Guerra Grande. Eliseo Reclus: la Guerra del Paraguay; Laurent-Cochelet: correspondencia consular*, Assunção, Editorial Histórica, 1988, p. 142.

171. Em Cuevas, segundo Centurión, os soldados brasileiros se mantiveram abrigados no interior das embarcações, enquanto a tripulação do *Guardia Nacional* "se comportou de maneira bizarra", respondendo ao fogo paraguaio (Juan Crisóstomo Centurión, op. cit., t. I, p. 280); Augusto Tasso Fragoso, op. cit., vol. II, pp. 92-3.

172. Augusto Tasso Fragoso, op. cit., p. 93.

173. Solano López para Resquín, Humaitá, 31/7/1865, ANA, *Sección Histórica*, vol. 343, doc. 12; Elizalde para Saraiva, Buenos Aires, 12/7/1865, AMREC, *Guerra de la Triple Alianza*, caixa 1, expediente 2.

174. Solano López para Resquín, Humaitá, 5/8/1865, ANA, *Sección Histórica*, vol. 343, doc. 12.

175. Solano López para Robles, 1/6/1866, em Juan Crisóstomo Centurión, op. cit., t. I, pp. 281-2.

176. Julio Victorica, op. cit., p. 284.

177. Francisco Isidoro Resquín, op. cit., p. 25; Juan Crisóstomo Centurión, op. cit., t. I, pp. 281-5; Solano López para Resquín, Humaitá, 10/8/1865, "a las 23:30 horas", ANA, vol. 343, n. 43.

178. *Acta de la Comisión Directiva de la Asociación Paraguaya*, Buenos Aires, 30/12/1864, em Juan Bautista Gill Aguinaga, *La Asociación Paraguaya en la Guerra de la Triple Alianza*, Buenos Aires, edição do autor, 1959, pp. 86-7; *Memorandum* da Asociación Paraguaya apresentando a José Maria da Silva Paranhos, ministro plenipotenciário em Missão Especial no Prata, Buenos Aires, 31/12/1864, em Juan Bautista Gill Aguinaga, op. cit., pp. 114-5; Pereira Leal, ministro brasileiro na Argentina, para o chanceler Dias Vieira, of. conf., Buenos Aires, 4/5/1865, BSF, *Atas do Conselho de Estado*, microfilme 02/72; *Serapio Machain y Juan Francisco Decoud dan cuenta del resultado de su comisión ante el gobierno del Brasil*, Buenos Aires, 18/5/1865, em Juan Bautista Gill Aguinaga, op. cit., pp. 127-30.

179. Notas trocadas entre a Asociación Paraguaya e Gelly y Obes, ministro da Guerra, Buenos Aires, 25/4/1865, em Juan Bautista Gill Aguinaga, op. cit., pp. 126-7; Caxias para Paranhos, of. res.,

Surubí-i, 12/11/1868, AN, *Guerra do Paraguai*, códice 924, vol. 5, p. 110. Em 1865, uma pequena força paraguaia parecia militarmente desnecessária e comportava risco ao governo imperial. Não tendo seus membros preparo militar, essa força era dispensável como reforço às tropas brasileiras. Ademais, a presença da *Legión* entre as fileiras brasileiras seria delicada, pois lutaria contra outros paraguaios, podendo haver defecções e problemas de disciplina.

180. Elizalde para Mitre, Buenos Aires, 2/9/1865, AGM, vol. V, p. 83; Juan Bautista Gill Aguinaga, op. cit., p. 63.

181. Sobre as origens da *Legión Paraguaya*, sua atuação na guerra e o revisionismo político sobre ela pelo nacionalismo paraguaio, ver: Claudio José Funtes Armadans, *La maldición del legionário: cómo se construyó un estigma político autoritario en Paraguay*, Assunção, Tiempo de Historia, 2016.

182. Juan Crisóstomo Centurión, *Memorias: reminiscencias históricas sobre la Guerra del Paraguay*, vol. I, p. 284; José María Rosa, op. cit., p. 281.

183. Juan Crisóstomo Centurión, op. cit., t. II, p. 26.

184. Vários depoimentos de dezesseis testemunhas, oficiais e soldados da *Division del Sud*, feitos em Humaitá ao fiscal coronel Felipe Toledo entre 23/7 e 14/8/1865, em *Causa seguida al brigadier ciudadano Wenceslao Robles acusado de haber desmerecido la confianza del Supremo Gobierno Nacional con varios y continuados hechos criminales en el mando de la División del Sud* (ANA, *Sección Historia*, vol. 447, doc. 7); depoimentos dos coronéis Paulino Alén e José Maria Aguiar e do capitão Vicente Meza, 21/7/1865, em *Causa seguida*..., ANA, *Sección Historia*, vol. 448, doc. 1 (*Relación de las causas seguidas al brigadier Wenceslao Robles*).

185. Efraím Cardozo, *Hace 100 años: crónicas de la guerra*, Assunção, Edición Emasa, 1970, t. III, pp. 75-6; *Causa seguida al brigadier ciudadano Wenceslao Robles acusado de haber desmerecido la confianza del Supremo Gobierno Nacional con varios y continuados hechos criminales en el mando de la División del Sud* (ANA, *Sección Historia*, vol. 447, doc. 7); seis depoimentos de Robles, s. d.; 20/9; 21/9; 22/9; 23/9 e 2/10/1865, em *Causa seguida*..., ANA, *Sección Historia*, vol. 448.

186. Parecer de Solano López, quartel-general em Passo da Pátria, 6/1/1865; *Notificación de la sentencia a los sentenciados a la pena capital*, 8/1/1865, e *Constancia de la ejecución de la sentencia*, 8/1/1866, em *Causa seguida*..., ANA, *Sección Historia*, vol. 447, doc. 6 (*Continuación de la causa seguida a Wenceslao Robles como comandante de la expedición Sud*).

187. Thomas Whigham, *La Guerra de la Triple Alianza*, Assunção, Taurus, 2011, vol. II, p. 14.

188. Elizalde para José Maria da Silva Paranhos, Buenos Aires, 25/2/1866, AMREC, *Guerra de la Triple Alianza*, caixa 1, fólio 30.

189. Francisco Otaviano de Almeida Rosa para Dias Vieira, of. conf., Buenos Aires, 20/4/1865, AHI, 272-1-21.

190. *A Missão Especial no Rio da Prata*, José Antonio Saraiva para Francisco Otaviano de Almeida Rosa, of. conf. n. 35, 29/11/1865, AN, códice 551, *Cartas a Caxias* — cópias datilografadas; Dias Vieira para Almeida Rosa, of. conf., Rio de Janeiro, 28/4/1865, AHI, lata 617 (*Informações e Pareceres — Questões com o Paraguai*), maço 3.

191. O Tratado da Tríplice Aliança bem como seus anexos encontram-se publicados no *Relatório da Repartição dos Negócios Estrangeiros* de 1872, anexo 1, pp. 1-28.

192. Juan Beverina, op. cit., p. 95.

193. Luiz A. Moniz Bandeira, op. cit., p. 260.

194. Almeida Rosa para Dias Vieira, of. conf., Buenos Aires, 4/5/1865, AN, caixa 811, p. 1.

195. Idem, of. conf., Buenos Aires, 25/4/1865, AHI, 272-1-21.

196. Apud Joaquim Nabuco, *Um estadista no Império: Nabuco de Araújo*, São Paulo, Progresso, s. d., vol. II, p. 207; Carlos Creus, ministro residente espanhol, para o secretário de Estado de Assuntos Exteriores, of. 36, Buenos Aires, 26/5/1865, Amae, *Política Exterior — Argentina*, maço 2313.

197. Apud barão do Rio Branco, *O visconde...*, op. cit., p. 189; Thornton para Russel, Buenos Aires, 24/4/1865, "Correspondence Respecting Hostilities in the River Plate", apresentada ao Parlamento britânico em 1865, em Juan Bautista Alberdi, *Historia de la Guerra del Brasil*, Buenos Aires, Ediciones de la Patria Grande, 1962, p. 143.

198. Senador Zacarias, sessão de 26/6/1869, AS, 1869, vol. II, p. 285.

199. Senador Francisco Otaviano de Almeida Rosa, sessão de 13/7/1870, AS, 1870, vol. III, p. 88.

200. Barão de Jaceguai, op. cit., p. 189.

201. Ricardo Scavone Yegros, "Orígenes de las relaciones paraguayo-bolivianas", em *Historia Paraguaya: Anuario de la Academia Paraguaya de la Historia*, Assunção, vol. XXXV, 1995 (II), pp. 281-2; Joaquim Nabuco, op. cit., vol. II, p. 207.

202. Barão de Jaceguai, op. cit., p. 288.

203. Mármol para Mitre, Rio de Janeiro, 4/5/1865, AIGM, doc. 6891.

204. Elizalde para Saraiva, Buenos Aires, 11/5/1865, AMREC, *Guerra de la Triple Alianza*, pasta 1, fólio 4.

205. Joaquim Nabuco, op. cit., vol. IV, reproduz na íntegra o projeto argentino às pp. 244-52, bem como o Parecer da Seção dos Negócios Estrangeiros do Conselho de Estado às pp. 229-31; ver também o vol. II, pp. 207-38. O Conselho de Estado era composto de doze membros ordinários ou efetivos e doze extraordinários ou suplentes, e, ainda, pelos membros da Família Real, que eram supranumerários. Além desses integrantes, também os ministros de Estado participavam das reuniões, que podiam ser plenas ou por seções. As primeiras ocorriam sob a presidência do imperador, com o mínimo de sete membros, e tratavam de assuntos mais importantes. As quatro seções — Negócios do Império; Negócios da Justiça e Estrangeiros; Fazenda; Guerra e Marinha — reuniam-se sob a presidência do ministro a cuja pasta estivesse afeito o assunto, e o parecer, resultado dos votos dos conselheiros, era encaminhado ao imperador; João Camilo de Oliveira Torres, *A democracia coroada* (*teoria política do Império do Brasil*), Rio de Janeiro, José Olympio, 1957, pp. 191-2.

206. Joaquim Nabuco, op. cit., vol. IV, p. 98.

207. Almeida Rosa para Saraiva, Buenos Aires, 26/4/1866, em Wanderley Pinho, *Cartas de Francisco Otaviano*, Rio de Janeiro/Brasília, Civilização Brasileira/INL, 1977, pp. 160-1.

208. Senador Francisco Otaviano de Almeida Rosa, sessão de 13/7/1870, AS, 1870, vol. II, p. 98.

209. Almeida Rosa para Dias Vieira, Buenos Aires, 4/5/1865, BSF, *Atas do Conselho de Estado*, documento anexo à ata de 30/9/1865, microfilme 02/72; *Conversa com Mármol — 2 de abril às 6-7 h da tarde*, AHI, 272-1-20; Almeida Rosa para Saraiva, Buenos Aires, 26/4/1866, em Wanderley Pinho, op. cit., p. 162.

210. Almeida Rosa para Saraiva, Buenos Aires, 26/4/1866, em Wanderley Pinho, op. cit., p. 162.

211. Idem, Montevidéu, 8/6/1865, em Wanderley Pinho, op. cit., p. 136; idem, Buenos Aires, 27/2/1866 e 12/1/1866, ibidem, pp. 153 e 145.

212. Almeida Rosa para Elizalde, Rio de Janeiro, 12/2/1869, em *Documentos del Dr. Rufino de Elizalde*. Disponível em Repositorio Digital Institucional Universidad de Buenos Aires: <http://repositoriouba.sisbi.uba.ar/gsdl/cgi-bin/library.cgi?e=d-10000-00---off-0archivos%2fcartasravi--00-2----0-10-0---0---0direct-10----4-------0-1l--10-es-Zz-1---20-about---00-3-1-00-00--4--0--0-0-0-1-00-0utfZz-8-00&a=d&cl=CL4.18&d=me334100-me334100_pdf>. Acesso em: 2 jul. 2021.

213. Em Phocion Serpa, *Francisco Otaviano: ensaio biográfico*, Rio de Janeiro, Academia Brasileira de Letras, 1952, p. 91.

214. José Antonio Saraiva para Almeida Rosa, conf. n. 33, Rio de Janeiro, 29/11/1865, AN, códice 551, cópia datilografada, pp. 17-21.

215. Joaquim Nabuco, op. cit., vol. IV, transcrito na íntegra às pp. 244-52.

216. Idem, ibidem, vol. II, p. 293.

217. Jean-Baptiste Duroselle, *Tout empire périra*, Paris, Armand Colin, 1992, p. 223.

218. *G[ene]ral Pedro Duarte — Memorias*, AIMHM, *Colección Zeballos*, pasta 121, doc. 2.

219. George Thompson, op. cit., p. 73.

220. Estigarribia para general Barrios, ministro de Guerra e Marinha, *campamento en Pindapoy*, 17/5/1865, ANA, *Sección Nueva Encuadernación*, vol. 3272 (*Informe del coronel Estigarribia y mayor Duarte*).

221. Solano López para Resquín, Humaitá, 26/8/1865, ANA, *Sección Histórica — Agregados*, vol. 343, doc. 15.

222. Cônego João Pedro Gay, *Invasão paraguaia na fronteira brasileira do Uruguai*, Porto Alegre/Caxias do Sul, Instituto Estadual do Livro/Universidade de Caxias do Sul, 1980, p. 23 [1. ed. 1867, Rio de Janeiro]. Gay, cidadão francês, era vigário de São Borja desde 1850, testemunhando a invasão paraguaia do Rio Grande do Sul e assistindo, em setembro de 1865, à rendição dos invasores em Uruguaiana.

223. Comentário do barão do Rio Branco, em Louis Schneider, op. cit., t. I, p. 290; João Pedro Gay, op. cit., p. 94.

224. Estado-Maior do Exército, *História do Exército brasileiro*, Brasília, Estado-Maior do Exército, 1972, vol. 2, p. 613.

225. João Pedro Gay, op. cit., pp. 32, 35-8, 52-3; Louis Schneider, op. cit., pp. 295-6.

226. *Recuerdos del sargento mayor Pedro Duarte hoy general y ministro de Guerra y Marina del Paraguay con su croquis de la batalla del Yatay — 1888 — Asunción* (AIMHM, *Colección Zeballos*, pasta 129).

227. Louis Schneider, op. cit., t. I, p. 293, com comentário de rodapé do barão do Rio Branco.

228. João Pedro Gay, op. cit., pp. 65-6, 78-83. Esse autor, testemunha da invasão paraguaia do território gaúcho, afirma, porém, que Estigarribia agia por ordem superior ao permitir o saque. Cita um comunicado de Estigarribia a Solano López, datado de 14 de junho, em que informa ter autorizado o saque, com hora marcada para cada corpo da coluna invasora, "conforme as instruções que me deu Va. Exa.".

229. Idem, pp. 89, 99, 107-8.

230. Solano López para Resquín, Humaitá, 10/8/1865, ANA, *Sección Histórica — Agregados*, vol. 343, doc. 15.

231. *Recuerdos del sargento mayor Pedro Duarte hoy general y ministro de Guerra y Marina del Paraguay con su croquis de la batalla del Yatay — 1888 — Asunción* (AIMHM, *Colección Zeballos*, pasta 129).

232. Louis Schneider, op. cit., t. I, pp. 308-9. O resultado do saque de Itaqui ocupou sete carroças; João Pedro Gay, op. cit., p. 107.

233. *Campaña del Uruguay — recuerdos del sargento mayor oriental Justiniano Salvaniaach — 1888 — Asunción* (AIMHM, *Colección Zeballos*, pasta 141, doc. 4). Salvaniaach foi enviado a Assunção em 1864, com a notícia da queda de Paissandu. Permaneceu na capital paraguaia até receber ordem de Solano López para se integrar à coluna de Estigarribia.

234. Comentários do barão do Rio Branco, em Louis Schneider, op. cit., t. I, pp. 310-2.

235. Francisco Félix Pereira Costa, op. cit., vol. II, p. 223.

236. João Pedro Gay, op. cit., pp. 115-6; comentário do barão do Rio Branco, em Louis Schneider, op. cit., t. I, p. 312.

237. Louis Schneider, op. cit., t. I, pp. 309-12, e comentário do barão do Rio Branco, p. 313; João Pedro Gay, op. cit., p. 116.

238. Francisco Barreiro, funcionário do Ministério de Guerra e Marinha, para o major Pedro Duarte, Assunção, 22/8/1865, ANA, *Sección Nueva Encuadernación*, vol. 755.

239. João Pedro Gay, op. cit., pp. 117-8.

240. Francisco Barreiro, funcionário do Ministério de Guerra e Marinha, para o major Pedro Duarte, Assunção, 22/8/1865, ANA, *Sección Nueva Encuadernación*, vol. 755.

241. João Pedro Gay, op. cit., p. 119.

242. Coronel León de Palleja, *Diario de la campaña de las fuerzas aliadas contra el Paraguay*, Montevidéu, El Pueblo, 1865, pp. 75 e 84.

243. Solano López para José Berges, Humaitá, 1/10/1865, ANA, *Colección Rio Branco*, doc. 4072. Em 28 de julho, o tenente Joaquín Guillén chegou à coluna invasora paraguaia com novas ordens de Solano López, decorrentes de Estigarribia não ter obedecido às que recebera no início de sua marcha; *G[ene]ral Pedro Duarte — Memorias* [1888], AIMHM, *Colección Zeballos*, doc. 2.

244. Solano López para Berges, Humaitá, 10/9/1865, ANA, *Colección Rio Branco*, doc. 4072.

245. Idem, 10/8/1865, ANA, *Colección Rio Branco*, doc. 4072. O voluntarismo lopizta era reforçado pela postura bajulatória dos subordinados, que não ousavam discordar de seu chefe. Assim, em setembro, o chanceler José Berges escrevia a Solano López que, embora o teatro de guerra fosse Corrientes, "amanhã" poderia estender-se a Entre Ríos e Buenos Aires (José Berges para Solano López, Corrientes, 15/9/1865, ANA, *Colección Rio Branco*, doc. 4065).

246. *Campaña del Uruguay — recuerdos del sargento mayor oriental Justiniano Salvaniaach — 1888 — Asunción* (AIMHM, *Colección Zeballos*, pasta 141, doc. 4); Cecilio Báez, "Guerra del Paraguay", em Junta Patriótica Paraguaya (Org.), *El mariscal Francisco Solano López*, Assunção, Junta Patriótica Paraguaya, 1926, p. 47.

247. Joaquim Nabuco, op. cit., t. I, pp. 531-2. "Lastimo não poder voar à parte do território de minha pátria invadida pelos bárbaros; porém entendo que devo primeiro que tudo sustentar os compromissos nacionais da Aliança, o centro de onde deve partir a garantia das operações" (ofício do general Osorio para Francisco Otaviano de Almeida Rosa, 29/6/1865, citado pelo barão do Rio Branco, em Louis Schneider, op. cit., vol. I, p. 315).

248. Elizalde para Saraiva, "particular", Buenos Aires, 12/7/1865, AMREC, *Guerra de la Triple Alianza*, pasta 1, expediente 2.

249. Exército brasileiro, *O Exército na história do Brasil*, p. 168.

250. Talvez a defesa posterior mais apaixonada de Canabarro seja a do major Sousa Docca, quer

em seu livro *História do Rio Grande do Sul*, quer em seus comentários às memórias de João Pedro Gay. Nestes, Docca responsabiliza, em grande parte, o general Caldwell pela invasão paraguaia do Rio Grande do Sul (pp. 210-3); comentário do barão do Rio Branco, em Louis Schneider, op. cit., t. I, pp. 290-1. Rio Branco, porém, sem fazer ressalvas, transcreve trechos e recomenda ao leitor, em outros comentários, a leitura do livro de memórias do cônego João Pedro Gay, muito crítico em relação àqueles dois responsáveis pela defesa do Rio Grande do Sul; Antônio Sousa Júnior, "A Guerra do Paraguai", em Sérgio Buarque de Holanda (Org.), *História geral da civilização brasileira*, 4. ed., São Paulo, Difel, 1985, t. II, vol. 4, p. 303; Augusto Tasso Fragoso, op. cit., vol. I, p. 259; Francisco Félix Pereira Costa, op. cit., vol. II, pp. 183, 187 e 199.

251. Joaquim Nabuco, op. cit., vol. I, pp. 533-4; Gregorio G. Viscaino para José Berges, Paso de los Libres, 19/12/1864, ANA, *Colección Rio Branco*, doc. 3304.

252. Mármol para Elizalde, Rio de Janeiro, 6/7/1865, AMREC, *Brasil 1865-6*, caixa 33.

253. Apud comentário do barão do Rio Branco, em Louis Schneider, op. cit., vol. I, p. 327.

254. Francisco Félix Pereira Costa, op. cit., vol. II, p. 214.

255. Klaus Becker, op. cit., pp. 55-6.

256. Elizalde para José Antonio Saraiva, "particular", Buenos Aires, 13/9/1865, AMREC, *Guerra de la Triple Alianza*, caixa 1, expediente 2.

257. Estado-Maior do Exército, *História do Exército brasileiro*, vol. II, pp. 616-7; Wilma Peres Costa, *A espada de Dâmocles: o Exército, a Guerra do Paraguai e a crise do Império*, p. 177; León de Palleja, op. cit., p. 101.

258. Ao entrar em Paso de los Libres e, também, no dia seguinte, Duarte forneceu carne aos moradores queixosos de escassez de comida (*G[ene]ral Pedro Duarte — Memorias* [1888], AIMHM, *Colección Zeballos*, doc. 2).

259. Comentário do barão do Rio Branco, em Louis Schneider, op. cit., vol. I, pp. 319-20 e 322; Flores para Bartolomé Mitre, quartel-general, Paso de los Libres, 18/8/1865, em Manuel Rawson, *Bibliografía del teniente general Emilio Mitre*, [Buenos Aires], s. ed., s. d., pp. 85-6.

260. Solano López para Berges, Humaitá, 10/9/1865, ANA, *Colección Rio Branco*, doc. 4072.

261. Solano López para Resquín, Humaitá, 10/9/1865, ANA, *Colección Rio Branco*, doc. 4072.

262. *Interrogatorio del soldado paraguayo Roque Salcedo, que se rendió en Uruguayana, por el fiscal Genaro Eseato* [Humaitá?], 12/3/1866, ANA, *Sección Civiles y Judiciales*, vol. 1797, doc. 1. Aprisionado em Uruguaiana, Salcedo foi incorporado à tropa argentina, mas fugiu e retornou ao Paraguai.

263. Solano López para Berges, Humaitá, 10/9/1865, ANA, *Colección Rio Branco*, doc. 4072.

264. Comentário do barão do Rio Branco, em Louis Schneider, op. cit., vol. I, pp. 329-30.

265. Idem, ibidem, pp. 324-6; Emilio C. Jourdan, *História das campanhas do Uruguay, Matto Grosso e Paraguay*, Rio de Janeiro, Imprensa Nacional, 1894, vol. 3, p. 147.

266. João Pedro Gay, op. cit., p. 130.

267. Augusto Tasso Fragoso, op. cit., vol. II, pp. 129-30, 194 e 234; mapas estatísticos do barão do Rio Branco, em Louis Schneider, op. cit., vol. I, pp. 335-6.

268. Sobre as companhias de zuavos ver: Hendrik Kraay, "Os companheiros de Dom Obá: Os zuavos baianos e outras companhias negras na Guerra do Paraguai", *Afro-Ásia*, Salvador, n. 46, p. 121-61, 2012. Disponível em: <http://www.scielo.br/scielo.php?script=sci_arttext&pid=S0002-05912012000200004&lng=en&nrm=iso>. Acesso em: 13 mar. 2018.

269. Evangelista de Castro Dionísio Cerqueira, op. cit., p. 104.

270. Comentário do barão do Rio Branco, em Louis Schneider, op. cit., vol. i, pp. 337-41; Exército brasileiro, *O Exército na História do Brasil*, p. 170. A exigência de Estigarribia de que os seus oficiais de nacionalidade uruguaia permanecessem prisioneiros do Império é prova adicional de que não foi uma ordem de brasileiros que levou ao fuzilamento, em Paissandu, do general *blanco* Leandro Gómez. Afinal, "ninguém conhecia melhor este episódio do que os próprios oficiais orientais e, formulando semelhante pedido na proposta de capitulação, demonstraram depositar mais confiança no modo de proceder dos brasileiros, do que no de seus compatriotas *colorados*"; Louis Schneider, op. cit., p. 338; León de Palleja, op. cit., p. 171-2; João Pedro Gay (op. cit., p. 137) afirma ter sido 1 mil o número de paraguaios que se retiraram na garupa da cavalaria brasileira, o que aumentaria ainda mais a estatística dos que se renderam. Já Mitre cita entre oitocentos e 1 mil paraguaios que teriam sido "roubados" pelos cavalarianos brasileiros, cujos chefes não conseguiram impedi-los [Mitre para o vice-presidente Marcos Paz, Cuartel Gral., Capihiquise, 4/10/1865, em *Archivo del coronel doctor Marcos Paz*, La Plata, Universidad Nacional de La Plata, 1966, t. vii (*Correspondencia Marcos Paz a Mitre / marzo 1865 — diciembre 1867*), p. 59].

271. León de Palleja, op. cit., p. 182. Os prisioneiros paraguaios incorporados ao Exército de Flores recebiam o mesmo soldo que os soldados uruguaios. *Interrogatorio del cabo paraguayo Facundo Cabral, que se rendió en Uruguayana, por el fiscal Paulino Alén*, Passo da Pátria, 21/1/1866, ana, *Sección Civiles y Judiciales*, vol. 1797, doc. 1.

272. Domingo Fidel Sarmiento para a mãe Benita Pastoriza, Gualeguaycito, 14/9/1865, em *Correspondencia de Dominguito en la Guerra del Paraguay: Estudio Preliminar*, seleção e notas de Andrés M. Carretero, Buenos Aires, El Lorraine, 1975, p. 59; Juan Manuel Casal, "La División Oriental en la Guerra del Paraguay", em J. M. Casal e Thomas L. Whigham, *Paraguay: El nacionalismo y la guerra — Actas de las primeras Jornadas Internacionales de Historia del Paraguay en la Universidad de Montevideo*, Assunção, Servilibro/Universidad de Montevidéu, 2009, pp. 37-8.

273. Mitre para o vice-presidente Marcos Paz, Cuartel Gral., Capihiquise, 4/10/1865, em *Archivo del coronel doctor Marcos Paz*, La Plata, Universidad Nacional de La Plata, 1966, t. vii (*Correspondencia Marcos Paz a Mitre / marzo 1865 — diciembre 1867*), p. 59.

274. *Interrogatorio del soldado paraguayo Pablo Cumán, aprisionado en Uruguayana, por el fiscal Andrés Maciel*, Passo da Pátria, 18/3/1866, ana, *Sección Civiles y Judiciales*, vol. 1797, doc. 1.

275. Comentário do barão do Rio Branco, em Louis Schneider, op. cit., vol. i, p. 320; *G[ene]ral Pedro Duarte — Memorias* [1888], aimhm, *Colección Zeballos*, doc. 2.

276. Comentário do barão do Rio Branco, em Louis Schneider, op. cit., vol. i, p. 320; *Relatório do presidente do Rio Grande do Sul à Assembleia Legislativa, 1866*, p. 8; aviso do ministro da Guerra, 23/9/1865, apud comentário de E. F. de Sousa Docca, em João Pedro Gay, op. cit., p. 317.

277. General Mario Barreto, *A campanha lopesguaya*, Rio de Janeiro, Officina do Centro da Boa Imprensa, 1930, vol. iv, pp. 15 e 55; carta do senador Silveira da Motta para seu filho Arthur Silveira da Motta, Rio de Janeiro, 7/10/1865, em barão de Jaceguai, op. cit., pp. 347-8; segundo Sousa Docca, receberam vencimentos do Tesouro Imperial, além de elevado número de soldados, um ministro, José Falcón; quatro padres, entre eles o polêmico Fidel Maíz; quatro estudantes; seis telegrafistas; 239 oficiais, sendo um general, Bernardino Caballero, seis coronéis, seis tenentes-coronéis, treze majores, 25 capitães, 56 tenentes e 132 alferes (comentário em João Pedro Gay, op. cit., p. 320).

278. José Falcón, *Escritos históricos*, edição e estudos preliminares de Thomas L. Whigham e Ricardo Scavone Yegros, Assunção, Servilibro, 2006, pp. 107, 123 e 129.

279. Mario Barreto, op. cit., vol. IV, p. 55.

280. Afonso Celso Villela de Carvalho, "Los hijos de la Patria", *A Defesa Nacional*, Rio de Janeiro, n. 691, set./out. 1980, pp. 123-4.

281. Instruções do ministro da Guerra Venancio López, Assunção, 1/1/1865, ANA, *Colección Rio Branco*, doc. 3202.

282. Apud comentário do barão do Rio Branco, em Louis Schneider, op. cit., p. 346.

283. Augusto Fausto de Souza, *A redempção da Uruguayana: história e considerações acerca do sucesso de 18 de setembro de 1865 na Província do Rio-Grande do Sul*, s. l. [Rio de Janeiro], Lithografia do Archivo Militar, 1886, p. 31. Disponível em: <http://200.159.250.2:10358/handle/acervo/7377>. Acesso em: 2 jul. 2021.

284. Roderick J. Barman, *Imperador cidadão e a construção do Brasil*, São Paulo, Editora da Unesp, 2012, p. 297.

285. Comentário do barão do Rio Branco, em Louis Schneider, op. cit., p. 347.

286. *Memorias del coronel Juan Crisóstomo Centurión — 1888 — Datos tomados en Buenos Aires el 6 de enero de 1888 de labios del coronel paraguayo Centurión* (AIMHM, *Colección Zeballos*, pasta 118).

287. *Declaración de Augusto Parmentier — vice-cónsul francés y antiguo residente en Paso de los Libres, testigo ocular durante la guerra*, Paso de los Libres, 24/4/1888, AIMHM, *Colección Zeballos*, pasta 141, doc. 18.

288. Idem, ibidem.

289. Em Miguel Ángel De Marco, op. cit., pp. 280-1.

290. José Luiz Rodrigues da Silva, *Recordações da campanha do Paraguay*, São Paulo, Melhoramentos, [1924?], p. 44.

291. Francisco Félix Pereira Costa, op. cit., vol. IV, p. 628.

292. Joaquim S. de Azevedo Pimentel, *Episódios militares*, Rio de Janeiro, Biblioteca do Exército, 1978, p. 19.

293. Idem, ibidem, pp. 19-20.

294. Enrique I. Rottjer, op. cit., pp. 139-40; Francisco Félix Pereira Costa, op. cit., vol. II, p. 356.

295. José Ignacio Garmendia, op. cit., p. 493.

296. Louis Schneider, op. cit., t. II, p. 24; comentário do barão do Rio Branco nessa mesma página.

297. Evangelista de Castro Dionísio Cerqueira, op. cit., p. 100.

298. Helio Leoncio Martins, op. cit., p. 68; comentário do barão do Rio Branco, em Louis Schneider, op. cit., p. 27.

299. George Thompson, op. cit., p. 82.

300. Carlos M. Urien, *Curupayty, homenaje a la memoria del teniente general Bartolomé Mitre em el primer centenário de su nascimento*, Buenos Aires, s. ed., 1921, p. 189.

301. Arturo Bray, op. cit., p. 294.

3. A GUERRA DE POSIÇÕES (1866-7) [PP. 207-326]

1. Major Affonso Henrique Stanislawczuk de Moura, *A Guerra da Tríplice Aliança e suas contribuições para a evolução do Exército brasileiro*, Rio de Janeiro, Escola de Comando do Estado-Maior do Exército, 1996, monografia do Curso de Altos Estudos, p. 11.

2. George Thompson, *La Guerra del Paraguay*, Assunção, RP Ediciones, 1992, pp. 82-3; Cecilio

Báez afirma ser 62 mil o número de mortos paraguaios no final de 1865, pois teriam falecido 40 mil homens nos hospitais de Humaitá, Cerro León e Paso Pucú ("Guerra del Paraguay", em Junta Patriótica Paraguaya (Org.), *El mariscal Francisco Solano López*, Assunção, Junta Patriótica, 1926, p. 48); senador Henrique d'Ávilla, sessão de 26/5/1885, AS, 1885, vol. VI, apêndice, p. 23.

3. *Orden de fusilamiento contra el cap. José Maria Rodriguez, campamento en Paso de la Patria, 6/1/1866* (ANA, *Sección Civiles y Judiciales*, vol. 1723, doc. 14).

4. *Proceso contra el sargento mayor José Martínez y sus cómplices por insubordinación* [Passo da Pátria, enero de 1866] (ANA, *Sección Civiles y Criminales*, vol. 1590, doc. 7).

5. Laurent-Cochelet para Drouyn de Lhuys, Assunção, 7/10/1865, em Milda Rivarola, *La polémica francesa sobre la Guerra Grande. Eliseo Reclus: la Guerra del Paraguay; Laurent-Cochelet: correspondencia consular*, Assunção, Editorial Histórica, 1988, pp. 143-4.

6. General Evangelista de Castro Dionísio Cerqueira, *Reminiscências da campanha do Paraguai: 1865-70*, Rio de Janeiro, Biblioteca do Exército, 1980, p. 105.

7. Coronel Juan Beverina, *La Guerra del Paraguay (1865-70): resumen histórico*, 2. ed., Buenos Aires, Institución Mitre, 1973, pp. 187-8; comentário do barão do Rio Branco, em Louis Schneider, op. cit., p. 59; George Thompson, op. cit., p. 96.

8. Evangelista de Castro Dionísio Cerqueira, op. cit., pp. 110-1; George Thompson, op. cit., p. 94; Augusto Tasso Fragoso, *História da Guerra entre a Tríplice Aliança e o Paraguai*, Rio de Janeiro, Imprensa do Estado-Maior do Exército, 1934-5, vol. II, p. 338; Juan Beverina, op. cit., p. 192; Leandro Aponte B., *Hombres... armas... y batallas: la epopeya de los siglos*, Assunção, Comuneros, 1971, p. 175.

9. Evangelista de Castro Dionísio Cerqueira, op. cit., p. 109.

10. Mitre para Marcos Paz, s. l., 25/1/1866, e ctel. gral. Ensenadita, 1/2/1866, em *Archivo del coronel doctor Marcos Paz*, t. VII, pp. 136 e 141.

11. André Rebouças, *Diário: a Guerra do Paraguai (1866)*, São Paulo, Instituto de Estudos Brasileiros da Universidade de São Paulo, 1973, pp. 27-8.

12. Blanco Del Valle, ministro residente espanhol, para o ministro dos Assuntos Exteriores da Espanha, of. n. 22, Rio de Janeiro, 7/2/1866, Amae, *Política Exterior Brasileira*, maço 2330.

13. José Ignacio Garmendia, *Recuerdos de la Guerra del Paraguay*, 4. ed. corrigida e ampliada, Buenos Aires, Casa Editora, 1890, p. 613.

14. George Thompson, op. cit., pp. 94-5; Juan Crisóstomo Centurión, *Memorias: reminiscencias históricas sobre la Guerra del Paraguay*, Assunção, El Lector, 1987, vol. II, p. 35.

15. Juan Crisóstomo Centurión, op. cit., p. 63.

16. Guilhermo Rawson para Mitre, Buenos Aires, 14/12/1865, AGM, vol. V, p. 23.

17. Arthur Silveira da Motta (barão de Jaceguai), op. cit., p. 129; Saraiva para Almeida Rosa, of. conf. n. 33, 29/11/1865, AN, códice 551, cópia datilografada, pp. 17-21.

18. Nelson Werneck Sodré, *Panorama do Segundo Império*, São Paulo, Companhia Editora Nacional, 1939, p. 143; voto de José Maria da Silva Paranhos no Conselho de Estado Pleno, sessão de 30/9/1865, BSF, *Atas do Conselho de Estado*, microfilme 02/72.

19. O primeiro milionário a quem o governo argentino apresentou um pedido de empréstimo, no valor de 25 mil "pesos fuertes", foi Manuel Ocampo, que respondeu negativamente e acrescentou que outros particulares também recusariam (vice-presidente Marcos Paz para Mitre, Buenos Aires, 27/12/1865 e 3/1/1866, AGM, respectivamente, t. 5, pp. 424-5, e t. 6, p. 15). O peso forte era uma unidade de conta, cujo valor estava estabelecido por lei na Argentina. A relação entre

o mesmo e a libra era de 4,90 pesos fortes por libra, passando em 1876 para 4,88. Até 1875, o valor do peso forte era de 1,029 peso ouro — que, por sua vez, valia 1,6129 gramas e 9.10 de ouro fino — e, entre 1876 e 1882, correspondeu a 1,033 peso ouro (Emilio Muniz Barreto, *Evolução histórica do comércio argentino-brasileiro (1800-1930)*, tese de doutorado em Economia (1972), Faculdade de Economia e Administração da Universidade de São Paulo, mimeo., p. 254).

20. Augusto Tasso Fragoso, op. cit., vol. II, pp. 301-2.

21. Barão de Jaceguai, "A Guerra do Paraguay: reflexões críticas sobre as operações combinadas da esquadra brasileira e exércitos aliados", em barão de Jaceguai e Carlos Vidal de Oliveira Freitas, *Quatro séculos de atividade marítima: Portugal e Brasil*, Rio de Janeiro, Imprensa Nacional, 1900, p. 82.

22. Renato Mendonça, "Uma página na história diplomática", *Mensário do Jornal do Commercio*, Rio de Janeiro, t. I, vol. II, fev. 1938, p. 30.

23. Barão de Jaceguai, "A Guerra do Paraguay...", op. cit., pp. 114-5.

24. Armando Amorim Ferreira Vidigal, op. cit., pp. 34-5. Renato Mendonça, "Diplomacia e Guerra do Paraguay: os armamentos e o financiamento da campanha na Praça de Londres", *Mensário do Jornal do Commercio*, Rio de Janeiro, t. IX, vol. III, set. 1930, p. 540.

25. George Thompson, op. cit., p. 90; Augusto Tasso Fragoso, op. cit., vol. II, p. 339.

26. Augusto Tasso Fragoso, op. cit., pp. 348-50.

27. Comentário do barão do Rio Branco, em Louis Schneider, op. cit., t. II, pp. 66-7.

28. Idem, ibidem, pp. 82-3.

29. Juan Crisóstomo Centurión, op. cit., vol. II, p. 45.

30. Augusto Tasso Fragoso, op. cit., vol. II, pp. 367-9.

31. André Rebouças, op. cit., p. 85.

32. Comentário do barão do Rio Branco, em Louis Schneider, op. cit., t. II, p. 57. Os 37 870 brasileiros eram do 1º Corpo de Exército. Havia, ainda, 15 386 homens do 2º Corpo de Exército, comandado pelo marquês de Porto Alegre, que permanecia, de reserva, no Rio Grande do Sul. Destes, 8000 fizeram, em abril de 1866, uma marcha para atacar o flanco paraguaio, ameaçando Itapúa, em Misiones; essa tropa chegou, de fato, ao rio Paraná, mas desviou-se, marchando rio abaixo em direção a Passo da Pátria. Portanto, o efetivo do Exército brasileiro na região era de 53 530 homens. Augusto Tasso Fragoso, op. cit., vol. II, pp. 382-6; Juan Beverina, op. cit., pp. 193-4.

33. Juan Crisóstomo Centurión, op. cit., vol. II, p. 55. Os números dos efetivos paraguaios, como quase todos os outros referentes a tropas e perdas de ambos os lados na guerra, são polêmicos. Francisco Isidoro Resquín afirma, por exemplo, que eram 45 mil (op. cit., p. 43), enquanto para o major Antonio E. González eram 25 mil (p. 27).

34. J. B. Magalhães, *Osorio: síntese de seu perfil histórico*, Rio de Janeiro, Biblioteca do Exército, 1978, p. 133; Juan Beverina, op. cit., p. 197; *Memorias del general José María Morales — La Capital [Buenos Aires] julio 1º de 1885* (AIMHM, *Colección Zeballos*, pasta 141, doc. 5); comentário do barão do Rio Branco, em Louis Schneider, op. cit., t. II, pp. 56, 84-5.

35. Augusto Tasso Fragoso, op. cit., vol. II, p. 343.

36. Louis Schneider, op. cit., t. II, p. 60; comentário do barão do Rio Branco à mesma página.

37. Comentário do barão do Rio Branco, em Louis Schneider, op. cit., vol. II, p. 90.

38. Enrique I. Rottjer, op. cit., pp. 158-9; Augusto Tasso Fragoso, op. cit., vol. III, p. 395; Leandro Aponte B., *Hombres... armas... y batallas: la epopeya de los siglos*, Assunção, Comuneros, 1971, p. 178; George Thompson, op. cit., p. 102.

39. Apud J. B. Magalhães, op. cit., p. 294.

40. George Thompson, op. cit., p. 103.

41. Idem, ibidem, pp. 103-4.

42. Idem, pp. 99-100.

43. Augusto Tasso Fragoso, op. cit., vol. II, p. 408.

44. Comentário do barão do Rio Branco, em Louis Schneider, op. cit., t. II, p. 103.

45. Juan Crisóstomo Centurión, op. cit., vol. II, p. 68; *Guerra del Paraguay — Diario sumariamente llevado por el dr. George Stuart* [sic!] *cirujano-mayor del Ejército* [paraguaio] — *Donado por él mismo el 6 de diciembre de 1887, de paso para Londres, a Estanislao Zeballos* (AIMHM, *Colección Zeballos*, pasta 124); em depoimento a Estanislao Zeballos, Centurión afirmou, porém, que eram 8 mil os atacantes. *Memorias del coronel Juan Crisóstomo Centurión — 1888 — Datos tomados en Buenos Aires el 6 de enero de 1888 de labios del coronel paraguayo Centurión* (idem, ibidem, pasta 118).

46. Enrique I. Rottjer, op. cit., p. 166; Augusto Tasso Fragoso, op. cit., vol. II, pp. 413, 418-9.

47. Juan Crisóstomo Centurión, op. cit., vol. II, p. 69.

48. *Memorias del general José María Morales — La Capital* [*Buenos Aires*] *julio 1º de 1885* (AIMHM, *Colección Zeballos*, pasta 141, doc. 5). Morales comandou, durante a guerra, o 2º batalhão do 3º Regimento de Granaderos de Buenos Aires e tinha 67 anos de idade ao dar seu depoimento.

49. Augusto Tasso Fragoso, op. cit., vol. II, p. 415. O número de baixas paraguaias é de Juan Crisóstomo Centurión, op. cit., vol. II, p. 75; coronel Juan Beverina, *La Guerra del Paraguay (1865-70): resumen histórico*, 2. ed., Buenos Aires, Institución Mitre, 1973, p. 208; Emilio Conesa para Martín de Gainza, Iataiti, 20/5/1866, AGNA, ex-Museo Histórico Nacional, doc. 3835.

50. *Informe del general Patricio Escobar — coronel en Cerro Corá — presidente de la República ahora Asunción 1888* (AIMHM, *Colección Zeballos*, pasta 130, doc. 1).

51. *Memorias del coronel Juan Crisóstomo Centurión — 1888 — Datos tomados en Buenos Aires el 6 de enero de 1888...* (AIMHM, *Colección Zeballos*, pasta 124).

52. Evangelista de Castro Dionísio Cerqueira, op. cit., p. 144.

53. Emilio Conesa para Martín de Gainza, Iataiti, 20/5/1866, AGNA, ex-Museo Histórico Nacional, doc. 3835.

54. Juan Crisóstomo Centurión, op. cit., pp. 74-5.

55. Augusto Tasso Fragoso, op. cit., vol. II, pp. 418-23; Juan Beverina, op. cit., p. 209.

56. Flores a María García de Flores, Campamento de San Francisco, 3/5/1866, em Juan Manuel Casal, "La División Oriental en la Guerra del Paraguay" em Juan Manuel Casal e Thomas L. Whigham, *Paraguay: el nacionalismo y la guerra — Actas de las Primeras Jornadas Internacionales de Historia del Paraguay en la Universidad de Montevideo*, Assunção, Servilibro/Universidad de Montevidéu, 2009, p. 40."

57. Idem, ibidem, vol. II, pp. 424-5.

58. Juan Crisóstomo Centurión, op. cit., vol. II, p. 82.

59. Justiniano Rodas Benítez, *Saturnino Ferreira Perez, testimonios de un capitán de la Guerra del 70*, Assunção, Talleres Gráficos de Editora Litocolor, 1989, pp. 32-5.

60. Augusto Tasso Fragoso, op. cit., vol. II, p. 429.

61. Evangelista de Castro Dionísio Cerqueira, op. cit., p. 155.

62. Juan Crisóstomo Centurión, op. cit., vol. II, pp. 96-7.

63. Augusto Tasso Fragoso, op. cit., vol. II, pp. 431-2, 435; coronel Enrique I. Rottjer, *Mitre militar*, Buenos Aires, Círculo Militar, 1937, p. 177.

64. Juan Beverina, op. cit., p. 213.

65. Adib Murad, *A batalha de Tuiuti e uma lição de civismo*, Rio de Janeiro, Biblioteca do Exército, 1957, pp. 16-7; José Ignacio Garmendia, *Recuerdos de la Guerra del Paraguay: campaña de Humaytá*, 2. ed., Buenos Aires, Jacobo Peuser, 1901, p. 244.

66. Adib Murad, op. cit., p. 29.

67. Idem, ibidem; Arturo Bray, *Solano López, soldado de la gloria y del infortunio*, 3. ed., Assunção, Carlos Schauman Editor, 1984, p. 222.

68. Arturo Bray, op. cit., pp. 316-7.

69. Adib Murad, op. cit., pp. 30-1.

70. Centurión critica principalmente Resquín e Barrios, bem como o próprio plano de ataque, ao afirmar que as tropas sob comando de ambos deveriam ter marchado durante a noite. Desse modo, o ataque poderia ter sido feito na hora prevista, simultaneamente pelas quatro colunas. Juan Crisóstomo Centurión, op. cit., vol. II, pp. 99-100; Juan Beverina, op. cit., p. 217.

71. André Rebouças, *Diário: a Guerra do Paraguai (1866)*, São Paulo, Instituto de Estudos Brasileiros da Universidade de São Paulo, 1973, pp. 168-9, 173; Antônio de Sousa Júnior, "A Guerra do Paraguai", em Sérgio Buarque de Holanda (Org.), *História geral da civilização brasileira*, 4. ed., São Paulo, Difel, 1985, t. II, vol. 4, p. 306.

72. *Memorias del general José María Morales — La Capital [Buenos Aires] julio 1º de 1885* (AIMHM, *Colección Zeballos*, pasta 141, doc. 5).

73. Evangelista de Castro Dionísio Cerqueira, op. cit., pp. 159-60, 162.

74. Francisco Pinheiro Guimarães Filho, *Um Voluntário da Pátria: fôlha de serviços prestados pelo general dr. Francisco Pinheiro Guimarães às classes armadas*, 2. ed., Rio de Janeiro, José Olympio, 1958, pp. 42 e 235; Juan Crisóstomo Centurión, op. cit., vol. II, pp.102-3, 106.

75. Joaquim S. de Azevedo Pimentel, op. cit., pp. 124-5.

76. Juan Crisóstomo Centurión, op. cit., vol. II, pp. 103.

77. Joaquim Cavalcanti d'Albuquerque Bello, *Diário do tenente-coronel Albuquerque Bello*. Notas extraídas do caderno de lembranças do autor sobre sua passagem na Guerra do Paraguai, introdução e notas de Ricardo Salles e Vera Arraes, Rio de Janeiro, Biblioteca Nacional, coleção Documentos Históricos, vol. CXII, 2011, p. 140. Disponível em: <memoria.bn.br/pdf/094536/per094536_2012_00112.pdf>. Acesso em: 2 jul. 2021.

78. George Thompson, op. cit., p. 112; Joaquim S. de Azevedo Pimentel, op. cit., pp. 41-2.

79. Adib Murad, op. cit., p. 23; Augusto Tasso Fragoso, op. cit., vol. II, p. 459.

80. Juan Crisóstomo Centurión, op. cit., vol. II, p. 102; George Thompson, op. cit., p. 110; José Francisco Paes Barreto, op. cit., p. 42; Joaquim S. de Azevedo Pimentel, op. cit., p. 124; tenente-coronel Manuel Rawson, op. cit., p. 94; Juan Beverina, *La Guerra del Paraguay (1865-70): resumen histórico*, 2. ed., Buenos Aires, Institución Mitre, 1973, p. 216; ordem do dia n. 156, Tuiuti, 28/5/1866, em general Manoel Luiz Osorio (marquês de Herval), *Exército em operações na República do Paraguay — ordens do dia do Primeiro Corpo*, Rio de Janeiro, Typographia Francisco Alvez de Souza, 1877, vol. 2, p. 443.

81. José Ignacio Garmendia, op. cit., p. 238.

82. André Rebouças, op. cit., p. 142.

83. Francisco Félix Pereira Costa, *História da guerra do Brasil contra as Repúblicas do Uruguay e Paraguay*, Rio de Janeiro, Livraria de A. G. Guimarães, 1870, vol. III, p. 95. Conforme esse autor, cobravam-se preços extorsivos nos fornecimentos aos hospitais brasileiros. Por exemplo, um carro de

lenha era vendido por 10$000 para particulares e por 120$000 a esses hospitais. Outra descrição, porém, é oposta, afirmando que os hospitais brasileiros em Corrientes foram construídos de acordo com especificações de ventilação e conforto, tendo todas as instalações necessárias (Theotonio Meirelles, oficial reformado da Armada Nacional e Imperial, *A Marinha de Guerra brasileira em Paysandú e durante a campanha do Paraguay*, Rio de Janeiro, Typographia Theatral e Commercial, 1876, p. 115).

84. Aureliano Pinto de Moura, "A atuação do Corpo de Saúde do Exército na Guerra da Tríplice Aliança", *Navigator: Subsídios para a História Marítima do Brasil*, Rio de Janeiro, vol. 11, n. 21, p. 143, jun. 2015.

85. José Luiz Rodrigues da Silva, *Recordações da campanha do Paraguay*, São Paulo, Melhoramentos, [1924?], p. 116.

86. Dr. Deyler Goulart Meira, "A anestesia aplicada durante a campanha do Paraguai", *Revista Brasileira de Anestesiologia*, Rio de Janeiro, Sociedade Brasileira de Anestesiologia, ano 22, n. 2, abr./ jun. 1972, pp. 231-2.

87. José Luiz Rodrigues da Silva, op. cit., p. 116.

88. Ricardo Caballero Aquino, "Abnegación romántica y estéril", prólogo ao livro de memórias de Centurión, *Memorias...*, op. cit., vol. I, p. 20; Juan Crisóstomo Centurión, op. cit., vol. II, pp. 97 e 102; Francisco Seeber, *Cartas sobre la Guerra del Paraguay (1865 e 1866)*, Buenos Aires, Talleres Gráficos de L. J. Rosso, 1907, p. 57.

89. Natalicio Talavera, correspondência de 26/5/1865, *La Guerra del Paraguay: correspondencias publicadas en "El Semanario"*, Buenos Aires, Ediciones Nizza, 1958, p. 83; Evariesto [Díez?], vice-cônsul espanhol, para o ministro de Assuntos Exteriores da Espanha, of. 17 e 20, Gualeguaychu, 24/6 e 24/7/1866, Amae, *Política Exterior Argentina*, maço 2313.

90. Luis Vittone, *Tres guerras, dos mariscales, doce batallas*, Assunção, Editorial Gráfico, 1967, p. 137; Juan Crisóstomo Centurión, op. cit., vol. II, pp. 132-3.

91. Augusto Tasso Fragoso, op. cit., vol. II, p. 467.

92. Idem, ibidem, pp. 467-9; Enrique I. Rottjer, op. cit., pp. 177-8.

93. Maury, ministro residente espanhol, para o Ministério de Assuntos Exteriores da Espanha, Buenos Aires, 12/7/1866, Amae, *Política Exterior Argentina*, maço 2313.

94. Augusto Tasso Fragoso, op. cit., pp. 472-3; Enrique I. Rottjer, op. cit., p. 180.

95. Mitre para Elizalde, Tuiuti, 1/6/1866, em Universidad de Buenos Aires, *Correspondencia Mitre-Elizalde*, Buenos Aires, UBA, Departamento Editorial, 1960, pp. 276-7.

96. Mitre para Porto Alegre, 21/3/1866, em Augusto Tasso Fragoso, op. cit., vol. III, pp. 54-7.

97. Ofício de Porto Alegre ao ministro da Guerra, 8/5/1866, em Augusto Tasso Fragoso, op. cit., vol. III, pp. 61-2.

98. Em Augusto Tasso Fragoso, op. cit., vol. II, p. 474.

99. Idem, ibidem, pp. 476-7.

100. Idem, ibidem, p. 477; Enrique I. Rottjer, op. cit., pp. 180-1.

101. Augusto Tasso Fragoso, op. cit., vol. III, pp. 66, 68-9.

102. Mitre para Marcos Paz, *Ctel. Gral. frente a las líneas paraguayas*, 24/5/1866, em *Archivo del coronel doctor Marcos Paz*, t. VII, p. 201; Elizalde para Mitre, 6/7/1866, em Universidad de Buenos Aires, op. cit., p. 286; Mitre para Elizalde, Tuiuti, 27/7/1866, em Universidad de Buenos Aires, op. cit., p. 290.

103. *Circular sobre caballos para el servicio del Ejército*, Assunção, 28/5/1866, assinado pelo vice-presidente Francisco Sánchez, ANA, *Sección Historia*, vol. 347, doc. 5.

104. Josefina Plá, *Hermano negro: la esclavitud en el Paraguay*, Madri, Paraninfa, 1972, pp. 163-4. A autora calcula que existiam, em 1867, cerca de 25 mil escravos no Paraguai; Silvestre Aveiro, *Memorias militares (1864-70)*, Assunção, Comuneros, 1970, pp. 44-5.

105. Jerry W. Cooney e Thomas L. Whigham (Orgs.), *El Paraguay bajo los López: algunos ensayos de historia social y política*, Assunção, Centro Paraguayo de Estudios Sociológicos, 1994, p. 34.

106. Coronel Teodoro Ramón Delgado, *La conducción del Ejército paraguayo en la guerra contra la Triple Alianza*, Assunção, Intercontinental, 2014, p. 294.

107. Ana Barreto Valinotti, *Las mujeres*, Assunção, El Lector/ABC Color, 2013, pp. 27-9.

108. Juan Crisóstomo Centurión, op. cit., vol. II, pp. 133 e 137.

109. George Thompson, op. cit., p. 115.

110. George Thompson, op. cit., p. 118; Augusto Tasso Fragoso, op. cit., vol. III, p. 73; Juan Beverina, op. cit., p. 224.

111. George Thompson, op. cit., p. 119.

112. Idem, pp. 119-20; Juan Crisóstomo Centurión, op. cit., vol. II, pp. 155-6.

113. Mitre para Elizalde, Tuiuti, 3/8/1866, em Universidad de Buenos Aires, op. cit., p. 293.

114. Augusto Tasso Fragoso, op. cit., vol. III, pp. 29-30.

115. Juan Crisóstomo Centurión, op. cit., vol. II, p. 151.

116. Idem, ibidem, p. 157.

117. Augusto Tasso Fragoso, op. cit., vol. III, pp. 21 e 37; Juan Crisóstomo Centurión, op. cit., vol. II, p. 161.

118. Juan Crisóstomo Centurión, op. cit., pp. 162-3.

119. Augusto Tasso Fragoso, op. cit., vol. III, pp. 37-9.

120. Idem, ibidem, pp. 15-6; J. B. Magalhães, op. cit., p. 159.

121. José Luiz Rodrigues da Silva, op. cit., pp. 53-4.

122. Augusto Tasso Fragoso, op. cit. vol. III, pp. 73-4. Mitre, porém, informava que eram 40132 homens, sendo 12165 argentinos, 27047 brasileiros e 920 uruguaios, sem contar os ausentes, que perfaziam uns 20% do efetivo total, mas incluindo os enfermos, que eram uns 8% (Mitre para Marcos Paz, Tuiuti, 30/8/1866, em *Archivo del coronel doctor Marcos Paz*, t. VII, p. 238).

123. Augusto Tasso Fragoso, op. cit., vol. III, pp. 76-7.

124. Idem, ibidem, pp. 78-9.

125. George Thompson, op. cit., p. 123.

126. Idem, ibidem, pp. 124-5; Augusto Tasso Fragoso, op. cit., vol. III, pp. 91-2.

127. Almirante Arthur Silveira da Motta (barão de Jaceguai), *Reminiscencias da Guerra do Paraguay*, Rio de Janeiro, s. ed., 1935, pp. 124-5; George Thompson, op. cit., p. 125; Augusto Tasso Fragoso, op. cit., vol. III, p. 92.

128. Apud Juan Beverina, op. cit., p. 232.

129. George Thompson, op. cit., p. 126.

130. Barão de Jaceguai, *Reminiscências...*, op. cit., p. 122; Juan Crisóstomo Centurión, op. cit., vol. II, p. 126.

131. Thomas Whigham, *La Guerra de la Triple Alianza*, Assunção, Taurus, 2011, vol. II, pp. 159-60.

132. Juan Crisóstomo Centurión, op. cit., vol. II, p. 126.

133. Augusto Tasso Fragoso, op. cit., vol. III, pp. 95-102.

134. *Acta de la Junta de Guerra, que trató el ataque a Curupaytí*, Tuiuti, 08/9/1866, AIGM, doc. 5836; Mitre para Marcos Paz, quartel-general de Curuzú, 20/9/1866, AGNA, *Archivo Marcos Paz*, VII, maço 10; José María Rosa, *La Guerra del Paraguay y las montoneras argentinas*, Buenos Aires, A. Peña Lillo Editor, s.d., p. 251; Mitre para Marcos Paz, quartel-general de Curuzú, 20/9/1866, AGNA, *Archivo Marcos Paz — Documentos inéditos — octubre 1862-1877*, VII, maço 10.

135. Barão de Porto Alegre para Mitre, quartel-general de Curuzú, 10/9/1866, AIGM, doc. 5841. No final desse documento, após a assinatura de Porto Alegre, Tamandaré escreveu e assinou: "Protesto contra a posição secundária a que pelo plano de operações ficam reduzidos os Generais brasileiros, Comandantes dos dois Exércitos"; Flores para Mitre, quartel-general em Tuiuti, 18/9/1866, AIGM, doc. 5856; Mitre para Marcos Paz, quartel-general de Curuzú, 20/9/1866.

136. Mitre para Elizalde, Tuiuti, 13/9/1866, em Universidad de Buenos Aires, op. cit., p. 303.

137. Juan Crisóstomo Centurión, op. cit., vol. II, p. 226.

138. Juan Silvano Godoi, *Monographias históricas: versão e notas de Arthur Montenegro*, Rio Grande, Carlos Pinto & Cia, 1895, p. 68.

139. Augusto Tasso Fragoso, op. cit., vol. III, p. 97; Francisco Seeber, op. cit., p. 153; George Thompson, op. cit., pp. 127-8; segundo Efraím Cardozo, Solano López compartilhava o desprezo que existia no Rio da Prata quanto à coragem e às possibilidades bélicas dos brasileiros, *El Imperio del Brasil y el río de la Plata*, Buenos Aires, Librería del Plata, 1961, p. 542.

140. Em Juan Crisóstomo Centurión, op. cit., vol. II, p. 203; Pelham Horton Box, op. cit, p. 289; Juan Crisóstomo Centurión, op. cit., vol. II, p. 177.

141. Mitre para Marcos Paz, Curuzú, 13/9/1866, em *Archivo del coronel doctor Marcos Paz*, t. VII, pp. 247-8.

142. Francisco Isidoro Resquín, *La Guerra del Paraguay contra la Triple Alianza*, Assunção, El Lector, 1996, p. 44; Maury, ministro espanhol, para o ministro de Assuntos Exteriores da Espanha, of. res. 157, Buenos Aires, 24/9/1866, Amae, *Política Exterior Argentina*, maço 2313.

143. *Relación hecha por el general Mitre el día 5 de septiembre de 1891, comiendo en casa de Mauricio Peirano con el teniente general Roca, doctor E. S. Zeballos y doctor don Ramón B. Muñiz, y el cónsul de Italia cav. Quicco*, assina Estanislao Zeballos, Buenos Aires, 5/2/1898, em Isidoro J. Ruiz Moreno, "Testimonios de Mitre sobre la guerra contra López", em *Historia Paraguaya*, Assunção, Academia Paraguaya de la Historia, vol. XXXIX, 1999, pp. 444-5.

144. Thomas Whigham, op. cit., vol. II, 2011, pp. 189-90.

145. Juan Crisóstomo Centurión, op. cit.,vol. II, p. 195; barão de Jaceguai, *Reminiscências*..., op. cit., p. 208.

146. Editorial "Lucha va terminar", *El Nacional*, Buenos Aires, 19/9/1866, p. 2, BC, s/c.; José María Rosa, op. cit., p. 251; Luis Vittone, op. cit., p. 155; Augusto Tasso Fragoso, op. cit., vol. III, p. 69.

147. Charles J. Kolinski, *Independence or Death! The Story of the Paraguayan War*, Gainesville, University of Florida Press, 1965, p. 128;Teodoro Caillet-Bois, *Historia naval argentina*, Buenos Aires, Emecé Editorial, 1944, p. 480;.Coronel Teodoro Ramón Delgado, op. cit., p. 287.

148. Justiniano Rodas Benítez, op. cit., pp. 41-2.

149. José Ignacio Garmendia, op. cit., pp. 184-90.

150. *Memorias del general José María Morales*, AIMHM, *Colección Zeballos*, pasta 141, doc. 5.

151. Miguel Ángel De Marco, *La Guerra del Paraguay*, Buenos Aires, Planeta, 1995, p. 317.

152. Idem, ibidem, p. 318.

153. Barão de Jaceguai, *Reminiscências*..., op. cit., p. 217.

154. Augusto Tasso Fragoso, op. cit., vol. III, pp. 131, 139-40; Juan Beverina, op. cit., p. 239; Claudio Moreira Bento, "A Guerra do Paraguai: um laboratório de doutrina militar pouco explorado", *Revista Militar Brasileira*, Rio de Janeiro, Centro de Documentação do Exército, 119 (1), jan./mar. 1982, p. 92; Maury, ministro espanhol, para o ministro de Assuntos Exteriores da Espanha, of. 164, Buenos Aires, 5/10/1866, Amae, *Política Exterior Argentina*, maço 2313; Joaquim S. de Azevedo Pimentel, op. cit., p. 131; George Thompson, op. cit., pp. 130-1; Juan Crisóstomo Centurión, op. cit., vol. II, pp. 222 e 225. Esse autor afirma que foram 92 homens as perdas paraguaias; José María Rosa, op. cit., p. 252; Arturo Bray, op. cit., p. 237.

155. George Thompson, op. cit., pp. 131-2.

156. *Decreto sobre contribución de vestuario al Ejército*, Passo da Pátria, 14/2/1866, ANA, *Sección Historia*, vol. 347, doc. 1.

157. Barão de Jaceguai, *Guerra do Paraguay*..., op. cit., p. 129.

158. Lucio V. Mansilla (pseudônimo Órion). *Órion a Sagita: el assalto de Curupaiti*, s. l., s. ed., [1867?]. Disponível em: <https://pt.scribd.com/document/335178730/Hector-Florencio-Varela-Orion-a-Sagita-el-asalto-de-Curupaiti-Buenos-Aires-s-n-1867>. Acesso em: 25 jun. 2018.

159. Carlos M. Urien, *Curupayty: homenaje a la memoria del teniente general Bartolomé Mitre en el primer centenário de su nascimento*, Buenos Aires, s. ed., 1921, p. 115.

160. Mitre para Polidoro, quartel-general em Curuzú, 21/9/1866, AIGM, doc. 5858.

161. Barão de Jaceguai, *Reminiscências*..., op. cit., pp. 125-6, 212-5 e 218; Afonso Celso (visconde de Ouro Preto), *A Marinha d'outr'ora (subsídios para a história)*, Rio de Janeiro, Domingos de Magalhães, 1894, p. 285.

162. Polidoro para Mitre, Tuiuti, 2/11/1866, AIGM, doc. 5868; Mitre para Polidoro, Tuiuti, 3/11/1866, AIGM, doc. 5869 (borrador).

163. Augusto Tasso Fragoso, op. cit., vol. II, pp. 135-6; Mitre para Elizalde, quartel-general em Iataiti, 11/10/1866, em Universidad de Buenos Aires, op. cit., p. 316.

164. Mitre para Elizalde, Tuiuti, 9 e 10/10/1866 [carta única], em Universidad de Buenos Aires, op. cit., pp. 309-10.

165. *Conferência com o ministro argentino em 15 de outubro de 1866*, AHI, lata 618 (*Informações e Pareceres — Questões com o Paraguai*), maço 1.

166. Elizalde para Mitre, Buenos Aires, 26/12/1866, AGM, vol. V, p. 152; idem, ibidem, Buenos Aires, 9/1/1867, idem, p. 153; Pedro II para Paranaguá, Rio de Janeiro, 12/1/1867, em Wanderley Pinho, *Cartas do imperador d. Pedro II ao barão de Cotegipe*, São Paulo, Cia. Editora Nacional, 1933, coleção Brasiliana, vol. 85, p. 36.

167. D. Pedro II para marquês de Paranaguá, s. l., 9/12/1866, em Pedro Calmon, *A vida de d. Pedro II: o rei filósofo*, Rio de Janeiro, Biblioteca do Exército Editora, 1975, p. 153.

168. Mármol para Mitre, Buenos Aires, 29/9/1866, AIGM, doc. 6893; Mitre para Mármol, Iataiti-Corá, 11/10/1866, idem, doc. 6894.

169. Almeida Rosa para Mitre, s. l., 23/10/1866, AIGM, doc. 5878.

170. Augusto Tasso Fragoso, op. cit., vol. II, p. 100; José María Rosa, op. cit., pp. 257-78; Miguel Ángel Scenna, *Argentina-Brasil: cuatro siglos de rivalidad*, Buenos Aires, Ediciones La Bastilla, 1975, pp. 222-3.

171. Mitre para Marcos Paz, quartel-general de Curuzú, 20/9/1866, AGNA, *Archivo Marcos Paz*, VII, maço 10; Flores para Polidoro, Montevidéu, 20/10/1866, AN, *Arquivo do general Polidoro*, caixa 4, pacote 2.

172. Alberto Amerlan, *Bosquejos de la Guerra del Paraguay*, Buenos Aires, Editores Hermann Tjarks, 1904, p. 71.

173. Laurent-Cochelet para o marquês de Moustier, Assunção, 5/10/1866, em Milda Rivarola, op. cit., p. 138. Segundo essa autora [p. 225], eram González e Corbalán o sobrenome de dois desses jovens, enquanto o oficial "polaco" era Luís Miskowsky.

174. Idem, ibidem.

175. *Curupaity*, correspondência de 22/9/1866, *El Semanario*, em op. cit., p. 89; *División de la Alianza*, correspondência de 27/10/1866, idem, ibidem; Charles Ames Washburn, *The History of Paraguay with Notes of Personal Observations, and Reminiscences of Diplomacy under Difficulties*, Nova York, Lee, Shepard & Dillingham, 1871, p. 159.

176. Pelos números de Washburn, o Exército brasileiro contava entre 20 e 22 mil soldados; o argentino com 5 a 6 mil homens e a Esquadra imperial tinha seis encouraçados; esperava-se, acrescentou, um reforço de seiscentos argentinos, 2 mil brasileiros e dois encouraçados (Berges para Solano López, Assunção, 10 e 12/11/1866, AHI, *MS Originaes — Guerra do Paraguay*, 337-4-21).

177. Thornton para Clarendon, particular, Rio de Janeiro, 23/6/1866, PRO-FO, 391-16, pp. 13-5 (documento cedido por Luiz A. Moniz Bandeira); Vasconcellos e Sousa, ministro português, para o ministro dos Negócios Estrangeiros de Portugal, of. 153, Rio de Janeiro, 9/10/1866, AMNE, *Legação de Portugal no Rio de Janeiro*, caixa 209. Ver também Wanderley Pinho, op. cit., p. 37.

178. Carta de Elizalde para Góes e Vasconcellos, Buenos Aires, 12/10/1866, em *Documentos del Dr. Rufino de Elizalde*. Disponível em Repositorio Digital Institucional Universidad de Buenos Aires: <http://repositoriouba.sisbi.uba.ar/gsdl/cgi-bin/library.cgi?e=d-10000-00---off-0archivos%2fcartasravi--00-2----0-10-0---0---0direct-10--DA--4-------0-1l--10-es-Zz-1---20-about-28%2f06%2f1922--00-3-1-00--00--4--0--0-0-01-00-0utfZz-8-00&a=d&cl=CL4.21&d=me168100-me168100_pdf>. Acesso em: 25 jun. 2018; Góes e Vasconcellos para Elizalde, Rio de Janeiro, 22/10/1866, idem. Disponível em Repositório Digital Institucional da Universidade de Buenos Aires: <http://repositoriouba.sisbi.uba.ar/gsdl/cgi-bin/library.cgi?e=d-10000-00---off-0archivos%2fcartasravi--00-2----0-10-0---0---0direct-10--DA--4-------0-1l--10-es-Zz-1---20-about-28%2f06%2f1922--00-3-1-00-00--4--0--0-0-01-00-0utfZz-8-00&a=d&cl=CL4.21&d=me168100-me168100_pdf>. Acesso em: 25 jun. 2018.

179. Roderick J. Barman, *Imperador cidadão e a construção do Brasil*, São Paulo, Editora da Unesp, 2012, p. 304.

180. Vasconcellos e Sousa para o ministro dos Negócios Estrangeiros de Portugal, of. 158, Rio de Janeiro, 23/10/1866, AMNE, *Legação de Portugal no Rio de Janeiro*, caixa 209.

181. Paranhos para Manoel Antônio da Rocha Faria (conde de Nioaque), Rio de Janeiro, 7/11/1866. Disponível em AHMI: <http://200.159.250.2:10358/handle/acervo/8194>. Acesso em: 25 jun. 2018.

182. Wilma Peres Costa, *A espada de Dâmocles: o Exército, a Guerra do Paraguai e a crise do Império*, São Paulo, Hucitec/Unicamp, 1996, p. 208.

183. Zacarias, presidente do Conselho de Ministros, sessão do Senado de 8/6/1868, AS, 1868, vol. II, pp. 113-4; barão de Jaceguai, *Reminiscências*..., op. cit., p. 295.

184. Zacarias, sessão do Senado de 8/6/1868, AS, 1868, vol. II, p. 114; Augusto Tasso Fragoso,

op. cit., vol. III, pp. 192-3; Joaquim Nabuco, *Um estadista no Império: Nabuco de Araújo*, São Paulo, Progresso, s. d., vol. III, p. 77.

185. Barão de Jaceguai, *Reminiscências...*, op. cit., p. 221.

186. Conde d'Eu para o duque de Nemours [Rio de Janeiro?], 4/12/1866, em Alberto Rangel, *Gastão de Orléans (o último conde d'Eu)*, São Paulo, Cia. Editora Nacional, 1935, p. 153; "Tamandaré retirou-se para o Rio [...] a fim de tratar da sua saúde" (Augusto Tasso Fragoso, op. cit., vol. III, p. 183).

187. A defesa da atuação de Tamandaré nesse período, questionando a crítica deste livro, pode ser vista em: Edina Laura Nogueira da Gama, "Arquivo do Almirante Tamandaré: Um caminhar pela história naval brasileira", em *Anais do XXVI Simpósio Nacional de História — ANPUH*, São Paulo, jul. 2011, p. 12. Disponível em: <http://www.snh2011.anpuh.org/resources/anais/14/1300675632_ARQUIVO_ArquivoTamandare.pdf>. Acesso em: 10 fev. 2017.

188. Barão de Jaceguai, *Reminiscências...*, op. cit., pp. 102-4, 197, 258 e 274; "A mesma enfermidade, 'massa cerebral amolecida', é atribuída a Tamandaré e, assim, explicam os marinheiros e Generais Brasileiros a imobilidade do Almirante, e a facilidade com que promete e esquece o prometido, para, no final de contas, permanecer quieto [...]" (Mitre para Elizalde, s. l., 3/8/1866, em Universidad de Buenos Aires, op. cit., p. 293).

189. Juan Carlos Herken Krauer e María Isabel Giménez De Herken, *Gran Bretaña y la Guerra de la Triple Alianza*, Assunção, Editorial Arte Nuevo, 1982, pp. 20 e 53.

190. Milda Rivarola, op. cit., pp. 190-6. De volta à França, Laurent-Cochelet, de passagem pelo Rio de Janeiro, teve uma entrevista com Pedro II "e [se] refere com as lágrimas nos olhos às tiranias de López. Ele crê que este se acha cercado". Pedro II para a condessa de Barral, Rio de Janeiro, 23/11/1867, em Alcindo Sodré, *Abrindo um cofre: cartas de dom Pedro II à condessa de Barral*, Rio de Janeiro, Livros de Portugal, 1956, p. 138; Renato Mendonça, "Uma página na história diplomática", *Mensário do Jornal do Commercio*, Rio de Janeiro, t. I, vol. II, fev. 1938, p. 30. Paul de Cuverville para o Ministério de Relações Exteriores da França, Assunção, informe n. 7, 20/6/1868, em Luc Capdevila, *Una guerra total: Paraguay, 1864-1870. Ensayo de Historia del tiempo presente*, Buenos Aires, ed. SB, 2010, p. 452.

191. Parte da correspondência de ambos para o Ministero degli Affari Esteri pode ser vista em Marco Fano, *El cónsul, la guerra y la muerte*, s.l., ed. do autor, [2009?], pp. 45-144.

192. RRNE, 1866, p. 6.

193. Luiz A. Moniz Bandeira, *O expansionismo brasileiro: o papel do Brasil na Bacia do Prata — da colonização ao Império*, Rio de Janeiro, Philobiblion, 1985, p. 269. Faustino Sarmiento para Mitre, Nova York, 22/12/1867, AGM, vol. I, p. 73; *Legação do Brasil no Chile ao Ministério dos Negócios Estrangeiros*, Santiago, 16/4/1867, AHI, *Ofícios Reservados e Confidenciais da Legação no Chile*, 231-1-2.

194. Luiz A. Moniz Bandeira, *Presença dos Estados Unidos no Brasil*, 2. ed., Rio de Janeiro, Civilização Brasileira, 1978, pp. 88-97; idem, *O expansionismo...*, op. cit., p. 269; Carlos Delgado de Carvalho, *História diplomática do Brasil*, São Paulo, Cia. Editora Nacional, 1959, p. 144.

195. Harold F. Peterson, *Argentina and the United States: 1810-1960*, Nova York, University of Nova York, 1964, p. 196; Webb para Seward, Rio de Janeiro, 7/8/1866, em John Harvey Saunders, op. cit.; Marcello Carmagnani, *Estado y sociedad en América Latina: 1850-1930*, Barcelona, Editorial Crítica, 1984, p. 154.

196. Harold F. Peterson, op. cit., pp. 196-7; José Berges para Charles Alfred Washburn,

Assunção, 4/3/1867, ANA, *Sección Carpetas Sueltas*, pasta 201 (*Correspondencia de José Berges, 1863; 1865; 1867*); Caxias para Osorio, Tuiuti, 20/3/1867, em Joaquim Luís Osorio e Fernando Luís Osorio Filho, *General Osorio: pela verdade histórica — rebatendo perfídias*, Rio de Janeiro, Casa Bevilacqua, 1914, p. 340.

197. John Harvey Saunders, *Diplomacy under Difficulties: United States Relations with Paraguay during the War of the Triple Alliance*, University of Georgia, Ph.D., 1966, p. 150.

198. Luiz Alberto Moniz Bandeira, *O expansionismo...*, op. cit., p. 267.

199. José Berges para Solano López, Assunção, 10 e 12/11/1866, AHI, *Originaes — Guerra do Paraguay*.

200. Washburn para Seward, 6/7/1867, em John Harvey Saunders, op. cit., p. 159.

201. Carlos Creus, ministro residente espanhol, para o ministro de Assuntos Exteriores da Espanha, of. res. 52, Montevidéu, 28/4/1867, Amae, *Política Exterior Paraguaya*, maço 2576.

202. A esquadrilha norte-americana era composta das seguintes belonaves: USS *Pawnee* (novecentas toneladas e onze canhões); USS *Quineberg* (750 toneladas, sete canhões); USS *Kansas* (seiscentas toneladas e cinco canhões) e pela nau capitânia USS *Wasp* (550 toneladas e três canhões). Sir Richard Francis Burton, *Cartas dos campos de batalha do Paraguai*, Rio de Janeiro, Biblioteca do Exército, 1997, p. 126.

203. Harold F. Peterson, op. cit., p. 198; Webb para Washburn, Rio de Janeiro, 25/3/1869, em John Harvey Saunders, op. cit., p. 130; *New York Times*, 15/2/1870, p. 8, em John Harvey Saunders, op. cit., p. 134.

204. Luiz A. Moniz Bandeira, *O expansionismo...*, op. cit., pp. 267-8; Gregorio Benítez, *Anales diplomático y militar de la Guerra del Paraguay*, Assunção, Establecimiento, 1906, vol. I, p. 100.

205. Maury para o ministro de Assuntos Estrangeiros da Espanha, of. 115, Buenos Aires, 9/10/1867, Amae, *Política Exterior Paraguaya*, maço 2576.

206. Idem, ibidem.

207. G. Z. Gould, quartel-general em Tuiu-Cuê, 12/9/1867, RRNE, 1868, p. 87; Mitre para Elizalde, 12/9/1867, em Universidad de Buenos Aires, *Correspondencia Mitre-Elizalde*, Buenos Aires, UBA, Departamento Editorial, 1960, pp. 390-1.

208. Maury para o ministro de Assuntos Estrangeiros da Espanha, of. 115, Buenos Aires, 9/10/1867. Amae, *Política Exterior Paraguaya*, maço 2576. Nesse ofício Maury transcreve relato verbal que lhe foi feito por Gould.

209. Luis Camiños para Gould, quartel-general em Paso Pucú, 14/9/1867, RRNE, 1868, p. 87; Gould para Fortunato de Britto, Buenos Aires, 6/10/1867, RRNE, 1868, anexo 1, p. 8; Mitre para Elizalde, "Reservadíssima", [Tuiu-Cuê], 12/9/1867, AIM, A-8 C-14 C-44, doc. 12476; Yolanda C. Stewart Sellitti (Org.), *Memorias del doctor Guillermo Stewart: jefe de la Sanidad Militar durante la Guerra del 70*, Assunção, Intercontinental Editora, 2015, p. 148.

210. Richard Francis Burton, op. cit., pp. 155 e 284.

211. Gould para Mathew, *confidential*, Paso Pucú, 10/9/1867, em *British Documents on Foreign Affairs: Reports and Papers from the Foreign Office Confidential Print; Latin-America, 1845-1914*, Part I, Series D, pp. 224-7.

212. Carta do coronel José Antônio Corrêa da Câmara, chefe do Estado-Maior do Exército imperial, para a esposa Maria Rita, Tuiu-Cuê, 12/9/1867, em general Rinaldo Pereira da Câmara, *O general Câmara*, Porto Alegre, Livraria O Globo, 1964, vol. II, p. 178; Juan Crisóstomo Centurión,

op. cit., vol. II, p. 275; George Thompson, op. cit., p. 154; *Declaraciones del dr. Stuart* [sic!] *súbdito inglés cirujano-mayor del Ejército del Paraguay*, AIMHM, *Colección Zeballos*, pasta 124.

213. Relatório da situação militar de José Berges para as Legações paraguaias em Paris e em Berlim, Assunção, 15/10/1867, ANA, *Colección Rio Branco*, doc. 4474; José Berges para Solano López, Assunção, 31/12/1867, ANA, *Colección Rio Branco*, doc. 4510; Solano López para José Berges, s. l., 2/1/1868, ANA, *Colección Rio Branco*, doc. 4392.

214. Carta de Benigno G. Vigil para Elizalde, Montevidéu, 20/8/1866, em *Documentos del Dr. Rufino de Elizalde*. Disponível em Repositorio Digital Institucional Universidad de Buenos Aires: <http://repositoriouba.sisbi.uba.ar/gsdl/cgi-bin/library.cgi?e=d-10000-00---off-0archivos%2fcartasravi--00-2----0-10-0---0---0direct-10----4-------0-1l--10-es-Zz-1---20-about---00-3-1-00-00--4--0--0-0-01-00-0utfZz-8-00&a=d&cl=CL4.21&d=me171000-me171000_pdf>. Acesso em: 26 jun. 2018.

215. José Álvaro Teixeira Soares, *O drama da Tríplice Aliança (1865-70)*, Rio de Janeiro, Editora Brand, 1956, p. 191.

216. RRNE, 1868, pp. 6-7, e 1867, p. 5.

217. Carta do general Melgarejo para Solano López, La Paz, 30/8/1866, em Juan Crisóstomo Centurión, op. cit., vol. II, pp. 289-90; Mariano Nunes, ministro das Relações Exteriores da Bolívia, para o chanceler José Berges, La Paz, 7/5/1867, ANA, *Colección Rio Branco*, doc. 4395; Felipe Osoriol, ministro das Relações Exteriores do Peru, para o chanceler José Berges, Lima, 13/5/1867, idem, ibidem, doc. 4405.

218. Álvaro Teixeira Soares, *Formação de fronteiras do Brasil*, Rio de Janeiro, Conselho Federal de Cultura, 1972, pp. 214-5; Luiz A. Moniz Bandeira, *O expansionismo...*, op. cit., pp. 222-4 e 255; Delgado de Carvalho, op. cit., pp. 220-1; Juan E. Torrent para Elizalde, nota conf., Rio de Janeiro, 5/5/1867, AMREC, caixa 34, *Brasil 1867-1868*.

219. Sarmiento para Bartolomé Mitre, Nova York, 22/12/1867, AGM, t. 1, p. 76.

220. "La Guerra de la Triple Alianza contra el Paraguay", *Cabichuí*, Paso Pucú, 10/6/1867, pp. 2-3, ed. fac-similar; *Legação imperial em Santiago para o Ministério dos Negócios Estrangeiros*, of. res., 16/6/1867, AHI, 231-1-2.

221. Alfredo d'Escragnolle Taunay (visconde de Taunay), *Memórias*, São Paulo, Melhoramentos, 1946, pp. 132-3.

222. Senador Pompeu, sessão de 6/6/1866, AS, 1866, vol. II, pp. 27-31; Cotegipe para Penedo, s. l., 12/5/1866, em Wanderley Pinho, *Cotegipe e seu tempo*, São Paulo, Cia. Editora Nacional, 1937, p. 68; senador Silveira da Motta, sessão de 10/6/1867, AS, vol. II, pp. 33-5.

223. Joaquim Nabuco, op. cit., vol. II, pp. 277 e 279; senador Pompeu, sessão de 27/9/1869, AS, 1869, vol. V, p. 282. O senador observou que, no mês de agosto de 1868, ocorreram doze assassinatos no Ceará, quer por agentes policiais, encarregados da "caça aos recrutas", quer pelos perseguidos, que resistiam à ação dessas autoridades; senador Cotegipe, sessão de 9/6/1868, AS, 1868, vol. II, p. 166; Junqueira, sessão do Senado de 8/6/1874, AS, 1874, vol. I, p. 211; ministro da Guerra, sessão do Senado de 3/6/1870, AS, 1870, vol. I, p. 86.

224. Vitor Izecksohn, *O cerne da discórdia: A Guerra do Paraguai e o núcleo profissional do Exército*, Rio de Janeiro, E-Papers, 2002, p. 108.

225. Visconde de Taunay, *Viagens de outr'ora*, São Paulo, Melhoramentos, 1921, p. 74.

226. Eugenio Egas, *Galeria dos presidentes de São Paulo*, São Paulo, Secção de Obras d' *O Estado de S.Paulo*, 1926, vol. I, p. 35.

227. Ofícios de J. T. Bastos, São Paulo, 12/11/1866 para o juiz de Itapetininga; 13/11/1866, para o juiz de Mogi Mirim; 17/11/1866, para o promotor público de Iguape; 21/11/1866, para o subdelegado de polícia de Caraguatatuba; 26/11/1866, para o capitão do porto de Santos; 26/11/1866 e 16/4/1867, "aos delegados de polícia — circular"; 9/11/1867, "aos comandantes superiores — circular"; 3/1/1868, "ao chefe de polícia" [da província], Apesp, *Correspondência reservada do governo com funcionários da Província (1866-1888)*, livro 0908.

228. Eugenio Egas, op. cit., p. 387.

229. Pedro II para a condessa do Barral, Rio de Janeiro, 22/11/1866, em Alcindo Sodré, op. cit., p. 117.

230. *Diário do Povo*, Rio de Janeiro, editoriais de 8/3 e 13/3/1868, p. 1, BN, microfilme PR--SOR-164(2); Vinicio Stein Campos, *A crise política de 1868, observada de um ângulo local: Capivari*, s. l., s. ed., 1943, p. 9; Eugenio Egas, op. cit., p. 421.

231. Vitor Izecksohn, op. cit., pp. 110-1.

232. Em Paulo de Carvalho Neto, "Folclore da Guerra do Paraguai", *Journal of Inter-American Studies*, Flórida, School of Inter-American Studies (University of Florida), vol. III, jan. 1961, pp. 278-9.

233. *Correio Mercantil*, Rio de Janeiro, 9/11/1866, p. 2, BN, microfilme PR-SPR-1; Vasconcellos e Sousa para o ministro dos Negócios Estrangeiros de Portugal, of. 173, Rio de Janeiro, 22/11/1866, AMNE, *Legação de Portugal no Rio de Janeiro*, caixa 209.

234. Vasconcellos e Sousa para o ministro dos Negócios Estrangeiros de Portugal, of. 31, Rio de Janeiro, 29/3/1867, idem, caixa 210.

235. Juan E. Torrent para Elizalde, nota conf., Rio de Janeiro, 6/4/1867, AMREC, *Brasil 1867-1868*, caixa 34; De la Quadra para o ministro dos Assuntos Exteriores da Espanha, f. 79, Rio de Janeiro, 6/7/1867, AMNE, *Política Exterior de Brasil*, maço 2330.

236. Editoriais, *Diário do Povo*, Rio de Janeiro, 21 e 22/10/1867 (ed. única), p. 1, e 5/3/1868, p. 1, BN, respectivamente microfilmes PR-SOR-164(1) e PR-SOR-164(2).

237. Nelson Werneck Sodré, *A história militar do Brasil*, 3. ed., Rio de Janeiro, Civilização Brasileira, 1979, p. 230.

238. De la Quadra, ministro espanhol no Brasil, para o ministro dos Assuntos Exteriores, of. 18, Rio de Janeiro, 7/2/1868, Amae, *Política Exterior Brasileira*, maço 2330.

239. Eugenio Egas, op. cit., p. 420.

240. *Cabichuí*.

241. André Amaral de Toral, "A participação dos negros escravos na Guerra do Paraguai", *Estudos Avançados*, São Paulo, Instituto de Estudos Avançados da USP, vol. 9, n. 24, maio/ago. 1995, pp. 288-91.

242. Idem, ibidem, pp. 291-2.

243. Ricardo Salles, *Guerra do Paraguai: escravidão e cidadania na formação do Exército*, Rio de Janeiro, Paz e Terra, 1990, pp. 66-70, 76-7.

244. André do Amaral Toral, op. cit., p. 295.

245. Ricardo Salles, op. cit., pp. 74-7.

246. Caxias para Muritiba, s. l., 13/12/1868, AN, códice 924, *Guerra do Paraguai*, vol. 5, pp. 133-40.

247. Corrêa da Câmara para Maria Rita, Lomas Valentinas, 26/12/1868, em Rinaldo Pereira da Câmara, op. cit., vol. II, p. 250.

248. *Opinião Liberal*, Rio de Janeiro, 28/2/1868, em Nelson Werneck Sodré, *História do Segundo*..., op. cit., p. 232; editorial "A Guerra e as Finanças", *Jornal do Commercio*, Rio de Janeiro, 22/1/1868, BSF, microfilme 0086.

249. Juan E. Torrent para Mitre, Rio de Janeiro, 6/2/1868, AIGM, doc. 6166; Diego De la Quadra, da Legação da Espanha no Brasil, para o ministro dos Assuntos Estrangeiros, of. 20, Rio de Janeiro, 22/2/1868, AMRE, *Dirección de los Asuntos Políticos — Brasil*, maço 1416; Vasconcellos e Sousa, of. 20, Rio de Janeiro, 20/2/1868, AMNE, *Legação de Portugal no Rio de Janeiro*, caixa 211.

250. Discurso do barão de Cotegipe, sessão do Senado de 9/6/1868, AS, vol. II, p. 166; discurso de Zacarias, presidente do Conselho de Ministros, sessão do Senado de 13/6/1868, idem, ibidem, p. 195.

251. Vitor Izecksohn, op. cit., pp. 117-8.

252. Augusto Tasso Fragoso, op. cit., p. 180.

253. Caxias para Paranaguá, of. conf., Rio de Janeiro, 21/10/1866, Augusto Tasso Fragoso, op. cit., vol. III, p. 180; Paranaguá para Caxias, s. d. [outubro de 1866], Augusto Tasso Fragoso, op. cit., pp. 181-2.

254. Barão de Cotegipe, ministro interino dos Negócios Estrangeiros, sessão do Senado de 3/8/1869, AS, 1869, vol. IV, p. 31. Diferentes historiadores, porém, afirmam que Caxias recebeu o comando da esquadra. Ver, por exemplo, Augusto Tasso Fragoso, op. cit., vol. III, p. 174.

255. Mitre para Elizalde, Tuiuti, 15/11/1866, em Universidad de Buenos Aires, op. cit., p. 341.

256. Nota do chefe da *División Uruguay*, coronel Isidoro Reguera, a Mitre, Santa María, 5/10/1866, AIGM, doc. 5878.

257. Andrés Cisneros e Carlos Escudé, *Historia general de las relaciones exteriores de la República argentina*, Buenos Aires, Cari/Grupo Editor Latinoamericano, 1999, t. VI, pp. 113-5.

258. Juan E. Torrent para Elizalde, nota conf., Rio de Janeiro, 3/2/1867, AMREC, caixa 34, *Brasil 1867-1868*; Gelly y Obes para Martín de Gainza, Palma, 4/12/1868, AGNA, ex-Museo Histórico Nacional, maço 33.

259. Em León Rebollo Paz, *La Guerra del Paraguay*, 2. ed., Buenos Aires, Talleres Gráficos Lombardi, 1965, p. 114.

260. Caxias para Osorio, Tuiuti, 17/2/1867, em Joaquim Luís Osorio e Fernando Luís Osorio Filho, op. cit., p. 323.

261. Augusto Tasso Fragoso, op. cit., vol. III, p. 193.

262. General Paulo de Queiroz Duarte, *Os Voluntários da Pátria na Guerra do Paraguai*, Rio de Janeiro, Biblioteca do Exército, vol. 3, t. III, 1988, p. 116.

263. Seção de Geografia e História do Estado-Maior do Exército, "Os Voluntários da Pátria e a Guerra da Tríplice Aliança", *Revista Militar Brasileira*, Brasília, Centro de Documentação do Exército, ano 65, vol. 115, n. 3, set./dez. 1979, p. 84.

264. Evangelista de Castro Dionísio Cerqueira, op. cit., p. 167; discurso do senador Caxias, sessão de 15/7/1870, AS, 1870, vol. II, pp. 99-104.

265. João Manoel da Silva para "meu mano e amigo José", acampamento em Tuiuti, [?]/10/1866, em David Carneiro, *O Paraná na Guerra do Paraguai*, Rio de Janeiro, Cia. Editora Americana, s. d., p. 212.

266. Paranaguá para Caxias, Rio de Janeiro, 27/10/1866, IHGB, *Coleção Marquês de Paranaguá*, lata 314, pasta 2.

267. Evangelista de Castro Dionísio Cerqueira, op. cit., pp. 176 e 184.

268. Idem, ibidem, p. 192.

269. Evangelista de Castro Dionísio Cerqueira, op. cit., p. 241.

270. Miguel Ángel De Marco, *La Guerra del Paraguay*, Buenos Aires, Planeta, 1995, p. 181.

271. Evangelista de Castro Dionísio Cerqueira, op. cit., p. 183.

272. Caxias para Osorio, Tuiuti, 13/5/1867 e "[a] bordo do vapor *Duque de Saxes*", 29/5/1867, em Joaquim Luís Osorio e Fernando Luís Osorio Filho, op. cit., pp. 355 e 358.

273. Renato Lemos, *Benjamin Constant: vida e história*, Rio de Janeiro, Topbooks, 1999, pp. 157-8.

274. George Thompson, op. cit., p. 145.

275. Juan Crisóstomo Centurión, op. cit., vol. II, pp. 255-7.

276. Laurent-Cochelet para o Ministério de Relações Exteriores, Assunção, informe n. 61, 31/5/1867, em Luc Capdevila, op. cit., pp. 420-1.

277. Idem, pp. 412-22.

278. Evangelista de Castro Dionísio Cerqueira, op. cit., pp. 191-2.

279. Idem, ibidem, pp. 200-1.

280. Milda Rivarola, *Vagos, pobres y soldados: la domesticación estatal del trabajo en el Paraguay del siglo XIX*, Assunção, Centro Paraguayo de Estudios Sociológicos, 1994, pp. 111-3.

281. George Thompson, op. cit., pp. 138-9, 147 e 149. A coragem do general Díaz, comandante de Curupaiti, tornou-o alvo de enorme admiração por parte da tropa paraguaia. Em 26 de janeiro de 1867 ele e outros ajudantes saíram, em uma canoa, para pescar no rio Paraguai, fundeando não muito distante da esquadra imperial. Um tiro de canhão disparado desta caiu perto da canoa, ferindo Díaz, que teve uma perna amputada e veio a falecer em 7 de fevereiro (Juan Crisóstomo Centurión, op. cit., vol. II, pp. 243-4).

282. Comentário de Carlos von Koseritz, *Deustche Zeitung*, 20/4/1867, em Klaus Becker, *Alemães e descendentes — do Rio Grande do Sul — na Guerra do Paraguai*, Canoas, Hilgert & Filhos, 1968, pp. 84-5. Koseritz era redator do *Deutsche Zeitung*, jornal da colônia alemã no Rio Grande do Sul, e baseava-se nas informações obtidas dos membros da colônia que tinham ido para a guerra.

283. Caxias, sessão do Senado de 15/7/1870, AS, 1870, vol. II, p. 100.

284. Osorio para Monteiro, s. l., 23/5/1867, em J. B. Magalhães, op. cit., p. 174; demais informações às pp. 170-2, 180-2.

285. Augusto Tasso Fragoso, op. cit., vol. III, pp. 222-3.

286. Evangelista de Castro Dionísio Cerqueira, op. cit., pp. 175-6.

287. Frei Salvador Maria de Nápoles para o internúncio apostólico monsenhor Sanguigni, Tuiu-Cuê, 6/9/1867, AV, *Nunziatura Apostalica in Brasil — Missionari Cappuccini*, n. 43 (fasc. 198).

288. Juan Crisóstomo Centurión, op. cit., vol. II, pp. 249-50, 264-5; George Thompson, op. cit., pp. 147-9.

289. George Thompson, op. cit., p. 147.

290. Caxias para Osorio, [Tuiuti], 4/4/1867, em J. B. Magalhães, op. cit., pp. 178-9. "Sem prejuízo do mérito de Caxias [...] é preciso assinalar que a ideia de manobrar a posição inimiga, contornando-a, já havia sido concebida por Mitre [...]" Esse tema será retomado mais à frente neste livro.

291. Joaquim Nabuco, op. cit., vol. IV, p. 75; *O Cabrião*, São Paulo, 24/3/1867, p. 200, BMA, S/C, encadernado.

292. Caxias para Carlota, Tuiuti, 11/3/1867, em E. Vilhena Moraes, *Novos aspectos da figura de Caxias*, Rio de Janeiro, Leuzinger, 1937, p. 79.

293. Vasconcellos e Sousa, of. res. 26 e of. 43, Rio de Janeiro, 23/2 e 6/5/1867, AMNE, *Legação de Portugal no Rio de Janeiro*, caixa 210.

294. Sá de Albuquerque para Caxias, Rio de Janeiro, 16/5/1867, AN, caixa 811, pasta 1.

295. Carta de Juan Eusebio Torrent para Elizalde, Rio de Janeiro, 5/7/1867, em *Documentos del Dr. Rufino de Elizalde*. Disponível em Repositorio Digital Institucional Universidad de Buenos Aires: <http://repositoriouba.sisbi.uba.ar/gsdl/cgi-bin/library.cgi?e=d-10000-00---off-0archivos%2fcartasravi--00-2----0-10-0---0---0direct-10----4-------0-1l--10-es-Zz-1---20-about---00-3-1-00-00--4--0--0-0-01-00-0utfZz-8-00&a=d&cl=CL4.20&d=me221500-me221500_pdf>. Acesso em: 26 jun. 2018.

296. Caxias para Osorio, Tuiuti, 6/6/1867, em Joaquim Luís Osorio e Fernando Luís Osorio Filho, op. cit., p. 361.

297. Augusto Tasso Fragoso, op. cit., vol. III, p. 207.

298. Tasso Fragoso, op. cit., vol. III, pp. 208-9.

299. Tenente-brigadeiro Wanderley Lavanière, "Os balões de observação da Guerra do Paraguai", em *A Defesa Nacional*, Rio de Janeiro, ano 65, n. 677, maio/jun. 1978, p. 52.

300. Augusto Tasso Fragoso, op. cit., vol. III, p. 210-1.

301. Wanderley Lavanière, op. cit., pp. 53-6. Segundo esse autor, James Allen recebeu bonificação de US$ 10 mil do governo brasileiro (p. 58).

302. Apud Augusto Tasso Fragoso, op. cit., vol. III, p. 235.

303. Vasconcellos e Sousa para o ministro dos Negócios Estrangeiros de Portugal, of. 31, Rio de Janeiro, 29/3/1867, AMNE, *Legação de Portugal no Rio de Janeiro*, caixa 210.

304. Cinco dos navios ficavam permanentemente fundeados próximos a Humaitá, realizando o bombardeio; quatro permaneciam em Porto Elisário e um ficava entre as duas divisões, servindo, entre outras finalidades, como repetidor de sinais (Levy Scavarda, "Centenario da passagem de Humaitá", *Revista Marítima Brasileira*, Rio de Janeiro, Serviço de Documentação da Marinha, ano LXXXVIII, jan./mar. 1968, n. 1/3, p. 37).

305. Juan Crisóstomo Centurión, op. cit., vol. II, pp. 234-5.

306. J. B. Magalhães, op. cit., pp. 246-8.

307. Idem, ibidem, pp. 184 e 186; barão de Jaceguai, "A Guerra do Paraguay...", op. cit., p. 134.

308. Efraím Cardozo, *Hace 100 años: crónicas de la guerra del 1864-1870*, Assunção, Editorial Emasa, 1972, p. 345.

309. Francisco Félix Pereira Costa, op. cit., vol. III, p. 332; Caxias para Paranaguá, of. conf., Tuiuti, 10/6/1867, AN, caixa 811, pasta 1.

310. Carta de Caxias para a esposa, Tuiu-Cuê, 8/8/1867, em John Schulz, *O Exército na política: origens da intervenção militar, 1850-1894*, São Paulo, Edusp, 1994, p. 66.

311. Richard Francis Burton, op. cit., p. 37.

312. Carta de Benjamin Constant, 7/7/1867, em Benjamin Constant Neto, *Benjamin Constant*, Rio de Janeiro, Leuzinger, 1940, pp. 42-3.

313. Yolanda C. Stewart Sellitti (Org.), op. cit., p. 92.

314. Luc Capdevila, op. cit., p. 111-2.

315. Ignacio H. Fotheringham, *La vida de un soldado: Reminiscencias de las fronteras*, 2. ed. [1. ed. 1909], Buenos Aires, Ciudad Argentina, 1999.

316. Mitre para Marcos Paz, Tuiu-Cuê, 1/8/1867, AGM, vol. VII, p. 300.

317. Barão de Jaceguai, "A Guerra do Paraguay...", op. cit., p. 134. Emilio Jourdan, citado por Augusto Tasso Fragoso, op. cit., vol. III, p. 253; também pp. 257-8. Em 9 de setembro de 1867, Mitre sistematizou a troca de correspondência com Caxias, no mês anterior, sobre o avanço aliado, em documento intitulado *Memoria Militar* (65 páginas escritas em Tuiu-Cuê), no qual constam seus planos militares e o planejamento de ataque a Humaitá (Enrique I. Rottjer, op. cit., p. 199).

318. José S. Campobassi, *Mitre y su época*, Buenos Aires, Editorial Universitaria, 1980, pp. 505-7; José M. Niño, *Mitre, su vida íntima, histórica, hechos, reminiscencias, episodios y anécdotas militares y civiles*, Buenos Aires, Casa Editora de A. Grau, 1906, vol. 1, p. 221; general Rinaldo Pereira da Câmara, op. cit., vol. II, pp. 159-60; J. B. Magalhães, op. cit., p. 179; Paunero para Mitre, Petrópolis, 10/1/1868, AM, *Archivo Íntimo de Mitre*, AE C71 C 20, doc. 15093.

319. Mitre para Caxias, 5/8/1867, em Augusto Tasso Fragoso, op. cit., vol. III, pp. 259-62.

320. Em idem, ibidem, pp. 263-4.

321. Antônio de Sousa Júnior, op cit., p. 307; J. B. Magalhães, op. cit., p. 186.

322. Inhaúma para o ministro da Marinha, 3/8/1867, em Joaquim Nabuco, op. cit., vol. IV, p. 75; Antônio de Sousa Júnior, op. cit., p. 307; Max von Versen, *História da Guerra do Paraguai*, Belo Horizonte/São Paulo, Editora Itatiaia/Edusp, 1976, p. 105; George Thompson, op. cit., p. 152.

323. Ver *Relatório sobre a Estrada de Ferro do Chaco*, apresentado ao ministro da Marinha, Afonso Celso de Assis Figueiredo, depois visconde de Ouro Preto, pelo construtor, primeiro-tenente Jaime Gomes Argolo Ferrão, ajudante do diretor das Oficinas de Máquinas do Arsenal da Marinha da Corte, 30/12/1867, em Levy Scavarda, op. cot., pp. 35-40.

324. Mitre para Caxias, [Tuiu-Cuê], 6/9 e 9/9/1867, AIGM, respectivamente doc. 5688 (borrador) e doc. 5688; Marcelino Ugarte, novo ministro das Relações Exteriores da Argentina, para Francisco Fortunado de Britto, ministro residente do Brasil, Buenos Aires, 30/9/1867, AIGM, doc. 5784. Britto substituiu, em março de 1867, Francisco Otaviano de Almeida Rosa; Britto para Ugarte, Buenos Aires, 2/10/1867, idem, ibidem; Ugarte para Britto, Buenos Aires, 14/11/1867, idem, ibidem; Britto para Ugarte, Buenos Aires, 10/12/1867, idem, ibidem.

325. Mitre para Marcelino Ugarte, Tuiu-Cuê, 5/1/1868, AIGM, doc. 5785.

326. Caxias para o ministro da Guerra, of. res., Tuiu-Cuê, 11/9/1867, AN, *Guerra do Paraguai*, caixa 811, pacote 1.

327. Em Enrique I. Rottjer, op. cit., 1937, pp. 203-4.

328. Afirmação citada em carta de Francisco Otaviano de Almeida Rosa para João Pedro Dias Vieira, Buenos Aires, 4/5/1865, em *Ata do Conselho de Estado* de 30/9/1867, BSF, *Atas do Conselho de Estado*, microfilme 02/72.

329. Vasconcellos e Sousa para o ministro dos Negócios Estrangeiros de Portugal, of. 98, Rio de Janeiro, 6/9/1867, AMNE, *Legação de Portugal no Rio de Janeiro*, caixa 210.

330. Apud Pedro Calmon, op. cit., p. 143.

331. Gould para Mathew, *secret*, Paso Pucú, 10/9/1867, em *British Documents on Foreign Affairs: Reports and Papers from the Foreign Office Confidential Print; Latin-America, 1845-1914*, Part I, Series D, pp. 227-8.

332. Elizalde para Mitre, Buenos Aires, 23/10/1867, em *Documentos del Dr. Rufino de Elizalde*. Disponível em Repositorio Digital Institucional Universidad de Buenos A0ires: <http://repositoriouba.sisbi.uba.ar/gsdl/cgi-bin/library.cgi?e=d-10000-00---off-0archivos%2fcartasravi--00-2-

---0-10-0---0---0direct-10--DA--4-------0-1l--10-es-Zz-1---20-about-28%2f06%2f1922--00-3-1-00-00--4--0--0-0-01-00-0utfZz-8-00&a=d&cl=CL4.20&d=me207801-me207801_pdf>. Acesso em: 28 jun. 2018.

333. Pedro II para a condessa de Barral, Rio de Janeiro, 7/11/1867, em Alcindo Sodré, *Abrindo um cofre: cartas de dom Pedro II à condessa de Barral*, Rio de Janeiro, Livros de Portugal, 1956, p. 134.

334. Afonso Celso para Inhaúma, Rio de Janeiro, 21/9/1867, em Joaquim Nabuco, *La Guerra del Paraguay*, Paris, Garnier Hermanos Libreros, 1901, p. 207; "Uma página sobre a Guerra", *Diário do Povo*, Rio de Janeiro, 20/10/1867, p. 3, BN, microfilme PR-SOR-164(1).

335. Pedro II para a condessa de Barral, Rio de Janeiro, 23/10 e 23/11/1867, em Alcindo Sodré, op. cit., pp. 137-8.

336. Porto Alegre para Manoel Antônio da Rocha Faria (conde de Nioaque), Tuiuti, 30/11/1867. Disponível em AHMI: <http://200.159.250.2:10358/handle/acervo/8276>. Acesso em: 25 jun. 2018.

337. *Teatro de la Guerra — Correspondencia particular*, Corrientes, 2/2/1868, assina *EP*; *La República*, Buenos Aires, 6/2/1868, p. 1, BC, s/c.

338. Barão de Jaceguai, "A Guerra do Paraguai...", op. cit., pp. 143-5.

339. Idem, ibidem, pp. 157-8.

340. Idem, ibidem, pp. 159-60.

341. Idem, pp. 146-7, 153 e 161.

4. 1868: O ANO DECISIVO [PP. 327-402]

1. Augusto Tasso Fragoso, *História da Guerra entre a Tríplice Aliança e o Paraguai*, Rio de Janeiro, Imprensa do Estado-Maior do Exército, 1934-5, vol. III, p. 356.

2. Barão de Jaceguai, "A Guerra do Paraguay...", op. cit., em barão de Jaceguai e Carlos Vidal de Oliveira, *Quatro séculos de atividade marítima: Portugal e Brasil*, Rio de Janeiro, Imprensa Nacional, 1900, pp. 166 e 188; Romeu Beltrão, *O vanguardeiro de Itororó*, Santa Maria, RS, Câmara Municipal de Vereadores, pp. 121-2.

3. Augusto Tasso Fragoso, op. cit., vol. III, p. 365.

4. Francisco Félix Pereira Costa, *História da guerra do Brasil contra as Repúblicas do Uruguay e Paraguay*, Rio de Janeiro, Livraria de A. G. Guimarães, 1870, vol. III, p. 441; Justiniano Rodas Benítez, *Saturnino Ferreira Perez, testimonios de un capitán de la Guerra del 70*, Assunção, Talleres Gráficos de Editora Litocolor, 1989, p. 46; George Thompson, *La Guerra del Paraguay*, Assunção, RP Ediciones, 1992, pp. 161-3.

5. George Thompson, op. cit., p. 163; Augusto Tasso Fragoso, op. cit., vol. III, p. 376.

6. Correspondência de Otto Stieher, 8/11/1867, *Deutsche Zeitung*, em Klaus Becker, *Alemães e descendentes — do Rio Grande do Sul — na Guerra do Paraguai*, Canoas, Hilgert & Filhos, 1968, p. 92.

7. "Diário de campanha do capitão Pedro Werlang", em Klaus Becker, idem, p. 132.

8. Barão de Jaceguai, op. cit., p. 166; correspondência de Otto Stieher, 8/11/1867, *Deutsche Zeitung*, em Klaus Becker, op. cit., p. 94; Manlio Cancogni e Ivan Boris, *Solano López, o Napoleão do Prata*, Rio de Janeiro, Civilização Brasileira, 1975, pp. 175-7; Charles J. Kolinski, *Independence or Death! The Story of the Paraguayan War*, Gainesville, University of Florida Press, 1965, p. 153; Leandro Aponte B., *Hombres... armas... y batallas: la epopeya de los siglos*, Assunção, Comuneros, 1971, p. 195.

9. Correspondência de Otto Stieher, 8/11/1867, *Deutsche Zeitung*, em Klaus Becker, op. cit., p. 93.

10. Augusto Tasso Fragoso, op. cit., vol. III, pp. 375-6; general Paulo de Queiroz Duarte, *Os Voluntários da Pátria na Guerra do Paraguai*, Rio de Janeiro, Biblioteca do Exército, 3 vols., t. II, 1988, p. 211.

11. George Thompson, op. cit., p. 166.

12. Yolanda C. Stewart Sellitti (Org.), *Memorias del doctor Guillermo Stewart, jefe de la Sanidad Militar durante la Guerra del 70*, Assunção, Intercontinental Editora, 2015, p. 74.

13. *Proceso Criminal n. 29. Contra cuarenta y cuatro prisioneros brasileños descubiertos de haber tramado un complot contra el Ejército Nacional* [sic!] *y deserción de uno de ellos llamado Cipriano Gomes de Moreira*, "campamento Paso Pucú, 16/11/1867", ANA, *Sección Civiles y Judiciales*, vol. 1799, doc. n. 5. Sentença do general Resquín, Paso Pucú, 9/12/1867, idem, ibidem; decreto de Solano López, Paso Pucú, 11/12/1867, idem, ibidem. Foram fuzilados o alferes Dionisio Machado, nove sargentos, doze cabos e quinze soldados. *Diligencia de la ejecución de la sentencia*, Paso Pucú, 12/12/1867, assinam o juiz José Falcón e o comandante José Duarte, idem; George Thompson, op. cit., p. 166.

14. *Proceso criminal contra el teniente 1º José Bargas, de la 1ª Compañía del 1er. Escuadrón, acusado por varias quejas que produjo contra el servicio y disposiciones de los jefes de vanguardia en que se hallaba* (ANA, *Sección Civiles y Judiciales*, vol. 1799, doc. 4).

15. "Viva el gran López" e "Oda", *El Centinela*, Assunção, 7/11/1867, ano I, n. 29, pp. 1-2

16. "Gran jornada de Tuyuty", idem, 14/11/1867, ano I, n. 30, p. 1.

17. "El retrato del mariscal", idem, 21/11/1867, ano I, n. 31, p. 1.

18. "Entusiasmo del pueblo paraguayo", *Cabichuí*, 17/6/1867, p. 1, ed. fac-similar. "El exmo. señor mariscal López", idem, 24/7/1868, p. 4, ibidem.

19. Barbara Potthast-Jutkeit, *¿"Paraíso de Mahoma" o "país de las mujeres"?: el rol de la familia en la sociedad paraguaya del siglo XIX*, Assunção, Instituto Cultural Paraguayo-Alemán, 1996, pp. 259-61.

20. Carolina Valenzuela defendeu-se afirmando não ter feito o comentário contra Solano López, mas, sim, que, estando doente, se irritara com a saída sem autorização das empregadas. Temerosa, antes que fosse alvo de processo, já mandara rezar duas missas, uma para Solano López e outra para o Exército (*Informe del juez de paz de Itacurubí del Rosario*, 26/5/1868, em idem, ibidem, p. 261).

21. María Lucrecia Johansson, *La gran máquina de publicidad: redes transnacionales e intercâmbios periodísticos durante la Guerra de la Triple Alianza (1864-1870)*, Sevilha, Universidad Internacional de Andalucía, 2017, p. 91.

22. Augusto Tasso Fragoso, op. cit., vol. III, pp. 306-9; barão de Jaceguai, op. cit., p. 167.

23. Barão de Jaceguai, op. cit., p. 167.

24. Idem, ibidem, pp. 171-2; George Thompson, op. cit., p. 168.

25. Mitre para Elizalde, Tuiu-Cuê, 14/11/1867, em Universidad de Buenos Aires, *Correspondencia Mitre-Elizalde*, Buenos Aires, UBA, Departamento Editorial, 1960, p. 420; Augusto Tasso Fragoso, op. cit., vol. III, pp. 384-5.

26. Solano López para José Berges, s. l., 2/1/1868, ANA, *Colección Rio Branco*, doc. 4392.

27. Elizalde para Góes e Vasconcellos, Buenos Aires, 09/12/1867 em *Documentos del Dr. Rufino de Elizalde*. Disponível em Repositorio Digital Institucional Universidad de Buenos Aires: <http://repositoriouba.sisbi.uba.ar/gsdl/cgi-bin/library.cgi?e=d-10000-00---off-0archivos%2fcartasravi--00-2----0-10-0---0---0direct-10-DA--4-------0-1l--10-es-Zz-1---20-about-09%2f12%2f1967--00-3-1-00-

-00--4--0--0-0-01-00-0utfZz-8-00&a=d&cl=CL4.20&d=me229500-me229500_pdf>. Acesso em: 20 set. 2018.

28. George Thompson, op. cit., p. 170; tradução de ofício de Washburn ao Departamento de Estado anexa à carta de Berges para Solano López, Assunção, 8/1/1868, ANA, *Colección Rio Branco*, doc. 4510.

29. Gumercindo Benítez para Luiz Caminos, secretário-geral do Ministério das Relações Exteriores, Luque, 20/3/1868, ANA, *Colección Rio Branco*, doc. 4652.

30. Vasconcellos e Sousa, representante português no Brasil, para o ministro dos Negócios Estrangeiros, *Legação de Portugal no Rio de Janeiro*, caixa 211.

31. Augusto Tasso Fragoso, op. cit., vol. III, pp. 395-6.

32. Vice-Almirante Armando de Senna Bittencourt, "Operações conjuntas e combinadas na Guerra da Tríplice Aliança", em Fernando Velôzo Gomes Pedrosa, Vanessa Ferreira de Sá Codeço e Marcio Felipe Almeida Da Silva, *Anais do I Seminário de História da Guerra da Tríplice Aliança — Rio de Janeiro, 19 out. 2011*, Rio de Janeiro, Centro de Estudos e Pesquisas de História Militar do Exército, 2011, pp. 31-2.

33. Barão de Jaceguai, op. cit., pp. 171-6.

34. Idem, ibidem, p. 179.

35. Idem, ibidem, p. 180.

36. Idem, pp. 176-9.

37. Idem, pp. 201 e 214.

38. Arthur Silveira da Motta (barão de Jaceguai) e Carlos Vidal Oliveira Freitas, *Ensaio histórico sobre a gênesis e desenvolvimento da Armada brasileira até o fim do século* XIX, 2. ed., Rio de Janeiro, Typographia Leuzinger, 1903, p. 174.

39. Discurso de Silveira da Motta, sessão do Senado de 20/6/1868, AS, vol. II, p. 293.

40. Caxias para Muritiba, of. 924, códice 924, *Guerra do Paraguai — Reservados e Confidenciais — Correspondência ao comandante em chefe*, vol. 4.

41. Augusto Tasso Fragoso, op. cit., vol. III, pp. 415-8.

42. Idem, ibidem, vol. III, p. 419.

43. Barão de Jaceguai, "A Guerra do Paraguay...", op. cit., pp. 182 e 215.

44. Idem, ibidem, p. 184; Evangelista de Castro Dionísio Cerqueira, *Reminiscências da campanha do Paraguai: 1865-1870*, Rio de Janeiro, Biblioteca do Exército, 1980, p. 223.

45. Barão de Jaceguai, "A Guerra do Paraguay...", op. cit., p. 210.

46. Juan Crisóstomo Centurión, *Memorias: reminiscencias históricas sobre la Guerra del Paraguay*, Assunção, El Lector, 1987, vol. III, p. 92.

47. Barão de Jaceguai, "A Guerra do Paraguay...", op. cit., p. 222.

48. Jorge Federico Masterman, *Siete años de aventuras en el Paraguay*, Buenos Aires, Imprenta Americana, 1870, p. 200; Efraím Cardozo, *El Paraguay independiente*, Assunção, El Lector, 1996, p. 236.

49. Barão de Jaceguai, "A Guerra do Paraguay...", op. cit., pp. 223-4.

50. Vasconcellos e Sousa para o ministro dos Negócios Estrangeiros de Portugal, of. 32, Rio de Janeiro, 10/3/1868, AMNE, *Legação de Portugal no Rio de Janeiro*, caixa 211.

51. De la Quadra para o ministro dos Assuntos Exteriores da Espanha, of. s. n., Rio de Janeiro, 10/5/1868, Amae, *Política Exterior de Brasil*, maço 2330; *Atas da Câmara da Cidade de São Paulo (1865-70)*, São Paulo, Departamento de Cultura da Prefeitura do Município de São Paulo, 1946, vol. LIV, pp. 42-3.

52. Pedro II para a condessa de Barral, Rio de Janeiro, 7/4/1868, em Alcindo Sodré, *Abrindo um cofre: cartas de dom Pedro II à condessa de Barral*, Rio de Janeiro, Livros de Portugal, 1956, p. 142.

53. D. Pedro II para a condessa de Barral, Rio de Janeiro, 23/3/1868. Disponível em AHMI: <http://200.159.250.2:10358/handle/acervo/8344>. Acesso em: 20 set. 2018.

54. Gregorio Benítez para Lord Stanley, Paris, 18/3/1868, em *Documentos del Dr. Rufino de Elizalde*. Disponível em Repositorio Digital Institucional Universidad de Buenos Aires: <http://repositoriouba.sisbi.uba.ar/gsdl/cgi-bin/library.cgi?e=d-10000-00---off-0archivos%2fcartasravi--00-2----0-10-0---0---0direct-10--CR--4-------0-1l--10-es-Zz-1---20-about-Elizalde%2c+Luis+de--00-3-1-00-00--4--0--0-0-01-00-0utfZz-8-00&a=d&cl=CL4.19&d=me264100-me264100_pdf>. Acesso em: 20 set. 2018.

55. Stanley para Benítez, Londres, 25/3/1868, em *Documentos del Dr. Rufino de Elizalde*. Disponível em Repositorio Digital Institucional Universidad de Buenos Aires: <http://repositoriouba.sisbi.uba.ar/gsdl/cgi-bin/library.cgi?e=d-10000-00---off-0archivos%2fcartasravi--00-2----0-10-0---0---0direct-10--CR--4-------0-1l--10-es-Zz-1---20-about-Elizalde%2c+Luis+de--00-3-1-00-00--4--0--0-0-01-00-0utfZz-8-00&a=d&cl=CL4.19&d=me264200-me264200_pdf>. Acesso em: 20 set. 2018.

Benítez respondeu a essa carta reafirmando as posições paraguaias e que o Brasil resistia em negociar e contestando que os súditos britânicos estivessem presos.

Benítez para Stanley, Paris, 2/4/1868, em *Documentos del Dr. Rufino de Elizalde*. Disponível em Repositorio Digital Institucional Universidad de Buenos Aires: <http://repositoriouba.sisbi.uba.ar/gsdl/cgi-bin/library.cgi?e=d-10000-00---off-0archivos%2fcartasravi--00-2----0-10-0---0---0direct-10--CR--4-------0-1l--10-es-Zz-1---20-about-Elizalde%2c+Luis+de--00-3-1-00-00--4--0--0-0-01-00-0utfZz-8-00&a=d&cl=CL4.19&d=me264400-me264400_pdf>. Acesso em: 20 set. 2018.

56. Alfred Blyth para Benítez, Londres, 16/4/1868, em *Documentos del Dr. Rufino de Elizalde*. Disponível em Repositorio Digital Institucional Universidad de Buenos Aires: <http://repositoriouba.sisbi.uba.ar/gsdl/cgi-bin/library.cgi?e=d-10000-00---off-0archivos%2fcartasravi--00-2----0-10-0---0---0direct-10--CR--4-------0-1l--10-es-Zz-1---20-about-Elizalde%2c+Luis+de--00-3-1-00-00--4--0--0-0-01-00-0utfZz-8-00&a=d&cl=CL4.19&d=me264501-me264501_pdf>. Acesso em: 22 set. 2018; Benítez para Francisco Solano López, Paris, 7/6/1868, em *Documentos del Dr. Rufino de Elizalde*. Disponível em Repositorio Digital Institucional Universidad de Buenos Aires: <http://repositoriouba.sisbi.uba.ar/gsdl/cgi-bin/library.cgi?e=d-10000-00---off-0archivos%2fcartasravi--00-2----0-10-0---0---0direct-10--DA--4-------0-1l--10-es-Zz-1---20-about-09%2f12%2f1967--00-3-1-00-00--4--0--0-0-01-00-0utfZz-8-00&a=d&cl=CL4.19&d=me263900-me263900_pdf>. Acesso em: 21 set. 2018.

57. Augusto Tasso Fragoso, op. cit., vol. III, p. 308; Juan Crisóstomo Centurión, op. cit., vol. III, pp. 103-4.

58. Barão de Jaceguai, "A Guerra do Paraguai...", op. cit., pp. 167, 170 e 227.

59. Juan Crisóstomo Centurión, op. cit., vol. III, p. 113.

60. Augusto Tasso Fragoso, op. cit., vol. III, pp. 308-9.

61. Gelly y Obes para Mitre, Tuiu-Cuê, 21 e 27/3/1868; "Costa del Chaco en *Pavón*", 2/5/1868, AM, *Archivo Inédito del general Mitre*, respectivamente, docs. 7081, 7086 e 7098.

62. Telegrama de Solano López para os coronéis Alén, Martínez e Cabral, s. l., 7/5/1868, AIGM, doc. 7523.

63. Juan Crisóstomo Centurión, op. cit., vol. III, pp. 120-1.

64. Mitre para Gelly y Obes, Buenos Aires, 15/7/1868, AM, *Archivo del general Mitre*, t. III, p. 259.

65. Augusto Tasso Fragoso, op. cit., pp. 488-9.

66. Augusto Tasso Fragoso, op. cit., vol. III, p. 493; Juan Crisóstomo Centurión, op. cit., pp. 121-3; Osorio para Pedro, s. l., 20/7/1868, em Joaquim Osorio e Fernando Luís Osorio Filho, op. cit., p. 451. A observação sobre a ordem do dia n. 237 é dos autores do livro, à p. 457.

67. "Diário de campanha do capitão Pedro Werlang", em Klaus Becker, op. cit., p. 136. O número de 194 baixas paraguaias é de Juan Crisóstomo Centurión, op. cit., p. 123. Já um sobrinho de Osorio, na frente de batalha, afirma que foram 548 brasileiros mortos e 348 desaparecidos, quer dizer, provavelmente mortos que ficaram em território sob domínio paraguaio (Manoel Jacintho Osorio para "Tio Pedro", Para-Cuê, 19/7/1868, em Joaquim Osorio e Fernando Luís Osorio Filho, op. cit., p. 451).

68. Juan A. Gelly y Obes para Bartolomé Mitre, Tuiu-Cuê, 21/3/1868, AM, *Archivo Inédito del general Mitre*, doc. 7081.

69. Em Augusto Tasso Fragoso, op. cit., vol. III, p. 492.

70. Juan Crisóstomo Centurión, op. cit., vol. III, pp. 127-30.

71. Augusto Tasso Fragoso, op. cit., vol. III, pp. 310-1.

72. Joaquim S. de Azevedo Pimentel, *Episódios militares*, Rio de Janeiro, Biblioteca do Exército Editora, 1978, p. 72.

73. Conde d'Eu para o duque de Nemours, [Rio de Janeiro?], 21/4/1868, em Alberto Rangel, *Gastão de Orléans (o último conde d'Eu)*, São Paulo, Cia. Editora Nacional, 1935, p. 190.

74. Evangelista de Castro Dionísio Cerqueira, op. cit., p. 205.

75. Cópia do ofício do capitão e comandante Álvaro G. de Sousa Soares d'Andrea, "Bordo do vapor Zarco em Montevidéu em 4 de Outubro de 1868", para o barão de Sousa, encarregado de Negócios de Portugal no Rio da Prata (anexo ao ofício 50, de Sousa para a Chancelaria portuguesa, Montevidéu, 14/10/1868); AMNE, *Consulado Geral e Legação de Portugal no Rio da Prata*, caixa 789.

76. Richard Francis Burton, op. cit., p. 273.

77. Augusto Tasso Fragoso, op. cit., vol. III, p. 503; general Paulo de Queiroz Duarte, *Os Voluntários da Pátria na Guerra do Paraguai*, Rio de Janeiro, Biblioteca do Exército, t. 3, vol. III, 1984, p. 126.

78. Apud Augusto Tasso Fragoso, op. cit., vol. III, p. 5.

79. Juan Crisóstomo Centurión, op. cit., vol. III, pp. 131-2; Augusto Tasso Fragoso, op. cit., vol. III, p. 312.

80. Juan Crisóstomo Centurión, op. cit., vol. III, pp. 133-5; Augusto Tasso Fragoso, op. cit., vol. III, p. 313.

81. Augusto Tasso Fragoso, op. cit., vol. III, pp. 516-7.

82. Evangelista de Castro Dionísio Cerqueira, op. cit., p. 256.

83. Juan Crisóstomo Centurión, op. cit., vol. III, pp. 135-6.

84. Apud Augusto Tasso Fragoso, op. cit, vol. III, pp. 519-21; Extensão trincheiras: Augusto Tasso Fragoso, op. cit., vol. III, p. 521.

85. Richard Francis Burton, op. cit., pp. 280-1.

86. Idem, ibidem, p. 290.

87. Idem, pp. 280-2 e 395; também a representação britânica em Buenos Aires relatou batalhões inteiros formados por estrangeiros (Gould para lorde Stanley, Buenos Aires, 12/5/1868, em *British*

Documents on Foreign Affairs: Reports and Papers from the Foreign Office Confidential Print; Latin-America, 1845-1914, Part I, p. 239, Series D, pp. 224-7).

88. Idem, p. 282.

89. Joaquim Nabuco, *Um estadista no Império: Nabuco de Araújo*, São Paulo, Progresso, s. d., vol. III, pp. 95-7.

90. Wilma Peres Costa, *A espada de Dâmodes*, São Paulo, Hucitec/Unicamp, 1996, pp. 251-2.

91. Idem, ibidem, p. 252.

92. Miguel Alexandre Araújo Neto, "Great Britain, the Paraguayan War and Free Immigration in Brazil, 1862-1875", *Irish Migration Studies in Latin America*, Burtigny (Suíça), Society of Irish Latin American Studies, vol. 4, n. 3, p. 127-8, jul. 2006. Disponível em: <http://www.irlandeses.org/0607_115to132.pdf>. Acesso em: 15 mar. 2017.

93. Raimundo Magalhães Júnior, *Deodoro: a espada contra o Império*, São Paulo, Cia. Editora Nacional, 1957, vol. I (O aprendiz de feiticeiro), pp. 87-8.

94. Joaquim Nabuco, op. cit., vol. III, pp. 95-100.

95. Zacarias, presidente do Conselho de Ministros, sessão do Senado de 6/6/1868, AS, 1868, vol. II, pp. 116-7; Wanderley Pinho, *Política e políticos no Império: contribuições documentaes*, Rio de Janeiro, Imprensa Nacional, 1930, pp. 79-80; Paranhos para Cotegipe, Rio de Janeiro, 27/2/1868, ABC, lata 932, pasta 128.

96. Wanderley Pinho, op. cit., p. 123; Baptista Pereira, *Figuras do Império e outros ensaios*, São Paulo, Cia. Editora Nacional, 1931, pp. 17-8.

97. Joaquim Nabuco, op. cit., vol. III, p. 104; Wanderley Pinho, op. cit., p. 90.

98. Joaquim Nabuco, op. cit., vol. II, p. 105.

99. Joaquim Nabuco, *La Guerra del Paraguay*, Paris, Garnier Hermanos Libreros, 1901, p. 229; Caxias para o barão de Muritiba, of. conf., "Paré-Cué, em frente a Humaytá", 14/8/1868, AN, códice 924 (*Reservados e Confidenciais — Correspondência do comandante em chefe*), vol. 4, pp. 131-4.

100. Carta de Caxias para a esposa, Humaitá, 19/8/1868, em Brígido Tinoco, *As duas paixões de Caxias*, Rio de Janeiro, Biblioteca do Exército, 1955, p. 205.

101. De la Quadra, ministro espanhol no Brasil, para o ministro dos Assuntos Exteriores, *Correspondencia Embajadas y Legaciones — Brasil*, maço 1416.

102. Vasconcellos e Sousa, ministro português no Brasil, para o ministro dos Negócios Estrangeiros, Rio de Janeiro, 8/7/1868, AMNE, *Legação de Portugal no Rio de Janeiro*, caixa 211.

103. Caxias para o barão de Muritiba, of. conf., "Paré-Cué, em frente a Humaytá", 14/8/1868, AN, códice 924 (*Reservados e Confidenciais — Correspondência do comandante em chefe*), vol. 4, pp. 131-4; visconde de Itaboraí, sessão do Senado de 3/8/1869, AS, 1869, vol. IV, p. 22; Caxias para Paranhos, particular, 16/9/1868, em Wanderley Pinho, *Cartas do imperador d. Pedro II ao barão de Cotegipe*, São Paulo, Cia. Editora Nacional, 1933, p. 238. "Fico ciente de q. V. Exa. e seus dignos colegas não têm por enquanto outro pensamento senão concluir a guerra pelo ajustado no Tratado da Tríplice Aliança [...]" (Caxias para Muritiba, particular, s. l., 26/9/1868, AN, códice 924, *Guerra do Paraguai — Reservados e Confidenciais — Correspondência do comandante em chefe*, vol. 4, p. 265); Heitor Lyra, *História de d. Pedro II: 1825-70*, São Paulo, Cia. Editora Nacional, 1938, vol. I, pp. 509-10.

104. Caxias para Paranhos, particular, Surubí-i, 16/9/1868, AN, códice 924, *Guerra do Paraguai — Reservados e Confidenciais — Correspondência ao comandante em chefe* vol. 4, p. 238.

105. Joaquim Nabuco, *La Guerra...*, op. cit., p. 125.

106. Lilia Moritz Schwarcz, *As barbas do Imperador: d. Pedro II, um monarca nos trópicos*, São Paulo, Companhia das Letras, 1998, p. 313.

107. Luis Vittone, *Tres guerras, dos mariscales, doce batallas*, Assunção, Editorial Gráfico, 1967, p. 392.

108. Cecilio Báez, em Junta Patriótica Paraguaya, *El mariscal Francisco Solano López*, Assunção, Junta Patriótica, 1926 (ed. fac-similar, 1996), p. 76.

109. Idem, ibidem, p. 77.

110. Juan Crisóstomo Centurión, op. cit., vol. III, pp. 95-7.

111. Idem, ibidem, pp. 97-8.

112. Idem, ibidem, p. 78.

113. Carta de Fidel Maíz para Zeballos, Arroyo y Esteros, 7/7/1889, AIMHM, *Colección Zeballos*, pasta 122.

114. Ver vasta correspondência entre Solano López e Venancio López, ANA, *Colección Rio Branco*, doc. 4545.

115. Juan Crisóstomo Centurión, op. cit., vol. III, pp. 145-6.

116. Cecilio Báez, em Junta Patriótica Paraguaya, *El mariscal Francisco Solano López*, op. cit., pp. 79-80.

117. José María Rosa, *La Guerra del Paraguay y las montoneras argentinas*, Buenos Aires, A. Peña Lillo Editor, s. d., p. 291; Juan Crisóstomo Centurión, op. cit., vol. III, p. 153; John Hoyt Williams, *The Rise and Fall of the Paraguayan Republic, 1800-1870*, Austin, University of Texas at Austin, 1979, p. 223.

118. Juan Crisóstomo Centurión, op. cit., vol. III, pp. 154-5; carta de Fidel Maíz a Estanislao Zeballos, Arroyo y Esteros, 7/7/1889, AIMHM, *Colección Zeballos*, pasta 122 ("Padre Fidel Maíz").

119. Juan Crisóstomo Centurión, op. cit., p. 160.

120. George Thompson, op. cit., p. 230.

121. Interrogatório do capitão paraguaio Matias Goyburú, feito pelo Exército brasileiro, Assunção, 14/3/1869, em Guido Rodríguez Alcalá, *Residentas, destinadas y traidoras*, Assunção, RP/Criterio, 1991, p. 112.

122. Juan Silvano Godoi, *El fusilamiento del obispo Palacios y los tribunales de sangre de San Fernando: documentos históricos*, Assunção, El Lector, 1996, p. 102.

123. Depoimento do engenheiro inglês Taylor à Câmara dos Comuns da Inglaterra, em idem, ibidem, pp. 109-10.

124. *Segundo informe del capitán Julián N. Godoy* [1888], AIMHM, *Colección Zeballos*, pasta 144.

125. Juan Silvano Godoi, op. cit., pp. 14-151 e 194.

126. *El padre Maíz — Informes y Apuntes — Asunción — 1888*, ANA, *Colección Zeballos*, pasta 122; Fidel Maíz, op. cit., pp. 49-74; *Segundo informe del capitán Julián N. Godoy* [abril de 1888], AIMHM, *Colección Zeballos*, pasta 144; Silvio Gaona, *El clero en la Guerra del 70*, 2. ed., Assunção, El Arte, 1961, p. 38.

127. Charles Alfred Washburn para Gumercindo Benítez, "Ministro accidental de R.E.", Assunção, 3/8/1868, ANA, *Colección Rio Branco*, doc. 4805; *Declarações de José Berges, sobre a correspondência que teve com Caxias... 1868*, idem, ibidem, doc. 4780. A classificação do documento está em português no original.

128. Jorge Federico Masterman, op. cit., pp. 210-28; George Thompson, op. cit., p. 200.

129. Caxias para Paranhos, Surubí-i, 4/10/1868, AN, códice 824, vol. 4, pp. 17-8; John Hoyt

Williams, op. cit., p. 225; George Thompson, op. cit., p. 195; Max von Versen, op. cit., p. 133; Luis Vittone, op. cit., pp. 403-11.

130. Yolanda C. Stewart Sellitti, op. cit., p. 149.

131. *Segundo informe del capitán Julián N. Godoy* [abril de 1888], AIMHM, *Colección Zeballos*, pasta 144; Cecilio Báez, em Junta Patriótica Paraguaya, *El mariscal Francisco Solano López*, op. cit., pp. 80-1; John Hoyt Williams, op. cit., pp. 224 e 253.

132. Depoimento de Clião de Arouca, em J. G. de Lemos Britto, *Guerra do Paraguay: narrativa dos prisioneiros do vapor "Marquez de Olinda"*, Bahia, Lithographia-Typographia e Encadernação Reis e Cia., 1907, p. 92.

133. George Thompson, op. cit., p. 231. Foram vítimas do confisco os espanhóis Uribe and Co. (200 mil pesos fuertes); Inocensio Gregorio (20 mil pesos fuertes); Villo Hermanos (30 mil pesos fuertes); Ignacio Gallarrago (50 mil pesos fuertes). Com quantias confiscadas em torno de 30 mil pesos fuertes são listados outros 21 espanhóis; com quantias variáveis, seis italianos, quatro alemães, onze argentinos, quatro uruguaios e cinco portugueses. "Latest from Paraguay", *The Standard*, Buenos Aires, 5/1/1869, anexo ao ofício Stuart, representante britânico, para Stanley, of. 2, Buenos Aires, 12/1/1869, em *Public Record Office* (Londres), FO 6/282 — From Stuart, 1869 jan./mai. Documento pesquisado por Eugênio Vargas Garcia.

134. Visconde de Taunay, *Recordações de guerra e de viagem*, São Paulo, Weiszflog, 1920, p. 101.

135. Alberto Amerlan, *Bosquejos de la Guerra del Paraguay*, Buenos Aires, Editores Hermann Tjarks, 1904, p. 98.

136. Fausto de Queiróz Guedes, encarregado de Negócios interino português no Brasil, para o ministro dos Negócios Estrangeiros de Portugal, of. 81, Rio de Janeiro, 23/6/1869, AMNE, *Legação de Portugal no Rio de Janeiro*, caixa 212.

137. Arturo Bray, *Solano López, soldado de la gloria y del infortunio*, 3. ed., Assunção, Carlos Schauman Editor, 1984, pp. 348-9.

138. Idem, ibidem, p. 349; idem, *Hombres y épocas del Paraguay*, Buenos Aires, Editorial Difusam, vol. I, 1943, pp. 90-1; ver também Barbara Potthast-Jutkeit, op. cit., p. 216.

139. *Varias noticias recojidas en la Asunción*, s. d. [1888], AIMHM, *Colección Zeballos*, pasta 128.

140. Evangelista de Castro Dionísio Cerqueira, op. cit., p. 258.

141. Em Augusto Tasso Fragoso, op. cit., vol. V, p. 28.

142. Augusto Tasso Fragoso, op. cit., vol. IV, p. 8.

143. Carta de Caxias à esposa, Humaitá, 19/8/1868, em Brígido Tinoco, op. cit., p. 204.

144. Caxias para Muritiba, conf., Pare-Cuê, 17/8/1868, AN, códice 924, vol. 4, pp. 147-9.

145. Idem, of. conf., Pare-Cuê, 14/8/1868, ibidem, pp. 126-7.

146. Carlos Creus, ministro espanhol no Uruguai, para o Ministério de Assuntos Exteriores da Espanha, of. 15, Montevidéu, 28/1/1868, Amae, *Política Exterior Paraguaya*, maço 2576.

147. Maury, representante espanhol na Argentina, para o ministro dos Assuntos Exteriores da Espanha, of. 43, Buenos Aires, 26/3/1869, Amae, *Política Exterior Paraguaya*, maço 2576.

148. "A energia com que o governo imperial considerou rota a Aliança pelo que praticou o general Gelly y Obes produziu os mais salutares efeitos; o nosso ministro em Missão Especial no Rio da Prata que me havia oficiado comunicando-me a resolução do governo imperial viu-se forçado a ceder às rogativas do Presidente da República para se considerar suspensa a declaração da rotura da Aliança [...]" (idem, of. conf., Surubí-i, 3/10/1868; ibidem, vol. 5, pp. 15-6).

149. Caxias para Muritiba, [?]/5/1868, em Vitor Izecksohn, op. cit., pp. 114-5.

150. Augusto Tasso Fragoso, op. cit., vol. IV, p. 28.

151. Caxias para Gelly y Obes, Surubí-i, 3/10/1868; idem, ibidem, p. 218; Caxias para Itaboraí, particular, 26/9/1868, ibidem, pp. 250-4; Caxias para Muritiba, particular, 26/9/1868, ibidem, p. 265; Juan Bautista Alberdi para Gregorio Benítez, ministro paraguaio em Paris, St. André (França), 16/12/1867, AGNA, ex-Museo Histórico Nacional, maço 33, doc. 3905.

152. Em Augusto Tasso Fragoso, op. cit., vol. IV, p. 34.

153. Idem, ibidem, p. 40.

154. Idem, ibidem, p. 50.

155. Augusto Tasso Fragoso, op. cit., vol. IV, p. 51.

156. Antônio de Sousa Júnior, op. cit., pp. 309-20; Rinaldo Pereira da Câmara, op. cit., vol. II, p. 218.

157. José Ignacio Garmendia, *Recuerdos de la Guerra del Paraguay*, 4. ed., corrigida e ampliada, Buenos Aires, Casa Editora, 1890, p. 285.

158. Caxias para Gelly y Obes, Surubí-i, 15/10/1868, AN, códice 924, vol. 5, pp. 42-3.

159. Caxias para Paranhos, ministro dos Negócios Estrangeiros, "Margem esquerda do Tebicuary", s. d. [fins de agosto/início de setembro de 1868], AN, códice 924, *Guerra do Paraguai — Reservados e Confidenciais — Correspondência do comandante em chefe*, vol. 4.

160. Caxias para Joaquim Thomaz do Amaral, of. res., Surubí-i, 11/10/1868, idem, ibidem, pp. 28-30; Caxias para Paranhos, particular, Surubí-i, 12/11/1868, AN, idem, pp. 75-81. A desconfiança sobre uma eventual alteração de postura do brigadeiro Castro explica-se pelas dúvidas quanto ao que ocorreria em Montevidéu. Nas ruas dessa cidade fora assassinado, em 19 de fevereiro de 1868, o general Flores. Num exagero, mas demonstrando o significado que o morto tinha para o Império, o conde d'Eu afirmou que Flores "por assim dizer sacrificou a vida à nossa causa". *Viagem militar ao Rio Grande do Sul (agosto a novembro de 1865)*, São Paulo, Cia. Editora Nacional, 1936, p. 116.

161. Caxias para Paranhos, of. res., Surubí-i, 12/11/1868, AN, códice 924, *Guerra do Paraguay — Reservados e confidenciais — Correspondência do comandante em chefe*, vol. 5, pp. 103-10.

162. Caxias para Paranhos, of. res., Surubí-i, 12/11/1868, idem, ibidem; Caxias para Muritiba, "Surubí-i", of. conf., 8/11/1868, idem, ibidem, vol. 5, pp. 81-4; Gelly y Obes para Mitre, Tuiu-Cuê, 27/3/1868, AIGM, doc. 7086; idem, "Costa del Chaco en el Pavón", 2/5/1868, ibidem, doc. 7098; conforme Augusto Tasso Fragoso, ao decidir as operações militares, Caxias agiu por si só, sem promover consultas aos chefes aliados, op. cit., vol. V, p. 192.

163. Caxias para o barão de Muritiba, ministro da Guerra, "Para-cué, em frente a Humaytá", 17/8/1868, AN, códice 924, *Guerra do Paraguai — Reservados e Confidenciais — Correspondência do comandante em chefe*, vol. 4.

164. George Thompson, op. cit., p. 199.

165. Idem, ibidem, p. 199.

166. Carlos Creus, ministro espanhol no Uruguai, para o ministro dos Assuntos Estrangeiros da Espanha, of. 8, Montevidéu, 14/1/1868, Amae, *Política Exterior Paraguaya*, maço 2576.

167. "Diário de campanha do capitão Pedro Werlang", em Klaus Becker, op. cit., p. 138.

168. José Ignacio Garmendia, op. cit., p. 284.

169. Augusto Tasso Fragoso, op. cit., p. 73.

170. Emilio Carlos Jourdan, *Guerra do Paraguay*, Rio de Janeiro, Typographia de Laemmert e Cia., p. 160; Augusto Tasso Fragoso, op. cit., vol. IV, pp. 75 e 87; Visconde de Maracaju, *A campanha do Paraguay (1867 e 1868)*, Rio de Janeiro, Imprensa Militar, 1922, p. 148.

171. Evangelista de Castro Dionísio Cerqueira, op. cit., p. 272.

172. Em Joaquim Luís Osorio e Fernando Luís Osorio Filho, op. cit., pp. 514-5.

173. Idem, ibidem, pp. 515-7.

174. Neste caso, tudo indica que a ambiguidade foi proposital. No entanto, segundo o barão Homem de Mello, as ordens do dia de Caxias eram redigidas por seu secretário Fernando Sebastião Dias da Motta, formado em direito e um civil pouco familiarizado com temas militares, o que resultava em pouca exatidão: "A esse bacharel, inteiramente estranho ao conhecimento e prática de matérias militares, nomeou o marquês de Caxias seu secretário particular em campanha e o incumbiu da redação das ordens do dia".

Senador Francisco Ignácio Homem de Mello, *Viagem ao Paraguay* — Parte Histórica — março de 1869", cópia manuscrita do documento original feita por Fernando Osorio, APMOM.

175. Em Francisco Félix Pereira Costa, op. cit., vol. 4, pp. 90-1; Osorio para Silveira da Motta, Pelotas, 1/8/1870, em J. B. Magalhães, op. cit., p. 211.

176. Francisco Félix Pereira Costa, op. cit., p. 120; "Diário de campanha do capitão Pedro Werlang", em Klaus Becker, op. cit., p. 139.

177. Visconde de Taunay, *Memórias*, São Paulo, Melhoramentos, 1946, p. 298.

178. Paulo de Carvalho Neto, op. cit., p. 278; a informação sobre a coloração da água está em *Segundo informe del capitán Julián N. Godoy* [1888], AIMHM, *Colección Zeballos*, pasta 144.

179. Evangelista de Castro Dionísio Cerqueira, op. cit., p. 276; "Diário de campanha do capitão Pedro Werlang", em Klaus Becker, op. cit., p. 140.

180. Idem, ibidem.

181. José Ignacio Garmendia, op. cit., pp. 337-8.

182. Idem, ibidem, p. 277; a informação sobre os fuzis é de Juan Crisóstomo Centurión, op. cit., vol. III, p. 210.

183. Adler Homero Fonseca de Castro, "Notas sobre o armamento na Guerra do Paraguai", Projeto Guerra do Paraguai, Rio de Janeiro, Biblioteca Nacional, Rede da Memória Virtual Brasileira, s. d, p. 10. Disponível em: <http://bndigital.bn.gov.br/projetos/guerradoparaguai/artigos.html>. Acesso em: 21 set. 2018.

184. Augusto Tasso Fragoso, op. cit., vol. IV, p. 87; general Paulo de Queiroz Duarte, *Os Voluntários da Pátria na Guerra do Paraguai*, Rio de Janeiro, Biblioteca do Exército, 3 vols., t. III, 1988, p. 100.

185. José Ignacio Garmendia, *Campaña del Pikysiri*, Buenos Aires, Peuser, 1890, p. 134; o comentário sobre as atrocidades encontra-se em *Recuerdos de la Guerra del Paraguay*, p. 345.

186. Juan Crisóstomo Centurión, op. cit., vol. III, pp. 191-2.

187. Caxias para Muritiba, of. conf. e res., Villeta, 13/12/1868, AN, códice 924, vol. 5, pp. 136-7.

188. Visconde de Maracaju, op. cit., p. 148; Dionísio Cerqueira, op. cit., p. 274.

189. Juan Crisóstomo Centurión, op. cit., vol. III, p. 205.

190. *Segundo Informe del capitán Julián N. Godoy*, AIMHM, *Colección Zeballos*, pasta 144.

191. Evangelista de Castro Dionísio Cerqueira, op. cit., p. 272.

192. Caxias para Muritiba, of. conf. e res., Villeta, 13/12/1868, AN, cód. 924, vol. 5, pp. 136-7.

193. José Ignacio Garmendia, *Recuerdos...*, op. cit., p. 365.

194. Os números de tropas são de Augusto Tasso Fragoso, op. cit., vol. IV, p. 141; Juan Crisóstomo Centurión, op. cit., vol. III, p. 218; José Ignacio Garmendia, *Recuerdos...*, op. cit., p. 504; George Thompson, op. cit., p. 205.

195. *Guerra del Paraguay — Diario sumariamente llevado por el dr. George Stuart...*, AIMHM, *Colección Zeballos*, pasta 124.

196. Justiniano Rodas Benítez, op. cit., pp. 54-5.

197. Caxias para Muritiba, of. conf., "Em frente a Lomma Valentina", 26/12/1868., AN, códice 924, vol. 5, p. 157; Paranhos para Muritiba, particular n. 2, Assunção, 6/3/1869, AN, *Coleção Caxias*, caixa 805, pacote 7; José Luiz Menna Barreto (1817-79) substituiu, em 6 de dezembro de 1868, o general Argolo no comando do 2º Corpo de Exército. À frente deste, José Luiz participou da batalha de Avaí, em 11 de dezembro, porém a ordem do dia do comando em chefe não fez nenhuma referência a essa participação, o que levou esse general a enviar, de Assunção, uma carta particular datada de 20/1/1869, com a seguinte solicitação aos demais chefes militares: "Peço que se sirva declarar-me, [se] na qualidade de Comandante da 2ª Coluna de Exército deixei de deliberar por inspiração própria nos diferentes combates que tivemos [...]". Ele obteve resposta favorável, entre outros, dos generais Osorio e barão de Jaguarão e do conselheiro Paranhos. A ordem do dia de 29/1/1869 nomeou José Luiz Menna Barreto membro da Junta Militar de Justiça, função secundária para um combatente. Posteriormente, após a retirada de Caxias do Paraguai, ele tomou parte nas batalhas de Piraju e de Peribebuí; coronel João de Deus Noronha Menna Barreto, *Os Menna Barreto: seis gerações de soldados (1769-1950)*, Rio de Janeiro, Gráfica Laemmert, s. d., p. 235.

198. Caxias para Muritiba, of. conf., Lomas Valentinas, 26/12/1868, AN, códice 924, vol. 5, p. 158.

199. Caxias para Paranaguá, s. l., 13/4/1868, IHGB, *Coleção Marquês de Paranaguá*, lata 313, pasta 16.

200. João Luiz de Araujo Ribeiro, *A lei de 10 de junho de 1835: os escravos e a pena de morte no Império do Brasil; 1822-1889*, dissertação de mestrado em História (2000), Universidade Federal do Rio de Janeiro, mimeo., p. 172.

201. Evangelista de Castro Dionísio Cerqueira, op. cit., pp. 91 e 93.

202. Idem, ibidem, pp. 92 94.

203. AN, *Consultas do Conselho de Estado — Seção de Guerra e Marinha*, 1867, caixa 573, pacote 1.

204. José Ignacio Garmendia, *Recuerdos de la Guerra del Paraguay*, p. 383.

205. Idem, ibidem, pp. 387 e 392-3. Intimação a Solano López, "Acampamento em frente a 'Lomma Valentina', 24 de dezembro de 1868 = às 6 horas da manhã", AN, códice 924, vol. 5, pp. 145-7. Conforme Centurión e a própria nota de resposta de Solano López, a cópia que este recebeu com a intimação não tinha data; Solano López aos generais aliados, "Cuartel General en Pikysyry, diciembre 24 de 1868. (A las tres de la tarde)", em Juan Crisóstomo Centurión, op. cit., vol. III, pp. 230-3.

206. Francisco Félix Pereira Costa, *História da guerra do Brasil contra as Repúblicas do Uruguay e Paraguay*, Rio de Janeiro, Livraria de A. G. Guimarães, 1870, vol. IV, p. 134.

207. Jose Ignacio Garmendia, *Recuerdos de la Guerra del Paraguay*, pp. 364, 366, 406 e 506.

208. Augusto Tasso Fragoso, op. cit., vol. IV, p. 129; Luis Vittone, op. cit., p. 170; Antônio de Sousa Júnior, op. cit., p. 311; Barbara Potthast-Jutkeit, op. cit., p. 273; Héctor Francisco Decoud,

Sobre los escombros de la guerra: una década de vida nacional, 1869-1880, Buenos Aires, Talleres Gráficos Argentinos, 1934, p. 76; José Ignacio Garmendia, *Recuerdos de la Guerra del Paraguay*, p. 476.

209. General reformado Antonio Américo Pereira da Silva, *Guerra del Paraguay*, Rio de Janeiro, Imprensa Militar, 1915, pp. 27-8.

210. José Ignacio Garmendia, *Recuerdos*..., op. cit., p. 471.

211. "Diário de campanha do capitão Pedro Werlang", em Klaus Becker, op. cit., pp. 143-4.

212. Juan Crisóstomo Centurión, op. cit., vol. III, p. 237; "Diário de campanha do capitão Pedro Werlang", em Klaus Becker, op. cit., p. 143.

213. *Diário do capitão Jacob Franzen*, em Klaus Becker, op. cit., p. 155; *Diário do Forriel Jakob Dick*, em idem, ibidem, p. 163.

214. General Mário Barreto, *A campanha lopezguaya*, Rio de Janeiro, Centro da Boa Imprensa, 1930, vol. IV, p. 165; J. G. de Lemos Britto, op. cit., p. 148.

215. J. G. de Lemos Britto, op. cit., pp. 150-3.

216. Idem, *A Guerra do Paraguay: narrativa histórica dos prisioneiros do "Marquez de Olinda" com um prefacio do dr. Arlindo Coelho Fragoso*, 2. ed. revista e ampliada, Bahia, Livraria e Papelaria Catilina, 1927, p. 185.

217. Cecilio Báez, *Política americana*, Assunção, Imprenta Zamphirópolos, 1925, p. 41.

218. Augusto Tasso Fragoso, op. cit., vol. IV, p. 146. Em comentário do historiador argentino José Arturo Scotto, de 1910, lê-se: "Não podemos garantir a verdade desse fato, mas crer nessa versão é talvez a única explicação que pode haver sobre o abandono do potreiro de Mármol e a não perseguição de López", em George Thompson, *La Guerra del Paraguay*, 2. ed., profusamente ilustrada e enriquecida com novas notas por José Arturo Scotto, Buenos Aires, Talleres Gráficos de L. J. Rosso y Cia., 1910, p. 104. Júlio José Chiavenatto, *Os Voluntários da Pátria e outros mitos*, São Paulo, Global, 1983, p. 107.

219. McMahon para Seward, Peribebuí, 31/1/1868, em Arthur H. Davis, *Martin T. McMahon: diplomata en el estridor de las armas*, Assunção, Instituto de Estudios Geopolíticos, 1989, pp. 158-66.

220. Visconde de Maracaju, *A campanha do Paraguay (1867 e 1868)*, Rio de Janeiro, Imprensa Militar, 1922, pp. 16-167.

221. Conforme Augusto Tasso Fragoso, as perdas até o dia 21 de dezembro, entre mortos, feridos e desaparecidos, foram de 5118 homens de um total de 17883 brasileiros envolvidos nos combates (em op. cit., vol. IV, pp. 71, 79 e 86); já para o visconde de Maracaju as perdas brasileiras superariam os 7 mil homens (idem, p. 166).

222. Caxias para Paranhos, conf., particular e reservada, Assunção, 14/1/1869, AN, códice 924, vol. 5, p. 189.

223. Em Augusto Tasso Fragoso, op. cit., vol. IV, pp. 171-2.

224. Gelly y Obes para Mitre, Lomas de Combarití, 27/12/1868, "a las 7 s. de la noche", AIGM, doc. n. 7195; Manoel Carazar para Urquiza, acampamento em Combarití, 1/1/1869, AGNA, *Archivo del general Justo José de Urquiza*, tomo 315.

225. Senador Francisco Ignácio Homem de Mello, *Viagem ao Paraguay* — Parte Histórica — março de 1869, cópia manuscrita do documento original feita por Fernando Osorio, APMOM.

226. Augusto Tasso Fragoso, op. cit., vol. IV, p. 172.

227. General Luiz Alvez de Lima e Silva (duque de Caxias), *Exército em operações na República do*

Paraguay sob o comando em chefe de todas as forças de S. Exª o sr. marechal de Exército Luiz Alvez de Lima e Silva, Rio de Janeiro, Typographia Francisco Alves de Souza, 1877, vol. 4, p. 348.

228. Discurso do duque de Caxias, sessão do Senado de 15/7/1870, AS, vol. III, p. 99.

229. Ordem do dia n. 272, Assunção, 14/1/1869, em *Exército em operações no Paraguay, sob o comando em chefe de todas as forças de S. Exª. o sr. marechal de Exército Luiz Alvez de Lima e Silva*, vol. 4, p. 348; Osorio para a esposa ("Querida Chiquinha"), Villeta, 1º/1/1869, em Joaquim Luís Osorio e Fernando Luís Osorio Filho, *General Osorio: pela verdade histórica — rebatendo perfídias*, Rio de Janeiro, Casa Bevilacqua, 1914, p. 532.

230. Paranhos para Cotegipe, particular n. 28, Assunção, 31/8/1869, ABC, lata 920, pasta 133.

231. Antonio de Sena Madureira, *Guerra do Paraguai: resposta ao sr. Jorge Thompson, autor da "Guerra del Paraguay" e aos anotadores argentinos*, Brasília, Editora da UnB, 1982, pp. 76-7.

5. A CAÇA A SOLANO LÓPEZ [PP. 403-96]

1. Augusto Tasso Fragoso, *História da Guerra entre a Tríplice Aliança e o Paraguai*, Rio de Janeiro, Imprensa do Estado-Maior do Exército, 1935, vol. IV, p. 174; "Carta do correspondente em Assumpção" de 27/22/1869, *Jornal do Commercio*, Rio de Janeiro, 12/3/1869, p. 1, BSF, microfilme 0092.

2. Cuverville, cônsul da França, para Caxias, 13/1/1869, RRNE, 1869, anexo 1, p. 83; Chapperon, cônsul da Itália, para o comandante das forças brasileiras no Paraguai, 6/2/1869, idem, ibidem, p. 93; tenente Kirkland, comandante do vapor *Wasp*, para o comandante das forças brasileiras, Assunção, 25/2/1869, idem, p. 58; Caxias para Cuverville, Montevidéu, 26/1/1869, ibidem, p. 83; general Xavier de Souza para Chapperon, 14/2/1869, ibidem, p. 94; coronel Hermes da Fonseca, comandante da 6ª Brigada de Infantaria, para o general Xavier de Souza, s. l., 10/2/1869, ibidem, p. 95; *La Nación Argentina*, 4/2/1869, transcrito sob o título "Saque de Assumpção" no *Jornal do Commercio*, 17/2/1869, p. 1, BSF, microfilme 0092; visconde de Taunay, *Memórias*, São Paulo, Melhoramentos, 1946, p. 569.

3. "Teatro de la Guerra — Correspondencia particular", assina "Cambary", *La República*, Buenos Aires, 10/1/1869, pp. 1-2, BC, s/c; *Teatro de la Guerra — Correspondencia particular*, Assunção, 27/1/1869, idem, 2/2/1869, ibidem; *Varias Noticias Recojidas en la Asunción*, AIMHM, *Colección Zeballos*, pasta 128; Paranhos para Muritiba, particular n. 1, "Reservadíssima", Assunção, 27/2/1869, AN, *Coleção Caxias*, caixa 805, pacote 17; discurso de Silveira da Motta, sessão do Senado de 22/7/1869, AS, 1869, vol. V, apêndice, p. 12; "[...] por lo demás el saqueo no vale un pito" (Emilio Mitre para Bartolomé Mitre, Hiraí, 1/2/1869, AIGM, doc. 6275); José Luiz Rodrigues da Silva, op. cit., p. 68; "Noticias Locales — El conde d'Eu", *La República*, Buenos Aires, 3/4/1869, p. 1, BC, s/c; visconde de Taunay, *Recordações de guerra e de viagem*, São Paulo, Weiszflog, 1920, pp. 16-7. "Era o aspecto de Buenos Aires, então, oriental; casas de sotéa dominadas por mirantes e zimborios que simulavam minaretes. O movimento muito maior do que em Montevidéu; havia mais carros [...] O mercado, grande; lindas frutas. As mulheres elegantes; não belas; os edifícios [não] muitos de pedra; quase sempre de tijolo, com ornamentação agradável. A catedral espaçosa; simples e majestosa em seu interior [...]" (idem, p. 16).

4. *Informes de la sra. Concepción Domecq de Decoud — Asunción — 1888*, AIMHM, *Colección Zeballos*, pasta 128.

5. Juan Bautista Gill Aguinaga, "Excesos cometidos hace cien años", em *Historia Paraguaya*, Assunção, Academia Paraguaya de la Historia, vol. XII, 1967-8, pp. 19-21.

6. General Luiz Alvez de Lima e Silva (duque de Caxias), *Exército em operações na República do Paraguay sob o comando em chefe de todas as forças de S. Exª o sr. marechal de Exército Luiz Alvez de Lima e Silva*, Rio de Janeiro, Typographia Francisco Alves de Souza, 1877, vol. 4, p. 348.

7. Elizalde para Joaquim Thomaz do Amaral, Buenos Aires, 12/1/1869, em *Documentos del Dr. Rufino de Elizalde*. Disponível em Repositorio Digital Institucional Universidad de Buenos Aires: <http://repositoriouba.sisbi.uba.ar/gsdl/cgi-bin/library.cgi?e=d-10000-00---off-0archivos%2fcartasravi--00-2----0-10-0---0---0direct-10--DA--4-------0-1l--10-es-Zz-1---20-about-09%2f12%2f1967--00-3-1-00-00--4--0--0-0-01-00-0utfZz-8-00&a=d&cl=CL4.18&d=me338100-me338100_pdf>. Acesso: em 21 set. 2018.

Elizalde para Francisco O. de Almeida Rosa, Buenos Aires, 12/1/1869, em *Documentos del Dr. Rufino de Elizalde*. Disponível em Repositorio Digital Institucional Universidad de Buenos Aires: <http://repositoriouba.sisbi.uba.ar/gsdl/cgi-bin/library.cgi?e=d-10000-00---off-0archivos%2fcartasravi--00-2----0-10-0---0---0direct-10--DA--4-------0-1l--10-es-Zz-1---20-about-09%2f12%2f1967--00-3-1-00-00--4--0--0-0-01-00-0utfZz-8-00&a=d&cl=CL4.18&d=me334000-me334000_pdf>. Acesso em: 21 set. 2018.

8. Caxias para Muritiba, Montevidéu, 24/1/1869, AN, códice 924, vol. 5; ordem do dia n. 273, Assunção, 18/1/1869, em *Exército em Operações...*, op. cit., vol. 4, p. 389; dom Pedro II para Cotegipe, s. l., 25/1/1869, em Heitor Lyra, *História de d. Pedro II: 1825-70*, São Paulo, Cia. Editora Nacional, 1938, vol. 1, p. 511.

9. Paranhos para Muritiba, particular n. 1, res., Assunção, 27/2/1869, AN, caixa 805, pacote 1; Caxias para a esposa, Tuiu-Cuê, 8/8/1867, em John Schulz, op. cit., p. 66; Paranaguá para Caxias, of. conf., Rio de Janeiro, 22/9/1867, AN, caixa 805, pacote 17.

10. Caxias para Silveira da Motta, Tuiuti, 11/2/1867, em Francisco Pinheiro Guimarães Filho, *Um Voluntário da Pátria: fôlha de serviços prestados pelo general dr. Francisco Pinheiro Guimarães às classes armadas*, 2. ed., Rio de Janeiro, José Olympio, 1958, p. 167.

11. Caxias para Paranhos, conf., particular e res., Assunção, 14/1/1869, ibidem, códice 924, vol. 4, pp. 188-90.

12. Emilio Mitre para Bartolomé Mitre, Trinidad, 1º/1/1869, AM, *Archivo Inédito del general Mitre,* doc. 6273; "Theatro da Guerra — De uma carta do Exército, escripta de Villeta em 30 do passado [...]", *Diário do Povo*, Rio de Janeiro, 13/1/1869, p. 2, BN, microfilme PR-SOR-164(3); Caxias para Muritiba, conf. e particular, Assunção, 13/1/1869, AN, códice 924, vol. 4, pp. 179-81.

13. Gustavo Barroso, "Biografia do marechal de campo José Luiz Menna Barreto", em *Anais do Museu Histórico Nacional*, Rio de Janeiro, Imprensa Nacional, 1943, vol. II (1941), pp. 383-5. O comando em chefe do Exército brasileiro no Paraguai nomeou José Luiz Menna Barreto, pela ordem do dia n. 2, de 29 de janeiro de 1869, para a Junta Militar de Justiça. Posteriormente, a ordem do dia n. 12, de 18 de março, nomeou-o comandante interino do 1º Corpo de Exército e, em 8 de julho, passou a acumular a chefia do Estado-Maior brasileiro no Paraguai. José Luiz Menna Barreto comandou o retorno da cavalaria, na marcha por terra, ao Brasil, entrando em território nacional pelo passo de São Borja, no Rio Grande do Sul.

14. Visconde de Taunay, *Recordações de guerra e...*, op. cit., p. 58.

15. Paranhos para Cotegipe, particular, Montevidéu, 7/2/1869, ABC, lata 920, pasta 133; ordem

do dia n. 274, Montevidéu, 31/1/1869, em *Exército em operações...*, op. cit., vol. 4, p. 392; ordem do dia n. 275, Montevidéu, 9/2/1869, em idem, p. 395. A ordem do dia n. 274 foi assinada pelo general João de Sousa Fonseca Costa, chefe do Estado-Maior de Caxias. As duas ordens do dia eram encimadas pela identificação "Commando em Chefe de todas as forças Brasileiras em operações contra o Governo do Paraguay".

16. Heitor Lyra, op. cit., vol. 1., p. 470. "O Sr. Marques de Caxias", *Jornal do Commercio*, Rio de Janeiro, 16/2/1869, p. 1. Disponível em: <http://memoria.bn.br/DocReader/DocReader.aspx?bib=364568_05&PagFis=0>. Acesso em: 2 jul. 2021.

17. Conde d'Eu para Nemours, Rio de Janeiro, 20/2/1869, em Alberto Rangel, *Gastão de Orléans (o último conde d'Eu)*, São Paulo, Cia. Editora Nacional, 1935, p. 209; conde d'Eu para o general Dumas, Rio de Janeiro, 24/2/1869, em idem, ibidem, p. 213.

18. Paunero para Elizalde, Petrópolis, 27/2/1869, em *Documentos del Dr. Rufino de Elizalde*. Disponível em: <http://repositoriouba.sisbi.uba.ar/gsdl/cgi-bin/library.cgi?e=d-10000-00---off-0archivos%2fcartasravi--00-2----0-10-0---0---0direct-10--DA--4-------0-1l--10-es-Zz-1---20-about-09%2f12%2f1967--00-3-1-00-00--4--0--0-0-01-00-0utfZz-8-00&a=d&cl=CL4.18&d=me336100-me336100_pdf>. Acesso em: 21 set. 2018.

19. Visconde de Taunay, *Memórias*, op. cit., pp. 305-6.

20. Roderick J. Barman, *Imperador cidadão e a construção do Brasil*, São Paulo, Editora da Unesp, 2012, p. 324.

21. Idem, ibidem, pp. 299 e 301. Taunay descreve Caxias como chefe militar generoso, que desculpava pequenas faltas de seus subordinados, mas que era implacável com aqueles que cometessem atos graves ou, então, que traíssem sua confiança. Cuidadoso ao tratar do dinheiro público, Caxias gastava generosamente seus "quantiosos vencimentos". Era honesto a ponto de, em 1850, ao comprar uma fazenda e encontrar sessenta escravos além dos estipulados, comunicar o fato ao vendedor, o qual respondeu: "São escravos da Nação; continue a desfrutar-lhes os serviços". Caxias reuniu esses escravos e libertou-os, ato que "naquela época, em pleno florescimento da escravidão [...] tem a mais alta eloquência e significação".

22. Discurso de Moreira Barros, sessão da Assembleia de São Paulo de 24/5/1869, *Annaes da Assembleia Legislativa Provincial de São Paulo*, 1869, p. 60; discurso de Oliveira Braga, idem, 1º/6/1869, ibidem, p. 117; discurso de Zacarias, sessão do Senado de 26/6/1869, AS, 1869, vol. II, pp. 290-1; discurso de Teófilo Ottoni, sessão do Senado de 12/8/1869, idem, ibidem, vol. IV, pp. 127-32.

23. Cotegipe para o barão de Penedo, [Rio de Janeiro], 8/3 e 23/3/1869, em Heitor Lyra, op. cit., vol. I, pp. 517-8 e 521.

24. Discurso do duque de Caxias, sessão do Senado de 15/7/1870, AS, 1870, vol. II, p. 99.

25. Alberto Rangel, op. cit., p. 218.

26. Caxias para Osorio, Tijuca, 6/8/1869, em Joaquim Luís Osorio e Fernando Luís Osorio Filho, op. cit., p. 609.

27. Em Augusto Tasso Fragoso, op. cit., vol. IV, p. 190.

28. John Schulz, *O Exército na política: origens da intervenção militar, 1850-94*, São Paulo, Edusp, 1994, p. 69.

29. Evangelista de Castro Dionísio Cerqueira, *Reminiscências da campanha do Paraguai: 1865-1870*, Rio de Janeiro, Biblioteca do Exército, 1980, p. 274.

30. "Factos Diversos", *Diário do Povo*, Rio de Janeiro, 6/2/1869, p. 1, AN, PR-SOR-164(3); Augusto Tasso Fragoso, op. cit., vol. IV, pp. 159-60; Caxias para Osorio, Rio de Janeiro, 19/3/1869, em Wanderley Pinho, *Cartas do imperador d. Pedro II ao barão de Cotegipe*, São Paulo, Cia. Editora Nacional, 1933, p. 47.

31. *Instruções de Paz*, Rio de Janeiro, Ministério dos Negócios Estrangeiros, sem dia, janeiro de 1869. Documento sem destinatário e sem assinatura, mas com a identificação desse ministério, AN, códice 547, vol. 15 (janeiro de 1869).

32. Paranhos para Cotegipe, Montevidéu, 7 e 27/2/1869, ABC, lata 920, pasta 133. Segundo-tenente Pedro Pinto da Veiga, secretário e ajudante de ordens do comando da Divisão Avançada da Esquadra, a Arthur Silveira da Motta: "Todos querem se retirar. As partes de doente são frequentes [...]", Assunção (a bordo do *Bahia*), 29/1/869, em almirante Arthur Silveira da Motta (barão de Jaceguai), *De aspirante a almirante: minha fé de officio documentada*, Rio de Janeiro, Typographia Leuzinger, 1910, t. II, p. 298.

33. Visconde de Taunay, *Memórias*, op. cit., p. 447; Cotegipe para Paranhos, s. d., em Wanderley Pinho, op. cit., p. 41; Quintino de Souza Bocaiuva, Montevidéu, 15/3/1869, em *Guerra do Paraguay: nova phase* (*carta a um amigo*), Montevidéu, Typographia Sul Americana, 1869, p. 19. O livreto com esse título não contém o nome do autor ou outra informação que permita identificá-lo. Porém, a Biblioteca Nacional do Rio de Janeiro cataloga a obra como de autoria de Bocaiuva.

34. Xavier de Souza para Muritiba, of. conf., Assunção, 27/2 e 22/3/1869, AN, códice 547, vol. 15.

35. Quintino de Souza Bocaiuva, Montevidéu, 15/3/1869, em *Guerra do Paraguay*..., op. cit., p. 9; Paranhos para Muritiba, particular, n. 2, Assunção, 6/3/1869, AN, caixa 805, pacote 1.

36. Discurso de Silveira da Motta, sessão do Senado de 22/7/1869, AS, 1869, vol. IV, apêndice, pp. 4-12. Esse senador visitou Assunção, aonde chegou em 21 de fevereiro.

37. General Xavier de Souza para Muritiba, of. conf., Assunção, 27/2/1869, AN, códice 547, vol. 15.

38. Visconde de Taunay, *Recordações de guerra e*..., op. cit., p. 8.

39. Elizalde para Mitre, Assunção, 19/3/1869, em Universidad de Buenos Aires, *Correspondencia Mitre-Elizalde*, Buenos Aires, UBA, Departamento Editorial, 1960, p. 457.

40. Quintino de Souza Bocaiuva, Montevidéu, 15/3/1869, em *Guerra do Paraguay*..., op. cit., p. 16.

41. Wenceslao Paunero para o presidente Domingo Faustino Sarmiento, Rio de Janeiro, 28/3/1869, AGNA, ex-Museo Histórico Nacional, maço 34, doc. 4129.

42. Idem, ibidem.

43. Conde d'Eu para Visconde de Itaboraí, Rio de Janeiro, 17/3/1867. Disponível em AHMI: <http://200.159.250.2:10358/handle/acervo/233>. Acesso em: 21 set. 2018.

44. Atas do Conselho de Estado de 13/10/1866 e de 18/3/1867, BSF, microfilme 02/72; Zacarias, sessão do Senado de 7/7/1870, AS, 1870, vol. II, p. 36; Paunero para Sarmiento, Rio de Janeiro, 28/3/1869, AGNA, ex-Museo Histórico Nacional, maço 34, doc. 4129; ver também Arthur de Gobineau para o marquês de La Valette, ministro dos Negócios Estrangeiros da França, Rio de Janeiro, 29/3/1869, em Jean-François Raymond, *Arthur de Gobineau et le Brésil: correspondance diplomatique du Ministre de France à Rio de Janeiro; 1869-1870*, Grenoble, Presses Universitaires de Grenoble, 1990, p. 80.

45. Conde d'Eu para Nemours, Rio de Janeiro, 20/2/1868, em Alberto Rangel, op. cit., pp. 209-12; princesa Isabel para dom Pedro II, Petrópolis, 26/2/1869, em Heitor Lyra, op. cit., vol. I, pp. 530-2.

46. Pedro Calmon, *A vida de d. Pedro II: o rei filósofo*, Rio de Janeiro, Biblioteca do Exército Editora, 1975, p. 171.

47. Coronel Teodoro Ramón Delgado, *La conducción del Ejército paraguayo en la guerra contra la Triple Alianza*, Assunção, Intercontinental, 2014, p. 563.

48. Thomas Whigham, *La Guerra de la Triple Alianza*, Assunção, Taurus, 2012, vol. III, p. 354.

49. Declarações do desertor da Marinha paraguaia, alferes Ángel Benítez, apud visconde de Taunay, *Recordações de guerra...*, op. cit., p. 101.

50. Manlio Cancogni e Ivan Boris, *Solano López, o Napoleão do Prata*, Rio de Janeiro, Civilização Brasileira, 1975, pp. 232-4.

51. Augusto Tasso Fragoso, op. cit., pp. 192-3 e 196.

52. Visconde de Taunay, *Recordações de guerra e...*, op. cit., p. 10.

53. Idem, ibidem, pp. 21-2.

54. Em J. B. Magalhães, op. cit., p. 234.

55. Em idem, ibidem.

56. Câmara para Maria Rita, Lambaré, 21/4/1869, em Rinaldo Pereira da Câmara, op. cit., vol. II, p. 280.

57. Adler Homero Fonseca de Castro, "Notas sobre o armamento na Guerra do Paraguai", Projeto Guerra do Paraguai, Rio de Janeiro, Biblioteca Nacional, Rede da Memória Virtual Brasileira, s. d., p. 11. Bocas de fogo de dorso significa o transporte de partes do canhão, da munição e equipamento por muares.

58. *Diário do conde d'Eu*, organização, tradução e notas Rodrigo Goyena Soares, Rio de Janeiro, Paz e Terra, 2017, p. 82.

59. Visconde de Taunay, *Recordações de guerra e...*, op. cit., pp. 26-7; Antônio de Sousa Júnior, op. cit., p. 312.

60. Coronel Everaldo de Oliveira Reis, "O conde d'Eu e o Exército brasileiro", em *Anuário do Museu Imperial*, Petrópolis, Museu Imperial, vol. 32, p. 92.

61. Visconde de Taunay, *Recordações de guerra e...*, op. cit., pp. 23-4.

62. Idem, ibidem, p. 29.

63. Evangelista de Castro Dionísio Cerqueira, op. cit., p. 316.

64. Barão de Jaceguai, "A guerra do Paraguay: reflexões críticas sobre as operações combinadas da esquadra brasileira e exércitos aliados", em Arthur Silveira da Motta (barão de Jaceguai) e Carlos Vidal Oliveira de Freitas, *Quatro séculos de atividade marítima: Portugal e Brasil*, Rio de Janeiro, Imprensa Nacional, 1900, pp. 248-9.

65. "Diário de campanha do capitão Pedro Werlang", em Klaus Becker, op. cit., p. 146. "Saquearam o que puderam; inutilizaram o resto" (Evangelista de Castro Dionísio Cerqueira, op. cit., p. 304).

66. Juan Crisóstomo Centurión, *Memorias: reminiscencias históricas sobre la Guerra del Paraguay*, Assunção, El Lector, 1987, vol. IV, p. 54; *Diário...*, em Klaus Becker, op. cit.

67. Visconde de Taunay, *Recordações de guerra e...*, op. cit., p. 42.

68. Guido Rodríguez Alcalá, *Residentas, destinadas y traidoras*, Assunção, RP/Critério, 1991, pp. 9-11.

69. Visconde de Taunay, *Recordações de guerra e...*, op. cit., pp. 29-30.

70. Francisco Doratioto, *General Osorio: A espada liberal do Império*, São Paulo, Companhia das Letras, 2008, pp. 194-5.

71. *Diário do conde d'Eu*, op. cit., pp. 106-7.

72. Manlio Cancogni e Ivan Boris, op. cit., p. 234; Augusto Tasso Fragoso, op. cit., vol. IV, pp. 263-8 e 297.

73. Visconde de Taunay, *Recordações de guerra e...*, op. cit., p. 41.

74. Augusto de Tasso Fragoso, op. cit., vol. IV, pp. 299-300.

75. Visconde de Taunay, *Recordações de guerra e...*, op. cit., p. 41; Augusto Tasso Fragoso, op. cit., vol. IV, pp. 301-2.

76. Augusto Tasso Fragoso, op. cit., vol. IV, pp. 347-50.

77. Visconde de Taunay, *Recordações de guerra e...*, op. cit., p. 43.

78. Augusto Tasso Fragoso, op. cit., vol. IV, pp. 310-1.

79. Juan Crisóstomo Centurión, op. cit., vol. IV, pp. 70-1.

80. Visconde de Taunay, *Recordações de guerra e...*, op. cit., p. 50.

81. Augusto Tasso Fragoso, op. cit., vol. IV, pp. 266 e 274.

82. Apud Miguel Ángel De Marco, *La Guerra del Paraguay*, Buenos Aires, Planeta, 1995, p. 324.

83. Evangelista de Castro Dionísio Cerqueira, op. cit., pp. 316-7.

84. Juan Crisóstomo Centurión, op. cit., pp. 71-3. A historiografia brasileira afirma que Menna Barreto morreu vítima do estilhaço de uma bomba de canhão, mas Centurión insiste, nas páginas acima, que essa versão não é correta. Cita vários testemunhos, inclusive alguns ainda vivos quando ele publicou suas memórias, que confirmam ter Menna Barreto morrido vítima de um tiro de fuzil, ao comandar, corajosamente, o ataque a uma trincheira.

85. Visconde de Taunay, *Recordações de guerra e...*, op. cit., p. 50. Augusto de Tasso Fragoso afirma que as perdas aliadas foram de 499 homens, sendo 111 argentinos; de todo modo, continua válido o raciocínio (op. cit., vol. IV, p. 320).

86. Esse arquivo foi, posteriormente, trazido por José Maria da Silva Paranhos, visconde do Rio Branco, para o Brasil. Os originais permaneceram na Biblioteca Nacional, no Rio de Janeiro, até a década de 1970, quando foram devolvidos ao Paraguai. Hoje encontram-se no *Archivo Nacional de Asunción* sob o título *Colección Rio Branco* e, quando lá o autor pesquisou, em 1997, vários documentos da coleção já não foram localizados. A Biblioteca Nacional brasileira possui, porém, essa coleção microfilmada, Alberto Rangel, op. cit., p. 245; conde d'Eu para Muritiba, Caraguataí, 3/9/1869, AN, códice 547, vol. 19.

87. Visconde de Taunay, *Recordações de guerra e...*, op. cit., p. 48.

88. Evangelista de Castro Dionísio Cerqueira, op. cit., p. 317.

89. Juan Crisóstomo Centurión, op. cit., vol. IV, pp. 72-3.

90. Juan Bautista Gill Aguinaga, "Excesos cometidos hace cien años", em *Historia Paraguaya*, Assunção, Academia Paraguaya de la Historia, vol. XII, 1967-8, pp. 22-3.

91. O capitão brasileiro Pedro Werlang, participante da batalha de Peribebuí, relata os degolamentos e, demonstrando não ser esse momento uma exceção, afirma que "geralmente a maior parte do inimigo era degolada depois da batalha" ("Diário de campanha do capitão Pedro Werlang", em Klaus Becker, *Alemães e descendentes — do Rio Grande do Sul — na Guerra do Paraguai*, Canoas, Hilgert & Filhos, 1968, pp. 146-71).

92. Ver Juan E. O'Leary, *El libro de los héroes: páginas históricas de la Guerra del Paraguay*, Assunção, Librería Mundial, 1922, p. 248; Juan Bautista Gill Aguinaga, op. cit., p. 23.

93. Juan Crisóstomo Centurión, op. cit., vol. IV, p. 74.

94. Conde d'Eu para Amanda [Maria Amanda Lustosa Paranaguá Dória, baronesa de Loreto], Boulogne-sur-Seine, 2/1/1916, em Armando Alexandre dos Santos, Cartas do Conde d'Eu à Baronesa de Loreto, *Revista do Instituto Histórico e Geográfico Brasileiro*, Rio de Janeiro, ano 176, n. 467, abr./jun. 2015, pp. 239-40. Disponível em: <https://ihgb.org.br/publicacoes/revista-ihgb/item/108081-volume-467.html>. Acesso em: 21 set. 2018.

95. Visconde de Taunay, *Recordações de guerra e...*, op. cit., p. 51.

96. A devolução dessas peças de ouro e prata ocorreu devido à insistência de Paranhos, pois o comandante das forças argentinas, o general Emilio Mitre, propusera que fossem divididas entre os aliados e, depois, vendidas (Paranhos para Emilio Mitre, Assunção, 15/10/1869, RRNE, 1872, anexo 1, p. 170); nota do governo provisório à Missão Especial do Brasil, Assunção, 18/10/1869, idem, ibidem, p. 182; Emilio Mitre para o coronel Martín de Gainza, Caraguataí, 16/9/1869, AGNA, ex-Museo Histórico Nacional, maço 35.

97. Augusto Tasso Fragoso, op. cit., vol. IV, pp. 323-4.

98. Milda Rivarola, *Vagos, pobres y soldados: la domesticación estatal del trabajo en el Paraguay del siglo* XIX, Assunção, Centro Paraguayo de Estudios Sociológicos, 1994, p. 110.

99. Visconde de Taunay, *Recordações de guerra e...*, op. cit., p. 52.

100. Evangelista de Castro Dionísio Cerqueira, op. cit., p. 322.

101. Idem, ibidem, p. 323.

102. *Diário do conde d'Eu*, anotação de 15/8/1869, op. cit., p. 142.

103. J. B. Magalhães, op. cit., p. 245. Magalhães cita, na realidade, a data de 16 de setembro, a qual consta na edição anterior deste livro. No entanto, o *Diário do conde d'Eu* (anotação de 15/8/1869, p. 143) registra a conversa com Osorio em 15 de agosto, a qual parece ser a data correta.

104. Francisco Doratioto, op. cit., p. 196.

105. *Diário do conde d'Eu*, anotação de 15/8/1869, op. cit., p. 142.

106. Idem, anotação de 9/11/1869, op. cit., p. 178.

107. Visconde de Taunay, *Recordações de guerra e...*, op. cit., p. 53.

108. Em J. B. Magalhães, op. cit., pp. 248-9.

109. A maior parte da tropa argentina, porém, estava com o general Emilio Mitre, que marchava com algumas unidades brasileiras sob o comando do general José Auto Guimarães. As forças de Mitre e de Guimarães ficaram no vale do Piraju para guardar a linha férrea e a base de operações. Em 9 de agosto, Mitre transpôs, com suas tropas e batalhões brasileiros, o rio Piraju e acampou à frente das posições inimigas de Pedrosa e Ascurra, como parte da operação diversionista do conde d'Eu. Na noite do dia 11, Mitre partiu para a Cordilheira, seguindo o rumo para a localidade de Altos. Esta foi conquistada no dia 12 e houve tentativa paraguaia, rechaçada, de retomar esse ponto. Os aliados tiveram 62 perdas: dezessete argentinos e 45 brasileiros.

110. Augusto Tasso Fragoso, op. cit., vol. IV, p. 343.

111. Visconde de Taunay, *Recordações de guerra e...*, op. cit., pp. 62-3.

112. No sistema Minié, o projétil era encaixado em uma base de cobre e, ao explodir a pólvora, a bala era empurrada, expandindo sua parte de trás, de modo que ela se encaixava no cano raiado ao percorrê-lo. Assim, os gases não escapavam pelos lados da bala, o que aumentava a pressão

sobre ela, levando-a mais longe, e fazia o projétil girar sobre seu eixo, dando-lhe estabilidade para atingir o alvo com mais precisão.

Adler Homero Fonseca de Castro, "Sistema Minié", Armas Brasil, 2003. Disponível em: <http://www.armasbrasil.com/Pagdiversas/sistema_minie.htm>. Acesso em: 27 set. 2018; idem, "Notas sobre o armamento na Guerra do Paraguai", Projeto Guerra do Paraguai, Rio de Janeiro, Biblioteca Nacional, Rede da Memória Virtual Brasileira, s. d., pp. 9-12.

113. Idem, ibidem, pp. 58-9.

114. Idem, ibidem, pp. 61-2.

115. Idem, ibidem, p. 64.

116. Evangelista de Castro Dionísio Cerqueira, op. cit., pp. 327-8.

117. Visconde de Taunay, *Recordações de guerra e...*, op. cit., p. 65.

118. Evangelista de Castro Dionísio Cerqueira, op. cit., p. 329.

119. Visconde de Taunay, *Recordações de guerra e...*, op. cit., p. 69; Antônio de Sousa Júnior, op. cit., p. 313; Juan Crisóstomo Centurión, op. cit., vol. IV, p. 89; Augusto Tasso Fragoso, op. cit., vol. IV, p. 342.

120. "Diário de campanha do capitão Pedro Werlang", em Klaus Becker, op. cit., p. 147.

121. Evangelista de Castro Dionísio Cerqueira, op. cit., p. 324.

122. Visconde de Taunay, *Recordações de guerra e...*, op. cit., p. 69. Luis Vittone dá os seguintes números: 1500 paraguaios mortos e mesmo número entre feridos e prisioneiros. Já os aliados teriam tido duzentos mortos e 450 feridos (*Tres guerras, dos mariscales, doce batallas*, Assunção, Editorial Gráfico, 1967, p. 188).

123. Thomas Whigham, *La Guerra de la Triple Alianza*, Assunção, Taurus, 2012, vol. III, p. 388.

124. Evangelista de Castro Dionísio Cerqueira, op. cit., p. 339.

125. Francisco Fernando Monteoliva Doratioto, *As relações entre o Império do Brasil e a República do Paraguai (1822-89)*, dissertação de mestrado em História (1989), Universidade de Brasília, mimeo., vol. II, pp. 582-613.

126. Adler Homero Fonseca de Castro, "Os campos de concentração do Imperador: os prisioneiros de guerra paraguaios no Brasil", *A Defesa Nacional*, revista de assuntos militares e estudos de problemas brasileiros, Rio de Janeiro, Bibliex, ano CIII, n. 828, 3º quadrimestre 2015, pp. 7-18. Castro alerta, em seu artigo, que usa o termo "campos de concentração" como sinônimo de local onde se concentram prisioneiros.

127. José Falcón, *Escritos históricos*, edição e estudo preliminares de Thomas L. Whigham e Ricardo Scavone Yegros, Assunção, Servilibro, 2006, pp. 128-9.

128. Visconde de Taunay, *Recordações de guerra...*, op. cit., p. 76.

129. Francisco Fernando Monteoliva Doratioto, op. cit., vol. I, pp. 274-5.

130. Sarmiento para Emilio Mitre, Buenos Aires, 21/1/1869, em José Campobassi, *Sarmiento y su época*, Buenos Aires, Losada, 1982, vol. II, p. 212.

131. Liliana M. Brezzo e Beatriz Figallo, *La Argentina y el Paraguay, de la guerra a la integración*, Rosário, Instituto de Historia, Pontificia Universidad Católica Argentina, 1999, pp. 5-6.

132. Instruções de Cotegipe, ministro interino do Ministério dos Negócios Estrangeiros, para Paranhos, Rio de Janeiro, 1/2/1869, AHI, 272-3-3. Paranhos é o autor das instruções, mas, por uma questão formal, não podendo instruir a si mesmo, consta o nome de seu substituto, o barão de Cotegipe, como autor.

133. Idem, Rio de Janeiro, 15/4/1869, em Wanderley Pinho, *Cartas do imperador d. Pedro II ao barão de Cotegipe*, São Paulo, Cia. Editora Nacional, 1933, p. 80.

134. Idem, Rio de Janeiro, 22/2 e 15/4/1869, em ibidem, pp. 72 e 79. Paranhos para Cotegipe, of. res., Buenos Aires, 22/5/1869, AHI, *Arquivo do visconde do Rio Branco*, 272-3-12.

135. Paranhos para Cotegipe, carta particular n. 14, Buenos Aires, 26/4/1869, IHGB, *Arquivo do barão de Cotegipe*, lata 932, pasta 133.

136. Sessão de 30/9/1867, AHI, *Atas da Seção dos Negócios Estrangeiros do Conselho de Estado* (cópia datilografada), pp. 417-40; João Pedro Dias Vieira para Almeida Rosa, of. conf., Rio de Janeiro, 25/3/1865, AHI, 272-1-22.

137. Sarmiento para Wenceslao Paunero, Buenos Aires, 12/2/1869, MM, *Archivo del gen. Wenceslao Paunero*, A7 C4 C11, doc. n. 848.

138. Senador Francisco Ignácio Homem de Mello, "Viagem ao Paraguay", *Revista Trimestral do Instituto Histórico, Geográfico e Ethnográphico do Brasil*, Rio de Janeiro, t. XXXVI, parte segunda, 1873, p. 31.

139. RRNE, 1869, anexo 1, p. 78.

140. Adolfo Rodrígues, ministro plenipotenciário uruguaio, para o Ministério das Relações Exteriores do Uruguai, Buenos Aires, 1/5/1869, AGNU, *Misión Adolfo Rodrígues a la República Argentina*, caixa 34.

141. Héctor Francisco Decoud, *Sobre los escombros de la guerra: una década de vida nacional, 1869--80*, Buenos Aires, Talleres Gráficos Argentinos, 1934, p. 87.

142. *Aos Exmos. governos da alliança contra o governo do Paraguay*, Assunção, 30/1/1869, RRNE, 1870, p. 73.

143. Harris Gaylord Warren, *Paraguay and the Triple Alliance: the Post-War Decade, 1869-1878*, Austin, University of Texas at Austin, 1978, p. 52.

144. Héctor Francisco Decoud, op. cit., pp. 99-100.

145. Antonio Salum-Flecha, *Historia diplomática del Paraguay de 1869 a 1938*, Assunção, Talleres Gráficos Emasa, 1978, p. 13; discurso do senador Silveira da Motta, sessão de 18/8/1869, AS, apêndice, p. 114.

146. Héctor Francisco Decoud, op. cit., pp. 104-6.

147. Idem, ibidem, p. 106; Antonio Salum-Flecha, op. cit., p. 14; RRNE, 1870, pp. 19-20; Paranhos para Cotegipe, of. res., Buenos Aires, 3/5/1869, AHI, *Arquivo visconde do Rio Branco*, 272-3-12.

148. Cotegipe para Paranhos, Rio de Janeiro, 29/3/1869, em Wanderley Pinho, op. cit., p. 74; Sarmiento para Paunero, Buenos Aires, 5/3/1869, MM, *Archivo del general Wenceslao Paunero*, A7 C4 C11, doc. n. 849; *Memorandum do plenipotenciário brasileiro*, 17/5/1869, RRNE, 1870, p. 30; *Exposição do plenipotenciário brasileiro*, 30/4/1869, idem, ibidem, p. 25.

149. *Memorandum do plenipotenciário argentino*, 8/5/1869, idem, ibidem, pp. 25-8; *Memorandum do plenipotenciário uruguaio*, 18/5/1869, idem, ibidem, pp. 44-8; *Exposição do plenipotenciário brasileiro*, 30/4/1869, idem, ibidem, p. 24.

150. Paranhos para Cotegipe, carta particular n. 14, Buenos Aires, 26/4/1869, ABC, lata 932, pasta 133; José S. Campobassi, *Mitre y su época*, Buenos Aires, Editorial Universitária, 1980, vol. II, p. 213.

151. Paranhos para Cotegipe, of. res., Buenos Aires, 26/4/1869, AHI, *Arquivo do visconde do Rio Branco*, 272-3-12; Cotegipe para Paranhos, Rio de Janeiro, 22/2 e 15/4/1869, em Wanderley Pinho,

op. cit., pp. 72 e 79; Paranhos para Cotegipe, of. res., Buenos Aires, 22/5/1869, AHI, *Arquivo visconde do Rio Branco*, 272-3-12.

152. Cotegipe para Paranhos, Rio de Janeiro, 6/4/1869, em Wanderley Pinho, op. cit., p. 76.

153. Paranhos para Cotegipe, Buenos Aires, 26/4/1869, e carta particular n. 15, 12/5/1869, ABC, lata 932, pasta 133; editorial, *Diário do Povo*, Rio de Janeiro, 2/3/1869, p. 1, BN, PR-SOR-164(3); discurso do senador Silveira Lobo, sessão de 16/6/1869, AS, 1869, vol. II, p. 190; discurso do senador Silveira da Motta, sessão de 18/8/1869, idem, ibidem, apêndice, pp. 13-4.

154. RRNE, 1872, anexo 1 (*Documentos sobre o Paraguai*), p. 63; ibidem, 1870, pp. 48-56; ibidem, 1872, pp. 61-4; carta da comissão dos cidadãos paraguaios aos plenipotenciários aliados, Buenos Aires, 11/6/1869, AHI, *Arquivo do visconde do Rio Branco*, 272-2-13.

155. Paranhos para Cotegipe, carta particular n. 20, Buenos Aires, 24/6/1869, ABC, lata 920, pasta 133.

156. Idem, carta particular n. 22, Assunção, 8/7/1869, ibidem.

157. Idem, ibidem.

158. Héctor Francisco Decoud, op. cit., pp. 62-5; Quintino de Souza Bocaiuva, *Guerra do Paraguay: nova phase* (*carta a um amigo*), Montevidéu, Typographia Sul Americana, 1869, p. 32.

159. Paranhos para o conde d'Eu, Assunção, 10/6/1869, AN, caixa 811, pasta 2; Paranhos para Cotegipe, Assunção, 26/7/1869, idem, ibidem.

160. Paranhos para Cotegipe, carta particular n. 22, Assunção, 8/7/1869, ABC, lata 920, pasta 133.

161. Idem, ibidem, e carta particular n. 24, 22/7/1869, ABC, lata 920, pasta 133.

162. RRNE, 1872, anexo 1, p. 75; Paranhos para Cotegipe, carta particular n. 24, Assunção, 22/7/1869, ABC, lata 920, pasta 133.

163. *Asunción — Correspondencia*, 2/10/1869, assinada por "MM", *El Nacional*, Buenos Aires, 7/10/1869, p. 2, BC, s/c.

164. Antonio Salum-Flecha, op. cit., p. 221.

165. Francisco Fernando Monteoliva Doratioto, "La participación del Brasil en el golpe de Estado de 1894 en Paraguay: La Misión Cavalcanti", em *Historia Paraguaya*, Assunção, Anuario de la Academia Paraguaya de la Historia, vol. XXXVIII, 1998, pp. 193-215.

166. Ricardo Caballero Aquino, *La Segunda República Paraguaya: 1869-1906 — Política — Economia — Sociedad*, Assunção, Arte Nuevo Editores, 1985, pp. 46-7; F. Arturo Bordón, *Historia Política del Paraguay*, Assunção, Talleres Gráficos Orbi, 1976, t. I, p. 48.

167. Paranhos para Cotegipe, carta particular n. 24, Assunção, 22/7/1869, ABC, lata 920, pasta 133; conde d'Eu para dom Pedro II, s. l., 29/9/1869, em Alberto Rangel, op. cit., p. 249.

168. Héctor Francisco Decoud, op. cit., p. 278; Harris Gaylord Warren, op. cit., p. 79.

169. Carta do capitão de fragata A. J. de Mello para Arthur Silveira da Motta, Assunção, 11/7/1869 [*sic*!], em barão de Jaceguai, *De aspirante a...*, op. cit., t. II, p. 357. Deve-se a algum erro, de impressão ou transcrição, ser a carta datada de julho, pois o triunvirato assumiu em agosto; conde d'Eu para dom Pedro II, s. l., 29/9/1869, em Alberto Rangel, op. cit., p. 249.

170. Nota dos triúnviros para Paranhos, Assunção, 15/8/1869, RRNE, 1872, anexo 1, p. 82. Nota das autoridades provisórias constituídas para Paranhos, ratificando a nota de 15/8, Assunção, 18/8/1869, idem, ibidem, p. 91; decretos do governo provisório de 17/8/1869, idem, 1870, pp. 81-2.

171. Nota de Paranhos para o governo provisório, Assunção, 19/8/1869, RRNE, 1872, p. 97; acordo entre Enrique Castro, Emilio Mitre e conde d'Eu, Assunção, 3/5/1869, AN, códice 547, vol. 16.

172. Dr. Carlos Frederico dos Santos Azevedo, *História médico-cirúrgica da esquadra brasileira na campanha do Uruguay e Paraguay de 1864 a 1869*, Rio de Janeiro,Typographia Nacional, 187(?), p. 448.

173. "Correspondência de Assumpção" de 24/8 e de 31/8/1869, *Jornal do Commercio*, Rio de Janeiro, 16/9/1869, p. 1, BSF, microfilme 0090; idem, de 29/05/1870, ibidem, 22/6/1870, p. 1, ibidem, microfilme 0093; Paranhos para Cotegipe, carta particular n. 58, Assunção, 17/9/1870, ABC, lata 920, pasta 133.

174. "Paraguay — Correspondencia", Assunção, 9/10/1869, *El Nacional*, Buenos Aires, 15/10/1869, p. 1, BC, s/c; nota do governo provisório ao conde d'Eu, Assunção, 17/9/1869, RRNE, 1870, pp. 164-5; nota do conde d'Eu ao governo provisório, s. l., 19/9/1869, idem, ibidem, p. 166.

175. Artigos 1º e 2º das Instruções do Tribunal Militar Misto, assinadas pelos comandantes aliados, Assunção, 6/3/1869, RRNE, 1869, p. 78.

176. Paranhos para Cotegipe, carta particular n. 29, Assunção, 17/9/1869, ABC, lata 920, pasta 133; Emilio Mitre para coronel Martín de Gainza, Caraguataí, 16/9/1869, AGNA, ex-Museo Histórico Nacional, maço 35.

177. Emilio Mitre para Paranhos, Assunção, 14/10/1869, RRNE, 1870, p. 169; Paranhos para Miguel J. de Souza Malhado, cônsul-geral do Império em Assunção, 19/8/1869; idem, 1872, anexo 1, p. 100; Paranhos para Emilio Mitre, Assunção, 15/10/1869, idem, ibidem, anexo 1, p. 170; *Nota do governo provisório à Missão Especial do Brasil*, Assunção, 18/10/1869, ibidem, p. 182; Emilio Mitre para coronel Martín de Gainza, Caraguataí, 16/9/1869, AGNA, ex-Museo Histórico Nacional, maço 35.

178. Juan Emiliano O'Leary, *Los legionários*, Assunção, Editorial de Indias, 1930, p. 138; Héctor Francisco Decoud, op. cit., pp. 140-8.

179. Nota do general Emilio Mitre ao "Exmo. sr. d. Carlos Loizaga, membro do governo provisório da República do Paraguay", Assunção, 17/11/1869, RRNE, 1872, anexo 1, pp. 116-7; nota do general Emilio Mitre para Paranhos, Assunção, 21/11/1869, idem, ibidem, p. 111.

180. Nota de Paranhos para Emilio Mitre, Assunção, 23/11/1869, ibidem, pp. 112-3; Paunero para Mariano Varela, conf., Petrópolis, 28/3/1870, AMREC, *Brasil 1869-1870*, caixa 35.

181. Nota do governo provisório, assinada por Serapio Machaín, aos aliados, Assunção, 25/11/1869, RRNE, 1872, anexo 1, pp. 118-9.

182. Paranhos para Cotegipe, carta particular n. 28, Assunção, 20/8/1869, ABC, lata 920, pasta 133; discurso do senador Silveira da Motta, sessão de 12/9/1870, AS, 1870, vol. IV, p. 142.

183. Nota do governo argentino à Missão Especial do Brasil no Paraguai, Buenos Aires, 27/12/1869, RRNE, 1872, anexo 1, pp. 120-1; nota do governo argentino ao governo provisório, Buenos Aires, 27/12/1869, idem, ibidem, p. 122; Carlos Pellegrini para Indalécio Gómez, Buenos Aires, 21/6/1902, apud Victor Lascano, *América y la política argentina*, Buenos Aires, Librería y Casa Editorial Emilio Perrot, 1938, p. 74; Ricardo Caillet-Bois, *Cuestiones internacionales (1852-1966)*, Buenos Aires, Editorial Universitaria, 1970, p. 20.

184. Nota de Paranhos para Mariano Varela, Assunção, 11/1/1870, RRNE, 1872, anexo 1, pp. 124-5; Paranhos para Cotegipe, carta particular n. 42, Assunção, 13/1/1870, ABC, lata 920, pasta 133.

185. Nota de Carlos Loizaga para Mariano Varela, Assunção, 12/1/1870, RRNE, 1872, anexo 1, p. 125.

186. J. Julio de Barros, "Congresso de Assumpção", *A Reforma*, Rio de Janeiro, 6/4/1870, p. 1, BN, microfilme, I-215-03-02; editorial "El Brasil en el Paraguay", *La República*, Buenos Aires, 9/1/1870, p. 1, BC, s/c.

187. Paranhos para Cotegipe, carta particular n. 47, Assunção, 9/2/1870, ABC, lata 920, pasta 133; Paranhos para Antonio Pedro de Carvalho Borges, ministro residente brasileiro em Buenos Aires, Assunção, 5/2/1870, idem, ibidem.

188. Varela para Paranhos, Buenos Aires, 20/2/1870, RRNE, 1872, anexo 1.

189. Paranhos para Varela, Assunção, 8/3/1870, RRNE, 1872, anexo 1.

190. Augusto de Tasso Fragoso, op. cit., vol. IV, pp. 353-4.

191. Juan Crisóstomo Centurión, op. cit., vol. IV, p. 91; Evangelista de Castro Dionísio Cerqueira, op. cit., p. 330.

192. Juan Crisóstomo Centurión, op. cit., p. 92.

193. Justiniano Rodas Benítez, *Saturnino Ferreira Perez, testimonios de un capitán de la guerra del 70*, Assunção, Talleres Gráficos de Editora Litocolor, 1989, p. 64.

194. O termo "campo de concentração" é aqui usado no sentido de local com grande número de prisioneiros, sem poder ser caracterizado como presídio.

195. Visconde de Taunay, *Diário do Exército (1869-70)*, Rio de Janeiro, Biblioteca do Exército, 1958, pp. 233-4; idem, *Recordações de guerra...*, op. cit., p. 90.

196. Joaquim S. de Azevedo Pimentel, *Episódios militares*, Rio de Janeiro, Biblioteca do Exército Editora, 1978, pp. 55-8; Visconde de Taunay, *Diário do Exército*, p. 251, e *Recordações de guerra...*, op. cit., pp. 91-3; Dorothéa Duprat de Lasserre, *Memorias de Mme. Dorothéa Duprat de Lasserre: versão e notas de J. Arthur Montenegro*, Rio Grande, Livraria Americana, 1893.

197. Evangelista de Castro Dionísio Cerqueira, op. cit., p. 331.

198. Foram incendiados os seguintes vapores: *Ypora, Paraná, Rio Apa, Salto Guairá, Pirabebé e Amambay*; Juan Crisóstomo Centurión, op. cit., vol. IV, p. 93.

199. Augusto de Tasso Fragoso, op. cit., vol. IV, pp. 360-3.

200. "Ao sr. major Olsura y Hermosa, comandante da retaguarda do Exército do marechal López. Acampamento em Bageí, 21 de agosto de 1869. Como comandante da vanguarda e por ordem do Exmo. sr. General em chefe do Exército argentino, convido-vos a render-vos a discrição, com as forças às vossas ordens, garantindo-vos a todos a vida e a retirada para vossos lares ou para outro ponto que mais vos convenha. Se, porém, não fôr aceita esta proposta de modo pronto e terminante, o Exército de que sou vanguarda carregará ato contínuo e o castigo será severo, pois não damos quartel a nenhum soldado e sobretudo aos chefes e oficiais" (coronel Carlos Neri, em Augusto de Tasso Fragoso, op. cit., vol. IV, pp. 365-6).

201. Idem, ibidem, vol. IV, p. 366; Juan Crisóstomo Centurión, op. cit., vol. IV, p. 95.

202. Juan Crisóstomo Centurión, op. cit., vol. IV, pp. 104-5.

203. Arturo Bray, *Solano López, soldado de la gloria y del infortunio*, 3. ed., Assunção, Carlos Schauman Editor, 1984, p. 385.

204. Juan Crisóstomo Centurión, op. cit., vol. IV, pp. 106 e 108.

205. Alfredo d'Escragnolle (visconde de Taunay), *Diário do Exército (1869-70)*, Rio de Janeiro, Biblioteca do Exército, 1958, p. 200.

206. "Diário de campanha do capitão Pedro Werlang", em Klaus Becker, op. cit., p. 148.

207. Cecilio Báez, em Junta Patriótica Paraguaya, *El mariscal Francisco Solano López*, Assunção,

Junta Patriótica, 1926, pp. 83 e 89. Juan Crisóstomo Centurión descreve esses acontecimentos sem fazer referências a torturas e sem emitir sua opinião sobre se houve ou não a conspiração (Juan Crisóstomo Centurión, op. cit., vol. IV, pp. 112-28).

208. Idem, ibidem, pp. 92-5.

209. Arturo Bray, op. cit., p. 387.

210. Idem, ibidem, p. 388.

211. Francisco Félix Pereira Costa, *História da guerra do Brasil contra as Repúblicas do Uruguay e Paraguay*, Rio de Janeiro, Livraria de A. G. Guimarães, vol. IV, p. 422.

212. Visconde de Taunay, *Recordações de guerra...*, op. cit., p. 76.

213. Joaquim S. de Azevedo Pimentel, op. cit., pp. 36-7.

214. Visconde de Taunay, *Recordações de guerra...*, op. cit., pp. 82-3.

215. Coronel Agustín Ángel Olmedo, *Guerra del Paraguay: cuadernos de campaña, 1867-1869*, Buenos Aires, Academia Nacional de la Historia, 2008, p. 508.

216. "Diário de campanha do capitão Pedro Werlang", em Klaus Becker, op. cit., pp. 148-9. "Chegou a haver deserções, isto é: fuga de soldados para a vila do Rosário, onde esperavam mitigar as exigências do estômago" (Joaquim S. de Azevedo Pimentel, op. cit., pp. 36-7).

217. Coronel Agustín Ángel Olmedo, op. cit., pp. 513 e 517.

218. Visconde de Taunay, *Recordações de guerra...*, op. cit., p. 84.

219. Idem, ibidem, pp. 84-5.

220. José Falcón, *Escritos históricos*; edição e estudos preliminares de Thomas L. Whigham e Ricardo Scavone Yegros, Assunção, Servilibro, 2006, p. 103.

221. "Diário de campanha do capitão Pedro Werlang", em Klaus Becker, op. cit., p. 150.

222. Vitorino J. C. Monteiro, "comandante da força brasileira ao norte do Manduviné", para o general Polidoro Jordão, Rosário, 5/11/1869, AN, *Arquivo do general Polidoro da Fonseca Quintanilha Jordão*, AP-9, caixa 13, pacote 3; carta do primeiro-tenente Pedro Pinto da Veiga, a bordo do *Taquary*, a Arthur Silveira da Motta, Alto Paraná, 10/9/1869, em *De Aspirante...*, op. cit., p. 307; Paranhos para Cotegipe, Assunção, 3 e 13/12/1869, em Wanderley Pinho, op. cit., pp. 192-3 e 194.

223. Visconde de Taunay, *Memórias...*, op. cit., pp. 534, 553-4.

224. *Diário do conde d'Eu*, op. cit., anotações respectivamente de 19 e 20/10/1869, pp. 170 e 182.

225. Paranhos para Cotegipe, particulares n. 37 e 39, Assunção, 29/11 e 12/12/1869, ABC, lata 920, pasta 133; "Paraguay — Correspondencia", *El Nacional*, 22/9/1869, p. 2, BC, s/c.

226. Conde d'Eu para Paranhos, 5/12 e 10/12/869, em Alberto Rangel, op. cit., p. 280; conde d'Eu para Macedo, 27/1/1870, em idem, ibidem, pp. 280-92.

227. Coronel Agustín Ángel Olmedo, anotação feita em Assunção, 24/12/1869, op. cit., p. 545.

228. Paranhos para o conde d'Eu, 16/12/1869, em idem, ibidem, p. 282.

229. Conde d'Eu para Paranhos, Vila do Rosário, 13/1/1870, em Wanderley Pinho, op. cit., p. 214; Muritiba para o conde d'Eu, Rio de Janeiro, 29/12/1869, AN, códice 547, vol. 20; Pedro II para D'Eu, s. l., 14/1/1870, em Heitor Lyra, op. cit., p. 533.

230. Conde d'Eu para Muritiba, Vila do Rosário, 27/1/1870, AN, códice 547, vol. 20. Conde d'Eu para Câmara, quartel-general na Vila do Rosário, 6/2/1870, em Rinaldo Pereira da Câmara, op. cit., vol. II, p. 391; Paranhos para Cotegipe, particular n. 51, Assunção, 27/2/1870, ABC, lata 920, pasta 133.

231. Augusto Tasso Fragoso, op. cit., vol. v, p. 13; conde d'Eu para Muritiba, Vila do Rosário,

27/1/1870, AN, códice 547, vol. 20; Muritiba para conde d'Eu, 29/12/1869, idem, ibidem; Paranhos para Cotegipe, particular n. 28, Assunção, 31/8/1869, ABC, lata 920, pasta 133; Paranhos para Muritiba, Assunção, 1/10/1869, AN, caixa 811, pasta 2.

232. Conde d'Eu para Nemours, 16/12/1869, em Alberto Rangel, op. cit., pp. 285 e 293.

233. Juan Crisóstomo Centurión, op. cit., vol. IV, p. 165.

234. *Guerra del Paraguay — Diario sumariamente llevado por el dr. George Stuart...*, AIMHM, *Colección Zeballos*, pasta 124.

235. Augusto Tasso Fragoso, op. cit., vol. V, pp. 43-7. Fidélis, ao envolver-se em lutas internas no Uruguai, em 1871 ou 1872, foi "estaqueado e morto após prolongado martírio. Tinha, por certo, que pagar culpas praticadas no Paraguai [...]" (visconde de Taunay, *Recordações de guerra...*, op. cit., p. 86).

236. Augusto Tasso Fragoso, op. cit., vol. V, p. 52.

237. Em idem, ibidem, pp. 159-60, 166-7.

238. José Falcón, op. cit. p. 105.

239. Senador Francisco Ignácio Homem de Mello, *Viagem ao Paraguay* — Parte Histórica — março de 1869, cópia manuscrita do documento original feita por Fernando Osorio, APMOM.

240. Manuel Galvez, *Escenas de la Guerra del Paraguay*, Buenos Aires, Editorial La Facultad, 1932, vol. III, Humaitá, [romance], p. 300.

241. Idem.

242. Câmara para Maria Rita, Paso Negla, 7/3/1870, em Rinaldo Pereira da Câmara, op. cit., vol. II, pp. 428-30. A frase exata que Solano López disse foi motivo de polêmica. Para uns, ele teria dito que morria "pela" pátria e, para outros, avessos ao ditador, o correto seria "morro com minha pátria", o que estaria mais correto, visto a situação de destruição a que ele levou o país, ao estender inutilmente a guerra. O testemunho insuspeito do general Câmara põe fim à polêmica.

243. General Câmara (visconde de Pelotas) para o barão de Muritiba, ministro da Guerra, quartel-general em Assunção, 30 de abril de 1870, em Augusto Tasso Fragoso, op. cit., vol. V, pp. 180-2.

244. Em idem, ibidem, vol. V, pp. 182-5.

245. Parte oficial de Conceição Câmara, 13/3/1870, em Rinaldo Pereira da Câmara, op. cit., vol. II, pp. 430, 433-8.

246. Apud Pedro Calmon, op. cit., p. 173.

247. Manuel Galvez, op. cit., vol. III, p. 300.

248. Senador Francisco Ignácio Homem de Mello, *Viagem ao Paraguay* — Parte Histórica — [iniciada em] 3 março de 1869. Cópia manuscrita do documento original feita por Fernando Osorio. Arquivo particular de Mario Osorio Magalhães.

249. Descrição do visconde de Taunay, em Augusto Tasso Fragoso, op. cit., vol. V, pp. 187-8.

250. Juan Crisóstomo Centurión, op. cit., vol. IV, p. 184; Jorge Maia, *A invasão de Mato Grosso: 1º centenário da Guerra do Paraguai*, Rio de Janeiro, Biblioteca do Exército, 1964, p. 311. O corte da orelha também é relatado por Manuel Galvez, op. cit., vol. III, p. 307.

251. Juan Crisóstomo Centurión, op. cit., vol. IV, pp. 189-90.

252. Arturo Bray, op. cit., pp. 359-60.

253. Francisco Pinheiro Guimarães Filho, op. cit., p. 44.

254. Guido Rodríguez Alcalá, op. cit., p. 19.

255. Visconde de Taunay, *Recordações de guerra...*, op. cit., pp. 102-4.

256. Roberto [?], representante espanhol no Brasil, para o ministro dos Assuntos Exteriores, of. n. 25, 25/10/1870, Amae, *Correspondencia Embajadas y Legaciones — Brasil*, maço 1416.

257. Pedro Calmon, op. cit., p. 174; Heitor Lyra, op. cit., p. 544.

258. Pedro Calmon, op. cit., p. 176.

259. Pascual Olivero, encarregado de Negócios interino espanhol no Brasil, para o ministro dos Assuntos Exteriores, of. 86, Rio de Janeiro, 10/8/1870, Amae, *Correspondencia Embajadas y Legaciones — Brasil*, maço 1416.

260. Júlio José Chiavenato, *Genocídio americano: a Guerra do Paraguai*, São Paulo, Brasiliense, 1979, pp. 150-1; Paulo Miceli, *O mito do herói nacional*, São Paulo, Contexto, 1988.

261. Sir Richard Francis Burton, *Cartas dos campos de batalha do Paraguai*, Rio de Janeiro, Biblioteca do Exército, 1997, p. 33.

262. Yolanda C. Stewart Sellitti (Org.), *Memorias del doctor Guillermo Stewart: jefe de la Sanidad Militar durante la Guerra del 70*, Assunção, Intercontinental Editora, 2015, p. 138; Guido Rodríguez Alcalá, op. cit., p. 19.

263. Luc Capdevila, *Una guerra total: Paraguay, 1864-187. Ensayo de Historia del tiempo presente*, Buenos Aires, SB, 2010, p. 107.

264. Vera Blinn Reber, "The Demographics of Paraguay: A Reinterpretation of the Great War, 1864-70", *Hispanic American Historical Review*, vol. 68, n. 2, maio 1988, pp. 289-319.

265. Thomas Whigham e Barbara Potthast, "The Paraguayan Rosetta Stone: new Insights into the Demographics of the Paraguayan War, 1864-70", em *Latin American Research Review*, vol. 34, n. 1, 1999, pp. 179-81, 184-5.

266. Jan M. G. Kleinpenning, "Strong Reservation about New Insights into the Demographics of the Paraguayan War", *Latin American Research Review*, vol. 37, n. 3, pp. 138-141, 2002. Disponível em: <https://www.jstor.org/stable/1512517?read-now=1&refreqid=excelsior%3A9d7d62c5e4e2ac3f135857e48feb8fd3& seq=6#page_scan_tab_contents>. Acesso em: 6 abr. 2020.

267. Augusto Tasso Fragoso, op. cit., vol. IV, p. 220.

268. General Paulo de Queiroz Duarte, *Os Voluntários da Pátria na Guerra do Paraguai*, Rio de Janeiro, Biblioteca do Exército, vol. I, 1981, p. 217. Os números de Montevidéu correspondem a mercenários estrangeiros que formaram um Corpo de Voluntários.

269. Idem, ibidem, p. 218.

270. Augusto Tasso Fragoso, op. cit., vol. V, p. 252; Estado-Maior do Exército, *História do Exército Brasileiro*, Brasília, 1972, p. 660; o general Antônio Sousa Júnior fala em "mais de 30 mil baixas, entre mortos e feridos", em "Guerra do Paraguai", em Sérgio Buarque de Holanda (Org.), *História geral da civilização brasileira*, 4. ed., São Paulo, Difel, 1985, t. II, vol. 4, p. 314; Evangelista de Castro Dionísio Cerqueira, op. cit., p. 136; Vera Blinn Reber, op. cit., p. 317.

271. Afonso Celso (visconde de Ouro Preto), *A Marinha d'outr'ora (subsídios para a história)*, Rio de Janeiro, Domingos de Magalhães, 1894, p. 140. Ouro Preto afirma que o Brasil enviou 100 mil homens ao Paraguai e "metade morreu" em consequência dos combates e das doenças; Nelson Werneck Sodré, *Panorama do Segundo Império*, São Paulo, Cia. Editora Nacional, 1939, p. 304; Francisco Félix Pereira Costa confirma o número de 50 mil mortos e acrescenta o de mil inválidos (op. cit., vol. IV, p. 643).

272. Ricardo Salles, *Guerra do Paraguai: Memórias & imagens*, Rio de Janeiro, Edições Biblioteca Nacional, 2003, pp. 38 e 159.

273. Nelson Werneck Sodré, op. cit., pp. 135 e 145.

274. Vitor Izecksohn, *Slavery and War in the Americas: Race, Citizenship, and State Building in the United States and Brazil, 1861-1870*, 2 ed, Charlottesville, University of Virginia Press, 2019, pp. 62, 67, 169 e 176.

275. Carlos Manuel Peláez e Wilson Suzigan, *História monetária do Brasil*, 2. ed., Brasília, Editora da UnB, 1981, p. 114. Segundo Augusto Tasso Fragoso, fonte utilizada quanto ao orçamento do Império em 1864, a quantia exata dos gastos do Império na guerra foi de 613.183:262$695 réis (op. cit., vol. IV, pp. 230-1).

276. Vitor Izecksohn, *O cerne da discórdia: A Guerra do Paraguai e o núcleo profissional do Exército*, Rio de Janeiro, E-Papers, 2002, p. 121.

277. José Ignacio Garmendia, *Recuerdos de la Guerra del Paraguay: campaña de Corrientes y de Rio Grande*, Buenos Aires, J. Peuser, 1904, p. 493; Vicente Gesualdo, "La trágica Guerra del Paraguay", em *Historia*, Buenos Aires, Ediciones AP, t. 15, n. 60, dez. 1995/fev. 1996, p. 4.

278. Vicente Gesualdo, op. cit., p. 30.

279. Em Andrés Cisneros e Carlos Escudé, *Historia general de las relaciones exteriores de la República argentina*, Buenos Aires, Cari/Grupo Editor Latinoamericano, 1999, t. VI, pp. 108-9.

280. Divalte Garcia Figueira, *Soldados e negociantes na Guerra do Paraguai*, São Paulo, Humanitas, 2001, p. 176.

281. David Rock, *Argentina, 1516-1987: desde la colonización española hasta Raúl Alfonsín*. Buenos Aires, Alianza Singular, 1995, p. 178.

282. Nota do governo argentino ao governo paraguaio, Buenos Aires, 27/12/1869, RRNE, 1870, pp. 109-10.

283. José S. Campobassi, *Mitre y su época*, vol. II, pp. 214-5.

284. Ramón J. Cárcano, *Guerra del Paraguay: acción y reacción de la Triple Alianza*, Buenos Aires, Domingo Vian y Cia., 1941, vol. II, p. 545.

285. Carlos Manuel Peláez e Wilson Suzigan, *História monetária do Brasil*, 2. ed., Brasília, Editora da UnB, 1981, p. 114.

286. Rio Branco para Bocaiuva, representante brasileiro em Assunção, of. res. 3, Rio de Janeiro, 28/9/1907, AHI, *Missões Diplomáticas Brasileiras — Assunção — Despachos*, 202-1-1.

287. Apud Ramón J. Cárcano, op. cit., vol. II, pp. 564 e 568; editoriais "La política del Brasil: ruptura de la Alianza" e "Lo que exige la prudencia", *El Nacional*, Buenos Aires, 18/1/1872, p. 1, e 23/1/1872, p. 1, respectivamente, BC, s/c; editoriais "Nuestras relaciones con el Brasil", "La cuestión con el Brasil" e "La política del Brasil y el Tratado de Alianza", *La Tribuna*, Buenos Aires, respectivamente: 10/4/1872, p. 1, 12/4/1872, p. 1, e edição única de 15 e 16/4/1872, p. 1, idem, ibidem.

288. Sarmiento para M. R. García, Buenos Aires, 16/2/1872, em José María Rosa, *La Guerra del Paraguay y las montoneras argentinas*, Buenos Aires, A. Peña Lillo Editor, s. d., p. 331; editorial "Relações internacionais", *A Reforma*, Rio de Janeiro, 19/5/1872, p. 1, BN, I-215-03-06.

289. Domingos José Gonçalves de Magalhães, barão de Araguaia, para Manuel Francisco Correia, of. res., Buenos Aires, 9/3/1872, AHI, LBAOE, 205-3-15; Miguel Ángel Scenna, *Argentina-Brasil: cuatro siglos de rivalidad*, Buenos Aires, Ediciones La Bastilla, 1975, p. 235.

290. Capitão de fragata Teodoro Caillet-Bois, *Historia naval argentina*, Buenos Aires, Amece Editorial, 1944, pp. 489-90; contra-almirante Armando Amorim Ferreira Vidigal, *A evolução do pensamento estratégico naval brasileiro*, 3. ed., Rio de Janeiro, Biblioteca do Exército, 1985, p. 46; Juan

José Fernandéz, *La República de Chile y el Império del Brasil: historia de sus relaciones diplomáticas*, Santiago, Editorial Andrés Bello, 1959, pp. 68-9, 76-82.

291. Francisco Fernando Monteoliva Doratioto, "O fracasso da primeira cooperação entre Brasil e Argentina", *Revista Múltipla*, Brasília, Faculdades Integradas Upis, vol. 4, n. 6, jul. 1999, p. 32.

292. RRNE, 1875, suplemento, pp. 1-44, e 1877, anexo 1, pp. 9-10.

293. Barão de Cotegipe para Pereira Leal, Rio de Janeiro, 5/11/1875, ABC, lata 396, pasta 75.

294. Dr. Pedro A. Pardo, chanceler argentino, para Dardo Rocha, enviado especial a Assunção, Buenos Aires, 30/6/1875, AGNA, *Archivo y Colección Dardo Rocha*, maço 242.

295. Pádua Fleury, representante brasileiro na Argentina, para o chanceler Caravelas, of. res., Buenos Aires, 30/7/1875, AHI, LBAOE, 205-4-3.

296. José Paradiso, *Debates y trayectoria de la política exterior argentina*, Buenos Aires, Grupo Editor Latinoamericano, 1993, p. 28; Sinforiano Alcorta, *Antecedentes históricos sobre los tratados con el Paraguay*, Buenos Aires, Moreno y Nunez, 1885.

297. RRNE, 1877, República argentina e Paraguay, pp. 35-60.

298. Ernesto Quesada, *La política argentino-paraguaya*, Buenos Aires, Bradahl, 1902, p. 169; Aguiar de Andrada para Cotegipe, Buenos Aires, 4/2/1876, AHI, *Missão do barão Aguiar de Andrada*, 271-1-8.

299. Eduardo Callado para Cotegipe, Assunção, 6/5/1876, idem, AHI, LBPOE, 201-1-14; instruções de Cotegipe para Callado, Rio de Janeiro, 31/3/1876, ibidem, LBPOR, 201-4-9; Gómes Freire Esteves, *Historia contemporánea del Paraguay*, Buenos Aires, [s. ed.], 1921, p. 39.

300. Relatório do Ministério da Guerra, 1877, p. 9. A força terrestre aquartelada no Paraguai foi, em 1870: 3722 homens; 1871: 2965; 1872: 2870; 1873: 1959; 1874: 2937, e 1875: 1894; idem, 1870-5; Ricardo Caballero Aquino, op. cit., p. 84; editorial "Desocupación", *Los Debates*, Assunção, 16/7/1876, p. 1, BNP, s/c.

CONCLUSÕES [PP. 497-512]

1. Guido Rodríguez Alcalá e José Eduardo Alcázar (Orgs.), *Paraguay y Brasil: documentos sobre las relaciones binacionales, 1844-1864*, Assunção, Tiempo de Historia, 2007, pp. 115-8.

2. Juan Carlos Herken Krauer e María Isabel Giménez De Herken, *Gran Bretaña y la Guerra de la Triple Alianza*, Assunção, Editorial Arte Nuevo, 1982, p. 46.

3. Francisco Fernando Monteoliva Doratioto, "O fracasso da primeira cooperação entre Brasil e Argentina", *Revista Múltipla*, Brasília, Faculdades Integradas Upis, vol. 4, n. 6, jul. 1999, pp. 21-40; Germán O. Tjarks, "Nueva luz sobre el origen de la Triple Alianza", *Revista Histórica*, Buenos Aires, Instituto Histórico de la Organización Nacional, ano I, n. 1, out./dez. 1977, pp. 131-71.

4. José Ignacio Garmendia, *Recuerdos de la Guerra del Paraguay*, 4. ed. corrigida e ampliada, Buenos Aires, Casa Editora, 1890, p. 405.

5. Evangelista de Castro Dionísio Cerqueira, *Reminiscências da campanha do Paraguai: 1865-1870*, Rio de Janeiro, Biblioteca do Exército, 1980, p. 274.

6. Juan Carlos Herken Krauer e María Isabel Giménez De Herken, op. cit., p. 61.

7. Augusto Tasso Fragoso, *História da Guerra entre a Tríplice Aliança e o Paraguai*, Rio de Janeiro, Imprensa do Estado-Maior do Exército, 1935, vol. V, p. 252; Afonso Celso (visconde de Ouro Preto),

A Marinha d'outr'ora (subsídios para a história), Rio de Janeiro, Domingos de Magalhães, 1894, p. 140; Vicente Gesualdo, "La trágica Guerra del Paraguay", em *Historia*, Buenos Aires, Ediciones AP, t. 15, n. 60, dez. 1995-fev. 1996, p. 4.

8. Francisco Doratioto, *Relações Brasil-Paraguai: Afastamento, tensões e reaproximação (1889-1954)*, Brasília, Funag, 2012, pp. 52-115.

9. Elizalde para José Maria da Silva Paranhos, Buenos Aires, 25/2/1866, AMREC, *Guerra de la Triple Alianza*, caixa 1, fólio 30.

Cronologia

6 fev. 1862 — No Paraguai, Francisco Solano López, ministro da Guerra, reúne-se com chefes militares e inicia a mobilização militar. Por tratados assinados seis anos antes, em 1862 terminava a moratória quanto à definição de fronteiras do Paraguai com o Brasil e a Confederação Argentina.

24 maio 1862 — No Brasil, o Partido Liberal ascende ao poder, e o deputado Zacarias de Góes e Vasconcellos é nomeado presidente do Conselho de Ministros.

30 maio 1862 — O gabinete Góes e Vasconcellos é substituído por outro, também liberal, presidido pelo marquês de Olinda (Pedro de Araújo Lima).

10 set. 1862 — No Paraguai, morre o presidente Carlos Antonio López, e seu filho, Francisco Solano López, o substitui na chefia do Estado.

12 out. 1862 — Bartolomé Mitre torna-se o primeiro presidente da República argentina, após uma década da divisão da Argentina em dois Estados: a Confederação e Buenos Aires.

5 dez. 1862 — Três oficiais da fragata inglesa *Fort*, bêbados e à paisana, são presos no Rio de Janeiro por causarem distúrbios. O representante britânico, William D. Christie, dá ultimato formal para que o governo brasileiro puna o chefe de polícia e, ainda, pague indenização de 6 mil libras esterlinas pela pilhagem do navio inglês *Prince of Wales*, naufragado nas costas do Rio Grande do Sul em dezembro de 1861.

31 dez. 1862 — Manifestações populares no Rio de Janeiro contra a Grã-Bretanha.

1º-6 jan. 1863 — O governo brasileiro não atende às exigências de Christie e navios de guerra ingleses bloqueiam a baía de Guanabara e capturam cinco navios brasileiros.

26 fev. 1863 — O Brasil paga, sob protesto, indenização pelo *Prince of Wales*, mas Christie é forçado a deixar o país.

19 mar. 1863 — Vindos de Buenos Aires, com o apoio do presidente Mitre, o general Venancio Flores e outros membros do Partido Colorado invadem o Uruguai e iniciam rebelião contra o governo do presidente Bernardo Berro, do Partido Blanco.

25 maio 1863 — Devido à ausência de pedido de desculpas de Londres pelos atos de Christie, o Brasil rompe relações diplomáticas com a Grã-Bretanha.

jun. 1863 — O governo uruguaio envia Octavio Lapido a Assunção para obter uma aliança com o Paraguai contra a Argentina e o Brasil, acusados de apoiarem a rebelião colorada. Solano López não assume compromisso, mas insinua apoio político ao governo uruguaio.

6 set. 1863 — Nota paraguaia enviada ao governo de Mitre alerta que apoio argentino a Flores teria efeito "desastroso" sobre os interesses do Paraguai.

2 out. 1863 — Nota do chanceler da Argentina, Rufino de Elizalde, ao governo paraguaio nega envolvimento argentino na Guerra Civil Uruguaia.

20 dez. 1863 — Carta de Solano López a Bartolomé Mitre recorda a tradicional política do Paraguai de neutralidade nas questões platinas, mas ele afirma não ser ela absoluta e que, em caso de necessidade para a defesa da segurança paraguaia, poderia modificá-la.

15 jan. 1864 — Zacarias Góes e Vasconcellos retorna à presidência do Conselho de Ministros no Brasil.

fev. 1864 — Mobilização militar no Paraguai.

29 fev. 1864 — Em resposta à carta de Solano López (20 dez. 1863), Mitre reafirma a neutralidade argentina nas questões internas uruguaias, por ser a que atendia melhor aos interesses de seu país. Contudo, ressalva Mitre, seu país poderia adotar posição oposta "sem que tivesse de dar conta a ninguém de sua conduta".

mar. 1864 — Termina o mandato do presidente uruguaio Bernardo Berro e, na impossibilidade da realização de eleições presidenciais, devido à Guerra Civil, o presidente do Senado, o também *blanco* Atanásio Cruz Aguirre, assume a presidência do Executivo.

abr. 1864 — O caudilho gaúcho Souza Neto vai ao Rio de Janeiro, com uma representação formal dos pecuaristas gaúchos instalados no Uruguai, que tiveram seus interesses econômicos atingidos por medidas do governo Berro. Souza Neto denuncia desordens na fronteira e supostos abusos do governo uruguaio contra cidadãos brasileiros e solicita apoio armado do governo imperial.

abr./jun. 1864 — Missão de José Mármol, enviado do governo argentino ao Rio de Janeiro, com o objetivo de evitar mal-entendidos entre a Argentina e o Brasil sobre os respectivos objetivos no Uruguai.

maio/jul. 1864 — O governo imperial envia José Antonio Saraiva ao Uruguai, acompanhado de uma esquadra comandada pelo visconde de Tamandaré, para obter reparações do presidente Aguirre para os "agravos" sofridos por cidadãos brasileiros.

6 jun.1864 — Reunião de José Antonio Saraiva, Rufino de Elizalde e Edward Thornton, representante britânico em Buenos Aires, com o presidente Aguirre, em Montevidéu, em busca de uma conciliação para pôr fim à Guerra Civil Uruguaia.

18 jun. 1864 — Em Puntas del Rosario, Saraiva e Thornton anotam as exigências para a paz por parte de Flores, enquanto Elizalde faz o mesmo em relação aos dois representantes de Aguirre. É redigido o texto de um acordo de paz, no qual Aguirre aceita as exigências de Flores, inclusive a mudança do ministério, afasta titulares *blancos* radicais e incorpora políticos *colorados*. Em seguida, porém, Aguirre recua e exige a desmobilização das forças *coloradas*, antes de considerar a possibilidade de alterar seu ministério; a Guerra Civil continua.

14 jul. 1864 — O presidente Aguirre envia Antonio de las Carreras ao Paraguai, o qual afirma a Solano López que o Brasil pretendia anexar uma porção do território uruguaio, e caberia à Argentina, em contrapartida, o restante. Segundo Carreras, depois do Uruguai, poderia ser a vez do Paraguai. Em carta a Solano López, Aguirre solicita a intervenção paraguaia no Prata, com urgência, para evitar complicações que seriam prejudiciais à tranquilidade e à segurança da região.

4 ago. 1864 — Ultimato de Saraiva ao governo uruguaio para este aceitar exigências no sentido de pôr fim às supostas violações dos direitos de fazendeiros gaúchos no Uruguai e punir seus autores, sob pena de intervenção militar brasileira.

22 ago. 1864 — Em Buenos Aires, Saraiva e Elizalde assinam protocolo no qual declaram ser a paz no Uruguai indispensável à solução das divergências desse país com a Argentina e o Brasil. O governo argentino e o brasileiro reconhecem, mutuamente, liberdade para agir em relação a Montevidéu, respeitadas a integridade territorial e a independência do Estado oriental. Argentina e Brasil prometem auxílio mútuo nos esforços de cada um para solucionar as respectivas questões com o governo de Aguirre.

30 ago. 1864 — O presidente Aguirre rompe relações diplomáticas com o Império do Brasil.

Nota do governo paraguaio à representação diplomática brasileira em Assunção, na qual protesta contra qualquer ocupação do território uruguaio por forças de mar e terra do Império. Ela seria "atentatória ao equilíbrio dos Estados do Prata", de interesse do Paraguai, cujo governo afirma não assumir a responsabilidade pelas consequências de qualquer ato brasileiro.

31 ago. 1864 — Cai o gabinete de Zacarias; o senador Francisco José Furtado é o novo presidente do Conselho de Ministros.

7 set. 1864 — O governo imperial ordena que tropas brasileiras ocupem a vila de Salto e, também, Paissandu, além de reconhecer Venancio Flores como parte beligerante.

12 out. 1864 — Tropas brasileiras entram no Uruguai.

20 out. 1864 — Tamandaré assina com Flores o Acordo de Santa Lúcia, que estabelece a cooperação entre as forças de ambos, quando o Império ainda não declarara guerra a Aguirre, governo legal do Uruguai, e contra o qual se tinham anunciado apenas represálias.

12 nov. 1864 — Cumprindo a ameaça de sua nota de 30 de agosto, Solano López ordena a apreensão do vapor brasileiro *Marquês de Olinda*, quando este navegava pouco acima de Assunção, rumo ao Mato Grosso levando o novo presidente dessa província.

2 dez. 1864 — Cerco e tomada de Paissandu, cidade localizada às margens do rio Uruguai, por fuzileiros brasileiros em ação conjunta com *colorados*.

28 dez. 1864 — O forte de Coimbra, no Mato Grosso, é atacado e ocupado por forças paraguaias.

2 jan. 1865 — Divididas em duas colunas, as forças paraguaias ocupam as colônias militares de Miranda e Dourados, bem como a vila de Nioaque.

O coronel Carlos Augusto de Oliveira abandona Corumbá, sem aguardar a chegada dos paraguaios, apesar de ter condições de defender a vila. Os civis são abandonados à própria sorte. Corumbá é ocupada no dia 4.

7 jan. 1865 — Decreto do governo imperial cria os corpos de combatentes dos Voluntários da Pátria.

12 jan. 1865 — Os invasores ocupam a vila de Miranda.

21 jan. 1865 — Decreto do governo imperial convoca 15 mil guardas nacionais, divididos em cotas distribuídas entre as províncias, para fortalecerem o Exército.

2 fev. 1865 — Início do bloqueio, pela Marinha brasileira, do porto de Montevidéu.

15 fev. 1865 — Tomás Villalba é eleito presidente do Senado e, automaticamente, torna-se chefe do Executivo uruguaio.

20 fev. 1865 — José Maria da Silva Paranhos, futuro visconde do Rio Branco, assina um acordo de paz com o novo governo *blanco* uruguaio e abre caminho para Flores ascender à Presidência do Uruguai.

10 abr. 1865 — Parte de São Paulo uma coluna militar que deveria socorrer o Mato Grosso. O malogro dessa expedição foi descrito por um participante, o tenente Alfredo d'Escragnolle Taunay, futuro visconde de Taunay, no livro épico *A retirada da Laguna*.

13 abr. 1865 — Após Mitre negar autorização para a passagem de tropas paraguaias pelo território de Misiones, que invadiriam o Rio Grande do Sul, Solano López declara guerra à Argentina e ataca Corrientes.

24 abr. 1865 — No Mato Grosso, os paraguaios chegam a Coxim, ponto máximo da invasão.

1º maio 1865 — Assinado em Buenos Aires o Tratado da Tríplice Aliança, pelo qual Argentina, Brasil e Uruguai se aliam para enfrentar Solano López, derrubá-lo e garantir a livre navegação dos rios. Uma cláusula secreta estabelece as fronteiras no pós-guerra e por ela cabem à Argentina e ao Brasil os territórios litigiosos com o Paraguai.

12 maio 1865 — O marquês de Olinda (Pedro de Araújo Lima) é nomeado o novo presidente do Conselho de Ministros.

25 maio 1865 — Forças argentinas comandadas pelo general Paunero, apoiadas por soldados brasileiros, chegam a Corrientes na esquadra imperial e reocupam a cidade. No dia seguinte, Paunero ordena a retirada por não ter condições de sustentar a posição.

10 jun. 1865 — Invasão do Rio Grande do Sul, em São Borja, por tropas paraguaias vindas de Encarnación. Sem encontrar resistência séria, os invasores marcham rapidamente e ocupam Uruguaiana em 5 de agosto, onde ficam entrincheirados.

11 jun. 1865 — Batalha fluvial do Riachuelo, em que a Marinha paraguaia é destruída pela esquadra imperial. É efetivado o bloqueio ao Paraguai, que, durante a guerra, não pôde receber armas e manter comércio com o exterior.

3-4 jul. 1865 — No acampamento de Basualdo, 25% das tropas entrerrianas, comandadas por Urquiza, desertam para não enfrentar os paraguaios. No interior argentino, a guerra era impopular, e havia simpatia pelo Paraguai e antipatia pelo Brasil.

23 jul. 1865 — Solano López destitui o general Resquín do comando do Exército paraguaio em território argentino, acusando-o de traição. Robles será fuzilado em 8 de janeiro de 1866.

17 ago. 1865 — Coluna paraguaia é derrotada em Jataí, na margem argentina do rio Uruguai, próximo a Uruguaiana.

18 ago. 1865 — Rendição das tropas paraguaias em Uruguaiana, na presença de Pedro II, Mitre e Flores.

22 ago. 1865 — Em Uruguaiana, Edward Thornton apresenta suas credenciais de representante do governo britânico e em carta oficial lamenta o rompimento das relações diplomáticas entre Brasil e Grã-Bretanha, mais tarde restabelecidas.

31 out.-3 nov. 1865 — As tropas paraguaias, que invadiram Corrientes, retornam a seu país.

30 nov. 1865 — Parecer do Conselho de Estado do Império condena as concessões territoriais feitas à Argentina no Tratado da Tríplice Aliança. Segundo o parecer, ao ficar todo o Chaco e as Misiones como território argentino, a independência paraguaia no pós-guerra estaria ameaçada. O parecer defende que a Argentina fique, no Chaco, com o território apenas até o rio Pilcomayo.

2 mar. 1866 — O governo britânico, em relatório sobre a situação no Rio da Prata apresentado ao Parlamento, revela o conteúdo da parte secreta do Tratado da Tríplice Aliança, que obtivera do ministro das Relações Exteriores do Uruguai. Essa revelação criou, durante a guerra, uma série de contratempos aos aliados.

16 abr. 1866 — O Exército aliado, acampado em território argentino, inicia a travessia do rio Paraná e invade o Paraguai. Seu objetivo é marchar até Humaitá, fortaleza localizada às margens do rio Paraguai, que era o epicentro do sistema defensivo paraguaio e impedia a esquadra brasileira de alcançar Assunção.

18 abr. 1866 — Ocupação do forte de Itapiru pelos aliados.

22-23 abr. 1866 — Os soldados paraguaios, obedecendo a uma ordem de Solano López, abandonam o acampamento de Passo da Pátria.

2 maio 1866 — Ataque-surpresa paraguaio à vanguarda aliada no esteiro Bellaco.

20 maio 1866 — Continuando sua marcha em direção a Humaitá, o Exército aliado acampa em Tuiuti.

24 maio 1866 — Ataque-surpresa paraguaio ao acampamento aliado de Tuiuti. Os atacantes sofrem enormes perdas que comprometem sua capacidade militar.

10 jul. 1866 — Chega a Itapiru o 2º Corpo de Exército imperial, comandado pelo barão de Porto Alegre, vindo de Misiones. O comandante em chefe aliado, general Bartolomé Mitre, propusera a esse Corpo atacar Encarnación e penetrar pelo interior paraguaio, avançando sobre Humaitá. Tamandaré, porém, incentiva e Porto Alegre aceita vir para o Passo da Pátria. Para não criar atritos, Mitre concorda, na junta de generais de 25 de junho, com essa vinda.

15 jul. 1866 — Por motivo de saúde, Osorio, o general brasileiro mais popular no seio da tropa, transfere o comando do 1º Corpo de Exército para o general Polidoro Jordão e parte para o Rio Grande do Sul.

jul. 1866 — Batalhas de Iataiatí-Corá [11], Boqueirão [16] e Sauce [18].

3 ago. 1866 — Zacarias de Góes e Vasconcellos é nomeado presidente do Conselho de Ministros.

3 set. 1866 — O 2º Corpo de Exército brasileiro ataca e ocupa a posição fortificada de Curuzú, às margens do rio Paraguai.

12 set. 1866 — Conferência entre Bartolomé Mitre e Solano López, a pedido deste, em Iataiti-Corá. Seguindo ordem do governo imperial de não negociar com o chefe de Estado paraguaio, nenhum general brasileiro participa do encontro, enquanto Flores se retira logo no início, após ríspida discussão com o líder paraguaio. No encontro, López tenta, inutilmente, afastar Mitre da aliança com o Brasil.

22 set. 1866 — Ataque aliado à posição fortificada de Curupaiti, às margens do rio Paraguai. Os aliados sofrem a maior derrota da guerra e paralisam seu avanço durante cerca de um ano.

25 set. 1866 — Venancio Flores, comandante das forças uruguaias na frente de guerra, retira-se para o Uruguai.

10 out. 1866 — Como resultado da derrota em Curupaiti, o governo brasileiro decide pôr fim às intrigas e discórdias existentes entre os generais brasileiros e unificar a chefia de suas forças no Paraguai, nomeando o marquês de Caxias para comandá-las. Também o comandante da esquadra, Tamandaré, é substituído por Joaquim José Ignacio, visconde de Inhaúma.

6 nov. 1866 — Decreto do governo imperial prevê alforria aos chamados "escravos da Nação" que servissem no Exército brasileiro no Paraguai.

17 nov. 1866 — Caxias chega a Itapiru.

10 dez. 1866 — A revolta federalista no Nordeste da Argentina derrota tropas do governo central. Em sua proclamação, o caudilho rebelde catamarquenho Felipe Varela escreveu: "nosso programa é a restrita aplicação da Constituição jurada, da ordem comum, da paz e amizade com o Paraguai".

dez. 1866 — O Congresso norte-americano aprova resolução na qual recomenda ao Departamento de Estado oferecer sua mediação para pôr fim ao conflito. Nos meses seguintes, diplomatas norte-americanos fazem gestões para obter um cessar-fogo, que são rejeitadas pelo governo brasileiro (26 de abril de 1867).

15 jan. 1867 — Assinado em Montevidéu protocolo pelo qual o Brasil concede, mensalmente, um empréstimo ao Uruguai enquanto durar a guerra contra o Paraguai.

9 fev. 1867 — Mitre transfere, provisoriamente, o comando em chefe aliado a Caxias e retorna à Argentina para sufocar rebelião contra o governo.

16 fev. 1867 — Devido a declarações favoráveis ao Paraguai por parte do presidente coronel Prado, o Império rompe relações diplomáticas com o Peru, que serão restabelecidas após a derrubada de Prado, em 1868.

13 mar. 1867 — Decreto do governo imperial convoca, por sorteio, 8 mil guardas nacionais para irem à guerra. Há forte resistência dos convocados.

7 maio 1867 — Começa a retirada da coluna brasileira que, partindo de São Paulo e recebendo reforços em Minas Gerais, marcha em direção ao sul de Mato Grosso, para ajudar na defesa contra os invasores paraguaios. A coluna invade o território paraguaio em 21 de abril de 1867 e penetra trinta quilômetros até a fazenda Laguna. Fustigados pelos paraguaios, os brasileiros tiveram que recuar; foi a retirada da Laguna.

mar./maio 1867 — Epidemia de cólera entre as tropas aliadas causa milhares de baixas. Morrem uns 4 mil soldados brasileiros. Em maio, a epidemia atinge o lado paraguaio.

13 jun. 1867 — Reocupação momentânea de Corumbá por tropas brasileiras.

24 jun. 1867 — Caxias utiliza, pela primeira vez, um balão de observação para localizar posições paraguaias. Com essa finalidade, dois balões, com seus respectivos operadores, são trazidos dos Estados Unidos. Fazem-se várias observações até julho de 1867, sem grande proveito devido ao nevoeiro decorrente das fogueiras feitas pelos soldados paraguaios para dificultar a visão de suas posições.

4 jul. 1867 — Por ordem de Caxias, a tropa em Curuzú é evacuada; as forças brasileiras concentram-se em Tuiuti.

13-19 jul. 1867 — Chega ao acampamento aliado no Paraguai o 3º Corpo de Exército brasileiro, com pouco menos de 6 mil homens e organizado com grande dificuldade no Rio Grande do Sul pelo general Osorio.

22 jul. 1867 — Caxias inicia a "marcha de flanco", com a finalidade de contornar Humaitá, isolá-la e encontrar um ponto vulnerável por onde possa ser atacada.

31 jul. 1867 — Caxias chega, com o grosso da tropa, a Tuiu-Cuê; no mesmo dia, o general Mitre retorna à frente de batalha e reassume o comando em chefe das forças aliadas em 1º de agosto.

5 ago. 1867 — Mitre ordena a Caxias que a esquadra brasileira force a passagem por Humaitá, de modo a encontrar as forças aliadas que, acima de Humaitá, chegariam às margens do rio Paraguai, isolando a fortaleza.

15 ago. 1867 — A esquadra imperial ultrapassa Curupaiti, mas, contrariando ordens de Mitre, Joaquim José Ignacio, respaldado por Caxias, se recusa a tentar a passagem de Humaitá. Durante seis meses, os encouraçados brasileiros permanecem entre essas duas posições inimigas, e as bombardeiam sem maiores consequências.

set. 1867 — Fracasso das gestões com Solano López e chefes militares aliados, do diplomata britânico G. Z. Gould, para a obtenção da paz.

2 nov. 1867 — Ocupação aliada de Tahí.

3 nov. 1867 — Ataque paraguaio a Tuiuti, na tentativa infrutífera de Solano López de romper o cerco aliado.

10 dez. 1867 — Ante a insistência de Mitre para que a esquadra imperial force a passagem de Humaitá, o representante brasileiro em Buenos Aires comunica ao governo argentino que, apesar de ser comandante em chefe, esse general não tem autoridade sobre os navios brasileiros.

14 jan. 1868 — Mitre retira-se definitivamente do Paraguai para reassumir a presidência da Argentina, em decorrência da morte do vice-presidente Marcos Paz. Caxias é o novo comandante em chefe das forças aliadas.

19 fev. 1868 — Seis belonaves brasileiras ultrapassam Humaitá e navegam rumo a Assunção, capital inimiga.

22 fev. 1868 — Assunção é evacuada, e Luque se torna a segunda capital do Paraguai.

28 fev. 1868 — Navios brasileiros chegam à baía de Assunção; breve troca de tiros com os defensores da cidade.

2 mar. 1868 — Seguindo mirabolante plano de Solano López para apoderar-se de parte da esquadra imperial, oito canoas com cerca de duzentos homens, armados de sabres e punhais, aproximam-se, na noite escura e chuvosa, dos navios brasileiros. Descobertos, os atacantes são mortos.

3 mar. 1868 — Solano López abandona Humaitá de barco e desembarca em Timbó. Instala seu novo quartel-general en San Fernando, a uns dez quilômetros ao norte, na foz do rio Tebicuary.

23 mar. 1868 — Durante a noite, grande parte dos defensores de Humaitá passam para o Chaco e seguem para San Fernando. Na fortaleza ficam cerca de 3 mil homens.

abr. 1868 — Corumbá é evacuada pelos paraguaios, fato somente confirmado pelo governo mato-grossense em 17 de agosto, ao enviar uma patrulha de reconhecimento à vila.

maio/dez. 1868 — Centenas de pessoas são mortas, por fuzilamento ou lanças, acusadas de conspirarem contra Solano López. Entre elas Angel Benigno López, irmão do líder paraguaio, e seus genros, o general Vicente Barrios, ministro da Guerra, e Saturnino Diaz de Bedoya, ministro da Fazenda.

9 jun. 1868 — Em discurso no Senado, o barão de Cotegipe afirma que o ânimo popular com a guerra está arrefecido, o que obriga o governo ao uso de "meios ainda mais vigorosos" para obter novos soldados. O recrutamento despovoava os campos, sobretudo nas províncias do Norte, e os que não eram levados para o Exército se achavam sob a proteção dos políticos governistas locais ou, então, "embrenhados pelos matos", fugindo à convocação.

9 jul. 1868 — Solano López repete, sem resultado, a tentativa de tomar navios encouraçados com canoas. Foram atacados o *Barroso* e o *Rio Grande*, fundeados acima de Tahí.

16 jul. 1868 — No Brasil, o Partido Conservador retorna ao poder e o visconde de Itaboraí (Joaquim José Rodrigues Torres) é nomeado para presidir o Conselho de Ministros.

17 jul. 1868 — Por ordem de Caxias, o 3º Corpo de Exército, comandado por Osorio, ataca Humaitá e sofre pesadas perdas.

24 jul. 1868 — Sem recursos para defender Humaitá, os 3 mil soldados remanescentes evacuam a posição por ordem de Solano López.

25 jul. 1868 — Os aliados entram em Humaitá.

26 jul.-5 ago. 1868 — Combates, no Chaco, entre os soldados paraguaios que evacuaram Humaitá e os aliados.

14 ago. 1868 — Caxias defende, em carta ao ministro da Guerra, o barão de Muritiba, o fim da guerra, pois "como Brasileiro e Senador do Império, e com a consciência de general, tenho para mim que as injúrias irrogadas pelo tirano do Paraguai às Potências aliadas estão mais que suficientemente vingadas". Pedro II ordena a continuidade da guerra.

15 ago. 1868 — O comandante das forças argentinas, general Gelly y Obes, comunica a Caxias que seus soldados não marchariam com as forças brasileiras, pois recebera ordens nesse sentido de seu governo, por "estar a situação impregnada de ideias de paz". Como consequência, o governo imperial considerou rompida a aliança com a Argentina, o que levou Mitre a solicitar que fosse suspenso o rompimento. Em 6 de setembro, Gelly y Obes informa a Caxias que as forças argentinas estão prontas para a ação.

14 set. 1868 — O Exército aliado retoma a marcha em direção a Palmas, próxima do fortim de Angostura, cujos canhões dominavam um trecho estreito do rio Paraguai, o que dificultava a ação da esquadra brasileira.

23 set. 1868 — Após renhida luta, tropas brasileiras tomam a ponte sobre o arroio Surubí-i.

24 set. 1868 — A vanguarda aliada chega ao porto de Palmas, às margens do esteiro Poí. Em 36 dias, Caxias comandara uma marcha, iniciada em Pare-Cuê, de duzentos quilômetros por terreno pantanoso e desconhecido.

28-30 set. 1868 — As tropas argentinas instalam-se em Palmas.

3 out. 1868 — Um protocolo assinado em Buenos Aires, entre representantes dos governos argentino e brasileiro, extingue a figura do comandante em chefe aliado. Os chefes militares argentino, brasileiro e uruguaio realizariam, assim, operações militares conjuntas "tanto quanto as circunstâncias o permitissem".

3 dez. 1868 — Chega a Angostura, fortificação paraguaia às margens do rio Paraguai, o novo representante norte-americano no país guarani, o general McMahon, em substituição a Charles Washburn, que fora obrigado a retirar-se, acusado de conspirar contra Solano López.

Para atacar as fortificações de Solano López pela retaguarda, Caxias atravessa o rio Paraguai, vindo de Palmas, e desembarca no Chaco, por onde marcha com o Exército brasileiro por um caminho de doze quilômetros que mandara construir no terreno encharcado. Para construí-lo, foram necessários 23 dias de trabalho, realizado por 3554 homens; três quilômetros eram cobertos com troncos de 6 mil palmeiras abatidas para esse fim.

5-9 dez. 1868 — A esquadra imperial transporta o Exército do Chaco para San Antonio, na retaguarda das fortificações paraguaias.

dez. 1868 — Na campanha desse mês, chamada de "Dezembrada", foi destruído o poder militar paraguaio nas batalhas de Itororó [6], Avaí [11] e Lomas Valentinas [21-27].

21 dez. 1868 — O bispo Palacio, de Assunção, é fuzilado em Lomas Valentinas, acusado de conspirar contra Solano López.

27 dez. 1868 — Fuga de Solano López à vista do Exército aliado.

1º jan. 1869 — Tropas brasileiras, sob o comando do coronel Hermes da Fonseca, ocupam Assunção, que se encontrava deserta e foi saqueada.

14 jan. 1869 — Na ordem do dia nº 272, Caxias declara que "A guerra chegou a seu termo, e o exército e a esquadra brasileira podem ufanar-se de haver combatido pela mais justa e santa de todas as causas".

17 jan. 1869 — Caxias desmaia durante cerimônia religiosa na catedral de Assunção.

19 jan. 1869 — Caxias retira-se de Assunção para Montevidéu, sem para isso aguardar autorização do governo imperial. Membros da cúpula do Exército e da esquadra imperial fazem o mesmo.

24 jan. 1869 — Caxias chega a Montevidéu, onde se encontra com José Maria da Silva Paranhos, ministro dos Negócios Estrangeiros, que se dirigia a Assunção em missão especial.

9 fev. 1869 — Caxias parte de Montevidéu para o Rio de Janeiro, aonde chega no dia 15, anônimo, não havendo ninguém a esperá-lo no porto.

20 fev. 1869 — Paranhos chega a Assunção.

22 mar. 1869 — Publicado decreto que concede demissão a Caxias do cargo de comandante em chefe das forças brasileiras no Paraguai.

23 mar. 1869 — Caxias se torna duque por decreto do imperador. Foi o único brasileiro a obter esse título na história do Império do Brasil.

24 mar. 1869 — Publicado decreto que nomeia o príncipe consorte Luís Filipe Fernando Gastão de Orléans, o conde d'Eu, para o comando das forças brasileiras no Paraguai, embora ele não desejasse ir para a guerra.

16 abr. 1869 — Em Luque, próximo a Assunção, o conde d'Eu assume o comando em chefe das forças brasileiras. Na ordem do dia nº 1, D'Eu afirma: "Assumo neste dia tão espinhoso cargo".

1º maio 1869 — O Exército aliado inicia marcha em direção à Cordilheira, a sudoeste, onde se supunha estar Solano López.

5 maio 1869 — A fundição de Ibicuí, onde eram produzidas armas para o Exército paraguaio, é tomada e destruída.

2 jun. 1869 — Em Buenos Aires, Paranhos e o chanceler argentino Mariano Varela assinam protocolo que autoriza a organização de um governo provisório paraguaio.

4 ago. 1869 — Tropas brasileiras ocupam as trincheiras de Sapucaí e liberam o caminho de acesso a Peribebuí, declarada capital do Paraguai por Solano López.

7 ago. 1869 — Tropas brasileiras ocupam a vila de Valenzuela.

12 ago. 1869 — Os aliados tomam a localidade de Altos.

Ataque aliado a Peribebuí, sob o comando direto do conde d'Eu. Prisioneiros paraguaios são degolados à vista de D'Eu, o que só termina devido à intervenção do general Mallet.

15 ago. 1869 — A cavalaria brasileira ocupa a localidade de Tobatí.

Por iniciativa brasileira, após vencer a resistência argentina, é instalado em Assunção o governo provisório paraguaio, exercido por um triunvirato: Carlos Loizaga, Cirilo Rivarola e José Díaz Bedoya. Para obter fundos que financiassem as atividades governamentais, Bedoya é enviado a Buenos Aires para vender joias do Tesouro paraguaio. Após fazê-lo, apodera-se do dinheiro, pede demissão do seu cargo e não mais retorna ao Paraguai.

16 ago. 1869 — Última grande batalha da guerra, em Campo Grande/Acosta Ñu, em que 20 mil aliados enfrentam 6 mil paraguaios, em boa parte velhos e crianças.

19 ago. 1869 — Tropas aliadas ocupam Caraguataí.

27 ago. 1869 — Solano López se crê vítima de nova conspiração, gerada no batalhão que o escolta. Dezenas de acusados são fuzilados e, mesmo ao reconhecer a inocência do comandante do regimento, Hilario Marcó Mongelós, Solano López manda fuzilá-lo sob o argumento de que também era delito ignorar o que se passava entre os comandados.

30 ago. 1869 — Devido ao agravamento de um ferimento na mandíbula, o general Osorio retira-se definitivamente do Paraguai.

set. 1869 — Sob tortura, o irmão de Solano López, Venancio, acusa a mãe, Juana Carrillo, e as duas irmãs, Inocencia e Rafaela, de conspiração para assassinar o ditador. Rafaela é torturada e o mesmo ocorre com a mãe, espancada com o dorso de uma espada. Venancio morre devido aos maus-tratos físicos recebidos.

out./nov. 1869 — As tropas brasileiras que perseguem Solano López passam fome, pois a chuva inutiliza caminhos e causa a interrupção do suprimento de comida por parte dos fornecedores.

1º mar. 1870 — Solano López, alcançado pelas tropas brasileiras em Cerro Corá, é ferido com uma lança pelo cabo Francisco Lacerda e morto, por outro soldado, com um tiro de fuzil.

20 jun. 1870 — O governo provisório paraguaio assina protocolo com os representantes aliados e aceita, *en su fondo*, os termos do Tratado da Tríplice Aliança. Os tratados definitivos de paz seriam assinados pelo futuro governo constitucional do Paraguai.

3 jul. 1870 — Eleições para a formação da Assembleia Constituinte paraguaia.

29 set. 1870 — No Brasil, o visconde de São Vicente (José Antonio Pimenta Bueno) é nomeado o novo presidente do Conselho de Ministros.

25 nov. 1870 — Juramento da Constituição paraguaia, que é a primeira na história do país.

Cirilo Rivarola é eleito presidente do Paraguai.

25 jan. 1871 — Assinado o Acordo Prévio entre os aliados com as condições de paz que seriam oferecidas ao governo paraguaio.

7 mar. 1871 — No Brasil, o visconde do Rio Branco (José Maria da Silva Paranhos) é nomeado o novo presidente do Conselho de Ministros.

15 nov. 1871 — Nas negociações de paz com o governo paraguaio, os representantes aliados divergem entre si e o enviado argentino, Manuel Quintana, retira-se para Buenos Aires. O representante brasileiro, o barão de Cotegipe, continua a negociar um tratado de paz com o governo paraguaio.

18 dez. 1871 — O Congresso paraguaio aceita a renúncia de Rivarola à presidência paraguaia e decide que a chefia do Executivo passe a ser exercida pelo vice-presidente Salvador Jovellanos.

9 jan. 1872 — Assinado o Tratado Loizaga-Cotegipe, de paz, amizade, limites e navegação. A assinatura desse tratado, sem a participação dos demais aliados, contraria o que fora determinado pelo Tratado da Tríplice Aliança. Forte reação contrária na Argentina ao tratado; as relações brasileiro-argentinas chegam a seu momento de maior tensão.

31 jan. 1872 — O presidente Sarmiento nomeia um governador militar para o Chaco, com sede em Villa Occidental, que era reclamada pelo Paraguai.

jun./nov. 1872 — Missão de Bartolomé Mitre ao Rio de Janeiro, enviada pelo presidente Sarmiento com o objetivo de obter apoio para as reivindicações territoriais argentinas nas negociações de limites com o Paraguai. O Império promete apoio moral.

jul./ago. 1873 — Missão de Bartolomé Mitre a Assunção. Fracasso na tentativa argentina de obter soberania sobre o Chaco além do rio Pilcomayo, pois o representante brasileiro não apoia as reivindicações argentinas.

25 jun. 1874 — Juan Bautista Gill é eleito presidente do Paraguai, com o apoio brasileiro.

12 out. 1874 — Nicolás Avellaneda assume a presidência da Argentina.

20 maio 1875 — O ministro das Relações Exteriores argentino, Carlos Tejedor, e o enviado do governo paraguaio, Jaime Sosa, chegam a um tratado de paz definitivo, à revelia dos representantes brasileiros. Pelo acordo, o Chaco, acima do rio Pilcomayo, seria dividido entre o Paraguai e a Argentina, a qual ficaria, também, com Villa Occidental, localidade estratégica, em troca da dívida de guerra paraguaia para com Buenos Aires. As autoridades paraguaias não ratificam o tratado, intimidadas pela presença das forças brasileiras de ocupação, aquarteladas próximas a Assunção.

25 jun. 1875 — No Brasil, o duque de Caxias (Luiz Alves de Lima e Silva) é nomeado o novo presidente do Conselho de Ministros.

9 dez. 1875 — Início de tentativa de golpe de Estado contra o presidente Gill, estimulado pelo representante brasileiro em Assunção, Felipe José Pereira Leal, contrário às ordens recebidas do governo imperial. O movimento golpista fracassa.

3 fev. 1876 — O chanceler argentino Bernardo Irigoyen e Facundo Machaín, o enviado paraguaio, assinam o Tratado de Paz, Amizade e Comércio entre seus países. As Misiones são reconhecidas como argentinas, o mesmo ocorrendo com o território até o rio Pilcomayo. A posse da área acima deste e até o rio Verde será definida por arbitragem do presidente dos Estados Unidos, enquanto o restante do Chaco pertence ao Paraguai.

1º maio 1876 — Início da retirada dos 1894 militares brasileiros da divisão de ocupação, mantidos no Paraguai, após a guerra, pelo governo imperial.

12 nov. 1878 — Laudo arbitral do presidente norte-americano Rutherford Hayes determina ser paraguaio o território entre os rios Pilcomayo e Verde.

Fontes e bibliografia

I. FONTES PRIMÁRIAS MANUSCRITAS

1. Argentina

Archivo del Ministerio de Relaciones Exteriores y Culto — correspondência das Legações em Assunção, Montevidéu e Rio de Janeiro.

Archivo General de la Nación — arquivos pessoais e documentos referentes à Guerra do Paraguai.

Archivo Inédito.

Archivo Íntimo.

Archivo Mitre.

Documentos del Dr. Rufino de Elizalde — coleção de correspondências e outros documentos históricos impressos que datam do final do século XVIII e XIX.

Instituto de Historia Argentina y Americana "Dr. Emilio Ravignani". Proyecto Patrimonio Histórico, Fondos y Colecciones documentales digitales. Disponível em: <http://repositoriouba.sisbi.uba.ar/gsdl/cgi-bin/library.cgi?e=p-10000-00---off-0--00-----0-10-0---0---0direct-10----4-------0-1l--10-es-Zz-1---20-home---0--1-00-00--4----0-0-01-00-0utfZz-8-00&a=p&p=about&c=repos/ravignani>. Acesso em: 2 jul. 2021.

2. Brasil

Arquivo Histórico do Itamaraty — correspondência das Legações em Assunção, Buenos Aires, Montevidéu, Santiago, Washington, Londres e arquivos pessoais.

Arquivo Nacional.

Arquivo particular de Mario Osorio Magalhães (Pelotas — Rio Grande do Sul).

Arquivo Público do Estado de São Paulo.

HOMEM DE MELLO, senador Francisco Ignácio. *Viagem ao Paraguay — Parte Histórica — [iniciada em] 3 março de 1869.* Cópia manuscrita do documento original feita por Fernando Osorio. APMOM. As anotações, esparsas, terminam em 28 de abril de 1877.

Instituto Histórico e Geográfico Brasileiro.

Museu Imperial —Arquivo Histórico do Museu Imperial —Acervo digital. Disponível em: <http://www.museuimperial.gov.br/dami/>.

3. Espanha

Archivo del Ministerio de Asuntos Exteriores.

4. Paraguai

Archivo General de Asunción.

Correspondência do presidente Juan Bautista Gill — cedida pelo sr. Carlos Pusineri Scala.

5. Portugal

Arquivo do Ministério dos Negócios Estrangeiros.

6. Uruguai

Archivo General de la Nación — documentação diplomática e arquivo do general Máximo Santos.

7. Vaticano

Archivio Vaticano.

II. FONTES PRIMÁRIAS IMPRESSAS

1. Livros

ARCHIVO DEL CORONEL DOCTOR MARCOS PAZ. La Plata: Universidad Nacional de La Plata, 1966, t. VII (*Correspondencia Marcos Paz a Mitre — mar. 1865-dic. 1867*).

ARCHIVO DEL GENERAL MITRE: DOCUMENTOS Y CORRESPONDENCIA. Buenos Aires: Biblioteca de "La Nación", 1911, t. I-III.

ASOCIACIÓN GUERREROS DEL PARAGUAY. *Album de la Guerra del Paraguay*. Buenos Aires: s. ed., 1893-94

BREZZO, Liliana M. (Ed.). *La Guerra del Paraguay en primera persona: testemonios inéditos — Fondo Estanislao Zeballos*. Assunção: Tiempo de Historia, 2015.

BRITISH DOCUMENTS ON FOREIGN AFFAIRS: REPORTS AND PAPERS FROM THE FOREIGN OFFICE CONFIDENTIAL PRINT; LATIN-AMERICA, 1845-1914, Part I, Series D.

CAXIAS, general Luiz Alvez de Lima e Silva (duque de). *Exército em operações na República do Paraguay sob o comando em chefe de todas as forças de S. Ex. o sr. marechal-de-exército Luiz Alvez de Lima e Silva*. Rio de Janeiro: Typographia de Francisco Alvez de Souza, 1877, 4 vols. ("reimpressa por ordem do governo").

CIDADE DE SÃO PAULO. *Atas da Câmara (1865-70)*. São Paulo: Departamento de Cultura da Prefeitura do Município de São Paulo, 1946, vol. LIV.

ESTRAGÓ, Margarita Durán (Org.). *Catecismo de San Alberto adaptado para las escuelas del Paraguay: gobierno de Francisco Solano López*. Edição fac-similar, introdução e notas de Margarita Durán Estragó. Assunção: Intercontinental, 2005.

HERVAL, general Manoel Luiz Osorio (marquês de). *Exército em operações na República do Paraguay: ordens do dia do Primeiro Corpo*. Rio de Janeiro: Typographia de Francisco Alvez de Souza, 1877. 2 vols.

IMPÉRIO DO BRASIL. *Anais do Parlamento brasileiro (1862-89)*.

______. *Anais do Senado do Império (1862-89)*.

______. *Relatório da Repartição dos Negócios Estrangeiros apresentado à Assembleia Geral do Império (1831-89)*.

______. *Relatório do Ministério da Guerra apresentado à Assembleia Geral do Império (1865-76)*.

MANSILLA, Lucio V. (sob o pseudónimo de Órion). *Órion a Sagita: el assalto de Curupaiti*, s. l: s. ed., [1867?]. Disponível em: <https://pt.scribd.com/document/335178730/Hector-Florencio-Varela-Orion-a-Sagita-el-asalto-de-Curupaiti-Buenos-Aires-s-n-1867>. Acesso em: 25 jun. 2018.

OLMEDO, coronel Agustín Ángel. *Guerra del Paraguay: Cuadernos de campaña 1867-1869*. Estudio preliminar por Miguel Angel De Marco. Buenos Aires: Academia Nacional de la Historia, 2008.

PAPELES *de López o el tirano pintado por si mismo y sus publicaciones. Papeles encontrados en los archivos del tirano. Tablas de sangre y copia de todos los documentos y declaraciones importantes de los prisioneros para el proceso de la tiranía; incluso la de madame Lasserre*. Buenos Aires: Imprenta Americana, 1871.

PEREIRA DA SILVA, general reformado Antonio Américo. *Guerra del Paraguay*. Rio de Janeiro: Imprensa Militar, 1915.

PROVÍNCIA DE SÃO PAULO. *Anais da Assembleia Legislativa (1869)*.

RELATÓRIOS *dos presidentes das províncias do Império apresentados às respectivas Assembleias Legislativas provinciais (anos de 1864-70)*.

REPÚBLICA ARGENTINA. *Memorias del Ministerio de Relaciones Exteriores y Culto presentada al honorable Congreso Nacional (1873-77)*.

REPÚBLICA DEL PARAGUAY. *Catecismo de San Alberto, adaptado para las escuelas del Paraguay — Gobierno de Francisco Solano López*. Introdução de Margarita Durán Estragó. Edição fac-similar. Assunção: Intercontinental Editora, 2005.

REPÚBLICA DEL PARAGUAY. *Registro oficial de la República del Paraguay (1869 a 1875)*. Assunção: Fischer & Quell, Bazar y Librería "La Ciudad de Berlín", s.d.

RODRÍGUEZ ALCALÁ, Guido; ALCÁZAR, José Eduardo (Orgs.). *Paraguay y Brasil: documentos sobre las relaciones binacionales, 1844-1864*. Assunção: Tiempo de Historia, 2007.

SANTA TEREZA, general Polidoro da Fonseca Quintanilha Jordão (visconde de). *Exército em operações na República do Paraguay: ordens do dia do Primeiro Corpo*. Rio de Janeiro: Typographia de Francisco Alvez de Souza, 1877.

SOUZA, general Manoel Marques de. *Exército em operações na República do Paraguay: ordens do dia do Segundo Corpo*. Rio de Janeiro: Typographia de Francisco Alvez de Souza, 1877.

TAUNAY, Alfredo d'Escragnolle (visconde de). *Diário do Exército (1869-70)*. Rio de Janeiro: Biblioteca do Exército, 1958.

XAVIER DE SOUZA, marechal Guilherme. *Exército em operações na República do Paraguay: ordens do dia do comandante interino*. Rio de Janeiro: Typographia de Francisco Alvez de Souza, 1877.

2. Jornais

Argentina: *El Nacional*; *La Tribuna*; *La República*.

Brasil: Hemeroteca da Biblioteca Nacional; *Cabrião*, 2. ed. São Paulo: Unesp/Imprensa Oficial do Estado, 2000, ed. fac-similar; *Correio Mercantil*; *O Globo*; *Jornal do Commercio*; *A Reforma*; *A República*.

Paraguai: *Cabichuí*; *La Centinela*; *Los Debates*; *La Patria*; *El Pueblo*.

3. Memórias e publicações de época

ALBERDI, Juan Bautista. *El Brasil ante la democracia de América: las disensiones de las Repúblicas del Plata y las maquinaciones del Brasil*. Buenos Aires: El Libro Ejemplar, 1946.

______. *Historia de la Guerra del Brasil*. Buenos Aires: Ediciones de la Patria Grande, 1962.

ALCORTA, Sinforiano. *Antecedentes históricos sobre los tratados con el Paraguay*. Buenos Aires: Establecimiento Tipográfico de Moreno y Nuñez, 1885.

AMAZONAS, Francisco Manuel Barroso da Silva (barão do). *Combate naval do Riachuelo*. Rio de Janeiro: Villeneuve, 1878.

ANTUNES, Euzébio José. *Memórias das campanhas contra o Estado Oriental do Uruguai e a República do Paraguai*. Rio de Janeiro: Serviço de Documentação da Marinha, 2007.

AVEIRO, coronel Silvestre. *Memorias militares (1864-70)*. Assunção: Comuneros, 1970.

AZEVEDO, dr. Carlos Frederico dos Santos. *História médico-cirúrgica da esquadra brasileira na campanha do Uruguay e Paraguay de 1864 a 1869*. Rio de Janeiro: Typographia Nacional, [187-?].

AZEVEDO, Moreira de. *Rio da Prata e Paraguay: quadros guerreiros*. Rio de Janeiro: Eduardo & Henrique Laemmert, 1871.

AZEVEDO PIMENTEL, Joaquim S. de. *Episódios militares*. Rio de Janeiro: Biblioteca do Exército, 1978.

BARRETO, tenente honorário José Francisco Paes. *História da Guerra do Paraguay*. Recife: Typographia de F. P. de Boulitreau, 1893.

BELLO, Joaquim Cavalcanti d'Albuquerque. *Diário do tenente-coronel Albuquerque Bello*. Notas extraídas do caderno de lembranças do autor sobre sua passagem na Guerra do Paraguai, introdução e notas de Ricardo Salles e Vera Arraes. Rio de Janeiro: Biblioteca Nacional, 2011, p. 140. (Documentos Históricos, CXII). Disponível em: <memoria.bn.br/pdf/094536/per094536_2012_00112.pdf>. Acesso em: 2 jul. 2021.

BENÍTEZ, Gregorio. *Anales diplomático y militar de la Guerra del Paraguay*. Assunção: Establecimiento, 1906, 2 vols.

______. *La Triple Alianza de 1865: escapada de un desastre en la guerra de invasión al Paraguay*. Assunção: Talleres Mons. Lasagna, 1904.

BOCAIUVA, Quintino de Souza. *Contraprotesto feito por um brasileiro em resposta ao sr. visconde de Jequitinhonha relativo à rendição de Uruguayana*. Rio de Janeiro: Laemmert, 1865.

______. *Guerra do Paraguay: nova phase (carta a um amigo)*. Montevidéu: Typographia Sul Americana, 1869.

BORMANN, general J. B. *A campanha do Uruguay (1864-65)*. Rio de Janeiro: Imprensa Nacional, 1907.

BREZZO, Liliana M. (Org.). *La Guerra del Paraguay en primera persona: testemonios inéditos — Fondo Estanislao Zeballos*. Assunção: Tiempo de Historia, 2015.

BRITTO, J. G. de Lemos. *Guerra do Paraguay: narrativa dos prisioneiros do vapor "Marquez de Olinda"*. Bahia: Lithographia-Typographia e Encadernação Reis e Cia., 1907.

______. *A Guerra do Paraguay: narrativa histórica dos prisioneiros do "Marquez de Olinda" com um prefacio do dr. Arlindo Coelho Fragoso*. 2. ed. reformulada e ampliada. Bahia: Livraria e Papelaria Catilina, 1927.

BURTON, sir Richard Francis. *Cartas dos campos de batalha do Paraguai*. Rio de Janeiro: Biblioteca do Exército, 1997.

CENTURIÓN, coronel Juan Crisóstomo. *Memorias: reminiscencias históricas sobre la Guerra del Paraguay*. Assunção: El Lector, 1987. 4 vols.

CENTURIÓN, major Gaspar. *Recuerdos de la Guerra del Paraguay*. Assunção: Imprenta Ariel, 1931.

CERQUEIRA, general Evangelista de Castro Dionísio. *Reminiscências da campanha do Paraguai: 1865-70*. Rio de Janeiro: Biblioteca do Exército, 1980.

COARACY, José Alves Visconti. *Traços biographicos da heroína brasileira Jovita Alves Feitosa, ex-sargento do 2º Corpo de Voluntários do Piauhy*. Rio de Janeiro: Typographia Imparcial, 1868.

COSTA, Francisco Félix Pereira. *História da guerra do Brasil contra as Repúblicas do Uruguay e Paraguay*. Rio de Janeiro: Livraria de A. G. Guimarães, 1870. 4 vols.

CUNNINGHAME GRAHAM, Robert Bontine. *Retrato de un dictador: Francisco Solano López (1865-70)*. Buenos Aires: Interamericana, 1943.

D'EU, Gastão de Orléans (conde). *Viagem militar ao Rio Grande do Sul (agosto a novembro de 1865)*. São Paulo: Cia. Editora Nacional, 1936. (Brasiliana, 61).

ELIZALDE, Rufino de. *El doctor Rufino de Elizalde y su época vista a través de su archivo*. Buenos Aires: Facultad de Filosofía y Letras, Universidad de Buenos Aires, vol. IV, 1974.

FALCÓN, José. *Escritos históricos*. Edição e estudos preliminares de Thomas L. Whigham e Ricardo Scavone Yegros. Assunção: Servilibro, 2006.

FIDEL SARMIENTO, Domingo. *Correspondencia de Dominguito en la Guerra del Paraguay*. Estudo preliminar, seleção e notas de Andrés M. Carretero. Buenos Aires: El Lorraine, 1975.

FOTHERINGHAM, Ignacio H. *La vida de un soldado: reminiscencias de las fronteras*. 2. ed. [1. ed. 1909]. Buenos Aires: Ciudad Argentina, 1999.

GARMENDIA, José Ignacio. *Campaña del Pikysiri*. Buenos Aires: Jacobo Peuser, 1890.

______. *Recuerdos de la Guerra del Paraguay*. 4. ed. corrigida e ampliada. Buenos Aires: Casa Editora, 1890.

______. *Recuerdos de la Guerra del Paraguay: campaña de Humaytá*. 2. ed. Buenos Aires: Jacobo Peuser, 1901.

______. *Recuerdos de la Guerra del Paraguay: campaña de Corrientes y de Rio Grande*. Buenos Aires: Jacobo Peuser, 1904.

______. *Cartera de un soldado (bocetos sobre La Marcha)*. 6. ed. Buenos Aires: Círculo Militar, 1973.

GAY, cônego João Pedro. *Invasão paraguaia na fronteira brasileira do Uruguai*. Porto Alegre / Caxias do Sul: Instituto Estadual do Livro / Universidade de Caxias do Sul, 1980.

GODOI, Juan Silvano. *El fusilamiento del obispo Palacios y los tribunales de sangre de San Fernando: documentos históricos*. Assunção: El Lector, 1996.

______. *Mi misión a Rio de Janeiro*. Buenos Aires: F. Lajouane Editor, 1897.

GONÇALVEZ, Affonso. *Memória: Caxias e Mitre*. Rio de Janeiro: Cia. Typographica do Brazil, 1906.

JACEGUAI, almirante Arthur Silveira da Motta (barão de). *De aspirante a almirante: minha fé de officio documentada*. Rio de Janeiro: Typographia Leuzinger, 1910: t. II (*1867 a 1870*); 1913: t. III (*1870 a 1874*).

______. "A Guerra do Paraguay: reflexões críticas sobre as operações combinadas da esquadra brasileira e exércitos aliados". In: JACEGUAI, barão de; OLIVEIRA DE FREITAS, Carlos Vidal. *Quatro séculos de atividade marítima: Portugal e Brasil*. Rio de Janeiro: Imprensa Nacional, 1900.

______; OLIVEIRA DE FREITAS, Carlos Vidal. *Ensaio histórico sobre a gênesis e desenvolvimento da Armada brasileira até o fim do século XIX*. 2. ed. Rio de Janeiro: Typographia Leuzinger, 1903.

______. *Reminiscências da Guerra do Paraguay*. Rio de Janeiro: s. ed., 1935.

JOURDAN, Emilio Carlos. *Guerra do Paraguay*. Rio de Janeiro: Typographia de Laemmert e Cia., 1890.

______. *História das campanhas do Uruguay, Matto-Grosso e Paraguay*. Rio de Janeiro: Imprensa Nacional, 1894.

HOMEM DE MELLO, senador Francisco Ignácio. "Viagem ao Paraguay". *Revista Trimestral do Instituto Histórico, Geográfico e Ethnográphico do Brasil*, Rio de Janeiro, t. XXXVI, parte segunda, 1873.

KENNEDY, comandante A. J. *La Plata, Brazil and Paraguay during the Present War*. Londres: Edward Stanford Charing Cross, 1869.

LASSERRE, Dorothéa Duprat de. *Memorias de Mme. Dorothéa Duprat de Lasserre: versão e notas de J. Arthur Montenegro*. Rio Grande: Livraria Americana, 1893.

LEMOS, Renato (Org.). *Cartas da guerra: Benjamin Constant na Guerra do Paraguai*. Rio de Janeiro: Museu de Benjamin Constant, 1999.

LEVERGER, Augusto. "Diário do reconhecimento do rio Paraguai desde a cidade de Assunção até o rio Paraná — 1846". *Revista do Instituto Histórico e Geográfico Brasileiro*, Rio de Janeiro, t. XXV, 1. trim. 1862, p. 182. Disponível em: <https://www.ihgb.org.br/publicacoes/revista-ihgb/itemlist/filter.html? searchword438-from=1862&searchword438-to=1862&moduleId=219&Itemid=174>. Acesso em: 5 jan. 2019.

LOBO, Hélio. *Antes da guerra (a Missão Saraiva ou os preliminares do conflicto com o Paraguay)*. Rio de Janeiro: Instituto Histórico e Geográfico Brasileiro, 1914.

LYNCH, Elisa María. *Exposición y protesta; cartas inéditas de Elisa Alicia Lynch; Enrique Solano López Lynch; Emiliano López Pesoa*. 2. ed. Assunção: Fundación Cultural Republicana, 1987.

MADUREIRA, Antonio de Sena. *Guerra do Paraguai: resposta ao sr. Jorge Thompson, autor da "Guerra del Paraguay" e aos anotadores argentinos*. Brasília: Editora da UnB, 1982.

MAÍZ, Fidel. *Etapas de mi vida*. Assunção: El Lector, 1988, ed. fac-similar [1ª edição 1919].

MANSILLA, Lucio V. *Una excursión a los indios Aranqueles*. Caracas: Biblioteca Ayacucho, 1984.

______. *Órion a Sagita: el asalto de Curupaiti*. s. l: s. ed., [1867?]. Disponível em: <https://pt.scribd.com/document/335178730/Hector-Florencio-Varela-Orion-a-Sagita-el-asalto-de-Curupaiti--Buenos-Aires-s-n-1867>. Acesso em: 25 jun. 2018.

MARACAJU, marechal e visconde de. *A campanha do Paraguay (1867 e 1868)*. Rio de Janeiro: Imprensa Militar, 1922.

MASTERMAN, Jorge Federico. *Siete años de aventuras en el Paraguay*. Buenos Aires: Imprenta Americana, 1870.

MEIRELLES, Theotonio (oficial reformado da Armada Nacional e Imperial). *A Marinha de Guerra brasileira em Paysandú e durante a campanha do Paraguay*. Rio de Janeiro: Typographia Theatral e Commercial, 1876.

OLIVEIRA, coronel Carlos A. de. "Evacuação de Corumbá (relatório do cel. Carlos A. de Oliveira)". *Revista do Instituto Histórico de Matto Grosso*, Cuiabá, ano VIII, t. XV, 1926, pp. 197-215.

ORIBE STEMMER, Juan. *El umbral de la Triple Alianza: correspondência de los representantes británicos en el Río de la Plata y documentos complementários de la región, enero 1864-agosto 1865*. Montevidéu: Ediciones de la Banda Oriental, 2008.

OURO PRETO, Afonso Celso (visconde de). *A Marinha d'outr'ora (subsídios para a história)*. Rio de Janeiro: Domingos de Magalhães, 1894.

PALLEJA, coronel León de. *Diario de la campaña de las fuerzas aliadas contra el Paraguay*. Montevidéu: El Pueblo, 1865.

PAMPÍN, Juan Vicente. "La Guerra Olvidada; Memorias y Recuerdos". In: MANTILLA, Diego. *Recuerdos de un soldado correntino*. Corrientes: Moglia Ediciones, 2005, pp. 105-273.

PARANHOS, José Maria da Silva (sob o pseudônimo de João Carlos de Souza Ferreira). *A Missão Paranhos ou a paz no Uruguay por um ex-ministro de Estado*. Rio de Janeiro: s. ed., 1865.

PEREIRA DA SILVA, conselheiro J. M. *Memórias do meu tempo*. Rio de Janeiro: H. Garnier, 1895-96. 2 vols.

PEREIRA DA SILVA, José Américo. *Monographias históricas*. Versão e notas de Arthur Montenegro. Rio Grande (RGS): Carlos Pinto & Cia, 1895.

PEREIRA DA SILVA, general reformado Antonio Américo. *Guerra del Paraguay*. Rio de Janeiro: Imprensa Militar, Estado-Maior do Exército, 1915.

PINDARÉ, senador barão de. Sessão de 14 maio 1855. *Anais do Senado Imperial*. Disponível em: <https://www.senado.leg.br/publicacoes/anais/pdf/Anais_Imperio/1855/1855%20Livro%201.pdf>. Acesso em: 10 jan. 2019.

REBOUÇAS, André. *Diário: a Guerra do Paraguai (1866)*. São Paulo: Instituto de Estudos Avançados da Universidade de São Paulo, 1973.

RENGGER, J. R.; CARLYLE, T.; DEMERSAY, A. *El doctor Francia*. Assunção: El Lector, 1987.

RESQUÍN, Francisco Isidoro. *La Guerra del Paraguay contra la Triple Alianza*. Assunção: El Lector, 1996.

RICCI, Franco Maria (Org.). *Cándido López: imagens da Guerra do Paraguai*. Milão/Rio de Janeiro: Franco Maria Ricci Editore/Nova Fronteira, 1977.

RODRIGUES DA SILVA, José Luiz. *Recordações da campanha do Paraguay*. São Paulo: Melhoramentos, [1924?].

SCHNEIDER, Louis. *A Guerra da Tríplice Aliança (anotado pelo barão do Rio Branco)*. São Paulo: Edições Cultura, 2 t., 1945.

SEEBER, tenente Francisco. *Cartas sobre la Guerra del Paraguay (1865-66)*. Buenos Aires: Talleres Gráficos de L. J. Rosso, 1907.

SOSA ESCALADA, Jaime. *Negociaciones diplomáticas entre el Brasil, la República argentina y el Paraguay: misión del ciudadano paraguayo Jaime Sosa Escalada a Rio de Janeiro*. Buenos Aires: Imprenta de "La Tribuna", 1878.

SOUZA, Augusto Fausto de. *A redempção da Uruguayana: história e considerações acerca do sucesso de 18 de setembro de 1865 na Província do Rio-Grande do Sul*. [Rio de Janeiro]: Lithografia do Archivo Militar, 1866, p. 31. Disponível em: <http://200.159.250.2:10358/handle/acervo/7377>. Acesso em: 2 jul. 2021.

STEWART SELLITTI, Yolanda C. (Org.). *Memorias del doctor Guillermo Stewart, jefe de la Sanidad Militar durante la Guerra del 70*. Assunção: Intercontinental Editora, 2015.

TALAVERA, Natalício. *La Guerra del Paraguay: correspondencias publicadas en "El Semanário"*. Buenos Aires: Ediciones Nizza, 1958.

TAUNAY, Alfredo d'Escragnolle (visconde de). *Scenas de Viagem: exploração entre os rios Taquaray e Aquidauana no distrito de Miranda*. Rio de Janeiro: Typographia Americana, 1868, 187 p.

______. *Recordações de guerra e de viagem*. São Paulo: Weiszflog, 1920.

______. *Viagens de outr'ora*. São Paulo: Melhoramentos, 1921, 162 p.

______. *Marcha das forças (expedição de Matto Grosso): 1865-6*. São Paulo: Melhoramentos, 1928.

______. *Em Matto Grosso invadido (1866-67)*. São Paulo: Melhoramentos, 1929.

______. *Visconde do Rio Branco: glória do Brasil e da humanidade*. 2. ed. São Paulo: Melhoramentos, 1930, 155 p.

______. *Memórias*. São Paulo: Melhoramentos, 1946.

______. *A retirada da Laguna*. São Paulo: Melhoramentos, 1975.

THOMPSON, George. *La Guerra del Paraguay*. Assunção: RP Ediciones, 1992 [1ª edição 1869].

THOMPSON, Jorge. *La Guerra del Paraguay*. 2. ed. Profusamente ilustrada e enriquecida com novas notas por José Arturo Scotto, Buenos Aires: Talleres Gráficos de L. J. Rosso y Cia., 1910.

UNIVERSIDAD DE BUENOS AIRES. *Correspondencia Mitre-Elizalde*. Buenos Aires: UBA, Departamento Editorial, 1960.

VARGAS VILA GARCÍA, Federico. *El mariscal Solano López y yo: aspectos novísimos para el estudio de la tiranía en el Paraguay*. Assunção: Imprenta Ariel, 1919.

VERSEN, Max von. *História da Guerra do Paraguai*. Belo Horizonte/São Paulo: Editora Itatiaia/Editora da USP, 1976.

VICTORICA, Julio. *Urquiza y Mitre: contribución al estudio histórico de la Organización Nacional*. 2. ed. Buenos Aires: La Cultura Argentina, 1918.

III. FONTES SECUNDÁRIAS

1. *Artigos*

ABENTE, Diego. "La Guerra de la Triple Alianza: tres modelos explicativos". In: CENTRO PARAGUAYO DE ESTUDIOS SOCIOLÓGICOS. *Pasado y presente de la realidad social paraguaya*. Assunção: Ediciones y Artes, 1995, pp. 1140-70.

ALAMBERT, Francisco. "O Brasil no espelho do Paraguai". In: MOTA, Carlos Guilherme (Org.). *Viagem incompleta: a experiência brasileira (1500-2000). Formação: histórias*. São Paulo: Senac, 2000, pp. 301-28.

ALBUQUERQUE, capitão A. L. Pôrto e. "Considerações sobre o poder naval do Brasil na década de 1860-70". In: *Navigator, subsídios para a história marítima do Brasil*. Rio de Janeiro: Serviço de Documentação Geral da Marinha, n. 2, 1970, pp. 43-71.

AMAYO, Enrique. "Guerras imperiais na América Latina do século XIX: a Guerra do Paraguai em perspectiva histórica". In: *Estudos Avançados*. São Paulo: Instituto de Estudos Avançados da USP, vol. 9, n. 24, maio/ago. 1995, pp. 255-67.

ARAÚJO NETO, Miguel Alexandre. "Great Britain, the Paraguayan War and Free Immigration in Brazil, 1862-1875". *Irish Migration Studies in Latin America*, Burtigny (Suíça), Society of Irish Latin American Studies, vol. 4, n. 3, jul. 2006, p. 115-31. Disponível em: <http://www.irlandeses.org/0607_115to132.pdf>. Acesso em: 15 mar. 2017.

BARRETO, general Mário. *A campanha lopesguaya*. Rio de Janeiro: Arquivo Nacional (1928: vol. I); Papelaria Brasil (1929: vols. II e III) e Centro da Boa Imprensa (1930: vol. IV).

BARROSO, Gustavo. "Biografia do marechal-de-campo José Luiz Menna Barreto". In: *Anais do Museu Histórico Nacional*. Rio de Janeiro: Imprensa Nacional, 1943, vol. II (1941), pp. 375-89.

BENTO, coronel Claudio Moreira. "A Guerra do Paraguai: um laboratório de doutrina militar pouco explorado". *Revista Militar Brasileira*. Rio de Janeiro: Centro de Documentação do Exército, 119 (1), jan./mar. 1982, pp. 89-94.

BETHELL, Leslie. "O imperialismo britânico e a Guerra do Paraguai". *Estudos Avançados*. São Paulo: Instituto de Estudos Avançados da USP, vol. 9, n. 24, maio/ago. 1995, pp. 269-85.

BITTENCOURT, vice-almirante Armando de Senna. "Operações conjuntas e combinadas na Guerra da Tríplice Aliança". In: PEDROSA, Fernando Velôzo Gomes; CODEÇO, Vanessa Ferreira de Sá; ALMEIDA DA SILVA, Marcio Felipe. *Anais do I Seminário de História da Guerra da Tríplice Aliança*, Rio de Janeiro, Brasil, 19 out. 2011. Rio de Janeiro: Centro de Estudos e Pesquisas de História Militar do Exército, 2011, pp. 28-41.

______. "Visitando Riachuelo e revendo controvérsias, 132 anos depois". *Revista Marítima Brasileira*. Rio de Janeiro: Serviço de Documentação da Marinha, vol. 117, n. 7/9, jul./set. 1997, pp. 41-58.

BREZZO, Liliana M. "Historias nacionales e integración: Estanislao Zeballos y el Paraguay". In: *Historia Paraguaya*. Assunção: Academia Paraguaya de la Historia, vol. XXXVIII, 1998, pp. 217-243.

______; DORATIOTO, Francisco. "Ojos en la Guerra del Paraguay: archivos, enfoques, lecturas". *Anuario*, Tandil (Argentina), vol. 34, 2019, pp. 123-39. Disponível em: <http://anuarioiehs.unicen.edu.ar/Files/2019%202/06%20Anuario%20IEHS%2034(2)%20d.Presentaci%C3%B3n.pdf>. Acesso em: 10 jan. 2020.

CABALLERO AQUINO, Ricardo. "Abnegación romántica y estéril", prólogo a Juan Crisóstomo Centurión, *Memorias*..., vol. I, pp. 7-26.

CABALLERO CAMPOS, Herib. "En búsqueda de un héroe: la construcción de la figura heroica del general José E. Días; Paraguay, 1867-1906". *Temas Americanistas*. Sevilha: Departamento de história da Universidade de Sevilha, n. 32, 2014, pp. 22-44. Disponível em: <http://institucional.us.es/revistas/americanistas/32/2.-%20Herib%20Caballero%20Campos.pdf>. Acesso em: 2 jul. 2021.

CAPDEVILA, Luc. "La contienda de la Triple Alianza, periferias e identidades colectivas: Guerra, Estado y nación en América austral en la década de 1860". In: PALACIOS, Guillermo; PANI BANO, Erika Gabriela (Coords.). *El poder y la sangre: Guerra, Estado y Nación en la década de 1860*. México: El Colegio de México, 2014, pp. 199-218.

______. "Droit et coutumes dans la guerre de la Triple Alliance (1864-1870): Le sort des prisonniers de guerre". *Nuevo Mundo Mundos Nuevos*. Paris: Institute de Sciences Humaines et Sociales du CNRS, Débats 2016. Disponível em: <https://journals.openedition.org/nuevomundo/69668>. Acesso em: 15 jan. 2017.

CARVALHO, Afonso Celso Villela de. "Los hijos de la Patria". *A Defesa Nacional*, Rio de Janeiro, n. 691, set./out. 1980, pp. 113-24.

CARVALHO, Alvanir Bezerra de. "Construção do modelo das chatas-canhoneiras da Guerra do Paraguai; um esforço de nautimodelismo". *Revista Marítima Brasileira*. Rio de Janeiro: Serviço de Documentação da Marinha, vol. 115, n. 10/12, out./dez. 1995, pp. 111-26.

CARVALHO NETO, Paulo de. "Folclore da Guerra do Paraguai". *Journal of Inter-American Studies*. Flórida: School of Inter-American Studies (University of Florida), vol. III, jan. 1961, pp. 273-80.

CASAL, Juan Manuel. "Una 'diplomacia difícil': El Ministro Washburn, los Estados Unidos y la Guerra del Paraguay. *Nuevo Mundo Mundos Nuevos*, Paris, Institute de Sciences Humaines et Sociales du CNRS, Colloques 2009. Disponível em: <https://journals.openedition.org/nuevomundo/48952#quotation>. Acesso em: 5 set. 2016.

______. "La División Oriental en la Guerra del Paraguay". In: CASAL, J. M.; WHIGHAM, Thomas L. *Paraguay: el nacionalismo y la guerra — Actas de las primeras Jornadas Internacionales de Historia del Paraguay en la Universidad de Montevideo*. Assunção: Servilibro/Universidad de Montevideo, 2009, pp. 35-44.

CASTRO, Adler Homero Fonseca de. "Notas sobre o armamento na Guerra do Paraguai". Projeto Guerra do Paraguai; Rio de Janeiro, Biblioteca Nacional, Rede da Memória Virtual Brasileira, s. d. Disponível em: <http://bndigital.bn.gov.br/projetos/guerradoparaguai/artigos/Adler%20Armamento%20da%20Guerra%20do%20Paraguai.pdf>. Acesso em: 21 set. 2018.

______. "Os campos de concentração do Imperador: prisioneiros de guerra paraguaios no Brasil". *A Defesa Nacional*, revista de assuntos militares e estudos de problemas brasileiros, Rio de Janeiro, Bibliex, ano CIII, n. 828, 3º quadrimestre 2015, pp. 8-18.

______. "Sistema Minié". Disponível em: <http://www.armasbrasil.com/Pagdiversas/sistema_minie.htm>. Acesso em: 2 jul. 2021.

CHAVES, general Omar Emir. "Forças em presença na Guerra do Paraguai". *Revista do Instituto de Geografia e História Militar do Brasil*, Rio de Janeiro, ano XXXVIII, n. 76, vol. LX, 1º sem. 1978, pp. 135-92.

DORATIOTO, Francisco Fernando Monteoliva. "Formação dos Estados Nacionais e expansão do capitalismo no século XIX". In: CERVO, Amado Luiz; RAPOPORT, Mario (Orgs.). *História do Cone Sul*. Brasília/Rio de Janeiro: Editora da UnB/Revan, 1998, pp. 167-238.

______. "O fracasso da primeira cooperação entre Brasil e Argentina". *Revista Múltipla*, Brasília, Faculdades Integradas UPIS, vol. 4, n. 6, jul. 1999, pp. 21-40.

______. "A imprensa de oposição e a política brasileira em relação ao Paraguai (1869-75)". *Textos de História*, Brasília, Revista da pós-graduação em História da UnB, vol. 1, n. 1, maio 1993, pp. 77-102.

______. "La participación del Brasil en el golpe de estado de 1894 en Paraguay: la Misión Cavalcanti". In: *Historia Paraguaya*. Assunção: Academia Paraguaya de la Historia, vol. XXXVIII, 1998, pp. 193-216.

DOURADO, Maria Teresa Garritano. "História Social da Guerra do Paraguai: Fome, doenças e penalidades". *Albuquerque*, Mato Grosso do Sul, vol. 3, n. 6, jul./dez. 2011, pp. 129-50. Disponível em: <https://periodicos.ufms.br/index.php/AlbRHis/article/view/3988/3180>. Acesso em: 17 set. 2019.

ESTADO-MAIOR DO EXÉRCITO, Seção de Geografia e História. "Os Voluntários da Pátria e a guerra da Tríplice Aliança". *Revista Militar Brasileira*, Brasília, Centro de Documentação do Exército, ano 65, vol. 115, n. 3, set./dez. 1979.

GAMA, Edina Laura Nogueira da. "Arquivo do Almirante Tamandaré: Um caminhar pela História Naval Brasileira". *Anais do XXVI Simpósio Nacional de História — ANPUH*, São Paulo, jul. 2011, p. 12. Disponível em: <http://www.snh2011.anpuh.org/resources/anais/14/1300675632_ARQUIVO_ArquivoTamandare.pdf>. Acesso em: 10 fev. 2017.

GARCIA, Eugênio Vargas. *¿Imperio informal? La política británica hacia América Latina en el siglo XIX* em Foro Internacional. México: Centro de Estudios Internacionales/Colegio de Mexico, n. 184, abr./jun. 2006, pp. 353-85.

GESUALDO, Vicente. "La trágica Guerra del Paraguay". *Historia*. Buenos Aires: Ediciones AP, t. 15, n. 60, dez. 1995/fev. 1996, pp. 3-34.

GILL AGUINAGA, Juan Bautista. "Excesos cometidos hace cien años". In: *Historia Paraguaya*. Assunção: Academia Paraguaya de la Historia, vol. XII, 1967-8, pp. 17-26.

GUAZZELLI, César Agusto Barcellos. "As regiões-províncias na Guerra da Tríplice Aliança". *TOPOI*. Rio de Janeiro: Revista do Programa de Pós-Graduação em História Social da UFRJ, vol. 10, nº 19, jul./dez. 2009, pp. 70-89.

KLEINPENNING, Jan M. G. "Strong Reservation about New Insights into the Demographics of the Paraguayan War". *Latin American Research Review*, vol. 37, n. 3, 2002, p. 137-142. Disponível em: <https://www.jstor.org/stable/1512517?read-now=1&refreqid=excelsior%3A9d7d62c5e4e2ac3f135857e48feb8fd3& seq=6#page_scan_tab_contents>. Acesso em: 6 abr. 2020.

KRAAY, Hendrik. "Os companheiros de Dom Obá: Os zuavos baianos e outras companhias negras na Guerra do Paraguai". *Afro-Ásia*, Salvador, n. 46, 2012, pp. 121-61. Disponível em: <http://www.scielo.br/scielo.php?script=sci_arttext&pid=S0002-05912012000200004&lng=en&nrm=iso>. Acesso em: 13 mar. 2018.

LAVANIÈRE, tenente-brigadeiro Wanderley. "Os balões de observação da Guerra do Paraguai". *A Defesa Nacional*, Rio de Janeiro, ano 65, n. 677, maio/jun. 1978, pp. 47-62.

MARTINS, vice-almirante Helio Leoncio. "A estratégia naval brasileira na Guerra do Paraguai (com algumas observações sobre suas ações táticas e o apoio logístico)". *Revista Marítima Brasileira*, Rio de Janeiro: Serviço de Documentação da Marinha, vol. 117, nºs 7/9, jul./set. 1997, pp. 59-86.

MARTINS DA SILVA, major-médico Alberto. "Um hospital militar brasileiro em Montevidéu (ano de 1865)". *Revista Militar Brasileira*, Brasília: Centro de Documentação do Exército, vol. 115, jan./abr. 1979, pp. 52-9.

MASI, Fernando. "Contribución al estudio de la evolución socioeconómica del Paraguay". *Revista Paraguaya de Sociologia*. Assunção: Centro de Estudios Sociológicos, ano 19, n. 53, jan./fev. 1992.

MCLYNN, F. J. "The Causes of the War of Triple Alliance: An Interpretation". *Inter-American Economic Affairs*, vol. 33, n. 2, outono, 1979, pp. 21-43.

MEIRA, dr. Deyler Goulart. "A anestesia aplicada durante a campanha do Paraguai". *Revista Brasileira de Anestesiologia*. Rio de Janeiro: Sociedade Brasileira de Anestesiologia, ano 22, n. 2, abr./jun. 1972, pp. 227-32.

MENDONÇA, Renato. "Diplomacia e Guerra do Paraguay: os armamentos e o financiamento da campanha na Praça de Londres". *Mensário do Jornal do Commercio*, Rio de Janeiro, t. IX, vol. III, set. 1930.

______. "Uma página na história diplomática". *Idem*, t. I, vol. II, fev. 1938.

MOREIRA, Paulo Roberto Staudt. "Sobre fronteira e liberdade: representações e práticas dos escravos gaúchos na Guerra do Paraguai (1864-70)". *Anos 90*. Porto Alegre: Programa de pós-graduação em História da UFRGS, n. 9, jul. 1998, pp. 119-49.

MOTA, Carlos Guilherme. "A guerra contra o Paraguai: a história de um silêncio". *Estudos Avançados*. São Paulo: Instituto de Estudos Avançados da USP, vol. 9, n. 24, maio/ago. 1995, pp. 243-54.

MOURA, Aureliano Pinto de. "A atuação do Corpo de Saúde do Exército na Guerra da Tríplice Aliança". *Navigator, subsídios para a História Marítima do Brasil*, Rio de Janeiro, vol. 11, n. 21, jun. 2015, pp. 132-142.

NAKAYAMA, Eduardo. *La Fortaleza de Humaitá. Reconstrucción digital del perímetro fortificado y de todo el Campamento, baterías, etc.* Quinto Encontro Internacional de História sobre as Operações Bélicas durante a Guerra da Tríplice Aliança, 23 out. 2013. Montevidéu: Instituto Militar de Estudios Superiores. Disponível em: <http://www.academia.edu/4839671/La_Fortaleza_de_Humait%C3%A1._Reconstrucci%C3%B3n_digital_del_per%C3%ADmetro_fortificado_y_de_todo_el_Campamento_bater%C3%ADas_etc>. Acesso em: 2 jul. 2021.

PASTORE, Mario. "State-led Industrialisation: The Evidence on Paraguay, 1852-1870". *Journal of Latin American Studies*, Cambridge University Press, vol. 26, n. 2, maio 1994, pp. 295-324.

______. "Comercio, renta, recaudaciones y guerra: Análisis de las causas económicas de la Guerra del Paraguay o de la Triple Alianza". *Revista Paraguaya de Sociologia*, Assunção, ano 39, vol. 13, jan./abr. 2002, pp. 11-38.

PEREGRINO, Umberto. "A Guerra do Paraguai na obra de Machado de Assis". *Anais do Museu Histórico Nacional*. Rio de Janeiro: Ministério de Educação e Cultura, vol. XVI, 1966, pp. 105-22.

______. "Batalha de Tuiuti segundo testemunhos da época (24 de maio de 1866)". *Anais do Museu Histórico Nacional*. Rio de Janeiro: Ministério de Educação e Cultura, vol. XVII, 1967, pp. 15-36.

PETERSON, Harold F. "Efforts of the United States Mediate in the Paraguayan War". *Hispanic American Historical Review*, vol. XII, fev. 1932, pp. 2-17.

PINHO, Wanderley. "Caxias senador". *Revista Militar Brasileira*. Rio de Janeiro: Estado-Maior do Exército, 1936, ano XXVI, n. 3, vol. XXXV, pp. 123-63.

PONDÉ, general Francisco de Paula e Azevedo. "De Monte Caseros a Tuiuti, história, armas e fardamentos". In: *Anais do Museu Histórico Nacional*. Rio de Janeiro: Ministério de Educação e Cultura, vol. XVII, 1967, pp. 37-87.

POTTHAST, Barbara. "De súbditos a ciudadanos (y vice-versa). "Ciudadanía y catecismos políticos en Paraguay (1810-1870)". In: CASAL, Juan Manuel; WHIGHAM, Thomas L. (Orgs.). *Paraguay: investigaciones de historia social y política (II), estudios en homenaje a Jerry E. Cooney*. Assunção: Tiempo de Historia / Universidad de Montevideo, 2016, pp. 137-58.

PUSINERI, Adelina. "Estado de las fuentes documentales y bibliotecas públicas y privadas em Paraguay para el estúdio de las guerras". In: *Nuevo Mundo Mundos Nuevos*. Paris: MAL-EHESS-IPE, Colloque Le Paraguay à l'ombre de ses guerres, 17-19 nov. 2005. Disponível em: <http://nuevomundo.revues.org/2187>. Acesso em: 2 jul. 2021.

RAMÍREZ BRASCHI, Dardo. "Análisis del expediente judicial por el delito de traición a la Patria contra Victor Silvero, miembro de la Junta Gubernativa Correntina de 1865". In: Duodécimo Congresso Nacional y Regional de História Argentina, 21-23 nov. 2003. Buenos Aires: Academia Nacional de la Historia, 2003. Acesso em: 2 jul. 2021.

______. "Saqueos en la Província de Corrientes durante la Guerra del Paraguay". In: *Temas Americanistas*. Sevilha: Departamento de história da Universidade de Sevilha, n. 32, 2014, pp. 247-78. Disponível em: <http://institucional.us.es/revistas/americanistas/32/DEFINITIVO%20articulo%20Ramirez%20Braschi.pdf>. Acesso em: 2 jul. 2021.

REBER, Vera Blinn. "The Demographics of Paraguay: A Reinterpretation of the Great War 1864-70". *Hispanic American Historical Review*, vol. 68, n. 2, maio 1988, pp. 289-319.

REIS, coronel Everaldo de Oliveira. "O conde d'Eu e o Exército brasileiro". In: *Anuário do Museu Imperial*. Petrópolis: Museu Imperial, vol. 32, 1973, pp. 87-104.

RUIZ MORENO, Isidoro J. "Testimonios de Mitre sobre la guerra contra López". In: *Historia Paraguaya*. Assunção: Academia Paraguaya de la Historia, vol. XXXIX, 1999, pp. 439-46.

SANSÓN CORBO, Tomás. "La historiografia uruguaya sobre la Guerra de la Triple Alianza: Trayectos, tradiciones, ¿resiginificaciones?". *Diálogos*, Maringá, vol. 19, n. 3, set./dez. 2015, pp. 955-79. Disponível em: <http://periodicos.uem.br/ojs/index.php/Dialogos/article/view/33726>. Acesso em: 15 jul. 2019.

SANTOS, Armando Alexandre dos. "Cartas do Conde d'Eu à Baronesa de Loreto". In: *Revista do Instituto Histórico e Geográfico Brasileiro*. Rio de Janeiro, ano 176, n. 467, abr./jun. 2015, pp. 219-48. Disponível em: <https://ihgb.org.br/publicacoes/revista-ihgb/item/108081-volume-467.html>. Acesso em: 2 jul. 2021.

SCAVARDA, Levy. "Centenário da passagem de Humaitá". *Revista Marítima Brasileira*. Rio de Janeiro: Serviço de Documentação da Marinha, ano LXXXVIII, n. 1/3, jan./mar. 1968, pp. 8-81.

______. "A Marinha no final de uma campanha gloriosa: de Humaitá a Assunção". *Navigator, subsídios para a história marítima do Brasil*. Rio de Janeiro: Serviço de Documentação Geral da Marinha, n. 2, 1970, pp. 3-42.

SCAVONE YEGROS, Ricardo. "Antecedentes de la declaración de la independencia del Paraguay en 1842". *Revista Jurídica*. Assunção: Universidad Católica, 1994, n. 3, pp. 129-62.

______. "Orígenes de las relaciones paraguayo-bolivianas". In: *Historia Paraguaya*. Assunção: Academia Paraguaya de la Historia, vol. XXXV, 1995 (II), pp. 251-90.

SIMÓN G., José Luis. "El Paraguay de Francia y el mundo: despotismo y independencia en una isla mediterránea". *Propuestas Democráticas*. Assunção: Fundación Hanns Seidel, II: 5, jan./mar. 1995.

SOUSA JÚNIOR, general Antônio. "Guerra do Paraguai". In: HOLANDA, Sérgio Buarque de (Org.). *História geral da civilização brasileira*. 4. ed. São Paulo: Difel, 1985, t. II, vol. 4, p. 299-314.

SOUZA, tenente-coronel Augusto Fausto. "A redempção de Uruguayana: histórico e considerações acerca do successo de 18 de setembro de 1865 na Província do Rio Grande do Sul". *Revista Trimestral do Instituto Histórico e Geographico Brazileiro*, Rio de Janeiro, t. L, parte primeira, 1887, pp. 1-123.

TASSO FRAGOSO, general Augusto. "A paz com o Paraguai depois da guerra da Tríplice Aliança". *Revista do Instituto Histórico e Geográfico Brasileiro*. Rio de Janeiro: IHGB, 1939, vol. 174.

TJARKS, Germán O. "Nueva luz sobre el origen de la Triple Alianza". *Revista Histórica*, Buenos Aires: Instituto Histórico de la Organización Nacional, ano I, n. 1, out./dez. 1977, pp. 131-71.

TORAL, André Amaral de. "A participação dos negros escravos na Guerra do Paraguai". *Estudos Avançados*. São Paulo: Instituto de Estudos Avançados da USP, vol. 9, n. 24, maio.-ago. 1995, pp. 287-96.

ZEBALLOS, Estanislao. "El general Mitre, conferencia dedicada a la memoria del general Mitre". In: *Anales del Instituto Popular de Conferencias, séptimo ciclo, año 1921*. Buenos Aires, 1925, pp. 87-105.

WHIGHAM, Thomas. "El oro blanco del Paraguay: un episodio de la historia del algodón, 1860-70". In: *Historia Paraguaya*. Assunção: Academia Paraguaya de la Historia, vol. XXXIX, 1999, pp. 311-32.

______; POTTHAST, Barbara. "The Paraguayan Rosetta Stone: New Insights into the Demographics of the Paraguayan War, 1864-70". *Latin American Research Review*, vol. 34, n. 1, 1999, pp. 174-86.

WILLIAMS, John Hoyt. "Tuyuti: 'A Swamp of Blood'". *Military History*, Leesburg (USA), vol. 17 n. 1, abril 2000, pp. 58-64.

2. Livros, dissertações e teses

ALMEIDA, Mario Monteiro de. *Episódios da formação geográfica do Brasil*. Rio de Janeiro: Pongetti, 1951.

ALVES, Joaquim V. Portella Ferreira. *Seis séculos de artilharia*. Rio de Janeiro: Biblioteca do Exército, 1959.

______. *Mallet, o patrono da artilharia*. Rio de Janeiro: Biblioteca do Exército, 1979.

AMARILLA FRETES, Eduardo. *La liquidación de la Guerra de la Triple Alianza contra el Paraguay (negociaciones diplomáticas)*. Assunção: Imprenta Militar, 1941.

AMERLAN, Alberto. *Bosquejos de la Guerra del Paraguay*. Buenos Aires: Editores Hermann Tjarks, 1904.

APONTE B., Leandro. *Hombres... armas... y batallas: la epopeya de los siglos*. Assunção: Comuneros, 1971.

AROCENA OLIVEIRA, Enrique. *Apogeo y evolución de la diplomacia uruguaya: 1828-1948*. Montevidéu: Imprenta del Palacio Legislativo, 1984.

ARRUDA PEREIRA, Armando de. *Heróis abandonados: peregrinação aos lugares históricos do Sul de Matto Grosso*. São Paulo: Seção de Obras d' *O Estado de S.Paulo*, 1925.

ASSOCIAÇÃO CULTURAL MANDU'ARÃ. *Memoria del Sexto Encuentro Internacional de Historia sobre la Guerra de la Triple Alianza*. Assunção: Associação Cultural Mandu'arã, 2014. Disponível em: <http://fortalezas.org/midias/arquivos/2646.pdf>. Acesso em: 2 jul. 2021.

BÁEZ, Cecilio. *Cuadros históricos y descriptivos*. Assunção: Talleres Gráficos de H. Kraus, 1906.

______. *Resumen de la historia del Paraguay: desde la época de la conquista hasta el año 80*. Assunção: Talleres Gráficos Nacionales de H. Kraus, 1910.

______. *Política americana*. Assunção: Imprenta Zamphirópolos, 1925.

______. *Ensayo sobre el dr. Francia y la dictadura en Sudamérica*. 2. ed. revista e ampliada. Assunção: Cromos, 1985.

______. *La tiranía en el Paraguay*. 2. ed. Assunção: Ediciones Ñanduti Vive/Intercontinental Editora, 1993 [1ª edição 1903].

BANDEIRA, Luiz A. Moniz. *Presença dos Estados Unidos no Brasil*. 2. ed. Rio de Janeiro: Civilização Brasileira, 1978.

______. *O expansionismo brasileiro: o papel do Brasil na bacia do Prata — da colonização ao Império*. Rio de Janeiro: Philobiblion, 1985.

BARATTA, María Victoria. *La Guerra del Paraguay y la construcción de la identidad nacional*. Buenos Aires: SB, 2019.

BARMAN, Roderick J. *Imperador cidadão e a construção do Brasil*. São Paulo: Editora da Unesp, 2012.

BARRÁN, José Pedro. *Apogeo y crisis del Uruguay pastoril y caudillesco: 1839-75*. Montevidéu: Ediciones de la Banda Oriental, 1982.

BARRETO VALINOTTI, Ana. *Elisa Alicia Lynch*. Assunção: El Lector, [2011?]. (Protagonistas de la Historia, 4)

______. *Las mujeres*. Assunção: El Lector/ABC Color, 2013. (150 años de la Guerra Grande, 7).

BARRIO, César de Oliveira Lima. *A Missão Paranhos ao Prata (1864-1865): Diplomacia e política na eclosão da Guerra do Paraguai*. Brasília: Funag, 2010.

BARROS, Orlando de. *Paraguai: a transição política e suas bases (1869-80)*. Niterói, 1977. Dissertação (Mestrado em História) — Universidade Federal Fluminense.

BARROSO, Gustavo. *História militar do Brasil*. 2. ed. São Paulo: Cia. Editora Nacional, 1938. (Brasiliana, 49).

BECKER, Klaus. *Alemães e descendentes — do Rio Grande do Sul — na Guerra do Paraguai*. Canoas: Hilgert & Filhos, 1968.

BELTRÃO, Romeu. *O vanguardeiro de Itororó*. Santa Maria (RS): Câmara Municipal de Vereadores, 1998, 222 p.

BENÍTEZ, Luis G. *Historia diplomática del Paraguay*. Assunção: s. ed., 1972.

BESOUCHET, Lídia. *Mauá e seu tempo*. Rio de Janeiro: Nova Fronteira, 1978.

BETHELL, Leslie (Org.). *A Guerra do Paraguai 130 anos depois*. Rio de Janeiro: Relume Dumará, 1995.

BEVERINA, coronel Juan. *La Guerra del Paraguay (1865-70): resumen histórico*. 2. ed. Buenos Aires: Institución Mitre, 1973.

BOITEUX, almirante Lucas A. *Santa Catarina nas Guerras do Uruguai e Paraguai*. Florianópolis: Imprensa Universitária (UFSC), 1972.

BORDON, F. Arturo. *Historia política del Paraguay*. Assunção: Talleres Gráficos ORBI, 1976, t. I.

BOUTHOUL, Gaston; CARRÈRE, René. *Le défi de la guerre (1740-1974): deux siècles de guerres et de révolutions*. Paris: Presses Universitaires de France, 1976.

BOX, Pelham Horton. *Los orígenes de la Guerra del Paraguay contra la Triple Alianza*. Buenos Aires: Ediciones Nizza, 1958.

BRAY, Arturo. *Hombres y épocas del Paraguay*. Buenos Aires: Editorial Difusam, vol. I, 1943.

______. *Solano López, soldado de la gloria y del infortunio*. 3. ed. Assunção: Carlos Schauman Editor, 1984.

BREZZO, Liliana M.; FIGALLO, Beatriz. *La Argentina y el Paraguay, de la guerra a la integración*. Rosário: Instituto de Historia, Pontificia Universidad Católica Argentina, 1999.

CABALLERO AQUINO, Ricardo. *La Segunda República paraguaya: 1869-1906 — política, economía y sociedad*. Assunção: Arte Nuevo Editores, 1985.

______. *Las causas de la Guerra*. Assunção: El Lector/ABC Color, 2013. (150 años de la Guerra Grande, 1).

CAILLET-BOIS, Ricardo. *Cuestiones internacionales (1852-1966)*. Buenos Aires: Editorial Universitaria, 1970.

CAILLET-BOIS, capitão de fragata Teodoro. *Historia naval argentina*. Buenos Aires: Emécé Editorial, 1944.

CALMANASH, Emma. *Las cautivas de Corrientes en la Guerra del Paraguay (1864-1870): memorias rescatadas*. Buenos Aires: Armerías, 2015.

CALMON, Pedro. *A vida de D. Pedro II: o rei filósofo*. Rio de Janeiro: Biblioteca do Exército, 1975.

CALÓGERAS, Pandiá. *Estudos históricos e políticos (Res nostra...)*. 2. ed. São Paulo: Cia. Editora Nacional, 1936. (Brasiliana, 74).

CÂMARA, general Rinaldo Pereira da. *O general Câmara*. Porto Alegre: Livraria O Globo, 1964 (vol. I) e 1970 (vol. II).

CAMPOBASSI, José S. *Mitre y su época*. Buenos Aires: Editorial Universitaria, 1980.

______. *Sarmiento y su época*. Buenos Aires: Losada, 1982, 2 vols.

CAMPOS, Vinício Stein. *A crise política de 1868, observada de um ângulo local: Capivari*. s. l.: s. ed., 1943.

CANCOGNI, Manlio; BORIS, Ivan. *Solano López, o Napoleão do Prata*. Rio de Janeiro: Civilização Brasileira, 1975.

CANNAMORE, Vernon Theo. *Dilemma Diplomacy: The Ministry of Charles Ames Washburn to Paraguay: 1861-68*. Austin State University: Master of Arts, 1976.

CAPDEVILA, Luc. *Una guerra total: Paraguay, 1864-1870; Ensayo de Historia del tiempo presente*. Buenos Aires: Ed. SB, 2010.

______. "El recuerdo de la Guerra de la Triple Alianza como substrato de la identidad paraguaya". In: CRESPO, Horacio; PALACIOS, Juan Manuel & PALACIOS, Guillermo (coords.). *La Guerra del Paraguay. Historiografia. Representaciones. Contextos*. México: El Colegio de México, 2012, pp. 31-49.

CÁRCANO, Ramón J. *Guerra del Paraguay: acción y reacción de la Triple Alianza*. Buenos Aires: Domingo Vian y Cia., 1941, 2 vols.

CARDOSO, Vicente Licínio. *À margem da história*. 3. ed. São Paulo/Brasília: Cia. Editora Nacional/INL, 1979.

CARDOZO, Efraím. *Vísperas de la Guerra del Paraguay*. Buenos Aires: El Ateneo, 1954.

______. *El Imperio del Brasil y el río de la Plata*. Buenos Aires: Librería del Plata, 1961.

______. *Breve historia del Paraguay*. Buenos Aires: Editorial Universitaria, 1965.

______. *Hace 100 años: crónicas de la guerra del 1864-70*. Assunção: Edición Emasa, 1970, 13 t., 1968-82.

______. *El Paraguay independiente*. Assunção: El Lector, 1996.

CARMAGNANI, Marcello. *Estado y sociedad en América Latina: 1850-1930*. Barcelona: Editorial Crítica, 1984.

CARNEIRO, David. *O Paraná na Guerra do Paraguai*. Rio de Janeiro: Cia. Editora Americana, s. d. (Biblioteca Militar, vol. XXIX).

CARVALHO, Carlos Delgado de. *História diplomática do Brasil*. São Paulo: Cia. Editora Nacional, 1959.

CASCUDO, Luís da Câmara. *Conde d'Eu*. São Paulo: Cia. Editora Nacional, 1933. (Brasiliana, vol. XI).

CASTILLO, Benjamín E. del. *Mitre íntimo y anecdótico*. Buenos Aires: Virtus, 1920.

CASTRO, Celso; IZECKSOHN, Vitor; KRAAY, Hendrik. *Nova História Militar Brasileira*. Rio de Janeiro: FGV/Bom Texto, 2004.

CASTRO SOUZA, Luiz de. *A medicina na Guerra do Paraguai*. [Rio de Janeiro]: s. ed., [1971?].

CERVO, Amado Luiz. *O Parlamento brasileiro e as relações exteriores (1826-89)*. Brasília: Editora da UnB, 1981.

_______; RAPOPORT, Mario (Orgs.). *História do Cone Sul*. Brasília/Rio de Janeiro: Editora da UnB/Revan, 1998.

CHAVES, Julio César. *El presidente López: vida y gobierno de don Carlos*. Buenos Aires: Depalma, 1968.

CHIAVENATO, Júlio José. *Genocídio americano: a Guerra do Paraguai*. São Paulo: Brasiliense, 1979.

_______. *Os Voluntários da Pátria e outros mitos*. São Paulo: Global, 1983.

CISNEROS, Andrés; ESCUDÉ, Carlos. *Historia general de las relaciones exteriores de la República argentina*. Buenos Aires: Cari/Grupo Editor Latinoamericano, 1999, tomos V, VI e VII.

COLLOR, Lindolfo. *No centenário de Solano López*. São Paulo: Melhoramentos, 1926.

CONSTANT NETO, Benjamin. *Benjamin Constant*. Rio de Janeiro: Leuzinger, 1940.

COONEY, Jerry W.; WHIGHAM, Thomas L. (Orgs.). *El Paraguay bajo los López: algunos ensayos de historia social y política*. Assunção: Centro Paraguayo de Estudios Sociológicos, 1994.

CORRÊA, Lúcia Salsa. *História e fronteira: o Sul de Mato Grosso 1870-1920*. Campo Grande: UCDB, 1999.

CORRÊA FILHO, Virgílio. *História de Mato Grosso*. Rio de Janeiro: Instituto Nacional do Livro, 1969.

COSTA, Wilma Peres. *A espada de Dâmocles: o Exército, a Guerra do Paraguai e a crise do Império*. São Paulo: Hucitec/Unicamp, 1996.

CUNHA, Marco Antônio. *A chama da nacionalidade: Ecos da Guerra do Paraguai*. Rio de Janeiro: Biblioteca do Exército, 2000.

DAVIS, Arthur H. *Martin T. McMahon: diplomata en el estridor de las armas*. Assunção: Instituto Paraguayo de Estudios Geopolíticos, 1989.

DECOUD, Arsenio López. *Album gráfico de la República del Paraguay*. Assunção: Talleres Gráficos, 1983, edic. fac-similar [ed. original 1912].

DECOUD, Héctor Francisco. *Sobre los escombros de la guerra: una década de vida nacional, 1869-80*. Buenos Aires: Talleres Gráficos Argentinos, 1934.

DELGADO, coronel Teodoro Ramón. *La conducción del Ejército paraguayo en la guerra contra la Triple Alianza*. Assunção: Intercontinental, 2014.

DEUTSCH, Karl. *Análise das relações internacionais*. Brasília: Editora da UnB, 1982.

DONATO, Hernâni. *Dicionário das batalhas brasileiras: dos conflitos indígenas aos choques da reforma agrária (1996)*. 2. ed. ampl. São Paulo: Ibrasa, 1996.

DORATIOTO, Francisco Fernando Monteoliva. *Relações Brasil-Paraguai: Afastamento, tensões e reaproximação (1889-1954)*. Brasília: Funag, 2012.

_______. *As relações entre o Império do Brasil e a República do Paraguai (1822-89)*. Brasília, 1989. Dissertação (Mestrado em História) — Universidade de Brasília, mimeo., 2 vols.

DOURADO, Maria Teresa Garritano. *A História esquecida da Guerra do Paraguai: fome, doenças e penalidades*. São Paulo, 2010. Dissertação (Mestrado em História Social) — Universidade de São Paulo. Disponível em: <http://www.teses.usp.br/teses/disponiveis/8/8138/tde-08122010-135132/pt-br.php>. Acesso em: 2 jul. 2021.

DUARTE, general Paulo de Queiroz. *Os Voluntários da Pátria na Guerra do Paraguai*. Rio de Janeiro: Biblioteca do Exército, 3 vols., 1981-8.

DUROSELLE, Jean-Baptista. *Tout empire périra*. Paris: Armand Colin, 1992.

EGAS, Eugenio. *Galeria dos presidentes de São Paulo*. São Paulo: Seção de Obras d' *O Estado de S.Paulo*, 1926, vol. I.

ESTADO-MAIOR DO EXÉRCITO. *História do Exército brasileiro*. Brasília: Estado-Maior do Exército, 1972, vol. 2.

ETCHEPAREBORDA, Roberto. *Historia de las relaciones internacionales argentinas*. Buenos Aires: Editorial Pleamar, 1978.

FANO, Marcos. *El cónsul, la guerra y la muerte*. Roma: s. ed, [2009?].

FERNANDÉZ, Juan José. *La República de Chile y el Imperio del Brasil: historia de sus relaciones diplomáticas*. Santiago: Editorial Andrés Bello, 1959.

FERNS, H. S. *Gran-Bretaña y Argentina en el siglo XIX*. Buenos Aires: Solar-Hacchetti, 1972.

FIGUEIRA, Divalte Garcia. *Soldados e negociantes na Guerra do Paraguai*. São Paulo: Humanitas, 2001.

FLORES, Hilda Agnes Hübner. *Mulheres na Guerra do Paraguai*. Porto Alegre: EDIPUCRS, 2010.

FORNOS PEÑALBA, José Alfredo. *The Fourth Ally: Great Britain and the War of the Triple Aliance*. Los Angeles: University of California, Ph.D. (1979).

FRAGA, Rosendo M. *Curupayty, heroica mueste de Manuel Fraga*. Buenos Aires: Nueva Mayoria, 2004.

FREIRE ESTEVES, Gómes. *Historia contemporánea del Paraguay*. Buenos Aires: s. ed., 1921.

FULLER, general J. F. *Máquinas de guerra: una investigación sobre la influencia de la mecánica en el arte de la guerra*. Madri: Editorial Bibliográfica Española, 1945.

______. *Batallas decisivas del mundo occidental y su influencia en la historia*. Barcelona: Luis de Caralt Editor, 1963, vol. 3.

FUNTES ARMADANS, Claudio José. *La maldición del legionário: Cómo se construyó um estigma político autoritario en Paraguay*. Assunção: Tiempo de Historia, 2016.

GABRIEL, Aziz. *O Chaco e a política internacional do Brasil na bacia do Prata*. São Paulo, 1981. Tese (Doutorado em Ciência Política) — Universidade de São Paulo, mimeo.

GALVEZ, Manuel. *Escenas de la Guerra del Paraguay*. Buenos Aires: Editorial La Facultad, 1928-32, 3 vols. (romance).

GAONA, Silvio. *El clero en la Guerra del 70*. Assunção: El Arte, 1961.

GARCIA, Eugênio Vargas. *Cronologia das relações internacionais do Brasil*. São Paulo / Brasília: Alfa-Omega / Fundação Alexandre de Gusmão, 2000.

GILL AGUINAGA, Juan Bautista. *La Asociación Paraguaya en la Guerra de la Tríple Alianza*. Buenos Aires: edição do autor, 1959.

GODOI, Juan Silvano. *Monographias históricas: versão e notas de Arthur Montenegro*. Rio Grande: Carlos Pinto & Cia, 1895.

GONTIJO DE CARVALHO, Antonio. *Um ministério visto por dentro: cartas inéditas de João Batista Calógeras, alto funcionário do Império*. Rio de Janeiro: José Olympio, 1959.

GONZÁLEZ DELVALLE, Alcibíades. *Los processos de San Fernando*. Assunção: El Lector / ABC Color, 2013, vol. 13.

GRAMSCI, Antonio. *Maquiavel, a política e o Estado moderno*. 2. ed. Rio de Janeiro: Civilização Brasileira, 1976.

GRANZIERA, Rui Guilherme. *A Guerra do Paraguai e o capitalismo no Brasil: moeda e vida urbana na economia brasileira*. São Paulo / Campinas: Hucitec / Unicamp, 1979.

GUIMARÃES, Acyr Vaz. *Mato Grosso do Sul, sua evolução histórica*. Campo Grande: UCDB, 1999.

_______. *Seiscentas léguas a pé*. Rio de Janeiro: Biblioteca do Exército Editora, 1999.

HAYES, Robert A. *Nação armada: a mística militar brasileira*. Rio de Janeiro: Biblioteca do Exército, 1991.

HERKEN KRAUER, Juan Carlos; GIMÉNEZ DE HERKEN, María Isabel. *Gran Bretaña y la Guerra de la Triple Alianza*. Assunção: Editorial Arte Nuevo, 1982.

HOBSBAWM, Eric. *A era do capital: 1848-75*. 2. ed. Rio de Janeiro: Paz e Terra, 1979.

_______. *A era dos impérios: 1875-1914*. Rio de Janeiro: Paz e Terra, 1988.

HOLANDA, Sérgio Buarque de. "Crise do regime". In: *História geral da civilização brasileira*. São Paulo: Difel, 1985, t. II, vol. 5.

HOMEM, coronel S. J. Torres. *Annaes das guerras do Brazil com os Estados do Prata e Paraguay*. Rio de Janeiro: Imprensa Nacional, 1911.

IZECKSOHN, Vitor. *O cerne da discórdia: a Guerra do Paraguai e o núcleo profissional do Exército*. Rio de Janeiro: E-Papers, 2002.

_______. *Slavery and War in the Americas: Race, Citizenship, and State Building in the United States and Brazil, 1861-1870*. 2 ed. Charlottesville: University of Virginia Press, 2019.

JOHANSSON, María Lucrecia. *La gran máquina de publicidad: redes transnacionales e intercâmbios periodísticos durante la Guerra de la Triple Alianza (1864-1870)*. Sevilha: Universidad Internacional de Andalucía, 2017.

JUNTA PATRIÓTICA PARAGUAYA. *El mariscal Francisco Solano López*. Assunção: Junta Patriótica, 1926 [ed. fac-similar 1996].

KOLINSKI, Charles J. *Independence or Death! The Story of the Paraguayan War*. Gainesville: University of Florida Press, 1965.

KRAAY, Hendrik; WHIGHAM, Thomas (Orgs.). *I Die with My Coutry: pespectives on the Paraguayan War (1864-1870)*. Lincoln: University of Nebraska Press, 2004.

LEMOS, Renato. *Benjamin Constant: vida e história*. Rio de Janeiro: Topbooks, 1999.

LEMOS BRITTO, J. G. de. *Solano López e a Guerra do Paraguay, réplica ao livro de igual título do escriptor mexicano d. Carlos Pereyra*. Rio de Janeiro: Typographia Escola 15 de Novembro, 1927.

LILLIS, Michael; FANNING, Ronan. *Calúnia: Elisa Lynch e a Guerra do Paraguai*. São Paulo: Terceiro Nome, 2009.

LIMA, Francisco. *Marquês de Tamandaré: patrono da Marinha (seu perfil histórico)*. Rio de Janeiro / Brasília: Francisco Alves / INL, 1983.

LINHARES, Temístocles. *História econômica do mate*. Rio de Janeiro: José Olympio, 1969. (Documentos Brasileiros, 138).

LUNA, Félix. *Historia integral de la Argentina*. Buenos Aires: Planeta, 1996 (t. 6: La nación argentina).

LYRA, Heitor. *História de d. Pedro II: 1825-70*. São Paulo: Cia. Editora Nacional, 1938, vol. 1.

MACHADO, Carlos. *Historia de los Orientales*. 3. ed. Montevidéu: Ediciones de la Banda Oriental, 1973.

MAGALHÃES, J. B. *Osorio: síntese de seu perfil histórico*. Rio de Janeiro: Biblioteca do Exército, 1978.

MAGALHÃES JÚNIOR, Raimundo. *Deodoro, a espada contra o Império: o aprendiz de feiticeiro*. São Paulo: Cia. Editora Nacional, 1957, vol. I.

MAIA, Jorge. *A invasão de Mato Grosso: 1º centenário da Guerra do Paraguai*. Rio de Janeiro: Biblioteca do Exército, 1964.

MANCHESTER, Alan K. *Preeminência inglesa no Brasil*. São Paulo: Brasiliense, 1973.

MARCO, Miguel Ángel De. *La Guerra del Paraguay*. Buenos Aires: Planeta, 1995.

MARTINS, Zildete Inácio de Oliveira. *A participação de Goiás na Guerra do Paraguai (1864-70)*. Goiânia: Editora da Universidade Federal de Goiás, 1983.

MAYER, Jorge M. *Alberdi y su tiempo*. Buenos Aires: Editorial Universitaria, 1963.

MELLID, Atilio Garcia. *Proceso a los falsificadores de la historia del Paraguay*. Buenos Aires: Ediciones Theoria, 1964, 2 vols.

MELLO, Raul Silveira de. *A epopeia de Antônio João*. Rio de Janeiro: Biblioteca do Exército, 1969.

MENEZES, Alfredo da Mota. *Guerra do Paraguai: como construímos o conflito*. São Paulo / Cuiabá: Contexto / Editora da UFMT, 1998.

MENNA BARRETO, coronel João de Deus Noronha. *Os Menna Barreto: seis gerações de soldados (1769--1950)*. Rio de Janeiro: Gráfica Laemmert, s. d.

MICELI, Paulo. *O mito do herói nacional*. São Paulo: Contexto, 1988.

MONTE DE LÓPEZ MOREIRA, Mary. *Historia del Paraguay*. Assunção: Servilibro, 2014.

MONTEIRO DE ALMEIDA, Mario. *Episódios da formação geográfica do Brasil*. Rio de Janeiro: Pongetti, 1951.

MONTENEGRO, José Arthur. *Fragmentos históricos: homens e factos da Guerra do Paraguay*. Rio Grande: Typographia da Livraria Rio-Grandense, 1900.

MORAES, E. Vilhena. *Novos aspectos da figura de Caxias*. Rio de Janeiro: Leuzinger, 1937.

MOURA, major Affonso Henrique Stanislawczuk de. *A Guerra da Tríplice Aliança e suas contribuições para a evolução do Exército brasileiro*. Rio de Janeiro: Escola de Comando do Estado-Maior do Exército, 1996, monografia do Curso de Altos Estudos, mimeo.

MUNIZ BARRETO, Emilio. *Evolução histórica do comércio argentino-brasileiro (1800-1930)*. São Paulo, 1972. Tese (Doutorado em Economia) — Universidade de São Paulo, mimeo.

MURAD, tenente-coronel Adib. *A batalha de Tuiuti e uma lição de civismo*. Rio de Janeiro: Biblioteca do Exército, 1957.

NABUCO, Joaquim. *Um estadista no Império: Nabuco de Araújo*. São Paulo: Progresso, s. d., 4 vols.

______. *La Guerra del Paraguay*. Paris: Garnier Hermanos Libreros, 1901.

NICKSON, R. Andrew. *Historical Dictionary of Paraguay*. 2. ed. Londres: The Scarecrow Press, 1993.

NIÑO, José M. *Mitre, su vida íntima, histórica, hechos, reminiscencias, episodios y anécdotas militares y civiles*. Buenos Aires: Casa Editora de A. Grau, 1906, 2 vols.

O'LEARY, Juan Emiliano. *Lomas Valentinas*. Assunção: s. ed., 1916.

______. *El libro de los héroes; páginas históricas de la Guerra del Paraguay*. Assunção: Librería Mundial, 1922.

______. *El mariscal Solano López*. 2. ed. Madri: Imprenta de Félix Molinos, 1925.

______. *El centauro de Ybicuí: vida heroica del general Bernardino Caballero en la Guerra del Paraguay*. Paris: Le Livre Libre, 1929.

______. *Los legionários*. Assunção: Editorial de Indias, 1930.

______. *Diario íntimo, 1907-1920: La historia del hombre que escribió la historia*. Prólogo e notas de Martín Romano García; estudo crítico de Liliana M. Brezzo. Assunção: Tiempo de Historia, 2018.

OLIVEIRA, José Manoel Cardoso de. *Actos diplomáticos do Brasil*. Brasília: Senado Federal, 1997, ed. fac-similar (1ª edição 1912).

ONETO Y VIANA, Carlos. *La diplomacia del Brasil en el río de la Plata*. Montevidéu: Librería de la Universidad, 1903.

OSORIO, Joaquim Luís; OSORIO FILHO, Fernando Luís. *General Osorio: pela verdade histórica — rebatendo perfídias*. Rio de Janeiro: Casa Bevilacqua, 1914.

PARADISO, José. *Debates y trayectoria de la política exterior argentina*. Buenos Aires: Grupo Editor Latinoamericano, 1993.

PASTORE, Carlos. *La lucha por la tierra en el Paraguay*. Montevidéu: Antequera, 1972.

PELÁEZ, Carlos Manuel; SUZIGAN, Wilson. *História monetária do Brasil*. 2. ed. Brasília: Editora da UnB, 1981.

PEREGRINO, Umberto. "A Guerra do Paraguai na obra de Machado de Assis". In: *Idem*, vol. XVI, 1966, pp. 105-22.

______. "Batalha de Tuiuti segundo testemunhos da época (24 de maio de 1867)". *Anais do Museu Histórico Nacional*. Rio de Janeiro: Ministério de Educação e Cultura, vol. XVII, 1967, pp. 15-36.

PEREIRA, Baptista. *Figuras do Império e outros ensaios*. São Paulo: Cia. Editora Nacional, 1931. (Brasiliana, 10).

PERES, major Daniel Vianna. *Lições e ensinamentos do estudo dos deslocamentos e concentrações estratégicas realizadas pelo Exército brasileiro no período do Império e da República*. Rio de Janeiro: Escola de Comando do Estado-Maior do Exército, 1999, monografia do Curso de Altos Estudos, mimeo.

PETERS, Heinz. *El sistema educativo paraguayo desde 1811 hasta 1865*. Assunção: Instituto Cultural Paraguayo-Alemán, 1996.

PETERSON, Harold F. *Argentina and the United States: 1810-1960*. Nova York: State University of New York, 1964.

PINHEIRO GUIMARÃES FILHO, Francisco. *Um Voluntário da Pátria: fôlha de serviços prestados pelo general dr. Francisco Pinheiro Guimarães às classes armadas*. 2. ed. Rio de Janeiro: José Olympio, 1958.

PINHO, Wanderley. *Política e políticos no Império: contribuições documentaes*. Rio de Janeiro: Imprensa Nacional, 1930.

______. *Cartas do imperador d. Pedro II ao barão de Cotegipe*. São Paulo: Cia. Editora Nacional, 1933. (Brasiliana, 85).

______. *Cotegipe e seu tempo*. São Paulo: Cia. Editora Nacional, 1937.

______. *Cartas de Francisco Otaviano*. Rio de Janeiro / Brasília: Civilização Brasileira / INL, 1977.

PLÁ, Josefina. *Hermano negro: la esclavitud en el Paraguay*. Madri: Paraninfa, 1972.

______. *The British in Paraguay: 1850-70*. Oxford: The Richmond Publishing, 1976.

POMER, León. *Os conflitos da bacia do Prata*. São Paulo: Brasiliense, 1979.

______. *A Guerra do Paraguai: a grande tragédia rio-platense*. 2. ed. São Paulo: Global, 1981.

______. *Cinco años de guerra civil en la Argentina (1865-70)*. Buenos Aires: Amorrortu, 1986.

POTTHAST-JUTKEIT, Barbara. *¿"Paraíso de Mahoma" o "país de las mujeres"?: el rol de la familia en la sociedad paraguaya del siglo XIX*. Assunção: Instituto Cultural Paraguayo-Alemán, 1996.

QUESADA, Ernesto. *La política argentino-paraguaya*. Buenos Aires: Bradahl, 1902.

RAMÍREZ BRASCHI, Dardo. *La Guerra de la Triple Alianza a traves de los periódicos correntinos; 1865-1870*. Corrientes (Argentina): Moglia Ediciones, 2004.

RAMOS, R. Antonio. *Juan Andrés Gelly*. Buenos Aires: Libro de Edición Argentina, 1972.

______. *La política del Brasil en el Paraguay bajo la dictadura del dr. Francia*. 2. ed. Buenos Aires: Ediciones Nizza, 1959.

RAMOS GIMÉNEZ, Leopoldo. *En el centenario del mariscal Francisco Solano López (refutaciones al sr. Lindolfo Collor)*. São Paulo: s. ed., 1927.

RANGEL, Alberto. *Gastão de Orléans (o último conde d'Eu)*. São Paulo: Cia. Editora Nacional, 1935.

RATTO DE SAMBUCCETTI, Susana I. *Urquiza y Mauá: el Mercosur del siglo XIX*. Buenos Aires: Ediciones Macchi, 1999.

RAWSON, tenente-coronel Manuel. *Bibliografía del teniente general Emilio Mitre*. [Buenos Aires]: s. ed., s. d.

RAYMOND, Jean-François. *Arthur de Gobineau et le Brésil: correspondance diplomatique du ministre de France à Rio de Janeiro: 1869-70*. Grenoble: Presses Universitaires de Grenoble, 1990.

REBAUDI, Arturo. *Guerra del Paraguay: la conspiración contra S. E. el presidente de la República, mariscal don Francisco Solano López*. Buenos Aires: Imprenta Constancia, 1917.

REBOLLO PAZ, León. *La Guerra del Paraguay: historia de una epopeya*. 2. ed. Buenos Aires: Talleres Gráficos Lombardi, 1965.

RIBEIRO, João Luiz de Araujo. *A lei de 10 de junho de 1835: os escravos e a pena de morte no Império do Brasil; 1822-89*. Rio de Janeiro, 2000. Dissertação (Mestrado em História) — Universidade Federal do Rio de Janeiro, mimeo.

RICUPERO, Rubens. *A diplomacia na construção do Brasil, 1750-2016*. Rio de Janeiro: Versal Editores, 2017.

RIO BRANCO, José Maria da Silva Paranhos Jr. (barão do). *O visconde do Rio Branco*. Rio de Janeiro: Ministério das Relações Exteriores, 1947 [*Obras do barão do Rio Branco*, vol. VII].

RIVAROLA, Milda. *La polémica francesa sobre la Guerra Grande. Eliseo Reclus: la Guerra del Paraguay; Laurent-Cochelet: correspondencia consular*. Assunção: Editorial Histórica, 1988, 279 p.

______. *Vagos, pobres y soldados: la domesticación estatal del trabajo en el Paraguay del siglo XIX*. Assunção: Centro Paraguayo de Estudios Sociológicos, 1994.

RIVAROLA PAOLI, Juan Bautista. *Los aliados*. Assunção: El Lector/ABC Color, 2013. (Colección 150 años de la Guerra Grande, 2).

ROCK, David. *Argentina, 1516-1987: desde la colonización española hasta Raúl Alfonsín*. Buenos Aires: Alianza Singular, 1995.

RODAS BENÍTEZ, Justiniano. *Saturnino Ferreira Perez, testimonios de un capitán de la Guerra del 70*. Assunção: Talleres Gráficos de Editora Litocolor, 1989.

RODRÍGUEZ ALCALÁ, Guido. *Ideología autoritaria*. Assunção: RP Ediciones, 1987.

______. *Residentas, destinadas y traidoras*. Assunção: RP/Criterio, 1991.

ROSA, José María. *La Guerra del Paraguay y las montoneras argentinas*. Buenos Aires: A. Peña Lillo Editor, s. d.

ROSSANI, Argentino B. *Guerra del Paraguay (cronología)*. Rio de Janeiro/Buenos Aires: Editorial ETA, 1940.

ROTTJER, coronel Enrique I. *Mitre militar*. Buenos Aires: Círculo Militar, 1937. (Biblioteca del Oficial, 230).

RUIZ MORENO, Isidoro J. *Campañas militares argentinas; la política y la guerra*. Buenos Aires: Claridad, 2008, t. 3 e 4.

SAEGER, James Schofield. *Francisco Solano López and the Ruination of Paraguay; honor and egocentrismo*. Lanham (Maryland — USA): Rowman & Littlefield Publishers, 2007.

SALLES, Ricardo. *Guerra do Paraguai: escravidão e cidadania na formação do Exército*. Rio de Janeiro: Paz e Terra, 1990.

______. *Guerra do Paraguai: memórias & imagens*. Rio de Janeiro: Edições Biblioteca Nacional, 2003.

SALUM-FLECHA, Antonio. *Historia diplomática del Paraguay de 1869 a 1938*. Assunção: Talleres Gráficos Emasa, 1978.

SAUNDERS, John Harvey. *Diplomacy under Difficulties: United States Relations with Paraguay during the War of the Triple Alliance*. [USA]: University of Georgia, Ph.D., 1966.

SCAVONE YEGROS, Ricardo. *Gregorio Benites*. Assunção: El Lector/ABC Color, 2011. (Colección Protagonistas de la Historia, 24).

______; BREZZO, Liliana M. *Historia de las relaciones internacionales del Paraguay*. Assunção: El Lector/ABC Color, 2010.

SCENNA, Miguel Ángel. *Argentina-Brasil: cuatro siglos de rivalidad*. Buenos Aires: Ediciones La Bastilla, 1975.

SCHULZ, John. *O Exército na política: origens da intervenção militar, 1850-94*. São Paulo: Edusp, 1994.

SCHWARCZ, Lilia Moritz. *As barbas do imperador: d. Pedro II: um monarca nos trópicos*. São Paulo: Companhia das Letras, 1998.

SEIDL, capitão Raymundo Pinto. *O duque de Caxias: esbôço de sua gloriosa vida*. Rio de Janeiro: Luiz Macedo, 1903.

SERPA, Phocion. *Francisco Otaviano: ensaio biográfico*. Rio de Janeiro: Academia Brasileira de Letras, 1952.

SILIONI, Rolando Segundo. *La diplomacia lusobrasileña en la Cuenca del Plata*. Buenos Aires: Editorial Rioplatense, 1975.

SILVA GOMES, Túlio Endres da. *Impactos do Direito de Guerra para a Campanha do Exército Brasileiro na Guerra entre a Tríplice Aliança e o Paraguai (1864-1870)*. Rio de Janeiro, 2013. Escola de Comando e Estado-Maior do Exército, tese de doutorado. Disponível em: <http://www.eceme.ensino.eb.br/images/IMM/producao_cientifica/teses/tulio-endres-da-silva-gomes.pdf>. Acesso em: 2 jul. 2021.

SILVEIRA, Mauro César. *A batalha de papel: a Guerra do Paraguai através da caricatura*. Porto Alegre: L&PM, 1996.

______. *Adesão fatal: a participação portuguesa na Guerra do Paraguai*. Porto Alegre: EDIPUCRS, 2003.

SODRÉ, Alcindo. *Abrindo um cofre: cartas de dom Pedro II à condessa de Barral*. Rio de Janeiro: Livros de Portugal, 1956.

SODRÉ, Nelson Werneck. *Panorama do Segundo Império*. São Paulo: Cia. Editora Nacional, 1939.

______. *A história militar do Brasil*. 3. ed. Rio de Janeiro: Civilização Brasileira, 1966.

SOTO VERA, Anahí. *Los soldados*. Assunção: El Lector/ABC Color, 2013.

SOUSA DOCCA, general Emílio Fernandes de. *História do Rio Grande do Sul*. Rio de Janeiro: Organização Simões, 1954, 454 p.

SOUSA JÚNIOR, general Antonio. *Fronteiras flutuantes*. Rio de Janeiro: Laemmert, 1954.

SOUZA, Lécio Gomes. *História de Corumbá*. s. l.: s. ed. [197?].

TASSO FRAGOSO, general Augusto. *História da guerra entre a Tríplice Aliança e o Paraguai*. Rio de Janeiro: Imprensa do Estado-Maior do Exército, 1934-5, 5 vols.

TEIXEIRA SOARES, José Alvaro. *O drama da Tríplice Aliança (1865-70)*. Rio de Janeiro: Editora Brand, 1956.

______. *Formação de fronteiras do Brasil*. Rio de Janeiro: Conselho Federal de Cultura, 1972.

TINOCO, Brígido. *As duas paixões de Caxias*. Rio de Janeiro: Biblioteca do Exército, 1955.

TORAL, André. *Adeus, chamigo brasileiro: uma história da Guerra do Paraguai*. São Paulo: Companhia das Letras, 1999.

TORRES, João Camilo de Oliveira. *A democracia coroada (teoria política do Império do Brasil)*. Rio de Janeiro: José Olympio, 1957.

URIEN, Carlos M. *Curupayty: homenaje a la memoria del teniente general Bartolomé Mitre em el primer centenário de su nascimento*. Buenos Aires: s. ed., 1921.

VAS, Braz Batista. *O final de uma guerra e suas questões logísticas: o conde d'Eu na Guerra do Paraguai (1869-1870)*. São Paulo: Cultura Acadêmica, 2011.

VIDIGAL, contra-almirante Armando Amorim Ferreira. *A evolução do pensamento estratégico naval brasileiro*. 3. ed. Rio de Janeiro: Biblioteca do Exército, 1985.

VITTONE, Luis. *Tres guerras, dos mariscales, doce batallas*. Assunção: Editorial Gráfico, 1967.

WARREN, Harris Gaylord. *Paraguay and the Triple Alliance: The Post-War Decade, 1869-78*. Austin: University of Texas at Austin, 1978.

WHIGHAM, Thomas. *La Guerra de la Triple Alianza*. Assunção: Taurus, 2012, 3 vols.

WILLIAMS, John Hoyt. *The Rise and Fall of the Paraguayan Republic, 1800-70*. Austin: University of Texas at Austin, 1979.

WRIGHT, Ione S.; NEKHOM, Lisa M. *Diccionario histórico argentino*. Buenos Aires: Emécé, 1994.

ZEBALLOS, Estanislao. *Diplomacia desarmada*. Buenos Aires: Editorial Universitaria, 1974.

Créditos das ilustrações

Todos os esforços foram feitos para determinar a origem das fotos usadas neste livro. Nem sempre isso foi possível. Teremos prazer em creditar as fontes caso se manifestem.

p. 35: Efraím Cardozo, *El Paraguay independiente*, Editorial El Lector, 1996, p. 305; Miguel Ángel Cuarterolo, *Soldados de la memoria*, Editorial Planeta, 2000, p. 97; Efraím Cardozo, *El Paraguay independiente*, p. 220.

p. 47: *Catecismo de San Alberto: Adaptado para las escuelas del Paraguay — Gobierno de Francisco Solano López*. Edição fac-similar. Introdução e notas de Margarita Durán Estragó, Assunção, Intercontinental Editora, 2005, pp. 10-2.

p. 49: Desenho de Alfred Demersay / Atlas, reproduzido em J. R. Rengger, *El doctor Francia*, El Lector, 1987; folheto de Bernadino Báez, exemplar do falecido historiador Walter Alexander de Acevedo, em R. Antonio Ramos, *Juan Andres Gelly*, p. 273; Miguel Ángel Cuarterolo, *Soldados de la memoria*, p. 97.

p. 54: Colección M&MC, reproduzido de Miguel Ángel Cuarterolo, *Soldados de la memoria*, p. 96.

p. 99: Reprodução do autor.

p. 104: Cortesia de Augusto Carlos Veloso.

p. 112: *História do Exército Brasileiro*, vol. 2, p. 560, acervo da Biblioteca Mário de Andrade; reprodução do autor.

p. 125: Paulo de Queiroz Duarte, *Os voluntários da Pátria na Guerra do Paraguai*, vol. 3, p. 166.

p. 128: Foto de Radilson Carlos Gomes da Silva.

p. 135: *Memórias do Visconde de Taunay*, p.148.

p. 157: Alvanir Bezerra de Carvalho.

p. 170: *Album de la guerra del Paraguay*, vol. 1, pp. 11 e 13.

p. 195: anônimo, acervo da Biblioteca Nacional do Rio de Janeiro / Divisão de Iconografia. Reproduzido de André Toral, *Adeus, chamigo brasileiro*, São Paulo, Companhia das Letras, 1999, p. 126.

p. 200: *Paraguay Illustrado*, Rio de Janeiro, n. 8, p. 4, 17 set. 1865.

p. 205: Dionísio Cerqueira, *Reminiscências da campanha do Paraguai*, Biblioteca do Exército Editora, 1980, p. 49.

p. 220: Museu Histórico Nacional.

p. 224: *História do Exército Brasileiro*, vol. 2, p. 625, acervo da Biblioteca Mário de Andrade.

p. 227: Paulo de Queiroz Duarte, *Os voluntários da Pátria na Guerra do Paraguai*, vol. 1, p. 163.

p. 239: Reprodução do autor.

p. 243: *Paraguay Illustrado*, Rio de Janeiro, n. 13, p. 3, 26 out. 1865.

p. 247: Correo del Domingo, 1865; Félix Luna, *Historia integral de la Argentina*, vol. 7, Editorial Planeta Argentina, 1996, p. 25; *Album de la guerra del Paraguay*, vol. 1, p. 81.

p. 265: Ângelo Agostini, *Cabrião*, ano 1, n. 26, 31 / 3 / 1867, reproduzido de *Cabrião*, São Paulo, Editora da Unesp, 2000, p. 208.

p. 270: Serviço de Relações Públicas da Marinha; Emílio Carlos Jourdan, *Atlas histórico da Guerra do Paraguay*, acervo da Biblioteca Mário de Andrade; Serviço de Relações Públicas da Marinha.

p. 281: Ângelo Agostini, *Cabrião*, 23 / 12 / 1866, reproduzido de *Cabrião*, p. 100.

p. 283: Ângelo Agostini, *Cabrião*, 5 / 5 / 1867 e 22 / 9 / 1867, reproduzidos de *Cabrião*, pp. 244 e 397.

p. 285: *Cabichuí*, maio de 1867-julho de 1868, Edição Museo Del Barro, 1984.

p. 287: *Cabichuí*, 5 / 8 / 1867.

p. 288: *Cabichuí*, 7 / 10 / 1867.

p. 291: Félix Luna, *Historia integral de la Argentina*, vol. 7, p. 22.

p. 294: Ângelo Agostini, *Cabrião*, 17 / 2 / 1867, reproduzido de *Cabrião*, p. 160.

p. 299: Ângelo Agostini, *Cabrião*, 12 / 5 / 1867, reproduzido de *Cabrião*, p. 255.

p. 304: Ângelo Agostini, *Cabrião*, 14 / 7 / 1867, reproduzido de *Cabrião*, p. 318.

p. 307: Ângelo Agostini, *Cabrião*, 24 / 3 / 1867, reproduzido de *Cabrião*, p. 200.

p. 308: *El Centinela*, 30 / 5 / 1867, Fondo Editorial Paraquarial, 1964.

p. 310: *El Centinela*, 8 / 8 / 1867, Fondo Editorial Paraquarial, 1964.

p. 319: Ângelo Agostini, *Cabrião*, 31 / 3 / 1867, reproduzido de *Cabrião*, p. 205.

p. 320: *Ba-ta-clan*, Rio de Janeiro, ano 1, n. 21, 19 out. 1867.

p. 332: *Cabichuí*, 9 / 1 / 1868.

p. 353: Litogravura de L. A. Boulanger, reproduzida de Joaquim Nabuco, *Um estadista no Império*, vol. 1, Rio de Janeiro, Topbooks, 1997; litogravura de S. A. Sisson, reproduzida em Joaquim Nabuco, *Um estadista no Império*.

p. 361: *Semana Ilustrada*, 12 / 4 / 1868, reproduzido de Mauro César Silveira, *A batalha de papel — A Guerra do Paraguai através da caricatura*, Porto Alegre, L&PM Editores, 1996, p. 114.

p. 371: B. Acosta, *Cabichuí*, 24 / 7 / 1868.

p. 423: Wanderley Pinho, *Cartas do imperador d. Pedro II ao Barão de Cotegipe*, p. 69.

p. 471: Lilia Moritz Schwarcz, *As barbas do Imperador*, São Paulo, Companhia das Letras, 1998, p. 291.

p. 475: André Toral, *Adeus, chamigo brasileiro*, p. 121, São Paulo, Companhia das Letras, 1999.

p. 479: *A Vida Fluminense*, 6 / 11 / 1869, reproduzido em Mauro César Silveira, *A batalha de papel*, p. 98.

p. 484: *Notícias*, 1 / 3 / 1970.

CADERNOS DE FOTOS

Caderno 1

p. 1: Miguel Ángel Cuarterolo, *Soldados de la memoria*, pp. 97, 96, 98, 95. Foto 3: Coleção Abel Alexander.

p. 2: *A Vida Fluminense*, 11/4/1868, p. 178, reproduzido de Mauro César Silveira, *A batalha de papel*, p. 96.

p. 3: Manuel Chaves Pinheiro, acervo do Museu Imperial de Petrópolis, reproduzido em Lilia Moritz Schwarcz, *As barbas do imperador*, p. 300.

p. 4: Claudio Amato et al., *Cédulas do Brasil: Império — República*, São Paulo, Perfecta Artes Gráficas, p. 125.

p. 5: Bate & Cia. W., acervo da Biblioteca Nacional do Uruguai, reproduzido de Miguel Ángel Cuarterolo, *Soldados de la memoria*, pp. 50-1.

p. 6: Acervo do Museu Nacional de Belas-Artes, Argentina, reproduzido de *Cándido López*, Argentina, Banco Velox, 1998, pp. 92-3.

p. 7: *Cándido López*, p. 121.

p. 8: Reprodução do autor.

p. 9: Acervo do Museu Histórico Nacional, Argentina, reproduzido de *Cándido López*, p. 171.

p. 10: Acervo do Museu Histórico Nacional, Argentina reproduzido de *Cándido López*, pp. 220-1.

p. 11: Acervo da Fundação Biblioteca Nacional do Rio de Janeiro, Divisão de Iconografia.

p. 12: *Album de la guerra del Paraguay*, p. 106.

p. 13: Acervo do Museu Histórico Nacional, reproduzido de *Cándido López*, p. 234.

p. 14: *Cándido López*, pp. 268-9.

p. 15: Museu Nacional de Belas-Artes, Argentina. Reproduzido de *Cándido López*, p. 279.

p. 16: Acervo do Museu Nacional de Belas-Artes, Argentina, reproduzido de *Cándido López*, p. 305.

Caderno 2

p. 1: Fotógrafo não identificado, acervo do Serviço Oficial de Difusão Radioelétrica (SODRE), reproduzido de Miguel Ángel Cuarterolo, *Soldados de la memoria*, p. 113.

p. 2: Bate & Cia. W., acervo da Biblioteca Nacional do Uruguai, p. 56.

p. 3: Bate & Cia. W., acervo da Biblioteca Nacional do Uruguai, p. 58.

p. 4: Bate & Cia. W., acervo da Biblioteca Nacional do Uruguai, p. 44.

p. 5: Bate & Cia. W., acervo da Biblioteca Nacional do Uruguai, p. 42.

p. 6: Fotógrafo não identificado, acervo da Biblioteca Nacional do Rio de Janeiro, reproduzido de Miguel Ángel Cuarterolo, *Soldados de la memoria*, p. 43.

p. 7: Fotógrafo não identificado, acervo Museu Mitre, reproduzidos de Miguel Ángel Cuarterolo, *Soldados de la memoria*, pp. 62 e 66.

p. 8: Foto Agostino Forni, acervo do Serviço Oficial de Difusão Radioelétrica (SODRE), reproduzido de Miguel Ángel Cuarterolo, *Soldados de la memoria*, p. 71; Fotógrafo não identificado, acervo Museu de Luján, reproduzido de Miguel Ángel Cuarterolo, *Soldados de la memoria*, p. 82.

Índice remissivo

Sobre o autor

Francisco Fernando Monteoliva Doratioto nasceu em 1956, em Atibaia, São Paulo. Graduou-se em história (1979) e em ciências sociais (1982) pela Universidade de São Paulo. É mestre (1989) e doutor (1997) em história das relações internacionais pela Universidade de Brasília, com a dissertação *As relações entre o Império do Brasil e a República do Paraguai* e a tese *As relações entre o Brasil e o Paraguai (1889-1930): do afastamento pragmático à reaproximação cautelosa*. É autor de livros, capítulos de livros e artigos científicos sobre a história da política exterior brasileira e a história militar brasileira. É membro correspondente da *Academia Nacional de la Historia* (Argentina), da *Academia Paraguaya de la Historia*, do Instituto Brasileiro de Relações Internacionais, do Instituto de Geografia e História Militar do Brasil e do Instituto Histórico e Geográfico Brasileiro. Durante os três anos em que morou no Paraguai, visitou locais de batalhas, pesquisou em arquivos e teve contato com a memória oral ainda existente sobre a guerra. Em Brasília, foi professor de história das relações internacionais do Brasil no Instituto Rio Branco e nos cursos superiores da UPIS, CEUB e da Universidade Católica de Brasília. Desde 2008 é professor nos cursos de graduação e pós-graduação em história da Universidade de Brasília. Pela Companhia das Letras, publicou *General Osorio — A espada liberal do Império* (2008).

doratioto@gmail.com

1ª EDIÇÃO [2002] 1 reimpressão
2ª EDIÇÃO [2002] 8 reimpressões
3ª EDIÇÃO [2022] 1 reimpressão

ESTA OBRA FOI COMPOSTA PELA PÁGINA VIVA EM DANTE E IMPRESSA
EM OFSETE PELA GEOGRÁFICA SOBRE PAPEL PÓLEN DA SUZANO S.A.
PARA A EDITORA SCHWARCZ EM MARÇO DE 2025